易经的智慧

经部

殷旵演讲实录

殷旵 殷珍泉/著

当代世界出版社
THE CONTEMPORARY WORLD PRESS

图书在版编目（CIP）数据

易经的智慧．经部/殷昱，殷珍泉著．— 北京：
当代世界出版社，2020.9
（殷昱国学讲堂）
ISBN 978-7-5090-1489-9

Ⅰ．①易… Ⅱ．①殷… ②殷… Ⅲ．①《周易》- 通俗读物 Ⅳ．① B221-49

中国版本图书馆 CIP 数据核字 (2019) 第 051587 号

书　　名：	《易经的智慧．经部》
出版发行：	当代世界出版社
地　　址：	北京市东城区地安门东大街 70-9 号（100009）
网　　址：	http：//www.worldpress.org.cn
编务电话：	（010）83907332
发行电话：	（010）83908410
	13601274970
	18611107149
	13521909533
经　　销：	全国新华书店
印　　刷：	天津丰富彩艺印刷有限公司
开　　本：	787 毫米 ×1092 毫米　1/16
印　　张：	39
字　　数：	700 千字
版　　次：	2020 年 9 月第 1 版
印　　次：	2021 年 9 月第 2 次
书　　号：	ISBN 978-7-5090-1489-9
定　　价：	98.00 元

如发现印装质量问题，请与承印厂联系调换。
版权所有，翻印必究；未经许可，不得转载！

新版序

易经的智慧——人类文明的超智能

《易经的智慧》自 2004 年甘肃文化出版社首次出版以来，一版再版，此次再版，已是第六版了，在当代世界出版社也算是第三版了。感谢广大热心读者的支持，也感谢多家出版社的精心运作。借此再版作序，特补充些近年来的新收获、新感想，题名为《易经的智慧——人类文明的超智能》。

20 世纪，欧美等国争相启动了"人脑计划"，试图描绘出人脑神经元回路图，据此开发模拟智能芯片，于是催生了人工智能，开启了智能革命新时代，并由此引发了新世纪科技竞赛，即争相开发制造人工智能芯片的"超材料"，中国很快跻身于世界前列。坤卦曰："履霜坚冰至。"可以预见：随着"超材料"的成功研发，下一轮科技竞赛将是"超智能"的研发了。

也许有人质疑：有何理由宣称《易经》的智慧可以称之为人类文明的"超智能"？这得从《礼记·大学》篇说起。《大学》开篇直接引述孔子的原话，曰："大学之道，在明明德。"接着推论曰："欲明明德于天下者，先治其国，欲治其国者，先齐其家……欲诚其意者，先致其知，致知在格物。"接下来又反推曰："物格而后知至，知至而后意诚……家齐而后国治，国治而后天下平。"

显然，孔子的这段论述是一个完整的逻辑体系："明明"，即两个逻辑支点；一"先"一"后"，即逻辑回归；推导所得的逻辑结论，即欲平天下，必先明天下：一明"格物致知"，即客观存在的自然规律；二明"修齐治平"，即社会发展的必然规律。规律为道，明道为德，这与马克思主义的辩证唯物主义和历史唯物主义不谋而合。这既是马克思主义哲学的德语化语境与中国古圣先哲的汉语化语境的直接对话，同时也是中华民族与古希腊文明的跨文明、跨时空对话。其实，马克思主义哲学是对古希腊哲学的发展。

在古希腊哲学体系形成之前，西方一直认为，世界是上帝创造的。公元前六百多年，泰勒斯和他的哲学同行们在爱琴海沿岸考察、研究，终于达成了共识：世界是由物质组成的。接下来讨论的课题则是，构成物质世界的原初物质是什么？或曰"水"，或曰"气"，乃至或曰"数"。直到公元前三百多年，亚里士多德明确为"四元素"：水与火、气与土。他曾撰写了两部著作，一名《物理学》，一名《后物理学》（此书传入中国后，严复先生根据《易经·系辞》中"形而上者谓之道，形而下者谓之器"一句，译为"形而上学"）。

如果说，这两部著作相应于孔子表述的"格物致知"，那么，至恩格斯的《自然辩证法》便升格为"格物致智"。在先秦文献中，"知"与"智"二字通用，写作"知"，犹如"大"与"太"通用，写作"大"。《易经》中"保合大和"应读作"保合太和"，故宫中有"太和殿"。大，仅为有形之大；太，泰也，为大象无形之大，无可比拟，无与伦比。日本人尽管聪明，借他山之石可以攻玉，但这一次一心想取其大，反自认为小。又如"道"与"導"通用，写作"道"。老子曰"道可道"，其实蕴含有"道可導"这一更深层含义。

这正是汉语原创的造字、用字逻辑。如果只学汉字"拿来主义"，而丢弃了汉语，等于捡了芝麻，丢了西瓜。汉字只是个体的魅力，而汉语所体现的则是原创的整体思维。真正能体现智能，或曰"超智能"的，是汉语原创的整体思维，而不仅仅是汉字的个体魅力。

许多《易经》爱好者都有相同的体验：一本《易经》，难认的生僻字并不多，但就是读不懂，其原因，就是只知其"格物致知"，而不明其"格物致智"。何为"智"？翻开《说文解字》，"智""皆""習"均归入"白部"。"智，识词也，从白，从亏，从知。"知与白合体会意：知识息息相通者称为智。

比如：日、月、星、辰、风、云、雷、电；山、石、田、土、川、谷、丘、原等，为两组知识点，息息相通，上升为两大知识体系：一名天文，一名地理。当天文与地理两大知识体系息息融通后，又上升为"天行健，君子以自强不息""地势坤，君子以厚德载物"。这是孔子为《易经》乾、坤两卦写的象辞，也是中国人用来处世和经世的大智慧。

"天行健""地势坤"，即客观规律，名为"道"。"君子以"，以，依也，循也。其逻辑结论为：规律为道，循道为德。孔子借乾、坤两卦明确告诉我们：《易经》是讲逻辑、讲规律的。道德，为衡量思维和行为的逻辑原点。智慧，为导引思维升格的逻辑引擎。二者同源，都源于"格物"，即以客观为第一性，以主观为第二性，这是中国语境表达的"唯物"，同时又注重充分发挥人的主观能动性。"诚其意""正其心"，开发主观世界的智能，这是中国汉语语境表述的"辩证"。

也许有人会质疑：这样的理解未免政治化了。其实，这正是孔子解读《易经》的本义。孔子《系辞传下》曰："天下何思何虑？天下同归而殊途，一致而百虑。"接着给出了理论依据，曰："日往则月来，月往则日来，日月相推，而明生焉；寒往则暑来，暑往则寒来，寒暑相推而岁成焉。"日与月，寒与暑，即一阴一阳，故孔子在《系辞传上》就得出这样的逻辑结论："一阴一阳之谓道。"

一阴一阳，即"日月运行，一寒一暑"。意思是说，日月运行而有万物的变化，时光的推移。移，易也。昼夜交替，寒暑往来，是客观形成的规律（道）。"日出而作，日入而息"，人类的作息以日出、日入为依据。孔子简明地概括为"《易》与天地准"。由此可见，《易经》是一部表达规律的经典，也是一部讲逻辑的书。逻辑本身就是客观规律的体现，也是对规律的直接表达。

天上只有一个日月运行，一年只有一次寒暑往来，故"道"也就只有一个。可有人认为："仁者见之谓之仁，智者见之谓之智。"主观地分为仁者之道，智者之道。后人往往将这句话当作逻辑正论，其实孔子视之为逻辑悖论，所以接下来说："百姓日用而不知，故君子之道鲜矣。"在孔子看来，"仁者之道"和"智者之道"都算不得"君子之道"。如果"仁者见仁，智者见智"可以成立，岂不是说仁者不智，智者不仁，自相矛盾？

显然，孔子认可的逻辑正论是"一阴一阳之谓道"。"《易》与天地准"，这才是伏羲首创的符号易、周文王的文辞易的原创本义。这也正是孔子所说的"明明德"，明天下。也只有这样理解，才能平天下：既不失位于"道德"这一逻辑原点，也不失位于"智慧"这一逻辑制高点。也只有这样理解《易经》，才能视《易经》的智慧即"超智能"。

以上围绕"逻辑"的表述，很大程度上有悖于当代关于"逻辑"的表述。西方的表述，一般都是名词围绕术语转，术语围绕定义转，而这些都是仅凭主观的描述。其实，中国先秦也有中国式逻辑表述，以上所举的孔子表述是一种，墨子、荀子的"名实说"是一种，还有一种来自民间的创造——奶奶纺线线逻辑：右手摇纺车，纺车团团转；左手牵棉线，纺柁逻逻转。又时而右手反转来一个"回车"，左手提线紧紧绕，此为辑。其实，生活中人们的逻辑思维"不可须臾离者也，可离非道也"。

借此次再版作序之机，将个人近年来的一点浅见拙识抛砖引玉，希望与读者达成更多的共识，特别是有创新活力的年轻人，我们一起来为创造更辉煌的中国奇迹，为实现中华民族的伟大复兴而共同奋斗，做出应有的贡献！在此，愿与每一位读者握手！向每一位读者致敬！并恳请赐正！

殷旵
2019年5月
于北京香山南路

再版序

自2002年登台演讲《易经》以来，我一直受邀在北大、清华、复旦等高校以及在移动、上气、美国埃森哲等企业做《易经》的专题演讲。我把该稿录音整理成书稿后，又先后在甘肃文化出版社和当代世界出版社出版了《易经的智慧·经部》《易经的智慧·传部）（初次出版名为《易经大传新解》）《在北大讲易经》和《老子为道》等。每次发行都是由畅销转常销，近年来又一度脱销。2012年陕西师范大学出版社经过市场调研，决定再版。再版之际，又是一次与读者直接对话的机会。说些什么呢？还是说说老生常谈的《易经》预测吧。

《易经》，以原创的符号（爻）和图形（卦）为正本，以文字（卦辞、爻辞和传辞）为副本，是一套完整的符号系统，承载了中华民族原创的思维体系。其中，预测则是这一思维体系的特色。

如何预测？是运用《易经》原理进行多维度立体预测，还是借用一些占、卜、筮等技法做些平面预测？

其实，世俗流传的占卜技法都源于《易经》原创思维体系，原本也是多维度、立体的。但是，一旦偏离了《易经》原理，就只剩下扁窄的平面维度了。这里，我想以"奇门遁甲"为例，谈谈我对《易经》预测思维体系的初步理解。

"奇门遁甲"初创时的理论依据，或曰原创的灵感，显然是源于乾卦"用九，见群龙无首"。

何谓群龙？乾卦的"六爻之动"显示的是"六龙"：潜龙、见龙（或曰田龙）、乾龙（或曰勤龙）、或龙、飞龙（或曰天龙，与田龙对应）、亢龙等。奇门遁甲，则以十天干为群龙，甲、乙、丙、丁、戊、己、庚、辛、壬、癸十条龙。然而，十条龙只设计了九个龙宫：乙、丙、丁三宫为"三奇"，戊、己、庚、辛、壬、癸六宫为"六仪"。甲，本为十天干之首，却无固定的宫，只能借助于九宫隐遁其形。《说文解字》曰："龙，能幽、能明、能细、能巨、能短、能长。春分而登天，秋分而潜渊。"——或跃、或渊，故无固定之宫。

更巧的是，九个龙宫，只有八个门，这八个门即代表人事的开门、休门、生门、伤门、杜门、景门、死门、惊门等。这叫十龙、九宫、八门。"甲"在九宫中通来通去，时遇奇门，也常遇无门。这种"无门"，又像禅宗中的"无门关"，找不到门时，像铜墙铁壁；找到了门时，悄然进了门，过了关，却全然不觉。比如，学生解一道数学难题，无解时茫然无门；突然间恍然大悟，有解了，难题解开了。思路入了门，进了关，回头再看，又似乎仍是无门、无关。门在哪里？在悟中在恍然大悟之间，故曰"奇门"。

"见群龙无首。"见，有可见之义，又有显示之义。恍然大悟之间即为一"见"之间。善通者能悟，能悟者才能"见"。用目见吗？用主观之"目"，观察客观之"木"，木、目为"相"。这只是事物表象，外部形象，初步印象——此时见木只是木，见相只是相；再观、多观，便能从复杂的"相"中抽象出某种理来。此时见木不是木，见相不是相。如果再给"相"装一个"心"字软件呢？奇了，心中有相便能"想"。于是可以想象、思辨、推理——此时，见木还是木，见相还是相。恍然大悟了，"见群龙无首"了。

原来要用"心"观。《心经》开篇曰："观自在。"观照自己的心在不在，自主的心在，清净自然；自主的心不在，茫然了，浮躁了，甚至失落、失望了。失掉的是什么？是自主的我。能在日常生活"观自在"者是菩萨，菩萨是觉者，名觉有情（菩提萨埵）。觉者时时都在预中，不用测。因为世俗之人畏果，而菩萨畏因。

《说文解字》曰："觉（覺），寤也。从见，學省聲。一曰發也。"寤，悟也。觉醒寤，眼睛睁开便能见，见而能发现、发觉。门在哪里？找到首了吗？《系辞传上》："百姓日用而不知。"在日常生活中，瞑目而睡叫睡觉，醒时叫觉寤、觉醒，睁眼发觉了才能觉悟。觉从何处来？从道中来。人睡时在适，醒来在通。机遇良缘时得一奇门一左右逢"缘"，人生遇到困惑、困难时，又觉无门——处处碰壁，甚至失望、绝望。殊不知，无门之处有奇门，只要人生信念中时时主动，积极地"通"，就能"觉"和"悟"，只要自主、自尊、自信的"我"在做主，人生处处有"奇门"。有门、无门、奇门，都在日常生活中，只是"百姓日用而不知"而已。

《易经》预测的目的就是为了变"不知"为能知、可知、已知。知，才能明白。人生要明明白白，不要糊里糊涂。明白人是命的主人，叫慧命。孔子曰："不知命，无以为君子。"又说自己"五十而知天命"。何为天命？孔子为乾卦写的象辞曰："天行健，君子以自强不息。"这一句又是诠释九三爻的"君子终日乾乾，夕惕若厉，无咎"。何谓君子？"自强不息"者为君子。如何做到自强不息？

效法天，"天行健"。何谓天行健？古诗十九首中有《击壤歌》云："日出而作，日入而息。凿井而饮，耕田而食。"换一个角度来读："日日凿耕，出入井田，作息饮食。"每天日出日入，这叫"天行健"；"日日凿耕，出入井田"，这叫"君子以自强不息"，也叫"君子终日乾乾"。"天行健"是天命，"自强不息"是人命。不知天命，无以知人命；不知人命，无以为君子。为人君子，则能自强不息，自强不息者醒时能发觉、觉悟，睡时也叫睡觉，也能觉寤、觉醒。时时在觉中，时时在遁中，时居龙宫，时时有奇门。在哪一宫、哪一门，其实并不重要，"见群龙无首"者吉。何为吉？"时乘六龙以御天"，何为"时乘"？"君子终日乾乾，与时偕行。"

时者，时候——根据物候判断时机；时事——根据事态把握时机。机者，几也。"几"的本义为几案。古人坐与卧都在床榻之上，榻上摆一几案。长者凭几而坐，谨慎议事。晚辈远远地立于榻下，总觉得长辈们神神秘秘，一定有很多机密。《系辞传上》曰："唯几也，故能成天下之务。""知几其神乎！……几者，动之微，吉之先见（现）者也。君子见几而作……"几在时中，时在日出日入中。根据日出日入适时作息，生生不息之谓易，息息相关，息息都有"几"，几几都是门，门门见群龙，自己就是群龙中的一条龙。"奇门遁甲"的九宫格局中，宫宫有龙。龙是谁？龙是自己，又是众人。占卜、预测，不能做局外人，而要做局内的龙，要随时定位，明白自己此时此刻是哪条龙。

《系辞传上》开篇曰："天尊地卑，乾坤定矣。卑高以陈，贵贱位矣。"此十六字讲的是"定位"二字。天地，是自然中的天地；乾坤，寓意人之天地：以人身而言，首为天，腹为地。故乾卦以首为象，坤卦以腹为象；从人伦上讲，父为天，母为地。故乾卦代表父，坤卦代表母。知天命者，就能找到天地间的人生定位。知几者，就能找到群龙中"自我"这条龙，并能明白自己何时为何龙——这叫"时乘六龙以御天"。天，指天地。天地为时空，人生各个阶段的时空定位就是知几、知命。既知己命，又知天命。何为奇门？如何遁甲？"见群龙无首"，"时乘六龙"。

读到这里，如有所感悟，请再读《易经的智慧》，《经部》讲的是原始符号的思维原理；《传部》讲的是孔子"知几""知命"的哲学思辨。《在北大讲易经》描述了"自强不息"之"几"，自主管理之"几"。《老子为道》则围绕"日益""日损"和"无为而无不为"讲述"百姓日用"的"几"。

"奇门遁甲"的玩法易学，可预测却是智者见智，仁者见仁。预测的依据是《易经》的原理。《易经》的原理还告诉我们一件事——阴阳平衡（奇门遁甲分阳遁和阴遁）。阳是对生活、社会、家人、众人的满腔热情（热情即热能）；阴是理性、理智和谨慎。这也是预测的基本素质。《易》为道德者预，为君子预。这也是我几十年来最刻骨铭心的体验。

谨以此序言，与广大热心于《易经》的读者共同体验，共同讨论，恳望指正！借此，再次向这几本书的老读者谨致谢忱！

殷旵

2012 年 9 月

于北京中轴线的后花园循礼府云本书屋

序 一

很久以来就希望能有一部雅俗共赏的易学新著，以应普及《易经》知识的急需。众里寻她千百度，而今终于出现了，这就是殷旵先生及其爱女珍泉合著的《易经的智慧》。此书不愧为学《易》者的良师益友，足令学《易》者入门，事半功倍。一经披阅，便不难发现她具有诸多魅力，令人爱不释手。

人们不是爱好占卜吗？不少人认为有了《易经》这本"占卜之书"，可望用来为人生指点迷津。本书作者回答说："不错，学《易》正是为了'卜'，为了'择'，否则，读它干什么？"不过，这里所说的占卜、选择、预测，同某些说法并无共同语言。江湖术士讲占卜、择吉、预测，乃从宿命论出发，期望从中得到某些或吉或凶的神秘结论。本书所讲的是高层次的占卜，即根据易学哲理进行预测，分析事物发展的各种可能性，从中做出最优的选择。如此说来，正是"善为《易》者不占"。不占之占，乃高层次的占，是寻求《易经》智慧的启迪，而非求得预示吉凶之结论。这里明示占《易》同学《易》是统一的，为了占《易》，必先学《易》，学《易》愈精，占《易》愈准。"占学一理"，古有明训，"善为《易》者不占"，学《易》明真理，不占乃自然。本书通篇贯彻"占学一理"的原则，诱导人们认真学《易》，求其精髓，神而明之，存乎一心，因时而动，吉凶由人，不占不卜而有先见之明。

《易传》云："立天之道，曰阴与阳；立地之道，曰柔与刚；立人之道，曰仁与义。"作者遵循天道、地道、人道的统一法则，深信"《易》与天地准，故能弥纶天地之道"，天地人之际三纲领，乃东方文化固有的特征。本书作者对每卦及每爻象、数、理的阐发，无不紧扣此原理，诱导人们精研天人合一之道，启迪智慧，以为指导行为的准绳。《易》乃"宇宙代数学"。学《易》，乃可执常以通变，"不可为典要，唯变所适"，掌握事物变化的客观规律性，"先天而天弗违，后天而奉天时"，故可趋吉避凶。学《易》者，知阴知阳，善用柔刚，时止则止，时行则行。遵《易》而行，正是人们知人论世、圆行方止、自求多福的最大奥秘。如此而已，别无奥秘。

序 一

《易传》云："夫《易》，圣人所以崇德而广业也。"《易》是古圣先贤经邦济世之书。是故古人说："不读《易》，不可为将相。"足见《易经》在敦人伦、齐礼法中的重要作用。《易经的智慧》的作者深明此理，在解《易》的过程中，坚持经世致用的学风，或引古史，或述古人，以其历史经验，疏证易理，旨在诱导学《易》者进德修业，归本大道，激发学《易》之深情，张扬人文之雅兴，酌古酬今，还易理于百姓日用。作者务求古今通气，史论结合，举一反三，启人遐思，借古圣之史慧，益今人之智力，如此诠《易》，深中肯綮。

不言而喻，此书的重大特点在于雅俗共赏。酌古论今阐易理，妙在轻言细语中。作者对《易经》原文逐字逐句进行讲解，无惊世骇俗之论，无虚远玄妙之谈。摆在面前的虽是上古圣人之书，而听到的则是饱经人世沧桑、具有豁达胸怀的一位学者的妙语微言，所举证者无非人们日见日为的平凡之事，令人如听家常，如坐春风，没有天方夜谭的奇闻，没有照本宣科的套话，听得懂、学得会、用得上。作者常自设宾主，一问一答，难字、奇句，豁然而解。《易经》智慧的清泉，汲之不尽，用之不竭。

此书编排大方，图文并茂，装帧雅致，如此仿古装帧，书肆少见。古诗云："鸳鸯绣取凭君看，不把金针度与人。"《易经的智慧》已将鸳鸯与金针和盘托出，人见人爱，愚亦乐，以为之序。

唐明邦

2004 年 5 月 23 日

于云鹤书房

序 二

殷昆、殷珍泉父女之大作《易经的智慧》，在当下的《易经》研究与诠释中，实属超常而又归于"平常心"的一种。在理性与工具理性占支配地位的现代思想文化界，人们的诗心和由之引发的原创联想力，正在日渐萎缩。在这样的时刻，《易经的智慧》以其超越知理之"常"而求悟的姿态出现，确实给读者的心灵带来了令人惊喜的诗意触动。《易经》作为中华的伟大经典，乃是中国思想文化永不枯竭的源头活水。但是，这一源头活水，经过理性和工具理性这种概念和思维模式的"切割"，却被遮蔽甚至阻断了她与现代中国人固有联系的生机。由此可知，《易经》的诠释和研究，确乎不能再走只求知理而断悟的死路了。相反，只有走以"平常心"的体悟之路，才能把《易经》的源头活水引入现代人的心田，也才能由之唤醒人们被压抑的原创联想力。概言之，《易经的智慧》之所以能打动读者的心灵，受到热情欢迎，恰恰在于她能由作者之悟开启读者之悟，从而能引导人们回到《易经》的本真。

在《易经的智慧》再版之际，谨以此感言敬献作者与读者。

王树人（老树）

2004 年 6 月 26 日

于北京海淀区稻香湖畔之云鹤庐

自 序

十多年前，有朋友催我写一本通俗易懂的《易经的智慧》，所谓通俗易懂，就是还《易经》于"百姓日用"之中，其实做到既深入而又浅出并非易事，故迟迟不敢捉笔。去年，为几位跟我参易的年轻人讲完了六十四卦，他们认为听得懂、学得会、用得上，受益匪浅。于是，推举女儿珍泉和吴江同志将录音整理成文字，又经沈勇先生作文字润色和版式设计，历经两度春秋，终于付梓，甚为欣慰。

欣慰之余，讲一件近日的小事，此事缘于一次"占卜"。女儿的同学拿到了硕士文凭，来北京求职。开始期望值很高，在学校的骄人表现使她一度神采飞扬，然而经过几次受挫，她伤感无限，竟然想到找我问卜。《易经》虽有占卜的功能，但古人云："善为《易》者不占。"我非"善《易》者"，也从不喜欢用占卜之术，每有问卜，只凭我对《易经》的理解，与问者心灵碰撞，灵感闪现自然心诚有灵。当时她问卜话音刚落，我的思维立即映现出坤卦"初六"中"履霜坚冰至"那句爻辞，意思是说，一旦踏上薄霜，结冰的日子也就不远了。我问她："你是不是想一步就踏上金砖？"她愕然。我把一位成功者的名言转述于她：

不要想第一步就踏上人生的金砖，哪怕是坎坷、荆棘、泥淖，只管大胆地跨出第一步，当你终于踏上属于你的那块金砖，回首顾盼，步步都是金砖。

我虽然没有给她讲解原文，没有告诉她占卜的吉凶悔吝，但她听过之后眼睛发亮，那种好高兴、好自信的样子，已经预示着一种吉祥和成功。我交给她的不是占卜的结果，而是积极奋进的激励；不是《易经》的名词术语，而是处世的理念和自信；没有把她限制在可行与不可行、能成与不成的迷惘之中，而是帮她拓宽人生选择的空间。

书中展示的六十四卦、三百八十四爻，都是这种"占卜"，如果你认为这是迷信，我愿意接受你的呵斥；若你能认可，并且得到了收获，可否共同探讨？

近日，珍泉陪同誉隆望重的韦公（全国政协委员）和韦夫人去北京医院看望周而复先生。周老文学著作等身，其主要作品已被译成日、俄、英、德、意、越、阿尔巴尼亚等国文字出版、再版，《白求恩大夫》被拍成电影，《上海的早晨》被拍成电视剧,《长城万里图》获中宣部"五个一工程"图书奖。1999年,珍泉第一次去周老家拜访时,周老曾以《上海的早晨》一书签名相赠。这次在医院,他又把珍泉叫到身边,特别拿出近年的新作文稿,谆谆嘱咐要多看书,并问她最近写了什么?周老还告诉珍泉一个写作的秘诀:时间就是生命。他比喻说:"一个人活一百岁,浪费了三十年时光,等于只有七十年寿命。"周老年近九秩,依然笔耕不辍,与年轻人谈起写作竟毫无倦意。难怪医生说,周老这次是创造了一个医学上的奇迹。珍泉问周老:"是几十年的创作激情使您长寿的吧?"周老想了想说:"你是懂《易经》的,中国人就喜欢乾卦中的那句话:君子终日乾乾,与时偕行。"乾乾,就是自强不息;与时偕行,就是与时俱进。周老对《易经》中的经文记得那么准确,真不愧为"中华伏羲文化研究会"的老顾问。

最后不得不强调:我讲六十四卦,我做许多努力,是希望还《易经》于"百姓日用"之中,但要实现之,是几代人的事,更需要学者和广大读者的共同努力,我们只能做点儿我们能做的事。

同时,我们也希望有更多的师长同人赐教,乃至尖锐的批评!

殷旵

2003年11月

于北京智学苑

目　录

导　读
　　一、易 1
　　二、爻 6
　　三、卦 9

智慧的占卜
　　何谓"卜" 14
　　何谓"择" 14
　　何谓"占卜" 16
　　何谓"过程" 17
　　何谓"善《易》者" 18
　　何谓"六十四卦" 19

乾　卦　潜龙的智慧 21
坤　卦　牝马的智慧 45
屯　卦　乘马班如的智慧 65
蒙　卦　童蒙求我的智慧 75
需　卦　不速之客的智慧 87

讼　卦	争讼的智慧	97
师　卦	将在外的智慧	107
比　卦	亲比的智慧	115
小畜卦	密云不雨的智慧	123
履　卦	履虎尾的智慧	133
泰　卦	小往大来的智慧	143
否　卦	大往小来的智慧	155
同人卦	同人于野的智慧	167
大有卦	大车以载的智慧	175
谦　卦	谦谦君子的智慧	183
豫　卦	雷出地奋的智慧	193
随　卦	泽中有雷的智慧	205
蛊　卦	甲日前后的智慧	213
临　卦	君临泽的智慧	221
观　卦	风行地上的智慧	229
噬嗑卦	雷电合章的智慧	239
贲　卦	化成天下的智慧	249
剥　卦	层层剥蚀的智慧	259
复　卦	反复其道的智慧	267
无妄卦	天雷无妄的智慧	277
大畜卦	日新其德的智慧	285
颐　卦	自求口实的智慧	293
大过卦	独立不惧的智慧	303
习坎卦	往有功的智慧	313
离　卦	日月丽天的智慧	321

咸 卦	少男少女的智慧	329
恒 卦	长男长女的智慧	339
遁 卦	执用黄牛的智慧	347
大壮卦	羝羊触藩的智慧	355
晋 卦	昼日三接的智慧	365
明夷卦	明入地中的智慧	373
家人卦	母系氏族的智慧	379
睽 卦	二女同居的智慧	385
蹇 卦	山上有水的智慧	393
解 卦	雷雨作的智慧	399
损 卦	损下益上的智慧	407
益 卦	损上益下的智慧	415
夬 卦	刚决柔的智慧	423
姤 卦	女壮的智慧	431
萃 卦	泽上于地的智慧	441
升 卦	地中生木的智慧	449
困 卦	大人吉的智慧	457
井 卦	往来井井的智慧	467
革 卦	二女革命的智慧	475
鼎 卦	木上有火的智慧	483
震 卦	笑声哑哑的智慧	493
艮 卦	艮其背的智慧	501
渐 卦	鸿雁的智慧	509
归妹卦	泽上有雷的智慧	515
丰 卦	雷电的智慧	521

旅 卦	山上有火的智慧	529
巽 卦	申命行事的智慧	537
兑 卦	朋友讲习的智慧	545
涣 卦	风行水上的智慧	551
节 卦	泽上有水的智慧	559
中孚卦	泽上有风的智慧	567
小过卦	山上有雷的智慧	575
既济卦	水在火上的智慧	585
未济卦	火在水上的智慧	593

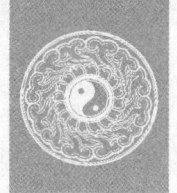

导　读

一、易

易，是《易经》的简称（八卦和六十四卦亦称为易）。所以，学《易经》首先要了解"易"的义理和《易经》创作成书的历程。

1. 三古、三圣、三易

古人有三古、三圣、三易的美妙传说，那么，何谓三古、三圣、三易呢？请先看下表：

三古（时间）	三圣（作者）	创作	三易	说明
上古	伏羲 神农氏 轩辕氏	始作八卦 重六十四卦 重六十四卦	《连山易》 《归藏易》	以艮卦为首 以坤卦为首
中古	周文王 周公	重六十四卦 写卦辞 写爻辞	《周易》	以乾卦为首
近古	孔子及弟子	作《易传》 又名《十翼》	《彖传》（上、下） 《象传》（上、下） 《系辞传》（上、下） 《文言》《说卦传》 《序卦传》《杂卦传》	

上表所显示的，是《易经》产生、创作、传承和发展的历程。下面再分别叙述：

三古，即指《易经》产生、创作、传承和成书，历经了上古、中古和近古三个大的历史时期。这里的上古是指伏羲、女娲生活的新石器时期；中古是指夏、商、周（西周）三代时期；近古则指春秋战国（东周）以降，距今约二千五百多年。

炎帝神农氏

太昊伏羲氏

黄帝轩辕氏

三圣，即指伏羲、周文王和孔子。

伏羲和女娲是华胥氏的儿、女，华胥氏是中华民族的始祖母；"华夏"一词即是根据这位祖母的姓（华，原义为花），和第一个王朝的名字（夏）而来的。华胥氏时期已进入新石器时期，这时已经有了彩陶和网罟、结绳记事等文明初萌。后来，伏羲又发明了八卦，以另一种更为简明方便的符号代替了结绳记事符号。有学者称"八卦"为中国文字的起源，郭沫若就主张中国的有文字时代应从"易"的起源时算起。可见"伏羲始作八卦"对华夏文明起源的伟大贡献，所以，称其为上古之圣。

中古之圣为周文王。周文王被商纣王囚于羑里狱中时，悉心演绎上古的八卦和《连山易》《归藏易》，并在此基础上，演绎出新的六十四卦，重新整理编撰了卦辞。其后，他的儿子周公又在整理的基础上编撰了爻辞。从此，卦符便有了文字，图文兼得、象意参照，为《易经》的成书奠定了基础。

当周文王的《周易》传至孔子时，孔子已有得之恨晚之感，他从五十岁开始，便虔心研习《周易》，串连竹简的牛皮绳三次磨断。孔子对卦辞和爻辞又作了进一步的诠释和发挥，撰写了几万言的解读文字：有解释卦辞和爻辞的《彖传》《象传》和《文言》；有阐释易理的《系辞传》；有说明卦象、卦理的《说卦传》；有说明卦序排列的《序卦传》和《杂卦传》。于是，《周易》便有了新的内容，卦辞和爻辞便称为《易经》，孔子的文字便称为《易传》，合称为《周易》，或名《易经》。所以，在《易经》的创作发展中，孔子是承前启后的近古圣人。

三易，即指《连山易》《归藏易》和《周易》。

传说《连山易》为神农氏所创，神农氏即炎帝。神农氏将八卦每两卦一重，首次演绎为六十四卦。因炎帝又号连山氏，故以象征山的艮卦为首卦，取义为"山之出云，连绵不绝"，又因《连山易》为夏代所流行，故曰"夏道连连"。

周文王

孔子

《归藏易》为轩辕氏所创，轩辕氏即黄帝，又号归藏氏。黄帝演绎的六十四卦以坤卦为首卦，因坤卦象征地，地是万物的归宿和载体，故名《归藏易》，又因其在殷商时期流行，故曰"殷道亲亲"（坤为母）。

《周易》为周文王在羑里被囚时演绎的六十四卦，以乾卦为首卦，表明天地初开、万物始生，又以未济卦为末卦，表明一事的终末又是另一事的开始，周而复始、周行不息，故名《周易》。又因乾卦为天，天尊地卑，故曰"周道尊尊"。

因年代久远，《连山易》《归藏易》已佚。

2.《易经》《易传》

传承至今的《易经》就是《周易》。《周易》的内容包括两大部分：前一部分为《易经》，包括六十四卦的卦名和卦画、周文王整理的卦辞和周公整理的爻辞；后一部分为《易传》，包括孔子及其弟子撰写的《十翼》：即《彖传》《象传》《文言》《系辞传》《说卦传》《序卦传》和《杂卦传》等。

《周易》《易经》的篇章结构是怎样编排的呢？请看下表：

总目	编排次序	简目	卦序	具体内容
《易经》	1	《易经》（上）	第一卦至第三十卦	三十条卦辞、一百八十条爻辞及相应的《彖传》《象传》和《文言》（注）
	2	《易经》（下）	第三十一卦至六十四卦	三十四条卦辞、二百零四条爻辞及相应的《彖传》和《象传》。
《易传》	3	《系辞传上》		共十二章
	4	《系辞传下》		共十二章
	5	《说卦传》		共十二章
	6	《序卦传》		
	7	《杂卦传》		

注：《文言》仅乾、坤二卦有，其余六十二卦均无。

3.简易、变易、不易

"易"的要义有三，即简易、变易和不易。

简易。《易经》所表述的象都是宇宙万物的现象。乾卦为天，坤卦为地，震卦为雷，巽卦为风，坎卦为水，离卦为火，艮卦为山，兑卦为泽。所阐释的义理也是宇宙万物变化的法则，如震为雷，雷为动；巽为风，风为无所不入。其易数更为简易，《易经》中只讲一位数"一"，而其余诸数都是由"一"递增而来的。其计算方法只有两种，即加法和减法，因为万物的变化，不是增加就是减少。

再说，八卦和六十四卦演绎出了宇宙、社会和人生的无穷变化，而表现这些变化的仅仅是两个简单的符号：阳爻"—"和阴爻"--"。这就像今天的计算机中的脉冲二进位"01"，科学家用"0""1"两个符号，演变出无穷的信息数据。这正是愈是简易愈有变化的功能，愈是复杂的变化，其法则愈是简易。

变易。变易大致有四层意思：第一，六十四卦本身就是从自然现象的变化中演绎出来的，如损卦，上经卦是象征山的艮卦，下经卦是象征泽的兑卦。表示湖海中的山，在水的冲击和侵蚀中一点点地消损。

变易的第二层意思是说明自然万物的变化是有规则的，如六十四卦每卦有六爻，初爻象征事物的初始；二爻象征事物有成；三爻象征事物发展至一定阶段，停滞不前；四爻象征变革；五爻象征兴盛；上爻则象征终极，趋向衰微。

变易的第三层意思说明人的意志可以决定事物的变化，如困卦本义为困难、艰险，而《象传》说"险以说（悦），困而不失其所，亨。其唯君子乎？贞，大人吉"。卦辞中的"说"为"悦"，意思是说：虽然处于风险之中，但心里愉悦（信心不失）；虽然为艰难所困，但只要矢志不移、忠贞不渝，终究会战胜险阻而达至亨通。所以说以天下为公、有道德修养的君子虽得困卦，而终为吉。

变易的第四层意思是指六十四卦的本身，六十四卦显示了六十四种自然静态现象，三百八十四爻演化了三百八十四种动态的变化，而其中的错卦、综卦更显示了事物的错综复杂。

不易。不易是指永恒的自然法则，如八卦中的阴爻和阳爻，象征自然现象中白昼与黑夜、山阴与山阳、阴晴与圆缺、男与女、雄与雌等。同时，还说明自然万物的变化是不以人的意志为转移的，如道分阴阳，阴阳既对立又统一。因为统一，所以有发展；因为对立，所以物极必反、盛极必衰。受这一"不易"哲理的启示，古圣贤哲们便归纳出人世间的"无为法"，即顺其自然法则的便有所为，违逆自然法则的便要有所不为。有所不为正是为了有所为，有所为是自强不息的创新精神，有所不为是居安思危的忧患意识。

"易"的哲理思维中还有交易、反易、移易等多种含义，这里不再一一列举。

4. "易"的来历

关于"易"的含义说法众多，这里选其中几则名家引证的例子：

（1）"易"为简易、变易、不易的说法：

郑玄《易赞》《易论》曰："易含三义，简易一也，变易二也，不易三也。"

（2）"易"为日用的说法：

东汉魏伯阳《周易参同契》曰："日月为易，刚柔相推。"

《说文》曰："《祕书》说'日月为易，象阴阳也'。"

《系辞传》曰："悬象著明莫大乎日月""日月之道，贞明者也。"

（3）"易"为蜥蜴的说法：

东汉许慎《说文解字》曰："易，蜥蜴，蝘蜓，守宫也。象形。"可知，"易"字来源于蜥蜴，即"日"为头，"勿"为足之象形。又因蜥蜴皮肤之色善变，故易又引申为变易。

（4）"易"为卜筮的说法：

《管子·山权》："易者，所以守成败吉凶者也。"

《贾子·道德》说："易者，察人之精德之理，与弗循而占其吉凶。"

郑玄《周礼·春官·太卜》注："易者，揲蓍变易之数，可占者也。"

（5）"易"为生生不息的说法。

（6）"易"为逆数的说法。

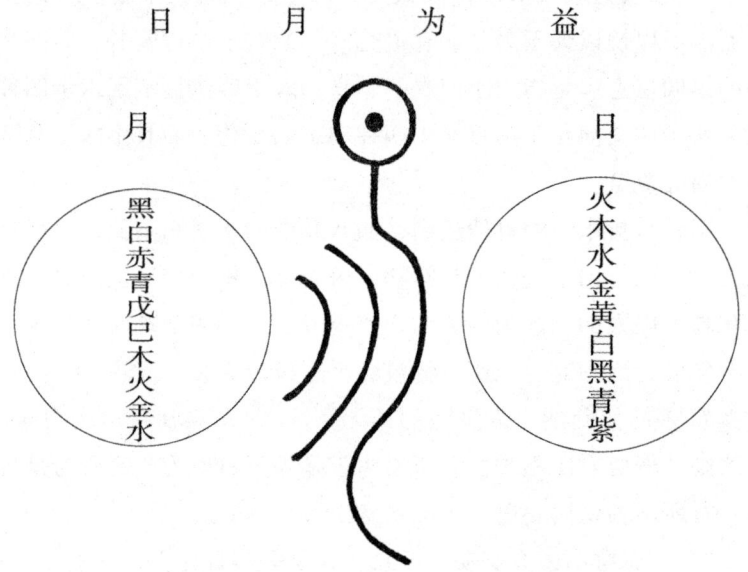

是日往月来之义故曰阴阳之义配日月

取日月二字交配而成如篆文日下从月

二、爻

再介绍一下"爻"的含义。爻，音 yáo。义从"交"，形如网，如网中经纬之线互相交叉，织成一个个的网目。象征万事万物错综复杂，你中有我，我中有你，变化无穷。

爻是组成八卦的基本符号，其形有二，其一为阳爻，画作"—"，象征万物归一，为大合之数；其二为阴爻，画作"— —"，象征一分为二，为小分之数。

阴阳二爻从何而来？为什么只分为二爻呢？

《易经》中说："易有太极，是生两仪。两仪生四象，四象生八卦。"

太极即是万物始生前的混沌之象。这种混沌状态大致分为"未见气""气之初""形之始""质之成"四个阶段。一旦由气而形，由形而质，逐渐形成时，混沌的太极正如古代神话传说中描写的那样，盘古持一柄板斧将混沌一劈两半，一者为天，一者为地。

太极一分为二时，轻清之气上浮，为天（大气层）；重浊之物下沉，为地（地球）。如果按今日天文观点来描述，则是轻清之气扩散于外，形成一个庞大的大气层；重浊之物凝聚于内，形成一个带有磁场的地球（所以六十四卦中的上、下经卦又可称为外卦和内卦）。

天大于地，天有光明，地则晦暗。所以，上古作《易》者将天称为阳，将地称为阴，一阴、一阳，名为二仪。二仪用"—"和"--"两种符号表示，这两种符号名为爻。爻在八卦中，既是一种基本符号，又象征天和地、阴和阳、明和暗、大和小、重和轻、刚和柔、尊和卑、动和静、男人和女人、生长和衰老……阳代表的事物，具有积极、进取、刚健、向上的特征。

二爻相重又生四象，阳爻与阳爻相重"⚌"，为太阳；阴爻与阴爻相重"⚏"，为太阴；太阳中的下爻变阴爻"⚎"，为少阳；太阴中的下爻变阳爻"⚍"，为少阴。这就是四象：太阳、少阳、太阴、少阴。

四象再重一爻即生八卦：

太阳再重一阳爻☰，名乾卦。

太阳上重一阴爻☱，名兑卦。

少阳上重一阳爻☴，名巽卦。

少阳上重一阴爻☵，名坎卦。

太阴上重一阴爻☷，名坤卦。

太阴上重一阳爻☶，名艮卦。

少阴上重一阴爻☳，名震卦。

少阴上重一阳爻☲，名离卦。

太极气之初时，生两仪，两仪相重而生四象，四象再重一爻而生八卦，八卦再相重而演变为六十四卦。八卦由三爻组成，六十四卦则为六爻组成。八卦为什么只用三爻而不是两爻或四爻组成呢？根据今日科学得知：空间的任何一个"点"即为物体的抽象，都是由三维坐标（xyz）构成的。再从微观上看，每一个粒子也都是由三个夸克组成的。当然，这只是今日的推测。

古人推演八卦时，还有一种象征意义。爻在八卦中有两种功能：一是展示了天、地、人三位一体的空间，即上爻为天，下爻为地，中爻为人。又名天道、地道、人道，合称"三才之道"。二是展示了过去、现在、未来三世时间，即下爻代表事物的初端，中爻代表事物的发展过程，上爻为事物的结局。这就是说，每一卦（无论是八卦还是六十四卦），都有一个空间和时间的概念，都是一个"小千世界"。

爻在六十四卦中同样有这两种功能。展示空间的，上两爻代表天道，下两爻代表地道，中间两爻代表人道；展示时间的，下两爻代表过去，中间两爻代表现在，上两爻代表未来。现以泰卦为例。

空间展示			时间展示		
爻位	卦体	代表	爻位	卦体	代表
上六	--	天	上六	--	未来
六五	--	道	六五	--	
六四	--	人	六四	--	现在
九三	—	道	九三	—	
九二	—	地	九二	—	过去
初九	—	道	初九	—	

泰卦如此，其余六十三卦亦如此。所以说，每一卦既有空间的概念，又有时间的概念。时间为"世"，空间为"界"，六十四卦就是六十四种世界。这就是爻在卦中所发挥的功能。

这种功能都具体表现在每一个爻位上，爻位即爻在卦中所处的位置，六十四卦中的爻位有六个，最下一爻称为初爻，因为它所代表的是事物的初萌；由初爻上数为二爻、三爻、四爻、五爻，代表事物发生、发展的经过；最上一爻称为上爻，代表事物的结局。

上爻——发展顶峰（盛极必反）

五爻——功成业就（居安思危）

四爻——上升新台阶（审时度势）

三爻——功业有成（慎行防凶）

二爻——崭露头角（待机而动）

初爻——事物的初端（潜藏待机）

由以上叙述可以看出，爻是一种符号，所以，它所代表和象征的事物符合"简易""变易""不易"的基本原理。简易，两个符号，阴爻（--）、阳爻（—），相当于计算机里面的"0"和"1"，因为简单，所以操作简便。《老子》说过："天下难事，必成于易。"变易，由阴、阳二爻组成的八卦、六十四卦，表现了万事万物的无穷变化；不易，无论变化多少，但其爻位（即事物发生、发展、结局等各个环节）的阶段性，阴与阳、刚与柔、动与静的关系，则是依循自然变化的法则而不变的。

三、卦

1. 卦形、卦象、卦德

这一节内容请参照"八卦配属表"（一、二），如果能自制一张大表，更利于理解和记忆。这可是学《易》的硬件。

乾卦象征天，天行健，自强不息；坤卦象征地，地势坤，厚德载物。

震卦象征雷，轻清之气向外扩散，形成一个庞大的大气层，为天；重浊之物向内凝聚形成一个庞大的地球，为地。轻清之气向外，重浊之物向内，二者发生碰撞，因碰撞而震动，因震动而产生闪电和雷鸣。所以，震卦的卦德为"动"。

巽卦象征风，因震动而产生气流，气为风，风则无孔不入，所以，巽卦的卦德为"入"。

坎卦象征水，因气而产生水，水是两个氢原子和一个氧原子化合而成的。水向低处流，造成土地下陷（本义），并造成一些危险（引申义）。所以坎卦的卦德为"陷"和"险"。当然，险并非凶，在事物发展规律中，险而后安。

离卦象征火，火与水是相反相成的。但火不能独立存在，任何火光的显现都必须依附某种物体，如油捻子、柴火、炭、烛、钨丝等。所以，离卦的卦德为"附"，即离不开附着体。

艮卦象征山，相对来说，山是屹立不动的，它和地一样，为重浊之物聚合而成。所以，艮卦的卦德为"止"。

兑卦象征泽，因低洼而积水，因水能润泽万物，万物生长而有喜悦。所以，兑卦的卦德为"悦"。

为了使读者阅读和运用时方便，特列表如下，以供查阅。

八卦配属表（一）

卦名	卦画	卦形	卦象（自然）	卦象（人伦）	卦象（动物）	卦象（人体）	卦德
乾	☰	⌒	天	父	马	首	健
坤	☷	⌒	地	母	牛	腹	顺
震	☳		雷	长男	龙	足	动
巽	☴		风	长女	鸡	股	入
坎	☵	≈	水	中男	豕	耳	陷、险
离	☲		火	中女	雉	目	附、丽
艮	☶		山	少男	狗	手	止
兑	☱		泽	少女	羊	口	悦

八卦配属表（二）

卦名	季节	先天卦数	先天方位	后天卦数	后天方位	五行	气象	内脏	节气
乾	秋冬间	1	南	6	西北	金	晴	肺	立冬
坤	夏秋间	8	北	2	西南	土	云	脾	立秋
震	春	4	东北	3	东	木	雷	肝	春分
巽	春夏间	5	西南	4	东南	木	风	胆	立夏
坎	冬	6	西	1	北	水	雨	肾脏膀胱	冬
离	夏	3	东	9	南	火	晴	心脏小肠	夏至
艮	冬春间	7	西北	8	东北	土	雾	胃	立春
兑	秋	2	东南	7	西	金	雨	大肠	秋分
说明	后天八卦	河图之数		洛书之数					

2. 八卦与万物类象

卦是由爻组成的。爻是什么？爻是一种符号，分别用"—"和"--"表示，"—"代表阳，"--"代表阴。现代之所以那么广泛地运用电脑，正是因它的计算二进制借鉴了阴爻和阳爻这两个符号，所有的信息储存都以"0"和"1"为基本数据，演变出无穷无尽的变化。如乾卦三个阳爻☰，计算机则是111；坤卦三个阴爻☷，计算机则是000，震卦☳，计算机则是100；巽卦☴，计算机则是011；坎卦☵，计算机则为010；离卦☲，计算机中为101；艮卦☶，计算机为001；

兑卦☱，计算机为110。

自然界同样以阴、阳两仪划分地势的分水岭。习惯上称山的北侧为阴，南侧为阳。俗称山之南、水之北为阳；反之，山之北、水之南为阴。地名中的贵阳、衡阳、洛阳就是因其城市位于贵山之阳（南）、衡山之阳（南）、洛水之阳（北）。

3. 二仪、三才、四象

八卦是由太极生两仪、两仪生四象、四象生八卦演变而来的。

八卦中每卦有三爻，从下往上为初爻、中爻、上爻，分别为地、人、天三才，上爻为天才，中爻为人才，初爻为地才。

从中国的地形分布不难看出，分别以二仪、三才、四象和八卦为象征的地形、地势、地貌。具体象征为：

二仪：山为阳，水为阴；南为阳，北为阴（气候寒冷）；内流流域为阴，外流（气候温）流域为阳（我国河流分为内河流域与外河流域两大类）。从地图中可以看出，内河流域分布在西北，外河流域分布在中东、南，正好为两大区域，泾渭分明。杜甫那句："阴阳割昏晓"的诗句之所以成为名句，正是因为他抓住了一阴一阳这一自然的基本规律，用一个"割"字便描绘出泰山的钟灵神秀。

智慧的占卜

这次讲的大题目是"六十四卦",作为六十四卦的一个引言,也给它一个小题目,这个题目叫什么?叫"智慧的占卜"。

《易经》被许多人认定是占卜的书,甚至有人说,《易经》如果没有占卜的功能,就没法流传到今天,也就失去了它存在的意义。我虽然不敢苟同这种意见,但是《易经》毕竟有占卜的功能,为了破除占卜的迷信,不得不讲占卜,我们讲一下占卜的几层意思。

第一层意思:我们不否定《易经》的占卜功能,但不能扩大化,以偏概全,以其枝末乱其根本。

第二层意思:这个占卜绝对不是某些人所理解的那种占卜,不是那种功利层面的占卜,而是大层面的占卜。

第三层意思:这个大层面的占卜,是《易经》产生的源头,是天道思维,也是作《易》者原始占卜的思维。

第四层意思:讲清《易经》的占卜功能,是为了正本清源,以辨中正和邪迷,让迷信的占卜不攻自破。

《易经》的形成过程经历了几千年,从伏羲始作八卦,以后经过炎帝、黄帝,又经夏、商不断地演进,再到周文王重新演绎《周易》,整理卦辞、爻辞,还有孔子作《十翼》,几千年中凝结了多少人共同的心血哪!这里有一个共同的东西,我们都不能忽视,即《易经》产生于人类的活动,源于人们的生活,是人类自身为求得生存而产生的,它具有一定的功利性,这种功利是一个大层面上的功利,是为大众的利益,而非一己之私利。当你登上伏羲观天地之象的卦台山,走进伏羲故里的大地湾文化原始氏族遗址和F901原始宫殿遗址,就会深切地感受到这种大社会、大层面、大自然的气概和思维平台。

今天我们继承下来,它与我们的工作、学习和生活以及事业的追求都是息息相关的,有它应用的功能。所以我这里要讲到怎么去用、怎么去理解的问题以及应用角度和方法问题,这就是我今天要讲"卜与择"的出发点。

何谓"卜"

现在从它的占卜功能的源头说起。它的源头在哪里呢？它的源头就在八卦的本身之中，不在它之外。那么卦又是怎么来的？卦是由卜来的。卜又是何意呢？这个卜字中的竖笔"｜"是一个标杆。古代人测量日影开始是以人体测量，甚至以人的大腿外侧之影为依据。后又用八尺高的竹竿，古代的八尺为一丈，当时男人一般高度为八尺，故后称男子汉为"丈夫"。后来又讲究在竹竿上挂上旌幡，系上铃铛，称为"表"。《晋书·天文志》云："髀，股也；股者，表也。"甚至于在野外立上八根，表示八方，即四方八面。这样来测量天地方位、气候以及各种变化，以应用于当时的游猎、捕捞、农耕和日常生活等。

《周礼·夏官司马第四》载：土方氏之职，掌土圭之法，以测量日影。量度土地，判断方位，选择可以居住的地方，以建立邦国都邑……

那么"卜"的一点"、"就是竹竿投下的日影。测量影子的尺是泥土做的，长五寸，名叫圭。用圭尺测量日影的长短和方位，就叫"卜"。日影通过测量之后，还要记录下来，记录下来就成了八卦，因为八根标杆的记录就是八方的记录，就成了八卦。

《吕氏春秋》曰："卜，择也。"这是选择的择，卜就是选择的意思。那么这个"择"给我们的启发是什么呢？卜为什么是择呢？为什么与择同义？在古时，"卜"与"择"以及"测"，三个字是通用的，是指同一件事。这又是为什么呢？如标杆投下的日影形成了一个"卜"字，然后测量那个日影，这就是"测"；测了之后，记录下来为卦。于是，根据"卦"选择时间、方位来确定农事活动，决定可行或不可行。

殷商时的龟卜实际是圭卜的谐音。因此时再不需要测日影了，于是由室外转向了室内，灵龟也就登上了大雅之堂。

何谓"择"

如果利用六十四卦的爻辞预测某件事，如果是小层面或是一般低层面的占卜，那就没有选择的余地，因为占卜者灵不灵照书行，书上的卦辞、爻辞说吉就说可行，说凶就说不可行。换句话说，这种狭义的占卜，只注重"是什么""不是什么"，不是肯定就是否定，不问为什么，都是很绝对的，没有给问卦者选择的余地。但是《易经》的本身不是这样,《易经》本身无论是卦辞,还是爻辞,都给占卜者提供了选择的余地。

所以讲《易》是大层面的占卜,应该尊重作《易》者的原始思维,无论给人家什么结果,都必须让人家有选择的余地。为什么呢?因为你给他讲清楚这个卦辞,然后让他自己去选择,这样他自己更清楚自己的情况。如果讲得绝对了,只讲吉与凶,不讲过程,那不好,必须让他自己选择,这既不误人,又很科学,所以这个"择"很重要。

这个"择"与"卜"真有这么大的联系吗?这个"择"为什么要你自己去选择呢?为什么占卜以后还要给你一个选择的余地呢?择,就是择善而从之,我们选择肯定是选好的方案。

《中庸》曰:"择善而固执之者也。"这是择善的必然。

下面讲讲择吉、择交、择邻。

"择吉",就是选择良辰吉日。这种"择吉"在农村里很注重,就是在城里也还有这种现象。其实,"择吉"就是选择良好时机。

"择交"的"交"就是交往,这里指的是一种国与国之间的外交。《史记·苏秦列传》里讲:"安民之本,在乎择交。择交而得,则民安;择交而不得,则民终身不安。"这就是讲外交很重要,这个苏秦当时就是搞外交的,是外交大师。要选择性地交往,并不是盲目地去交往。

至于交朋友,白居易的诗里讲道:"乃知择交难,须有知人明。"这就说明交朋友也要选择。

"择邻"的"邻"就不必多讲,《三字经》里有"昔孟母,择邻处"的名句。"昔孟母",就是指古时孟子的母亲;"择邻处",就是指以邻居的好坏为标准来决定他们的居处。

上面我们所讲的是"择",那我们再看"卜"。

卜宅,这个宅主要是讲阴宅,也就是坟墓。"卜"也就是选择,也就是指旧时看风水。从考古出土的墓葬看,八千年前,古人就很讲究墓葬的位置和方位。大地湾一期墓葬大多数头朝西,据考古学家分析,古人认为人死了像太阳西沉那样,到山那边去了,还会回来的。

卜居,居是居住的居,就是选择居住的环境,先选择大的环境,再选择小环境,再具体地选自己的居室。

卜邻,邻是邻居的邻,与上面的择邻是一样的意思。

卜筑,是指选择什么地方去建房,如人家要盖房,那不是随便在什么地方就可以盖的，有的要选好的市口，交通好的地方，有的要选方位，还有选坐山朝向的。这都是要选择好的位置。

卜凤，就是选择配偶，选择对象。"凤"指女子。当然，我们现在讲究双向选择，这不仅仅是男方选择女方，女方也有权利选择男方。但在古代不是这样，那时女人是无权选择的。所以称为卜凤。

何谓"占卜"

这里说明了一个什么问题呢？说明"择"与"卜"是相通的，"择"中有"卜"，"卜"中有"择"。我们将这个放在同一个平台上来看，如果占卜以后，就讲这件事能做，或这事不能做，这样一句话说死了，可造成的影响就不是一句话而已了。例如一个人办事，本来很有信心，又很有把握，可问了一卦，卦上讲凶或讲有咎，不能做，那么这个人是什么感觉呢？占卜之人说这事万万不可行也，那你如何是好呢？如果按卦上说的去做，放弃吧，那实在是心有不甘。他认为这件事本来有信心、有把握成功，占卜之前信心十足；一占卜，反而犹豫不决了。如果占卜的人将卦上的原理讲给他听，讲清怎样做能成功，怎样会失败，讲清会失败的原因与过程，那么，吉凶祸福全在过程之中，在求卜者的心态之中。所以讲选择，不是选择这件事的结果，而是选择过程。

只要你认准了那个目标之后，你就只问耕耘，不问收获。从卦象上来看，好像这件事做的结果不好，但同时这个爻的爻辞告诉了我们一种过程，它同时既讲了利又讲了弊，正反面都讲了。讲到利时，同时也讲了所要注意的事项；讲到弊时，又讲到还有一条路可走，如何去争取机会，如何去避凶趋吉。如果将这些都告诉问卦人，那么问卦人就有了自我选择的余地，那就看他如何选择了。这样使人家对所做的事，既有信心，又知道该注意什么了，对于没把握的人也增强了信心。能这样的话，就不会误人。

再看另一个极端，如果卜一卦显示的是"元亨利贞""大吉"，这卦好，这事你去干吧！但问卦者沾沾自喜，很盲目，心里很高兴，卦上讲了"大吉""利涉大川"，那就做吧！但做的时候却稀里糊涂，始终怀着一种侥幸的心理，没有注意到卦上所讲的过程中应注意的问题，结果没有做好。这是卦上说的不对吗？不是，而是因为他迷信了占卜，实施过程中没有注意到该注意的问题。乾卦是一个很好的例子，每一卦都有这样的情况，吉利时告诉你该注意的问题；有咎、不利时也告诉你避凶趋吉的方法与经过。占到乾卦的人都想做"飞龙","飞龙在天,利见大人",春风得意。但这是结果,过程还要先学做"潜龙""勤龙""惑龙"(解惑)。我认为我们的占卜就应当这样守住既定目标,注重每一个过程。不要迷信占卜,要相信自己;占卜是看过程,而不是看结果。

何谓"过程"

　　再回到"卜"与"择",在我们的日常生活中,出现得最多的当然不是卜,而是择,但它们是通用的,只是古代人用卜,现代人用择。现在用人单位与被用者,叫双向选择,用古人的话讲也就是双向占卜。那么我们生活中有哪些选择(占卜)呢?其实,我们天天都在占卜,从大的方面讲,每一个人都要占卜自己的人生,占卜自己的前途,也就是选择自己的人生定位,选择自己的前途。

　　如上学的时候要选择上什么大学,选择什么专业。大学毕业之后又要选择是继续深造,还是去求职?在求职时,又要选择哪个单位,是去农村,还是在城市?是到国外,还是选择国内?是选外企,还是选择民营企业?是选择优越的,还是选择艰苦的?这些都是选择,也就是占卜。

　　另外还有一些选择,如择偶,男女双方互相选择。还有选择住房,你是自己盖房,还是买房,还是租房?什么位置?什么格局?这都要选择。我认为谁都会认真地去选择,谁都不会马虎的,如果有谁马虎了,就会留下遗憾。

　　再如,我们每天上班时必须选择交通工具,是骑车还是乘公交车,或乘地铁还是步行?这些都要选择。我们平时对自己生活的安排,都有一个选择。我们上商场买服装、买彩电,这些都要选择,而且是很仔细地选择,这些都是占卜。如果在日常生活当中这些事都要问卦的话,那我们就不用生活了。这也说明我们每一个人都会占卜,"易"在我们生活中。我们每个人都在生活中参易和占卜,在参易和占卜中生活。

　　再比如在日常事务或处世交往中,也有不少选择:对某件事的态度,是采取温和的态度还是冲动为之?是直截了当地解决,还是暗箱操作呢?与人的交往也是这样,如对某个人是亲近一些,还是疏远一些?是欢迎他呢?还是拒绝他呢?对他的意见是采纳还是回避呢?这些都是选择。这么多日常生活中的选择,这些工作、学习中的选择,其中当然就包含了"吉""悔""咎""吝",乃至于"凶"等等不同的结果。如果你选择得对肯定是吉,是亨通,是有利的;如果选择不好的话那就会有遗憾,那就是吝了,也可能是咎。如果你选择的实在太糟了,那可能就是凶。所以在我们的人生中,处处都有好的一面与不好的一面,等待着我们去选择。人人都想选择好的结果,但一般都忽视了先去选择好的过程。这里就强调了《易经》中的精华是在于过程,而不是那些判辞。它表面给我们显示的那些爻辞、卦辞里的"亨""利""贞""吉""吝""咎""凶"等,都是结果。如果我们只是小层面上的占卜,我们就只看这些字面上的判辞,而拘泥于这几个字眼,甚至迷信于这几个字眼。所以,大层面与小层面的占卜区别就在于这个地方,大层面的占卜,就是看卦里的过程,去选择那些合适的过程,选择那些对自己有利的过程。

我认为大家已经能够判断,你们是需要哪一种占卜呢?你如果只选择结果,那么有些事的结果将遥遥无期,有些事只是画饼充饥。有些人通过占卜做事,但后来自己所做的事的结果又与之不符,他就会反问这怎么不灵呢?这不是不灵,卦是灵的,因为卦是讲自然法则的,讲事物变化发展规律的,就像马克思讲的唯物辩证法一样。关键还是你只选择了小层面上的结果,没有注意大层面上的过程,或是你无意识地选择了不好的结果的过程。这样,就有可能诋毁了我们老祖先留下来的宝贵遗产,本来是那些骗钱的占卜者的过错,是问卜人自己选择上的错,结果全推在《易经》上,认为它是迷信的、是唯心的。这就是我们对《易经》的误解,也是几千年来人们思想的误区,即这个误区偏离了《易经》的原始思想。你无论从《易经》的哪一方面来看,它提供给我们的信息都是以过程为主的。迷信、侥幸、投机、取巧,不想付出,只想收获的心态容得下半点诚意吗?所以说,灵与不灵不在卦上,全在自己的心态和行为中,卦只是引个路而已。这就是我这一节课要讲的重点。

何谓"善《易》者"

这里借用荀子的一句话作为总结,荀子曰:"善为《易》者不占。"

善《易》者是真正理解《易经》的本义和内涵的人。《易经》的本义和内涵是什么?我认为有三:一是"《易》与天地准",易理就是自然法则;二是海纳百川,能与各种先进文化相融、相通;三是与时偕行,常释常新,从古到今,依然与人们的生活保持零距离。你懂得了这些,那么你就不需要去占卜,更不需要花钱去占卜,更不需要去问卜师与占卜先生,你自己就知道、就明白了。其实,求人不如求己，你在生活实践中积累的那些经验，就是占卜判辞。

我认为善《易》者就是重过程，不重结果。不善《易》者只想看结果，因为他根本没有艰苦奋斗、努力拼搏的思想准备。看重过程的人能注重自身的努力，他知道什么结果都是人为的，每一个目标必须一步一步地去走才能到达；只想看结果的人，是抱着侥幸的心理，想贪便宜、图省事，求捷径。注重自身努力的人能控制自己的行为，抱着侥幸心理的人放任自己的行为。能控制自我的人有定力，万事万物以我为中心，不会动摇，不轻易相信他人的话，不会被困难所吓倒，不会被外力所牵引；放任自我的人没有定力，万事由外力所左右，摇摆不定，彷徨不前，裹足畏难，患得患失。心中有定力的人目标明确，意志坚定；心无定力的人，心中目标不明确，遇事左右摇摆不定。目标明确的人，以目标为指路的明灯，即使道路坎坷，也无所畏惧；目标不明确的人，前面的路始终是黑暗的，是看不清的，即使没有，也有可能在平地上栽跟斗。

以上是我个人的一点思考。说明什么叫卜，什么叫择，什么叫善《易》者，什么叫占卜者。总而言之，占卜应从大的层面去理解它、去应用它，注重它的过程，那么它的结果一定会顺遂人愿，也就是天道酬勤，皇天不负苦心人。但是，如果只是从小层面上去理解、占卜的话，只以侥幸的心理去看结果，其结果往往与自己的愿望背道而驰，事与愿违。

何谓"六十四卦"

后面就要开始讲六十四卦了。六十四卦，每一卦都有它的卦名、卦画、卦象、卦德、卦辞，还有每一卦六个爻的爻辞，还有彖辞、象辞。彖辞与象辞都是对卦辞与爻辞的解释。当那些辞展示在我们面前的时候，希望我们能从大的层面宏观理解，多去注意其中的过程，将过程放在第一位，理清每一卦各爻之间在告诉我们哪些过程，从过程中间我们应该注意什么，应该做到什么。如果我们能这样理解六十四卦的话，那我们就不会落于那种世俗功利的小层面上；如果我们落在世俗功利之中，那我们学这些东西就没多大的意义。那么我在这里讲这些东西，也是误导。

我就这么简单地讲一下，希望我所讲的对你们理解六十四卦有好处，这是我们理解六十四卦的一把钥匙，我们将用这把钥匙去打开六十四把锁。

请注意：后面讲每一卦、每一爻，乃至每一辞，我们都要紧紧围绕《易》与天地准"这个中心,把六十四卦看作一个演绎自然法则、承载生活的完整体系,而不是遇一卦解一卦,遇一爻解一爻,以词解辞,而是爻跟卦走,卦跟乾、坤走,乾、坤跟着"易","易"则跟着天道走——"《易》与天地准,故能弥纶天地之道。"

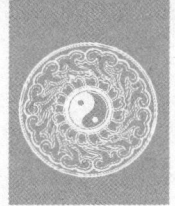

乾卦　潜龙的智慧

一、卦名：乾

我们先看看"乾"字的古体，金文作乾，从䒑，乃㐄之省笔。像是古代一种系有铃铛的旗幡迎风飘动的样子，它上面系有一串铃铛，有的系有二三个铃铛。古代开始是用圭尺、表杆来测量日影。当有国事活动或大的祭祀活动时，便显得很隆重。表杆上装有旌幡、铃铛，气派而讲究。上面的䒑表示测日影的圭尺或标杆，是一种神圣的标志；中间的日为所观测的太阳或月亮或星星；下面的十为测影的木表或石表；右边上的人，表示问卜的人；人下面的乙表示所卜之事，乙像农作物生长的情状，说明所卜之事为农事。

卦中的阳爻"—"与阴爻"--"的区别是什么呢？白天测量日影就是阳爻，因影子测了以后要记录下来，刻一横就是阳爻"—"。到了晚上，或很暗的情况下，或是月光、星光下所测的影子是模糊不清的，就像现在画的虚线一样，就是"--"，这就是阴爻。这区别就在一个测日影，一个测月影，日为阳，月为阴。所以讲"刚柔者，昼夜之象也"，这就是它们的区别。"通乎昼夜之道而知，故神无方而易无体。"

这都是当初的易象，根据日月运行和昼夜变化观察天象，以此决定自己日常生活中的各种活动，人们的生活规律是跟着太阳、月亮走的。

"乾"就是表示测量日影的圭尺、标杆，表示测影的木表或石表，也就是标杆下的圆盘或方盘，盘就是一个表，表上有刻度。"乾"字右边的"人"很重要，它象征一个人是测量的主体。"乙"象征农作物的生长，禾苗出土向上的状态。这是专家总结金文得出来的，从整体字形所描绘的来看，它是一个测量日影的现场。这个坛就表示不是一般的测量了，这个"乾"字将那种情形给描绘出来了，它有标杆，有所测的对象，有刻表，另外还有所测的目的，说明测量日影并不是测量吉凶,而是为了决定农事活动和日常活动。

《周礼》里面有这么一段话:用土圭量四季日影的方法以测得土地的四方深广。通过校正日影,以知道土地的方位,求得天下土地的中心位置。偏南的地方,日影短而气候炎热;偏北的地方,日影长而气候寒冷;东边的地方,得日较早,日影西斜,多风;偏西的地方,得日较迟,日影东斜,多阴凉。夏至那天中午日影长一尺五寸的地方,叫作大地的中央。在这个地方,天地相合,四季相交,无多寒多暑之患;风雨相会,无多风多雨之患;阴阳相合,无多阴多阳之患;风调雨顺,气候适宜,所以此间土质肥美,物产丰富,于是在这里建立王国,规划方圆千里的王畿,而后在边界上种植树木作边界。凡建立邦国,用土圭测日影的方法测量土地,而制定各国的疆域。

从这里可以看出,测量日影完全是国事活动,人们的农事活动,并不是为个人的既得利益占卜吉凶。从乾卦来看,当时的人完全是一种天道思维。他们什么事都跟着天走,围绕天道规律来安排自己的国事活动和日常活动。乾的内涵相当丰富,仅从字面上看,便有如下几点:

1. 乾是古代天文科学的初萌——以天象为准,测日影而观测方位、时间和气象;

2. 测日影的主要目的是农事的需要,不是为了占卜吉凶,而是与当时人们的生存实践紧密相连;

3. 测日影在当时是非常重要的一件事,所以标杆上装饰有旗幡和铃铛。

这三点是从字面上看出的内容,再分析其深层次的引申义,有如下几点:

1.《周易》以乾卦为首卦,说明"《易》与天地准,故能弥纶天地之道"。它的开头一卦就是讲天,但它并不是架空地讲天,而是以人为本,观察日影为人所用。所以卦名不直接称为"天",而称为"乾"。

2. 古代先民已经从日影移动中意识到"天行健""大哉乾元,万物资始"。"乾"就是"健"的意思。这"健"是从哪里来的呢?是在对日影移动的观察中,长期观察而得出来的,观察到天在不停地运转。

3. 以"乾"字命名首卦,体现了作《易》者的天道思维,这种思维贯彻于整个六十四卦。所以我们在理解以下各卦时,都要围绕这一思维法则,否则便脱离了《易》的轨道,便是遇一卦解一卦,遇一爻解一爻,遇一辞解一辞,势必难得要领。弄明了"乾"的本义和引申义,就能触摸到作《易》者的思维轨迹,依循这种思维,就能触摸到卦、爻辞的本义。这样,整体的六十四卦也就生动、形象地展示在同一个天道思维的平台上,回头读《易经》中的卦辞、爻辞和象辞,也就如读《三国演义》《西游记》那样引人入胜，趣味无穷。

以上是对"乾"的解释，理解它是理解全经的"纲"。希望初学《易》者的理解，能以"乾"字的原始字形作为切入点，然后步步展开引申。

二、卦画

我们再来讲一讲卦形，这里不用过多表示，就是六个阳爻"—"，也就是由两个本卦（也称为经卦）组成，上面三爻与下面三爻是两个经卦，而且都是阳爻，这六个阳爻就像测量日影时记录刻下的六道横线，如果是月光下测的话那就是六道"- -"的符号。为什么是六爻呢？不只是从两个经卦组成六爻，另外还有一个意思，现在白天十二个小时，全天是二十四个小时，古时是按时辰为单位的，白天是六个时辰，全天是十二个时辰，一个时辰是两个小时。六个时辰就正好是一白昼或一黑夜，因为每一个时辰都有记录，所以分六个时辰不正好是要划六道符号吗？

这卦的六个爻位有它的规定，阳爻用"九"来表示，阴爻用"六"来表示，从下向上的顺序来推。怎么称谓呢？最下面一个阳爻叫"初九"，不是叫"下九"或"一九"。初，乃开始之义。最上面一个阳爻叫"上九"，不是叫"六九"。初爻与上爻将九放在"初"与"上"之后，从二爻到五爻是将九放在前面。

乾卦的排序就是：初九、九二、九三、九四、九五、上九。初九、九三、九五为奇数，奇数的爻位是阳爻的爻位，也就是讲，它们有一个分工，奇数爻应该是阳爻的位置。九二、九四、上九这三爻为偶数，偶数的爻位是阴位，这个位置应该是阴爻的位置。所以讲，如果卦中奇数的爻位正好是阳爻的话，就叫当位，如果是阴爻占了奇数的爻位那就是不当位了，因为这个位置不应是阴爻的位置，所以就不当。一般在卦中称当位为吉，称不当位为咎。但有时也不一定，不是绝对的。

九二是下经卦的中位，九五是上经卦的中位，就是每一卦的第二爻与第五爻居上、下两经卦中位。中位一般都很吉利，上下都是有保护的，二爻是偶数为阴位，如果是阴爻在二爻位上，那就是既当位又得中，那就为中正；如果二爻为阳爻，那是得中但不得正，就是中而不正。

九五为奇，为阳位，如果是阳爻居此位为中正，阴爻居此位为中而不正。九五之位是君位，是君子帝王之位。上一爻就是"亢龙有悔"之位了，是盛极必衰的位置。"中正"在我们的传统文化中也是一种哲学思想，有墨子讲的"中用"，有儒家讲的"中庸"，道家讲的是"中和"，在《易经》里面讲的是"中正"。

有的爻与爻之间是遥相呼应的，是怎样的两爻遥相呼应呢？它是指上经卦与下经卦之间的呼应，如初爻与第四爻，第四爻是上经卦的初爻，它们正好是遥相呼应的。这样就是二爻与五爻、三爻与上爻，这都是遥相呼应的。但这也有个条件，也就是说，必须一阴一阳才相应，叫作比应；如果两爻同为阳，或同为阴，则不相应，叫作敌应。普通的观念认为这是同性相斥、异性相吸，其实，是阴气与阳气必须相交的自然法则。

从以上的说明中，可以看出乾卦的卦形，各爻都各有所表示，其中包括爻序、爻序名，还有各爻之间的关系等。我们辨识乾、坤二卦的卦形是以下六十二卦的基础，后面讲到每一卦的爻辞时，判断这一爻的吉凶，或是利或是咎，都是与"中""正"、当不当位、相不相应是有关系的，所以我们要仔细辨识、记牢。

三、卦象

所谓卦象，即各卦的象征，如乾卦在自然中象征天，为圆；在人伦中象征父、君；在人体部位中象征首，就是大脑；在动物之中象征马；另外还象征雾、金、冰，还有表示万物的颜色，是大赤，即大红大紫的赤，还有寒冷的寒等。这些在《说卦传》里有记载，乾卦的主要象征是天、父、首、马，最主要的还是象征天。

四、卦德

卦德即从卦象中体现出事物的性质与特征，如乾卦的卦象为天。天的特征与性质是什么呢？乾卦是天行健，它是运行不息的，所以它的卦德就是健，表示天体运动是昼夜永不停息的。这一卦德是理解全卦含义的重要依据。

五、卦辞

> 乾：元，亨，利，贞。
> 《彖》（tuàn）曰：大哉乾元，万物资始，乃统天。云行雨施，品物流形。大明终始，六位时成。时乘六龙以御天。乾道变化，各正性命。保合大和，乃利贞。首出庶物，万国咸宁。
> 《象》曰：天行健，君子以自强不息。

这是我们这一讲的主要内容，乾卦的卦辞是四个字："元、亨、利、贞"，对这四个词的解释有很多争议。历来对这四个字的解释有三种：一种是将四个字拆开，是元、亨、利、贞；还有一种是分为两个词的，那就是"元亨"和"利贞"；另外一种就是"元"作一组，"亨"也作一组，"利贞"作一组。不过这里要说明一点，"元"在六十四卦中是从来不单独行动的，单独行动最多的是"亨"，这里我们还是分成四个词来解释。

首先讲"元"，甲骨文作 元，金文是 元。它们上面是"二"字，表示什么意思呢？我查了好多书，甲骨文"二"即"上"。我不想人云亦云地解释，我认为"二"是天、地，天地初开，万物资始；下面是一个"人"，人乃万物之灵长，万物的代表，是指"天地人"三才。这人不能是孤独的人，不能只认为是万物之灵长，而是代表而已，代表万物。"元"的意思可以解释成：开始、创始、初始，当然天地初开以后万物也创生了，这种情景就是"元"。

天象征一种圆，这也是天圆之义，"元"的读音也许是从这里来的。那么我们从字形上看看它有几种意思：

1. 初始、创始、始生之义。

2. 天地万物开始，皆从元气开始，"气未见也"是无极，"气之初也"是太初，太初就是太极开始了。其实这与现代科学家所研究的是一致的，万物的开始是从气开始的。

3. 从空间上来看，元气的力量是广而大、无穷的。

4. 从时间看，元气如游龙，前不见首，后不见尾。现在对宇宙的研究也无法发现它的头，也无法看到它的尾，看到的只是中间，两端是看不见的，古人与今人所看到的，都不是同一段。《易经》为什么奥妙无穷，正是因为这样，研究《易经》的人无法看到它的头，也无法看到它的尾，它所包含的不知要延续多少年，延续、发展到哪个程度。我们即使对《易经》的开始能找到一个局限性的文字依据，我们也无法找到作《易》者当初是怎么想的、观察的依据是什么。所以《易》具有无限的生命力。

"亨"，古代的"亨"字与"享"字是相通的。享是指祭祀，是指供奉天、供奉先祖时上供品。那时的供品是些什么呢？《说文》曰："亯，獻也"，献什么呢？《周礼》讲："大朝觐会同，赞玉币、玉献、玉几、玉爵。"这都是大的祭祀方面的祭品，这些都是玉器制品，或解释为放供品的一个坛，或供桌之类的东西。

但到了下面，小地方上的祭祀，献的是六牲，即马、牛、羊、豕、犬、鸡，也有献黍、稷、稻、粱、麦、苽六种谷物，还有献尊，如象尊、壶尊、著尊、大尊、山尊这些彩陶、酒具等。还有的献当地的土特产。有的人认为，我们的先民比我们现代人的生活枯燥，我认为一点都不枯燥，他们很实惠，也很丰富。

"亨"字的甲骨文是呂，金文作畬。上面我讲了一些，后面还会讲到，不过我想大家再从这几个字形上去思考一下，可能还会发现新的东西，似乎像一种"供品屋"的形状。

"亨"字的字音是从一种劳动号子中来的。设想上古先民在外狩猎，被风刮断的大树或大石拦住了去路，于是，众人一齐用力推、搬，喊一声"哼——"，障碍排除了，道路通了。此时众人向天行礼，以谢天地。今日仍有这种情形，如，当好不容易排除了一种障碍，解决了一个难题时，习惯说句："哎哟，谢天谢地！"

"利"，甲骨文是𥝢，金文是𥝤，像是以刀割禾，又像手持农具收割的形状。收割庄稼即为收获，有利，引申为顺利、锋利等义，有所成就，有收获，能成其功，能获其利等。

"贞"甲骨文是鼎，金文是貞，篆文是貞。与"鼎"相似。

《说文》曰："貞，卜問也。"好像是占卜之用，这个我们必须搞清楚，这里所说的占卜与我们现在所说的占卜是不一样的，古时的卜实际上是观察天象，观察时间，预测方位，当然也预测事体。

"贞"字如果加上单人旁就是侦察的"侦"，所以也可引申为侦问、侦探、侦讯等义，所以贞在古代也有多种意义。如金文贞字，贞上面一"卜"字，是一个标杆测日影；中间好像是一个坛或是盘；下面也可看作是一个鼎的三足。伏羲故里天水出土的彩陶中有三足钵、三足罐。甲文的"贞"像个架子，当然也不是用一个标杆，而是用两个标杆。中间好像是一个刻表，底下两个脚。这是古代汉字所包含的信息量。

这里还有一个东西不能忘了，贞的引申义是"正"字，从三足形可以看出，正就是立，正立、成立、建立，整个《易经》不能离开这个"正"字，这是很关键的，这个"正"字是从"贞"来的。如果在举行某种仪式，或占卜时首先心要正，正就是诚，这是很关键的一点。

乾卦的卦辞就是四个字，"元、亨、利、贞"。

我认为"元、亨、利、贞"是在大的祭祀活动中唱颂的祝词，什么样的祝词呢？我们来推想一下，在古代大型的仪式中有太宰为司祭者，国君站在中间，文武大臣站立其后，有各个排班。司祭者首先唱"排呀——班——""各——就——各——位"，然后又唱"奏——乐"。然后仪式开始了，太宰就开始唱："元——"，表示"开始"。随即左边的执事分别托有玉币、玉献、玉几、玉爵的供盘向坛上献贡品，当"元"音刚落，执事者们马上接着唱"亨——"；同时将贡品献上供品所。还有一班念赞辞，表示对天的诚心，同时也是为了对天说明，这些玉器都是上等的物品。这套仪式的一部分完了，因为这里的"亨"有通的意思，说明人的心意与天意相通了，天、人的信息接通了，这是一层意思；另外也有一个寄托愿望的意思，凡是举行一个仪式都有一个心愿。例如人们过生日不也是要许愿吗？

到了第二个程序的时候，既然有了愿就要落实到行动上去，落实到具体的日常活动中。或是一年，或一个季节，或一件大事的开始。这时司祭者又唱："利——"这就是问天"利不利"，这个事我们会做得怎么样？唱"利"的时候右边的执事献上了稻谷之类的农产品，这一边设有一个测日影的圭表，表上有刻度，供品就放在刻盘上，那为什么有"贞"（正）的意思呢？右边的执事们一边献农产品，一边唱答："贞——"是不是日影正好映在那个心愿中的农作物上？丰收是大伙的愿望，那么表上就摆有稻谷或别的农作物，等"利——"音落下时，那日影是不是正对着那农作物上，影子对上了，马上就喊"贞——"，也就是回答说"正"。

这就象征古代人的一种寄托，这就是一个仪式，这个仪式上用了这四个字，当然还有其他的祝词。中间还有献词，它的程序很复杂。作《易》者确实花了一番心思，用了这四个字作为乾卦的卦辞，这里并不是抽象地说天，尽管讲"乾"是象征天。这里没有去讲天有多高，天有多大，天有多远，天是什么样子，没有具体地去说天，而是围绕人，围绕人的生存，围绕人的日常生活。因为他认为这些东西都离不开天，这些东西都是天赐给人们的，我们都是遵循天来做的，你们认为是不是这个意思？所以这点很重要。

那么是依照天的什么呢？是依照天的"健"，"天行健，君子以自强不息"，是依照这句话的意思来的。这是天道思维。我们想一想，如果它是抽象地去讲天有多高，天有多大，天有多远，天是什么样子的话，对于以农立国来说有什么实际意义呢？对于有些东西讲空了，讲远了，人们是不会感兴趣的。

虽然乾卦所讲的是天，这个天的题目多大呀！但它没有远离现实，而是紧紧地联系到人们的生活，联系到人们的日常。我们可以看出乾象征的天的意思，和它的卦德"健"的意思，我们人不能离开这个健。"天行健，君子以自强不息"。后面我们讲到自强不息就好理解了。

后面我们在讲到爻辞的时候，如果离开了这个东西，就不太好理解了，我们现在对卦的卦名、卦形、卦象、卦辞有了初步认识之后，特别是我们对卦辞有了新的认识后，根据这个认识，我们对乾卦的理解是不是更自然，更直接些呢？能不能看出作《易》者的思维过程呢？是在什么样的文化背景中，一代一代地发展，几千年共同创造了这本著作？现在有的人花十年时间出一本书，那就相当不得了，笔耕十年，孕育而成。而这本《易经》经过了多少代人、多少圣人来作呀！三古、三圣才作出"三易"，再经过选优，选出了最优的《易》，我们从这里可以看出《易经》的神圣与珍贵。

本卦的《彖》与《象》以及《文言》，蕴含了很深的哲理，不是一课两课讲得好的，美味佳肴还是各人自己去品尝和体验吧。

六、爻辞

现在我们再分六爻来讲，六爻都是占卜用的，我们就结合占卜的三个程序：第一是占卜过程，第二是占卜结果，第三就是选择。占卜过程中又分：第一为游戏规则，第二为非常手段。过程中间有手段，而且是非常的手段，一般的手段还不行。

在结果里，先从表层意义上的结果说起，其次就是从深层意义的结果来说，然后再讲选择，下面我们就从"初九"说起。

> 初九，潜龙，勿用。
> 《象》曰：潜龙勿用，阳在下也。

1. 过程：初九，潜龙勿用

（1）游戏规则：初九

"初九"，为什么称初九是游戏规则呢？因为"初"为本卦中的开始一爻，也是最下一个爻位。根据重卦规则，初、二爻为地道，三、四爻为人道，五、上爻为天道。"九"，是阳爻的名称，所以是"潜龙勿用，阳在下也"。虽然为阳爻，但身居下位，也得遵守规则，暂时将阳气潜藏于渊。就是这么一个规则。"阳在下也"，下位有下位的规则，初有初的规则。

（2）非常手段：潜龙

①"龙，德而隐者也。"将阳气潜藏于渊，将龙德隐形于内。这是它的第一个非常手段。

②"不易乎世，不成乎名。"第二个非常手段就是不因为世俗改变自己的初衷，也不追求那些虚名。

③"遁世而无闷，不见是而无闷。"默默地培植内力，修炼内功，而不闷闷不乐，不郁郁寡欢。这是第三个非常手段。

即使不被他人理解，也不愤慨不平。《三国志》中，当年诸葛亮在隐居的卧龙岗亲自耕种，喜欢吟诵《梁父吟》。诸葛亮身高八尺，常常把自己比作管仲和乐毅，但当初没有人相信他，而他并不以为然。只有徐庶几位好友了解他，把他比作"卧龙"。卧龙不就是潜龙吗？

④"乐则行之，忧则违之。"遇到忧虑而不顺遂的事，随即摆脱它，不生烦忧，懂得放下即是修行的真功。

⑤"确乎其不可拔。"坚定信念，始终不为外物所动摇。这就是潜龙。

有了这五种非常手段，那你就始终能把握办事的过程。

2. 结果：勿用

（1）一种表层意义上的占断，爻辞指出本爻的结果是"勿用"，即不可用、不能用、不必用，实际上就是不要行动，这是它表层的意思。

（2）深层意义上的结果是什么样的呢？从字面上看，这是一个肯定的卜辞。如果有人计划办一件事，本来信心满满，各方面的条件也都具备，如果卜到了这一卦这一爻，那不是遇到一瓢冷水了吗？误人的前途呀。所以说，善《易》者的占卜，是从另一方面去理解和运用的，也就是透过"勿用"字面的含义，解密其深层面的真传："勿用"不是不用，而是暂时不用；不是不行动，而是暂时不行动；不是不为，而是为了大有作为。因为尚在初九阶段，时机尚不成熟，自己的内功尚不厚实，阳气尚未充满丰盈。对于这种状态，必须隐忍、潜藏、厚积薄发、等待时机。不是不用，而是暂时不用，是准备大用。不是不为，而是准备大有作为。

但是，潜龙阶段又不是完全不能用，只要能接受失败、挑战失败，还是可以用的。因为此时每用每败，而败有含金量，也是一种修炼。

3. 选择

上面已经讲到结果，这个结果就是"勿用"，但要注意一个问题，这个"勿用"并非叫你完全不用，叫你完全不行动，而是叫你暂时不要行动。所以第三个问题就是选择了。怎么选择呢？

（1）如果只选择结果，"勿用"即不可用，不能行动。这样的选择只能是坐以待毙。

（2）注重选择过程，待机而用，厚积薄发。不是不可用，而是准备大用；不是不可为，而是将要大有作为。

这是很关键的选择，所以说，"勿用"的深处正在积蓄大用的远大理想和宏伟规划。这一爻给了我们一个非常大的选择空间。假如你仅仅是看这个卦辞"勿用"，你就给人家下一个结论，叫人家别干了，别行动了，那样人家就没了选择的余地，而选择过程就有了选择的空间。

尽管明明白白地摆出了两种截然相反的结果，有两种选择，尽管人们都愿意选择后一种结果，但是，实践中却并非像想的那么容易，说也容易，想也容易，但做起来并不容易。要想真正获得好的结果，明明是"勿用"，却能用，这是一种"大用""大有所为"的潜龙。所以说关键就是要选择好下手处，而不是看表面文字。下手处是看过程，注重实践中的每一个环节，每一个步骤，不忽略每一个可能发生的问题，这就是过程。

善《易》是从大层面，从深层面动用占卜，注重的是过程——潜。把握潜的时机、潜的态势、潜的功夫与潜的妙用，就是善《易》者。他能够把握这个过程，对潜的目的、潜的时间、怎样的潜、为什么而潜，都占卜得清清楚楚，明明白白。

另外一种选择是功利者从小的层面动用占卜，只看结果——"勿用"，因此就望词生畏，与机会擦肩而过。

这一爻从游戏规则"初九"，讲到五种非常手段，再讲到"勿用"，是为了"大用"和"大有作为"。这里再补充一点，我之所以反复强调"大有作为"，并非臆断，也非空口鼓励，这些都是爻辞本身的意思。虽然是初九，但别忘了它是"潜龙"，是"龙"啊，潜龙的大作为就是"飞龙"。耐心修炼吧，有盼头了、有耐力才算得大根器。所以说《易经》告诉我们的信息是深层次的信息。

九二，见（现）龙在田，利见大人。

《象》曰：见（现）龙在田，德施普也。

---

1. 过程：九二，见龙在田

（1）游戏规则：九二

第一，第二爻为阴爻之位，现为阳爻。这就是阳爻居阴位，不当位，似乎违反了易理的游戏规则。

第二，这个二爻居下经卦的中位，所以，九二虽不当位，但居中位，因为中，所以刚而能柔，柔而能正，这就是"龙德而正中者也"。这是《文言》里的一句话。

第三，二爻为地面之上，初爻与二爻合起来为地，初爻为地下，二爻就为地表；在地之表，气就开始升至地面（田），开始有作为了，圣人之德也能显现出来了。

第四，九二与九五是相应的，能得到九五的帮助，所以就有了"利见大人"的机会。

第五，根据以上规则，此时的潜龙可以跃出地面，可以崭露头角，初露锋芒了。这里的前提是根据以上规则，因为这些规则对自身有利才可以跃出地面（见龙在田）。虽有一个不当位，但是，得中呀，所以是能用的机会。

（2）非常手段：见龙在田

第一，"庸言之信，庸行之谨"。日常说话持守信用，日常行为谦恭谨慎，这是一种手段。

第二，"闲邪存其诚"。警惕邪念，控制杂念，心存诚实纯一。

第三，"善世而不伐，德博而化"。有成绩和贡献时不夸耀，以博大的德行赢得社会的信任，以倡扬天下的文明。

这就是三个非常手段，我们可别轻视这三个手段，之所以称为非常，就是因为它有它利害之处。这些非常手段都是从它的《象传》《文言》中总结出来的。我照原文去解释，我认为这样大家会更容易去理解与接受，有兴趣可以读原文。

2. 结果：利见大人

（1）表层含义：有人解释为"有利于拜见大人物"。他们把"大人"解释为大人物。

（2）深层意义上的结果：我认为，"大人"应为众人、大众。为什么是众人、大众呢？因为即使是伟大的人物，开始也必须得到民众的认可和拥戴后，方可见到"大人物"，然后再做"大人物"。龙是离不开水的，众人、大众则是水。"鱼儿离不开水"，就是指不要脱离群众。这里引用《尚书·尧典》的一个记载：

尧在选任百官时说："可以考查贵戚中的贤良之人，也可以推举地位低微的贤能之人。"尧说了此话后，众人就向尧帝进言说："民间有个处境贫困的人，名字叫虞舜。"

尧说："是的，我也听说过这个人，他这个人的德行怎么样？"

四方诸侯之长说："他是东宫瞽叟的儿子，他父亲心术不正，他的后母说话不诚实，弟弟又很傲慢，对他非常不友好。而舜却能长期与他们和谐相处，并且将这个家治理得非常好，用孝行美德感化他们。我认为如果让他来治理国事，不至于坏吧。"

尧说："让我试试吧，我要将我的两个女儿嫁给舜，可以从女儿们那里考察舜的德行。"于是尧就将他的两个女儿娥皇、女英嫁到妫河的转弯处，成了舜的妻室。

由此可见，舜的孝行美德首先是得到一般民众的认可和传颂以后，才得以"利见"尧帝的。如果不是先"利见"民众又怎能传到宫里呢？让那些大臣诸侯对他有了了解，甚至尧帝也听说了。所以这个利见的大人，应该是众人、大众、民众。下面还有一个例子：

东汉的曹操是怎么当上官的呢？他不是通过科举考试，当时汉代有这么一个规矩：在几年之间进行一次举孝廉，然后千中选一人提拔为郎官。曹操就是这样千里选一而为郎官的。他就是地方上选出来的，他是见到什么大人了吗？首先是下面的民众认可他，而选择他的。我想大家可从这两个故事中，更加了解"大人"的意思了。

再提供一点参考的东西，古埃及称平民阶层为"涅杰斯"，意译过来是"小人"。而他们所指的"大人"则是法老，中小奴隶主、僧侣、高级官吏等。

"见"这里是读"现"，"见"是"施行"的意思，并非见到什么，而是将自己的善行美德施行于乡里，表现于大众之中，使大众认可。

"利"，我们应弄明白，是对谁有利呢？从表面上看是对居于二爻的"见龙"有利，它从"潜"到"见"，表面好像是对"见龙"有利。我们一定不能搞错了，这里面掩藏了第二个东西。利，首先是对大众，对社会有利，如果他的德行、他的所作所为对大众、对社会没有利，或是有害的话，那他又怎能得到众人的认可和推举呢？又怎能从中获利，进而利见大人呢？这是先予后取的关系，还有一个小利与大利，眼前之利与长远之利的关系。

利，是先对社会、对大众有利，然后才能对自己有利。利是双向的，利与益是相生相存的。先利于天下者也必获益于天下。

我们对利不能仅看表面，仅仅占卜一下吉凶。如果仅仅是占卜吉凶，那就完全歪曲了我们老祖先的本意，祖先的本意是围绕道和德来的。

3. 选择

（1）只选择结果

一种只是侥幸地坐等机会，幻想见到大人物，奢望能获得某种殊荣；有的人甚至于想一些歪的手段，如有的人用行贿的手段梦想见到某位"大人物"。如果是占卦后而这样做的话，那对卦的了解太浅薄了，太不了解了。如果我们仅从卦的表面去解释的话，是有什么大人物将会让你遇到，或他来找你，那样会误人不浅。

有人在大街上找占卜的人占一卦，说将会遇到贵人，这贵人会怎样怎样，可回到家后左等也不来，右等也不来，连贵人的影子都没看到，到最后还说《易经》是胡说八道，白白耽误了他的好前程。这不就是误人吗？而且使人怀疑我们祖先几千年的经典力作。这种占卜对真正的"大人"根本不识得，那种人甚至瞧不起众人，总认为自己比他们高明。结果就无法"利见大人"了。

（2）注重选择过程

第一，"见龙"是见机而动，把握"见"的时机。

第二，"在田"是面对现实，面对大众，崭露头角，初显身手。

第三，是先以善行美德施行于众人，利于社会，然后自然得益于众人。

> 九三，君子终日乾乾，夕惕若厉，无咎。
> 《象》曰：终日乾乾，反复道也

1. 过程：九三，终日乾乾，夕惕若厉

（1）游戏规则：九三

①九三，阳爻居阳位，位置得当，但刚得过重。因为这里又是阳位，又是阳爻，所以是刚中又刚，就是刚得过重。刚对刚，两败俱伤。

②九三位于下经卦的上位，与上经卦的上九不相应，有盛极必衰的趋势，"上不在天，下不在田"。"上不在天"是指不在九五的位置上，"下不在田"是指不在九二的位置上，是处在中间吊着。这个规则对它有点不利。

③上述规则告诉我们：居此爻位者，必须终日勤勤恳恳，时时警惕自己。这里是上也不能得罪，下也不能得罪，下面为什么不能得罪呢？下面的九二居在中位。上面九四，在上经卦，而且在九五尊位的身旁，也是不能得罪的，所以还是勤勤恳恳，时时警惕自己为好。这个规则对它有不利的一面，也有有利的一面，有利的一面就是促使其不懈磨砺，精进不已。

（2）非常手段：终日乾乾，夕惕若厉

①"君子进德修业。忠信，所以进德也。"言行如一，增益德业。

②"修辞立其诚，所以居业也。"修饰言辞，讲话文雅一点，文明一点，以诚待人，以信立业。

③"知至至之，可与言几也。"预知时机已至，即全力以赴，把握机会。

④"知终终之，可与存义也。"知道该终止时，即适可而止。

⑤"是故居上位而不骄，在下位而不忧。"对于尊贵的地位，不居功傲慢，处于卑微的地位，不自卑，不忧愁。

⑥"故乾乾因其时而惕，虽危而无咎矣。"终日勤奋努力，不懈怠。

⑦夜夜"三省吾身"，检讨自己，惕厉自己。

⑧"与时偕行"，这是本文中最非常的非常手段，能做到"与时偕行"者还

有什么事不能办到的呢？你做到了"与时偕行"，那么你想办的事，都能办到。这就要求先做一个非常的人，然后才能行这个非常的手段。

2. 结果：无咎

这个结果是"无咎"。这是一个结果，但我们不能只看到这个表面的结果，前面已经讲了对结果的看法，这里不重复了。

（1）表层含义：无咎就是没有过错，没有灾难，平安无事。

这是表面的含义，是万事平安。那深层的含义是什么呢？

（2）深层含义：

①首先第一个是"无"字，"无"的另一面是"有"。"无"与"有"之间的变化是非常微妙的，有时它们是可相互转化的。无与有之间，一方面是截然相反、背道而驰；另一方面又是一个整体，是一个事物的两个方面。二者在事物的变化中，刹那间就能互为转化，"有"会变为"无"，"无"也会变为"有"。

②"咎"是事物的表象，它的另一面是人的德性和行为，也就是过程。咎是由行为引起的，所以有"咎由自取"一说，"咎"是由自己招来的。

③"无咎"是有条件的，而不是命中注定的，不是卦中注定的，也不是爻中注定的。爻辞只是个指路的"牧童"而已，要达到"无咎"的结果，还是要看看过程，看过程的实施操作，既不违背游戏规则，又能实施非常的手段，这样才能达到"无咎"。

④咎由自取。同样道理，"无咎"也是在人自己的行为中，而不是在爻辞的字面上。只看结果者，有可能自取其咎；这就有不看过程的因素在里面。只有注重了过程的人，才会自取无咎。

3. 选择

（1）选择结果——只知道"无咎"，不知为何"无咎"。

（2）选择过程——"终日乾乾"，继续奋争；"夕惕若厉"，注重修养，自砺、自省、自强。

九四，或跃在渊，无咎。

《象》曰：或跃在渊，进无咎也。

1. 过程：九四，或跃在渊

（1）游戏规则：九四

①九四是阳爻居阴位，阳刚居于柔中，刚中有柔，柔中有刚。

②九四为上经卦的下位，又接近九五的尊位，就像一位公司总裁或总经理身边的一个位置。

③"上不在天"，五爻与上爻为天道。"下不在田"，初爻与二爻为地道。"中不在人"，这里应该是已在人道，三爻与四爻是人道，但四爻又接近了"天"，似在君之侧。因为它不是始终想在原位上，也想往上攀。所以讲，"中不在人"，应为"心不在人"。

④以上的规则给九四许多疑惑的地方，是上，还是下？是进，还是退？是跃，还是渊？这是前面三个规则给九四带来的疑惑。

（2）非常手段：或跃在渊

①"或"是什么意思？《文言》曰："或之者，疑之也。""或"与"惑"同义，为疑惑、困惑的意思。疑惑，并非完全是坏事，因为有疑才会有悟。古人云："小疑小悟，大疑大悟，不疑不悟。"通过疑能得到悟，这也是一件好事。所以有疑惑就有思考，有思考就证明有头脑。头脑清醒，就能审时度势，当进则进，当退则退，当跃则跃，当"在渊"时便"在渊"。

②有时身居高位，有时跃入低谷，并不是行为中有什么邪恶所至，而是可上可下，上下可居的一种修为。有非常修为的功夫，这也就是非常手段。

③有时前进，有时后退，并不是脱离群众所至，而是可进可退，进退有居的处世准则：任何时候都紧紧依靠"大众"。

④把"跃"作为思想境界的飞跃，作为进德修业的功夫。

有古德云："数十年来曾辛苦，为君几下苍龙窟，屈！屈！"诗中的"君"，即自我之称。

2. 结果：无咎

（1）从表层意思来看：没有过错，没有困难，进退无忧。

（2）深层意思：从深层意思来看，要想达到"无咎"这个结果，必须具备几个条件：

①疑惑中敢于思考，不回避矛盾，也不畏惧矛盾。

②思想境界有多高，就能跃多高，这是成正比的，这里我们不能把"跃"的意思太浅化了。

③审时度势，把握有利时机，知进知退，可上可下，退则"在渊"，龙不离水，实际上这就是不脱离群众（大人），退也是退到群众中来，与群众打成一片，群众也就是水。跃则一飞冲天，直上"九五"之位。这就是要跃就跃上九五之尊位。这里我再强调"渊"的含义，渊是指处在群众之中，就是"利见大人"、众人。

3. 选择

（1）只选择表层意义上的结果。如果只是表层意义上的结果，只知其"无咎"，不知其所以"无咎"，只依赖于"无咎"，而不知去努力创造"无咎"的局面。

（2）注重选择深层意义上的结果，则正是选择了过程，只有注重过程，才能真正实现"无咎"。

九五，飞龙在天，利见大人。
《象》曰：飞龙在天，大人造也。

---

1. 过程：九五，飞龙在天

（1）游戏规则：九五

①九五，这是阳爻居阳位，又居中位，是典型的中正之位，刚健得中，不偏不倚，纯粹精微。所以称为君位，"九五之尊"一词来源于此。

②"九"是阳数的最高位，"五"是阳数里的中位，虽高，但居中，故为"尊"。

③得此位者，能"与天地合其德，与日月合其明，与四时合其序，与鬼神合其吉凶"。

④上述的规则对本爻都是有利的。

（2）非常手段：飞龙在天

①"同声相应，同气相求。"与见解相合者，能产生共鸣，与意趣相同者相互吸引。

②"水流湿，火就燥。"像水那样谦恭向下，一往无前；像火那样热情常有，青春常在。

③"云从龙，风从虎；圣人作而万物睹。"处世能使万物感应，善断能使天下归心。

④"本乎天者亲上，本乎地者亲下。"以天为本，蓬勃向上；以地为本，向

下扎根。这也是一非常手段。

⑤"先天而天弗违，后天而奉天时。"先于时又能符合天道法则。办什么事能赶在时间的前面，而且也会把握机会，不会与机会错过。如后于天时，又能把握天赐良机。换句话说，抢在时间的前面，但没有违背天的规则。落在时间的后面，依然处在常规之中。这一手段就是恰到好处的非常手段。

2. 结果：利见大人

（1）表层意义的结果是：利见贵人，利于见到大人物。这都是许多占卜者都想得到的表层结果。

（2）深层意义上的结果：

①此处的"大人"与"九二"中的"大人"相比有很大的区别；此处的"大人"也是大众，但它更广泛，层次更高。九二中的"大人"只限于某一个地区、某一单位、某一行业的内部，甚至于某一个人际圈子。而"九五"的"大人"则可指全省、全国，乃至全世界，甚至从历史往后延伸。

②主体与客体。这点我们必须搞清楚，有许多人是将"大人"比作"飞龙"自己，我不是这么认为的。我认为从初爻到五爻，再到上爻，"龙"始终是主体，龙象征某一个人，或某事件，或是某一单位，或是某一产品。这个龙是主体，那么谁是客体呢？这里面讲的"大人"是客体，这里的主体就是龙，龙以"我"为中心，如果将主体为"大人"，那好像也讲不过去，那也就是将主客倒过来了。

③此时的"龙"，已经是业绩辉煌，名声显赫，受到更广大民众的认可和拥戴。"利见大人"就是受到了广大民众的认可和拥戴。

④"龙"的伟大德行，大利于众人，利益于天下。这才是"利"的含义。这里的利，就是大利了。

如：在中国共产党的领导下，解放了全中国，使中国人民站起来了，使中华民族屹立于世界民族之林，这就是大利于天下。

3. 选择

我们应该从这么一个角度去选择。有人讲："不想当将军的士兵不是好士兵。"但是，能说每一个梦想当将军的士兵，都能成为将军吗？那肯定不能。那么一个想当将军的士兵，他没有当上将军，那他就不是一个好士兵吗？当然不是这样。所以我们从这里认识一个问题，就是讲"九五"之位的人是宝塔尖上的人，是民族的精英，人人都想去追求，在潜龙之时就已有了这么一个理想：我就是想登上"九五"高位。但没有登上去，能说这是失败者吗？不能，因为我们已经为这个宝塔添砖加瓦了，这就看我们如何将这砖、这瓦加在某个重要、关键的部位，并起到一定的作用。这其实也是成功，也是一种胜利，也是利于天下。你的位置，在历史上的位置，在社会上的位置同样也是"九五"之位。我们应这样看，我们不能狭隘地去看，我们不能认为一个人成功了，那么其他人都是牺牲品，都是陪衬，这是不对的。一个人"利见大人"，也离不开这一群人。这是共同的，对这个选择，我们每一个人不能为自己的选择而后悔，你只要注重过程，你在过程中实实在在有利于大众，有利于社会了，你即使是做了一个陪衬，即使是做出了牺牲，同样是无怨无悔，同样有其社会价值，同样也是"利见大人"，同样也是登上了尊位，会受到人们的尊重。

上九，亢龙，有悔。

《象》曰：亢龙有悔，盈不可久也。

---

1. 过程：上九，亢龙，有悔

（1）游戏规则：上九

①上九位已是本卦中最高位，也是最末位。

②本卦六个阳爻至此是阳气将消，阴气将长，说明"龙"飞得太高，成了"亢龙"。

③因为离开了"九五"的尊位，所以此爻是"贵而无位，高而无民，贤人在下位而无辅"。

上述的规则，均对本爻不利，所以下面必须采取非常手段。

（2）非常手段：亢龙，有悔

①这里之所以称"亢龙"，是指只知道前进，而不知道退守；只知道生存，却不明白死生；只知道取得，却不知付出。这是成为亢龙的主要原因。你能找到这些原因也就是一种手段。

②"贵而无位"，是离开了"九五"之位，"高而无民"，此爻已是阳消阴长、盛极必衰的末位。这是成为亢龙的演变过程，如果能扭转这个演变过程，那也是一种非常手段。

③"悔"。悔也是一种非常手段：一是悔过，及时反思，修正自我；二是学会道歉，不会道歉就是不会做人，不敢道歉就说明缺乏做人的勇气。

2. 结果：有悔

（1）表层意义上的结果是：既不能上升，也不能下降，进退两难，以至于后悔。

（2）深层意义的结果：

①此时的悔是到这里之后才有的吗？实际上是"九五"时就已酿成。因为"九五"居尊位，君临天下，往往得意忘形，不能居安思危。盲目发展，盲目上升，结果成了"亢龙"。一下飞得太高，超过了自己的极限，承载不住，势必有悔。

②飞龙是能量充足，能胜任负荷；一旦成为亢龙则表现为超越了自己的能量极限，不胜负荷，难以支撑高空的飞行了。这里当然是一种比喻，但这比喻却告诉了我们真实的意义。

3. 选择

这个选择只有一种：唯一的选择是在"九五"之尊位时，居安思危。可见过程的重要，因为没有重视过程，所以后面就有了"亢龙"的结果。

在"九五"之位时，事业兴旺，得意之时，就要居安思危，防止自己走到"亢龙有悔"这一步。从过程中去把握自己，争取不让这种结果出现。所以过程是很重要的。

> 用九，见（现）群龙无首，吉。
> 《象》曰：用九，天德不可为首也。

乾卦与坤卦都有"用九"与"用六"的断语，在其他六十二卦中是没有的。

六十四卦中，唯有乾卦有"用九"，坤卦有"用六"。其他卦就没有"用"的功能吗？不是这样，因为只有乾卦是纯阳爻，坤卦是纯阴爻。阳爻为刚，阴爻为柔。用九，即用阳、用刚；用六，即用阴、用柔。这两卦是代表，所以说，六十四卦，三百八十四爻，卦卦有"用"，爻爻有"用"，遇阳爻则用九，遇阴爻则用六。

《易经》的传世不朽，正是由于它重在于"用"。《系辞传上》曰："仁者见之谓之仁，知（智）者见之谓之知（智），百姓日用而不知，故君子之道鲜矣。"原来，"易"就在"百姓日用"之中，只是人们习以为常，见惯不怪而已。

现代哲学老前辈冯友兰先生曾经形象地说过："平常人每日所常有，常做，常说者，不过其中所蕴含的意义如何，则平常人不追问。追问此诸意义，即是哲学的开始。"

《系辞传上》还说："显诸仁，藏诸用。""制而用之谓之法，利用出入，民咸用之，谓之神。""精义入神，以致用也；利用安身，以崇德也。"

这里是"用九"，即用刚。为何用呢？"见群龙无首"。"见"，即表现、展现。作《易》者以龙喻于阳爻，六个阳爻就是六种龙，六龙成卦，变动不居。何谓群龙呢？集所有潜龙（初九）、见龙（九二）、勤龙（九三）、惑龙（九四）、飞龙（九五）而为龙群。何谓亢龙？离开了龙群即为亢龙。很长时间内我对这个问题困惑不解，总想找到一种划分"飞龙"与"亢龙"的可比的标准，以便掌握避免成为"亢龙"的度，或者说底线。找来找去，最后还是在"用九"中找到了。原来，这个度就在这个"用"字上，善于用刚则不会离开龙群，而始终表现为"群龙无首"的状态和心态，这样，才能得到吉祥。你们看，乾卦既是开门卦，又是代表天，还具备四德，但卦辞、爻辞中不见一个"吉"字，即使做了"飞龙"也称不上吉，因为又有"亢龙，有悔"之忧，只有表现为"群龙无首"时，才见吉祥，可见只有"显诸仁"，才见"藏诸用"。

下面，我对乾卦的占卜分析做一总结。

1. 全卦的过程

潜龙勿用——见龙在田——终日乾乾——或跃在渊——飞龙在天——亢龙有悔。这就是一个非常明显的过程，我们再来换一种方式排列。那就是：

潜伏阶段——初露锋芒——辛勤耕耘——进退关头——实现理想——盛极而衰。

再换一种方式就是：

为学阶段——初见世面——工作实践——机会面前——成果辉煌——满招损。

这就是全卦的一个简单的排列过程，这里我们再看看全卦的结果。

2. 结果

（1）"元者，善之长也"，"体仁，足以长人"。这里"善"是指什么？这个善应从广义上去理解，有时想做一件好事，称为善事，这只是狭义上的"善"；而这里的善是指：天地初开，天以阳光、雨露和空气来滋生万物，这是一种大善。"足以长人"，就是人法天，去效法这个天，"长人"就是滋养人的德行，滋养人的善行。

（2）"亨者，嘉之会也"，"嘉会，足以合礼"。这个"嘉"是指非常好的东西，就是前面讲到祭祀时所献的玉几、玉献、玉币等玉制品。"嘉之会也"，就是最好的供品集中起来，"足以合礼"，那些供品只不过是一种象征，"合礼"也就是大家的言语、行为，大家相互之间的交往，都是最佳的，合于仪，合于理。

（3）"利者，义之和也"，"利物，足以和义"。这个"义"是规则。何为规则？《礼记·礼运》中说："何谓人义？父慈，子孝，兄良，弟悌，夫义，妇听，长惠，幼顺，君仁，臣忠。十者谓之人义。"这十种"人义"实为十种人伦规则，所以我认为"义"就是规则。没有规则，如何能获利呢？何为利？《礼记·礼运》接着说："讲信修睦，谓之人利。"要想获利首先要按照规则去做。这个规则就是先有益于社会，先有益于大众，然后才能自己获利，这就是和（合）。

（4）"贞者，事之干也"，"贞固，足以干事"。"事"是指人类的活动，是正常的活动，是生产、生活、学习、工作等，这里的"事"必须要正，要干正事，要有正念、正思维、正行为。

3. 选择

"天行健，君子以自强不息。"

"天行健"是天道运行的过程，我们选择的就是过程，"自强不息"就是君子之道修炼的过程。

我们应选择哪个过程呢？要选"自强不息"这个过程。这个过程是效法天的，是效法"天行健"的。所以我们最后总结到乾卦中"元、亨、利、贞"四德，就是对这一卦的评价。如果你占到这一卦："哎呀！这一卦好。"心中高兴得不得了，好在哪个地方呢？却不知道。这个好是怎样来的？也不知道。怎样才能获得这个好？还是不知道。这样是不行的，我们必须知道好在哪个地方，我们应知道，它的"善"是大自然的善，它的"嘉"是出和雅音的"嘉"，是礼貌待人，按游戏规则办事。想获得好的利，首先是有利于社会，有利于众人，有利于他人，这样自己才能得到利。何谓众人？众人就是前面讲的"群龙"，即潜龙、见龙、勤龙、惑龙、飞龙。按人伦规则讲，就是家庭中的父父子子、兄弟、夫妇，社会上的君君臣臣。

再一个是必须正，动机要正，方法要正，心态要正。这个"正"就在这些地方，你必须按这个去做，你必须注重过程，去自强不息，也只有按这个过程去做，你才能得到"元、亨、利、贞"四德，这四德是通过一个艰苦的修炼过程修炼而来的，不是天上掉下来的，不是这一卦送给你的。

古希腊哲学理念中也有"四德"，即智慧、勇敢、公平、节制。智慧就是

"元",有勇气就能亨通,公平就能双赢,有节制就能正固。这里引用只是提供参考,是否合适,你们可以批评。

如果得了"乾"这一卦千万不能存有侥幸心理,得了这一卦后,你马上想:"哎呀!大吉大利了,我要好运亨通了。"我们不能这样想,而要告诫自己格外要勤奋,格外要谨慎,格外要修德,因为你不去修好德行就载不住这个卦,这个卦蕴藏的信息到了你身上就会慢慢被蒸发掉。越是得到好卦就越需要去修德,以德来涵养它。

坤卦　牝马的智慧

一、卦名：坤

　　坤在帛书中作"川"字。《释文》："巛，本作坤。"汉石碑有另外一种写法，是"巛"字柔化而成，即川字。坤字是"土、申"组合。申：物体都已经长成的意思。象征土、石、山川已经形成，也就是大地形成了。《归藏易》以坤卦为首卦，为什么用坤卦为首卦呢？就是藏的意思，能载物、藏物，有归和藏的意思。万物归于地，然后又藏于地，有保藏之意。万物是宝，地是宝的大仓库，所以"地势坤，君子以厚德载物"。

二、卦画

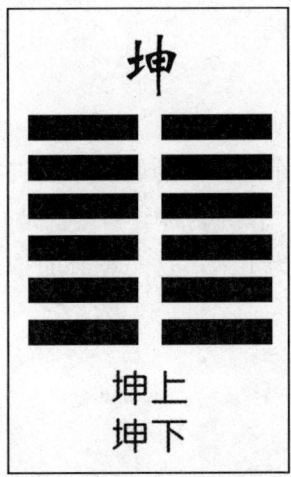

　　卦画是六个阴爻，是纯阴，从卦画上看，它像一个已耕过的土地的地貌。依

物理现象说，有和顺之象，有广远之象，有长养万物之象，有承天而广载之象，有与乾匹配之象。阴爻，即测北斗七星之象，测月光之影。

三、卦象

《说卦传》："坤为地，为母，为布，为釜，为吝啬，为均，为子母牛，为大舆，为文，为众，为柄，其于地也为黑。"

最主要的卦象是地、母亲、母牛。

地——地势坤，承载万物，归藏万物。

母——母慈，柔顺。

子母牛——顺从，任劳任怨。

这是坤卦最主要的卦象。

四、卦德

取母之柔顺，母牛之服从。

坤卦的卦德为什么是顺呢？顺从谁呢？这就有一个主体与客体的问题，地球必须围绕太阳转，地必须顺从天，坤卦必须顺从乾卦。

地球绕太阳公转一周约365.26天，自转一周为23小时56分。

第一围绕太阳转，是公转。

第二是承载万物。

第三是为万物提供生养的场所。

这里就简单地讲这几个东西，因为乾卦已经讲得很清楚。这里我再讲一下坤卦的爻位，必须是用"六"作为名称。初爻就是初六，二爻就是六二，然后是六三、六四、六五，第六爻为上六。这与乾卦的排列是一样的，只是阴爻称为六，阳爻称为九。

五、卦辞

> 坤：元亨，利牝马之贞。君子有攸往，先迷；后得主，利。西南得朋，东北丧朋。安贞吉。
>
> 《彖》曰：至哉坤元！万物资生，乃顺承天。坤厚载物，德合无疆。含弘光大，品物咸亨。牝马地类，行地无疆。柔顺利贞，君子攸行。先迷失道，后顺得常。西南得朋，乃与类行。东北丧朋，乃终有庆。安贞之吉，应地无疆。
>
> 《象》曰：地势坤，君子以厚德载物。

1. 过程

（1）游戏规则

①这里是"元亨"组合，"利贞"组合，但"利贞"有附加的条件，条件是牝马，牝马是什么马呢？

《黑鞑事略》一书关于北方少数民族畜牧生活的记载说：在公马里面挑选最强壮、品种最优良的马，作为伊剌马种，其他的都骟了，所以这个马就非常强壮了。伊剌马不与骟掉的马放在一起，而是放在骒马群里面，骒马就是雌马，也叫牝马。雄马叫牡马。骒为果，就是要下崽之意。那为什么要将伊剌马放在骒马群中呢？就是管这群骒马。专管牝马群，如有哪匹母马离群，伊剌马就去咬、去踢，使它归群；如果有其他马群的马过来，想加入这个马群，这伊剌马也会去咬它、踢它；如果有别的什么动物来侵害这个马群，伊剌马也会带领骒马保卫自己。牝马本身就是烈马，但它们对这伊剌马却非常的忠贞。对其他的牡马（雄马）是很凶的。它们在伊剌马面前是很柔顺的，这是它顺的一面，这是牝马的特点，也许是一种规则吧。

马是乾卦的象征，牛是坤卦的象征，为什么不用牛，而是用牝马，就是取牝马的忠贞与顺从的特性。牛虽顺，但它没有原则性，而牝马却有原则性，它忠贞不二，有选择性。这个地方的讲究就是它的规则。

②天与地，乾与坤；天为主，地为顺；乾为主，坤为顺；天先行，地后行。这就是"君子有攸往"。君子有所行动有所作为，但不能先行，要善后，不善先，因为你不能先于天而行动，如果你先天而行动，那你就会迷失方向，你不知道怎

么转哪！你只有跟着天转，你才知道往哪个方向运行，你就有主了。"先迷后得主"就是这意思。"先"不是一个人的问题，如果是一个人那谈什么先，与谁比较先后呢？如果没有对象与之相比，那绝对没有先后与左右之分，所以这里是与乾来分先后的，上面讲了必须是天为主，天先行；乾为主，乾为先，你如果超过它就会迷失方向。所以我们抱住这个东西，离开了这个东西就不行。这是个规则。顺就是从，地是由天做主，地的运行必须以天运行为中心。

③第三个规则，坤卦是阴卦，坤与西南合，为什么呢？在后天八卦里面西是兑卦，西方为金；南是离卦，南方为火；西南正好为坤卦，东南巽卦，这几卦都是阴卦，分布在西南方向。巽卦为长女，离卦为中女，兑卦是少女，坤卦为母，都是同性同类。朋者，类也。为何东北不利？东为震卦，震为长男；北方为坎卦，坎为中男；东北为艮卦，艮卦为少男；西北为乾卦，为父。坤卦与它们肯定不合。那东北为阳，所以东北丧朋。我们要搞清楚后天八卦的方位。这里就是相和为朋，不相和则丧朋。这也是一个规则，以上三个规则都在卦辞里显示出来了。

（2）非常手段

有了规则，还要采取手段，我们先看第一个手段：

①"至哉坤元"，"乃顺承天"。这就是它的第一个非常手段。既然有了规则，我们就要按这个规则去做。因为天是"大哉乾元"，所以坤乃顺从天，地本来没有天大，没有天广，没有天厚，因为地顺从天，所以地也随之显得广、大和厚。"至哉坤元"，"至"就是最大、最广、最厚。如果不顺从天，能得到这个至吗？因为它顺从天，所以就得了这个赞誉。

②因为至大、至广、至厚，所以才能滋生万物，承载万物，与天合其德，共生万物。天资始，地资生，天养之，地载之，天与地"德合无疆"。为什么是"德合无疆"呢？因为必须与天德相合，所以才能得到无边的德。

③因为德行宽广、厚重，所以能"含弘光大，品物咸亨"，与天合其德，并能合其光，有光则大，能大，便无所不包，无所不容，就能营造一个顺畅、万物亨通的、共生共长的良好环境。

由于有了以上的规则，又有了如此非常手段，于是便有了如下的结果。

2. 结果：安贞吉

（1）表层意思

孙振声编著的《白话易经》中云："只要安详地执着于正道，就会吉祥。"

金景芳、吕绍纲所著《周易全解》中云："坤能够自动自觉，心甘情愿地顺于乾,故吉。"

《易经导读》中说:"卜问是否平安,结论是吉祥的。"

我们还是来看看其中的深层含义吧。

(2)深层意义

与上述解释相比,下面的解释为个人的思考,这里仅仅提供参考。我认为:

①只有顺从天道,不与天道争先,才不会迷失方向,才能得到"主"。有了"主"心中才能平静,"安"实际是静的意思。心里平静才得以安定,"安"就是平静。"贞"就是顺从天道,善后不善先,不与天争先。"吉"就是不会迷失方向,不会失"主",就能"得朋",而不"丧朋"。

②只有顺承天道,才不会迷失方位,才会找到志同道合的朋友。有了志同道合的朋友,才能使事业正固(正固就是"贞")、亨通、有利。

③只有顺承天道,才会与天合其德,才能至广至厚,承载万物。有了如此广厚的德,便能厚德载物,方为大善。善者,吉也。

为什么善是吉呢?我们来看看"吉"字的甲骨文 金文 ,像是器物上加了一个盖。器物上加上一个盖,善哉。《说文》曰:"吉,善也。"善与盖的上部是相同的。顺承天道,便与天合其德,有了这个德,当然是大吉,当然是善了。

我们对这深层意义上的解释,就是从"安、贞、吉"这三个字分开来解释的。但实际上并没有分开,其中有一个共同的原则就是"顺从天道"。我认为这样的解释没有离开卦,特别没有偏离作《易》者的本来的意思,更没有偏离"《易》与天地准"这个基本点。

3. 选择

(1)只选择结果。如果你仅仅选择结果,那么你就只会抱着"安、贞、吉"这三个字睡大觉,做美梦,结果梦醒之后,还只是"安、贞、吉"这三个字。所以这不是《易》所要告诉我们真正的意思。《易》不仅仅是告诉我们结果,它也不仅仅只告诉我们这三个字,这三个字只不过是一扇大门而已,你应打开这扇大门,去看那些过程里的东西。

(2)选择过程。在行为过程中,始终要守住一条定律:顺从天道。天道是做人的主心骨,是做事的定向仪。有了它就不会迷失方向,就会得到天助人助。《系辞传上》:"天之所助者,顺也;人之所助者,信也。"天为什么助你呢?就是因为你顺从天。人为什么要帮助你呢?因为你讲信用,讲诚信。于是"德合无疆",于是"安、贞、吉"。这"安、贞、吉"是从何而来的?它不是睡大觉、做美梦而来的,它必须经过这些过程,首先守住一个定律,就是"顺从天道"。

六、爻辞

> 初六,履霜,坚冰至。
> 《象》曰:履霜坚冰,阴始凝也;驯至其道,至坚冰也。

1. 过程:初六,履霜

(1)游戏规则:初六

①初爻,是一阴爻在五个阴爻之下,说明阴气凝结于此,成了霜。

②阴爻居阳位,不当位。

③初爻说明地气尚在地表之下。因为初爻与二爻为地,所以讲初爻在地表之下。以上的规则,对初六不是那么有利,所以我们下面就要采取非常手段。

(2)非常手段:履霜

非常手段有以下三点,这三个非常手段,都是顺应事态的发展的,是顺应"履霜,坚冰至"的。

①见微知著。踏上霜了,便能预知结冰的日子不远了,这就是见微。只要踏上这么一点薄霜,就能知道马上要结冰了,这就是知著。这是见微知著的手段。

②防患于未然。预见到了坚冰的日子快至。因为快要结冰了,可能有一些不利的因素,于是在患难尚未发生的时候,便提前采取防范的措施。也就是当我们预知结冰的日子快来之时,提前做好防寒的措施,做好御寒的准备。

③防微杜渐。杜是指杜绝、堵塞。从脚下的微霜便预见到结冰的时候,于是就抢在事情开始之前将可能发生的不利因素堵塞住;杜绝它,不使其有滋生的可能。

这些非常的手段,都是顺应天道的。

2. 结果:坚冰至

(1)表层意思:预见到结冰的日子马上就要来了。

(2)深层意思:深层意思有以下三点:

①"坚冰至"是自然规律,既不要去回避它,也不要畏惧它,有了这种思想准备,就会有好的结果。

②"坚冰至"并非坏事,什么事都要经历"坚冰至"的考验和磨炼,好事还要多磨。

③"坚冰至"是春暖花开的前夜,坚持下去便是胜利,我们不要怕坚冰至,闯过坚冰就会迎来春天。

最后,再补充几句。履上霜了,就能预知到坚冰将至,这是真正的预知吗?不是。只有预知到薄冰将至才算得真知。

敢于再去履坚冰者,算得上真勇者吗?不是。只有敢于去履薄冰者,才算得上是真勇者。

因为从霜到冰,再到东风解冻,春回大地,其中最艰险的历程,成功的关键,不在履霜,也不在履坚冰,而在履薄冰。

有的创业者起步不能说他没有预见将要发生的困难,不能说他没有克服困难、挑战风险的勇气,然而,凡是半途而废,乃至失败的主要原因,就在于他没有做好履薄冰的思想准备。

3. 选择

(1) 只选择结果。我们如果仅仅是选择结果,那可能会畏难不前,甚至会退却,就会半途而废。

(2) 选择过程。就是正确对待这一规律,大胆面对,让坚冰来得更猛烈些吧!海燕在暴风雨来临之前,就是这样大声呐喊:"让暴风雨来得更猛烈些吧!"这是一种知难但不畏艰难的选择。

(3) 做好履冰的准备工作,有一种胜利在望的信心,既已履霜,就不怕履冰。有了这种信心,那么就胜利在望了。

(4) 也许有人认为,大胆地履坚冰者是冒险;也许有人认为,等到东风解冰时再行动,现在趁未结冰及时退一步是一种消极,会错失良机。其实,不能一概而论,不能把话说死,一定要因时、因事、因人制宜。

> 六二,直方大,不习,无不利。
> 《象》曰:六二之动,直以方也。不习,无不利,地道光也。

1. 过程:六二,直方大

(1) 游戏规则:六二

①六二,阴爻居阴位,又当位,又居中位;坤卦是以六二为主的,乾卦是以

九五为主的。

②六二是居地的上位，说明地气已在地表蒸腾，很旺盛了。

③六二在本卦中又当位，又中正，是唯一最纯粹的一爻。又中、又正就说明很纯粹。

以上规则对这一爻都是有利的，所以这一爻为本卦的主爻。

（2）非常手段：直、方、大，不习

①以"直"为目标：目标在正前方，心诚专一。"直"就是专一，一心一意，全心全意，全力以赴。

②以"方"为规则。在前进中，在发展中，必须遵守规则，不遵守规则不行。"方"就是规则，要是非曲直分明，当行则行，当止则止。这就是按规则办事，这就是方。

③以"大"为德行。"大"是指德行的，其德行是建立在大众的利益之上。这就是"天下为公"的德行，大公无私，大而忘我的德行。天地之间，四海之内，凡为善者，无不与之同，无不与之相应。这样一种德行，影响广大深远，非一般小我的德行所能比拟。

④第四个规则是"不习"。这个"不习"应怎样解释呢？即我现在已经有了直、方、大，我还要去学习什么其他的歪招吗？这肯定不需要了，不需要去沾染其他的习气，不需要其他的旁门左道，更不需要歪门邪道。只要坚持"直、方、大"就足矣，不需要小聪明了，不要玩花招了，多了反而不好。这实际上是顺承天道，顺其自然，无为而无不为。

"不习"的另一层意思，就是把"习"理解为习惯、习气；"不"理解为改正、克服。大凡立志办大事的人，首先要决心改掉不良的习气，"端严身"，才能"直方大"。

2. 结果：无不利

（1）只从字面上看，不需要学习，也没有不利的。这好像是鼓励别人不用学习，其实它是有条件的。

（2）深层的意义："无不利。"即无所不利。这前面应加上一个条件，"无利"，就是不去争利，不去争个人之利，就无利而无不利，这个不争也就是不习，不习也是不去用旁门左道。《老子》云："上德不德，是以有德；下德不失德，是以无德。"这里面用了那么多"德"字，前面"上德""下德"是道德的德；后面四个"德"是得失的"得"。什么意思呢？崇尚道德不去计较眼前的得失，所以就能有所得；如果忽视了道德，抛弃了道德，违背了道德，不愿意放弃个人的利益，斤斤计较个人的得失，反而无所得。这是一个精辟的辩证道理，与易理也是相通的。要争利就是为大众争。这也是无为而无不为，无得而无所不得，不追求功利，而无所不利。

3. 选择

这个选择就是：无为而无不为，上德不得而有得；顺其自然，办事不违背自然法则，不违反社会公德，不侵犯他人的利益。有了这个过程，自然就会有好的结果。

这是很明显的，不需要讲多了。这个坤卦以"六二"为主，因为它"正"，所以它强调的不是一般的"不习"，它比直、方、大还要重要，是无为而无不为。这就突出了这一卦的中心，就是顺其乾，顺其天，顺其自然，顺其事物发展的规律，顺其大众的利益。这也是坤卦的中心，其主题核心的东西。我们不抓住这一点，那整个这一卦就是平平淡淡的了。

六三，含章，可贞。或从王事，无成有终。
《象》曰：含章可贞，以时发也。或从王事，知（智）光大也。

---

1. 过程：六三，含章

（1）游戏规则：六三

①六三，阴爻居阳位，不中不正。

②阴气离开了地面，而上升到了空中，即会被大气所冲散，甚至会被污染。

③六三，阴爻居阳位，是半刚半柔，半动半静，是在半空中。

从以上的规则可以看出，对本爻是有弊、有利。

（2）非常手段

①含章。"含章"做何解释呢？是含藏不露的意思。"章"是指文采，是于静中显其美，而不是在动中显其美，是不表露自己。

②或从："或"就是迷惑、困惑，与卦辞"先迷后得主"中的"迷"联系起来理解。与天道争先则迷，迷惑时只能顺从天道，顺从天的"健"就行了。"王事"不是指国王的事，不是指国事，而是指乾卦的"天行健"这件事，我认为没有哪个王事会比"天行健"这件事还要大，所以讲"王事"即"天行健"的运行规律，我们要顺从于它，也就是卦辞中说的"主"。这样理解"王事"，"或"和

"从"才会与卦辞相应，才顺理成章（含章）。

2. 结果：可贞；无成有终

这是两个结果。

（1）表层意思：有人解释为"可以占卜，虽然不能成功，也会有好的结果"。这是以词解辞，半生不透，讲人不置可否。

（2）深层的意思：首先看"可贞"与"含章"，"无成，有终"与"或从王事"都是因果关系。

①"可贞"是"含章"的果。因为含藏美德而不向外张扬，符合卦辞中"尚后不尚先"的原则，也就是不争先，不抢在乾卦的前面，所以就能保持纯正，固守为臣之道。何为为臣之道？因乾卦为君，坤卦为臣，也就是天为君道，地为臣道。因为六二是本卦中最纯正之位，所以要保持正固。"含章"为因，"可贞"为果。

②"无成有终"是"或从王事"的果。因为困惑时能顺从天道，不敢为天下先，不急于求成，成功了也不居为己功，也不贪天之功为己有，自然就会有好的结果，能够善始善终，无成而无不成。"无成""不习"都与卦辞中的不"先"和"得主"相应。

3. 选择

（1）如果只看结果中的"可贞""无成有终"，可能会引起消极依赖的思想，认为"无成会有好的结果"，那就不需去努力争取、只用等待就行了，这就是大错特错了。

（2）唯有选择过程，在过程中把握机会，固守正道，顺从乾德，不急于求成而无不成。这就是六三的选择。

六四，括囊，无咎无誉。
《象》曰：括囊无咎，慎不害也。

---

1. 过程：六四，括囊

（1）游戏规则：六四

①六四，阴居阴位，上下不交，无承无应。为什么上下不交呢？因为刚刚离开下一经卦，与下经卦不交了，又是刚刚上到上一经卦，与上经卦又未取得联

系，所以是上下不交，是下无承而上又不应。

②居于上经卦的最下位，阴气太重，处于一种较危险的境地。

以上的规则对六四是不利的，那就要采取一定的手段。

（2）非常手段：括囊

这个非常手段就是"括囊"。囊即袋子，就是扎紧囊口，使囊中之物不会外露。意思是，谨言慎行，少说话，歹也不说，好也不说，恶不为，善也不为。

孔子将最下一等人称为"乡愿"，最上等人称为"圣人"，中等人称为"狂狷"。孔子认为狂狷之人是有骄傲资本的人，有理想抱负的人。而"乡愿"就是很世俗的人。好话、歹话都不说，也就不会有什么过错，但是也不值得称赞，认为这种人只是一种"迂腐"的庸人，一种无所作为的人。

我认为在这里不能这么理解，此处的括囊不是消极的，它有积极的一面。积极的一面在哪里呢？那就在卦的本身，在这卦的这个位置上，它是有规则的。在这种规则中对它不利，所以它不能违反规则。不是有这么一句话说：君子"明哲保身"吗？因为他居于此种境地，他不是不想讲，不是不想为，而是这个时候，不允许他多说什么，只有暂时忍耐一下了。这不能说他是消极的，与那种胸无大志的人应该是有区别的。诽谤、责备是咎，称赞他人是誉。其实，此时的誉也会变成咎，在这种处境中的人，说好话会造成误会；做好事，会弄巧成拙；存好心会办坏事。所以，必须暂时采取这种"括囊"的非常手段，以"明哲保身"。同时与那种怕担责任和风险，甚至危急关头不敢伸张正义，不敢见义勇为也是有区别的。如果这样，首先违逆了坤卦之德。当然，"括"也不能太过。

2. 结果：无咎无誉

（1）只看表层的意思，是没有大的过错，也没有赞誉。

（2）深层的意思：

①恶不为，不说坏，则无咎。

②善也不为，好也不说，则无誉，就是说不要去争誉，如果去争了，马上就会变为咎，变成是非。

3. 选择

（1）选择结果：分不清"咎"与"誉"，辨不清该说不该说，该为不该为。因为只是选择这个结果，就分不清了，就会将自己绕糊涂了。

（2）选择过程：知"誉"与"咎"有时是一回事，誉也会招致咎，有些咎正是由誉引起的。所以在行为中，宁可无誉，也不可因誉而自取其咎。

这里的"无誉无咎"中的誉与咎的关系是很微妙的，它们将人世间一些世俗的东西说得非常清楚了，有时誉与咎是一回事。所以讲做人难也就于此。

六五，黄裳，元吉。

《象》曰：黄裳元吉，文在中也。

---

1. 过程：六五，黄裳

（1）游戏规则：六五

①乾卦是以九五为正，坤卦则以六二为正，六五不是坤的正位。

②六五居上经卦之中位，阴居阳位，得刚中之柔，有柔顺之德。

以上的两个规则应该对六五是有利的。

（2）非常手段：黄裳

①保持柔顺的本色：坤卦的本色就是"黄"，黄为土的颜色，土代表地，象征人的本色。射箭运动中的靶心为黄色，即取黄为土色，土为中间之义。

②持谦恭的态度：这就是裳，古代人的衣服，上装为衣，下装为裳。乾为上，坤为下，裳就是坤。这里的下裳保持着本色，也就是指坤卦保持了"顺"的德性。本爻守住了自己的本位和本色，保持了谦恭的态度。这个保持也是对六二的一种保持，所以我们特别要注意这个保持。

2. 结果：元吉

（1）"元吉"为大吉大利。六十四卦的爻辞中常出现如下的占断辞：元吉、大吉、吉、无咎、悔、吝、厉、凶等。

（2）深层意思

①此处的元吉，缘于坤卦的顺德，这个德行是卦的德行，因为顺从天道，滋生万物，并承载万物，所以一开始就呈现大吉、大利的景象，到了本爻仍能保持这种柔顺的本色，保持谦恭卑下的美德，所以结果是大吉、上上吉。

②元吉与大吉的区别在于，此种吉象，不是本爻显现的，而是卦的本身就有的。如果是大吉，那就是从本爻才有的。

3. 选择

本爻告诉我们最佳的选择是，保持人本善的本色，保持当初谦逊的美德。本色和美德保持了，大吉大利的结果也就不会改变。

> 上六，龙战于野，其血玄黄。
> 《象》曰：龙战于野，其道穷也。

1. 过程：上六，龙战于野

（1）游戏规则：上六

①阴居阴位，阴气凝重于外，向上飘散；

②坤为顺，而此时已是顺转逆，已到坤的上位，乾卦到了上九是盛极必衰。这坤卦就是顺转为逆，这是向不好的方向转了。

上述的两个规则对本爻是不利的。

（2）非常手段：龙战于野

要想战胜野外挑战的"龙"，因为阴消，必然阳长，龙是阳的象征。要想战胜即将来临的"龙"，必须先战胜自己，继续发挥自己柔顺的优势，以柔克刚，不战而屈"龙"之兵。

2. 结果：其血玄黄

（1）只从表层上看：龙战于野外，中国古时以国中的中心为国，国之外为郊，郊之外为野。结果是两败俱伤，"其血玄黄"。

（2）深层意思：

①玄为天的颜色，黄为地的颜色，故有天玄地黄之说。"其血"色中既有天的玄色，又有地之黄色。这血是一个象征，是指血里有玄色，又有黄色，相混合已分不清了。这里的"血"即指本色，指德性。而玄、黄二色即代表天（阳气）、地（阴气）。

②天色与地色混为"血色"，说明天地不分，乾坤不分，也就是卦辞中提醒的，先后没有分开，主和从没有分开，"先迷后得主"，有主必要从。"主"和"从"也没分开，还有"健"与"顺"也没有分开。这里的混合分不开，不是黑白不分，有两层含义：一层是上文讲的先后不分，主从不分，这样会"先迷"；另一层含义则是一种高的境界，就是指你中有我、我中有你，已经达到一种和谐、和同的境界。这是一种理想的结果，这种结果是在分与不分的微妙中得到的。

③如果天地、主从不分，便会"先迷"，就会迷失方向，就会出现失主而

"战于野"的现象。这是阴极而阳来,逼刚于外的表现。逼刚就是逼强,因为上六是此卦的最外一爻,就是阴极而阳来的表现。

3.选择

(1)认为不能选择"战",就不能过早地显示阳刚,而逼刚于外,引起不必要的战争。

(2)应选择六五的策略,保持本色,以柔克刚。要战胜阳,首先要战胜"阴"自己。战胜自己就是保持一个"顺"。坤卦就讲这么多,大家好好地思考吧。

> 用六:利永贞。
> 《象》曰:用六永贞,以大终也。

乾卦中有"用九",坤卦中有"用六"。"用"字的解读,历来限于狭义的"用",源于《系辞传上》:"大衍之数五十,其用四十有九。"我认为应从广义上解读,《象传》说:"用九,天德不可为首也。""用六永贞,以大终也。"《系辞传上》曰:"显诸仁,藏诸用。""百姓日用而不知,故君子道鲜矣。"可见,此"用"并非狭义的占筮之用,而是广泛的"日用"、应用。所谓"用九",就是用阳、用刚、用强;"用六",就是用阴,用柔、用弱。"用九""用六"的爻辞也并非乾、坤二卦所独有,而应为六十四卦、三百八十四爻所通用。汉帛书《周易》中,"用九""用六",作"迥九""迥六"。迥,通也。实即六十四卦所通用也。

"用六,利永贞。""利"与"用九"中的"吉"同;"贞"与"用九"中的"见"同,"永"则与"用九"中的"无"同。

小结

现在讲乾、坤两卦的小结,我想讲三个问题:

(1)为什么将乾、坤作为六十四卦的首卦?有人说,首卦是乾卦。不对,应是乾、坤两卦为首卦;既济、未济为末卦。也不能说未济是末卦。既济、未济两卦为末卦,乾、坤两卦为首卦。为什么?我们来看看《系辞传上》中有这么一句话:"乾坤成列,而易立乎其中矣。"

你看,成列就是并列,乾、坤并列为首啊。这个"易"立在哪儿?立在乾卦和坤卦里，天地初开，天也离不开地，地也离不开天，天地、阴阳二者同时产生，所以，不能将它们分开。分开了没有天就没有地，没有地也就没有天；没阴就没有阳，没有阳也就没有阴。这个是分不开的，所以，"乾坤成列"，开始就形成这么个局面，而且它是自然形成的东西，不是人为的，也就是说，"易立乎其中"，"易"是什么？"神无方而易无体"。易无体，那它是什么东西？还是那句话："《易》与天地准。"

"易"是什么？它没有方位，它是与天地准。在宇宙天体之中找得到方位吗？就是这个意思。

乾、坤为什么为首卦？《系辞传上》中还有一句话："乾坤毁，则无以见易。"意思是说，乾坤不存在，到哪里去见"易"？见不着"易"，也就见不着天道，地也是天道的一部分。这个很重要，"乾坤毁，则无以见易"。那么，下一句："易不可见，则乾坤或几乎息矣。"

"易"不可见，怎么办？那么乾坤怎么样？见不着"易"的话，乾、坤几乎就没有了，无声无息了。你到哪儿去找，找不着了。没有"易"的话，这乾、坤两卦也就没有存在的意义了，也就成了个光壳子，一张光皮。"几乎息矣"，它没有讲全部息，"几乎息矣"，也就是说它的精神，它的内核的东西没有了，成了光壳、光皮。你们看，多么严重啊。

从以上来看，我们就知道，后面的六十二卦必须围绕乾、坤两卦；而乾、坤又要围绕"易"；那么"易"又要围绕"《易》与天地准"，围绕天地运行之道，天地运行的法则。是不是这么回事？所以，我们一定要把这几句非常关键的话记住。我们讲乾、坤两卦，讲了这么多，如果后面要这么讲下去，那还得了？金景芳先生在《周易全解》中专门讲乾卦，讲了近三万字，坤卦讲了近二万字，后面的每卦都不超过五千字，只有咸卦讲了六千字。这就可见乾卦和坤卦的内容太丰富了。唯有乾卦和坤卦有"用九"和"用六"；唯有乾卦和坤卦有"文言"；其他卦没有；乾卦和坤卦的彖辞、象辞也比其他卦内容丰富。由此，我们可以看出乾、坤两卦的含量是很丰富的。

（2）乾、坤两卦的比较：怎么比较？你们来看，非常有意思。

"初九，潜龙勿用"；"初六，履霜，坚冰至"。

阳爻和阴爻都在下，都是一个潜伏阶段。"潜龙勿用"，是一种潜伏，潜伏什么？在做准备，准备什么？准备一旦出人头地，就要大显身手；"初六，履霜，坚冰至"呢？啊，知道履霜，坚冰马上就要到，我要做好准备，准备什么？做好迎接困难的准备，也就是说"预则立，不预则废"，我事先做好准备，见微知著，防患于未然。实际上这两卦都有个"预"的意思，都有个规则，都是最下一爻嘛，开始一爻。什么事的开始，你都要做好准备，有预见、预测、预备，这就是它们相通的地方。

再看："九二，见龙在田，利见大人"；"六二，直、方、大，不习，无不利"。

"九二，见龙在田，利见大人"，龙已经到地表了，"利见大人"，见的是众人。"九二"，仅仅是一个初露锋芒，初显身手的时候，还不是大显身手的时候，刚刚被众人所认可、所称道；但是"六二"要比"九二"强，六二居正，气势上显得大些，一上来就开始做事，为什么？它是坤卦的主爻。规则在这个地方啊，卦的规则显示的是各爻的处境。马上就能做事，说明本爻显示的处境好，得中、正嘛，所以就能将你的方案全盘托出，"直、方、大，不习，无不利"，这个时候将全盘计划托出，这个时候不干，什么时候干？机不可失，时不再来。六二，就是这样，与九二不同，是有区别的，区别就在它的处境比九二好。

再看九三，"君子终日乾乾，夕惕若厉，无咎"；"六三，含章可贞，或从王事，无成有终"。

这又有相同的地方了："君子终日乾乾，夕惕若厉"与"含章可贞，或从王事"有相似之处，都是不显示自己，就是默默无闻地埋头苦干。把我的美德、功绩先隐藏起来，默默地苦干，不显示自己。"或从王事"就是顺从，迷惑了也还要顺从。含章，有美德，有好的华彩，但要含着、藏着而不外露。九三，白天辛辛苦苦地干活，到晚上还要"吾日三省吾身"，这就是相似的地方，为什么？规则在这个地方。三爻，马上就要出嫁到上经卦去，与下经卦马上要脱节了，"上不在天，下不在田"；六二刚讲过，正好一个高峰过了，一个波浪式的。"含章可贞"与前一爻"直、方、大"，实际上就是指高峰刚刚过去，必须有一个低潮，必须含蓄，一浪起一浪跌。九二"利见大人"后，也是一浪起后，一浪又伏，必须"乾乾""夕惕"。

"九四，或跃在渊，无咎"；"六四，括囊，无咎无誉"。

六四，加了一个"无誉"，实际上也就是无咎，誉也是咎嘛。九四在困惑中，是进与退的选择；"六四，括囊"，这个时候有话不敢说，好话不能说，歹话不能说；恶事不能做，善事也不好去做；这个时候，左右为难，不也都是一种两难境地吗？两个都"无咎"，都是因为持守了本分，特别是"九四，或跃"，时机到了，就一下子跃上去，抓住时机；时机没到，干脆回到群众中间，与群众打成一片，培育我的群众基础，否则，什么也没有，上不能上，下不能下，更不行。"六四，括囊"，沉默是金，暂时来一个无为，这一处境中，只能这么做。所以说它们也有相似的地方。

"九五，飞龙在天，利见大人"；"六五，黄裳，元吉"。

"九五，飞龙在天，利见大人"，飞黄腾达，任意飞翔的时候。六五与六二不同，但它有"元吉"，它保持了元吉，一开始就大吉大利，它保持住了本色。保持了本色，保持了谦恭的美德，把黄色的裳穿在下面，甘当老二，不用去争。九五的"飞龙在天"应该与六二的"直、方、大"并列；六五的"黄裳，元吉"就应该与九二的"见龙在田"并列。但是，元吉提前也不行，到了五，还能保持才能得到"元吉"。就是说六五本身也是一个好的位置啊，能保持一个大吉大利，也很不容易的。所以，这两爻并列也都是好的。你看，它保持元吉，那还不好吗？谁不想元吉。元吉不比九五差，当然它不是在辉煌时期，还在创业阶段，不是在人生最得意时期。这个时候只能是保持，能保持也非常不错。但这个时候辛苦，辉煌当然也小一些。

"上九，亢龙，有悔"；"上六，龙战于野，其血玄黄"。

上六，不仅仅是一般的悔了，双方还打起来了，打到什么程度？不认识自己了，不认识天，也不认识地了，把自己都打没了。"亢龙，有悔"，龙一下子飞得过头了，不也是不认识自己了吗？上六，不也是太过了吗？都是太过了。

这么一比较，六十四卦中能这么比较的，如既济卦与未济卦；泰卦与否卦；损卦与益卦等。在比较中间，我们能得到什么体会？第一个，规则就是规则。这个规则给我们一个启示，即我们要依循规则。这个规则说明一个人的成长和发展过程都有阶段性，每一个阶段有每一阶段的规则，你必须遵循这个规则。再一个说明了有主有从，有先有后。你必须依循这个，你不依循是不行的，为什么有主有从，有先有后？这是自然规律；有阴有阳，有动有静，有柔有刚，本身摆在这个地方。所以，你不能违背规律。

通过这么一比较，再来看我们平时为人，在哪一阶段，我们怎么调整自己的心态、状态。调整状态应在什么之间调整？在动和静之间调嘛！在刚和柔之间来调整嘛！在主和从中间来调整嘛！在先和后之间来调整嘛！你把这两卦熟悉了，将这两卦相应的二爻一比较，一动一静，呈螺旋式的。我在哪个阶段？我到了这个阶段，是动还是静？是该先还是该后？那你就是把握好了自己能认识人生的规律是螺旋式的，能使自己螺旋上升，就是"善《易》者"，就是最灵验的占卜。

通过这么一比较，我们发现，作《易》者给了我们一个做人、做事的天平。通过比较，要比较出一个东西，哎！你比较半天一点心得都没有，没给我一个凭据呀！我给一个凭据于你，这个凭据就是做人、做事的天平。这边是乾，那边是坤。不需要砝码，它们互为砝码，还有你自己就是砝码，你自己去调节天平嘛！我是该动还是该静？该刚还是该柔？该阴还是该阳？该先还是该后？该主还是该从？你自己去把握吧！我们如果能把握住人生的这个天平的话，那就是上上乘的功夫了，就是"善《易》者"，就是孔子说的："知天命""随心所欲而不逾矩"。

（3）占卜四要点：因为这里讲占卜，从乾卦和坤卦开始讲占卜，从两卦的占卜来看，我们能看出四个东西，后面的六十二卦也还要围绕这四点来理解和运用。

①不要迷信，要正确地运用和理解，要有纯正的动机；不要搞歪门邪道、旁门左道。

②不要只看结果，心存侥幸，要注重过程，注重实践；仅仅是看一下结果，"哎呀！大吉！"吉从天上掉下来？从卦中蹦出来？这就是一种侥幸心理，这实际上也是很片面的。所以，有人问我："占卜准确程度有多大？"我讲："一半对一半。"问："为什么？"我讲："先天一半，后天一半。"意思是说，先天的是遗传的，是遗传基因决定的，而后天的不确定因素还很多，还要看过程，看各人努力的程度，看各方面条件。这个过程中间，看你怎么去做，按规则去做的话，当然就有好的结果啊！所以，要看过程，注重实践。我在这两卦里面讲了一个"非常手段"，过程中间一个是规则，你不要违背它，第二个是非常手段，你要积极、努力地争取好的结果。这个你要把握住。

③卦、爻中不仅指出了结果，同时交代了规则和非常手段。规则，好像这个地方是很抽象的。一般讲小一点是游戏规则。什么叫游戏规则？就是讲义、义气啊。没有谁来给你规定一个什么东西，拟一个条文，没有。平时大家心照不宣，约定俗成的东西叫游戏规则。相互之间，互相遵守。再者，单位的规章制度、学生守则、交通规则以及社会公德，这些都是。自觉遵守社会公德本身就是规则，实际上有些东西就像游戏规则一样。当然，这里面还有最关键的一点就是自然法则。无论是规章制度、法律，还是社会公德，都不能违背这个大的自然法则。自然法则包含着万事万物变化的规律。八卦里面的规则非常细，非常严谨，都是很有原则性的东西，当然也有它的灵活性。比如，爻不当位时，就是阴爻居阳位或阳爻居阴位；不当位，有时还不一定是坏事，不是弊，有时也有利，它有灵活性，这就是游戏规则。

下面讲非常手段。在这里面，我给它立了一个名词叫"非常手段"。卦辞和爻辞有好多，实际上过程中间有一种可操作性的东西。比如，一种计划已经做出来了，有详细的计划，有行动方案，列得非常详细，有宏伟蓝图，有大的规划。但是可操作性怎么样？你实际去操作的时候怎么操作？操作的步骤必须要有。非常手段，实际上指可操作的步骤、措施、方式、方法。具体地说，非常手段也没有离开八卦的象辞、彖辞、爻辞。我们只不过用一些通俗的比喻和个例，理出一、两条，抓住主要东西，所以叫非常手段。

"非常"两个字，要解释一下。我为什么要用非常？这个"非常"不是一般的手段，也就是说不是一般的人能做得到。我们从已经学过的两卦的十二爻里面，好多手段不是一般常人能做到的。常人，指没有志向、没有毅力、没有决心、没有一定的基本素质的人。明明这么教你，可操作性也很强，有具体的步骤告诉你一条一条地去做，但是一般人做不到。就像一个"括囊"吧，歹话不说，好话也别说，你想去争那个名誉，别去争了，一般人做不到，并且很难把握其中的分寸，这要有一定的基本素质，加上修养，否则，到时候就忘了；看见"誉"的时候，哎呀！这个我不去争取一下太可惜了，忘了，这是很简单的一个东西。再如，"不习，无不利"，"不习"一般人就做不到，哪些东西是我的正确思维？哪些东西是我该习的东西？哪些是我不该习的东西？甚至还想搞一点旁门左道的东西，老是带着一些不好的习气。一般常人把握不了。所以，必须具备非常的毅力、勇气以及非常素质的人才能使用非常手段，这个非常意义就在于这个地方。

如果你是一个非同寻常的人，你已经具备了不同寻常的素质、不同寻常的志向、不同寻常的毅力和品质，当然你就能采取不同寻常的手段，你就能获取不同寻常的结果。这个"非常"说起来容易，做起来难。难在什么地方？难在分寸的把握上。在刚与柔，动与静，先与后，主与从，屈与伸，有所为与有所不为之间，并没有明显的界限，更不像温度计的刻度那样，而是全在微妙之间，在适时、适处、适事、适人的"合适"之间，在每个人的体验、感悟和心态之中。

④选择。这里面讲到选择，选择是什么意思？我们之所以讲占卜不是一般意义上的占卜，不是江湖卦摊上的占卜，为什么？因为我们讲的占卜有很大的选择余地，有很大的选择空间，有很大的选择弹性。为什么？这个空间、弹性是谁给的？是《易经》给我们的，我们不能违背《易经》，不能仅仅是给人一个结果："无咎""元吉"等。就给这么一个结果，这个不对。我们要看过程，你按过程做的话，即使结果是凶，也能逢凶化吉。因为你按过程做了，采取了非常手段，遵守了规则，能逢凶化吉，这就是弹性空间，是《易经》真正的特色，也是它的优势。但是，江湖上的占卜把这些全丢掉了，一点弹性也没有，一点空间也没有。

还有一点非常重要，我们把空间交给谁？交给自己。如果有人来占卜的话，给来占的人，由他自己来选择，把这个权利交给他，你不要代替他，就是这个意思。这就是"神无方而易无体"。你给他一个实在结果"吉"或者"凶"，就是这两个字，这不是神有方、易有体了吗？这不是没有空间了吗？"神无方而易无体"说明它的空间相当大，同时，把这个选择权交给当事人，交给自己，由自我占卜，自我做主。这也是《心经》开头讲的"观自在"。善《易》者，真正意义的占卜，伏羲始祖教给我们的占卜，就是"观自在"。时时处处观照自我在存在。自我迷惑时就是假我当家，就会起妄想、起贪欲、起邪念，就会说错话、做错事、走错路，甚至在一念之间，一失足而成千古恨。所以说，学会"观自在"就学会了占卜。想学占卜，请先学"观自在"。

我把乾、坤两卦做了一个小结，通过这个小结，再来看后面的六十二卦，我们就有了一个方向性，就有了一个指路的标示，也就是说，后面六十二卦要围绕乾、坤两卦，乾、坤两卦要围绕"易"，"易"要围绕天地之道，"《易》与天地准"。

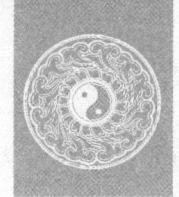

屯卦 乘马班如的智慧

一、卦名：屯（水雷屯）

甲骨文、金文、篆体的"屯"字像是幼苗破土的初生状态，都带了一个尾子，尚未扎牢根，这根还是很幼嫩的。

《说文》中是这样解释的，"屯，难也。象艸木之初生，屯然而难。"显示艰难。音 zhūn，又音 tun。囤聚、囤积、囤驻之义。

二、卦画

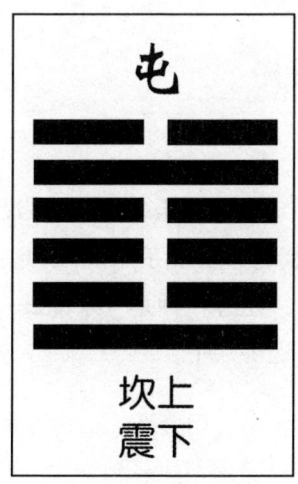

这六个爻为两个经卦，下震上坎，名水雷屯。《象》曰："云雷屯。"为什么叫云雷屯呢？古代人观察水从哪里来的呢？水是雨，没有云就不会下雨，所以认为水是从云里面来的。雷是从哪里来的呢？认为只有云才会打雷，打了雷就会下雨。

屯的意思为开始、始生，春雷动而万物始生，百草开始发芽。这就是"云行雨施，雷以动之，雨以润之"。二十四节气中有一个节气是惊蛰，就是比喻雷动以后，地下那些冬眠的昆虫、百草芽都惊动，它们马上就有了生机了，就开始萌动、萌发。这是屯卦的一个象征。

从卦画中我们可以看出这两个经卦都是阳卦，上面一卦为中男，下面一卦为长男，都是阳卦，阳卦阴多，阴卦阳多，阳卦中阴爻就占了两个。这阳卦为一君带二民，一主带二从，所以屯卦是君子之道。以后我们讲卦，只要它是阳卦，就必须与乾卦对应，阴卦必须与坤卦对应，这就是讲六十二卦以乾、坤为准，乾、坤以《易》为准，《易》与天地准。

三、卦象

震为雷、为龙、为长子、为足、为玄黄。有人预测足球比赛，如占卜到震卦，便预测为足踢进的，如果是乾卦，那就是用头顶进去的。

坎为水、为中男、为隐伏、为盗、为豕、为耳。这是它的卦象，这里就不多讲，我们看看卦德。

四、卦德

震为动，"动万物者，莫疾乎雷"。能动万物的，没有比雷更快、更迅速的。

坎为陷、为险，"润万物者，莫润乎水"。润是滋润，万物的滋润离不开水，没有水，人也是无法生存的，还有一种是"水能载舟，亦能覆舟"。说明水的险，这是坎的卦德，就这么简单地讲一下。

五、卦辞

> 屯：元亨，利贞。勿用有攸往，利建侯。
> 《彖》曰：屯，刚柔始交而难生，动乎险中，大亨贞。雷雨之动满盈，天造草昧，宜建侯而不宁。
> 《象》曰：云雷，屯，君子以经纶。

1. 元亨，利贞

乾卦的卦辞就是"元、亨、利、贞"，而屯卦，不是主卦。要多说一句"勿用有攸往，利建侯"，这就说明它有局限性。乾卦没有局限性，就只用四德，而屯卦的四德是民用之德，是有局限性的。乾卦是天德，是包罗万象的，乾卦只要这四个字就够了。屯卦就不行，它还有条件、有限制，屯卦的四德与乾卦的四德是大不相同的。

如中央有办公厅，到了乡下有办公室，中央有部长，下面也有部长，中央有书记，一个村也有书记。这就是有大小的区别。"勿用有攸往"，这里有一个"勿用"。乾卦有一个辞"潜龙勿用"，它们的意思是一样的，但也有区别，乾卦中的"勿用"是大的勿用，而这里的"勿用"就是指不可轻举妄动，不能随便行动。

2. 勿用有攸往

全句可简称为"勿往"，意思是别乱跑，到后来还是要回头。红军经过二万五千里的长征，到达陕北后，选择延安作为革命根据地，在延安建立立足点。这就说明根据地是很重要的，建立立足点是很重要的。

这里我之所以反复地讲这个，就是为了大家要理解：你无论做什么事，无论是求学还是创业，都要先定位、先立足。围棋里不是有"立根"一说吗？一块棋有没有根是很关键的，要将它做活，有的要就地做活，有的先将一块棋做出根，也是这个道理，理是相通的，"效天下之动者也"。天下只有一个道理，没有两个道理。侯，下面一个"矢"字，"矢"就是箭，箭就是指根，箭是向下射的，就是向下扎根。

一棵树生长，它的体积与重量都在根部，树越大根系也越发达，它的根扎牢了，长大以后，对于大风、大雨是不会在乎的。所以立根为志，建侯为基。

3. 利建侯

侯是王侯，如功劳很大的开国功臣，所以封他们为侯。他们也有他们的领地，夏、商、周三代时下面都分了诸侯国，这些诸侯每年必须进贡君王。而这里我们不能这么去理解。那么怎么去理解它呢？我们从"屯"的原意来看，屯是万物滋生，一粒种子要在这里生长，但生长必须要有一席之地。一草一木都有生长之地，每一只动物也有它的巢穴，人也要有一个空间，一个立足点。做人不能盲目，不能天马行空，要先找到立足点，立足才是上策。我们干事业也要奠定基础，学习也要有基础，这些就是"建侯"的概念。

4. 刚柔始交而难生，动乎险中

屯卦为动，它一动就有难，为什么呢？这个难，是君子之难；这个险，为君子之险。屯卦为阳卦，所以为君子，是指有志向的人，所以要有四德："元、亨、利、贞。"他凭什么得这四德呢？屯是刚刚发芽的幼芽，还没有扎下根，就能得四德，这好像有点难理解。

5. 春雷动而百草发芽、万物始生

这就是生机，就是希望。如婴儿出生之时，很艰难，他自己顾不了自己，一切都要靠大人，但这是大喜大庆哪！是欢天喜地的事呀！为什么呢？因为这是希望呀。他带来了一种兴旺的景象，给这个家庭带来一种喜庆，带来生机，带来很大的希望。

六、爻辞

> 初九，磐桓，利居贞，利建侯。
> 《象》曰：虽磐桓，志行正也。以贵下贱，大得民也。

1. 初九，磐桓

此卦的初九与乾卦的初九，是一样的，都是阳爻居初位。但又与乾卦有区别，乾卦上面都是阳爻，而屯卦的上面有两个阴爻挡着呢。它想前进不容易，有一种压抑感，有一种孤立无援的感觉，它的阳气不足，所以它徘徊不前，彷徨不

安。但又想前进，想有所作为。就像一个公司刚刚有了点起色就想走向市场，有初生牛犊不怕虎的勇气。

2. 利居贞，利建侯

居是居住，贞是正，就是告诉我们先住下来，先建立自己的根据地，暂时别想往外冲了，这里立根就是立志，建侯就是立足，就是建立自己的根据地，打基础，找到自己的空间，找到自己的定位。这里还告诉我们要立志，立志与建侯是同步的，都是不可少的。

3. 夫易，开物成务，冒天下之道

"唯深也，故能通天下之志；唯几也，故能成天下之务。"这里的"易"能开物成务，整个万物生长的局面一下子打开了，万物都可按各自的生长规律去发展了。冒天下之道，就是将天下之道都交给万物了。这里有一个很深的内涵，因为深，所以就通天下之志，所以要立"通天下之志"，立根要立深一点，"以成天下之务"。

你还要懂得天下之道的这个"几"。"几，微也。"此处是指圣人穷究其深奥的易理及其变化。你要理解天下之道的规律，我们必须按这个规律去办，不要轻举妄动。所以从这里就可以看出，为什么会彷徨不前？为什么会进退两难呢？就是因为它被二阴压着。何谓二阴？阴，即不明，不明即未知、不确定的因素。所以这时必须守正，守住自己。

这就是开始阶段，像"潜龙勿用"一样，你必须要培植自己的内力，修炼自己的内功，当你立了志，立了根，你才能做事，才能行动。

六二，屯如，邅（zhān）如，乘马班如。匪寇婚媾，女子贞不字，十年乃字。

《象》曰：六二之难，乘刚也。十年乃字，反常也。

---

1. 六二

六二，是阴爻，居阴位，是正、中之位。六二是中而正，它乘在初爻之上。这也有不利的一面，因为是阴，是一个弱女子，乘在一个阳爻之上，阳像匹烈马一样狂奔，阴可能有点受不了。这一爻看起来又中、又正，那为什么有"六二之难"？就是因为二者有这么一个关系在里面。

2. 屯如

就是开始，有点"初生牛犊不怕虎"的样子，也就是一种刚见世面的样子。"如"，还是徘徊不前，不知方向在何处，想前进但找不到方向，就是这么一个景象，这么一个情形。刚刚见到世面有一种热情，有一种冲劲儿，但又不敢前进，很茫然。

3. 乘马班如。匪寇婚媾

古代四马为一乘，"班如"，就是原地打转，杂乱不齐的四匹马步调不一致，因为它的步调不一，所以使人误解，怀疑是不是贼寇？"匪寇婚媾"，"匪"通"非"，不是。后来一看不是贼寇，而是求婚的。我们应这样来理解这种"婚媾"：我们看看那"屯如，邅如"，那时就得是热情，刚刚见世面，想前进，想有所作为，但找不到方向，还在徘徊，这时他就想到，他要找合作者，或是找一个给他引路的人，就是找一个志同道合的人。能找到吗？这时往往是找不到的，你看准了人家，可人家却不睬你。我们再往下看。

4. 女子贞不字，十年乃字

"字"在《礼记》里是这么讲的："男子二十冠而字。"指男孩子到了二十岁时就要戴上一顶帽子，说明可以婚娶了。"字"就是给他取一个名字，在这之前都是用乳名，女人要到"笄而字"才能许嫁，"笄"就是可以用簪将发束起，这时才能许嫁。这是古代礼节性的东西。这里也是一个比喻，比喻一个初次创业的年轻人去求人家，人家不理睬你。如一个大学生初见世面，他想找一个志同道合的人，可人家却有点瞧不起他。如果讲到婚嫁的意思就是这个女子要守住，她现在还没有到时候，"不字"就是还没到那个时候，还要守住这个礼节，没有到"字"的时候是不会轻易许嫁给他的。

5. 十年乃字

这里是讲等到那个时候吧。但实际上是像有些戏中演的那样，"你去考了功名再来娶我吧！"这里就明白了，"屯如，邅如"的这个男子是一个什么样的情形？哦！还是初见世面的毛头小伙子。别说想办事，就是求婚，人家也不睬他。这个小伙子虽然很可爱，可没有功名哪！没有事业呀！人家不相信你呀！我们必须这样前后联起来看，现在是"屯如，邅如"的时候，"十年乃字"之时，就不是"屯如,邅如"之时了,那时他已经变成熟了。

> 六三,即鹿无虞,惟入于林中。君子几不如舍,往吝。
> 《象》曰:即鹿无虞,以从禽也。君子舍之,往吝穷也。

1. 六三

上一爻那位"女子"叫他回家等着吧!他是等不住的,是静不下来的,因为六三是阳位,是阴居阳位,阳位是刚性,心里还是躁动的,还是不甘心的,所以还是行动了。为什么这里是鹿呢?这是以打猎来比喻。

2. 鹿死谁手

"鹿死谁手",就是以追逐野鹿比喻争夺天下,不知鹿死谁手,表示不知谁能获胜。他心想:你不是讲十年乃字,不是要我去考功名吗?不是让我去建功立业吗?那我就表现给你看看。

这里就用追鹿为比喻,如果射到鹿了,她就能嫁给我了,就能与我在一起了。"即鹿"是刚刚靠近它,"即"就是接近、靠近,也就是即将到手。可是,鹿会跑呀!而且跑到山林里去了。这里的"虞",是指古时看管山林的官吏,这个官不仅仅要管这片山林,而且要为那些打猎的人和采药材的人作向导。这里是"无虞",就是没有人给他作向导,可见一个初见世面的人,一个初创事业的人是多么艰难哪!到了这里连向导都找不到,他只有跟着鹿向山林里追去。这位毛头小伙子肯定是不会放手的,于是他也不顾有没有向导,就向林中追去了,一直追到了密林深处,连路也找不到了。

3. 君子几

这时卦中就告诉他,"君子几",你机警一点吧!"不如舍",不如舍弃它、放弃它吧!如果再往前追的话,那就会遇到不测的。"吝"是一种小的不利,这就是讲,如果再向前追的话会对你不利,所以这里就讲他应当放弃,放弃就是一种机敏。这就说明,看起来这个机会与这位年轻人擦肩而过,但没关系,他还年轻,还有得是青春活力,机会对他来说多得很,不要过分去追那些不切实际的机会,那样追过头了是会对自己不利的,还是机敏一点,尽快回头,寻找新的机会。

这里的这个小伙子很可爱,他不断去追求,没有向导他还是向前冲。但他毕竟是君子,他很机敏,他懂得放弃,因为有舍才能得。那我们再看看"六四"。

71

> 六四，乘马班如，求婚媾。往吉，无不利。
> 《象》曰：求而往，明也。

1. 乘马班如

这里又是"乘马班如"，这一卦中一到阴爻就是"乘马班如"，这里"六四"是阴爻居阴位，已上到上一经卦去了，能够得到上面的援助。但是，是阴爻居阴位，柔顺得过了些，它力量不够，但它与初九是相应的。

2. 往吉，无不利

我们再往回看看，开始"六二"之时求婚媾不行，这里六四的时候"乘马班如"又来了，又来求婚了，这回求婚行吗？行了。那为什么行了？因为这次有初九给他帮忙。因为本卦中初九与六四是相应的，都是两个经卦的下爻，初九帮忙，六四的力量大。这是从爻的规则上说，六四有为它帮忙的初九，它自己柔弱一点没有关系，所以这次是"往吉"，可以娶，"无不利"，这也就是说，你现在去找人家，去找志同道合的人，能找到，人家愿意与你合作，这个时候就有合作的希望了。尽管自己的力量不够，但你能找到帮忙的人，原因是你开始成熟了，你经历了一些困难，被人家拒绝过，也上过当，也留下了遗憾。但你具备关键的东西，就是勇气和机智。你被拒绝了，没有关系，还继续按原来的想法去追求，追求到密林深处之时，知道马上回头，知道舍弃。通过这些经历，一波三折之后，就开始有经验了，开始成熟了，这时再见世面，给人家的印象就再也不是毛头小子了，这时初爻也愿意帮助你了，到了这个阶段就能得到别人的帮助。人家能发现，以前的毛头小子已经成熟了，还不错，有勇有谋。所以人家就会愿意与你合作，就能答应求婚一事，而无不利。所以到了这个时候做事，基本上可以成功了，办事就比较顺利了。

> 九五，屯其膏，小贞吉；大贞凶。
> 《象》曰：屯其膏，施未光也。

1. 屯其膏

"膏"是指油脂，引申为恩泽。我们来看坎卦，坎卦就是雨水，也就是云，云雾就是雨水的另外一种形态，雨就是由云层中降下的水。

2. 万物生长靠太阳，雨露滋润禾苗壮

能滋润万物的雨水不就是对万物的恩泽吗？这个就是"膏"。这个小伙子事业办得很不错了，就像云里积蓄了很多的雨水，无往不利了，现在也积了不少的财富了。但他不知道施舍，如果积雨云会施雨给禾苗；但雨太大也不好，久旱的禾苗受不了，下小一点就可以滋润它们，使它们长壮了。这就是"小贞吉，大贞凶"的意思。

3. 施未光也

这里还是告诉前面那个办事的小伙子，你很顺利了，也有积蓄了，也发财了，但千万要记住，别有太大的步调，不要过头了，做事要一步一步来。因为你还在屯卦里，还在这个阶段中，尽管你在"九五"这个位置上，但这是在屯卦里面的九五，并非乾卦中的九五，不是君位，你仅仅是一个已开始慢慢成熟的毛头小子，不要认为发了一点财，有了一点积蓄，就想采取大的行动，那样自己就会难以把持，就会有危险。还是一步一步来，稳扎稳打吧！先采取一些小动作吧，那些对你还是有利的。

这时候对你来说，是"小贞吉，大贞凶"啊。这卦中始终有这么一个年轻人在这里，这卦是阳卦，阳卦为男，是君，所以这个小伙子按这样下去将来一定会有大的成功，因为他有这么一种精神，而且还不断地得到告诫。当他有了积蓄时，不是他不布施，不是舍不得，而是他不懂得怎么去布施，不懂得如何再投资而已。这个阶段还告诉他：有了资本积累，必须再投资，但是此时，小投资有利，大投资就会有风险。

这一爻中我们如果不贯穿着去理解的话，那就无法理解，这里联起来就好理解了。

> 上六，乘马班如，泣血涟如。
> 《象》曰：泣血涟如，何可长也。

1. 乘马班如

这卦中只要碰上阴位就是"乘马班如"，这说明什么原因呢？我们联系一下乾卦的上九，是"亢龙有悔"，全是阳爻，飞得太高了，都会有悔，而且它是龙，而这里却是一个小伙子，到了上爻，物极的终点了，也就是说，发展到一个临界点了，一种极限了。还是"乘马班如"，还如此兴师动众，还是这样大操大办地

73

行动，是会遭遇挫折的。上爻为阴，阴应该是静，应是静中带动，偶为阴，上六为偶就为阴，应守住自己的静，守住自己的贞，以静带动，不能因为年轻就守不住静，守不住寂寞。这里该静的时候，他没有静下来，前面已经吃两次亏了，虽然碰的钉子还不大，但也要吸取教训。

2. 泣血涟如，何可长也

九五之时已告诉他"小贞吉，大贞凶"，已告诉他到了紧要关头，一定要把握好，一定要冷静，一定要静中带动，可他还是这样，还是"乘马班如"。用四匹马大张旗鼓地行动，那当然会"泣血涟如"，血泪涟涟的。这样下去，好景能维持得长远吗？同时，这里又有另一层意思："泣血涟如"，是指吸取血的教训，不能让这种过刚、过于张扬的行为继续下去。

小结

这里我们可以看出，这一卦前后都联系起来才好理解，这里我就将这个卦作一个小小的总结。

《系辞传下》中讲"八卦成列，象在其中矣；因而重之，爻在其中矣；刚柔相推，变在其中焉；系辞焉而命之，动在其中矣"。

这卦中的象，就是一开始的那个毛头小伙子，到后来成了一个创业的小青年，成了一个小老板，是这么一个模式、这样一个人，这就是象。"天下之动，贞夫一者也。"天下之动，这里的三个"乘马班如"道理是一样的，你在静中就不能随便动，我们看了象辞"动而险"，这就是讲一动就有危险。但我们要赞扬他，不能去批评他，不能去指责他，因为这是屯卦，年轻人不冒风险行吗？怕失败行吗？是不行的，所以这卦的后面就是给你启蒙吧！为什么启蒙？因为他还是好样的，是可教育的，他没有违背天道，还是乾卦的好子民、好青年。

"六二"中的女子说："十年乃字。"别看年轻人受了挫折，待"十年乃字"时，再看他的辉煌吧！

这里我们还要重复一下，为什么能得"四德"？因为它是始生、初生、萌芽，是希望所在，是生机，有活力。这里愈是叫他"勿用"，他愈是要用；愈是不能动的时候，他愈是要动。但这是好的现象。他这个时候什么亏都吃过，到最后连大亏都吃过，不过没问题，他经过了这些教训，将来就会更加辉煌的。

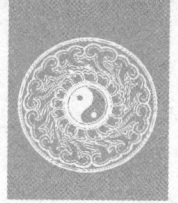

蒙卦 童蒙求我的智慧

一、卦名：蒙（山水蒙）

蒙，原义是"被""覆"的意思。"被"是指我们所盖的被子，山上的植被，都有覆盖的意思。这里引申为人人都有智慧，但智慧哪儿去了？为什么每一个人的智慧不一样？因为被覆盖住了，被烦恼和欲念遮住了。所以有蒙昧、蒙荒、蒙稚之义。作为卦名的意思是：蒙昧蛮荒，乾天坤地，化生万物之象。

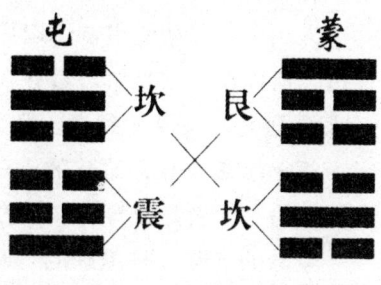

乾坤是天地初开，屯卦是万物始生。蒙则不同了，物始生了，上一卦讲屯卦时就讲到它很艰难，怎么办？必须接受启蒙，将其智慧开发出来。

就是说屯卦和蒙卦正好是一组。它是将上下经卦换一个位置，同时把它覆过来，你看，屯卦的下经卦震卦到了蒙卦的上面，不是完全还原成震卦，而是覆过来，成了艮卦；震卦是一个阳爻在下，两个阴爻在上，覆过来的正好是一个阳爻在上，两个阴爻在下，就成了艮卦。当然坎卦覆过来还是坎卦，所以说它们是一组卦。《杂卦传》曰："屯见（现）而不失其居，蒙杂而著。"蒙杂就是指将屯卦上下相错而为山水蒙。

人类史前史从蒙昧的低级阶段开始，应追溯到距今一千四百万年到七百万年之间，真正的人类才开始形成，还没有直立行走。在这种阶段，正是一种蒙昧阶段。那时候属于开远腊玛猿人和禄丰腊玛猿人时期，这是通过考古得来的。这个时期的人正处在开始形成阶段。那么到了第二个阶段是完全形成人的最初阶段，人已经形成了。第一阶段叫腊玛猿人；第二阶段叫直立人，人已经直立了，前肢与后肢已有明确的分工了。前肢变成了手，可以制造工具，后肢变成了足，可以直立行走了。到第三阶段是完全形成了人，一直到现在这个阶段。这个阶段叫智人,开始有智力,大脑也发达。你看现代人大脑里的皱褶展开后有多大?有四张复印纸那么大;老鼠的大脑皱褶打开后只有一张邮票那么大;狗的大脑打开后,大概有一个火柴盒那么大。实际上应该不止那么大,为什么?那是死者的解剖结果,是静态的,不可能人还是活着的时候把大脑打开。即使是活着把它打开,它也还不是在活动中间嘛!人真正处在思维活动中间的皱褶肯定不止四张复印纸那么大,可以想象它的伸缩性,它的弹性是相当大的。一旦静止,死亡了,生命结束了,它的伸缩性马上终止,这是可以想象得到的。现代科学家想观察到量子的形状,无法使它停止,一停止运动,就不是真正的量子形态了,所以,只好借助量子碰撞机来观察它。

当然,《易经》中的蒙卦,并不仅仅指哪一个历史时期。实际上人类从开始到现在,甚至到未来,始终是两个东西,就是蒙昧和启蒙相生相伴,相处相随。一个人出生就要接受启蒙,以后始终又有他的蒙昧,又要接受教育,不断地向前推进。所以说,它是始终贯穿在人类的发展过程中,贯穿在人的一生中,也就是说人活到老,还要学到老,学无止境,就是这个意思。所以讲,蒙卦有两层含义,第一层是蒙昧,蒙昧的人就要接受教育;第二层是启蒙,启蒙就是教育啊。那么,另一个就是教育者和被教育者,这样两重意思,两种关系。

蒙昧的"昧"是愚昧的"昧"。为什么愚昧?因为它被蒙住了。被什么东西蒙住了?这个很难讲清楚。就像镜子,本来很透明,但是它被一层灰垢蒙住了,你必须把它擦干净。启蒙就是擦,就是把被蒙住的那一层东西启开。

二、卦画

再来看卦画。卦画是坎下艮上，上为山，下为水，山水蒙。上一卦讲到屯卦时，为云雷屯，比喻成云。这里，我们也把水移一下位，变成云气、雾气。上面是山，山间有种雾气，水汽蒸发过后就是雾气，这不就是有一种物质吗？不是有一部电视连续剧《情深深雨濛濛》吗？"蒙"加"水"，便为雾；而蒙加"月"字便是朦胧的朦，月光朦胧，就是说，蒙是一种看不清的东西，它被一种东西蒙住了。蒙卦里面主要就是这个蒙，是山水蒙。这个不是一般的水，它是一种雾气在山间缭绕，你进去后，雾气濛濛。你当然看不清楚，能见度太低。

再掀开一层遮障，又可见另一层含义。《私试进士策问》中说："人之才，譬如草木焉，雨以濡之，风以动之，则其长也。"意思是说，人的才能和智力像草木一样，用雨露滋润它，用风吹拂它，它就这样渐渐成长起来了。这里的雨濡、风动，不也是一种启蒙吗？可见，在古人的认知中，启蒙离不开雨露。

这一卦与屯卦相比，刚才讲到它是一种上下相覆，是一组卦，后面的卦好多都这样。这一卦还是阳卦，因为上面是少男，下面是中男，都是阳卦。

三、卦象

卦象：上面艮为山，为径路，就是山中的小路，为山石，为狗，五行为土，为少男，为手。坎卦前面已经讲过了。

四、卦德

艮卦为止，取山为象，这好懂，因为山是不动的、静止的。当然它也变化，也动，但看不出来，相对来说，起码与水相比，与火相比，与雷相比，与风相比，它是静止的，好像只有它天天这个样子，不动。坎的卦德为险、为陷。

五、卦辞

蒙：亨。匪（非）我求童蒙，童蒙求我。初筮告，再三渎，渎则不告。利贞。

> 《彖》曰：蒙，山下有险，险而止，蒙。蒙，亨，以亨行，时中也。匪（非）我求童蒙，童蒙求我，志应也。初筮告，以刚中也。再三渎，渎则不告，渎蒙也。蒙以养正，圣功也。
> 《象》曰：山下出泉，蒙。君子以果行育德。

1. 蒙：亨

因为蒙昧者接受启蒙，所以亨通。蒙昧者不是永远蒙昧，可以启蒙，可以接受教育，所以亨通。它主要讲了两层意思，一是蒙昧，一是启蒙。

2. 匪我求童蒙，童蒙求我

这是什么意思？按字面理解，不是我去求童蒙，而是童蒙来求我，这样理解似乎太肤浅。从它的内涵中来理解的话，就不这么直露了。它的意思是讲教育的本身是人类的本能和需求，是主观上的需要，不是被动的。不是谁来强迫童蒙，每一个人都有接受教育和求知的欲望，就整个社会而言，它是第一需求。

像现在办教育，这个教育是谁在主导市场？是受教育者，没有求教者就没有教育者。其实，教育永远也跟不上人们的需求，连西方发达国家的教育也跟不上需求。那么多的大学，如今年年扩招，仍然是教育滞后于求学者。求学是人类本能的需求，这就说明了人类一个原始的道理，它不是表面的意思，而是从人的本性、本能上说的。天地生万物，人是万物之灵，就愿意接受教育，这是人的一种本能。宋代应俊在辑补《琴堂谕俗编》时说："古之人，子未生，固有胎教，况已生乎？"所以接受教育者，即使有些人学习起来不太自觉，但实际上他的内心还是想多学点东西，他还是想成绩好。就算他成绩最差，但这种学习的欲望肯定是有的。因为他在母胎中就有求学的欲望和经历呀。

可见这句卦辞意味深长。据文献记载，周代贵族弟子八岁入小学，十五入大学，在小学"学小艺""履小节"，到大学"学大艺""履大节"。汉代以下，小学教材，开始都是童蒙识字的蒙学课本。如《三仓》《急就篇》《仓颉篇》《尔雅》《说文解字》，以及后来的《三字经》《百家姓》《千家诗》等。汉代的文字学就是"小学"，以后不断地传承和发展。

3. 初筮告，再三渎，渎则不告

什么意思？意思还是用卜筮来做比喻的。当然有人会误解，这不是讲占卜吗？用灵龟来卜吉凶吗？这里不是这个意思。这里是用它来比喻教育的神圣、圣洁和严肃。古代把龟甲、龟壳拿去烧，看上面显示什么花纹，然后来占卜，都是很神圣的，很圣洁的。占卜之前都要沐浴更衣、洗澡、漱口，还要焚香，点香就表示一种神圣和虔诚。这里面实际上就是讲神圣的意思，说明教育是神圣的。

人类假若没有教育，那将成什么样子？人还有今天这个样子吗？会向哪个方向发展？所以说教育是神圣、圣洁的，就是说，无论是求学者还是教育者都要怀着一颗虔诚的心。你不能将这件事看作是随随便便的，这不是一般的儿戏。

为什么说初筮告，再三渎？渎是亵渎，亵渎了神灵，这里指亵渎了教育。就像有人在寺庙里抽签，抽一次，不太理想；再拜吧，再求吧，再许愿吧！直到求到一支好签，心里似乎得到安慰了。实际上这是亵渎自己，把自己的命运前程寄托在一张纸条上，几行文字上，太把自己当儿戏了，这不是亵渎吗？其实质正是一种蒙昧。所以《论语》里有这么一句话："不愤不启，不悱不发。"

不愤不启，愤是奋，奋发。就是说，你不奋发，就得不到启蒙，这个主观能动性还是在受教育者本人身上。《颜氏家训》云："教儿婴孩。"强调教育要从娃娃抓起。我们应该更深层地去理解。

4. 利贞

"利贞"，这两个字前面也讲过。贞，是纯正，守正。说明无论是求学者还是教育者都应该守正。守住一个什么"正"？守住一个至诚之心。求学者要有一颗至诚之心，一颗单纯的心；教育者，施行教育也不能搞旁门左道，用邪教去教育人，要做到诚心。当然，要真正做到诚心，也不是那么容易的，无论是求学者还是教育者，无论是学习成绩好的，还是学习不够的，都要"贞"，只有做到正，才能被启蒙，得亨通。

六、爻辞

> 初六，发蒙，利用刑人，用说桎梏，以往吝。
> 《象》曰：利用刑人，以正法也。

1. 初六

阴居阳位，且居其全卦之下，说明是最初的启蒙教育。《颜氏家训》云："教儿婴孩。"强调教育要从娃娃抓起。"初"即表示初受教育，接受启蒙，是从头开始的。"六"即阴爻，说明求教育者年尚幼小，正是接受启蒙的时候。

2. 发蒙

这个发是什么意思？这个发是启发、启动。将被蒙的物体启开，然后启动这个人的智慧。明代吕坤《呻吟语》云："学识一分不到，便有一分遮障。""遮障"就是"蒙"，启蒙就是启开遮障之物。这个启有两层意思：一个是把它上面蒙盖之物启开，第二是启动每个人都具有的那种智慧。

"人之初，性本善。"这个善，实际上也是一种智慧之善，也是一种智，没有智是不会善的。就像动物，它的智能很低，所以它分不清善与恶，所以"启"有两层意思：启发和启动。

3. 利用刑人

周文王时代是奴隶社会，他们对待奴隶像对待犯人一样。"刑人"，就是对人的一种处罚方式，一种责罚，甚至于用枷、锁等刑具这种方式。像古代的教育方式，蒙学馆、私塾里，每一位先生手里都有一把戒尺，有的也叫戒方。这个戒尺是用来干什么的？打手心的。打手心既打不伤，又很痛。这就是种体罚，所以，一直到现在，还有残余的影响。我在上小学时有位老师爱体罚学生。有位同学实在是太笨了，蒙得太深了，每次叫他上黑板做题，很容易的题也做不出来。老师就揪着他的耳朵往黑板上撞，后来，老师听另外一位同学讲："他怕被你撞，就在帽子里塞上棉花。"老师听说后，受到触动。哎哟，我这么做太残忍了吧。从那以后，这位老师就不体罚学生了。

在原始阶段，你不这么做不行。有些东西你必须用，起码后来不准体罚，又有了制度，像《学生守则》，学生就必须遵守这个守则。如没有这些守则来制约的话，这些孩子无法无天啊，所以，有些东西必须要有强制的手段。手段无论是哪一种，实际上也还带有强制性。

4. 以往吝

为什么吝？"吝"，就是多少还是一种过错，或者说这事不太合适。为什么？这有两层意思：一层意思是说，开始不这样做不行。开始不用这种方法，听之任之，以后就难以实行。"吝"，是难行的意思，指这个教育难以实行，你去教育他，他不听你的，他去玩他的，他的野心你收不住。收不住他的野心，就像牧牛，开始时牛的野性太足了，你必须用绳子去拴住它的鼻子，这与"发蒙"有相似的地方。第二层意思是说，这种方式也不要太过，不要老是用这种方式。《小学生守则》到了中学，到了大学，就过时了，老师还要这么严地管着你吗？到了研究生阶段，那完全是靠自己了。所以，"用刑"有它的阶段性，不是什么时候都有利。

为什么说"利用刑人"？举个例子，《孙子兵法》的作者孙武，是最会用兵的，吴王请他去训练军队，他讲，先把宫女训练好。孙子让吴王的两个妃子做两个队的队长，一开始就三令五申，应该怎么做，连说三遍，然后演示。第一遍演示，一声令下，那些宫女笑成一团。好，他就重新宣布纪律，如再这样就要处罚了。再演示，还是不行，大家都笑得东倒西歪。孙子再次重申法令，再次严肃地说一遍，可还是令行不止，他马上将做队长的两个吴王的妃子就地正法，处决了。你看吧，第四遍再来，谁都不敢乱动了。谁敢动？杀头啊！吴王虽然心痛两个妃子，但没办法呀，为了国家的利益呀！

5. 利用刑人，以正法也

所以，《象传》讲："利用刑人，以正法。"利用这些处罚犯人的方法来规范教育之法。

九二，包蒙，吉。纳妇，吉。子克家。
《象》曰：子克家，刚柔接也。

---

1. 九二

阳居阴位，虽然不正，但居中，是本卦之主。

2. 包蒙

这个"包"是指两方面：第一，是指受教育者，接受教育的人非常广泛，各个层次、各种类型的都有；第二，是指教育者，这个教育者也要像孔子讲的那样，"有教无类"，意思是说，只要他愿意接受教育，你都要教他，一视同仁，不能分类，包就是宽容性。

3. 纳妇，吉

妇，看起来是指六三，六三是阴爻，也指妇人，但这个地方实际并不是指真去娶一个女人做妻子。实际上是借指教育者所接纳的教育对象必须广泛，包括妇女。只要她愿意接受教育，你都要接纳她，而且这里进一步讲到"有教无类"。

为什么要用妇人作为代表？这是一组例子，妇者，母也。她不是少女，而是已婚之人，为人之母。为人之母是人的第一个启蒙老师。她接受教育的重要性可想而知。所以，这里借这个为例。吉从何来？从母亲的启蒙中来。

4. 子克家

这个"家"不是指自己一家；"克"，治理也。这里不是指一家之治。《大学》里面讲了：修身，齐家。修身是为了齐家，后面又讲到齐家是为了治国，治国是为了平天下，正所谓大学之道。如果你只为了一个家、一个自我的话，那就是小学之道，不是大学之道了。这里讲的小学、大学不是我们今天上小学、上大学，它是指小学之道、大学之道。

人们求学，接受教育，被启蒙，实际上是为了修身，修身的目的是齐家，齐家是为了治国，治国是为了平天下，这是古人观念中的教育链，这个大家要搞清楚。许多解读《周易》的书都没讲到治国、平天下，都只指一个家，认为这就不是易理的真谛，就太偏狭了。乾卦、坤卦、屯卦，接着就是蒙卦，都不是随便排列的。天下启蒙，不是指哪一个家、哪一个人的启蒙啊，也不是指男人，而不包括女人哪。所以，这里必须要有这么一个前提来理解。

"子"，从卦上来看，应该是指上经卦艮卦，艮卦不是少男吗？少男不就是子吗？为什么他能齐家，能够治国、平天下？因为他的母亲接受了教育，他从小就在那么良好的环境中接受教育。他启蒙早啊，他受到了胎教，得到了启蒙。为什么？母亲启蒙实际上包括胎教，有修养的母教，她的胎教实际上是在一种无为中进行的。为什么？她有修养、有内功、有涵养、有气质，这些都陶冶了孩子的情操，这个是不可思议的东西。

5. 子克家，刚柔接也

"刚柔接也"的"接"有许多不同的解释，我看有些书上讲的是洁净的"洁"。我认为取节制的"节"才对，刚柔相济，恩威并举，就是"节制"的意思，节制教法。这句是孔子说的，为什么？"刚柔节"是什么意思？节，就是节制，刚柔节制，为何要节制？因为齐家是为了治国、平天下这样的大事，刚柔要得当。刚柔相济了，得到节制了，才能齐家、治国、平天下。这里只是简单提一下。

本爻应该是指伦理教育。你们看，有妇、有子，这就是一家人，有一个家庭的人伦秩序。在社会的人伦秩序中，有天地就有男女，有男女就有夫妻，有夫妻就有父子，有父子就有君臣，就这样排下来的。人伦次序得到了明确，那么这个社会相应就安定了。所以说，这一爻是主爻，一下子就点出了核心内容。教育是为了什么？为了社会安定，得到治理，就是为了齐家、治国、平天下，平天下马上就显示出来了。人伦次序得到明确了，那社会就相应得到安定，得到治理了。如人伦次序都乱了，那这个社会怎么能得到安定，怎么去治理？根据什么去治理，它没有次序呀！现在次序有了，家庭的次序、社会的次序都有了，这就好了，就得到了治理。启蒙的目的是什么？它的功能是什么？这一爻就显示出来了。这里不仅讲清了启蒙的目的是平天下，而且讲清了平天下的具体方法和下手处是理清人伦次序。

> 六三，勿用取（娶）女，见金夫，不有躬，无攸利。
> 《象》曰：勿用取（娶）女，行不顺也。

1. 六三

阴居阳位，不正不中。本来与上一经卦的上九是相应的，按照规则来说：她要是求婚的话，应该是上九那一阳爻向她求婚，他们俩比较合适，少女和少男嘛。但是她违背了这个规则，她还依恋她身边的九二，说明她违背了规则。

2. 勿用取女

意思是说，这种女人不能娶。这是爻辞上这么说，象辞中又这么说一句，反复强调。

3. 见金夫，不有躬

为什么不能娶？见金夫，因为她看中了身边这一位"金夫"，她动心了，不但动心了，还以身相许。"不有躬"，是把身体躬下去了，弯下腰，委之躬身，以身相许。随便委身于人，以身相许，这就是不贞不正的行为举止。这个"躬"与鞠躬的"躬"不同，这里指不贞洁。就是这种女人不能娶，三心二意，违背规则。

这个比喻说明，当时人们对此很敏感。古代对女人的制约要严一些，对男人的制约要宽松一些，这是中国古代教育的传统观念。

4. 无攸利

为什么说无攸利？因为这种人不可教也。实际上前面是举例子，这个例子比喻这种人是不可教的。教育是"匪我求童蒙，童蒙求我"。她这是求教育吗？她是求金夫，她违背规则，所以这种人是不可教的。古代说这种人不可教也，关键是这种人不愿意接受教育，卦辞里面非常明显，她不求教育，你去教育她，没有用，因为她不可教，这是关键。

5. 行不顺也

这是再次强调不能娶这种人，行不顺。为什么行不顺？这是比喻教育的主动性。如果对这种人施行教育的话，是行不通的，不会很顺利，名不正，言不顺。所以，进一步说明了教育的圣洁性。

> 六四，困蒙，吝。
> 《象》曰：困蒙之吝，独远实也。

1. 六四

阴居阴位，居于上经卦之初，更显其柔。

2. 困蒙，吝

为什么困蒙？她的心灵，她的善，不但被蒙住了，而且被困住了。被谁困住了？我们从卦上来看，她上下都是阴爻，与九二和上九都隔开了，都离得很远，处于阴气之蒙蒙中。所以，这里一下子就描绘出了教育条件非常差的边远地区，他们的教育条件很差，也指某些家庭环境差，大的教育环境虽好，但小的教育环境差，也会被困住。像过去，女孩子要上学父母说不行，还有的是家庭比较困难，所以"吝"，吝是难行。为什么？因为她没有接受教育的环境，难办呀，受条件所限。

3. 独远实也

主要原因是它距离阳爻太远，没有接受教育的条件。"独远"，就是说它很孤立，上下两个阴爻将它隔开了。这是一种教育环境的描述。

> 六五，童蒙，吉。
> 《象》曰：童蒙之吉，顺以巽也。

1. 六五

尽管是阴居阳位，但它得中。它又与九二是相应的，一阴一阳，得到帮助。所以，这一爻比较好。

2. 童蒙

这就是说，正式接受教育的是"童蒙"。古代"童"的原意不是指儿童，最初指奴隶。为什么？认为奴隶是无知的。所以，小孩智力还没有开发出来，就叫儿童。这里应该是指智力还没有开发出来的人。

那么，这个童蒙是什么样的启蒙？是什么样的教育？从本爻能看出来，它居中，又与九二相应，能看出它所接受的是一种正规教育、系统的教育。因为卦辞上就是讲童蒙，它没有讲发蒙、包蒙、困蒙、击蒙，它是用童蒙来讲的。现代的启蒙主要在儿童。从娃娃抓起，这就是童蒙，这就是系统的教育。

3. 吉

这当然是吉啊，一个孩子从小就从幼儿班到小学，一直到大学，以后又到研究生，这是非常系统的教育，当然是好啊，也是顺啊！

4. 顺以巽也

为什么最后是"顺以巽也"？这个巽是这个意思，比如上经卦本来是艮卦，假如它这一爻接受教育，进步了，就不柔了，阴就变成阳，就是两个阳爻，下面一个阴爻，不就是巽卦了吗？人越是有学问就越谦虚，得中嘛。每一爻都不能离开卦义。

上九，击蒙，不利为寇，利御寇。
《象》曰：利用御寇，上下顺也。

---

1. 击蒙，不利为寇，利御寇

阳爻在上，这里讲教育方式过头了。为什么？击蒙比发蒙还要厉害。在初九时，就讲了不能过，否则"以往吝"。到上九，最后一爻，它经过了三个阴爻过后，柔后有刚，一下子又刚得过头。这个教育方式不当的话，就不利，不利就会使被教育者产生逆反心理，破罐破摔，自暴自弃，也就是说，你不但没把他教育好，反而使他产生了逆反心理，逆反了，不成才反而会成寇，所以说不能使他成了"寇"。

2. 利用御寇，上下顺也

"利"，是有利。如果说你的方法对头，那么被教育者身上不好的习气都改掉了。寇，是指不好的习气。大凡圣贤教人，无不是教人自己管好自己。如何管？就是管自己的身、口、意。身，就是行为；口，就是言语；意，就是念头、思想。下手处就是检点身、口、意中的不良习气，涵养良好的习气。所以说，这样上下就顺了。上下是指教育者和被教育者。教育者的教育方法得当，被教育者也就很顺心，很自觉地接受，也就很高兴，上下就顺了。

小结

我们关键看这里面的发蒙、包蒙、困蒙、童蒙、击蒙。发蒙是开始启发，启动智慧；包蒙是一种教育的广泛性；困蒙是指那种没有教育条件，渴望得到教育；童蒙是一种系统的正规教育；击蒙就是指教育方式不能过头，要讲究比较合适的教育方式，不然的话，就会适得其反。

这里，我们要注意一点，讲了这么多"蒙"，只有六三没有讲到蒙。为什么？就是说唯独这么一类人是不愿接受教育，自己放弃了受教育的机会，放弃了这个权利，是不可教的。

所以，也就是开始说到的，教育是自发的，是人类一种本能的需求。

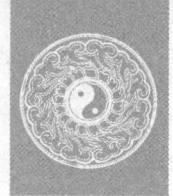

需卦　不速之客的智慧

一、卦名：需（水天需）

《说文》曰："需，须也，遇雨不近，止须也。从雨，而声。"就是讲，下雨了，你必须等待机会，等雨停了以后再行路，这就是等待。古代的"需"就是等待的意思。这个等待就是人为的一种非常手段，也是人为的一种绝招。现代处世学有条理念为"学会等待"。

柳宗元《种树郭橐驼传》讲述了郭橐驼种树的事。郭橐驼走路总是弯着腰，所以人们都叫他橐驼，他最擅长的就是种树，他种的树没有不存活的。所以有许多王公贵族、大富豪在自己家的花园种树，都请他去指导，而且是礼请，还要供养他。有人问他："你种树有什么诀窍呢？"他讲："我种树没有什么诀窍，就是有耐心，将树种下之后就不管它了。不像有的人家里种了一两棵树就天天去侍弄它，等也等不及，就希望它快点长大，今天去摸摸，明天弄弄叶子，结果没几天树就死了。"

郭氏种树的诀窍不在大处，而在"耐心"二字。这个故事非常有意思，说明等待也是很有诀窍的。所以我们在说《易经》的同时，也说了些历史知识和古典故事，还有其他方面的知识，因为《易经》中的知识信息量本来就很大。

二、卦画

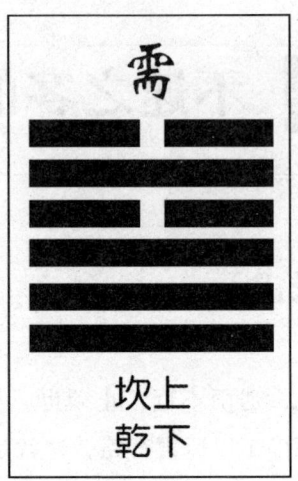

乾下坎上，名水天需，像雨中有三位男子等待雨停似的，就是这么一个景象。

本卦有四个阳爻、二个阴爻，但这四个阳爻是下面三个阳爻，上下面一个阳爻。下面三个阳爻与上面一个阳爻是有区别的，它们一在内卦，一在外卦。

三、卦象

乾为天，为父，为马，为首；坎为水，为中男，为豕，为耳。

四、卦德

乾为健；坎为陷。

五、卦辞

需：有孚，光亨。贞吉，利涉大川。

> 《彖》曰：需，须也。险在前也，刚健而不陷，其义不困穷矣。需，有孚，光亨，贞吉，位乎天位，以正中也。利涉大川，往有功也。
> 《象》曰：云上于天，需。君子以饮食宴乐。

"需"与"须"是同义的，在字典里，必须的"须"字有三种含义，其中第二种含义就是"待"，等待的意思，这里就取这种含义。

1. 险在前也

为什么要等待呢？因为险在前呀。在彖辞中讲到了"险在前也"。本卦的内卦为乾卦，外卦为坎卦。从内往外走就是往前走；坎为陷，险之象，这就是前面有风险、有危险，险在前的表象。所以要等待，等待雨过天晴，方可"利涉大川"。

2. 有孚

"有孚"的"孚"有人做俘虏讲，这是不对的，这里还是孵卵的"孵"的含义，是讲诚信、信用的意思。这里讲什么诚信呢？一个是老天讲诚信，不会雨下个不停。我们心里清楚，没问题，雨总会停的，等一下吧！这是天讲诚信的一面；那么人也要讲诚信，要效法天。所以这三个人之间，有一个约会，就是都要讲诚信。因为讲诚信，所以有"光亨"。

3. 光亨

"光"是指光明，"亨"是指亨通。我们不要看见前面有风险、有危险，就不敢轻举妄动。前面是有些阻力，但前途还是光明、亨通的，不要着急。为什么呢？"刚健而不陷，其义不困穷矣。"刚健而不逞强，这里的三个人不是很刚健吗？都是刚，但他们都不去逞强，不去冒险，就不会有问题。时机一到，自然是雨过天晴，云开雾散。

4. 贞吉

坚持正固，以正去邪。因为正就有定力，有定力就有耐心，有耐心就能等待。所以它就吉祥。

5. 利涉大川

"利涉"，就是有利于顺利通过；"大川"是指艰难。尽管其中有些艰难，很漫长，想闯过去有一定的艰难，但只要有耐心，就能顺利地通过。为什么能利涉大川？就是象辞里面讲过的"其义不困穷矣""位乎天位，以正中也"。这就讲到九五爻有一种"中正之德"，所以你只要勇往而必然有功。所以说"光而亨"，前途是光明而亨通的。

上面讲的就是卦辞，我们要把握这个"待"字，为什么要等待？从卦象上看，它是风险在前，不能轻举妄动。既然前面有风险，为什么光亨呢？关键就是你能不能待，就看你有没有定力去耐心地等待，能不能坚持中正之德。有了这些，你就能利涉大川，就能成功。

六、爻辞

> 初九，需于郊，利用恒，无咎。
> 《象》曰：需于郊，不犯难行也。利用恒无咎，未失常也。

1. 初九

阳居阳位，又是初爻，所以有阳刚之勇，极易犯难而行，一往无前。但是这里还是能够等待，向下看。

2. 需于郊

一国中心地带为都，都外为郊，郊外称为野。此时他们还在郊外，离风险还比较远。还未出都门，没有到野外，在内逞一点强，不会招来什么不良影响与灾祸，这是从地理位置来看。

3. 利用恒，无咎

"恒"是指坚持，持之以恒。风险在前，为什么无咎呢？就是因为耐心等待，持之以恒。你如果能持之以恒地等待，就有利，就没有灾难，没有过错。

4. 未失常也

"常"是指正常，有理智。什么是理智？耐心等待就是有理智，这个时候还不能去冲，不能去乱撞，要理智地去等待。一旦失去了理智就失去常态了，"未失常"就是还没有失去理智。这里作为一个初生牛犊不怕虎的阳刚男子，竟然还有这么一种耐心，竟然还能持之以恒，这真是难能可贵。这就说明了是理智战胜了急躁，理智控制冒进，所以就不会失常。

> 九二，需于沙，小有言，终吉。
> 《象》曰：需于沙，衍在中也。虽小有言，以终吉也。

1. 九二

阳居阴位，不正却居中位，有中也不错。

2. 需于沙

这沙又前进了一步，到野外了，而且到水边了。坎为水，沙就是水与岸的交界处。到了这里还要耐心等待。

3. 衍在中也

"衍"，是宽绰有余，虽到了沙处，但仍有回旋的余地。因为九二居中，所以可以从容地等待。

4. 小有言

这就是说，相互之间还是有点埋怨，有点指责，互相有点意见，但不是大的分歧，是不会有问题的。这也是难免的，三个男人在一起是有必要商议的。这就是上面讲的"衍在中也"。因为有回旋的余地，所以即使互相指责也不会出现大的分歧。还有一点是根据卦上来的，因为九二是居中的，再一个爻辞是"需于沙"，所以象辞中将它解释为"衍于沙"，所以还可以从容地等待。

5. 终吉

因为此处有回旋的余地，所以最后还会吉祥。

> 九三，需于泥，致寇至。
> 《象》曰：需于泥，灾在外也。自我致寇，敬慎不败也。

1. 需于泥

已经走过沙滩，靠近泥了，接近水了，这是一步一步地向前，所以就有了"灾在外也"的情景。灾不在内卦而在外卦的坎卦中，所以无大碍，只要不去冒险、不鲁莽，那就不会有危险。所以"灾在外也"，就是讲还是有回旋余地的，但这个余地已经不大了，只要有一步不慎可能就会"致寇至"。

2. 致寇至

这里关键的是"致寇至"。寇的本意是指强盗，这个地方是指风险，也是指前面那个陷阱。是谁"致寇至"呢？当然是指他们自己了，他们不去冒险，不去犯难而行，就不会出现这种情况。

3. 自我致寇，敬慎不败也

这是警诫。这一爻给了我们一个很大的启发，特别是这句告诫的话，这里的"致寇至"本身就是一个警示，就像立了一个警示牌："前面有危险，请谨慎。"要想立于不败之地，就必须谨慎。

这一爻告诫我们说，快出国门了（内卦末爻），必须谨慎从事，要待时而动，勿操之过急。只有这样，才能不至于陷入失败的境地。

> 六四，需于血，出自穴。
> 《象》曰：需于血，顺以听也。

1. 六四

阴居阴位，太柔弱。这一爻我们要很好地理解，这里有人物关系的换位问题。

2. 需于血

这个血与前面的郊、沙、泥似乎联不起来呀。其实已经联起来了，到了泥就接近了水，这时不仅仅是接近了水，而且是水浓于血。这里不仅仅是脚沾湿了，而且有泥，泥和水搅和在一起，像血一般的浓，说明陷得很深。这里又可理解为已经接触到身体了，不仅是身体肌肤，而是接触血液了，而且是极其紧张了，热血往上涌，形容一种紧张时刻到来。我们可以想象，虽然是三个大男人，但是他们还是谨慎的，因为他们知道前面的危险很大了，如果不知道危险很大的话，三个男人不可能这么谨慎。这里的一个"血"字就点出了这么一种紧张的气氛。这就显示出古人作书的了不起之处，我们细细地去体会，就像是一部小说里的小细节，也像一个电影镜头。

3. 出自穴

是谁"出自穴"？这就是一个人物转换了，谁从穴里走出来了？实际上这三个男人就是探穴之人，这就是他们的任务，这三个人同行，而且很紧张地往前行，不就是探穴吗？这里是阴爻，指把持这个穴口的人很柔弱，在这种情况下从穴里面出来了。

4. 顺以听也

为什么讲"顺以听也"？这就是双方会面了。一方是三个大男人，很谨慎。一看走出来的是一个女人，很柔弱、很温柔，就放心了。另一方，一看"呀"，是三个大男子，心里稍有紧张，但细一看，他们三人很谨慎、很谦虚、很文雅，也就放心了，所以就出来迎接他们，而且将路让开，请他们进去。这里双方都配合得非常好，这是一个非常有趣的情境。我们再仔细地体会一下他们双方的心理，一开始双方都非常谨慎，然后慢慢地放心了、融洽了、相互理解了。这就说明，凡事还是以和为贵，以柔克刚为好。如果这三个男人都很高傲，而且不谨慎，人家一看，那肯定就会更加警惕，更不会给他们三人让道了。这实际上告诉我们应该怎么做事，怎么为人。

一个人要想研究什么成果，进入一个学术领域，想办一项事业，不正像这种探险的情形吗？这也是一个比喻，所以我们应向他们三人学习，学习他们的谨慎与谦虚。

> 九五，需于酒食，贞吉。
> 《象》曰：酒食贞吉，以中正也。

1. 九五

九五为本卦之主爻，也是外卦的主人之所，有险无险也在于此，这险能不能探到，也在这一爻上。

2. 需于酒食，贞吉

这时已等了那么久了，经历了从郊外等到沙，从沙等到泥，从泥等到穴口，这时竟然等来了一顿酒饭，这是大大地出乎他们所料，使他们三人大喜过望，他们想不到这个主人会这样热情。为什么会这样呢？因为她是九五，是主人，她有中正之德，她对什么人都能接纳。我们联系到乾卦的九五"利见大人"，就是说，她与大众是息息相通的，她的利是布施给大众的，不管你们三个年轻人是从哪里来的，但只要来了，她都接纳，而且先有利于他们，先热情地接待他们三人。这里之所以要联系到"利见大人"的"利"，是因为"需于酒食"就是施利，先有利于他人，先有利于社会，知道他们是来做正事的，那么有耐心地等待，还很谨虚，很令人佩服，所以很热情地接待他们。这样也合情合理，双方都很高兴，都做得很好。是宾是主都是以德相待，以礼相待。这是"德合无疆"，就是德与德相合了，这是不可思议的，所以我认为这顿酒食是德德相合，所以"贞吉"。

3. 好人缘

人有没有人缘，首先要看看自己有没有德。如果自己无德，当然没有人缘。如果是别人没有德，那你也不必与他攀缘。再一个就是看你处处是为自己谋利，还是先有利于社会，有利于他人？这个人人都要想清楚。

这一爻给我们很大的启发，很有教育性，我们应学会"需"，学会待，不要遇事就鲁莽行事。培养自己的德行，总会有"德合无疆"的人缘。

上六，入于穴，有不速之客三人来，敬之终吉。

《象》曰：不速之客来，敬之终吉。虽不当位，未大失也。

---

1. 上六

阴爻居终极之位，但不会有什么问题。

2. 入于穴，有不速之客三人来

是谁"入于穴"？是三位不速之客，是那三位男子。"不速"，是指不请自来，没有请他们来，自己来了，还是被当作宾客招待。当然，他们入于穴有主人陪着呢，这里他们已进入理想的地方了，也是本次探险的目的地，进入了"险"的境外。

3. 敬之终吉

这个"敬之终吉"与象辞中讲的"未大失也",指谁呢?这个"敬之终吉"是指三个阳爻,三个不请自来的客人,这个"敬"包含了一种谨慎,敬是敬业,敬探险之业。谨是在探险中,谨慎行事。有了敬与谨,最终是大吉大利,就能获得意想不到的收获。这就说明,过程重于结果,是因为有这样的过程,所以才有这样的结果。我们占卜的是过程,所以我们一定要重视过程。

4. 虽不当位,未大失也

这是与"终吉"差不多的意思,是讲这个上六不当位,在卦的最后一爻,似乎不利,但这卦的这一爻也没有失去什么。为什么呢?因为她能以敬待人,以礼待人,以德待人,这样德就能与德相应,所以他没有失去什么东西,既没有失去机会,也指没有失去德。人家不是来抢你的东西,你也不要侵犯人,相互都以礼相待,所以就很好。双方该得到的,都能得到;双方不该失去的,都不会失去;双方都增加了新的德行。

5. 终吉

就是开始涉险而待,艰难而行,到后来终于有了好的结果。

小结

需,等待,从郊外等到沙,从沙等到了泥地,从泥地等到了"血",这么一个紧张的过程。这是指三位不速之客谨慎从事的过程,都是没有离开这个"需"字。虽然上爻没有"需"字,但这里已是等待的目的所在了。

从另一方来讲,看起来是这么危险,但结果竟然是得到那么宽容地对待,开始是让,让他们进去;第二步是以宾客相待;第三是敬,顺而听之。这个"需"一下子就上升了,由"待"上升为"养",就是涵养,双方都知对方有涵养,所以由和而见合。我们从这里又看到了更高一层的意思,如果仅仅是将它当作表面需要讲,那就根本讲不通,所以要理解为等待。但后面不能是仅仅等待就完了,它本身就已经升华了,所以我们必须去总结、去做更深层的理解。它的用词是非常有意思的，"需"到后来的含义就上升为"涵养"，是德的涵养。所以我们必须注意这点，如果没有深层的含义，那这卦就像没有主题的故事一样，没有理解它的内涵，那就等于没讲，我们必须将故事的幕布拉开，去看它的精华。

所以这一卦到后来都是皆大欢喜，都有收益，都有涵养，这些都是从过程中获得的，我们好好去体会其过程吧！

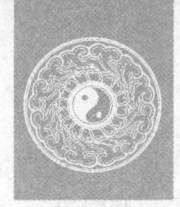

讼卦 争讼的智慧

一、卦名：讼（天水讼）

《说文》讲："訟，争也。从言，公声。"即纷争、争执、争夺、争讼的意思，这个讼现在讲就是打官司，在本卦中其实还没有上升到这个程度，只是到了最后一爻才上升到这个程度，这里大部分是指争执的意思。

二、卦画

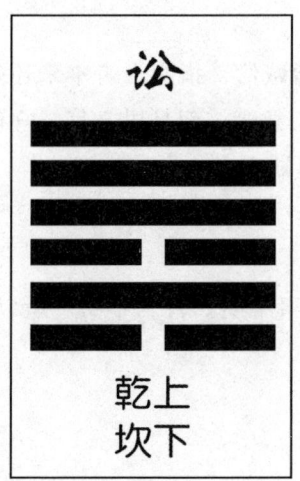

坎下乾上，天水讼。与需卦正好上下相覆，成为一组。

需卦开始好像是双方剑拔弩张，结果是化干戈为玉帛，因为需是刚在内，险在外，所以能化干戈为玉帛。刚在内而不逞强于外，所以无碍。而在本卦中却相反了,它是刚强在外而阴险在内,这种情形显然不同了。刚强是惹事的祸根,阴险是挑事的根苗。于是,出现了争执和纷争。

三、卦辞

> 讼:有孚窒惕,中吉,终凶。利见大人,不利涉大川。
> 《彖》曰:讼,上刚下险,险而健,讼。讼,有孚窒惕,中吉,刚来而得中也。终凶,讼不可成也。利见大人,尚中正也。不利涉大川,入于渊也。
> 《象》曰:天与水违行,讼。君子以作事谋始。

1. 讼

刚才也解释过了,再来看看《周礼》是怎么讲的。

《周礼》曰:"以两造禁民讼。"两造就是双方造起事端,起了官司。郑玄注:"讼,谓以财货相告者。"就是说,为了财货相争,所以就相互告状。这里是上刚下险,险而健。阴险逢刚强,必然有讼。"天与水违行",所以有讼。

2. 有孚

这里的"有孚"还是指诚信,指刚强者本来还是有诚信的。现在好多人讲,凡是争强好胜的人,都有正义感,而且讲义气、守信用。但缺点就是争强好胜,虽有一种大丈夫的勇气,但缺少大丈夫的胸怀。

3. 窒惕

"窒"是窒塞、未通、事不明。吉凶不明,所以畏惧、警惕。这里是指当时的心态。

4. 中吉;终凶

其人刚健而守中正之道,得中则吉。这是指九五的,但最后为什么还会凶呢?那是指上九,终凶是指上九的。"终凶,讼不可成也。"

5. 利见大人

为什么能利见大人呢？"尚中正也，崇尚中正"，这也是指九五。得中正之道的人为大人，这大人是指九五，它与乾卦里的"利见大人"是一个意思，但也有一点区别，这里的"利见大人"是代表众人的利益与意见；乾卦中的大人是众人、大众。而此卦中的大人是代表众人的利益与意见，为大众说话的人，为大众裁判的人。

6. 不利涉大川

为什么不利涉大川？为什么不能安全顺利地去通过大川？因为血气方刚，谁也不让谁，都局限在争讼纠纷之中，所以很难平安顺利地渡过险难。

7. 入于渊也

双方陷于争讼的纠葛之中，难以自拔，再无回旋的余地。

8. 君子以作事谋始

从此卦中可以看出，这么多阳爻都是君子，君子从此卦中能得到什么启发呢？这里告诫人们做事一开始就要想到结果；要注意理顺各种关系，从事情的起端就止息事端，消弭芥蒂，防患于未然，免得自陷于争讼之泥淖，难以自拔。我们还是根据六个爻，去跟踪采访，因为是争讼，那我们就去暗访吧。

四、爻辞

初六，不永所事，小有言，终吉。
《象》曰：不永所事，讼不可长也。虽小有言，其辩明也。

---

1. 初六

指事的起端，阴居阳位，如果阴阳能够平衡，刚柔相济，应无大碍。如果刚强想欺柔弱，那就有争讼。

2. 不永所事，讼不可长也

"不永"，是指事情刚刚发生。这不是永远，而是指时间长点，不永就是不让它发展延续下去，那大事、小事也就过去了，争讼也就惹不起来了。这里就讲了"讼不可长也"，争取双方都能够息事宁人。

3. 小有言，其辩明也

双方有一点争执，没有大的争吵，互相有一点指责、埋怨，或是讲话有点出言不逊，这问题都不大，把理讲清，双方都接受了，就没问题了。所以"终吉"。

4. 终吉

终究彼此得到谅解。刚者息事宁人，柔者晓之以理，将一场即将发生的争讼化解了，烟消云散了。

九二，不克讼，归而逋。其邑人三百户，无眚。
《象》曰：不克讼，归逋窜也。自下讼上，患至掇也。

---

1. 九二

阳居阴位，虽不当位，但得中位。与九五皆为上、下二卦之中位，但二爻皆为阳爻，为敌应，即刚对刚，上下敌应。

2. 不克讼，归而逋

知道不能胜讼。谁知道的呢？这里应是双方都知道。阳居阴位，是居中，与之相应的那一爻是九五，它们都是阳爻。九二是中而不正，九五则居中正之位，有两阳相助，当然是势力强大。这是指九二知道九五的势力强大，它不是对手，所以九二就努力地往回逃跑，这样一让也就没事了。这就是"不克讼""归而逋"，跑回去躲起来，惹不起，躲得起。

3. 其邑人三百户

逃回自己的部落。他这个小邑，还有三百户人家，这里能躲起来，所以就没有问题，没有过失。

4. 无眚

就是无灾难，无争讼之灾，因为九二是险中之阳刚，如果不主动出去惹事，就会安然无事。如果惹了事，马上理智地往回跑到中位，这个小邑有三百户保护它，也是不会有事的。

5. 自下讼上，患至掇也

这里的"讼"也是自己去招惹的，但招了之后，幸好明智，知道打不过、争不过，知道自己是居中的，还是赶紧回去，回到自己的位置。这里是讲了这一爻的这样一个情景。

> 六三，食旧德，贞厉，终吉。或从王事，无成。
> 《象》曰：食旧德，从上吉也。

1. 六三

阴居阳位，不中不正，所以上下难以接应。

2. 食旧德

"食"是饬，是整顿、修整的意思，也就是讲过去的德行要重新整顿，重新整修，也就是反思自己以前的德行。

3. 贞厉，终吉

本来这个贞是持守中正，持守正道，但这一爻也不正、也不中，这里就是持守它的旧德，这一爻如果是阳爻才为正，因为它是第三爻不得中位。所以它必须以自己的旧德为持守的对象，以原来一贯的德性为正。这里我们必须搞明白，守住自己一贯的好作风、美德，就是通过反思修整、持守纯正的美德。虽然这个位置有点危险，处在不正也不中之地，但只要持守过去的那种好的德行，终究还是吉利的。

4. 或从王事

此处的王事指什么呢？"从上吉也"，上是指上面的九五。九五为此卦的主爻，也就是要顺从上面九五这个中正之德。九五这一爻在本卦中是主持公正的，前面的卦辞已经交代了，是大人，是为大众说话的，是代表大众利益的大人。所以"从王事"就是从"九五"的德行，这个王事是指九五之大人的。

5. 无成

这里的无成是件好事，没有成功是指争讼没有酿成，各自相安无事。"无成"是这个意思，原因就是修整旧德、固守旧德。第三是"从王事"，听了九五大人的话，所以就无事，也就是说，这一爻虽然很弱，但他居阳位，所以一般很容易惹事的。

> 九四，不克讼，复即命渝，安贞吉。
> 《象》曰：复即命渝，安贞不失也。

1. 九四

阳居阴位，以刚强居不正不中之位。因为这个位置不中不正，所以他不会安守本分。加上他很刚强，有一点争强好胜之心，所以这一爻有点惹事，而且很容易闹出争讼。

2. 不克讼

这里指找不到对手，他的对手是初六，已把事给让过去了。因为初六柔顺"不永所事"，想惹也惹不起来，如果与下面三爻惹吧，也惹不上，一个是内卦，一个外卦，外面是管不了里面的。上面的"九五"，想惹又惹不起，所以他找不到惹的对象。

3. 复即命

"即"，是就；"命"，是天命、天道、大道理。这就是指要听九五的，不惹事了，还是回头去坚守正道吧！这里的九五早就三令五申地讲过不要闹事、不要惹事。因为他没有惹事的对象，所以还是回到正理上了。

4. 渝，安贞吉

"渝"，是改变，就是改变开始那种想惹事、想争讼的念头。"安贞"就是安守于正，就是安守本分，所以就吉利。这一爻是想惹事的，却没惹起来，主要还是没有讼的对象。

5. 不失也

不会有过失。因为本来是会有过失的，结果因为改变念头安守本分，所以没有过失。那这功劳应归于谁呢？应归于九五，从卦辞中就可以看出，他是大人物，是可以压阵的，其他爻都是听他的。九四也是这样才没造成过失。既然功劳如此之大，那我们就来看看九五。

> 九五，讼，元吉。
> 《象》曰：讼，元吉，以中正也。

1. 九五

爻辞就这么简单，不过我们必须知道这里还是有讼，这个讼是指什么呢？

九五，是中正之位，是本卦之主，是大人物的位置。他是代表大众的利益的，代表大众说话的。

2. 讼

不是他去争讼，而是他处理讼事、裁决争讼，这一爻的讼是指这个意思。但是他不像那种处理争讼的人巴不得闹事，好像不闹事就没饭吃，没事可干。这里的九五，事先就发布命令了，不准争讼，所以从初六到九四，都没惹出争讼让他去处理。

这里我举一个例子。有一个小镇，有次举办商品交流会。在交流会之前，镇政府开会，要找一些单位抽出一些年轻人来搞治安，因为人多，怕有人闹事呀！就做了这样一个规定，如果有人打架闹事，打一拳头罚五元，打两拳头罚五十元，打三拳头罚一百元。于是十几位负责治安的人挺高兴。可是一天下来没有一个人动拳头，他们反而感到很失望，开始还认为今天能捞点外快花，去美美地吃一顿，结果一分钱都没收到。这里的九五不是那样，他是真正代表大众利益的，所以，结果是"元吉"。

3. 元吉

坤卦中，我们讲了"黄裳，元吉"。这里"元吉"是指从开始就是大吉大利的。初六开始就没有惹出是非，就"不永所事"。虽然有小的争论，但马上又息事宁人了，能互相宽让了，所以就没事；到了九二，很理智，知道不是对方的对手，所以就躲了起来，也没事；六三知道守住自己的旧德，而且能"从王事"，所以也没事发生；九四本来是想惹事，但没有找到对象，别人都听九五的话，所以他也回来归于正道，所以也没问题。这就是营造"元吉"的主要因素，从开始就是大吉大利。所以讲功劳是归九五的。

4. 以中正也

中正体现在哪里呢？在"元吉"里，从一开始他就不是给自己谋利益，是真正地为大众谋利益，真正地为大家做事。从一开始，他就将大事、小事都规划好，把各种争讼消弭在事情的开端。开端就不让事情闹起来。你看，由于有九五，才有这么一个社会环境，真是道不拾遗、夜不闭户啊，关键是有这么一个九五在那里主持中正。

5. 无讼

因为极力倡扬消弭芥蒂、止息争端、化干戈为玉帛的"无讼"主张，希望大家都能息事宁人，即使迫不得已，已有了争讼，也互相在中正之道中得到调解。无讼则无事，无事则无咎、无祸，便得元吉。

上九：或锡之鞶带，终朝三褫之。
《象》曰：以讼受服，亦不足敬也。

---

1. 上九

不能说最好的社会不出一点事，这是不可能的。反面教员总还有人来当，不然老是看正面的也没意思，还是来一点刺激的吧，不然我们讲了半天多没劲，那我们就看上九是怎么讲的。

上九，以阳居上，显示出好出风头、争强好胜的本性。因为有这本性，所以每次要与人家争赢，所以就"或锡之鞶带"。《说文》云："鞶，大带也。"古时以皮革为大带，便于佩刀剑，上面还有金玉之饰，常为君主对臣下的赏赐品。今日拳击冠军争夺的金腰带也许就是这一种吧。

2. 或锡之鞶带

"锡"，即赐；"带"，就是以革制成的腰带，如现在打拳击的腰带一样，当然那时是大夫以上的官员才能束此腰带，一般的人是不敢束腰带的。这里赐给他腰带说明他赢了,这有多光荣呀!有多光彩呀!但是真赢了吗?我们继续往下看。

3.终朝三褫之

"终朝",是指一天。"褫",是指夺去、剥夺。一天三次被剥夺。这腰带是赐给他了,但这个官司还有人不服,所以又将腰带收回。收回又送给他,这样一天赐三次,收三次,说明他一天就惹了三次讼事,赢了三次官司。刚刚得意了一下,又被收回去了,这样一天得意三次,又失意三次。这样一看赢得也太不值了。如果仅此而已也就算了吧。只是一个腰带,反正也威风了一下。可这里又来了这么一句讽刺。

4.以讼受服,亦不足敬也

因为以争讼而得到赏赐的服饰,实在不足以使人尊敬,别人都认为不光彩。但是他不以为耻,反以为荣,而众人却是不以为荣,反以为耻。这就是反面教员,有了这么一个反面的东西,就从另一个侧面教育了人,说明争讼之胜并非真胜。俗话说:赢了官司,输了面子。从另一个侧面证明九五是完全正确的。刚才不是讲九五将这个社会治理得很好,怎么也还有闹事的呢?我认为这样的闹事也并非坏事,有千分之一这样的小事,闹一闹,以此树立一个反面的教材,让大家引以为戒,并且让大家高兴高兴、刺激刺激也是很好的。所以这里很精彩。

小结

本来一看到这讼卦时,就认为这肯定有好多戏看,有好多的官司,有好多的热闹。有人不就是喜欢到大街上看热闹吗?马路上两个人骑自行车的人撞了,吵起来了,有的旁人到中间去添油加醋,唯恐天下不乱,巴不得别人闹得凶点,自己好看热闹。但是没有闹起来呀!这是怎么回事呢?这讼卦不是名不副实吗?不是,讼卦是教育人的。本卦看起来是讼,其实最后是元吉,并未争讼。初爻无讼,是因为从事态的起端就消弭了;二爻是很理智的,他不敢与人争,所以躲开了;到了三爻,他食旧德,而且服从九五的命令,所以他也不闹;到了九四,他想闹却找不到对象,所以还是回来听从王命吧;到了九五,他本来是处理讼事的,可没有讼事让他处理;到了上六,好不容易争讼争胜了、争赢了,赐了他一条腰带,可别人还有意见,一天收回三次,弄得那位争讼者很不光彩,还受到了指责。这就告诉我们，如果占到此卦，就知道自己别惹事了，争讼闹事不是好事。最好是无讼，这卦宣传的是无讼，认为讼是无益而有害的，即使赢了，也是不光彩的。

我们再回头看看，是不是这样？是不是很精彩？前面发生了那么多的小风波，到结果还是元吉。最后一爻还来这么一个小插曲，推出这么个反面角色，让他在众人面前曝一曝光、现一现丑。我们要向初爻学习，要学六三，学它们听九五的话。九二、六三、九四，都有值得学习的，九四也有可取之处。再有，我们应该崇敬九五。当然，我们也希望上九接受教训。

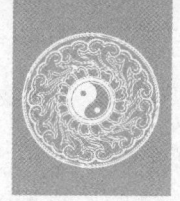

师卦 将在外的智慧

一、卦名：师（地水师）

《周礼·地官》："五人为伍，五伍为两，四两为卒，五卒为旅，五旅为师，五师为军。"郑玄注："师，二千五百人；军，万二千五百人。此皆先王所因农事而定军令者也。"这种编制，当时是农兵合一的。当时将农民组织起来，一旦发动战争，就是按这种编制上阵；没有战事时，就务农，平时务农还是按这种编制劳动。这种编制，大约是由殷商时期逐步形成的。原始社会的末期到奴隶社会，部落冲突、诸侯国之间的冲突，较为频繁，这种按规范的军队编制便形成了。

二、卦画

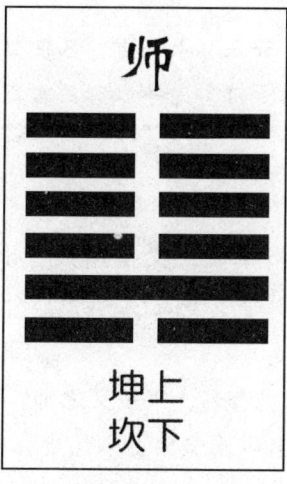

这个卦画为坎下坤上，叫作地水师。

此卦卦画形式很像军队布阵，全卦唯有一阳爻居二位。我们从内外卦来看，这一阳爻居内卦之中，就是军中的统帅，那么外面的三个阴爻就是军队，分为六个队列。这个统帅的前后又有四个护卫兵，就像元帅府那样，外面是大部队排成六个列阵。这是从卦画中就可看出的军队布阵之象。

三、卦象

坤为地，为母。坎为水，为中男。

四、卦德

坤为顺、为柔。坎为陷、为险。

五、卦辞

> 师：贞，丈人吉，无咎。
> 《彖》曰：师，众也。贞，正也。能以众正，可以王矣。刚中而应，行险而顺，以此毒天下，而民从之，吉，又何咎矣。
> 《象》曰：地中有水，师。君子以容民畜众。

1. 师：贞

"师"，有两层意思，指军队，又指用兵、出兵作战。对于用兵，《孙子兵法》里有这么一句话："兵者，国之大事也。死生之地，存亡之道，不可不察也。"

"贞"，则指出兵必须师出有名，兴正义之师，《孙子兵法》中讲："兵者，国之大事也。"所以不能随便出兵，出兵不是儿戏。水泊梁山上的好汉，他们不也是兴正义之师，替天行道吗？实际上也是给自己一个名分，没有名分就随便出兵是不行的，所以出兵必须从天命、为大众利益、讨伐邪恶、伸张正义，否则就师出无名，不符合"贞"的原则。

2. 丈人吉，无咎

"丈人"是指老成持重的长者。有一定威望，有谋略，而且有道德修养。只有这样的人物才能选为军中统帅。

诸葛亮会用兵，他曾经著了一本兵书，这本书的第一篇为选将，也就是如何去选大帅，大帅又如何去选将军，如何去选副将。如果选将不当的话，那么对这个战事是极为不利的。所以诸葛亮用兵如神，关键不是他怎么出谋划策、怎么会算，而是他会选将，他将选将放在第一位。

所以这里就强调了"丈人"，强调选好了这样的统帅，才会吉祥，才会没有过失与灾难。

《孙子兵法》上说："故知兵之将，生民之司命，国家安危之主也。""夫将者，国之辅也。辅周则国必强，辅隙则国必弱。"上面讲这么多，说明选将是很关键的。

3. 刚中而应，行险而顺

这是指卦中的主爻，这个卦的主爻是九二，唯一只有九二为阳爻。刚处下经卦之中位，又与上经卦的六五相应，所以虽行动有险，但不会有很大的阻碍，还是顺利的。这个卦象是一种条件，它包括当时的民心、国家的经济状况、政治安定不安定、军队的士气，还有地形、地势等，各个方面的条件与形势。为什么虽有险，但还不会有很大的阻碍，这就是整个形势决定的，卦上也将这个形势表现出来了。

为什么占卜能灵呢？就是因为它与天地准，它不但是与天地自然现象准，与物准，还与人、与事准。这里如果要了解八卦，真正学会占卜，想占卜准确的话，每一爻，都不能离开卦，每一卦都不能离开"易"，而"易"则应"与天地准"。所以这也不是一朝一夕之功，要很深的功夫，不仅仅是反应每一爻所处的位置，还要搞清每一爻上下左右的形势，要和当时的形势联系起来分析，由爻象到爻辞，然后推理到全卦所讲的情景，与历史、与现实等综合考虑，这样，你才能卜得活、占得灵，仅仅是看表面上的东西那是不行的，也就是必须将这个卦理解活了。"《易》与天地准"，就是要将每卦的卦辞、爻辞、卦象、爻象，与所问的事对准了、融通了，这时就灵了。

现在就可看出，为什么是行险而顺，这是卦上已经决定了，一看卦就能得知，当时的形势、军中的形势全部都有，就看你的理解通没通。

4. 以此毒天下，而民从之，吉，又何咎矣

本来兴师用兵，是非常危险的，将会造成灾难、伤亡，是不可避免的。如国外入侵，那是不得不抵抗的。总不能为了避免灾难和人员伤亡而不抵抗吧。如果不抵抗就会伤亡更大。

这里"以此毒天下"，虽然是具有灾难性的后果，生灵涂炭，但是，"民从之"，因为这样做是为了广大老百姓，为了广大人民，为了长久的安定。所以只要行的是正义之师，是为民除恶，人民还是愿意服从的、是拥护的，自然也就吉祥，又何咎之有呢？

5. 君子以容民畜众

君子应当效法这种精神，这种包容天下百姓的精神，在百姓中积蓄力量。古时是农兵合一的，这种方法是符合当时的社会状况的，既不耽误农事，部队也不需要那么多的军人，只用养着少数的人。从卦象上也可看出，这个阳爻只用养着他身边的两个阴爻，上面那三个阴爻，都是农兵，有战事之时，他们就可出动，没战事时就务农。只有他身边的两个阴爻才是真正的兵，是拿军饷的，他们是长期护卫在阳爻身边的。

6. 地中有水

师卦又像地中有水，水不流出地外，而是在地上集中来了。

六、爻辞

> 初六，师出以律，否臧凶。
> 《象》曰：师出以律，失律凶也。

1. 师出以律

这里是指军队出征，必须有严明的军纪。如岳飞带兵，老百姓说："撼山

易，撼岳家军难。"这说明他军令如山、军纪严明，那就必有军威，对敌方有震慑力，才具有作战力，所以古有"军中无戏言"之说。律就是军纪，稍有差错，就有可能被杀头。岳飞不就是几次要将岳云推出去斩了吗？这就是军纪。而且在每次出征前还要约法三章，甚至要立"军令状"。"军令如山"，穆桂英挂帅时，她连自己的丈夫杨宗保都要推出去斩首，没有杀掉是因为保的人太多了，不然就是真的要斩了。

2. 否臧凶

"臧"，是指善；"否臧"，是指不善。这里是指军纪不严或是治军不善。治军不严，这样结果肯定是凶、恶、危险的。所以《象》曰："失律凶也。"

> 九二，在师中吉，无咎。王三锡命。
> 《象》曰：在师中吉，承天宠也。王三锡命，怀万邦也。

1. 九二，在师中

在师中，即在军队中间。九二是本卦之主，又是唯一的阳爻，显得格外刚强，为军中之统帅。位居下经卦之中位，军权在握。

2. 吉，无咎

当然不需要多解释，这样做自然吉祥，不会有过失和灾难。

3. 承天宠也

承天是指君命，"王三锡命"，就是承天之宠幸。与九二相应的是上经卦的六五，六五不是阳爻，是阴爻，但它居中位，高高在上，象征君王。但它与将军相比要柔顺一些呀。将军是刚强勇猛的，但是也必须听他的，是他任命的统帅。这里所授的当然是君王的宠信。

4. 王三锡命

这是君王对他所授的三道命令，第一道命令，是授以职权，是做统帅的这个职能；第二道是授服，就是元帅服；第三是授予马车。这就是古代的君主对元帅的授命。

5. 怀万邦也

君主之所以这样做,是因要依赖军队,安抚万国,使天下归心。可见这个统帅的重要性。九二的重要,与天下归心,安抚万国联系起来了。

> 六三,师或舆尸,凶。
> 《象》曰:师或舆尸,大无功也。

1. 六三,师或舆尸,凶

六三乘于九二之上,是阴爻居阳位,是不正不中之位。还有一个特点就是上面一爻对下面一爻来说叫"乘",是乘在九二之上。这六三位是三公之位,有一定的地位,还能得到君王的信任,所以君王就派他去做监军,这是因为三公喜欢纸上谈兵。从六三的位置可以看出,这个监军是不中不正的,他的心术不正,而且好大喜功,所以他就会越权,因为他乘在九二之上。这就决定了这个监军的厉害之处,尽管他不中不正,但他的权力不小,而且得到了君王的宠信,又有监军的大权,所以他就能擅自用权,而且在军中拉帮结派,将整个军队的军纪也搞乱了。所以首战是他决定要打,可结果却打败了,回来时是拉着尸体回来,大败而归,也就是"大无功"了。

2. 大无功也

如淝水之战,苻坚、苻融都战死疆场,就是因为他们不听话,当时有人劝谏不能打,可两人不听,擅自统兵去伐晋,结果在淝水一战抛尸疆场,兵败身亡,为天下后世所耻笑。这就是"大无功也"。这一爻我们仔细去体会,它就是活生生地将那监军的形象给描绘出来了。

> 六四,师左次,无咎。
> 《象》曰:左次无咎,未失常也。

1. 六四

阴居阴位,不在中位,并不是有利的位置,而且也很柔,本来没有战胜的可能,因有有利的一面,就是阴爻居阴位得正,另外又在下经卦坎卦险阻的外面,它离开了这个险阻,位于比较安全的地带,可以布阵防守。当然不能轻举妄动，因为它靠近上爻的君位。这是有利的一面，再加上布阵得当，军法严明，所以无咎。

2. 师左次，无咎

古代兵法有一个原则，布阵时，军队的左前方地势必须较低，而右后方又比较高，高地就放在右后方，可以当作防御的据点。左前方地势低对攻击有利。古代布阵讲究这个规则，所以第四爻主要讲兵法的原则和作战的方法，这里只是举一个例子。

3. 未失常也

这里是指布阵、用兵没有违背兵法常规。初爻讲军纪，六四讲兵法，而第三爻讲的是战败，败在何处呢？一是军纪不严明，二是因为不会用兵，违背了兵法的原则，所以就战败了。那真正的原因是谁呢？我们往下看。

六五，田有禽，利执言，无咎。长子帅师，弟子舆尸，贞凶。
《象》曰：长子帅师，以中行也。弟子舆师，使不当也。

---

1. 田有禽，利执言，无咎

这一爻指战胜了以后，班师回朝。从何处可以看出打胜仗了呢？从六四可以看出打胜了，但不是大胜，只是"未失常"，所以就班师回朝。回来总结，首战为什么失败了？为什么死伤惨重？这些都要向上汇报。

开始出师不利，就像田里有动物来侵害庄稼一样，我们驱赶它，我们是正义的，是它们来侵犯我们，我们去驱赶它们，这一点是没错的。这是总结的第一条。这一仗是正义的，可以堂堂正正地说出来。

2. 长子帅师

战败的原因是用错了人。卦辞上已经告诉我们，既然已经选了这么一个"丈人"，一个很有谋略和威望的长者，任命为主帅，怎么又派这么一个"长子"，只会纸上谈兵的小人，又有好大喜功的不中不正的人去做监军，他去肯定是大败而归。

3. 贞凶

"贞"是指本来是正义之师，但结果受到了挫折。

4. 以中行也

象辞中又强调了这个问题，"长子帅师，以中行也"。"以中行"这是合理的，六四之所以取得胜利，最后还是"以中行"取得的胜利。

5. 弟子舆师，使不当也

使就是用人，就是用人不当呀！这样就可以看出主要的责任是君王。前面作战不利，一是军纪不严，二是兵法失常，但是真正的责任还是在君王，与元帅无关。

六五为本卦的君主之位，虽不当位，但居中，是上经卦中最主要的位置，表现为中庸、柔顺，他不会主动出兵挑战，只是不得已而应战，所以无咎。

上六，大君有命，开国承家，小人勿用。
《象》曰：大君有命，以正功也。小人勿用，必乱邦也。

---

1. 大君有命

这里又强调，大君当然是君王、帝君。"大君有命"，就是君王发布命令，论功行赏。这是因为虽无大胜，但也将入侵的敌寇驱出境了，所以要论功行赏，大功封侯，并赐以土地；功次者，封为卿大夫。但也特别强调了"小人勿用"，可见这还是一个明君，他能吸取教训，并且提醒自己，像这种小人再也不能用了。

2. 小人勿用，必乱邦也

这是讲不能乱用人，会乱邦国的，会祸国殃民。所以这里就讲到要吸取教训，引以为戒，再也不用小人了，如果再用小人，必然会扰乱邦国的安定，甚至有亡国倾家的危险。

用师兴民的关键在于：第一要行正义之师，要得民心；第二是选将，如果选将不利的话也不行。兴师的关键就是这两条。那么用兵的关键在何处呢？第一是军纪要严明，第二是兵法不能失常，也就是要按兵法的原则去作战。

那么本卦首战失败的原因是什么呢？小原因有两个：一是军纪不严，二是布阵违背了兵法的原则。但是主要原因还是用人不当，用了一个不中不正的监军。

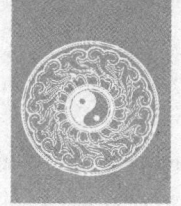

比卦 亲比的智慧

一、卦名：比（水地比）

看"比"字形，"比"为并列行进之象。与"北"字做比较，"北"的字形与"比"相反。比是向一个方向，而北是背道而驰。古时打了败仗称为败北，即往回逃。背，上面是"北"字，如：人心向背、背道而驰、违背、背离等。"比"字有比比皆是、比翼双飞、比肩而立、比肩接踵等词，这是对"比"字的初步理解。

二、卦画

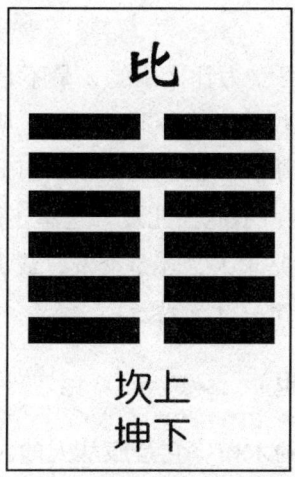

坤下坎上，与师卦正好是一组，上下相覆。本卦一阳在上经卦之中位，正好

中正。按上下来说，上面阳爻居中，上下也有护卫，他是面南而坐，君临天下，下面还有那么多臣民；也有比喻为他的邦国、列国的。我们看卦，要将它看活，这样就有意思，而且也便于记忆。像这一卦，是"众星捧月"，可以将它看成"众阴捧阳"。下面有那么多列国，只有一位刚健中正的君王居于九五之位。各邦国纷纷亲附归顺，所以此卦名比。比者，协和邦国之义。

三、卦辞

> 比：吉。原筮（shì），元永贞，无咎。不宁方来，后夫凶。
> 《彖》曰：比，吉也；比，辅也，下顺从也。原筮，元永贞，无咎，以刚中也。不宁方来，上下应也。后夫凶，其道穷也。
> 《象》曰：地上有水，比。先王以建万国，亲诸侯。

1. 比卦

比卦是讲人际关系的。开头就说"吉"。吉字当头，这很怪。不管是哪一卦，都是先将事说清楚以后，再说吉或不吉。这里为什么未讲什么事就讲吉呢？是未卜先知？还没有卜就知是吉？这是有意思的，我们不妨往下看看。

2. 原筮

"原"是再、再三的意思。为什么用筮，是不是占卜呢？不是。筮是一种神圣的心态，也并不是随便拉拉关系，一起吃吃饭、喝喝酒的事。这不能随意当作一般的儿戏，而是很神圣的事，何况这里是讲国事。如果我们讲到日常生活的人际关系，也应该慎重、严肃，不能当儿戏。这里正因为是吉，所以要更加慎重，要反复地详查、审视。无论是求人，还是交友，或者用人，都应该慎重。所以是用筮做比喻，只有慎重、严肃，才无咎。

3. 比，辅也，下顺从也

"辅"指古代车轮两旁的木楔。它是服从人的、是服从车上的人的。它与车子是不能分的，它们也有一个比的关系。这个地方比作下面有四个阴爻，在规则中，都必须顺从九五，即下要顺从上。

4. 以刚中也

九五，阳刚居中，而且正，有刚中之德。

5. 不宁方来，上下应也

"不宁方来"是指它开始不肯来，不宁愿来归顺，但后来看到大家都来归顺，又觉得势头不对了，所以也想赶紧归顺，不归顺就会被孤立。"上下应也"，是指上六及初六、六二、六三、六四，都与九五相应和。本来按卦的规则，必须是上下两个卦相应的两个爻作为应敌，但这一卦不同，而是九五与下面的那四个爻都相应。这是"易"的一种灵活性。

6. 后夫凶，其道穷也

后夫是指上六，有的不宁方来，虽方来，来迟了一点，但总算来了，但就是这上六，本来也是有意来归顺的，却又迟迟不见人来。最后机会错过了，其道穷也。就是人家都归顺了，而你上六却不归顺，那就会被别人欺侮而无路可走，这种处境是较危险的。

7. 地上有水，比

水汇聚于地面，水有一个特点是汇流，如小溪的水往河里流，小河里的水往大河流，大河里的水向江里流，江水再往大海流。这是亲比之象，也就是天下归心，人心所向。原来比之本义就是吉。

8. 先王以建万国，亲诸侯

"先王"是指以前的那些君主、侯王，他们都是用这种方式、这种精神来建立国家大业的，并与诸侯邦国相亲相辅。

四、爻辞

> 初六，有孚比之，无咎。有孚盈缶，终来，有它吉。
> 《象》曰：比之初六，有它吉也。

1. 初六

初六为卦的始爻，也是比的开始。

2. 有孚比之，无咎

怎么比呢？必须有诚意、诚信。那凭什么？就是凭诚信来比，这不是讲归顺吗？归顺也要讲诚信，没有诚信也是难以归顺的，没有诚信最后也会是有咎，所以只有诚信方可无咎。这里的"孚"就是诚信。

3. 有孚盈缶

"缶"是盛酒的瓦器。这瓦器是很粗糙的、很原始的，它外表并不美观，没有什么纹彩、没有颜色，缶就是一个很朴实的酒具。为什么用这个来比喻？我们看，这个诚信的德行像盛满了美酒的缶那样，装得满满的，非常充实；以美酒比作诚信，诚信就是美德，盈就是满，一点都不虚假。而外表呢，酒具并不怎么好看，比作诚信不需要装饰、伪饰，有一颗诚实的心就行了，不需要花言巧语，不需要装饰。

你们看《易经》的文字，只要仔细去推敲，一点一点地抽丝剥茧，内容是非常深的。"有孚盈缶"，就形象地描绘了诚信之举。如果用现代人的描述，可能要用四百个字，也没这么形象、生动、微妙。我们交际应该这样，都有一种美德，而且要非常充实，不能玩假的，外表也不用搞那些花言巧语，不需要去乔装打扮，不需要去伪饰自己。

4. 终来，有它吉

"它吉"，是有意外的吉祥之事，必然有人前来依附、归顺。为什么呢？因为你这么有诚信，有这么好的美酒，尽管装酒的瓦器不太好看，但美酒是实实在在的。所以这样肯定就有人来归附，肯定还有意外的吉祥之事。为什么有意外的吉祥之事呢？就是因为你的诚信是实在的。

六二，比之自内，贞吉。

《象》曰：比之自内，不自失也。

---

1. 六二

六二，阴居阴位，处中又得正，且与九五相应，自然是比中最优、最宠幸的比者。上下呼应，一唱一和。这么多人去归顺九五，只有它是最受宠的，只有它的条件最优越，与九五一阴一阳，一唱一和，遥相呼应。

2. 比之自内

"内"，指下经卦之中位，与上经卦之中位相应。比喻比附，他的亲附是从内心出发的。因为此爻中正，说明居心中正，绝不是三心二意。贞，就是心地纯正，动机纯正，这就是贞，所以就吉祥。

3. 不自失也

这是什么意思呢？是这种纯正的动机和中正的环境，不可轻易地丧失啊。有时还要权衡利弊，掌握好比的时机，把握好比的分寸，不可屈志辱身盲目地比。

如姜太公去亲附归顺周文王，他事先度量，不是什么人都去归顺的。诸葛亮为什么其他人请不去，只有刘备能请去呢？也是因为他有这个志向，任何人都不能委屈了他的志向。他有他的人格，是不容屈辱的；他有他的身份，所以他也要看是什么样的主公。所以亲附也要看对象。

这里的"不自失也"，就是不能失去自己的身份，不能失去自己的志向，不能失去自己的纯正之心。要持守纯正之心、纯正的动机。

> 六三，比之匪人。
> 《象》曰：比之匪人，不亦伤乎？

1. 六三

六三，是不中不正之位，居不中不正之人。

2. 比之匪人

爻辞不言咎凶，这里不讲凶、不讲咎，讲"匪人"，匪，不是也，非是。匪人就是指那种不正派的人物。这是不言自明的，与这种不正派的人打交道，能好得了吗？与这种人打交道，不是自己也降了人格、降了身份，不也是混同其类、同流合污了吗？

3. 不亦伤乎？

伤的是什么呢？伤的是自己的形象，伤的是自己的尊严，伤的是自己的人格，伤的是自己的身份，甚至有人看到你与那种人在一起，本来想归顺的人也会离你而去。《系辞传》："方以类聚，物以群分。"匪人只有与匪人相比。

> 六四上，外比之，贞吉。
> 《象》曰：外比于贤，以从上也。

1. 六四

六四本应与初六相应，但同为阴爻，阴爻与阴爻排斥，所以它们是不相应的，也没法比，所以只好转身向外寻求，与九五相比。阴居阴位，当位得正；与中正的九五尊位又挨得近，是正与正相应，柔与刚相济，自然就吉祥。

2. 外比于贤，以从上也

向外也不能随便什么人都去亲近，都去投靠。只能与贤明的人靠近，而且最好是选择比自己更高尚、更贤明的人，也就是要选择有贤德的人。

> 九五，显比，王用三驱，失前禽，邑人不诫，吉。
> 《象》曰：显比之吉，位正中也。舍逆取顺，失前禽也。邑人不诫，上使中也。

1. 九五

九五，高居中正之位，是众爻亲比的中心，居高临下，大家都是去归顺他。

2. 显比

"显"是显著，非常明显，显在外面，显与隐是相反的。前面的都来归顺，那么九五又应是什么样的态度、怎样与那么多邦国比呢？怎样与他们亲比呢？"显比"，他是没有隐藏、不偏不倚、光明正大地比，是人君南面而坐，君临天下、人心所向地比。显比就是这种意思。

3. 王用三驱，失前禽

这里就可以看出上面之意，这里是一种比喻。古时田猎，有一种特有的方式，那时到处都是农田，种一年要闲置好几年。因为那时人口少，土地多。古时候的树林多，那样很适合围猎。什么叫围猎呢？那就是围一片地，选一个地方扎一个门，门也比较大，然后周围扎起篱笆墙。然后，打猎的人摇旗呐喊驱赶而入，禽兽面向门者，可以马上从门那里逃跑；但有一些是面对里面的，还有一些离门远一些的，有来不及的，还没有反应过来的。对于从门边逃跑的就任其跑掉，决不追它，不去捕杀，连从身边跑过都不去动它，任它跑掉；但对于那些跑不掉的，那就是它活该。这就是网开一面，这就是舍逆取顺。这里面就有一个"任其自然"的意思。运用这么一个例子，比喻来亲附和归顺的人。我用一种光明正大的方式，你们来，我也欢迎，也安抚你，让你安定，给你保护。对于不来的，就顺其自然，不来就不来。就这么光明正大，舍逆取顺，任其自然。

4. 邑人不诫，吉

"邑"是指城市或部落。这里的邑是指君王居住的城邑。住在这个城邑的百姓都不用担惊受怕，这是因为君主是一个真正的明君。住在君主的身边，大家都很有安全感，心情舒畅。

5. 舍逆取顺

这是指显比时，听其自然，来者皆抚之，去者不予追究。深解了这个意思，再看看下面的。

6. 上使中也

君王显比天下，他不会因近者而亲宠，不会因远者而疏忽；一视同仁，坚持中道，宽宏大度。所以，远近皆来亲比，自然就吉祥了。

> 上六，比之无首，凶。
> 《象》曰：比之无首，无所终也。

1. 上六

上六，阴居末位，上而无位，下而无比，诸爻都不来亲比。他想亲比九五，又迟了，机会已经错过了。所以这里又用一个反面教材去说反面的对象。

2. 比之无首，凶

这好像有点矛盾，上六为终爻，这里应该是"无终"，怎么会是"无首"呢？其实这是在讲过程。无终是讲结果。因为当初他错过了机会，首就是指开始。这里的无首，是指开始的时候大家都去亲比，而他没有抓住那个机会，错过了，开始不比，自然也就是无首。象辞还是强调"无所终也"，实际还是讲没有结果，悔失当初啊。

3. 无所终也

《象传》中强调本爻应为"无终"，一开始大家都去亲附九五，而上六却没去。当然这里只是将上六作为一个代表，并非只是这么一个邦国没去归顺，还有的是在望风，看形势，结果将形势判断错了，错失了良机。

这里的"无所终也"，就像那田猎中的禽兽，先跑了的就跑了，没跑的就留下来了。所以这里有一个先后顺序。

小结

我们再回顾一下比卦。亲比者，是要亲附人家，圈子小的人钻进了人家的大圈子，圈子大的人套住了人家的小圈子，这里就是讲这么一种人际关系。钻圈子的人，去亲比的人，要把握一个原则：第一，你应该是真诚的，要有诚信，初爻就讲了要诚信；第二，要把握时机，这卦一面强调一个先后的问题，一首一终，这个先后也是指把握那恰到好处的时机。这是指亲附者，是指圈子小的人钻人家的大圈子。那么去套人家圈子的应该怎么样呢？首先是要显比，显比也是要有诚信，这个诚信还不是一般的诚信，他的诚信就像瓦缶装满了美酒那样，这个缶是很朴实的，并不加以装饰，并不去伪装，要这样的诚信。用显，没有什么隐瞒，光明正大，不偏不倚，而且能听其自然。你来了我就安抚你，给你保护，你不来，我也不强迫你。用这种显比去套别人小圈子。

我们再看看"比"，双方是怎么比的？这里占卜的是我们怎样与人交往和处理人际关系。你为了与人家搞好关系，为了社交圈子里有自己的圈子，想将自己的圈子做大，就要凭真正的诚信。我看比卦讲的就是诚信，去亲附人家，去归顺人家，要诚信。人家来亲附你，你想将自己的人际圈子做大，你想团结更多的人，也要有诚信，而且要有更大的诚信。

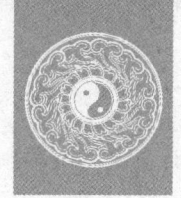

小畜卦 密云不雨的智慧

一、卦名：小畜（风天小畜）

畜是什么意思？因为有小畜卦，还有大畜卦。

《说文》曰："畜，田畜也。"

《鲁郊礼》曰："畜从田，从兹。兹，益也。"

畜的本义是指田中作物茂聚，引申为蓄积、畜养、家畜等义。小畜指小田劳作之事，大畜指大田劳作之事。劳作，也指收获。

二、卦画

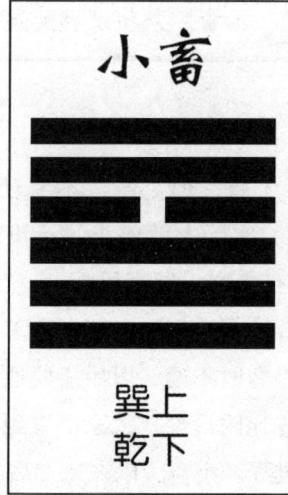

乾下巽上，名风天小畜。卦面上看风调雨顺，便有小畜。

全卦唯六四一爻为阴，其余五爻为阳。卦义是以阴畜阳。阳大阴小，阳过盛，阴不足。

三、卦象

乾为天、为马、为父、为君；巽为风、为长女、为股、为鸡，五行为木。

四、卦德

乾为健、为刚；巽为入、为逊。

五、卦辞

> 小畜：亨。密云不雨，自我西郊。
> 《彖》曰：小畜，柔得位而上下应之，曰小畜。健而巽，刚中而志行，乃亨。密云不雨，尚往也。自我西郊，施未行也。
> 《象》曰：风行天上，小畜。君子以懿文德。

1. 小畜：亨

小畜也能亨通，这个不矛盾，但"畜"本身还有止的意思。东西积聚在一起，就像稻谷积聚在仓库里，实际上就停止了；没有积聚到一起时还是分散的，还在活动之中。所以，说它有止这一层意思。

为什么说亨通？就是说停止了，积在一起了，怎么还能通呢？因为止的意义不同，畜是为了利，因此说它是暂时不通，以后还要通，所以亨通。这里，实际上要与上一卦比卦联系起来看，先比附后聚，大家都聚到一起，以后当然就小畜，聚而有畜，由比到小畜，是一个过程。小畜所以在比之后。

为什么说止？小畜则积聚，聚则有止的意思。止是指什么？止是将刚健的东西止住。你们看，这一卦只有一爻是阴爻，有五个阳爻，过于刚健了，不止的话，什么事情都会过，所以必须止。它的上经卦是巽卦，它以什么来止？以柔顺来止，以柔顺止刚健，以逊德止刚强。当然，这不是以柔克刚，它只是暂时止住，就像社区里的汽车限速带那样，暂时限制一下速度，止是这个意思。巽卦从外面限制，也可以讲是从上面，但是，巽卦是阴卦，一阴带二阳。阴卦当然有阴柔，力量小点，只能小畜。小畜小止，所以，小畜是这样来的。

六四爻是阴居阴位，所以它正，正而当位，正而柔顺，为五阳所悦。什么叫五阳所悦？意思是六四如果与九三、九二组合，它就是一个兑卦，巽卦覆过来也是兑卦。兑卦是悦，所以能聚群阳之志。一个阴爻给人一种喜悦之感，异性相吸呀，这样上下逢源，都能愉悦，所以五阳高兴。

2. 密云不雨，自我西郊

阴阳相交，就形成了云雨层，雨水积聚在一起。雨水实际上是水珠。为什么说密云不雨？它有一个道理，从卦象来看，密云很厚，为什么不下雨？后面有一句话，"自我西郊"。"自我西郊"又是什么？实际上它是以巽卦来说的，先天八卦中巽卦是在西南方向。自我，就是巽卦站在自我的立场上，说我家住在西郊。有句黄梅戏戏词叫"我家住在大桥头"，这里唱："我家住在西郊啊。"谁唱的？巽卦唱的。而巽又是风，我这个风从西南向东吹，明明那里有雨，被我吹掉了。你刚刚聚一点，我就把你止住了，吹不就是止嘛！为什么不雨？你这些水珠刚刚聚到云层里，我这一吹，还有雨吗？有雨也被我吹掉啦！有人说今天有雨吗？有雨，怎么没下？云层被风吹散了。我们经常见到这种天气现象，作卦者将这种现象往这个卦里一套，然后非常形象地以巽卦来唱一句"我家住西郊"，我的风向东吹；雨呢，被我吹掉了，下不来，就是这么一个过程，一下子非常生动、形象地说明了小畜。"畜"是什么意思？先聚在一起，又被止住了。两层意思一下子就说明了，非常形象。

3. 尚往也

西南有"自我"之风向东吹，下经卦阳气向上升，故阳气难以聚成雨。我这里风向东吹，如果从卦上来看，下面乾卦是三个阳爻，阳气向上升，有一种抵消、止的意思。

4. 施未行也

谁施未行？施是指蓄聚，我好不容易蓄了这么多，未行，雨没下下来，这是什么原因？是被两个因素制约了。

5. 君子以懿文德

《象传》中说："君子以懿文德。"懿是一种美德。君子的美德也是这样慢慢地聚起来的。实际上，这里面有一个什么？有一个损和益的关系，也有一个自我控制的关系。君子这种美德也是慢慢地一点一点地聚起来的，你想一下子增长起来，不可能，是渐行渐止，渐止渐行，慢慢积聚起来的。所以说，君子之德非常难啊！慢慢地一点点地聚，有的是一家经过多少代人积蓄起来的，有的人是一生经过了多少教训和经验积起来的。它是在一边蓄一边又止，经历又益又损的过程中形成的。但这里的止是为了蓄，损是为了益。

六、爻辞

> 初九，复自道，何其咎？吉。
> 《象》曰：复自道，其义吉也。

1. 初九，复自道

"复"，是复返。初九，阳居阳位，阳刚之气向上行，这就是它的志向，一种发展趋势，阳是向上，而不会向下。初爻当然是向上，但它上得差不多，上到一定程度时，又要止，又要返回自己的本道，自守以正。它很机智，马上就返回来了，返回到自己的本位。

是谁叫他回来的？是他自己愿意回来的吗？他怎么又回来了？你们知道是谁？是六四。为什么？它与六四爻是相应的，六四爻是本卦中唯一的一个阴爻，它是专门负这个责任的。你一旦蓄得差不多的时候，"啊！你赶早止住"。因为它是风啊，专门将你往回吹。它是柔的，一柔一刚，就相应。为什么？柔能与刚相济，相济就是能保持平衡。什么济？就是平衡。初爻要上，不要过了，所以马上就回头。

"道",是指乾道纯正的动机。乾卦,阳刚嘛,就是"天行健",这是它的本道,它返回到"天行健"的"健"上来。如果升得太高,过头了,就不是本来健的意思,就不是"天行健",就是自己的健,就是这个初爻的健了。回到自己的健上来,不要过猛,太过阳刚之猛,这不行。这就是其义,所以为吉。

> 九二,牵复,吉。
> 《象》曰:牵复在中,亦不自失也。

1. 九二,牵复

"牵",指携手,三阳志同道合,都想前进。九二跟谁携手?与初九携手。为什么?初九与九二是什么关系?以前没讲,这里讲一个插曲。两个爻上下互为承乘,下面的爻对上面的爻是承,继承的"承",承接;上面一爻对下面一爻是乘,乘车的乘。它们的关系就是承和乘的关系。既然它们俩是这样的关系,所以它们俩携起手来了。一携手,它们俩志同道合,同进同退,同行同止。开始,你升我也升;升了,返回时,你返回到你的本道,我也返回来。

2. 牵复在中

为什么九二能跟初九携手?因为九二居中位,保持中庸之道的中。它有这种德性,"中"就是它的德性。九二虽不得正,但它得中庸,所以,它听话。

3. 亦不自失也

听谁的?还是听六四的。初九与六四相应,六四也是阴柔与初九相济,畜止初九;九二又因为与初九携手共进,所以也就同进同退、同行同止。你退回来,我也退回来,你回到本道,我也回到本道,还是回到"天行健"这个道上来。所以,不自失其中,九二为中位,不会失去我这个"天行健"的健道。

> 九三,舆说辐,夫妻反目。
> 象曰:夫妻反目,不能正室也。

1. 九三

九三,正而不中,刚而不柔,能进则不能退,能聚则不能止。是不是这个特性?只知道向前冲,它要上升就上升。九二想与它携手,但它不肯;你们(初

九、九二)退回去,我不退回去;你们能止,我不能止,这就是九三的特性。你往前走,他们俩不退行吗?不行。为什么?前面还是把你止住了。你自己不知道止,往前冲,到哪儿去?前面正好有巽卦挡着你哪。阴柔当道,力量大啊。这就是以柔克刚了。适才那两位是以柔济刚,刚柔相济。这里就是以柔克刚了,这就不同了。

2. 舆说(脱)辐

你真想强行而进吗?那我也就强一点吧,我就不与你相济了,我就来克你吧。这样,九三凭着自己这股特性想往前进,但又进不了,被止住了。被止住后,还要前进,又被止住了,反反复复,就连车上的轮子也脱去了。舆,车也;说,脱也。这么一进一退,一进一退,反复磨合中,车轮子脱轴了。这是一个很形象的比喻。

3. 夫妻反目,不能正室也

另外还有一个比喻,"夫妻反目"。一阴一阳嘛,就像象棋盘上的楚河汉界,它们俩处于两卦的边缘上,好像是夫妻,比喻夫妻反目。夫妻一反目,不能正室也。正吗?九三,阳居阳位,正哪,但是九三心不正,心太急躁了,还是不能正其室。不能正其室,就不能正其家,更不能正其位。对于夫妻来说,夫妻反目为仇了,在这种情况下,妻室还是正的吗?阴阳不相合,而是相对抗了,就不能正其室,不能正其位,就不能正其家,最关键的是不能正其"天行健"的"健",而它自身那个健又太过了。真正的"天行健"是中正之道啊!你这个"健"越轨了。二人意见相悖,所以就反目了。能看出九三的比喻也是有意思的。

> 六四,有孚,血去惕出,无咎。
> 《象》曰:有孚惕出,上合志也。

1. 六四,有孚

六四居正,阴居阴位,又在九五之侧,又与初九相应。它有三个有利条件:居正,阴爻居阴位;上面靠近九五,能得到九五的帮助;下面又与初九相应,能得初九之助。所以,它有三方面的利,有自身的利,有外援的利,上下都相应。

因为它有巽柔之德,巽柔之德即为诚信,所以有孚,能畜止下经卦的三阳。

2. 血去惕出，无咎

"血去"是什么意思？本来六四一个阴爻要止住前面三个阳爻，它肯定会受到伤害，伤筋动骨，起码是很疲劳、累得很。血是指伤害。但因为它既有自身的诚信（自己居正），再有上与九五相承，下与初九相应，所以大的伤害免去了（血去）。如果是它一人独当一面的话，肯定会受大伤害的。如果它像九三一样莽撞行事，以刚对刚，势必两败俱伤。

3. 有孚惕出

要止住三阳爻，开始时心里很惶恐啊！"惕"，是警惕，就是说很惶恐。现在惶恐过去了，因为三阳也被止住了，事情过去了。所以，伤害也免除了，惶恐的心态也消除了，有惊无险。所以，没有过错。

4. 上合志也

"上合"，不仅仅是指九五，也指天道，"天行健"的"健"。表面上是指九五，实际上不是，真正是指"天行健"的"健"。我们能看到，六四由于自身得正，这个正是"天行健"的"健"，又能得到九五和初九志同道合、协力同心，有惊无险。正是因为上合了"天行健"这个天的意志。

> 九五，有孚挛如，富以其邻。
> 《象》曰：有孚挛如，不独富也。

1. 九五，有孚挛如

九五虽不是本卦之主，本卦之主是六四，但它能协同六四。

"挛"，是手握拢；"如"，是样子，手握拢的样子。这就是说，一次一次地握住了，需要帮忙时就握住了，相互拉一把。说明它们相互之间配合得非常紧密。

九五中正，又为巽卦之中，所以有诚信。它的诚信就更充沛、更充实，就像瓦罐里盛的美酒一样。同时，它又以诚信对待六四，上下诚信之德相合，刚柔相济，然后共同畜止，成功了。

2. 富以其邻

"富"，就是蓄的意思，积蓄了当然富有。"富有止为大也"。大，也是蓄，积蓄了，也就为大。九五自己富有，且不独富也，还能让六四也富有。那么，六四怎么不富有？富是畜的果，畜是富的因。忙了半天，它不富；九五没有忙活什么，它怎么富？本卦的微妙之处就在于这个地方。六四是止为主，以畜而次；九五则是以畜为主，止为辅，它的止只是帮帮忙。你需要时，就帮一把，所以九五富有，好在它不独富，它与六四共同富。你看，它们的关系很有意思的啊，分工归分工，最后一起享受。风险共担，利益均沾。富有了知止，能止才能大富，道理就在这里。大富者，不独富也。

> 上九，既雨既处，尚德载。妇贞厉，月几望；君子征凶。
> 《象》曰：既雨既处，德积载也。君子征凶，有所疑也。

1. 上九，既雨既处，尚德载

上九，顺之极，居巽卦的上位，居全卦的顶端，处于畜止终极，从畜而止。既雨，是阴阳相和；既处，是畜止。既和又止，就是说畜止成功了。前面已经讲过，它是怎么成功的，大家都回忆一下。

卦上是"密云不雨"，现在是成功之象，密云之雨已经降下来了，施而行了。为什么？到了这个地方，风已经吹过去了，所以这里成功了。更可喜的是，其他的都得到了积蓄，最关键的是，积了德，变得富有。"载"，不是一般的载，而是要用车船来载。最大的收获还是德啊！尚德载嘛！一个人只要是真正为了国家办事，以社会效益为主，以经济效益为其次，应当得到很大的积蓄。有时，你的德得到的更多，对社会奉献更大。

2. 妇贞厉，月几望

"月"，是月亮，是朔月。"朔"，就是缺的时候，上半月为朔，月圆的时候，叫望月。到了下半月为残月，初三、初四为新月。上旬为朔月，中旬为望月。"几望"是月亮几乎要圆满但未完全圆。

"妇"，为阴，指六四。这一卦中只有它是阴爻，其他都是阳爻。贞厉，为什么这么说？"贞"是正固；"厉"是艰险。确实是经过风险得来的，很不容易啊。

"贞"，是指六四以及九五、初九的协同，特别是九五。所以说，"厉"也是历经了一番辛苦，并不是说只要事业是正道就很顺利，不是这样的。你的事业是很正，你的动机也很正，但是你同样要经历一番辛苦，经历一番惊险。月亮将要圆满的时候，你不能功亏一篑！许多创业者、成功者，往往在此时倒下去了，为什么?"月几望",虽"贞",然而有"厉"。上九也是君子,这个时候,如果不能与六四的畜止相和的话,还是会有凶险的。所以说"征凶",往前瞎冲就有凶险。

3. 君子征凶,有所疑也

这个凶险是哪儿来的?《象传》里说道:"君子征凶,有所疑也。"谁疑?就是你自己疑呀。这个疑是指移位,移了位,越了轨,离开了"天行健"的"健"这个轨道。所以说,这个时候,不要随便出征,不要随便乱动。好了,在月亮快要圆满,事情将要大功告成的时候,最后乱来一下,还是会失败的。你看,六四这位妇人这么千辛万苦,好不容易到了这份上,最后功亏一篑,多可惜啊。

这也是《易经》的辩证之处。它不断地指出矛盾转化过程中的关键所在。如果没有这么一点微妙之处的话,最后关键的时候,给你点一下,《易经》就不能成为群经之首了。正因为经中蕴含的是自然法则,是辩证法,所以几千年、几万年常解常新。

4. 既雨既处,德积载也

太好了,大圆满,大喜大庆。最关键的时候,给你点一下,这种时候你还是谨慎为好,还是牢牢地守住自己"天行健"的正道吧。别因为那么一点点过头,越位了,招来凶险。《易经》中指出矛盾在不断变化、不断转化,你稍稍一过,它马上就转化了,吉会变为凶,当然凶也会转为吉。前面虽然没讲到吉,但"既雨既处,尚德载",这就是吉,大吉。最后讲"君子征凶,有所疑也",主要是警告,指出矛盾转化的一种趋势。

小畜卦的内容告诉我们的是什么?一个是蓄,一个是止。"畜"是为了富,最高尚的富是德的积蓄。止是为了行,行其"天行健"的道。

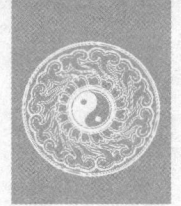

履卦 履虎尾的智慧

一、卦名：履（天泽履）

《说文》曰："履，足所依也。"又讲"舟象履形"。古时的鞋与舟的形状是很相像的。古文"履"从页，从足。履，践也，行也。这是古文的意思。从古文中还可以看出，舟像鞋子，足表示前进，页表示用头脑观察思维、引导，所以合起来就表示做事有计划、有目标、有规范的行为。实际上又是合于理，这个理不仅是道理的理，也合于礼貌的礼。礼与理相通。有了道理也就有礼，有礼就会有道理。用现代的语言讲就是实践、实行、经历，也就是履行一种履。这里有两层意思：一层是指人的实践和行为，是外在的；内在的就是礼与理。这个礼与理是实践与行为的准则，无论你去实践什么，干什么事，你的一言一行必须合于礼和理。所以这个履就是礼和行为，表与里的统一。表里统一了，你的行为就合于"理"和"礼"了。

履，还有一个核心的意思，就是本卦所贯穿的思想，即"履以和为贵"，就是孔子讲的"礼之用，和为贵"。那么为什么要讲履呢？为什么要这么一个准则呢？我们的行动、我们的实践为什么要合于理呢？为什么合于"理礼"就能和呢？我们从卦中可以看出。

二、卦画

这一卦画是兑下乾上；前面小畜卦是乾下巽上，现在将乾又覆到上面了。刚才小畜卦是"内为刚健，外为巽柔"，现在是"内为和悦，外为刚健"。这又是什么意思？我们来看看卦辞。

三、卦辞

> 履：履虎尾，不咥人。亨。
> 《彖》曰：履，柔履刚也。说而应乎乾，是以履虎尾，不咥人。亨，刚中正，履帝位而不疚，光明也。
> 《象》曰：上天下泽，履。君子以辨上下，定民志。

1. 履虎尾，不咥人

"咥"，是咬的意思。"履虎尾"，老虎的屁股摸不得，那履虎尾就是脚已经踏到老虎尾上了，这不更危险了吗？"不咥人"，就是说它不咬人。"亨"，是亨通的"亨"，这是什么意思呢？

我们从卦来看，这卦上乾为刚健，外表很刚强，内心却很和悦。老虎回头一看，这个人看起来和和气气的，又很刚强，但也看不出有意来伤害我的样子，也就不咬他吧！当然这是从表面来看，那么我们从更深一层的意思又怎么来看呢？

2. 亨

从爻象的比喻可以看出，跟在老虎后面走，老虎没有咬他，是一种幸运。本来是很危险的，判语应该是凶、厉等词，可这里是亨通，是顺利的。再从卦象上看，把老虎比喻为"刚健的君子"，乾在上（也是在外）。那么你踩着老虎的尾巴，因为老虎是一个君子，有人讲老虎是兽中之王，它也讲道理呀！在现实生活中，有许多人真正与老虎面对面地碰上过，却没有受到伤害。

我的姨妈住在大山区，解放初期，经常下山开会，有时很晚才回家。有一次半夜回家路上，发现后面的草丛发出了响声，她回头一看，呀！不好，是只大老虎跟在后面。她当时想，怎么办呢？跑吧，肯定是跑不过老虎。但一看老虎也一直没有采取行动。于是她压住恐惧的心理，边走边对老虎讲："你这畜生，今天你不吃我，放了我，我以后也会感谢你的，也会报答你的。"就这样轻言细语地边走边讲，而且尽量讲得和悦一些。就这样讲着讲着，老虎自己走了，钻到树林里去了。我姨妈回到家后，出了一身的冷汗。这可是真有其事。

我们从这里可见老虎也有通人性的地方。再恶的东西也有三分善（"人之初，性本善"），再善的东西也有三分恶（有时要以恶制恶）。像这样"化险为夷"的事，好多老一辈的人都遇到过。所以讲老虎是通人性的，把老虎比作君子是很恰当的。这就说明它通人性，知道本卦中的这个人是没有歹意的，不会去伤害它，而且它也很柔和、和悦，所以就不咬他。

通过这件事的描述，一下子就将"履"的特征给展示出来了。

3. 刚中正

从卦上也可以领悟到这个道理，履卦的上经卦为乾，是刚健之君。但如果是互卦，将六爻里面上爻与下爻除开，将五爻、四爻、三爻作上经卦，然后将四爻、三爻、二爻为下经卦，这样错开后，上面就是巽卦，下面就是离卦，这样巽卦正好是象辞里说的"刚中正，履帝位而不疚，光明也"。疚是愧疚，顺（巽）就没有疚了，光明指离为火，离卦就是光明。所以这里必须用互卦来讲。

4. 上天下泽，履。君子以辩上下，定民志

"上天下泽"是卦形。"君子以辩上下，定民志"，这里是辩什么上下呢？乾

卦在上，乾为尊，"天尊地卑，乾坤定矣；卑高以陈，贵贱位矣"。它是为尊、为贵。下面兑也不为卑、不为贱，它是指泽，恩泽，而且是喜悦的"悦"，上尊下悦，泽济天下。"定民志"，大家都是同心同德，这样的同心同德不就是礼合天下吗？也就是以礼定民志啊。

四、爻辞

> 初九，素履往，无咎。
> 《象》曰：素履之往，独行愿也。

1. 初九

初九，阳居阳位，这好像刚见世面，就像前面讲的屯卦那样，一位毛头小伙，血气方刚，刚刚踏上人生之道。在这种情况下，如果盲动，到处去抛头露面，到处去出风头，这样是不会有人认可的。那么应该如何呢？

2. 素履往，无咎

应该"素履"，即"朴素、朴实"，必须保持纯正之心，谦虚朴实的态度，也就是规规矩矩、朴朴实实。"素履往"的"往"就是向前走，就是以这种规矩、朴实的态度向前走，不能鲁莽行事，不能没有规矩。这当然是教人要安分守己，不贪非分之得，不越过非分之位，贫者安贫，富者安富。这也是告诫这个初见世面的年轻人应该懂得世事的艰难，要小心从事，谨慎一点为好。

3. 素履之往，独行愿也

为什么要独行呢？有这么一个贬义词叫"一意孤行"。而这里的"独行"怎样呢？其实它是褒义的，就是说，这种行为、这种实践是一心一意的，没有三心二意"独"守住了你的正道。独者，专也，诚也。因为这一爻得正，阳爻是以"天行健"为正，也就是孟子说的大丈夫的气概，"富贵不能淫，贫贱不能移，威武不能屈"，这就是"独行"。

> 九二，履道坦坦，幽人贞吉。
> 《象》曰：幽人贞吉，中不自乱也。

1. 履道坦坦

"履道"是什么道路呢？"履"是履行，指履行的道路，按照你所履行的道路去走，那就是平坦的大道。九二得中，中就是大道之中，大道中间应当是平坦宽畅的。

再用变卦来比较，就是将二爻变一下变成阴爻，就是震卦。震象征车子，再变，将上面的阴爻变成阳爻，下面两个阳爻变成阴爻，就成了艮卦。艮为门、为路，那就是将这个门打开了，车子从中间驶过，平平坦坦，比喻办事要光明正大，胸怀坦荡。

2. 幽人贞吉

"幽人"有两种解释：一是指过去禁闭的人，是被幽禁在那里，也就是被关起来了；还有一种解释是与下面的那位武人（初九）相对应，武是动，幽是静，是一种幽静安逸、与世无争的静。实际上这两种解释应该统一起来。怎么统一呢？幽静不是别人给的，是自己幽静，自己约束自己，自己规范自己，使自己安守本分，处于一种平静之中。所以这个幽人就能贞吉，这也是因为这个幽人在静中得正，得正当然就得吉了。

3. 中不自乱也

"中"是指内心世界，幽人之所以得吉，是因为幽人能坚持内心的安恬和清净，不为一时的胜利而乱其操守，不自乱，那么其他的外物更乱不了你。如参禅在定中是不为外物所动，不为外物所扰。"幽"，是居暗室而不欺心。

> 六三，眇能视，跛能履，履虎尾，咥人，凶。武人为于大君。
> 《象》曰：眇能视，不足以有明也。跛能履，不足以与行也。咥人之凶，位不当也。武人为于大君，志刚也。

1. 眇能视，跛能履

"眇能视"的意思是虽然偏盲，但还能看见，只是不太明亮。跛能履，就是脚虽有点跛，但还能行走，比喻有缺陷，尚能自主行事，也是讲每一个人都要自由自主，自己要给自己当家。行事应当独立自主，虽艰难尚能有功。若始终随行于虎后，就会招到杀身之祸。

2. 履虎尾，咥人，凶

前面虽讲"履虎尾，不咥人"，其实是有条件的。上面就讲到了履虎尾，但它也有咥人的时候。这后面又讲到凶，这凶是怎样来的呢？这一爻是六三，是下经卦之上位，上与乾卦刚强直接对峙，看来真正履虎尾的就是它，它紧跟在虎的后面。下面的初爻与二爻履虎尾，危险还不是那么大，离虎还较远，踩得也不重。但六三却不同，因为老虎就在他的前面。因为以柔下乘刚而上承刚，只有这一爻称柔，是乘在九二刚爻上，柔能悦从，这是兑卦，兑卦表示悦，喜悦就表示从，一喜悦就是和。凡是刚强者，一般不怕刚，如果用刚对刚那就会互不罢休，如果用柔对它，反而刚也柔下来了。所以柔来与它相济时就能得到和，一种和悦。如果以和悦的心情来对它，那就没问题，就是吉。所以初爻与二爻履虎尾，它不会回头咬你。

但这里讲的是"履虎尾，咥人凶"。这是因为事情起了变化，此一时，彼一时也。你不能说上次踩了两次都没问题，再去踩也不会有问题，那就不对了，如果再去踩可能就会有问题。俗话说，事不过三。因为上两次你保持的心态和悦，刚中带柔，就像在赛场上，拿到金牌了，那可能是你的心态调得正好，那是不是每次都调得正好呢？我想谁都没把握。这里以下体之刚而逼于上体之刚，与上爻敌应，假如你不是和悦地去对它，而是以下体之刚来对付它，那它就会咬你了，那就有伤身之祸，所以就会凶。这里是指做事不能刚愎自用，还是取一种和悦的态度为好，取一种平和的心态为好，对什么事、什么人都取和为正。

3. 武人为于大君

这个"武人"，有人认为是一般的武士，但实际上还是与正面的幽人对应的。幽人是在自我规范与安恬之中，那武人则为野蛮、刚愎自用。这样一静一动地对应，就是讲武人是刚烈之人，但实际上他内心又很虚弱，尽管他的外在性格显得刚强、勇猛，但内心是虚弱的。所以这样的人应该有一位明君来教诲他，引导他，充分发挥他勇猛刚强的一面，发挥他的长处，也许这样的人还能有大用，还能成为真正的大才。如果向相反的方向发挥，那结果肯定是相反的。

所以这一爻讲到了两个例子，一是为什么前面履虎尾是吉，而这里履虎尾为凶。其实是讲这个刚强怎么用，你刚强、勇敢，是好事，是长处，但要看你怎么去发挥，向哪个方向发挥，怎样调整你的心态。关键是你的行为和心态必须合于"履"，不合于履的话，就会凶。所以说凡是勇猛有余而智谋不足的人，还是要有人来引导他，有人引导他，他就会向好、向吉利的方向发展。

4. 志刚也

《象传》中讲得更清楚，它讲了两个不足，是"不足以有明也"与"不足以与行也"。这两个"不足"就是提醒人不要勉强，本来不能做的事，你非要勉强去做、强行去做，这样是不行的。所以最后指出，这一爻本来是吉，没事的，但到了这里为什么成了相反的呢？这就是位不当，也就是处理不当，这个刚强发挥得不当，因为柔弱在里，而刚强在外，所以位不当。这里也是讲到刚应该用在智上，而不是用在力上。

> 九四，履虎尾，愬愬，终吉。
> 《象》曰：愬愬终吉，志行也。

1. 九四，履虎尾，愬愬

九四，阳爻居阴位。到了上乾卦，是老虎屁股。

"履虎尾"，这里又是讲履虎尾。"终吉"，这里也是吉。为什么呢？因为这里有"愬愬"这个词，是惊惧拘谨的样子，因为害怕，所以就保持了警惕性，不像六三，它本来很虚弱，却表现出刚强。这里本来是阳爻，很刚强，但他知道这事很危险，于是小心谨慎，所以就不会盲动。乾为虎，在本卦中是以上乾卦为虎，在这上乾卦中是以九五为虎。所以九四也是踩在老虎尾巴上了，甚至是摸到老虎屁股了。这里与前面六三那个"履虎尾"不同，不同在什么地方呢？因为六三是本来不能行，却要去强行，本来不能却去逞能，所以就凶，说明什么事都不能勉强。

2. 终吉

这里的九四不一样了，九四是谨慎从事、诚惶诚恐，是一种如履薄冰的心态。九四为什么能做到这点呢？

我们从卦上来看其原因。九四是以阳居阴位，看起来既不中也不正，但它是居阴柔之位，所以它是阳中有柔。这里与六三不同，它是阴居阳位，这种柔是怯弱、无能，外刚而逞强。九四本身就很刚强，它居在柔位，说明环境本身就平和，所以它是里刚外柔，刚而能柔，所以能得吉。

3. 愬愬终吉，志行也

这里又提到一个"志"，刚才我们也讲到一个"志"，这里就不重复了。这是因为只有志才能"履"。

> 九五，夬履，贞厉。
> 《象》曰：夬履贞厉，位正当也。

1. 九五

"夬"是刚决、决断的意思。在《彖传》中讲："刚正中，履帝位而不疚，光明也。"实际上就是指这一爻的。但这一爻却又与九五爻的规则相反，前面讲了那么多卦，每次讲到九五之位，无论它是阴爻还是阳爻都不坏，不是吉，就是无咎，或是元吉。唯独这里是"贞厉"，厉，就是艰险。这是为什么呢？

2. 夬履，贞厉

"夬履"，就是很决断地去踩那虎尾，既然这么决断，为什么还有危险之相呢？这就是《易经》的辩证法，非常奥妙。这也是从正面来找出它反面的东西，本来前面看起来是很吉祥的，而到了九五，又发现不吉的一面，不利的一面就在于刚居刚位，过刚而不能以柔济之。因为这里是决断的，也就是太武断了，这里的阳居阳位过于刚了，所以作起判断来，作出决定来，可能向过于刚的那个方向倾斜了。好多人都会这样，过于柔的就会向柔的方面倾斜，过于刚的就会向刚的方向倾斜。什么事要有个度，要是稍过一点都不行。就像开车一样，方向盘稍稍向一边倾斜就会跑偏。这就是"贞厉"。

3. 位正当也

这又是怎么回事呢？因为这里毕竟还是居中正之位，居中与居正。另外一面，就是因为当权者（九五是君位）有决断权，所以也就有可能做出错误的决断。所以《象辞》的意思进一步说明这个"厉"的原因，是这个九五位的问题，正因为是当位，正好是处在这种环境之中，处在这种地位之上，处在这种刚则有过的环境中，所以就会"贞厉"。

> 上九，视履考祥，其旋元吉。
>
> 《象》曰：元吉在上，大有庆也。

1. 上九，其旋元吉

它的意思是检视以往的形势。这里有一个"元吉"，九五不是元吉，而是贞厉，上九历来都不太好，却为元吉，这一卦就有很大的不同了。这里指的又是什么意思呢？我们回头总结一下，再查验一下，再审视一下。"其旋元吉"，这里的旋是周旋、转换。什么转换？矛盾转换，心态转换，对策转换。因为能随机巧于周旋和转换，把握变化的主动权，所以就元吉。再看下文。

2. 视履考祥

上九，居履之末。履已宣告完成了，现在再也没有什么虎尾可踩了，都完成任务了。那么现在再回过头来看看，大家履行的情况如何呢？这个"履"的实践是怎样的呢？在这个过程中间又做得怎么样呢？回头检查一下前面各爻，它们又是怎样的呢？这实际上就像一个人一生中的表现，那肯定有成败、有喜乐、有坎坷、有顺逆。那么是善多于恶呢，还是恶多于善呢？是吉多于凶呢，还是凶多于吉呢？是成多于败，还是败多于成呢？所以这些东西都要回顾一下，在回顾中你就能看清其中的周旋（旋，周全），各个环节与整个过程。如果能做到尽善尽美，那就是元吉。这种元吉是一开始就是大吉大利的，因为你履行了"履"，所以《象》曰："元吉在上，大有庆也。"

3. 元吉在上，大有庆也

这是指履是终吉，也就是从头到尾你都履行了"履"，那当然是元吉了。履不至上是不可能得到元吉的，如果一个人最终获得了元吉，那当然是大喜大庆。

看看这一卦，它是阴卦，阴卦对照坤卦，"积善之家必有余庆"，履也是善之一，也是一善。从一开始，你履行了"履"，那也是不断地积了善，所以就是"大有庆也"。

这样与坤卦相联系，"履"是善，积了善就有余庆。

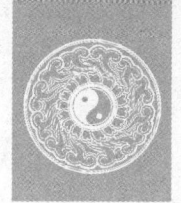

泰卦 小往大来的智慧

一、卦名：泰（地天泰）

《说文》曰："泰，滑也。从廾，从水，大声。"说明大是泰的初义。但是泰不是一般的大，《周礼·泰誓》孔疏："泰者，大之极也。"极大就能得到安定，故引申为安宁、宽裕、骄惰等义。

大与小是相对应的，所以泰卦与否卦里面有"小往大来""大往小来"。

"小往大来"，这个大与小怎样区别呢？从卦的本义来说，我个人理解这个"大"是指天道，天道就是天体运行的轨道，它当然大了。那么地道运行的轨道当然小，地球运行的轨道，只是整个天体运行中的一个小圈。这个大和小里面还有一层意思，就是它代表具体的事与物时则是阴与阳。有人认为不是指一般的天与地，应该是指阳气与阴气。具体的含义下文具体分析，再来看看卦画。

二、卦画

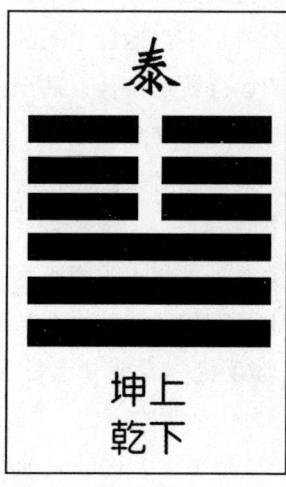

乾下坤上，是地天泰。按照一般的习惯，认为天应该在上面，地在下面，而否卦是天在上，地在下，这好像不符合常理。凡是哲学思维、自然思维，就不是我们想象的那种东西，它是自然本体的，自然本体的就不是我们想象的，一个天在上，一个地在下呀！这就错了。这里的天和地是指阴气和阳气，又是内和外的关系。所以这里的"大"实际上包含了一种显明，比较显著的位置，它就显得大。阴为幽，为暗，就显得小。但应该说阴和阳本身没有大小区别，而且它们二者之间也应该无先后。一开始我也考虑过"大"有"初"的意思，但难道说阴与阳是先有阳，而后有阴吗？这也不对。"气之初"，阴气和阳气是同时产生的，没有谁先谁后，这绝对不是先有鸡还是先有蛋的问题，它们之间没有这个关系，它们是同时的。

所以不是我们想象的那种大小，只不过是一个明显，一个幽暗，因为明显与幽暗会使我们的视觉产生一种错觉，在明处的东西一看就认为很大，在暗处的东西就显得小。当然这是我个人的理解，那我为什么要这样理解？有人把这个大与小表面化，人们普遍认为天是大的，地是小的；阳是大的，阴是小的；君子是大的，小人是小的。这有点绝对化，没有思维余地。而易理是辩证的，不局限于某种孰是孰非之间。

甚至有人把男人与女人也分为大与小，我认为这样太不合理。这是一种表面化的认知，我认为《易经》绝对不是这样表面化的，所以我认为有些解释是值得商榷的。

在象辞里讲到"天地交"，我认为它不是讲天与地相交。金景芳先生解释说："天地交不是天地相交，是天地之阴阳二气交。"这里我只不过想对金老先生的见解作一点的补充，是否合理，我认为天地相交不仅仅是阴气与阳气相交，还有天道与地道相交。为什么呢？天道是宇宙运行中大的轨道，无论哪一个星球，它运行的轨道，应该与宇宙总体的运行轨道相合，甚至相交了。这个相交不是我们讲的交叉的交，这个交是它们有规律上吻合的地方，是"万有引力"互相牵引，以求得同步之意。太阳是顺转，地球相对来说是逆转，这一逆一顺，不是逆反，而是真正的顺，这个逆就是为了顺。

这个相交应有这么一层关系，古代人观察事物是很到位的。实际上有时也是朦朦胧胧的，给我们的理解也是朦朦胧胧的，我认为这才是正确的。如果有些东西从表面看得很清楚，如一部手机一看就知道是手机，就这么一个表面化的东西，我认为这就不是《易》。为什么呢？因为"《易》与天地准""神无方而易无体"。因为天地还在朦胧中，显得很大，也就太抽象了。人类用高科技对天地的认识一直到现在还是在朦胧中,还有好多未知的东西。如果我们理解《易经》把这"泰"和"否",将这"大"和"小"、"阴"和"阳"解释得很具体,完完全全都是已知的,一点未知的空间都没有,我认为这就不是《易经》了。

我认为,科学范畴里的东西有已知的,但更多的还是未知的。已知的也不是具体的,多少还有未知的东西隐藏在里面。我认为这才是《易经》。你们看我这样去理解《易经》是不是更合理些?所以我今天讲泰卦与否卦,想在这方面多做一些探讨。那些研究《易经》的专家,从汉以来,各代的易学大家们的观点,都认为"泰"和"否"的爻辞很不好理解,都是一致这样认为的。所以我们也不去妄作臆断,我们也只是提出一些我们自己的思考,共同来探讨这个问题,刚才我们谈到天地相交的问题,下面我们有许多地方都会接触这些东西。

从卦画上看,三个阳爻,应该看作轻清之阳气,三个阴爻为重浊之阴气,轻清与重浊是对应的。轻清之气是明显的,重浊之气是幽暗的,轻清使人神清气爽,但重浊使人昏沉气闷。轻清之气在内,下经卦为乾;重浊之气在外,上经卦为坤。

有人以为轻清之气是好的,重浊之气是有害的,这是不对的。我们应当理解自然,自然中没有废物,没有无用之物,只不过是人为区分为贵与贱,有用的与无用的,轻清的与重浊的。实际上还是《心经》里面讲的"不垢不净,不增不减"。自然环境里没有垢和净,也就没有有益与无益、有用与无用之分。因为重浊之气也有它的作用,如人是要呼吸氧气,但植物呼吸的是二氧化碳,人排除的是二氧化碳,植物呼出的却是氧气。对人来讲,二氧化碳没用,是重浊之气,但对植物来讲,二氧化碳却是轻清之气,是有用的。所以我们还是要看自然,看自然的本体。下面我们来看看卦辞。

三、卦辞

> 泰:小往大来,吉,亨。
>
> 《彖》曰:泰,小往大来,吉,亨。则是天地交而万物通也,上下交而其志同也。内阳而外阴,内健而外顺,内君子而外小人。君子道长,小人道消也。

> 《象》曰：天地交，泰。后以财（裁）成天地之道，辅相天地之宜，以左右民。

1. 泰

"泰"，有许多人解释为"通"，通只是其中之一义，它还有"大"的意思，我刚才讲到轻清之气和重浊之气都有可用之处，所以在自然之间无论什么东西都没有有用与无用之分，这就是泰的意思，全是包容的。这是天地造化，泰有天地造化的意思，而且是大的造化，这不是人力所能及的。"神无方而易无体"，泰就是这样，看不出它的具体形象的东西，它的形象是无边无际的，是大而无外，小而无内。

2. 小往大来，吉，亨

从卦象上看有一个归妹卦，泰卦是由归妹卦来的，归妹卦下面是兑卦，上面是震卦，第四爻为阳爻，第三爻为阴爻，上面的卦叫外卦，下面的卦叫内卦。这里将阴爻当作小，阳爻当作大，那就是阴爻到外面去了，这就是小往，向外为往，外卦的阳爻到内卦，这就是大来。这样一交换就是小往大来，就是这么一个意思，用内与外来区别。

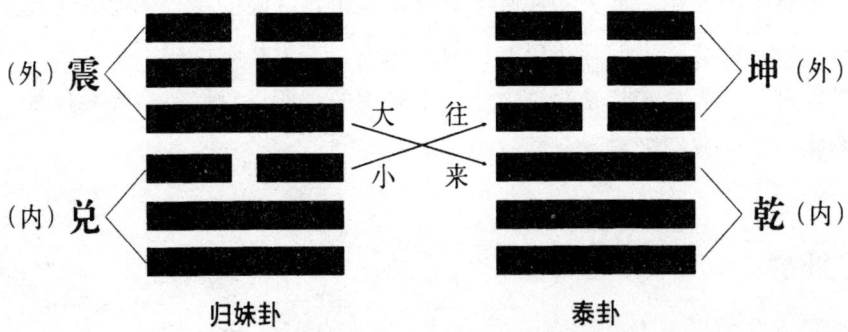

上面是地，下面是天，这怎么是天地之交？我们刚才讲了，这里只稍稍地重复一下。就是讲阳气在下，而阳气是向上升的，阴气是向下沉的，只有一个向上、一个向下它们才能相交。换句话说，就是阳气向外扩散，阴气向内凝聚。否卦为什么相反呢？就是阳气向下沉，阴气是向上升，结果二者是背道而驰。泰卦是小往大来，实际上是讲相交的过程。我再重复我补充的那个意见，小往大来，我认为是指小的星球，如地球的运行轨道和整个宇宙的运行轨道，它是一小一大的，尽管各个星球自转的方向有顺有逆，但都是顺应天道的。就像一个机械里面的齿轮，两个相交的齿轮一个是逆转一个是顺转，这个逆转是为了更好地服从那个顺转。这个逆转并非自己非要逆转，而是那大的顺转要它逆转，否则就无法协同工作。所以这里的小往，不是"小"自己非要往，不是开小差，而是顺从"大来"而往的。相反，"小"的往正是为了顺从"大"的来。我认为这更合乎乾、坤两卦的意思，更合乎"《易》与天地准"的易理，我们从大的方面来理解，从阴气与阳气这个方面来理解，所以这样就吉、就亨，为什么呢？这里没有讲大吉、元吉，为什么仅仅是一个吉、一个亨呢？就是说它本来就是正常的，你不需要加修饰词，这是自然的本体，不需要添油加醋了。这里没有那些元吉与不吉，大吉与小吉的区别，就是很自然、很正常的。

这一卦不要太多地去拘泥文字上的东西，文字上的东西，大家自己去琢磨。

3.《易》与天地准

泰卦实际上是一个"《易》与天地准"的全息图，什么叫全息呢？泰是"小往大来"，否是"大往小来"，这一往一来，便涵养了六十四卦中的一健一顺、一刚一柔、一阴一阳、一损一益、一动一静、一既济一未济。在上经里面主要是泰卦与否卦，就是一往一来，一来一往，它也指季节、气候。下经里面主要讲的是损卦、益卦，一损一益，一益一损。在六十四卦中联系得紧的就是：乾与坤、泰与否、损与益、既济与未济这八个卦。所以这里的泰卦与否卦关键在往来上。

这往来是什么东西呢？就是"十二消息卦"。先看乾卦，这是阳气最盛的时期，将初九变为阴爻，就是姤卦，乾卦是农历四月份，那么姤卦就是五月。随着阴长阳消以此类推，遁卦是六月；阳再消，阴再长就是否卦为七月；再往上是观卦为八月，再往上是剥卦为九月。这就到达阴气最盛的坤卦，为十月，这时就是阳全消了。到了十一月，阳又再生，成了复卦；再次消长就是临卦十二月；再到正月就是泰卦了，那二月就是大壮卦，三月就是夬卦，最后又循环到四月，重新开始。

这十二卦就是"十二消息卦"或称"十二辟卦"。现在我们从乾卦往后来排。乾卦四月、姤卦五月、遁卦六月、否卦七月（立秋）、观卦八月、剥卦九月、坤卦十月、复卦十一月、临卦十二月、泰卦正月（立春）、大壮卦二月、夬卦三月。

从一年的开始，正月立春，泰卦开始了，立春就象征春天的阳气在地下面，在地下的时候，阳气慢慢地散发，植物的根会慢慢地萌发，百草发芽，从这个时候开始，就是"小往大来"。从坤卦的阴消阳长到泰卦，这里的消就是往，长就是来，也就是小往大来。这里的大小只是一个代表而已，也并非真正含义上的谁比谁大，谁比谁小，不是大小区别，而是阴渐渐地去了，阳慢慢地来了。阳来了就是阳慢慢地向外蒸发，地上部分的阴气渐渐地就少了，然后慢慢到了否卦立秋时，就是阳气渐渐地在消、阴气渐渐地在长。一旦大地将阳气都蕴藏起来之后，然后又从复卦开始阳又再升，这样循环往复。这就是泰卦的"小往大来"的本义，按照这样的自然规律发展肯定是吉和亨了。我们还是继续向下看。

四、爻辞

> 初九，拔茅茹，以其汇。征吉。
> 《象》曰：拔茅征吉，志在外也。

1. 初九

根据这个季节来看，初九实际上就是指立春开始了。初九又是通的开始，大的起端。但是又是从小处着手，因为春天来了，万物开始复苏了，大家都行动起来了，农作物也该播种了。

2. 拔茅茹，以其汇

这是一句谚语，实际就是从小处着手，来观察。那怎样来观察呢？就是拔一根茅草，或是白茅，或是青茅，将其拔起，看看它的根部。这时看它的叶子是看不出来的，它们的叶子还是黄的，是枯萎的。但根部是地下部分，阳气在下面，只有拔起来看看它，看看根部的萌动情况（茹）。"以其汇"就是从茅草的根部萌动的态势，推及其他植物以及农作物，便预测到春回大地了。这里只是观察根部的情况，阳气是不是开始上升。茹是"度"，萌发的程度，通过观察，了解阳气上升的程度。从这里可见远祖先民们对农事活动是如此"占卜"的，他们非常务实，没有去占卜"神灵"，而是依靠万物，依靠自己，与万物互相传递信息。"问一问茅草根吧！"不用去问卦，不用去问神灵，只用问一下自然界的草根就行了。因为草根与我们都是同类，我们都是生物。人与万物互相传递信息，去问一问它们，它们就能告诉你气候情况，自然是不会说谎的。有古德云："拈一根草，即丈六金身。"你们能悟得出其中的意思吗?

3. 征吉

"征"就是行动,就是开始行动了,茅草的根已经开始萌动了,马上也要向地面上长芽了。于是,人们也开始播种(征)了。由于把握住了阴阳消长的"度",所以,播种就会有收获,就会吉祥。

4. 志在外也

此时,阳气活动的规律(志)开始由地下向地上、由内向外了。茅根也开始向外生长了,它的志向就是向外发展、向外生长,因为冬天过去了,该向外行动了。这时昆虫也开始出来行动了,百草也开始破土出芽了。生物之间互相传递信息,欢呼春天来了,大家都复苏吧!原来春天来了,阳气由内向外了,不仅是人在欢呼,而且万物都在欢呼。人所得到的信息还是向茅根求教来的呢!因为人在地表,而草根在地底下,那是阳气开始长的地方。

> 九二,包荒,用冯河,不遐遗,朋亡,得尚于中行。
> 《象》曰:包荒,得尚于中行,以光大也。

1. 包荒,用冯河

"包",是一种瓜,远古时有一种瓠瓜,非常好吃,一旦长老了后就成了葫芦,剖开以后,将里面的瓤掏出后就是瓢,而这种瓜长得很大的时候,其葫芦就可以作为舟船,人可以坐在上面渡河。或用另一种方法,就是将整个葫芦放在水里,人趴在上面也可以渡河。伏羲的故里有条葫芦河,狭处名狭,宽处名川,据说上古时原名为伏羲河。至今,葫芦河两岸还生活着伏姓的大家族。也有人解释,葫芦渡河不确切。"包"是包容的意思,"荒"是广大。但我认为还是渡河的瓠瓜代舟,因为人还是借助于万物,在葫芦的帮助下渡过河。

2. 不遐遗,朋亡

渡河用的东西,到一定的时候要将它抛弃,河已渡过来了,再背下去就是包袱。其实,这是一种比喻。就像种子慢慢地萌生出芽,由芽到苗,长到一定程度的时候那种子也没了,好像被遗弃了一样,这只是一个过程。"朋亡",朋是朋党、同伙的意思,"亡"是没有,如种子初发芽,到幼苗,以至开花、结果。其实这正是一个"不遗遗，朋亡"的过程。开始苗与芽为朋，苗壮而遗芽；继而新叶与老叶为朋，新叶层层向上，老叶层层枯萎；花与蕾为朋，蕾结成硕果，花则早已凋谢；果与种子为朋，果熟蒂落，果则渐渐腐烂（亡）……如此循环不已。社会人事亦是如此。

3. 得尚于中行

如上所述，遗种子而得芽，遗芽而得苗，遗苗而得花，遗花而得果，遗果而得种……其中每一个"得"都来之不易，是在来往中得，在舍弃（遗、亡）中得，而一往一来，一遗一亡之间，犹如人之一呼一吸之间的"息"。息者，休息，养息也。得到了休息和气的养息。可见"得"必须在运动、变化中得，在运动、变化的"中行"中得。中行，是前后两个过程的转换中间，是适宜、最佳状态、最成熟的阶段。

> 九三，无平不陂，无往不复，艰贞无咎。勿恤其孚，于食有福。
> 《象》曰：无往不复，天地际也。

1. 无平不陂，无往不复

这句的意思是，不见平地也难以见高山，没有去，往又从何而来呢？没有去怎能谈得上回呢？这是先讲一种哲理。这一句话是活哲理，就是讲一个大道理给你们听，实际上这个道理是非常平实的，是生活中间的常理，作了这么一个比喻。实际上又是对前面的总结，就是一种承前启后的作用。

2. 艰贞无咎

"艰贞"，意思是没有"艰"又怎能有"正"呢？"正"就好像平一样，"艰"就像一种险，像陡坡有危险，前面就做了解释，也是给你一个提示，给你一个心理准备，一旦你遇到艰险与困难后，也不会手忙脚乱，乱了方寸。这样到了险处，你就会想到没问题，我们过去以后，就是贞、就是正。九三之位就是阳爻居阳位，就是正位。但这正不是一般的正，因为这是阳爻的最后一爻，是阳爻与阴爻的交界处。"无咎"，就是没问题，因为这是事物的发展规律，就是有艰难也没问题，符合事物的发展规律。

3. 勿恤其孚，于食有福

"恤"是忧虑，担心。"孚"是指有约的"约"，这个"约"包括了先"约"后"信"的意思。诚信首先是约会，有诚信就不担心约会误期，双方都会讲诚信。这里的诚信就是指大自然中天气的变化、季节的轮换，它是有规律的，不会骗人的。春天什么时候来，就什么时候来，什么时候春暖花开，就什么时候春暖花开，它是不会骗人的。这是一种约会，天地人之间的一种约会。所以不用担心，该来的一定会来，该有饭吃，就会有饭吃。有了饭还会有酒，这福就是酒，这福字的"畐"在古代是一个酒坛子的象形字。这是一种幽默、轻松的描述。为什么说有美酒、有食物来呢？因为有收获呀。春天已经播种发芽了，到一定的时候就会有收获，有丰收就会有美酒庆祝丰收。为什么福字的"畐"就是酒坛子的象形？下面用田字来表示，就是因为有田里的丰收才会有美酒，才会有美酒来庆祝丰收。这就把古代人的农耕生活形象地表达出来了。那时的先民是靠田吃饭，所以人们不能违背天，要保护大自然，不能破坏大自然。

> 六四，翩翩，不富以其邻，不戒以孚。
> 《象》曰：翩翩不富，皆失实也。不戒以孚，中心愿也。

1. 翩翩，不富以其邻

"翩翩"是鸟轻盈飞翔的形态。六四居正位，这里的"邻"是指六五，不富就指两个阴爻，凡是讲"不富"都是讲阴爻，"不富"在《易经》中是专指阴爻的用语，不富就是不明显。有的人解释为被邻居抢了，经常被抢就不富了。我认为不是这样，不富就是指阳气渐渐地小了，就不富了，也可以理解为阳消而不明显了。全句是说，六四处于阴阳交替之际，自此，日往则月来，阳往则阴来，寒往则暑来，暑往则寒来，寒暑相推而岁成。这日与月、阴与阳、寒与暑，就像邻居那样，相互不存戒心，而以诚信为本愿。这个时候你来了，而且还与邻居一起来了，而且是翩翩而来，很高兴地来，来干什么呢？就是迎接丰收，开始收获了。

2. 不戒以孚

"不戒"，就是不需要担心，到田里一看，有丰收的果实，这个戒就是违约的违，没有违约。这个时候是丰收在望的时候，没有违约，因为都有诚信，天有诚信，地有诚信，人有诚信，所以大家都准备迎接丰收，有收获了，这就是天遂人愿。所以《象传》中说"中心愿也"，前面还有一个"皆失实也"。

3. 皆失实也

这是指阳爻，慢慢地失去。阳为实，阴为虚。阳气这个"实"虽然消去了，但丰收的果实成熟了，这里是人从天愿。

六五，帝乙归妹，以祉元吉。
《象》曰：以祉元吉，中以行愿也。

---

1. 帝乙归妹，以祉元吉

这里阴爻居中，它是上经卦的中位。帝乙是商纣王的父亲，当时有大臣对他讲，西伯因为诚信，许多诸侯都去归顺于他，这可是一个危险信号。这时帝乙的心术比商纣王的心术要正，他是以和为贵，以柔的方式、和的方式来处理这个问题。所以他就将自己的女儿许配给西伯。那时有这个规矩，只要是"侯王"娶妻子，那他妻子的妹妹也要跟着出嫁，但当时妹妹尚未到出嫁的年龄，所以等年龄到时再出嫁。这里的归妹是讲她妹妹出嫁，姐姐那时早已嫁给西伯了。西伯侯是周文王姬昌。妻子的妹妹已经长大成人了，这时就要出嫁了，这时出嫁叫作"归"。为什么叫归？她以前到西伯王家去过吗？没有。不过她早已是他家的人了，所以这次去叫归。象征丰收的果实虽然从来没来过，九三中讲了"无往不复"，这个往实际上早就往了。要联系到"孚"，这是一种预约，因为有约在先，她是不会违背的，是讲诚信的，所以到时候她会回去的。这个例子也就是前面的一个概括，说明从春天的播种、发芽，到开花、结果，现在是收获的季节了，这是一种自然地回"归"，也就是"中以行愿也"。

2. 以祉元吉

"祉"，福也。这个当然是一种福呀！西伯是长男娶了少女，而少女嫁给一个侯王，双方都是福庆的吉祥，"元吉"就是从开始就意味着是吉祥。这又象征根在发芽（茹）、在动的时候，茅一直蕴藏着吉的征兆，而且是大吉。这种征兆贯穿着两个"孚"字，就是天讲诚信、地讲诚信、人讲诚信，诚就是愿。

3. 中以行愿也

"中"是谁呢？中就是西伯，是归妹，是双方都满愿了，这个归妹也满愿了，一个是希望实现了，一个是承诺实现了。

上六，城复于隍，勿用师，自邑告命，贞吝。
《象》曰：城复于隍，其命乱也。

---

1. 上六

到了上六，就是六个爻的最后一爻了，前面都是欢庆丰收，到这里是怎样呢？

2. 城复于隍

"隍"是城边上的护城河，古代人将城周围的土挖出来筑成城墙，下面正好成了护城河。"城复于隍"是指城墙完全倒了（复），将护城河填起来了。这又是什么意思呢？这也是矛盾在转化，因为丰收了，愿也满了，这时得意忘形了，这种情况下就过分地沉湎在享乐之中了。古代人一般到冬天不太干活儿，因为那时一是与气候有关，再一个也没事干，不像现在。那时到了秋天收获以后，冬天就完全是享受的时候，"秋收冬藏"，藏就是享受。但享受得过分了，连城墙倒了都不知道。

3. 勿用师，自邑告命，贞吝。其命乱也

"勿用师"，就是不要去兴兵打仗。这个时候"自邑告命，贞吝"，意思是这个部落或这个城邑，或是这一邦，已经发布了命令，不准动兵，大家也不要为这件事惊慌，这个命令是好事呀，那为什么是吝呢？因为下面象辞讲了这个问题，"城复于隍"，城墙为什么倒了？原因就是"其命乱也"。这个"命"不是指命令乱了，是指人命与天命没有相应，这个时候应该是阳气已积蓄起来了，藏起来了，收获物也收藏起来了。但他们在这里不断地去消费，大吃大喝，不断地去排泄垃圾，给大自然造成了污染；再一个有许多该做的事没有去做，违背了自然规律。为什么呢？大家想一想，到了这个时候是泰极了，否要来了，这城墙肯定要倒了。为什么城墙会倒？因为这个命乱了，违背了天命，违背了天的意志。这里既有大自然的规律，又有人为的东西。这个时候大自然的季节要转换，阴气、阳气也要转换，而人却不像以前了，春播、夏长、秋收、冬藏，而在藏的时候没事

干了，人为地造成一些不该有的东西，所以说乱了天命，否就来了。当然，这里是借自然变化的规律，告诫人们不要乱了常道。

小结

上经讲天地之道，讲自然法则。寒暑往来，阴阳消长就是自然规律。所以，泰卦借用"包荒，用冯河""帝乙归妹"和"城复于隍"，比喻万事万物的自然变化规律。如用来占卜事的成败，不难看出，成往败来，败往成来。事物都在成败的交替中轮回、递进、发展。如产品的推陈出新、技术的不断创新、市场的优胜劣汰等。要想掌握其中的规律，就要学先民们，"拔茅茹，以其汇"。

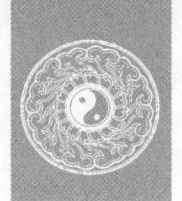

否卦 大往小来的智慧

一、卦名：否（天地否）

否，本义为一个"不"字。《说文》曰："不，鸟飞上翔不下来也。从一，一犹天也。象形。"段玉裁《说文解字注》曰："像鸟飞去而见其翅尾形。"

从字形上看，否，实际上有两层意思：一种是否定的意思（读作 fǒu），一种是不善的意思（读作 pǐ）。为什么说不善？凡是说不的都认为是不好、不可以、不满意，所以有不善的意思，它是引申义。不善，当然有不通、阻塞的意思，与泰正好相反，泰是通，否是不通，这就是否极泰来。

为什么会否来？这是大自然季节的转换，自然现象；另外，在人事的发展过程中也有这种现象，否极泰来，这是事物发展的规律，也是事物的矛盾在不断地转化。泰了就转否，否了就转泰，就是这样周而复始。

有两个医院的员工在讨论社会分配问题，有的高薪、年薪几十万，有的却依赖政府救济；有的没房住，有的一家有几套房子，住不过来。我跟她们说："事物就是这样，在不平衡中找平衡，然后才有发展；绝对平衡了，社会也就得不到发展。"她们觉得这话也不错。但是具体落实到某一人，又确实有点为难。大道理好说，小道理却不好理解。有些事阻塞不通，就在小道理上。

二、卦画

否卦的卦画正好与泰卦相反，这个相反还是从"十二消息卦"中过来的。泰卦和否卦，按一般的理解来看，天在上，地在下，才为通，称之为泰；天跑到下面来了，地跑到上面去了，这就是否。这么理解实际上是小道理。天和地并不是一个固定不变的形。从形上看，天在上、地在下，好像是这么一回事，但实际上易不是按形来说，而是按自然规律来说的。按气来说，天是阳气，地是阴气，阳气和阴气必须相交。阴阳相交，有它的运行规律。阴和阳二气相互往来，从无极以后，太极开始，气之初的时候，它们就已经有约了，怎么来、怎么往，它们俩就约好了。在卦辞里面不断讲到有"孚"，它们的诚信就开始建立了。所以，泰极了，否就来了。大往小来，阳气往了，阴气来了。这才是大道理，大道理就是规律。

否卦在"十二消息卦"中为七月，正是立秋的时候，阴气开始上升，阳气开始下降，阳气少了。为什么阳气少了？因为阳气慢慢开始收藏，特别是到了坤卦的时候，基本上将阳气都收藏在地下了。收藏不仅仅是藏万物，如：虫子冬眠，地上落叶，地下长根。人们将收获的粮食藏起来，真正的大自然的藏，是把阳气收藏在地下，阳气收藏在地下干什么？

第一，又要进行新一轮的运作，它要做好准备工作。到了春天的时候，它开始来了，要做好准备。它要为万物在立春以后怎么生长做准备，为它们积蓄力量，地下部分开始生长。

第二，大地不能没有阳气滋生。如泉水，冬暖夏凉，因为它是地下水，地下水越深，这个现象越明显，说明阳气有它的任务，在外面寒天冰冻的时候，要保护好大地别冻坏了。像北方的供暖一样，如果冬天不供暖，那么暖气片、暖气管道都会冻坏了。

第三，其中的自然辩证法，没有谁去给它讲道理，没有哪位哲学家为天、为地讲哲学课。但是，它们在气之初，气开始的时候就约好了、就有了分工，你分工干那个、我分工干这个。人类总结上升为理论，这就是唯物辩证法。人类又向大地学了一招，然后哲学家通过总结，就向人们讲这就是辩证法，这就是矛盾的对立、统一。

但是古代人不需要听他们讲那么多，只需要拔一株茅草，就知道阴消阳长的动向。他不需要去占卜，不需要学，后世朝堂上的大臣、国王占卜要用神龟，还要去祭拜，而上古时代的农民不需要这么做。多朴实啊！为什么人们不去拔拔茅根，看看它的生长情况？下面，我们来看看卦辞。

三、卦辞

> 否：否之匪人，不利君子贞，大往小来。
> 《彖》曰：否之匪人，不利君子贞，大往小来。则是天地不交，而万物不通也；上下不交，而天下无邦也。内阴而外阳，内柔而外刚，内小人而外君子。小人道长，君子道消也。
> 《象》曰：天地不交，否。君子以俭德辟难，不可荣以禄。

1. 否

这个"否"，刚才已经讲过了，否的意思与泰相并列，实际上又要深一层。泰是大、是通，且不是一般的通，而是大通，不是一般的大，它是"与天地准"的大。

那么，"否"呢？不要看它是讲不，但它是讲大的不。别看它是讲堵塞，它是大的堵塞，它是"与天地准"的堵和阻，是"不塞不流"的阻塞。实际上都是一种规律，比如，一户人家将电线接通了，电源也通了。但并非电线接通了，就一切皆通，还需要插头、开关、灯泡等。该止的时候还要止，不用时便关掉，所以需要开关。这个难道是反常吗？难道说是坏事吗？当然不是坏事。又如水通到你家了，没有水龙头去控制也不行呀，那还不早就水漫金山了吗？

有位《北京日报》的年轻记者问我："否卦好吗？"我说："泰和否本无好坏，无贵无贱。泰为通，否为阻。就像大街上的红绿灯，红灯停是为了绿灯行。"所以说这是循环运动，循环运动中间必不可少的一个环节。不能说否就是坏事，你想要干一番大事业，占到一个否卦，哎呀！坏了，不得了。在你考大学之前占一卦，占到否卦，哎呀！坏了，不得了，我不能被录取了。认为否是不通嘛！其实不是不通，这个否是根据需要而通。无论是电开关，还是水龙头，一开一合，都是一种运动的规律。我们必须要看好这个否，与泰要并列，而不是相悖。

如果占到否卦，心理上不要蒙上阴影。我讲一点你们就会明白：北京的天坛公园有个祈年殿，所谓"祈年"，就是祈求新年风调雨顺、政通人和的意思。按理说，应该设计成泰卦，但祈年殿的总体设计偏偏是一否卦。何谓否卦？祈年殿上有三层顶檐，像乾卦的三个阳爻；而下面三层基座，被中间的台阶分开，像坤卦的三个阴爻。乾上坤下正好是一个否卦。正是取其"否极泰来"之义。事物静则否，动则泰；旧岁之末为否，新年伊始为泰，即新春开泰、三阳开泰。没有否，泰从何来？

2. 否之匪人

这个"匪"好像是土匪，但实际上古代是指非，意思是不是。"匪人"，如果直译，意思是它不是人。意思是说，它不是人为的，这个"否"是自然运行的规律，不是靠人为的，你想通就通，想否就否。不是呀！它有一个规律。泰也是为了否，否也是为了泰；堵塞也是为了通，通也是为了堵塞，这是天地自然的运行规律。不是人为的，不是你想怎么样就怎么样，不是。

3. 不利君子贞

这个不利又是什么意思？我们看一下前面所讲的就明白了，即不是人为的。"不利君子"，这里做了一个非常巧妙的转换。是什么转换？因为这个"否"从表面上看不利，人们都不想被阻止，都想像水一样长流，都想前进不止。但有时候该堵塞时就要堵塞，该阻止时就要阻止。"不利"是什么意思？这个地方，将"不利"与"君子贞"联系起来了，实际上"不利"要与"君子贞"分开，应加一个逗号："不利，君子贞"。什么时候不利？就是人为因素的阻塞或不阻塞。"君子贞"，有谁能把握这个"贞"字？"贞"是准，即只有"与天地准"才能"贞"。君子是谁？就是懂得自然规律的人。如果是人为的，那不行。有一个很简单的道理，田里的稻秧刚插下去需要水，再过几天，又要晒一晒，叫"烤田"，抑制上部生长而促进根部生长，使其先扎根、后生长。如果这时给秧田灌水，就是人为的，对稻苗的生长不利，甚至会是揠苗助长。谁贞？谁能把握准确？是君子。一个农民，掌握了农作物生长的规律，他就是贞，就是君子。他不需要去占卜，他只需要拔一根白茅看一看根部的生长情况就行了。他们就是君子。

4. 大往小来

下面接着讲"大往小来"，该要往的就往，该要来的就来。现在这个时候，是阳气收敛的时候，是该阴气上长的时候，阳气移位，该"往"了，而阴气该来了。为什么？因为把农作物的果实收藏起来了，如果还是阳气向上冲的话，这些果实也就藏不了几天了，马上要变坏了。而且，此时地下的根、昆虫、微生物怎么生活？那阳气还是赶快转到地下，去维护那些根系、那些昆虫、微生物和整个大地的土质休养生息吧，积蓄一些力量，到春天再来吧。阴气，你们来吧，来给劳累了一年的大地吹吹风、散散热。这就是规律、分工，不是人为的。所以说，什么有利，什么不利，什么是贞？这个贞一定与天地准。

5. 小人道长，君子道消也

我认为，上面的讲通了，就知道下面的情形了；下面的讲通了，就明白上面的情形了。内阴而外阳，内柔而外刚，这个很明显了。内小人而外君子，小人道长，君子道消。我认为这个地方我们不要去看字面意思，人为地区分出谁是小人，谁是君子，这样不对。只有一个标准，就是你是否掌握了自然规律：在社会上办事，你懂不懂得办事的规则；骑车上街，懂不懂交通规则。红灯停，绿灯行，你懂不懂这个？懂了，你就是君子。红灯亮了，你还要冲，这不就是小人了吗？这不就很明显了？所以我们不要去追究字面上的意思，要以规则为准：大自然有大自然的规则，社会有社会的规则，家庭有家庭的规则，单位有单位的规则。遵循了规则，你就是君子。红灯亮了，他人抢道，你不抢，在那儿等着，你就是君子啊！

6. 天地不交，否

天地不交，实际上还是讲交。不要又把它看成是反的，天地不交，这不又是不能行吗？为什么？因为天地也开始休息了，它们的工作又开始分工了，又有另外一种工作了，又要进入另外一种运作模式了。交和不交、否和泰，都是分工，都是天地循环的过程、转换。不能将它看作好与不好，实际上都是一回事。

7. 君子以俭德辟难

"君子以俭德辟（避）难"，即回避可能出现的灾难。这个"俭"字，并不是讲节俭，衣服穿得很朴实呀。如果是这样，那《易经》就不是《易经》了。《易经》里即使讲小事，讲到一根茅草，也是大事，都是与天地准的。所以说，《易经》里无小事。那么，这里讲到的"俭"不是一般的意思，还是泰卦的上六里讲到的，粮食已经丰收了，却不知道节约，实际上是指又在违背规律和规则了。它还是叫你不要违背规则，指人的物欲不要过了。天地造化万物让人来享受，但是你不要掠夺啊，享受可以，你不要过分地去享受呀。享受过头了，那将会有灾难呀。

8. 不可荣以禄

"不可荣以禄"，意思是说，不过分消费。过分消费，就是暴殄天物。消费就像喝水一样，水喝多了心里也不舒服，这可是古人朴素的养身意识啊。

四、爻辞

> 初六，拔茅茹，以其汇，贞吉，亨。
> 《象》曰：拔茅贞吉，志在君也。

1. 初六，拔茅茹，以其汇

刚才讲到大往小来，不利君子贞的时候，就讲到君子贞的行为"与天地准"，农民也是君子。因为他知道，不需要去占卜灵龟，不需要去问神明，他只是拔一根茅草，看看它的根系生长得怎么样。秋天来了，你要问秋天来临的确切时间。那还是问问大自然吧，问问我们的小同伴吧，问问茅草吧，还是将茅草拔起来看看它的根。当然，与泰卦中的初九相比，此一时，彼一时也，爻辞是一样的，但是意思不同了，你现在看看它的根，它的根已经不一样了，它已经精疲力竭了，它已经把自己的营养奉献给果实了。看看它消耗的情况就知道了，大地的阳气已经耗尽了，散发完了，阴气要来了，大往小来，这个季节又要转换呀。再看看这个贞吉，啊！又是一年一度秋风劲，新的一轮分工又开始了。那下一轮该做什么？按规律做吧，看看这个茅草根的生长情况，你就知道该做什么，你按照这个做，按照这个规律做，就能吉祥和亨通。

2. 贞吉，亨

这里没讲否，却讲吉、讲亨、讲泰。否卦不讲否，意思是什么？因为它贞啊，与天地规律"准"啊。不贞当然是否。这个时候，该亨还要亨，该否的时候就否。

3. 志在君也

了解了天的意志的是君子呀，"志在君也"。君子掌握和了解了自然界中泰和否的规律。许多书上仅仅讲意志、志向而不讲规律，这是有失偏颇的。

六二，包承，小人吉，大人否，亨。
《象》曰：大人否，亨，不乱群也。

---

1. 六二，包承

六二，又中又正。"包"，当然不像前面讲的那样，这个"包"指包容，能包容、能承担。为什么这么说？这是从根上能看出来的，看出什么？看出大地阴气，六二嘛，是阴，代表地。这个阴气起了那么大的作用，现在它开始承担，开始包容了。

2. 小人吉，大人否，亨

千万别误会了，有人将那些行为不轨不道德的人视为"小人"。

"小人吉"，指很谦恭、虚心，就像茅根、阴气那样，履行自己的承诺，该做什么就做什么，于是得吉。这里的"小"，是谦卑之义。

"大人否"，指很傲慢的大人，认为自己不需要承担责任和义务了，这些不是我负责的，认为自己是大人，很了不起、很傲慢，那就会否。

这是一层意思，这层意思是从哪儿来的？还是从它的本义上来的。你们看，小人吉，这个小人还是指阴气，这个"吉"还是指"泰"，不仅仅是吉，还是泰。阴气为什么是亨？因为它在地下，开始向上了，让它来承担工作的时候，所以吉祥了。阳气藏于地下是指休息，现在阳气休息吧，到地下去吧。这样分工承担，于是就亨通了。所以，刚才是一种引申义。

3. 不乱群也

为什么？"方以类聚，物以群分。"物以群分，乱群了就不行了。这个乱群实际上还是指阴阳二气不要乱。该收起来就收起来，该藏起来就藏起来。现在，阳气该收藏起来，阴气该到地面上，就是说大家分工不要乱。

> 六三，包羞。
> 《象》曰：包羞，位不当也。

1. 六三，包羞

六三，阴居阳位，阴爻居阳位上，不是太好。为什么？本来是显示阳的空间，阴却来了。在一个阳刚的环境气氛中，阴柔来了，无法发挥作用。相反，如果阳刚来到阴柔的环境中，会给阳一些抑制，让它多一份柔，这相反要好一些。所以叫包羞。

"羞"是什么？你看，上面是"羊"字，下面是"丑"字，实际上是献。献什么？奉献、进贡。将羊牵着进贡给人家。古时，送羊、送牛、送马，这是国与国之间的礼节，和平外交的方式。

2. 位不当也

为什么叫"包羞"？因为位置不当。阴来到阳刚的环境中，人家不欺负你吗？干脆拉拉关系，送一些羊，把这一群羊作为礼品，大家友好相处。不就是这个意思吗？"位不当"，只要措施得当也不会乱群的。

还有一层意思，阴气已经走了，这个时候阳来了。我不这么做不行，而且我是下经卦中最后一位阴爻，面对上经卦那么多的阳刚，只能这么做。所以位不当，就是这个意思。

> 九四，有命无咎，畴离祉。
> 《象》曰：有命无咎，志行也。

1. 九四，畴离祉

九四，阳居阴位，柔中有刚，所以无咎。

"畴",是指同类、同党、志同道合者。"离",是指离卦的卦德,依附。"祉",即福。

2. 有命无咎

"有命",还是指天命。上一爻不是讲了"位不当"吗?九四就是讲:没事,你按照天命办事吧。按照天命办事,没有过错,不要担心。正因为你按天命办事,你的同类、同党、朋友都来依附你,那么大家都能得到福祉。

3. 志行也

按照天的意志办事,不但能得到福祉,还能得到朋友的依附,这是跟着六三来的。六三自己没有朋友,很孤单,所以要送羊以得到朋友。现在这一爻没有问题,只要按照天命办事,不要违背天命,按照大自然的规则办事,按照否卦里的规定办事,就会有人来帮助你,会有人来依附你,也会得到福祉。你不需要送羊了,到时候还会有人来给你送羊呢。

初六有志,六四又有志。这个志是天的意志,你不要违背它,你按照天的意志去办事,什么也不要怕。

为什么六三要献羊?到九四就不需要这样做了?这是一个过程,也是阴"来"的程度问题,"来"的步骤问题。走到这一步(九四)便不需要,但那一步(六三)还需要,这也是发展变化、循环的过程。

九五,休否,大人吉。其亡其亡,系于苞桑。
《象》曰:大人之吉,位正当也。

---

1. 九五,休否

九五,又中又正。"休否",即否休了,这是什么意思?"休",是说大往小来,这个时候,来也好、往也好,都停止了。这个时候,你大的也不要往,小的也不要来,都暂停,也就是说,又要转换了,不是真的停止了,天地之道是不会停止的。这个停止是指转换,又要转换了。转换什么?又到否极泰来的时候了。

2. 大人吉

这个时候与前面不同了:上面是小人吉,这里是大人吉,是阳气该要来工作了。"其亡其亡,系于苞桑。"出自《诗经》。"其亡其亡,系于苞桑",苞桑是指桑叶树，这是一种民歌的风调，很有意思。"其亡其亡"，是表示欢庆、喜悦的时候。一个很大的负担压在身上放下了，"其亡其亡"，是说放下了，放下了；放松了，放松了；解脱了，解脱了，大家都很高兴了。

3. 系于苞桑

至于"苞桑"，又是一次转换，又给你一个警诫。别高兴得太早了，你还在桑树枝上系着呢。所以说，这个矛盾有可能会转换，这是一个警诫，不然的话会有吝呀，甚至于会有咎。

这里是比喻，就是说，你刚刚转化过来，马上又要肩负重任，你别高兴得太早了，就是这个意思。

4. 大人之吉，位正当也

九五之位，又中又正。"位正"，是指季节正好转化到这个时候，天地运行到这个时候，该到吉了，即运作的一种最佳状态。

> 上九，倾否，先否后喜。
> 《象》曰：否终则倾，何可长也。

1. 上九，倾否

上九与上六一样，上面讲到否极泰来了。前面的否已经休了，这里这个否不仅是休，而且是倒下去了。"倾"，就是倒下、倾覆，就是这个意思。当然这是从字面上去解释。但实际上不是说否就此倒下去了，不是这个意思，它是一个过程，先停下，然后转化。转化过程，是向外倾斜。

2. 先否后喜

为什么先否后喜？否极泰来了嘛，当然有喜啊！

3. 否终则倾，何可长也

这个倾就是刚才讲过的，是阴阳又一轮转换开始了。"何可长也"？到底多长时间？到底长不长？上面讲"其亡其亡"的时候，感觉从春到秋，好不容易过半年了，真累呀，解脱了。那么，这里讲否倾以后，转化到另外一个过程又要多长时间？该有多长就有多长，不会多也不会少，这是大自然的规律，也是半年一轮回嘛。这就是阴阳二气在"气之初"时的相约和承诺，当初是怎么样约的，现在还是怎样做，还是怎样行，该有多长就要多长，该要否的时候就否，该要泰的时候就泰，这就是规律，还需要问吗？

小结

这里给泰卦和否卦做一个小结。能看出来，它们完完全全是一个整体，泰中有否，否中有泰。它们互为一个整体，对立统一，你离不开我，我也离不开你，这是大自然的规律。

谁该否？谁该泰？阴气和阳气事先有约。人应该怎么做？不能离开它们事先的约定。它们约定的东西是天地造化、万物造化，是阴阳二气的功劳。"气之初也"，才有"形之始"；"形之始也"，才有"质之成"；"质之成也"，才有万物和人类。它们初时就约定了这么完备的规则，我们人类能违背吗？所以要讲诚信。这个诚信不仅仅是指我们相互之间狭义的诚信，也是指"与天地准"广义上的诚信，这就是泰卦和否卦的真实含义。

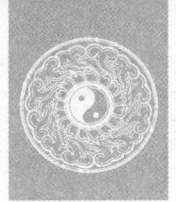

同人卦 同人于野的智慧

一、卦名：同人（天火同人）

上古时期，人们都在一起聚餐，就像是一个家庭公社，那种形式叫同。故"同"有会合、集会之意。

《诗经》中云："嗟我农夫，我稼即同，上人执宫功。"该句中的意思也是已经集合在一起了。所以同人就是聚集众人的意思。

二、卦画

离下乾上，天火同人。此卦只有一阴爻居二位。乾为天，离为火。

从下面的火光可以看出，也许是晚上聚会，烧的是篝火，一堆一堆的篝火，大家都聚集在一起。天上是星光、月光，地下有火光，又指光明会聚在一起，从自然现象来看也是一种"同人"。这个卦画也是这样取象的，是"方以类聚，物以群分"。

三、卦辞

> 同人：同人于野，亨。利涉大川，利君子贞。
> 《彖》曰：同人，柔得位得中，而应乎乾，曰同人。同人曰：同人于野，亨，利涉大川，乾行也。文明以健，中正而应，君子正也。唯君子为能通天下之志。
> 《象》曰：天与火，同人。君子以类族辨物。

1. 同人于野，亨

这个野，在古代国之中心为国，国外为郊，郊外为野，这"野"就是一个国家的最外域了。"亨"是指一个部落、一个氏族在野外会集，聚之众多，甚至很隆重。或祭祀，或庆功，或共同欢度节日，或是在一起共商大事，或是进行民俗仪式，这是一种聚会的场面。是什么场面？古文里面一般都有记载，根据卦画，这种聚会也许是在晚上，燃烧着熊熊的篝火，族众围在一起烧火堆，在一起举行聚会、会餐或舞蹈，或是举行一种仪式。天上有星光，地下有火光，光与火相聚合，人与人相聚合，这样就呈现出一种"同人"的景象。这个"亨"就是讲大家都很欢乐。如果是在共同祭祀，或商讨什么大事，大家都一致通过，大家都很快乐，这是喜庆的意思，也是众人齐心的意思，这当然就"亨"了。

2. 利涉大川

像这样的群体、部落，能这样同心同德，还有什么灾难与艰难不能度过呢？"利君子贞"，这个前面都讲过，大家都应该明白它的意思，这里"君子"实际上落实在这个"贞"字上，贞就是正。这种活动是与大众利益相符的，与天地合其德，与日月合其明，这样也就与众人合其利，而且能与鬼神合其吉凶，这样当然是贞。一般讲"利涉大川"是一种行动，这种行动需要长途跋涉，浩浩荡荡地出征或迁徙。古代人经常迁徙，因为那时的灾难较多，洪水也比较多，还有的部族是游牧部落,他们必须经常迁徙。那时商人也有的要远行,就是经商的人结成队,共同出行,还有猎人结队共同出猎,这些都是众人同心办一件事,所以在这样的情况下什么险阻、什么艰难,大家都能度过。这就是"同人"的意思,这里"贞"表示共同的心愿。所以君子不是指某一层次的人,不是以地位来分别,而是指志同道合的一个群体的集体行为。

四、爻辞

> 初九,同人于门,无咎。
> 《象》曰:出门同人,又谁咎也。

1. 同人于门

这个门一般是指王门、宫门,或部落的门户。

《周礼·大司徒》讲:"若国有大故,则致万民于王门前。"《周礼·小司寇》讲:"掌外朝之政,以致万民而询焉。一曰询国危,二曰询国迁,三曰询立君……"外朝,是指王门之外也。"以致万民而询焉",询是大家来商议商讨,一种是商讨国家的危难。对于一些大的危机都要商议对策例如外敌来侵略;再一个就是商量迁都的事;第三就是立国君的事。立国君的事大家都来共同商量,商量时一般都在王门之外,而不是在王宫之内与几个大臣商量。可见那时也是很民主的,那时参加这个共同议事的人很多,是很慎重的,这就是历史。

可见"同人于门"便是会聚臣僚及民众于王门,让大家共同商讨大事。当然这个民众不是包括所有的民众,应该是指有一定代表性的,因为一个大部落里也分为小部落,小部落里也有酋长;小部落里还有家庭,家中还有家长。

2. 无咎

"无咎"是指众人的意见都是统一、一致的,没有什么争议,大家一致通过。

3. 出门同人,又谁咎也

"出门同人",这与前面颠倒一下,有人认为这是古字,印刷有错,我认为不是这样，这就是《象传》。在解释时，引申出另外一层意思，意思是讲，我们在门里是同人，出门也能和睦相处，团结一心，同心同德，那样还会有什么咎害呢？还会有什么过失呢？还会有什么灾难呢？大家都没有，就会相安无事。我认为这里有这种引申的意思，因为《象传》一般都是劝诫人的。

> 六二，同人于宗，吝。
> 《象》曰：同人于宗，吝道也。

1. 同人于宗

"宗"是指宗族，后世指一姓是一宗，当时讲的宗还是讲同姓的人，或是指同一部落的人。宗有宗庙，有祠堂。祠堂里都供奉着同一姓氏的祖宗牌位。

2. 吝

"同人于宗"，是同一姓氏的人在一起同舟共济，共同生活。为什么有吝，而且有吝道呢？这就是说"宗"与前面说的"门"不同，"同于门"没有偏狭，进门也同，出门也同，有一定广泛性，有一定的代表性，基本上不分什么姓氏，而是大家聚在一起，所以同门无咎。这里的"吝"局限在这个姓氏的家族里，有宗派、党派、宗族观念，乃至本位主义、地方保护主义等。

这种例子很多，我小时候听老人说过，也亲眼见过，宗族之间打官司、闹纠纷的事时有发生。

我们老家门前大河上有两道堰，叫"鸳鸯堰"，这是开始的名字，鸳鸯堰就是两道堰，中间隔得很近。一道堰的水引向河南边，属于一个姓氏，而另一道堰的水引向河北边，是另一个姓氏。两姓人家为了争夺水经常打群架、打官司，后来就成了"冤家堰"，新中国成立以后又叫回鸳鸯堰。为什么呢？因为大家都和好了，即使闹也不明显了，也不用打官司了。旧时为了这种宗族之间的纠纷，打架打出人命的事也是时有发生的。所以有局限性、偏狭性，因此它就有吝。当然这也算不上凶，也不是咎，吝毕竟是民间一般的纠纷。

3. 吝道也

这里说的"宗"居六二，六二有一特性就是柔。六是阴爻，二是阴位，阴爻居阴位，是居中正之位。本来是该它做主，但它太柔了一点，说明这个宗族的族主优柔寡断，虽能主持正义，也很正派，大家都信服他，但他做事不果断，所以难以决断、难以服众，做事多少有些吝，这是一层意思。但大的问题没有，因它在中正之位，而且柔，所以没有大的问题。吝是小小的过失，小小的不利。

> 九三，伏戎于莽，升其高陵，三岁不兴。
> 《象》曰：伏戎于莽，敌刚也。三岁不兴，安行也。

1. 九三

九三居正位，阳居阳位，本身刚健过了一点，又是下经卦的最上一爻，显得有些逞强，而与它所面对的外经卦、外族的三阳也不相应，因同性相斥，所以有对抗，这样就处于戒备的状态，因此就为"伏戎"。

2. 伏戎于莽，升其高陵

有人讲投笔从戎，就是讲他以前是文人，现在将笔放下，不做文字工作，去参军当兵了。"戎"就是指军队；"伏"就是埋伏；"于莽"就是埋伏在草莽中；"升其高陵"就是修筑工事，占领高地，就是将军队埋伏在草莽之中，并占据制高点。

3. 三岁不兴，安行也

"三岁"是指三年，"不兴"是指没有打起来。

我们来看看，埋伏了军队，而且准备了工事，占领了高地，为什么三年还没打起来呢？这是因为九三它所面对的是三阳，而九三是下经卦的上爻，居上位而无援，所以面对强敌，它想打但又不敢打，不敢轻举妄动，所以这样三年都没有打起来，没有真正地动武。还有一个原因，是因为上经卦三阳为乾，乾坚持正道，故不主动挑战，所以就安全了，大家都相安无事。

> 九四，乘其墉，弗克攻，吉。
> 《象》曰：乘其墉，义弗克也。其吉，则困而反则也。

1. 九四，乘其墉，弗克攻

上经卦九三不是要打吗？不是埋伏了军队在草莽之中吗？还做了那么高的工事。对于与之相峙的敌方九四采取什么对策呢？爬上我们的城墙，严阵以待吧。这个"墉"就是城墙，"乘"就是登，这里的军队全部布置在城墙上。"弗克攻"

就是不用去进攻，只要守着就行了，就能得吉祥。因为九四阳居柔位，柔位是一个非常好的地理位置，如果是阳在刚位可能就不太好，在柔的位置就比较隐蔽，易守易攻，如果刚居阳的位置，那就太明显了。所以，下面有"义弗克也"。

2. 义弗克也

"弗克"的意思是主持正义，人不犯我，我不犯人，人若犯我，我必犯人。就是这么一种作战原则，所以就吉。

3. 困而反则也

"困而反则也"，就是你将我困在此地，也没关系，相反我还是守住我的正义，我还能得吉祥，你怎样对付我，我就怎样对付你，所以就这样互相对抗了三年，没有真正地打起来。这里可以看出古代人是很讲兵法策略的。

> 九五，同人先号啕而后笑，大师克，相遇。
> 《象》曰：同人之先，以中直也。大师相遇，言相克也。

1. 同人先号啕而后笑

九五，阳居阳位，而且是九五之尊位，它肯定是主持正义的。

"先号啕而后笑"，我们不妨先看看《系辞传上》里的这么一段话："君子之道，或出或处，或默或语。二人同心，其利断金。同心之言，其臭如兰。"

这就是讲六四的，也同时讲了九五的"君子之道"。发表意见也好，表示沉默也好，这个都无关紧要，我都是正义之举，坚持纯正的动机。我有我的信念，我有我的动机，始终坚持天的意志。"二人同心，其利断金"，就是讲二人同起心来，连金子都可折断；"同心之言，其臭如兰"，两个人同心说的话，那气味都像兰草那么芬芳。这是表示赞叹，赞叹同人的德行。那么九四呢？认为他做得也是可以的，因为他不主动出击，如果出击，对九四有利，"三岁不兴"，那是九四的功劳。而九五主持正义稳定了大局。

2. 大师克，相遇

"先号啕"，是指先要交战，战事一触即发；"后笑"，因为"三年不兴"是同人了。前面是先同后异，先是"同人于门"，又"同人于宗"，然后"伏戎于莽"，而且"乘其墉"，这是由同到异，由同人到分歧，甚至搞对抗；那现在又是由分歧、对抗归于同人。是怎样归于同人的呢？是怎样的过程呢？九五主持正义，他主动出兵，但不需多打，九三本来已经有点害怕九四，再来一个九五出兵支援，九三自然不战自退了。这样，九五与相应的六二也会师了，九四与初九也会师了，大家都皆大欢喜，所以又回归到"同人"了。

3. 同人之先，以中直也

"同人之先"的"先"字很重要，何为同人之先？是先同而后异，本来一开始都是同人，只是中间闹了一些矛盾，有人在中间想闹事，有了分歧，有了对抗。后来归于同人，所以说"同人之先，以中直也"，也就是我们还是回到同人，这里实际上暗合了一个"归"字，还是回到同人了。这个"先"与"先号"的"先"是相应的。

4. 大师相遇，言相克也

这里"克"的是谁？克的是九三。为什么讲是克九三呢？是九五做了该做的事，由于本身中正，所以"同人于先"。这"先"是指开始的动机就是同人，我们本来就是为了同人，出兵干涉这件事，不是为了要打仗、侵略，其目的仍然是化干戈为玉帛，还是为了让九三和大家一起回到同人中来，营造一个天下同人的局面，这就是九五的初衷。先即最初的动机，到现也还是这个目的，并非想将你打垮，或是有什么别的目的，只要你退兵就行了。所以九五，"同人之先"的先，也是应对"中直"的。

> 上九，同人于郊，无悔。
> 《象》曰：同人于郊，志未得也。

1. 上九，同人于郊，无悔

卦辞中提到"同人于野"，现在又是"同人于郊"，初爻里是"同人于门"。这个郊外在"野"与"门"之间，所以这里很有意思。作《易》者的用词、用字是很微妙的，这后面又讲到"无悔"，仅仅是无悔而已。下面又讲到"志未得也"，那志是什么呢？志是想营造一个天下同人的大好局面，但是这个目的还是没有达到。因为九三只不过是被武力吓跑了，并非他心甘情愿的，他虽跑了，但本性并没改，还有这么一种势力在那里，实际上并没有根治。

2. 志未得也

现代社会有许多不好的社会现象，需运用法律的手段去遏制，但其历史根源和社会根源不是想拔就能拔除的，实际上还有许多负面的因素潜藏在里面。所以讲真正的同人是天下同人，永远同人，大的同人，普遍同人。那么这个最初的目的还没达到，这个最初大愿，还没达到。这里讲无悔，就是讲虽然没有完全达到，但是初步的还是达到了，天取"同人"是大的目标，必须依靠一代一代的努力，九四、九五这一代只能尽到这一代的责任和义务。所以这里既不是"同人于宗"，不是"同人于门"，也不是"同人于野"，而是"同人于郊"，这总算是进了一步，从"门"到"野"是向外，从"野"到"郊"是回归。所以这也可以看出《易经》的每一个字、每一件事的每个细节都能传达出很多信息，都能相互吻合。实际上，道理还是"《易》与天地准"，只要与天地准了就能天下同人，因为万事、万物都是与天地准的。

真正的"同人"是什么？是"与天地准"，与自然保持和谐状态，达到天人合一。只有天人合一了，人与人才能合一，人与人才能和同，才能归一，才能遂志。

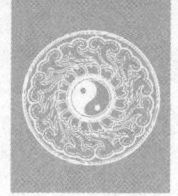

大有卦 大车以载的智慧

一、卦名：大有（火天大有）

有，古文下面是肉，不是月。可见古时候，肉是狩猎所取得的收获。有，获也，它的本义也是从这里来的。

《玉篇·有部》中讲道："有，得也，取也。"又引申为丰收。

《诗经》里说："自今以始，岁其有。"岁其有，是指丰年的意思。

《春秋》里有这么一句话："冬，大有年。"大有年，就是大丰年。

《谷梁传》里说："五谷皆熟为有年也。五谷大熟为大有年。"

可见，大有，就是指大丰收。

二、卦画

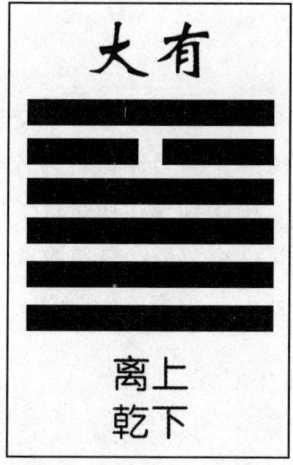

火天大有，犹如一轮红日当空照，这么一个晴朗的天气，也就有利于农作物的生长和收获，所以也是一幅丰收在望、大获丰收的景象。

三、卦辞

> 大有：元亨。
> 《彖》曰：大有，柔得尊位大中，而上下应之，曰大有。其德刚健而文明，应乎天而时行，是以元亨。
> 《象》曰：火在天上，大有。君子以遏恶扬善，顺天休命。

1. 大有：元亨

"是以"，所以。"遏"，阻止，指遏制恶的，倡扬善的。"大有"的意思是大丰年。那么，在这里作为卦的卦名，而且卦画中，上面是离卦（外卦），下面是乾卦（内卦），乾是象征天的，离是象征火的；乾的卦德是刚健，象征天、天道；离卦的卦德是附，依附于乾卦，依附于健，这就是顺天休命。

"大有"的意思不仅是指农业的大丰收，而且是广义的大丰收，广义上的大有。又以什么来衡量大有呢？不是像农业丰收、五谷丰登了，可以按数量衡量而是顺从天命。

所以，"大有，元亨"。因为"大有"是以顺从天命为标准的，是广义的大丰收，从开始就是大吉大利、大亨通。

2. 大中

彖辞实际上都是很通俗的，不需要多讲，"大中"是解释大有的。大中"应乎天而时行"，而且是遏恶扬善、顺天休命。为什么这么强调？我们可想而知，古时是以农业立国的，所以，中国到现在还是这个传统，是农业大国。想百事亨通、万事安泰、国泰民安，第一个象征，就是农业大丰收。农业大丰收了，有了粮食，人民就能安居乐业。所以，国家首先要看农业的收获。

四、爻辞

> 初九，无交害，匪咎。艰则无咎。
> 《象》曰：大有初九，无交害也。

1. 初九

下经卦是三个阳爻，开始的第一个爻为初九。阳居阳位，虽然得正，但它毕竟是初爻，是最底下一爻，所以多少有些不利的因素。

2. 无交害

"交害"是指交相侵害、互相侵害。因为讲丰收，丰收不是轻易得来的，需要有一个过程，所以开头就讲无侵害。这个侵害也不是讲哪一方面，它既有自然灾害，也有人为的，也有其他因素，有各种不利因素。

3. 匪咎

"匪咎"，指因为没有交害、侵害，所以也就没有灾难。"匪"，非，没有。

4. 艰，则无咎

为什么这里又讲一个无咎？而且这个无咎有一个前提，这个前提是什么？是"艰"。在这一爻中，"艰"字很重要。前面进到"匪咎"，也是无咎，后面又讲到无咎。这是不是重复？不是。实际上是以两个重复的句子来烘托、陪衬"艰"。古人用词、用意是非常精确的，是为了突出这个"艰"字。

5. 艰

什么意思？它不是我们简单想的那种艰难、艰险。那只是它的本义，也是它的表面意思。真正的意义是什么？实际上还是讲到了"无交害"。为什么能做到"无交害"？农业立国，想做到无交害，是很难的。特别是初九,万事开头难，哪能没有困难呢？哪能没有侵害的现象发生呢？但开头一句话讲到"无"，可信吗？太理想了吧，一下子就否定了灾害发生的可能性，"匪咎"，就把其中的灾难全部否定了。

这里，主要是突出一个"艰"字，其中有农民许许多多的艰辛，难道有艰辛的劳动就可以了吗？还不是。更深层的意思是，我们的祖先，他们是顺应自然的。他们的艰辛，他们的行为没有离开自然法则，没有违背自然。所以说，这个"艰"字，并非是多吃一点苦、多受一点累就能够做到的。真正的艰难，真正难做到的是如何去观察天象，观察农事，把握自然规律。所以说这个"艰"字重要。"艰"也要"与天地准"，《易经》中每个字都要"与天地准"。

你看，古人细心地观察天气，慢慢地总结，总结了那么多的气象谚语。卜问节气就将茅草拔起来看看；从蚯蚓的活动情况，从家禽的迹象和墙角潮湿的情况，就能判断出明天是什么天气，这是一种长期的积累。

可见，我们的祖先为了获取丰收，是怎样小心翼翼地琢磨着天，观察着天，害怕违背了天，进而总结出了二十四个节气。什么时候种子要发芽，什么时候开始播种，什么时候该施肥，什么时候该施什么样的肥，这些东西都是非常精细的。这个"艰"字有这么多的内容，我们一定不能忽视了这个"艰"字。所以有人说，《易》以农耕为本，以科技为用，是一种原始的科技，是祖先的文明。

原来是这样一种"无交害"，多不容易啊！首先是人不能违背了自然规律。所以，农民为了大丰收，多不容易啊！不仅仅是要付出他们的汗水，而是要用他们的智慧。我们的老祖先充分地发挥了他们的智慧，没有违背天的意志，这是很关键的。整个六十四卦全部都是讲这个东西，不能离开"与天地准"。

> 九二，大车以载，有攸往，无咎。
> 《象》曰：大车以载，积中不败也。

1. 九二，大车以载

九二，阳居阴位，虽不正，但得中。

"大车以载"，过去是牛拉车为大车，人拉车为小车。为什么用"大车"？这里借用了一个"牛"字，借用了牛的特性。坤卦是牛，牛是顺的意思，顺则得中啊。所以，古时用词非常精确。"以载"，载的什么东西？是丰收的粮食，丰收的果实。

2. 有攸往

到哪里去呢？看看到哪里去。先不表明，留一点悬念，去哪里？它应该有护卫吧。因为大车以载啊！不是一般的车，也不仅仅是一辆车，而是好多辆车，浩浩荡荡的很大一个车队呀！有攸往嘛，有所前往。

3. 积中不败也

"积",指车,车上堆得满满的,还集中在道路中间。这么多的车排成那么长的队列,车上虽然堆得那么满,但不会倾翻。虽然有这么大的车队,道路也不会被压坏。就讲了这么一件事,没讲多少,但前后连接得很自然。

> 九三,公用亨于天子,小人弗克。
> 《象》曰:公用亨于天子,小人害也。

1. 公用亨(享)于天子

九三,阳居阳位,虽不像前卦所说的九三,阳居阳位,阳刚太过、太逞强,这里不是指这个意思。但这里也有一种阳居阳位的阳刚之象,就是前面讲的大车载呀,而且"积中不败",这是一种非常壮观的景象。每一辆车上都装得满满的,而且那么长的车队,还有那么多的护卫,到哪里去?这也是一种阳刚,一种非常气派的景象。为什么?亨于天子。

就像淮海战役的时候,那么多江淮老百姓推着自己的小车为部队送粮食、送弹药。所以,陈毅元帅说:"淮海战役的胜利,是老百姓用小车推出来的。"就是这种壮烈的景象。

"亨于",就是献。丰收了,愿意向国家、向天子进贡。

"公",指各个族的族长。这么多的大车,不是一家一车,一家不可能一大车呀!所以,一个族一辆大车或几辆大车,大家都聚在一起,或者大家有前有后,纷纷前往。天子,有人认为是指周王,其实是泛指。周王为天子,奉命于天,代天养民。

《礼记·曲礼》里有这么一句话:"君天下,曰天子。"君临天下者便为天子。

"亨",这里不是指祭祀,"享"本来指祭祀。祭祀的时候,需要献上一些果品、珍玉、玉璧之类。这里指各部落用自己的丰收果实,甚至烹饪出一些精美的食品,用作朝献、进贡,以谢天子。

2. 小人弗克

"克",肩也。肩是指肩负、担负、担当、肩任。但"小人"是不能肩负这种大事的。这些小人是指那种仅仅为一己之利的人,自给无余,勉强维持;有的即使有剩余，也不愿意拿出来、不愿以天下为公、不愿奉献的人，这些人被称为"小人"。他们肩负不起这种责任，也不愿意承担这种义务。

台湾国学大师耕云先生那句名言就是："人活在责任和义务里。"他说我们天天都在尽责任、尽义务，这才叫生活。如果一个人连应尽的责任和义务都肩负不起，只好承受"小人"之名了。总之，天道是公平的，你不承担这方面的，只好忍受另一方面的。

> 九四，匪其彭，无咎。
> 象曰：匪其彭，无咎。明辨晰也。

1. 无咎

实际上接着上文，进一步描述了丰收的景象，这里不是直接去描绘，不是讲田里怎么丰收，谷子长得怎么好，粮仓怎么满，而是从另外一个侧面进行描述。凡是写诗歌、写小说的人，往往不从正面去描写，而是从侧面去描写，如直接去写它，反而感到没什么意思。从一个侧面去写它，写的是大丰收，还感到别有趣味。

2. 明辨晰也

明晰，又是与前面那个东西联系起来了，与初九的"艰"联系起来了。"艰"就是明晰。明晰不是这里才提出来的。在初九中一个"艰"字就提出来了。这里描写的是丰收的景象，丰收的景象是不是果？是果。它的因是什么，难道不是初九吗？不是当初播种"无交害"吗？不是当初的"艰"吗？没有初九时的"艰"，哪儿来"明晰"呢？所以说这就是因果，是双重的。

如果将这句"明晰"单独以词解辞，离开全卦讲，没有与前面的联系起来讲，应解释为聪明、明智。甚至于讲九四就是六五身边的人，权势很大，就像车队那么盛大，你不要越权了，不要太表现自己了，不然的话会有危险，要放明智一点，聪明一点，如果这么讲，与大丰收有什么关联？又与因果有什么牵连呢？我认为，这个"晰"就是前面那个"艰"。如何准确地去观察和把握天时、农事？因为有这个因，所以才有今天的大丰收，所以才有这么个"晰"，所以才有智慧，智慧的结晶、智慧的积累。

> 六五，厥孚交如，威如，吉。
> 《象》曰：厥孚交如，信以发志也；威如之吉，易而无备也。

1. 厥孚交如

六五，阴居阳位，中而不正。但是不正没问题，它柔中有刚，如果在其他爻里，柔中有刚不是太好，但是它在这个位置上，没问题，它是中位，它说话能算话，它有行使权利的余地。所以，它有诚信、柔得好。柔靠什么？靠诚信。就像有的将军，他有战功，又能刚中带柔，人家信服他，他有战功，有功劳哇！他有威信。如来一位文职的将军，看起来很文弱，谁会信服他？

当年诸葛亮，比起关羽、张飞、赵云，他简直是文弱书生。他来指挥军队，谁服他？关羽不服，赵云不服，张飞更不服。他凭什么？他就是凭柔，凭诚信，凭他的智谋，而不是凭刚勇。这里是举一个例子，说明如果没有刚勇，就要凭诚信。比刚勇更能"威如"天下。

2. 威如

厥，是指事代词，代指诚信，就是说，他的诚信天下人都认同了，天下归心了。他的诚信施布于天下，天下人都认同他了，都信服他了，都拥戴他，所以天下归心。

讲到"威如"，你有一种威严的样子吗？当然柔中也要有威，仅仅靠诚信还不行，要恩威并用，恩威并举。一手软，一手硬，但两手都要硬。那么，现在强调的是什么？一手是法治，一手还要强调德治。不服从法律的就用法治，服从法制的用德治。对广大的百姓用德治，对极少数不服法的分子用法治，威严还是要恩威并济。

你看，这就方方面面都讲到了，为人不也是这样吗？你老是软绵绵的不行，老是遇事就发火也不行。

3. 信以发志也

"信"，指诚信。《象传》中说："厥孚交如，信以发志也。"就是说，让人民自觉地用诚信约制自己、管理自己。这里实际上讲要用威信，而不是用冷酷的苛政、苛刻的酷刑，来约制人、压制人，以一种平易的心态使部下和天下人既没有恐惧不安的心理，又能自觉地遵守国家的法律和法规。这种对下坦诚宽容，又能恩威并举，推行起来简单，而且又无不完备。虽然简单，又无不完备，为什么？因为这是一种无为而治的方式。

六五爻辞一反一复地讲到诚信，又讲到威如；讲到柔，又讲到刚。讲到刚以后，象辞里进一步阐述刚也不能过，还要会用。又是诚信又是威严，一孚一威，不要太复杂，要简易；但简易，又要完备。

上九，自天佑之，吉，无不利。
《象》曰：大有上吉，自天佑也。

---

1. 自天佑之，吉，无不利

《系辞传上》里有这么一句："《易》曰：自天佑之，吉，无不利。"佑不是讲有谁来保佑你，而是来帮助你，助你一臂之力。"天之所助者，顺也。"天来帮助你，是因为你顺从天的意志，顺应天的自然法则。"人之所助者，信也。"他人之所以愿意帮助你，是因为你讲诚信。这是从"天""人"两方面讲"佑"的。

2. 履信思乎顺，又以尚贤也

是以"自天佑之，吉无不利"。"履信"，履行诚信，时时顺从天意，实行我的诚信，而不是无原则的诚信，而是遵循上天的意志。尚贤，是古代人的一种核心思想，墨子就是讲尚贤、尚志。谁贤能，就用谁，就推崇谁。

那么，这里尚贤已到一定程度，上九到了最后一爻了，不太好，盛极必衰呀，物极必反，阳极必消。但这里是"吉无不利"，是"自天佑之"，原因在于它贤啊，只要有一贤，都能得到重用，得到发挥。这是六五的德，六五尚贤，上九有贤，六五就重用它，就崇尚它。

3. 大有上吉

为什么是"上吉"？要联系到"大有"的本义，联系到乾、坤两卦，联系到《易》与天地准，还要联系本卦中初九一爻中的"艰"以及卦辞里面的"元亨"，这样，我们就知道"上吉"是什么意思，就知道"大有"是从哪里来的了。我们每个人都想获得大有，但想获得大有，应该怎么做？从何入手？崇尚"孚"，明辨"艰"，就能得到"天佑"，就能获得"大有"。这就什么都明明白白了，你就真真正正获得大有了。

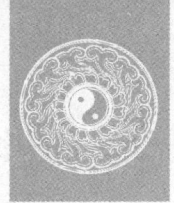

谦卦 谦谦君子的智慧

一、卦名：谦（地山谦）

《说文》曰："谦，敬也。"因为敬能对人产生恭敬心，也就是说，无论是在任何情况下，都有一种谦谨和不自满的心态。

二、卦画

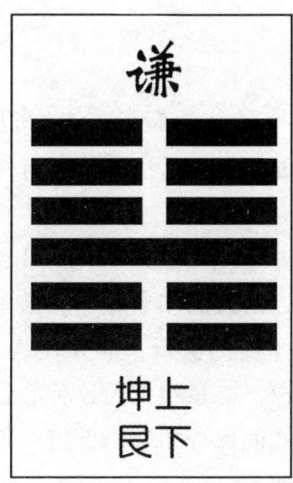

艮下坤上，名地山谦。为什么叫谦呢？艮卦象征山，它的卦德是止，同时山给人幽深的感觉，像藏着宝贝似的，有一种神秘感；坤卦象征地，卦德是顺、柔顺，它能承载万物。所以我给谦卦总结的是两句话：内有山的静止和幽深，外有地的柔顺和承载，这就是从卦画上看出来的。为什么有这样两重意思？我们再从卦画上看：山藏于地，这就可见，高山见平地，有一种自谦之象。平常心就是讲这个问题，在大比赛之前，或是大考之前，要调整到平常心态。什么叫平？平中难见平，只有高中见平，不见高山难见平地。谦也一样，要先见高山。一个人本身的素质、才学和知识都不怎么样，非常平庸，这种人能说他谦虚吗？这谦从何说起呢？谦是一种平，是平常心的平，谦的高山在何处？谦也必须借助高来显示，学识、才能、德、善等积累起来的才为高山，有了这个高山，才能显出他的谦虚，不然就不是虚心，而是心虚。

三、卦辞

> 谦：亨，君子有终。
>
> 《彖》曰：谦，亨。天道下济而光明，地道卑而上行。天道亏盈而益谦，地道变盈而流谦，鬼神害盈而福谦，人道恶盈而好谦。谦，尊而光，卑而不可逾，君子之终也。
>
> 《象》曰：地中有山，谦。君子以裒（póu）多益寡，称物平施。

1. 君子有终

谦虚当然就能亨通。在社交中，你只要有一种谦恭的态度，什么事都好办。因为谦里面怀有一种对他人的尊敬，这里"君子有终"，当然是与"小人"比的。那"比"有什么标准呢？是以"有终"作为标准。为什么以"有终"作为标准？"有终"就是始终一贯，如果偶尔谦虚一下，谁都办得到，每一个人都有谦虚的时候，但是始终如一的谦虚，给人的印象才是真谦虚，这个不容易做到，因为始终如一是一种操守，也就是平时的操行，能守住这个谦虚。"有终"还是一种涵养。什么叫涵养？涵显得很深，心量很大。这种心量是用德来涵养的，只有德能涵养，有德来涵养，谦虚当然能保持始终，保持一贯，这样就是君子。只有始终如一的谦才为谦亨，才会亨通。

相反，有时候显得很谦虚，有时却不是那样，而且有时的谦虚使人觉得反常，使人难以相信，哎，这个人怎么回事？今天怎么这么谦虚？让人感到很奇怪，使人感到不敢相信他的谦虚。这样的谦虚，可能是为了某种意图，甚至于图谋不轨。有人将谦虚当作一种手段，一种卑鄙的伎俩。当然有的人是诚心的，想学谦虚有礼，在顺利的情况下，都能做到，可有时候又忘了，忘乎所以了，把谦虚丢到脑后了。这个谦与他若即若离，他与这个谦也是若即若离。为什么会这样呢？因为他守不住，因为他没有德来涵养，谦不也是一种德吗？不错，谦是德。上文已经讲了，德也要德来涵养。

佛教中有一则故事。一次，释迦牟尼佛问弟子："一滴水放到什么里面才不容易干？"正确的回答就是放到大海里面不容易干，同样是水，水也要水来涵养。同样的道理，德也要德来涵养。谦并不是我们嘴上说的那么简单，它的学问是很深的。所以说，"有终"是"君子谦"的标准。

2. 天道下济而光明

因为"天道下"，所以才与地、与万物相济，所以大地和万物才能得到光明。天的光明放射出去，有谁来与你"和其光"呢？如果放射出去的是空荡荡的，什么都没有，那就没有与之相济的。所以天道下济，是普照大地，将光辉遍洒人间。

3. 地道卑而上行

"卑高以陈"，这里的卑是指低下。"而上行"，实际是讲阳气和阴气的运行往来。比喻人，则为"卑高以陈，贵贱位焉"，天为尊，地为卑，以尊卑分出贵贱的位置。这个卑也是天的卑，是天将身躬下来，屈身下来，这样的一种谦卑，而不是它本来就卑下，本来就低下。"尊"就像我们练书法时写"尊"字，写得稍向前倾一点，那这个"尊"字就美观，如果将"尊"字写得仰一点，那么这个"尊"字绝对不会登上大雅之堂。这也是书法给我们的信息。

那么"地道"呢？地道本身卑下，但它要求上进，要求上进也是一种谦，因为谦是不自满、不自足的，自认为低下，自己不如人，所以积极上进，这样也是一种谦。不像有些人明知自己不行，却认为自己很行，不愿去学，不愿以人为师，这样当然与谦就没沾上边了。所以尊者有尊者的谦，卑者有卑者的谦。

4. 天道亏盈而益谦，地道变盈而流谦

这里讲了天道、地道、人道、鬼神道，都是用来讲这个谦的，把这个谦的意思横向展开，而且展开得很透彻。天道，我们以月亮为例，到月中它就满了，满了以后就会亏。亏和满，周而复始，益谦是一种增益，亏了才会去增益。"地道变盈而流谦"，变盈指高岸为谷，升谷为陵。两边有高岸的话，中间就为低谷，

也就是不见高山，不现平地，有了高岸就现出低谷。升谷为陵，陵为丘陵，有低就显出高，高低对应，在流转中显示出各自的"谦"。

5. 鬼神害盈而福谦

这里的鬼神是一种比喻，并不真指鬼神，实际是讲为什么"害"？害就是害怕盈满，就是说在盈满的情况下，往往就生害。那什么时候是福呢？要真正得福，那就得谦了，要用谦来调节，用廉洁来调节。有人说，天下没有不亏的蛋，蛋里的空隙是为了储存空气，以利胚胎发育成长。

6. 人道恶盈而好谦

该句是指盈满了容易生恶。古人一再告诫："居安思危""满招损，谦受益"。天道、地道、鬼神道、人道，都要用谦来平衡。平衡贵贱，平衡盈亏，平衡善恶，不然怎么叫道呢？这个大道怎能畅通呢？

7. 谦，尊而光，卑而不可逾，君子之终也

这里解释了"终"字。这个"谦"无论是尊者也好，是卑者也好，都能用上。尊有尊者的谦，卑有卑者的谦。尊者因为谦，头上便有了光环，便有了智慧之光，并不会因为谦就低下了，反而越是尊者，越有学问的人，越是谦虚；越谦虚，就越会得到尊重。而卑者也正因为谦，别人也无法去超越他，这就是事物的矛盾转化。为什么呢？卑不是很低吗？谁不能超过呢？按常理来说，应该是卑者不能超过别人，为什么是别人不能超过他呢？因为卑者不自满，始终与时偕行，所以他什么都能逾越，而他人却很难逾越他。这就是"君子之终"。

8. 地中有山，谦。君子以裒多益寡，称物平施

"君子以裒多益寡，称物平施。"这"裒"是指减少，或是取的意思。这又是刚讲的那种平衡。盈了就减少一点，取一点；这里"寡"就是少了，就给其补一点，"益"就是补益。这实际就是讲平衡。

"称物平施"，这个"称"是一种权衡术。《汉书》："权者，铢、两、斤、均、石也。所以，'称物平施'，知轻重也。"这就是物有轻重，用秤来平衡，也就是多者取之，少者补之。这个轻重用到"谦"上也很明显，一个人只要谦虚，就显得稳重；如果连谦虚都不知，那这种人就很浅薄、很轻浮。所以讲谦虚的美德是有质量的，它的密度是很大的。一个人只要谦虚，哪怕只一点点，都会比那

浅薄之人显得沉稳、持重，也显得厚道。

四、爻辞

> 初六，谦谦君子，用涉大川，吉。
> 《象》曰：谦谦君子，卑以自牧也。

1. 谦谦君子

"谦谦君子"，有人解释谦谦，为谦而又谦。我认为这个似乎有点不妥，谦而又谦没有边了，谦之一过便是骄傲。所以我认为谦谦有两层意思。卦象分内卦与外卦，应该说有内谦与外谦，就是我刚才总结的那两句话，内谦有山的静止和幽深，外谦有地的柔顺与谦和。幽深是指学问幽深、渊博，有真才实学。那么外有地的柔顺与和顺。柔顺就是可方可圆，看其外表还是难得的糊涂，但有承当，讲原则，能忍辱，忍辱也就是承载，没有承载能忍吗？敢担责任也是一种承载；在逆境中不畏缩，不沮丧，也是一种承载；艰难，困苦，荣辱，都能承载。所以我认为，"谦谦"两个字就有一个内谦与外谦的双重意思。我认为初六开始讲谦谦不是那么肤浅的谦之又谦。

2. 谦谦君子，卑以自牧也

《牧牛图》就讲述了这个道理。它描述了一个山童去放牛，实际上，禅宗《牧牛图》中的牧牛指的是自牧，是自己将自己照看好，是为了让自己的那种野性慢慢地收敛，使自己不去侵害禾苗，到最后连穿牛鼻子的绳子也不用要了，都很自然了，何时回家，何时出来放牧都是很自然的了，这就是"自牧"。只有"自牧"的人才能称为"谦谦君子"，也才能成为"谦谦君子"。

> 六二，鸣谦，贞吉。
> 《象》曰：鸣谦贞吉，中心得也。

1. 鸣谦

六二，阴居阴位，在下经卦中位，中正。

"鸣谦"的"鸣",在不同的地方,其意义也不一样。这个鸣,与沉默是相反的、对应的,鸣就是张扬。谦虚,给人们印象好像什么事都不去宣扬自己,不去张扬。这里为什么要宣扬自己呢?还要去张扬一番吗?这个"鸣",我的理解与后面的鸣不同,这个"鸣"是明白的明、透明的明。为什么呢?因为《象传》里讲到"鸣谦贞吉,中心得也"。

2. 中心得也

一个人真正的谦虚,就一定有透明度,这个透明就是智慧之光,很明智,人家一看这个人非常坦然,光明正大,这才是真正的谦虚,不然就不叫谦虚,而是伪君子。我认为应这样去理解,即使这个人有时宣扬自己,也看不出张扬,而是自然的,所以他有透明度,人家一看,就清清楚楚。而有的人你是看不透他的,那你会认为他是真谦虚吗?你知道他的目的是什么?如果他用谦虚作为一种手段,别人很难看清。所以这些人没有透明度,这不是真谦虚,没有透明度的"谦"不是德,而是一种谋略,甚至是一种伎俩。所以区别就在这个地方,为什么谦虚要有透明度?区别就在此。你若"鸣谦",你的谦虚就是德,如果这个谦没有透明度,人家看不清、看不透,即使表面是一种谦虚,实际上这种谦虚只是一种谋略、一种手段而已,只是玩一种花招而已,不是发自内心的,不是本性使然。这是我对鸣谦的理解。

> 九三,劳谦,君子有终,吉。
> 《象》曰:劳谦君子,万民服也。

1. 劳谦

九三是本卦中唯一的阳爻,处于下经卦的最上位。

前面讲到大有卦中有一"艰贞"的"艰",如果理解为"艰难"的艰好像是指农民流汗、非常辛苦,是"日出而作,日落而息"的辛苦;但另外一种艰苦是他怎样去观天时、守农事,这个艰苦也是一种"劳"。所以这里讲"劳谦"的"劳",不仅仅是一种辛劳,实际上有几层意思:第一层是表面的辛劳。一个人如果不勤勤恳恳、不敬业,没有自强不息的精神,当然也谈不上什么谦虚。因为勤劳、敬业、自强不息,都是君子谦虚最基本的素养,这是基本的东西,天道酬勤,惰者可是得不到"酬"的;第二层意思是"功劳"。谦虚要有资本,没有资本谈什么谦虚,那就不是虚心了,而是心虚,正如没有高山,哪里来的平地?没有功劳,那里来的谦虚?必须有功劳,有功绩,有业绩,有成果,当然更要有德。这个高山的光辉,真正的分量实际上还是德,以功业为用,以道德为体。如果想济贫,没有物质为基础,是无法济贫的,就是这么一个道理。

2. 劳谦君子,万民服也

要得到万民信服,如果没有这种高山,没有这种德,别人能真的信服你吗?或仅仅只有钱,或仅仅只有功劳,但没有德,甚至居功自傲,别人也是不会信服的。所以说第一必须有功劳,必须有功绩,必须有成果,必须有真才实学。但是仅仅有这些还不行,如果没有德的话,还不能算真正的谦虚,还不能称为"有终",还不能称为君子。所以再联系到前面的那句话就是:要用德来涵养谦,要用德来养德。

> 六四,无不利,㧑谦。
> 《象》曰:无不利㧑谦,不违则也。

1. 无不利

"无不利"也就是无所不利。为什么呢?因为它要发挥这种谦虚的美德。谦虚美德,不是一种固定的摆设、不是一种商标,而是一种资源,这么好的资源要发挥它、要利用它,要在这个基础上去创新,将它当作资源运用、开发。

例如,有人到银行去贷款,这个时候他就要亮出自己的诚信,他历来讲诚信,这个时候他要发挥一下。银行通过调查,发现这个人确实很有诚信,就会马上同意贷款。这是举个简单的例子。那么谦虚这种美德,它也是一种资源,在日常生活中,也要去利用它,不仅仅是把它当作一个"德"摆在那里作展品,更多的时候是要将它当作商品。只将德作展品是不行的,这个德没起作用。什么事都要有它的体和用,它的体是一种德,但用起来就会产生一种效益,当然也是一种正用,发挥积极的作用,使它在产生社会效益的同时,也产生一定的经济效益。但不能为了获利而违背了事物的规则,要"与天地准",与事物的规则准。

2. 㧑谦

㧑,就是发挥的"挥",发挥的意思,一种可释放性的发挥。六四,阴居阴位,得正位,但太柔。

> 六五，不富，以其邻，利用侵伐，无不利。
> 《象》曰：利用侵伐，征不服也。

1. 维谦

这个爻辞中没有讲到"谦"，我把它总结为一个名字，叫"维谦"，维护的维。为什么叫维谦呢？有人认为谦虚就是表面上谦恭、不惹事，什么事都能谦让、谦忍。那这个"谦"便被贬低了、歪曲了，其谦的尊严没有得到维护。为什么还要"利用侵伐"呢？还要去侵略人家，还要去征服人家呢？这不是矛盾吗？这叫谦虚吗？碰到什么事，还争得面红耳赤，还这么坚持，这么执着，这是什么谦呢？这当然不叫谦。但是，不能仅从字面上去解释，我认为应该理解维护谦的尊严，维护自己的主权，维护自己的人格，维护自己这个谦德，不然这个谦就成了弱小可欺了。这样也不行，我们不能认为有谦德就连个人的尊严也不维护。难道因为谦虚，就叫与世无争了吗？我想与世无争也应有原则吧。所以谦虚的同时还要维护自己的尊严，有时是民众的尊严，有时是国家的尊严，有时要维护个人的尊严，当然主要还是维护谦的尊严，谦的原则性。谦不是无原则的谦，到了关键时刻是不能让的。要维护这个原则，要坚持这个原则，这也就是维谦。这里讲谦有原则性，不是弱小可欺，而是外圆而内方。谦是一种圆，但内心是堂堂正正的、有原则性、明明白白、清清楚楚、是非分明，该坚持的一定要坚持，不该让步的一定不让步，不该忍的一定不忍，该争执的一定争执。但不是为个人，不是为一己之私利。

2. 利用侵伐，征不服也

这里的"利用"与平常讲的利用有点不同，平常所讲的利用是直接的。这里是指用"侵伐"这种手段，用于与人争论，坚持原则，这个侵伐是指坚持原则。就是为了坚持原则，我该争的还是要争，该进攻时就要进攻。利是为了有利于发挥，有利于维护这个谦，为了真正涵养这个谦，所以开始就讲到利的重要性。"征"，是把握度的问题，这个征不是无原则，不是去侵犯人家，而是为了坚持原则才把握这个度。如果有两个人，一个是争强好胜的人，一个是非常谦虚的人，这两个人都是为了来"征"，都是为了坚持这么一个原则。但两个人在方法上肯定不同，争强好胜的人没有谦恭这种美德，尽管他也是坚持原则，尽管他也是好心，是对的，但他的举动会有些过火，使用的方法对方可能不服。而另一种

"征"呢，即使同样坚持了原则，同样没让步，但却使对方折服了。对方对于没有谦恭之德的人不服，对于有谦恭美德的人却能为之折服。这就是"征"的利与不利的问题，怎么运用的问题。

> 上六，鸣谦，利用行师征邑国。
> 《象》曰：鸣谦，志未得也。可用行师，征邑国也。

1. 利用行师征邑国

在古代，行师当然是用兵、出兵。邑国为他国。

上六，是阴居阴位，看起来很柔弱。这里又是"鸣谦"，为什么呢？我们要注意这种鸣谦，真正是鸣，是为了显耀自己，是"不鸣则已，一鸣惊人"的鸣。以什么来显耀自己呢？这里与前面的"扔谦"有它的因果关系，扔谦是因，鸣谦是果，前面要发挥是争取自己的事业，自己没有事业不行，"我"没有自己的空间是不行的。所以为个谦尽管是发挥自己、显耀自己、表现自己，同样还是积极的、向上的，同样是正。

我个人认为，作《易》者的用心良苦，就是洞察人心。在现实生活中，在事物发展之中，许多事都有一些无奈的地方。谦谦君子也不需要太为难了，不要搞得什么事都不能做。讲得直白一点，他也要发财，他也要生存，他也要求取自己的事业和幸福。如果一个人本来很谦虚，他追求学问，想出成果，或要争取一份可观的年薪，对这样的人，我们不能认为他是假谦虚，这与谦不谦虚没有关系。对谦虚的人不能有双重标准，也要公平。既然有条件去争取，为什么不能去争取呢？如果讲他谦虚就不能争取应得的名利，那说得通吗？那也太不公平了吧。所以作《易》者是很公平的，他知道人事之间有很多无奈的地方，希望人们不要将这个"谦"搞得太狭隘了，把它的空间压缩了，如果是这样，它的空间不就变小了吗？所以这就是"鸣谦"的意思。这里没讲咎与无咎，没讲是吉还是不吉。这里谈不上咎、不咎、吉、不吉，这些都是谈不上的事，这是人之常情，是事物发展的规律，是公平竞争，同时又是日常生活中的事。

2. 鸣谦，志未得也。可用行师，征邑国也

"志未得"，人各有志，只要是为了自己的志，实现自己的志向，完全可以采用与他人相同的手段，只要不是非法的，只要不是违背道德的，就可以公平竞争，别人可以用的手段，你也可以用。这里就是这个意思，这是公平的竞争，可

见谦也体现在竞争和生存之中。

张岱年先生是近代著名的学者,他研究《易经》后感到:《易经》里面的谦卦方方面面都讲得很周到。他主张:"为人谦慎,但不废欲。主张谦,鸣谦。"就是主张为人要谦谨,但是不能排除人欲物欲,不排除欲望,就是要去发挥,要去鸣谦,满足人们的欲望,也重视利,同时也重视益。"不富以其邻,利用侵伐",归根结底是对自己、对他人都应该有利,因而利与益都统一了。《易经》强调德,在强调德的同时,又主张利用"行师,征邑国",这是以力量显其德,力量和德在这里是分不开的,没有力就难显其德,没有德就难有足够的力。力就是成果、功劳,也就是没有成果、没有功劳,怎么能显出谦呢?

我这里送你们一份礼物,这份礼物是我从李家振先生的《菩提一叶》中得到的,李家振先生又是从赵朴初大德那里得到的,朴老在医院读到这本书,摘抄下其中一句话:

"一个真正的人对困难的回答是战斗,对于战斗的回答是胜利,对胜利的回答是谦虚。"

这张字签放在桌上,李先生探望朴老时看见了,深为惊异,感受到九十高龄的朴老竟有年轻人一般的童心和摘抄的习惯。这里,我把这句话当作一份礼物送给你们,这不是一般意义上的礼物,这份礼物经过了大德大贤之手,其中"谦虚"二字的含义是不是正好为谦卦做个结语?

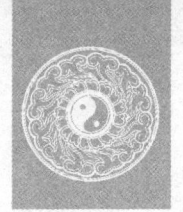

豫卦 雷出地奋的智慧

一、卦名：豫（雷地豫）

《说文》曰："豫，象之大者。"为什么用"象之大"来说明豫呢？因为象有这么一个特性，象过河涉水之前，必须先用鼻子去探一探水的深浅；要换牙齿之前，必须先找一个合适的地方，将换掉的牙齿埋在一个"神秘、圣洁"的地方，所以先要选择好位置。象知道自己老了、不行了，在这种情况下，它也要选择一个地方，甚至长途跋涉也要赶去，并且死在那里。

从上面可见"豫"是预计、预虑，就是事先预想到了，而且提前就有考虑了，所以这里同时有"忧"的意思在里面。但也有的讲是和悦的意思。

二、卦画

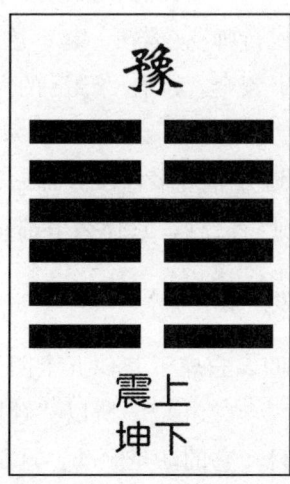

下坤上震。坤为地，为顺；震为雷，为动。这雷发于地，那景象也是非常雄壮的。雷发于地，必须先有闪电，一旦有闪电，马上就知道雷声紧接着就要来了，而且能预计到这雷声是大、是小，是炸雷、是阵雷，有一种预测性、预见性。所以豫有预虑、预备的含义，这个豫里面的意思就不多讲，我们来看卦辞。

三、卦辞

> 豫：利建侯行师。
> 《彖》曰：豫，刚应而志行，顺以动，豫。豫，顺以动，故天地如之，而况建侯行师乎？天地以顺动，故日月不过，而四时不忒。圣人以顺动，则刑罚清而民服，豫之时义大矣哉！
> 《象》曰：雷出地奋，豫。先王以作乐崇德，殷荐之上帝，以配祖考。

1. 豫：利建侯行师

豫，指预虑、预备。为什么利建侯、利行师呢？卦辞里省去了一个"利"字，是利建侯、利行师。既有利于建立自己的邦国、开创事业，又利于行师出征、出动军队。在前面好多地方都讲到过"利建侯"，但没有将"利行师"，放在一起，这就是"豫"的一个特点。别人在建侯的时候就是利建侯，这里在利建侯的同时，军队也已经整装待发，有备无患，以防外来侵略。这里就是将什么事都预见到了。所以就有"利建侯行师"，放在一起，这就是"豫"的生动写照。

如一个人有十万元的投资资金，没有"豫"的人会全部投资进去，豫者则留有一定余地，作为风险资金，一时是不会动用的，万一遇到困难，也不会手忙脚乱。其他六十三卦讲建侯的地方非常多，没有哪一处讲"利建侯"时把"行师"加上去的，这就是"豫"的独特之处，它什么事都做到有备无患。

2. 刚应而志行，顺以动，豫

这里的"刚应"是指九四，它应了其他五个阴爻。志行，豫的人也有志向，也要开创事业，它有五个阴爻与之相应，所以"顺以动"，它是以顺而动的，动而和顺，有和顺之象。不盲目，它的动是顺动，这是豫的特点。这个顺是按规矩顺的，按规则办事的，这就是"顺以动"的意思。

3. 豫，顺以动，故天地如之，而况建侯行师乎？

天地都是这样，这里实际上又是劝说豫者一句，天地是如此，就是这个样子，何必要那样多虑呢？

4. 天地以顺动，故日月不过，而四时不忒

天地是以顺动的，就是说，要遵循规则，但不要太过于动。就是前面讲："而况建侯行师乎。"从前卦中我们可以看出，每讲到顺利时，都要补充一句——不要太过，要人们保持中庸、中正。"故日月不过，而四时不忒"，这个地方就告诫你应该预虑，有预虑是好事，顺动是好事，但不要老是沉迷在预虑之中，如果思维固守在预虑之中，行为老是在有利无利间思考，而没有行动，就无法突破它，无法走出这个思维圈子。那么，全句是讲"日月不过，而四时不忒"，又应该怎样理解呢？"忒"，是指差错。日月运行和四季更替的规律不会有差错。

5. 圣人以顺动，则刑罚清而民服，豫之时义大矣哉

"圣人以顺动"就不同了，他能把握住，即使动用刑罚，也能使人心服口服。说明他不只用一种手腕，他不仅在预虑，而是恩威并用，见机行事，顺应不同的事和人，所以说："豫之时义大矣哉！"其中的意义太大了、太宽泛了，说明不要局限在某一时空里面，就是这个意思。

6. 雷出地奋，豫

这不是针对那些做小事的人说的，是针对办大事的人说的。对做小事的人来讲没意义，因为前面讲了谦，谦是君子之大德，这里又讲豫，豫是"象之大也"，仅仅是讲一些小事，就失去了意义。豫的意义这么宽广、这么大，就是要办大事，有大志向。这种"大"是以天下为大，以众人的事为大。在象辞里也讲到"志"了，而且不断地用天地、日月来比喻，所以可以看出，"豫"不是针对个人小事来说的，是对大事而讲的。"雷出地奋，豫"嘛！那为什么这里讲到豫呢？实际上是用"雷出地奋"来比喻豫，这里又解释一次，这个解释是进一步强调这个豫不是讲小豫，而是讲大豫。当然大道理明白了，那小道理就更明了了。你办大事能这样做，那你办小事，即使没有预见到有过失，也没有问题。陈景润走路时，碰到大树，立即说声"对不起"，这事他没有预虑。赴宴时，一脚穿着

袜子，另一只脚却是赤脚，这也是没有预虑。这个没有问题，无伤大雅呀，没有伤德呀。所以讲君子不拘小节，就是说，一个君子，是办大事的，对于那些小事、小问题，很少去预虑，也就是在小事、小节上，不要事事顾虑重重，这样就能办成大事。

7. 先王以作乐崇德，殷荐之上帝，以配祖考

这里的比喻就更大了，祭先帝，祭祖考。祖考是指祖宗，考是指父，妣是指母。像这样的大事，古代是以作乐来崇尚德的，这种德行能配上音乐，用来赞颂，就是大事，所以这里再次比喻，反复解释，强调为什么要重视大事，对大事要预虑。

四、爻辞

> 初六，鸣豫，凶。
> 《象》曰：初六鸣豫，志穷凶也。

1. 鸣豫，凶

初六，阴居阳位，不正。

如果占到这一卦这一爻，一看到"凶"字就害怕，认为不吉利。其实大可不必。《易经》里面空间很大，有弹性，它并不像项目管理PMP那样，一就是一，一加一等于二就等于二。我们不能将《易》看作是一加一等于二，因为一加一有时不一定等于二。这里虽然讲到凶，但不一定是凶，讲到元吉也不一定就是元吉，关键看你怎么做，你是看结果还是看过程，你所选择和实践的过程顺应了事物发展，那么凶也就自然化解了。

"鸣豫"是什么意思呢？举个简单的例子，如敌我双方作战，你预见到敌人下一步的行动，就事先张扬出去，唯恐别人不知道，那不会有凶吗？肯定有凶。《三国演义》中的那个杨修不是很聪明吗？曹操发一道命令，说以鸡肋为令。其他将领遵命休息，而杨修预测到"鸡肋为令"，马上就要飞，整个军营都不睡觉，做好随时拔营的准备。可他没想到，他的行为违反了军令，最后招致凶而被斩首，这就是鸣豫。鸣豫是讲即使有预虑，预测到了，也不要张扬，凡是有预虑的

时候，还是打一点埋伏为好。这里还强调了一个问题，就是不要空谈。有的人预见到什么事就夸夸其谈，显示自己预见到了什么事，要怎样怎样，但又不去做，你既已预虑到了，你就要去"行师"呀。既然预见"利建侯"，又"利行师"，就应该踏踏实实地去实行。再往下看。

2. 初六鸣豫，志穷凶也

"志穷"，为什么叫志穷呢？就是讲，这种人没有志。为什么叫没有志呢？因为他老是空谈，刚预料到了，就马上嚷出来，唯恐天下人不知道，像杨修那样，好像怕人家不知道他聪明似的，马上就要显示出来，然后就会招凶事来临。

可以看出《易经》中这一卦，前一卦将谦横向展开，是什么谦，是哪一种谦，都展开了；这个豫又有各种各样的豫，占卜的时候，必须知道选择，碰到什么情况就知道怎么做，这样就有选择的余地。并不是占到这一卦就定型了，就认定是凶，其实好不好还在于你自己怎么去做、怎么去实践，看你选择的是哪一种过程。吉与凶在各人的动机和行为中，而不在卦辞上，不在字面上。卦、爻辞只是一种引导、点破一二，而且是点到为止，其余的还要靠各人自己去悟，看你选择的过程。

> 六二，介于石，不终日，贞吉。
> 《象》曰：不终日，贞吉，以中正也。

1. 介于石

介是刻画，古代文字中不但有甲骨文、金文，还有石文。石文就是刻在石碑上的文字。宋代女词人李清照的丈夫喜好收藏研究金石文。古代人对有纪念性的建筑、人物或事件，著文刻碑，以示纪念。有的碑文甚至刻了某年、某月、某日会出现什么。这就说明几百年以前就有预测了，而且一点都不假，连什么时候都预测到了。"介于石"就是指这一种碑刻，当然这又是一种比喻，它比喻一种静止，因为石是静止的。山中有磐石，地上也有磐石，石头是静的，比山还要静，这正好与"鸣豫"相对应。这就告诉人们，预计到了要表现出沉稳，像没事一样，虽然预计到了不好的结果，但他却很乐观，看不出与平时有什么不同之处。当预计到有很好的前景的时候，他也依然如初，或是他提前发现问题，却没有表现出来，或是胸有成竹时，也不喜形于色，像刻在石碑上的文字那样，铭刻在心里。

2. 不终日，贞吉

该句是说，早上该干的事，绝对不要等到晚上去干。这就是正固，就会吉祥。为什么吉？这与前面那个鸣豫有几点相反：一是前者一旦预虑到结果就要显于外，表现于言辞之中，张扬出去；这里他像磐石一样稳重、沉默，别人无从知道。其二，前者老是在空谈，不付诸实施；而这里是该早上做的事绝不等到晚上去做，就是这么踏踏实实，该做什么事，有条不紊地做。所以前者凶，后者吉，就是这样两个对应。如果只看结果，占到六二自然很高兴，这是吉呀，多好啊！但一看到吉就到处去张扬，却又会导致凶。当占到初六的时候一看是凶，心里很害怕，也不敢吭声，心想还是默默地去做吧！很惶恐，谨小慎微，结果出乎意料，却是吉。

所以，《易经》里所讲的吉凶，不在结果，而主要还是看过程，重点是过程。占卜时不要只注重结果，只看吉凶，还是要看你是怎么做的，怎么去选择过程。

3. 不终日，贞吉，以中正也

因为六二中正，所以得吉。六是阴爻，二是阴位，是阴爻居阴位，爻得正，二又正好是下经卦的中位，这一爻是又中又正，所以它贞吉。这"贞吉"是从哪里来的呢？它不是从天上掉下来的，也非作《易》的人送给你的，而是你自己在实践过程中，自己去创造的，不能依赖别人，而要靠你自己。你的做事方法正确，就会吉祥，必须做到"中正"，做什么事掌握一个规律，那样才能出现好的结果。

六三，盱豫，悔。迟有悔。

《象》曰：盱豫有悔，位不当也。

---

1. 盱豫

六三，阴居阳位，一般来说，不是太好。柔居在这个位置上，这个环境中显出阳刚之象，很张扬，而这阴爻却很柔，很难发挥出来。

2. 悔

"盱"，是张目，把眼睛瞪得大大的，看事物看得很认真，瞪大眼睛看过程、看结果。但是，眼睛瞪得太大，看得太细致、太认真了。这里的盱是夸张的表述，本来预虑是正常的，但是过虑又不对了。为什么？因为机会过去了，机不可失，时不再来，这就是悔的原因。

3. 迟有悔

这里的悔又有所不同，前面的悔是太过虑，是后悔已做过的事，因为机会过去了，你却没感觉到。这里也要看前面的"不终日"，既然预计到了，就必须马上行动，不立即去做而是整天沉迷于思虑之中，机会就失去了。其实什么事都在把握之中，所以《易经》始终在教你把握平衡，把握时机。大家看了这么多篇文章，应能感觉到《易经》时时都在教你在微妙之中把握。前面的"悔"，是后悔已经失去机会，后面一个"悔"，是后悔莫及，不但行动迟了，而且后悔也迟了。但这一爻毕竟是居阳位，是明白人，所以有悔改之意，能接受教训。所以这种人想办大事必须要明智。但两个"悔"负负得正，最后还是归于"有悔"，有悔改之意，吸取教训了，所以我们不能误解它的真正含义。这里为什么用两个悔？不但前后两个悔的意思有区别，关键是后一个悔是给豫的一种赞同，一种认可。这种人毕竟还是明智的，因为豫的本身是不错的，只是你的预虑过了一点，但大的方向不错，比那些没有预虑、稀里糊涂的人要强得多。所以对后面的那个悔我们要正确地认识。

4. 盱豫有悔，位不当也

"位不当"，是指所处的那个位，包括了时间与空间。当时所处的环境，所处的时空，没有把握住。但是经过了这次教训之后，再碰到这种情况，就不会再犯这种错误了，就能把握了。所以指出位不当，不能完全怪你。这里将你主观上的缺点指了出来，当然这也是主要的。不过这里又指出客观上的外部条件，就是你所处的那个环境，也还有一些影响。这就给这个豫减轻了一点责任。

所以《易经》中的有些字是切中要害的，你只要把握住了，就能找到善《易》的钥匙。六三是"位不当"，它处的位置不中不正，如果仅仅从卦面上讲一讲，就搞不清楚了、迷糊了，不知在实践中怎么去把握。这里必须讲清楚这个"位不当"是指时空，是当时的环境、气氛等，同时为这个假设预虑的人减轻一点责任，从客观上讲了一些原因。这是合理、公正的。

> 九四，由豫，大有得，勿疑。朋盍簪。
> 《象》曰：由豫，大有得，志大行也。

1. 由豫

九四是这一卦的主爻，阳居阴位，阳居阴位一般比阴居阳位好。阳是指阳刚，虽在阴位，条件虽差一点，但这种人能有所发挥，一般来讲，阳刚对环境的适应性比较强。

"由"是指经过，指预虑和实现这个经过。预虑到后来的一些事、一些步骤，就看你是通过哪些信息来分析、判断的。"由豫"就是强调不要盲从，要有科学性，这个预虑并不是凭个人瞎猜、瞎蒙得出。凡是办大事的人，预虑都是比较科学的。

2. 大有得，勿疑

不要怀疑这种预虑，它有一定的科学性，是有理由的。"大有得"，这"得"是从何处而得呢？是通过自己的艰辛、细致、科学地分析，研究，推理而得的，所以就不要怀疑。

为什么叫"大有得"呢？大有卦九四爻辞曰："匪其彭，无咎。"请回顾一下那种浩浩荡荡、大车以载的场面，就能推测到此处"大有"之得的含义了。

3. 朋盍簪

"朋"当然是志同道合的朋友，甚至于一个群体了，"盍"通"合"，也就是大家都集合起来，团结起来。簪是指古代女人头上聚拢头发的发夹、发针之类。这个同样也是一种比喻。九四是本卦唯一的阳爻，上下都与它相应、都来会聚，像女人头上的簪饰。意思就是说，志同道合的人认同你的所作所为，没有怀疑你，大家都集合在一起，再来重新研究、再来总结。这里为什么讲盍簪？并没讲朋盍模仿？如果是那样就错了。作《易》者讲得非常好，人家的东西，是通过他们的预虑、研究和艰辛的努力得来的，你不要怀疑，这样大家都认可了，大家都来共同合作。但不要去简单地模仿，还要通过自己的分析，总结以前的教训，结合自己的实际情况，再去借鉴。

我认为《易经》太神奇了、太先进了，仅几个字就将后人学习的行为描述出来了，同时又告诫我们不要去模仿，要结合自己的实际情况、不要盲从。就这几个字就点到位了。

4. 由豫，大有得，志大行也

"志大行"指两方面：志是指预虑者的志，就是因为有志，他才那么艰辛地去研究、去分析、去预虑。同时，这个志也是天的意志，也是大自然的意志，也是事物发展的规律。对他人的研究不要随便怀疑，也不要盲目模仿，只有经过自己的分析、研究，才可以大行其道。有了自己的观点和成果（志）后才可以行使。

六五，贞疾，恒不死。

《象》曰：六五贞疾，乘刚也。恒不死，中未亡也。

---

1. 贞疾

六五，阴居阳位，所以它不是这一卦的主爻。"贞"，是正固；"疾"，是指快速。正固是指预虑的事是正固的、是对的，无须怀疑的。但是如果你预虑到了，就应该快速去推行。"恒"，是恒久，我怀疑这里少了一个"贞"字。不疾，是指不要盲目快速发展，只有这样才能做到永久，而不会消失或衰退。

2. 恒不死

这里的"死"，不是生死，《易经》本身只讲往来、讲损益、讲消长，从不讲生死。这是一个很怪的东西，《易》认为事物是周而复始的、没有生灭，这里讲的不是生死的"死"，我们要搞清楚。《易经》里面有好多词并非它的原义，是用引申义，有的又是用它的原义。恒，即"易"有"不易"的规律性。

3. 乘刚也。恒不死，中未亡也

刚也有一种急速的因素，阳刚之人办事就有一点急躁。"恒不死，中未亡也。"六五逢中位，在这一爻辞中，有好多人将它当作疾病来解释，那就与这个"豫"离题了。仅仅讲生死、讲疾病，那是错误的理解，而是指"豫"的这件大事，是指过程，指在这个过程中不要急速、不要急躁，否则就会欲速则不达。这里还要强调"恒"，要经得住时间与历史的考验，经得起实践的考验。当然这只是我个人的理解，只是给大家一个参考。对此，我们可以进行讨论。这里"死"绝不是指生死的死，"疾"也不会是讲疾病的。因为《易经》是从不讲生死的，只讲往与来、消与长、损与益。另一个"乘刚也"，也与疾病毫无联系，而且疾与恒也是时间上的联系，一个快速，与时间赛跑；一个是永恒，让时间停留住。所以我认为应是不疾。

> 上六，冥豫，成有渝。无咎。
> 《象》曰：冥豫在上，何可长也？

1. 冥豫

"冥"，是昏暗。"冥豫"是豫而迷，迷而不知返。因为他预料到了，所以就沉迷了。如现在有的人预见到地球要爆炸，一天到晚提心吊胆、闷闷不乐、杞人忧天。当然这是一种错误的预料，是不科学的。所以不要沉迷于有些"预"中。

2. 成有渝

"成"，是成功；"渝"，是指变化。这就是讲，成功了又会有变化。这是教你辩证地看待事物的发展，不要害怕，即使你预虑到这件事有不好的结果，也不必要消沉，不必过多地顾虑。要怎么看呢？任何事情成功了，也会有变化的，会在新的变化中，重新组织新的事物。同时事物在变化中有好的一面，也有坏的一面；有利的一面，也有弊的一面，这才叫变化，就看你怎么样去扬长避短、趋利避害了。

3. 无咎

这里为什么讲无咎呢？这是一种鼓励，先承认一个底线，"豫"本来是好事，是办大事的迹象，正因为是办大事的迹象，所以就会有这样的反复。这里很微妙地告诫我们，微妙地纠偏。那为什么纠偏呢？因为凡事小的偏都会引出大的偏，所以这里告诉我们，在办大事的时候，也不能忽视小的过错、小问题，一旦潜伏、发展下去就会酿成大的错误，那样会影响大事的成功。

这里的"冥"与开始讲的"鸣"是对应的。前面的"鸣"是不对的，这里的"冥"也是不对的，不过这个"冥"比"鸣"还好一点，冥是无咎的，而鸣是凶，冥豫只不过是过了一点。那么给你一个底牌吧，只要掌握了事物的发展规律，就没有问题。当然这是对冥豫者说的，对一般的人是说不通的，与那种鸣豫的人是说不通的，他是不会看大事的发展规律的，他只看眼前，所以对他就不说无咎；对冥豫的人要说，他还是君子，他只不过是过了一点，过分沉迷了一点，过分地杞人忧天了，所以只要将道理与他讲清楚，他明白了事物的发展规律，他绝对是无咎的，甚至于还会得到大吉。

4. 冥豫在上，何可长也？

"冥豫在上"是指上爻了，实际上这里有所指，这个上是指上进者，冥豫就是因为他是求上进的。何可长也？就是说冥不会太长了、不会沉迷太久了，只要将道理说明，还是会上进、会突破这层迷雾的，冥是不会长久的，也不会沉迷太久的。

这里讲到"豫"，对豫卦我们先要掌握大象。"象之大也"，正因为是讲大事，所以更不能忽略小的方面，如果小的方面忽略了，那结果就会差之毫厘，失之千里。

随卦 泽中有雷的智慧

一、卦名：随（泽雷随）

随，随从。如果组词，还有随意、随便、随心所欲等。

二、卦画

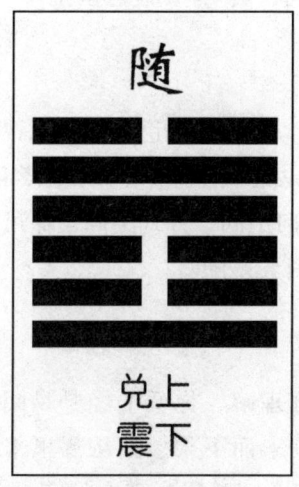

从卦画看，随卦是震下兑上。下经卦震表示动，上经卦兑表示悦。所以说，内卦为动，外卦为悦，随动随悦，也就是说外表是和悦的、乐观的，但内心老是在动。悦和动，都有随的意思。随，有双层意思，特别是从卦辞里能看出来：一是随时，不仅仅讲到时间而且还讲到了空间；二是随缘，跟着缘分（条件）走。

三、卦辞

> 随：元亨，利贞，无咎。
> 《彖》曰：随，刚来而下柔，动而说（悦），随。大亨贞，无咎，而天下随时，随时之义大矣哉！
> 《象》曰：泽中有雷，随。君子以向晦入宴息。

1. 元亨，利贞

这里不需要多解释，元亨和元吉，从一开始就是亨通的。

这一卦，"元、亨、利、贞"都具备，但要区别开来，在六十四卦里面具备四德的卦并不多，即使像坤卦具备四德，也有条件限制，与乾卦的四德有所区别。乾卦的"元、亨、利、贞"四德是大的四德，是天的四德。那么，其他的几卦虽具备这四德，都不是大四德，都是各有区别、条件，多少有一些局限性。当然能具备"元、亨、利、贞"这四德，也是难能可贵的。本卦的四德为"元亨，利贞"，而不是"元、亨、利、贞"，要注意区别。

2. 无咎

为什么要讲到无咎？具备四德无须讲有咎、无咎。说明这四德还是有条件的。既讲无咎也就有咎，这就是说随，看你随什么，怎么随，离不开"随"字。尽管有四德，但随的对象不同、方向不同、方式不同，那可能就有咎。既然你具备四德，那么"随"就是一种大随，首先是随时。

3. 刚来而下柔

"下柔"，可能有些不好理解。你看上经卦是阴卦，阴就是柔，那怎么是下柔？是不是反了？不是。刚来而下柔，刚从哪里来的？本身从否卦来的，由否卦变来的。否卦上面不是三个阳爻吗？现在将它最上面一阳爻换下来，刚来了。"下柔"，实际上是说将下面一个阴爻换上去了，刚来而与下柔互动。这么一换不就正好是随卦嘛。是不是由否卦变过来的？

4. 大亨贞

为什么是大亨？因为随时之义大矣。义是指大的规则。如一年有四季，月有盈亏，日有昼夜，年有二十四节气，这些是不是随时？

这里不仅仅是讲时间，还讲动态的时。为什么？一年四季是变化的，昼夜也是变化的，但这个变化有一定的规则，年年如此、岁岁如此，四季更迭。所以说，这是一个很大的规律。特别是昼夜，昼夜是不会变的，太阳是朝起暮落，人们的劳作是"日出而作，日没而息"。这就是说要跟着时间走，农民春种、夏长、秋收、冬藏，不也是随时吗？国家制定的大政方针，不也要随时吗？你看，现在做大事少得了天气预报吗？所以，要随时。

只要能随时，就能"大亨贞"。这个随时，意思是说顺从，顺从了自然变化的规律，这是关键；顺从社会发展的规律。人生也有规律，只要不违背规律，就能大亨。这一卦只要将这个意思抓住就行了。随天、随和、随从、随时，就看你怎么随。

朱熹就提出了这样的问题：己随物，还是物随己？意思是说，是你自己去随万物而走？还是让万物来随你来走？现在社会发展的变化很大，你既要随着时代的变化，又要守住自己的底线。随，要有原则性，要有自己的立场，也就是要随自然发展的变化规律而行。

5. 君子以向晦入宴息

"晦"，指晦暗、黑夜。"宴"，指安寝。向晦是说，到了晚上，大家要休息的意思。君子以向晦，就是君子到了晚上就要休息。你们看这句话是不是一句笑话，看出来没有？这似乎给人以一种莫名其妙的感觉。

到了晚上就休息，注意前面还加了一个君子。难道君子到了晚上就休息，小人就不休息了？小人是白天休息吗？还是只有君子到晚上休息，小人就不能休息？为什么前面加一个君子，你们明白吗？

这个君子是称"随时"者为君子。你随时，随从天意，随从天道，随从自然发展的规律，你就是君子。这里讲的道理很大，一下提得很高，提到天道、天地运行的规律。月亮随地球转，地球随太阳转，太阳随着银河系转，讲这么一个大道理。还是用例子来说明吧。到了晚上就休息，这事太平常了吧，太小的一件事了吧。前面讲到看农时，拔一根茅草看看它的根是不是萌动了，就知道春天有没有到来，这也是很小、很平凡的一件事。这就是说，用非常小的事展现大道理。为什么？因为天地大道都在平易之中。

这句话，看起来像句笑话。我看到这一句时，有些人忍俊不禁。君子到晚上睡觉，小人到晚上不睡觉？哎呀，我晚上一定要睡觉，不然我成小人了，那不得了了。这句很有意思。

禅宗里有一则公案,有弟子问禅师:"什么是佛法?"师答:"吃喝拉睡。"佛法就是自然法,吃喝拉睡就是自然法则,万物都离不开。所以说,禅与《易经》不二,都在吃喝拉睡的平易之中。

四、爻辞

> 初九,官有渝,贞吉,出门交。有功。
> 《象》曰:官有渝,从正吉也。出门交有功,不失也。

1. 官

"官",不是指当官的"官",这个"官"字,你们看,它上面有一个"宀"头,凡是有"宀"的字,都指屋顶。教室的"室",宫殿的"宫",都有"宀"。古时官吏的住所叫宫,这个"官"字就是从这里来的。

古时做官的人不叫做官,他们的住所都差不多,都有一个统一的名字,叫"宫"。只有做官的人才能住这种房子。这里指它的本义——宫。后来,宫又演变为官。

2. 贞吉

你站哪边?这句话没说,就只讲贞吉。贞吉,是说你必须看清哪一方是正义的,怎样才能避凶趋吉,千万不可站错队。就讲这一面,另一面你自己去推测吧。那就是说,宫廷里闹事变的话,你要分清楚正义一方与邪恶一方,此时随谁的问题是关系到身家性命的问题,看你能不能坚持原则。

3. 渝

"渝",是指变化。这个变化不是一般的变化,是指变动、动乱、事变。这就是说,这不仅仅指官,而且包括宫和庭,宫廷里面发生了事变。一旦发生事变,就有两派之争,一旦出现了这种问题你站哪边?

4. 出门交有功

接着,又讲"出门交有功"。这个门与官(宫)相对应了,"官"指内部,出了门,指外面。你在这个时候分不清,没问题,这里不是叫你出征打仗。有的书上是说叫你出征,就能立功,不是这个意思,而是回避,跳出这个是非圈子,不陷进去。这样,相反还有功劳。

5. 交有功

功劳是指什么?交,指机会。这就是说,只要你没有陷进去,没有参与,多数情况下,你还会立功。为什么?正好双方都要利用你,你就好选择了,这就是机会。当然,这个"交"也要把握好,否则就成了"首鼠两端"了。

6. 不失也

所以《象传》中说:"官有渝,从正吉也。出门交有功,不失也。""从正吉",就是讲站在正义的一方。"不失也","失"是失去什么?不失去机会,也不会失去你原有的位置。

所以,随,要会随。初爻就讲了这么一件事。

六二,系小子,失丈夫。
《象》曰:系小子,弗兼与也。

---

1. 丈夫

"丈夫",要解释清楚。什么叫丈夫?丈夫,古代指男子已冠者。《谷梁传》里有这么一句话:"男子二十而冠,冠而列丈夫。"这就是说,男子到二十的时候,就给他戴上特有的帽子,表明他已是成年男子了。与现在讲的丈夫有点区别,这里是指成年的男子。

2. 小子

六二,主要是讲以柔随人。虽中正,但爻柔,位也柔,柔顺的性格居于柔顺的环境,所以叫系。系小子,系,指系念;"小子",一般指未成年的男子。小子你这颗心实际上还是系念在孩提时候,还是那种无忧无虑、活泼天真的心理,还不成熟,还不知天高地厚。

为什么这么说?意思是你失去了做丈夫应尽的责任,没有承担和能耐。你还是系念在过去的那种孩提时代,那么,现在你该做正事,该办大事的时候,未有成熟的心智。

3. 弗兼与也

小子、丈夫二者是不可兼得的。既想像孩提时那样玩耍，又想做大人、做大事，是做不了的，二者只能择其一。这里面说明了什么道理？说明随的问题。这个随，不是一般的随了，是随时。你已经长大了，已经是成年人了，如果还把自己当小孩，就不是随时了，也不是随事了，而是随心所欲了。这是说人的成长问题。

另外，这里还讲了一点，抓了芝麻，丢了西瓜，因小失大。但真正的意思，还是要扣住《象传》里的"随时"。

> 六三，系丈夫，失小子，随有求得。利居贞。
> 《象》曰：系丈夫，志舍下也。

1. 系丈夫，失小子，随有求得

这里，马上又回过头来说另一个问题，"系丈夫，失小子"。为什么？有一个特点，是从卦象上说的。有的书上是这么解释："系丈夫，是与九四系，与六二疏远了。"当然，从表面上、从卦象上是这么说的。那么，从事理上该怎么说？这就是说，你的心现在系在哪儿？系在成年人的事业上，还是系在孩提时的玩心上？心系在成年人的事业心上，你就失去了"小子"，以前的孩子气就没有了，那么，也就随有所得。这时候，求就有所得了，也就是说，这时候，你办事就能成功了。

2. 利居贞

"居"字，就是说你现在能安守本分做一件事，或求学、或办一件事，无论做什么事，你都能安心在那一件事上。居就是安心，居与动是相应的。

3. 志舍下也

《系辞传上》讲："君子居则观其象而玩其辞，动则观其变而玩其占。"就是说，居与动是相应的。将居和动这么一对应就可以看出居就是静的意思，也就是说，你能够兢兢业业地做一件事，能专心于一件事，能够守住你自己的本职工作。那么，其他的东西都能放下了，都能舍去了。因为你已有自己的志向了，你要随志了。

> 九四，随有获，贞凶。有孚在道，以明，何咎？
> 《象》曰：随有获，其义凶也。有孚在道，明功也。

1. 随有获，贞凶

"获"，指获得。为什么获得还讲贞和凶？贞是正，为什么还凶？要把它们串起来说。随谁？虽然随的是正义一方，但你所获得的是不该你获得的，所以会招来危险。《象传》中说："随有获，其义凶也。"原来"凶"的原因在"义"字上。义者，规则也。说明这种"有获"违背了某种规则。

2. 有孚在道，以明，何咎？

"道"，是道义之门。这边随正，那边又有获，首鼠两端。"成性存存，道义之门"。诚信的诚要乘道义之门，就是通了道义之门。"以明"又何咎之有？以明，是明告，明明白白地告诉你。为什么？因为上经卦是兑卦，悦，和悦。说话，象征口，表示明告。以诚信来明白地告诉你，你有什么错误。如果这么解释，就分散了。我们回头再联系起来。是谁告诉你的？是前面的"贞"，是"孚"指出了道义之门，你不也是守住了正？为什么还有凶啊？明白地告诉你，你不该获得的得到了，你见到利时又随着利走了，就有凶。现在，你明白过来了，就无过错了。九四就是告诉你"随"的时候要注意的问题。

> 九五，孚于嘉，吉。
> 《象》曰：孚于嘉，吉，位正中也。

1. 孚于嘉

"嘉"，指嘉会。嘉会是什么？是指祭祀的时候，献上玉珮、玉器这些非常礼品，以此来表示自己的诚信，所以吉。

2. 吉

这一爻是否讲到随了呢？实际上还是讲到随了。你看，"孚于嘉"，是讲祭祀的时候，祭天，就像开始时领祭者与执事者领呼与呼应的祭词那样："元——""亨——""利——""贞——"。开头卦辞上"元亨，利贞"，这一爻是主爻，又回到这一爻上来了。这就是说，当时那种情景又出现了。原来这一爻是说"随天",所以"吉"。

3. 位正中也

随来随去,还是随了天意,还是随了四德。这个位正中要回到四德上来。如没有回到四德上来就没有根,没有方向,没有主。主是谁?"元、亨、利、贞。"

> 上六,拘系之,乃从维之,王用亨于西山。
> 《象》曰:拘系之,上穷也。

1. 拘系之

"拘",指拘捕;"系",指用绳索捆绑;"维",也是指用绳索捆绑。

这一爻的意思,从开头就讲到"拘系之"。这个系好像是绳索,特别是"维"字也是这个意思。但王用亨(享),最后,还是从困境中解脱出来了。一解脱,就成了大事。周文王为伯时就在岐山祭天,举行祭礼。这一爻说到"随"了吗?说了。是从什么?随从天道。

随,是随意,具有灵活性、多变性。然而,日久天长,随也会根深蒂固,也就是我们常说的习以为常。人们的习气、社会风气,都是在"随"中形成的,一旦形成,便很难改变它。所以本爻用了一个小小的比喻,"拘系之"。当然,当你拘系于不良习气,乃至恶习中时,也不是说你错了,因为你的心还是贞,还是正,还是随从天道的。只要你改正了,去弊从良了,便会从凶险转为吉祥,而且有大展宏图之兆。

2. 上穷也

为什么还是吉祥之兆?上穷是从爻之象,最后一爻。这里的穷,是说你的厄运已经到头了。拘系,实际上是指这种不良的风气已经到头了,再也不会随俗,随流了。穷,就是这个意思。

小结

随卦,从头到尾讲随,我们看最关键的是要随什么,随时,随事,随人,随心。六二、六三就讲到随时,成长;初九讲到随事,也就有随人;九五、上六就讲到随心,随从天道。

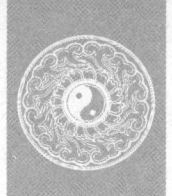

蛊卦 甲日前后的智慧

一、卦名：蛊（山风蛊）

《说文》曰："蛊，腹中蟲也。"《尔雅》曰："蠱，疑也。"《玉篇·虫部》曰："蠱，惑也。"《广雅》曰："蠱，事也。"蛊，上面一个"虫"字，下面一个"皿"字，皿是器皿，好像是一个坛子，里面放了虫子。古时有人将一百只虫子放在一个瓮里，然后封住口，埋在地下，几年之后再取出，取出之后，那瓮里的一百只虫，肯定只有一只虫生存下来。因为其他的虫在互相争斗中，被强者所吞食，最后只剩下这个强者。那么这只虫就有作用了，就可卖钱了，也就是"蛊"。

蛊是一种象征。如上面那坛子将口封住，埋进土中。但它们在里面却是进行着残酷的生死搏斗。它象征一个社会或某一种局面，在度过一个特殊阶段，这个阶段看起来无事，但实际上有事。所以这个"蛊"也是有事的意思。

我们从前面的卦来看，从泰极否来之后，就接二连三的一些比较平稳、平和的卦。如"同人"，通过"同人"的重新组合而成"大有"；取得了新的成就，开辟了新的局面，然后到"谦卦"，是不见高山，不显平地；然后又有新的豫虑了，也就是到了"豫卦"，然后又到了"随"，就是随喜、随和。为什么是随呢？因为前面太顺利了，就养成了"随"。所以一随和，就不需要那么认真，那么艰难了，即使有事也是小斋，也没有大的磨难了。到这种程度了，那就可见这个社会在好的局面中掩藏了一些弊病。这个弊病也是积起来的，这个积是经过多少时间积累起来的。后面再讲。

以前有位学生从英国回来，跟我说："英国人长期以来有种优越感，在这种优越的社会环境中都在吃老本，他们的国民已开始呼吁，已经意识到这种潜在的危机。"如一大学生离开学校，没有找到工作，但他同样有面包、有奶油吃，为什么呢？因为他们有社会福利和保险，能保证人的基本生存。所以，慢慢地将人的"风险意识、忧患意识、创新意识"消磨掉了。这样就积成了另外一种弊端，这种积累的弊端也就成为"事"，这事就是果。

二、卦画

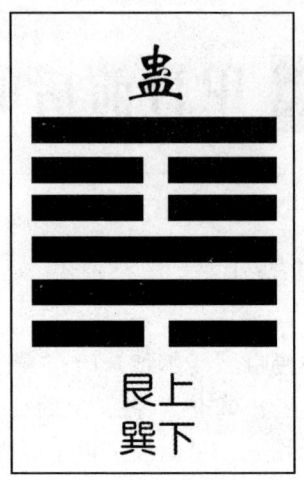

巽下艮上，上面是山，下面是风，名山风蛊。山是艮卦，是一种静止的状态；巽卦是风，风吹过来被山挡住了，这样就会回旋，就会形成一种打旋的山谷风，一打旋有人就会害怕，认为它是一股邪气。作《易》者对卦画精巧的设计，都有它的来历。卦名与卦画有机结合在一起，离开了卦名也就无法理解卦画，离开了卦画也就无法理解卦名，那卦名也是空的。所以我们必须将这二者结合起来看。

三、卦辞

> 蛊：元亨。利涉大川。先甲三日，后甲三日。
> 《彖》曰：蛊，刚上而柔下，巽而止，蛊。蛊，元亨，而天下治也。利涉大川，往有事也。先甲三日，后甲三日，终则有始，天行也。
> 《象》曰：山下有风，蛊。君子以振民育德。

1. 蛊：元亨

"蛊"的意思在前面讲了，是指有事，这里是指弊端。"元亨"，是指开始就亨通。这里有积累起来的弊端，本来是被阻塞的，为什么会通呢？这就是说"蛊"本身有双重意思。这一卦并不是讲蛊的本身，而是讲如何解决这个事。这件事已经有了弊端，已经生成乱象了，那就必须将它疏通，拨乱反正。从这点我们可以看出，在六十四卦中没有机械地讲一个东西，都是活的，讲的是一种行为。所以就是讲一个事已积弊很多年了，甚至几代人了，长期的积淀，形成了这样的积弊，表面上看很好，内部却有很多的弊端，在这种情况下马上就有人出来治理、扭转、疏导。说明这件事开头就预示着事物在朝好的方面转化，所以是元亨。这告诉我们不能静止地看这个"蛊"，而要动态地看待。

2. 利涉大川

为什么能涉大川？这就是说，这件事并不容易做到，要想拨乱反正，可积重难返哪。难就有险，有险滩。有些人想改革，有些既得利益者却不想改革，因为这对他们不利呀！当然这些人就成了阻力。另外还有些人是不理解的，他也成了阻力，因为他们不知道以后对他们会怎么样，而只看到眼前对他们不利的局面，所以不理解，而成为阻力。所以必须涉大川，要突过艰难的险滩，这样反而有利。为什么这么说呢？因为毕竟是顺乎潮流，顺乎社会发展，顺乎大众的利益，所以讲有利。另外，历史发展到这个阶段，也是非改革不可了。

就像一个人，看起来身体很棒，很少生病。但因为长期不锻炼，又不注意保养，还自认为身体很好，又抽烟又酗酒。所以在这个时候也应该给他检查一下身体，如果有病应尽早治疗。

3. 先甲三日，后甲三日

这就是具体讲到个人了，也就是说，这个事你要怎么做，从什么地方下手。这个甲是指"甲子"，甲子是从十天干开始的，十天干是甲、乙、丙、丁、戊、己、庚、辛、壬、癸，一旬正好是十天，一个月三个十天。如果将十天排列成一个圆圈，那么甲的前面就是癸、壬、辛这三天干，后甲三日就是乙、丙、丁。为什么是先甲三日，后甲三日呢？这正好是七天，即辛日、壬日、癸日、甲日、乙日、丙日、丁日。这七天正好是有利的。这并不是指我们现在人办事要看什么日子，古时还是从气象、天时的运转来看办事的时间，看哪个时间较为有利，这是农耕时代对时令节气的占卜，并非迷信。我们从这先与后就可以看出，从辛到壬、癸，前面的十天已经过去了，甲就是中了，到中以后又重新开始，这就是终与始，终就是始。

4. 蛊，刚上而柔下，巽而止，蛊

这里进一步从卦上来解释，这里讲刚柔实际就是讲阴、阳，刚上而柔下，这

个卦的上经卦为艮卦，它是阳卦，是刚；下面巽卦是阴卦，是柔。巽而止，也就是说，风吹来后被山止住了，虽止住了，但也还有止不住的事。止住的是表面的，暗里还有止不住的事，这就是蛊。

5. 蛊，元亨，而天下治也

这句是说，如果不及时进行疏通、治理，不进行改革的话，天下会大乱；如果及时解决了，就会走向新的大治。

6. 利涉大川，往有事也

"利涉大川"刚才已经讲了。"往有事也"，"往"，指已往。那为什么"利涉大川"呢？为什么有这么多艰难呢？因为它以往的事太多了，要解决这些事，不是一下子就能治理完的。

7. 终则有始，天行也

这一句说得很明白。为什么选择这个时间？这正是说明蛊的，终则有始，就是前面讲的终了后也就是一个开始了，也就是黑夜过去了，黎明到来了。这是进一步又从这个角度讲那个蛊，就是前面的一个时代已经过去了，要重新开始了。这并不是非要看哪个日子，非要看"先甲三日，后甲三日"，认为这才是最好的日子，其实不是这个意思，这里取的还是比喻，进一步说明蛊的，不是狭义地讲积弊。这都是一个象征而已，真正还是讲天行健，讲运行不息的天道。

这里为什么又讲到天行健、运行不息这个问题上了呢？因为社会要前进，但并不是一帆风顺的，暗里总有一些弊端和隐患，必须防范、治理，一些腐败问题也要惩治。所以这里讲到"天行健"，也就是讲什么东西都要顺应天意。天是这样，社会也是这样，有精华就有糟粕，有善良就有邪恶。

我们再回头讲卦辞，"元亨"就是一开始就行得通，这是天道，是顺应天的意志的。

8. 君子以振民育德

这又讲到人事了，讲到社会了。前面讲到"先甲三日，后甲三日"，是指治理、改革必须选择最佳时间，把握好火候。如果行动太早了，别人会不理解，太晚了，祸乱也就形成了。所以要想火候掌握得好，要选择最佳时机，一切都把握得到位。那现在要用什么方式呢？就是振民育德。振是振兴，就是唤醒民众，使大家觉醒。培育大家的德，用德来治理弊端，以德治理天下。虽没有提到法治，但这里也有法治，只是要以德治为主。

上面所讲的那些弊端发展到一定程度还没有乱起来，为什么这个时候是以德治为主呢？因为抓住了时机，抓住了"先甲三日，后甲三日"的最好时间，使得将要发生的乱没乱起来。所以有"振民育德"，人们就会马上接受，也就不会乱了。

> 初六，干父之蛊，有子，考无咎。厉，终吉。
> 《象》曰：干父之蛊，意承考也。

1. 干父之蛊

初六，阴居阳位。"干父之蛊"就是"干蛊"，这是什么意思呢？实际上是指解决这件事。"干"就是解决、治理的意思。前面已经讲了社会发展到这个积弊的时候，需要解决了，这里就是要解决这个问题了。那父是什么意思？父是父亲吗？这里只不过是个比喻。

2. 有子，考无咎

"有子"，就是有儿子来治理；"考"是指已经去世的父亲。这里也就是比喻前任已卸任了。"考无咎"，就是现任者不计较他父亲的或指前任的过错，不否定前几任的功劳，在他们的治理下，已达到了安定团结的局面。但在这种安定团结的局面下有些事是难以避免的，这是自然现象，并不是他们治理得不好。

3. 厉，终吉

"厉"，是指这件事很急迫。为什么无咎还很急迫呢？因为前任是没有责任的，一是他们在任的时候，这个积弊还没有完全暴露出来，对于这个弊端的治理还没有到最佳时机。而现在已经到了非治理不可的时候，已是迫在眉睫了，正是因为在这个迫在眉睫的时刻及时处理了，所以最终还会得到吉祥。

4. 干父之蛊，意承考也

这里还是继承的意思，不是推翻，这点我们必须认识到，只不过对前面的一些弊端进行治理，以免向更坏的方向发展，也就是调整、整顿。

> 九二，干母之蛊，不可贞。
> 《象》曰：干母之蛊，得中道也。

1. 干母之蛊，不可贞

九二，阳居阴位，"干父之蛊"是指国事、农事、大事。"干母之蛊"是指家事了，国事也离不开家事，家事也离不开国事。"不可贞"，是指方法不一样。治理国事与家事的方法不一样，古人认为清官难理家务事，治国的方法原则性强，如果套用这种方法来治理家务，能行吗？肯定不行。治理家庭一是不能原则性太强，再有，也不能操之过急，所以讲"干母之蛊，得中道也"。

2. 得中道也

"得中道"，也是得刚柔的中，这还是指要柔一点、平和一点，不要太过。六十四卦中也有讲齐家的卦，如"恒""家人"等，可以互为参照、比较。

> 九三，干父之蛊，小有悔，无大咎。
> 《象》曰：干父之蛊，终无咎也。

1. 干父之蛊，小有悔，无大咎

这里又讲"干父之蛊"，家务事提一下就可以了，还是国事大，还是国事难理。所以再一次讲到"干父之蛊"。但这里的"干父之蛊"与前面的初六就不同了，这里九三讲到"小有悔了"。九三是阳居阳位，为什么有悔呢？因为过刚，虽然正，但不中，所以有点过，也就"小有悔"，但毕竟正，所以无大咎。这其中的分寸，就在爻位正而不中之间。

2. 终无咎也

这里又讲到与前面的区别，是在治理前任积弊的同时，要注意的问题是不要过，就是上面讲的"意承考也"。考，指父，指前任。"意承考"的意思很明确，是要继往开来，而不是推翻，不是改变方向，不能过。这样，整顿归整顿，改革归改革，但方向、路线不会变，所以最终便无大的咎害。这又要联系到初六的"意承"来讲，没有这个作为原则，那就没多大意义。这里的"终无咎"很重要，所以单独作为重点来讲，就是因为倘若不慎则"差之毫厘，失之千里"呀！

> 六四，裕父之蛊，往见吝。
> 《象》曰：裕父之蛊，往未得也。

1. 裕父之蛊，往见吝

"裕"和"干"都要与"蛊"联系起来，是"裕蛊"，不是讲裕父。这个裕是指宽容，有好多人将裕解释成"光大父业"，我的看法不同，那我为什么说是宽容之义呢？六四太过柔了，是阴居柔位。过于柔，所以就很宽容。九三是太刚了，这六四又太柔了。太柔了也不行，所以这里又回头讲这个问题。毕竟整顿、改革有阻力，有来自各个方面的阻力，如果太柔了也行不通。"往见吝"，"往"，即以往。如果过于迁就，对于以往的积弊的改革不敢加大力度，那么，就会使这件事半途而废，所以讲太过宽大是不行的。

2. 裕父之蛊，往未得也

如果你还是往，还是像以往那样宽大，认为有些东西还是保留吧，这个改革的斧子砍下去了，又提起来了，手又软了，结果还是一无所成。这个"往未得"就是一无所成，原因就是不彻底、不果断。上面九三讲了不能过，这里六四就讲不能太柔、不能太宽大了，这就告诉继承者要彻底、要坚决。我们从这里可以看出，还是要讲中庸、要讲中正。

> 六五，干父之蛊，用誉。
> 《象》曰：干父用誉，承以德也。

1. 干父之蛊，用誉

这里又是"干父之蛊"。"用誉"，就是依然沿用父辈的信誉，还是用父辈的旗号。不能将前辈的招牌砸了，如现在的"同仁堂"还是"同仁堂"，"胡庆余堂"还是"胡庆余堂"。是不是这样？这个牌子还没倒，还是"承以德"，所以这个誉就不仅仅是子承父业的问题了。"胡庆余堂"还继承着以前的经营理念，就是胡雪岩当年讲的那个"真不二价"，就是他的"誉"。这不仅仅是他的企业文化，更主要的是他的德。如"同仁堂"，赵朴初老先生题写的那两句话："同修仁德，济世养生。"这就是同仁堂的堂规，也就是德，就是"誉"。信誉、声望，乃至对后世的影响，这个必须继承。

2. 承以德也

前面初六讲的是"承考",是指继承事业及方向性问题。这里讲的是"企业文化",也是他的祖传的德。"誉"不仅仅是指信誉,同样还是讲德。继承了父业,荷担着前辈的祖业,要治理以往的积弊,但治蛊的目的是坚持"中道",为了"承以德"。

> 上九,不事王侯,高尚其事。
> 《象》曰:不事王侯,志可则也。

1. 不事王侯

这一爻没有讲蛊,不过"这事"就是蛊,蛊就是事的意思,即"不蛊王侯"。当然这蛊又变了,到了上九就是牌子继续用起来了,旗子还是竖起来了,信誉依然存在。前面的那些事都做好了,也就是说功成了,又该身退了。为什么呢?这就是淡薄于外,上爻到了外卦的最后一爻了,所以就是淡薄于外了。这就是说,给我封王侯,给我什么名誉,都不在意了。这个意思表面上好像是功成身退,但它又有深一层意思,并不是表面意思。这里真正的意思还是讲,你现在要接受以前的教训了,因为马上又有新一轮的前甲三日又要结束了,后甲三日又要来了,马上又要到甲的位置了。这样就不能还像以前那样去治理了,要"高尚其事"呀。

2. 高尚其事

这句是讲,现在要做,就要比以前做得高明些,并要高度警惕,不能像以前那样只看到表面,认为大家都平平安安的、都很太平就可以了,而是要看复杂一点,因为现在已经有经验了、有教训了,所以做起来更聪明了、更有经验了,事就会做得更好,不会重复以前的积弊。

3. 不事王侯,志可则也

"则",就是效仿,实际上这个地方是指接受教训。"不事王侯",并不是表面讲的不做王侯,而是讲要接受教训,是说"我"做了王侯,"我"不像以前那样,刚刚治理好,又出现了新的积弊。所以"我"就不能让我的"后人"再给我扫垃圾、去弊端了。所以这个蛊,看起来是一个不好理解的东西,但实际上还好理解。在我们的生活之中,在企业、家庭中都会有这些东西。所以我们平时在生活中自己按照这种方法来占卜吧。

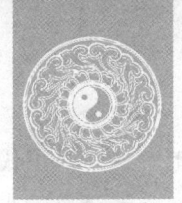

临卦 君临泽的智慧

一、卦名：临（地泽临）

临，与莅相似。莅，有到的意思。但"临"与"莅"还是有所区别的，临的主要意思，是从上面低头向下看，而莅的意思是指平行的空间行为，到、光临等。

《说文》曰："臨，監臨也。"

《荀子·劝说》曰："不临深溪，不知地之厚也。"如果不站在水溪旁边往下看的话，怎么知道地有多厚呢？

《聊斋》曰："眩见鸡伸颈摆扑，临视，则虫集冠上。"忽然看见公鸡伸着颈脖子一边摆扑、一边看虫子，虫子都爬到它的鸡冠上去了。

实际上，这不是一般的观看，是居高临下地监督、威胁、统治的意思。鸡往下看虫，鸡冠都接触到地面了。实际上，它就是用监督、威胁的方式来逼迫它。《荀子》曰："故为之立君上之执以临之。"这就是统治的意思。

二、卦画

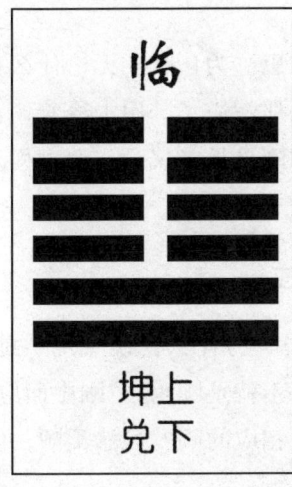

兑下坤上。兑为喜悦，坤为地。这一卦里代表岸的意思。兑，是泽，那么上面的坤就是岸了。地泽临，站在岸上看泽里的水，当然是往下面看了，有种伟岸的感觉。

三、卦辞

> 临：元亨，利贞。至于八月有凶。
> 《彖》曰：临，刚浸而长，说而顺，刚中而应。大亨以正，天之道也。至于八月有凶，消不久也。
> 《象》曰：泽上有地，临。君子以教思无穷，容保民无疆。

1. 八月有凶

为什么临是元亨、利贞？我们留在后面去讲。

先看"八月有凶"。这又要从"十二消息卦"上来讲。临卦处在天寒地冻的腊月，但阳气长，阴气消，已升至二阳位。而至八月，又是阳消阴长，只剩二阳，即将消尽了，故曰"八月凶"。但这个"凶"，只是阴阳消长的规律而已，本身原无吉凶。能看出，这里又在讲时间，讲十二消息卦。为什么要讲十二消息卦？为什么要讲到凶？凶为什么和前面讲的大亨、利贞正好相反？"元、亨、利、贞"本来是四德，四德怎么有凶？来看看彖辞。

2. 刚浸而长

"浸"，是指渐进的意思。为什么？无论什么东西用水浸着，快得了吗？快不了。如下面加温，用水煮那就快了。用水浸着，它是一个渐变的过程。前面讲到八月有凶，这其中先是阳刚息长，仅是一个过程。在这个过程中，阳长阴消，是一个渐进的过程。

3. 说而顺，刚中而应

这还应从卦象上来说。为什么？说（悦）是下经卦兑卦，兑卦不就是喜悦吗？上经卦是坤卦，坤卦不就是顺吗？"刚中而应"，这两卦都是阴卦，但初九与六四、九二与六五不都是相应的吗？虽然柔顺，但刚爻初九、九二都有应。

4. 大亨以正，天之道也

这句是讲地上有泽。像后面有一个"泽地萃"，也是指洪水经过一番治理后，又是夬和姤。治理过后，水在地上汇集而为"萃"。临卦，看起来是反的，地在上面，泽在下面，实际上为岸在泽上，是讲得到治理的景象。

古代的水患最为突出，那时以农立国，为了治水，如何把水患变为水利，这是最为重要的一点。

临卦是指领导、统治、管理。所以，这是第一件事。最应该关心的是什么？水利。你们看，地上有泽，治理好了，所以大亨。

5. 至于八月有凶，消不久也

至今，八月都还处于洪涝季节，洪汛季节中。"消不久也"，指阴消阳长的消息很快就要传递过来了。这是"十二消息卦"的循环关系。象辞里并没有讲到凶，只是解释。前面卦辞讲凶，这里象辞不讲凶，实际上，水患和水利也是可以转换的。阴消阳长也是可互转换的。

6. 泽上有地，临

泽上有地，也可以说泽上有岸。有地，指大地。大地有万物，万物生长要临水。这是指，在地上俯视，看下面的泽。看什么？察看水患，还是水利。这是件大事。

7. 君子以教思无穷

"君子"，这里实际上还是指一个国家的君主，或一个地方的官吏，或负责这件事的人。"教思"，不是指教育，是指教训。古代的教训太多了，大禹治水，就是变水患为水利。直到今天，还是有水患困扰。所以，长江、黄河地区不断得到治理，各地到冬天都要兴修水利，一个城市的周边也要治理，也要兴修水利。这样的教训太多了，必须记住。

8. 容保民无疆

"容保"，实际上是讲要有确实的保证。当然，这是我的理解。为什么？我想卦上的东西应与现实相联系，因为地下有水，你是站在岸上去看下面的水，不是看鱼，而是看水，看什么水？当然是看水患，不是水利。只有这样理解，才能与

"保民"相应。

四、爻辞

> 初九，咸临，贞吉。
> 《象》曰：咸临贞吉，志行正也。

1. 咸临，贞吉

"咸"，指感化。初九与六四皆为上、下经卦之下爻，与六四感（咸）。因为它与六四正好相应。它是阳爻，是刚，所以用刚临柔，不就对起来了吗？为什么是感？因为六四是阴居阴位，很柔弱，在这种柔的情况下，自己振奋不起来，所以，初九以自己的刚去感化它。初九也是居高临下，你太柔了，我以我的德、以我的刚来感化你。所以贞吉。

2. 志行正也

按照天的意志、按照自然发展的意志行事，当然是正道。

> 九二，咸临，吉，无不利。
> 《象》曰：咸临吉无不利；未顺命也。

1. 咸临

九二，又是阳爻，又是咸临。它跟谁比？感化谁？与六五这一爻相比，它们相比后又是相应，又是以九二的刚来临六五的柔。

2. 吉，无不利

从这里可以看出，九二与六五的处境都是很优越的。实际上，它们是互为感应，为什么？六五的柔是得中的柔，九二的刚是得中的刚。这就是说，刚站在刚上来看下面的柔，意思是说要向我学；柔呢，即使它站在下面，你也要来吸取我柔的优势。我们互相取长补短、互相感应、优势互补吧。因为二者都有美德。

3. 未顺命也

金景芳先生是这么解释的："朱熹的《周易本义》是说'未详'。"这就是说，朱熹还未搞清楚。尽管以后有不少人有不少说法，但都不得要领。金老先生说："今存疑。"他说他也没法说，作为一个疑问，放在这里吧。

那么，这里我冒昧地提出我个人的看法，也是提供个参考吧。作为一种较为肤浅的认识，我认为，"未顺命"也是取上、下爻的，为什么？因为六三是讲到"甘临"，而且后面讲到"有忧"，这忧从哪儿来的？从那个"吉无不利"里来的。上面四个阴爻对下面二个阳爻是不是都顺从了？这个"悦"是不是真正对每一个人都这么喜悦？"未顺命"，这里就讲到你顺的是谁的命？顺的是天命？顺的是自然规律？往往在"吉无不利"的时候会忽略，所以，就在下一爻六三中那个"忧"字留下了一个阴影，本爻的"无不利"变成了下爻的"无攸利"，"未顺命"实际是承上启下。圣人说："我没有搞清楚。"金老先生说："我放在这个地方。"我尽管冒昧地说上几句，只作为抛砖引玉。

> 六三，甘临，无攸利；既忧之，无咎。
> 《象》曰：甘临，位不当也。既忧之，咎不长也。

1. 甘临

六三，阴居阳位。"甘"，指美好。因为六三是下经卦的上爻，不中；阴居阳位，不正。不正不中，当然也就无德。好在是兑卦的上爻，仅剩下一张嘴巴而已。怎么办？多说几句好话，多多美言几句吧。所以，叫甘临。

2. 无攸利

"无攸利"，即无所利。仅仅是美言几句，当时好听而已，真正的大利没有，也只是取悦而已，转手就变了，空谈而已。

3. 既忧之，无咎

既然有了忧虑，也就无大的咎害了，为什么有忧虑？这里还是讲上面那个"未顺命"。这就是说，在九二无不利的时候，确确实实又忽略了顺从这件大事。往往在顺利的时候会出现一些弊端。这个弊端是怎么形成的呢？"未顺命"，是在不知不觉中，没有意识的情况。因为没有其他人来捣乱，怎么做都有利，在这种顺境中，就容易违背天命。"未顺命"，虽然不是违背天命，并没有那么严重，只是稍稍偏了一点，所以留下了一点忧虑。当然，没有大的灾难，因为仅仅是未顺命而已。上下这么联系起来说，是不是能成立？

4. 甘临，位不当也

"甘临"在上面讲了。为什么只能是美言而已？因为环境不利，位不当就是指环境不利，处境不利，阴爻居于阳位。

5. 既忧之，咎不长也

既然有了忧患意识，咎害也就不会太长了。从"未顺命"到"既忧之"是一个觉悟的过程。

六四，至临，无咎。

《象》曰：至临无咎，位当也。

---

1. 至临，无咎

"至"，是指最高、最佳，至美，至高无上。"至临"，因为六四正好是上经卦的初爻，它与初九正好相应，阴居阴位，得正，所以无咎，这是它的有利条件。"至临无咎，位当也"，又是从卦象上说的。

从卦上能看出来，下经卦是泽（兑卦），无论是湖还是江，那临泽的最佳位置不就是六四吗？你们去听课的时候，不也要选择一个最佳位置，前面的不就是最好的吗？上经卦三个爻位比较，六四是下经卦"泽"的岸边，当然是最佳了，当然是"至临"了。

2. 位当也

领导者要亲临第一线，走到民众之中，能得到第一手资料，所以是最好的。那么，"位当"就是俯察下情（下经卦）的第一线。

六五，知（智）临，大君之宜，吉。

《象》曰：大君之宜，行中之谓也。

1. 知（智）临

不是以苍临，不是以权临，不是以势临，不是依据有权、有势，而是智临，凭借智慧。

2. 大君之宜，吉

不是说官做得大，而是指领导的艺术和策略。是以什么临？是以智慧去临，多好。有的领导到下面去，理论一大套，下面的具体情况他不管，他讲他的，摆摆架子，这不是智，连起码的明智、理智都没有。这里说的是智慧，用智慧去启发人，去感化人，宜人宜事，所以得吉祥。

3. 大君之宜，行中之谓也

行中，无论什么时候，发现了问题要去分析，而且分析必须得中，处理也就得中，不偏不倚，宜人宜事。《系辞传下》云："神而化之，使民宜之。"宜之就行中。

上六，敦临，吉，无咎。
《象》曰：敦临之吉，志在内也。

---

1. 敦临

到了上六的时候，虽说是阴爻，但居阴位，得正，居高临下。正因为居高临下，所以能看出一个厚。"敦"，也就是厚的意思，敦厚。

2. 吉，无咎

敦厚，所以吉。讲一个吉也就可以了，为什么还要讲无咎？吉不就是无咎？难道说吉还有咎？无咎不也是吉吗？难道无咎还有凶？为什么把吉和无咎联起来用？

《易经》中好多地方都有这个现象，让我们去体会其中的微妙吧。吉，指事物的发展方向没有违背天道（规律），并不是说吉祥里面就没有过错、没有过失；无咎，指事物发展过程中没有大的过错，并不是说有咎就不吉祥。所以，这里面还是有区别的。

把握了"吉"与"无咎"的微妙区别，就是敦厚。敦厚本身就是吉祥，因为敦厚柔顺。上六，阴爻居阴位，又是最后一爻，虽然敦厚，但是太柔了点。处理问题，看待问题可能还有不到位的地方，难免还会有点小咎吧。虽然吉祥，还是要注意不能有过错，千万不要认为吉祥就万事大吉了，也要谨慎行事。新官上任以后，很敦厚，大家认为他处理问题的方法不错，很信任他。越是这样，越会疏忽大意，可能因为敦厚掩盖了另外一种倾向，掩盖了处理问题得体的那一种方式。比如有人处理问题历来正确、公正，但如果不注意，不持守中行，往往会以他历来的印象办事，可能掩盖一些小的问题、小的环节。这里要注意坚持、持守，所以这里把"吉"与"无咎"联系起来，既讲了结果，同时又交代了过程。

3. 敦临之吉，志在内也

"吉"还在于你内心怎样把握。你内心没有把握住，尽管你外表是敦厚的，其实告诫你，外表别掩盖了你内心的"咎"，这个"咎"就是过于柔软，失之果断和原则性。所以，必须内刚外柔，内不刚不行，所以要把握分寸。

所以，敦厚还要以诚笃为基础。笃，就是方。做事就要这样，要讲原则性。敦厚，不是事事都可以让步，不是事事都无限制的、无条件地宽容。

临，实际上指领导之术，统御之术。处处以临为比喻。领导，当然是从上往下看。但，怎么看？应站在什么角度上看？看了以后怎么分析？怎么处理？这里就告诉了你许许多多微妙的方式，也就是说，不同的位置代表了不同的环境、处境。在有利的环境中，怎么样去认识、去领导、去"临"；在不利的环境上，又怎么样去处理、去认识，都说得很详细。怎么样去占卜？不需要用其他的方式占卜，时时把握好自己就行了。

还是最后那一句话，"志在内也"。真正把握你自己的还是你心里的"志"。什么"志"？要牢牢把握住天的意志，不违背自然法则，顺从天的意志，就能时时得吉，事事无咎。

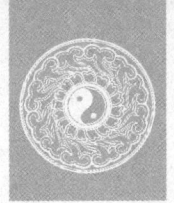

观卦 风行地上的智慧

一、卦名：观（风地观）

《说文》曰："观，谛视也。"《正字通》云："正视通，远视也。"这个远视与谛视有所不同，"远"是与游览的"览"相近，这个览实际上是大角度、大范围地观察，也就是从宏观上去观察。这当然不一定要居高临下，从下向上看也为"观"。

《系辞传上》曰："仰以观于天文。"这就是从下往上观，这也是观，它的第一层意义就是远视，就是宏观上的观察。

《孟子·尽心上》曰："观于海者难为水。"又曰："观水有术，必观其澜。"这就是从宏观上来看。那么从微观上又是怎么去观呢？那就是"谛视"了，谛视就是仔细去看、去观察。

《论语·颜渊》曰："质直而好义，察言而观色。"这就是从微观上去观察，还有一种是抽象的观察。什么叫抽象地观察呢？就是观点。观点就是一种认识，它是一种抽象的认识，是看不见摸不着的。"察颜观色"能看出这个人是喜是忧，还是怒。"观象于天"能看到天上的星星、月亮等等天象，但"观点"是看不见的，是很抽象的，不是具体的。这里讲"观"有这么几层含义。那么还是从卦画上看看。

二、卦画

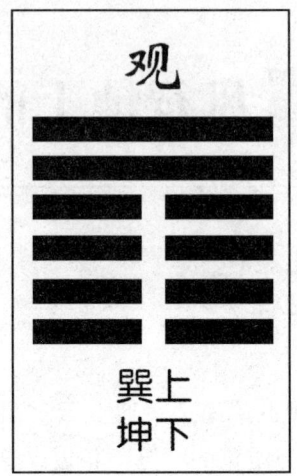

坤下巽上，内卦是坤卦，外卦是巽卦。坤卦与巽卦都有顺的意思，因为巽卦卦象是风，风是无孔不入的，实际上它也是顺着空间周流六虚。只要有孔就是有空间，有空间就要流通，这是风的职责。所以讲它是顺着空间流动的，在一个空间里面流动，有顺的意思。

如果从卦上来看，我们能够看出在《象传》里这样一句话，"风行地上"，不就是"风地观"吗？似乎是乘着风在观察，也就是从天上观察地。有这么一个形象的描述，所以这个卦画不能说没有道理，它是很形象的。当然这里的这个观不一定非要向下观，它也有向上观，也有平行的观。

三、卦辞

> 观：盥而不荐。有孚颙若。
>
> 《彖》曰：大观在上，顺而巽，中正以观天下，观。盥而不荐，有孚颙若，下观而化也。观天之神道，而四时不忒；圣人以神道设教，而天下服矣。
>
> 《象》曰：风行地上，观。先王以省方观民设教。

1. 观

这里叫"盥而不荐",其实这是一个"观"的过程。这个"不"应当作"未"来解释,那个时候已盥,不荐是不可能的,手已洗了,领祭者已经呼了祭词:"盥……哪,洗已……"就像一位北师大赵教授讲的,当你一听到佛教的诵经音乐,就不想离开,使人感到非常的清静和虔诚。祭祀开始,主祭者洗手时,领祭者同时呼唱:"盥……哪……啊……洗已……"也会给人一种虔诚之心,使人感到不能随意,这是一种气氛。这个时候就生起一种虔诚之心,这时就是"观"自己的心,这实际不是用眼睛看了,而是内心在"观照"了。这里的"未荐"就是说,你洗手时虔诚的心没有转移、没有躁动,还持守在虔诚之中,沉浸在圣洁的情绪之中。但到了"荐"的时候,起身走动的时候,心又转移了,刚才的心境没有了,心里会想着祈祷的心愿,所以分别心就来了,刚才的那种虔诚之心也渐渐没有了。"盥而未荐"是指转换的,是什么样的转换呢?既是时间上的转换,又是空间上的转换,从"盥"到"荐",是在"盥而未荐"时,心情的转换,这个时候也就在"观"心的火候上。

2. 盥而不荐

"观"就是讲观卦,在观卦里面主要讲的是什么意思呢?它真正讲的是一个虔诚的心。为什么这个虔诚的心与观相联系呢?我想这正好与"观自在"有相通之处,它是观心。"盥",是指洗手。"荐"是指献上。盥与荐,都是指古代举行祭祀仪式时的两个步骤,一先一后,盥在先,荐在后。盥是单独设一个所,叫盥洗所。这个盥洗所就设在祭坛(祭堂)左侧,那里有一盘水,一盘清水,或是泉水。主祭者在祭天、祭神、祭祖之始,必须先洗手、漱口,也叫净手、净口。洗手时,不像现在这个仪式只是把手放在水里擦一擦,象征性的就完了。在古代盥洗时,主祭者是很虔诚的,把手放在里面很认真地洗,洗的时候心里想,这么清洁的水多么圣洁,一种虔诚之心,油然而生。其实,这种"盥"的仪式,就是一个"观"的过程,观什么?观心哪,观自己的心圣洁不圣洁,虔诚不虔诚。

再到"荐"的时候,又是第二个程序了。因为洗手的时候必须跪着洗。洗过手后,便回到主祭的位置上,依照程序将事先准备好的供品一一献上供台。荐,就是供献,现在解释为推荐。在以前,是将供品献上去,要献鲜花、献水果,还有献别的供品。有的要通过大三献,有的要十献,有十种礼品,十个程序。

《礼记》中古代的祭祀情形有这样的描述:观看孝子祭祀可以了解他的孝敬。孝子站立的时候,身体前屈表示孝敬之义;捧着祭品进献时,面色愉悦表示孝敬；奉献祭品时，想着让先祖用享表示孝敬；献完退后站立时，好像在听从先父母的吩咐；撤去祭品退下时，脸上没有恭敬庄重的神色是忘本。这样，祭祀就失去了意义。

3. 有孚颙若

"孚"，是指诚信，祭祀仪式肯定需要诚信。"颙"，本来是指向上望，但这个向上望是一种仰慕。"若"，是指样子。为什么呢？因为观卦里面讲的就是这种虔诚之心。表现在外表的仪态，是俯首鞠躬；表现在内心，不是向下躬而是向上仰慕，仰慕所祭拜的天和祖先。正是心里由衷地仰慕，才会俯首鞠躬。因为你发自内心地仰慕他，从心里不自觉地、很虔诚地俯首鞠躬。你很仰慕一个人、很尊重他，当你一见到他时，你会下意识地低下头，躬下身。如果你瞧不起他，你是不会低头的。

我与北师大的几位文学系的研究生交谈时，我对他们讲："《易经》里都是形象描述的。连抽象的哲理都是通过描述的，如果用文学的笔法去写，能写出很精彩、经典的文学作品。"从"盥"到"荐"，心态转换了，看起来他是俯首鞠躬，但是他又是在仰慕。这种场面一般人能描述出来吗？那是写不出来的，但古人只用八个字就描述出来了："盥而不荐""有孚颙若"。这种描述方法，现代人能超越吗？不但不能超越，学也学不会。

古代祭天，主祭者在洗手时，是虔诚地去洗，而不是随便地洗一下，如果那样就谈不上"若"了，也谈不上"孚"了。当然这也要有条件，如果他没有仰慕的对象，也不可能去"盥"，即使是"盥"，也是象征性的。正因为他有个仰慕的对象，才会这样做。有仰慕的对象不就是"观"吗？这就是既"观"到了仰慕的对象，又观照到了自己的心。于是自己的心是很虔诚的。你看就是这八个字，既点题，又是一个非常形象、生动的人物描写、心理描写，还有场面描写。作《易》者用八个字，全都描述出来了。这就是，祭天如天在，祭神如神在，祭祖如祖宗在。

我们在拜佛的时候，有这种心情吗？往往是拜下去的时候心里非常清静，一站起来又浮躁起来了，妄念又来了。这就是说"拜而又起"了。当然这里是打个比方，这里有两种情形，一种是仰慕，一种是俯首。

4. 大观在上

"大观"实际上是叫观大，也就是说，你观察的对象不大、不是神圣的，你就没有这个虔诚之心；如果不是很庄严的形式，你也不会去"盥"，而且"盥"

了以后也不会虔诚地"荐"。当然观察到神圣的场面，当然是"大观"了。这种圣洁的场面在你的心里自然为上，上为神圣。

5. 中正以观天下

"顺而巽"，这是卦象上的，这里就不多讲了。"中正以观天下"，也就是化戾气为祥和，化腐朽为神奇。你们说大不大？风在上，地在下，观天下。"盥而不荐，有孚颙若，下观而化也。"化什么？下观是观自己的心，下观应叫内观，是内观而化，被圣洁感化了。因为被感化了，所以就俯首鞠躬，非常虔诚，所以就有诚信，这是被感化的结果。

6. 观天之神道，而四时不忒；圣人以神道设教，而天下服矣

这里"神道"不是指鬼神的神，而是"阴阳不测谓之神"的神。这个神是指我们老祖先还没有观察出的一些自然现象，也就是当时那些未知的自然现象。"四时不忒"，是指差异，就是讲四时循环没有什么差异；也是指天道规律没有差异。实际上文字有差异，这个差异是用，不是体。道是没有差异的，所以"圣人以神道设教，而天下服矣"。这里的神道设教就是"观"，这里面有"观"的含义。因人施教，因材施教，因时施教。这个教是"匪我求童蒙，童蒙求我"。这就是说，教育实际是一种社会需要，不是有人要求教化民众，而是有这种社会需求。"以神道设教"，是古代的语言，其本义并不迷信，是后人理解错了，也有被人歪曲的因素。前面蛊卦里讲到社会治理，蛊卦讲：如果是长治久安之后，社会上就有积淀的弊端，那怎么能叫长治久安呢？这就是说，只有不断地去治理，不断地去"蛊"，才能得到长治久安。这个意思也是讲这时需要治理，要进行教育，需要教化民众，这个就是观了。"天下服矣"，当然天下服了。因为需要嘛，需要你去教化他。他不需你去教化他，你去教化他，他当然不服呀。这就是"匪我求童蒙，童蒙求我"的道理，所以这里面含有这层意思。如果不从"观"上来看，那意思就太普通了，总不能任意地去解释吧。如果离开了"观"，那也就不是讲"教"了。讲"观"必须有针对性，不观又哪儿来的对象呢？

7. 先王以省方观民设教

"省"，是巡视的意思，也还是"观"，通过巡视四方，以后才知道哪一方面需要设教，应该用哪种方式设教，根据民情、民俗等具体情况来设教这应是有区别的。所以孔子的教是"因材施教"，也就是天下设教，四时、四方各有不同，不然就不叫设教，这都是根据"观"来的。

四、爻辞

> 初六，童观，小人无咎，君子吝。
> 《象》曰：初六童观，小人道也。

1. 童观

初六，阴居阳位。"童观"，童不仅仅指儿童，不是讲孩子去观察，这个"童"实际是指那些初次涉世，对社会不了解的人，像小孩子那样显得幼稚、浅薄，但有好奇心和热情。孩子不懂事但挺可爱，如果大人不懂事，那就太可恶了。

2. 小人无咎，君子吝

这又是什么意思呢？例如一个孩子做错了事、说错了话，是没有多大关系的，因为他是孩子嘛，但大人就不同了。

马路上，有两个人不遵守交通规则，一个是大学教授，一个是打工的农民，两个人都违反了交通规则，两个人同时被交警处罚。这时教授可能就很不好意思了，可能无地自容了；而进城打工的农民可能就无所谓了。如果这个交警知道那位是教授，再来一句："你还是教授，你又怎么去教人呢？"那么这位教授就更无地自容了，但农民还是一副无所谓的样子。当然，不是说农民是"小人"。如果教授和农民同时骑车过马路，教授违反了交通规则，而农民遵守交通规则，那么，那位教授便成了"小人"，而农民则为"君子"了。这也就是"小人无咎，君子吝"的意思。大人物肩负着大任，同时他的影响也特别大，所以他用"童观"也就有咎了，这是自然的。如一个小青年莽撞了一点，没关系，只要他接受教训就行了。对于有一定级别的干部，有一定教养的知识分子，他们就不能莽撞，因为人家都以他们为榜样，或是很关注他们的一言一行，如果他们是"童观"那就不行了。所以法律上都有区别，对少年犯以教育为主，对成年犯以刑罚为主，对知法犯法者则罪加一等。

3. 初六童观，小人道也

"童观"毕竟是小人之道，不是大人之道，不是君子之道，如果君子按这种"童观"的观点和观察方法看问题的话，那可不行。

有一年我回老家，老家有几位在北京打工的小青年，他们跟我讲，他们称交警为"老交",说那些交警对他们没办法,因为他们是洗油烟机的,经常骑车在外揽生意,所以经常会遇到交警,他们认为交警对他们没办法,还感到很得意。如果我与他们一样,那我也能得意吗?如果我像他们一样,用小人之道来观察问题来想问题,你也很得意的话,那你就成"小人"了。因为他们那种得意,只能说明无知。

如果把无知(乃至于法盲)都视为"童观"的话,就有几种不同的情形了。那种热情的幼稚,是一种孩童的可爱;那种无知、法盲,则可悲又可叹。

> 六二,窥观,利女贞。
> 《象》曰:窥观女贞,亦可丑也。

1. 六二

阴居柔位是正,而且居中,因为又正又中,所以空间就比较窄了,两边都不能偏,似乎有局限性。六二是观察九五,九五是阳刚,在观的时候,他的视野也不宽阔,而是眼花缭乱的,有这么一层意思。

2. 窥观

"窥",有管窥蠡测这么一个成语,用芦苇做杆子去观察天;蠡是瓢,就是用瓢去测量海水,这也就是井底之蛙了。这个"窥"是从很小的孔里去看,从门缝里瞧人把人瞧扁了。还有一层意思叫偷偷地窥、窥视。

3. 窥观女贞,亦可丑也

那"利女贞"又是什么意思呢?这是一种历史现象,这个不能拿到现在来说,因为古时的女人是不出门的,是很少见世面的,除了历史上那几位女强人以外,又有几个女人做过官?那时科举场上没有女人,而且认为有女人进去了犯忌讳。在那样的社会条件下,女人观察天、观察社会、观察这个世界,是坐在家里观,当然是很局限了,不像男人在外面跑,观察的社会面比较广、接触的人也多、视野也广阔,这是理所当然的。而女人坐在绣楼里,在家里能观察多少,能知多少呢?那接触面又有多大呢?这也是理所当然的。所以女人之观,像刚才讲的童观那样,女人这样观,当然是正常的。但是如果是一个大丈夫、一个大男人也是那样观的话,那不就是笑话吗?那就如女人一般见识了,那就不光明磊落了。这里我们必须讲清楚,这是一种历史的偏见和男权意识,我们不能拿到现在来讲，当然我们也不需去批判它，它已经受到历史的裁判了。

但我们可以将这个"女人"变一下，变成"有的人"，坐在家里就可以谈天说地，坐在家里就可以指责这个、指责那个，这种人就如同古代不见世面的女人那样，"头发长，见识短"，因为她视野不广，知识面不宽，而且实践少，她看问题肯定是偏狭的，人家一看，哦，她没见过世面，这可以原谅。但一个见多识广、走南闯北的人，还说外行话，那人家就会笑话了。我们现在理解"女人"的意思，就应这样去理解，不以性别论英雄。

> 六三，观我生，进退。
> 《象》曰：观我生进退。未失道也。

1. 观我生，进退

这里"进退"是指生存进退。"生"，即人生。六三，阴居刚位，它的处境不是那么太好，所以要知道进退，就是说还是回头观自己吧。在这个位置上，一个阴爻，却踏上了一个阳位，是一个很显要的位置，而且那个位置本来是阳刚之位，这样一个柔弱的"书生"踏上了这个"刚"位，不得不小心翼翼了。这里告诫你要观察自己，要在这个位置上生存，就要知道进退。自己的性格与这个环境有多少差异，那么在这种差异之中只要知道进退，能适应环境，就"未失道"。

2. 未失道也

这个"道"是指什么呢？直接一点，就是本爻的进退之道。所以说，人在某种环境下，不知进退不行，不适应环境也不行，进能做到不趋炎附势，退不消极沮丧，有这样的一个标准。柔，不是阿谀逢迎；退，也不是消极沮丧。这个进退必须有分寸，才是积极的。所以这样就会有主见，就不会盲从。

> 六四，观国之光，利用宾于王。
> 《象》曰：观国之光，尚宾也。

1. 观国之光

六四，阴居阴位，得正，但还是过柔。"观国之光"，从字面上看好像是观国之大事。如果我们从上下爻来看，这爻是六四，已经接近九五了，九五是尊位、是君位。这里就不像六三那样只观自己，而是观九五，观九五的光，也就是看他的君德怎么样。无论是国家，还是单位，换了领导人，众人首先要评价议论一番。除了评价这个人的能力之外，更主要的还是评价他的德。如果他有圣德的话，那当然就有光了。为什么要观德呢？因为"利用宾于王"。

2. 利用宾于王

"宾"是指仕，过去科举考试就是为了入仕，就是为了进入士大夫阶层，只有入仕才能为国家做事。如现在，我们国家用人还是靠文凭，还是凭职称，如果没有大学文凭，想进入一个单位，或想在某个单位求一个好的职位，都是很难的。那时的"仕"也是一个标准，就相当于现在的学士、硕士、博士学位。"用宾于王"，就是"我为你所用否"？我愿意为你效劳，那就看这位君王，看这位领导的德行怎么样，不仅仅观他的才能，还要观他的德，德才兼备者才是好领导，才会有人为他效劳，愿意被他所用。

3. 观国之光，尚宾也

"尚宾也"，就是尚仕也。就是说这种"仕"不错，这"仕"不是盲目的。为什么陶渊明不为五斗米折腰？因他当时不仅仅是观国君，还观时事。

> 九五，观我生，君子无咎。
> 《象》曰：观我生，观民也。

1. 观我生

"观我生"，是尊位上的君子"观自己"，这样的君子无咎。那他是怎么观自己的呢？不是直接观的，观的方式就像一个人照镜子，用镜子来观自己。这个镜子又是什么呢？是民生，国君的"我生"实际就是民生。民风淳朴、百姓丰衣足食、国泰民安，那这个君的人生当然就好。通过民生来折射"我生"，来反观、反省、反思"我生"，自我观照。所以说，君子无咎，就是因为"观"得对头，而不是自认为是国君、是领导了，民众都要听我的。这样只观自己，不去从民生中观，不从民众的利益上观，只看太平盛世的表面现象，只看自己的政绩，是不对的。好的领导，不是看这些，而是深入地观民生，观民众生存的状况、生活情况，观这些实际性的东西。"群众利益无小事"这句话能为民众所拥护，能成为经典名言，正是"观我生，观民"的体现。

2. 君子无咎

这里的"君子"并非指某个人或某种职务的人，而是统指以民生为我生的君王、领导。只有以观民生为观我生的镜子，才不至咎害。我们可以看出，这里的每一个字的意思都不是停留在字面上，所以说《易经》不离文字、不在于字面意思，必须根据文字的表面意思去琢磨、去研究、去抽丝剥茧。

> 上九，观其生，君子无咎。
> 《象》曰：观其生，志未平也。

1. 观其生，君子无咎

这又是"生"，这生是指什么？这还是民生，这又是君子无咎，这与上面的"观我生"就不同了。上面"观我生"是通过民生，反过来观"我"做得怎么样，观自己还有哪些事做得不对，这是通过民生反观自己的。而这里的观是直接去观察民生，而没有反观的意思。当然这样君子也是无咎的。

2. 志未平也

为什么"志未平也"？通过观察，知道"自己"原来的志向实际上还没有达到，一直未平。这里为什么讲"未平"呢？因为这是上九，与这卦有关系，上九有盛极必衰的景象，当然就有"未平"之象了。就像看部电影，看到很热闹的时候，看得正在兴头上时，电影却完了，有一种意犹未尽的感觉。当然这里的"未平"，应该理解为"志犹未竟"，正如孙中山先生的遗嘱："革命尚未成功，同志仍须努力。"

我们从头来看一看观卦，特别是卦辞的八个字："盥而不荐，有孚颙若。"大家去仔细想一想，想出点味道，哲学味、文学味，即使是一点点、一丝丝，都是真实的感受，都是"观心""观我生"的智慧表现。如果读《易经》都能这样去观，观卦、观爻、观象，又反观自生、自心，那么就升华到荀子讲的"善《易》者不占"的境界了。但愿人人都成为"善《易》者"，让华夏人文始祖的文明从"迷信"的迷雾中走出来，运用到我们的生活之中。

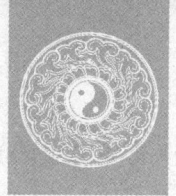

噬嗑卦 雷电合章的智慧

一、卦名：噬嗑（火雷噬嗑）

最初的古文，将野兽之间的撕咬，叫噬。如狗疯狂了，就无不噬也，这是《左传·哀公十二年》写的："国狗之瘈（狗疯狂），无不噬也。"《后汉书·寇荣传》也讲了这个意思，讲豺狼噬食。在这里还讲了一个故事。有一个叫蔡顺的人，他想出去谋一个职，但他好长时间没有回来，他母亲就在家里盼望他，但盼好久还是没有归来，就咬自己的手指，也就是"噬其指"，母亲在家里咬自己的手指，她的儿子蔡顺在外面心有感应了、心痛了，就马上跑回家，见到了母亲。

嗑，有闭合的意思。噬嗑就是用牙齿咬而合。把一个东西咬破就合起来了，我们不妨来看看卦画。

二、卦画

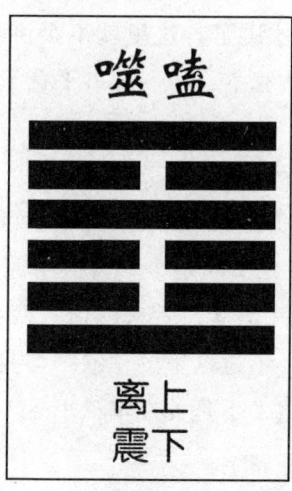

这个卦画是颐卦的中间一个阴爻变成了阳爻，也就是颐（颔）里多了一物。颐卦本来是讲颐养，就是补养自己，当然是上下颚相对，中间是营养了。颐养是补养自己，那么在颐卦中加一阳爻，这一阳爻就好像一物，只要将这个东西咬破了，颚就合起来了。噬嗑就比喻这种动作，不是一个动作，而是两个动作是连起来的，用语法来讲叫连动。

三、卦辞

> 噬嗑：亨，利用狱。
> 《彖》曰：颐中有物曰噬嗑，噬嗑而亨，刚柔分，动而明，雷电合而章。柔得中而上行，虽不当位，利用狱也。
> 《象》曰：雷电，噬嗑。先王以明罚敕法。

1. 噬嗑

"噬嗑"，是指凡是有讼事，所以要去处理，处理这一类的事，就叫噬嗑。把这种事当成中间一个阳爻，当作一种物，咬在嘴里，还必须咬破，再合起来才行。这就是说，碰到这样的事，就必须揽起来，然后再去处理、去解决，处理以后还要将这事平息下去，不能再让它闹下去。两只狗在那里打架，总不能让它们老叫呀，总要让它们平息下来，平息下来就是"嗑"。这就是说，如何将这事拎起来，负起责任，然后将其平息了，这就叫"噬嗑"。

"颐中有物曰噬嗑"，刚才讲了，这里就不多讲。"噬嗑而亨"，如果仅仅是噬也不会亨通，要噬后嗑了才算亨，将一件事平息了方算通畅。

2. 利用狱

"狱"，在字面上是监狱的意思。从字形上我们可以看出，它的本义，左边一个"犭"，右边一个"犬"字，中间是个"言"字，这好像是两只狗互相又咬又叫，而中间有"言"字，这就是狱，后来就借"两只狗打架，乱吠（言）"，指代一般的官司、一般的讼事。不过这里的"狱"与我们现在讲的监狱不同，讲的事大体差不多，但没那么严重，不是关在牢狱里。

3. 刚柔分，动而明

这二者有因果关系。我们来看，有三个阴爻，三个阳爻，正好是刚柔平分。为什么叫动而明呢？因为上面是离卦，下面是震卦。震为动；离为火，为明。明是明辨是非，明察秋毫，明镜高悬；就是这么几个词，在古代审案时，这几个词也是常用的，所以说，判断一件讼事不明行吗？不明辨而瞎判，像古时那些昏官，不分青红皂白各打五十大板，这样总不行吧！所以要"明"。"雷电合而章"，雷电应换一下，换成电雷，为什么叫电雷呢？因为这卦是"火雷噬嗑"，也就是电雷噬嗑，所以应这样换一下。这是对卦象的描述和比喻。

4. 柔得中而上行，虽不当位，利用狱也

"柔得中"是指六五，上行是指柔居尊位。虽不当位，也是指六五，阴居阳位，所以说位不当。因此解说为：有柔（阴爻）得中（中位）的德行，便有利于调解纠纷、处理纷争，这就是"利用狱"。

5. 雷电，噬嗑。先王以明罚敕法

"敕"，指帝王的诏书和命令。在道教里要画符念咒，那些符里都有"敕"字，叫"急急如律令敕"。实际还是指刑罚的。先王是指前人，说明这是先王时的法度。

四、爻辞

> 初九，屦校灭趾，无咎。
> 《象》曰：屦校灭趾，不行也。

1. 屦校灭趾，无咎

初九，阳居阳位。看看这是一个什么人物。屦校是一种什么样的刑具？屦是一种鞋，是用麻与藤编的鞋，但又是一种刑具，就是将人的脚套住，连脚趾也套起来。这个"趾"实际上是指人的脚趾骨，将其套住，人就无法行走了。如果只套住几个脚趾，还能行走，但这个刑具将脚腕夹住了，所以无法行走了。但又讲

到"无咎",无咎就说明这只是一个小的刑罚,只是让受罚人无法走动。这个刑具却很怪,只要套到脚上,就能将脚主要活动的地方夹住了,它既不伤皮,也不伤骨,只是使人无法行走。这里还有一层意思,是指不让人往那个犯罪的道路上走,这不仅仅是一个处罚,同时又是一种规范和制约。

2. 不行也

"不行"就是上面讲的,不往犯罪路上行,这里就不重复了。

> 六二,噬肤灭鼻,无咎。
> 《象》曰:噬肤灭鼻,乘刚也。

1. 噬肤灭鼻,无咎

"肤",是皮肤。"灭鼻",表面看就是将鼻子割了。《岳飞传》上金兀术的军师的鼻子被割掉了。这说明古代有这种刑罚,有割鼻子的、割耳朵的,割耳朵还是比较轻的刑罚,割耳朵实际上不是将整个耳朵割掉,而是在耳朵上割掉一点,因为耳朵割一点没事,不会有生命危险。所以这里的"灭鼻"也不是将整个鼻子割掉,实际上也还是指一种较轻的刑罚。六二是柔居柔位,而且居中,所以这个人来"噬嗑",是绝对不会割人家鼻子的,不会用这么重的刑罚。他肯定会"刑必当罪",根据犯人所犯的罪来量刑。当然对具体的刑罚,我们不需要太细致地去理解,其实质也是一种比喻而已。可以肯定绝对不会是重刑,也不会冤枉犯人,而是量刑的。所以也就无咎,如果不是量刑那就是有咎了。无咎就是通过这种刑罚,将问题处理好了,达到了"嗑"的效果,所以也就无咎。

2. 乘刚也

上爻对下爻为乘,阴爻在阳爻之上为乘刚,即阴爻乘在阳爻之上。这里是阴乘阳,这个六二很柔的,那个被"灭鼻"的人肯定敢乘刚,不然怎么会受到处罚呢?所以不得不用这种刑罚。虽然用了这种刑罚,也不会过,因为量刑,刑必当罪,这样才能达到"嗑"的效果。

> 六三,噬腊肉遇毒。小吝,无咎。
> 《象》曰:遇毒,位不当也。

1. 噬腊肉遇毒。小吝，无咎

"腊肉"是盐渍风干的肉，很不好啃，却很香。"遇毒"，腊肉里面含有一种毒，但是看不见，吃多了会对身体不利，当然这毒是很小很小的。这也只是小吝、无咎。这里又是一种比喻，比喻碰到这种案子，碰上这么一件事，是有一点棘手，有点不好办。但它还有香，有点诱惑人，处理不好还会有毒，不过问题不大，因为处理这件事的人毕竟还是一位"噬者"，噬者是有主动权的，被"噬"的人没有主动权，尽管不好咬，甚至还有毒，但被噬者是被动的，因为没有理，得不到社会支持。在这种情况下，所以无咎。

2. 遇毒，位不当也

为什么这样呢？我们将遇毒解释为碰上这种案件很麻烦，不过上面讲了最终无咎，它的咎害是因为位不当，但噬法得当，便能无咎，免去咎害。凡是谈到"位"，一般都是指一种环境、一种气氛。有时这种麻烦可能还是自己的方法上失当，所以方法失当也会惹来一些麻烦，不过纠正过来也就行了。

九四，噬干胏，得金矢。利艰贞，吉。
《象》曰：利艰贞，吉，未光也。

---

1. 噬干胏

"干胏"，是又干又硬的腊肉，更难啃。说明这种案子很难处理。为什么呢？我们从卦画上可以看出：九四是颐卦中的变爻，阴变阳，像口中硬塞之物。如一只狗看到一个外香内烫的糍粑，一闻很香，马上一口咬住。这时才感觉很烫，但想吐，又吐不出，糍粑已粘在牙齿上了。这时怎么办呢？所以禅宗里就有这么一个公案：参禅。参禅是为了什么？是为了解脱自己，那又该怎么解脱自己，怎么去了脱生死呢？有人就回答："丢一个热糍粑，狗咬住了。"那怎么办？禅宗讲到这儿就不讲了，这就是所谓"不立文字""以心传心"，各人自己去悟吧。试想，狗肯定有它的办法，到底有什么办法呢？禅宗不回答，因为一千只狗就有一千只狗的办法，急中生智，就是这个意思。我经常讲"办法总是有的"，就是受这个小故事启发的。

2. 得金矢

九四是颐卦中一阳爻，象征哽塞之物，又象征社会中阻碍安定和谐的一种因素，是一种不安定的因素，也是"噬"的对象，同时也是应该除去的东西，必须将它排除掉。那为什么下面讲"吉"呢？因为有个条件，它得金矢，矢是箭，这里应该指这个阳爻，就是指九四本身。这个阴位上居这个阳爻，像一支金箭，横哽其中。这一个"得"字很关键，必须与后面的"利艰贞"联系起来理解。

3. 利艰贞，吉

"利艰贞"，艰前面讲了，这里不用强调了。贞，正固。这个出发点是对的，你的动机是纯正的，你就是为了"嗑"，你"噬"就是为了"嗑"，这个是正的。但是"艰"是不容易啊，特别是碰到的是钉子案件，一个很棘手的案件。这"艰"不仅仅是说这案子难办，这个问题不好处理，关键是说，你必须要有冷静的头脑，果断的措施，还要秉公执法。所以说，"得"既是件麻烦事，又是件好事。

4. 未光也

《象传》里讲到"吉，未光也"。这"光"是什么呢？九四是阳爻居阴位上，这里讲"未光"是何意呢？这个光我们应解释为透明度，处理案件应该有透明度，因为你是很刚强的一个人，但是落在一个阴位上，落在阴位上大概是暗箱操作吧。这样透明度就不高啊。但并非暗箱操作，事情处理了，那"嗑"的效果也有，这样也就行了。但仍有美中不足的地方，这就是"未光"的意思。这还是从阳爻居阴位上来看的，因为阳刚之人常常会感情用事，多少有点偏激、过激，因为他所处的环境是阴暗的，为了避开操作之嫌，所以处理起来总是宁过不柔。但他的动机是正的，虽然方法上有点偏激，但最终还是吉。

> 六五，噬干肉得黄金，贞厉，无咎。
> 《象》曰：贞厉无咎，得当也。

1. 噬干肉得黄金，贞厉，无咎

这又是肉，不过这里有一点不同，六三是腊肉，九四是干胏，一个比一个硬，一个比一个难啃。这里又回到了干肉，只是一般风干的肉，没有通过腌制，不像腊肉要用盐腌。这个仅仅是风干了，比那种腊肉、干胏要好一些，没有毒。"得黄金"，那黄金是什么呢？中位是黄色的，金子是黄色的，它又是阳位，阳位为刚，金刚。有了金刚钻，就不怕瓷器活儿，所以"贞厉，无咎"。

2. 贞厉无咎，得当也

因为位置逢中，还是位置好啊！因为贞，还有利。这就是说，处理不好还不行；尽管前面两个不好处理，但是到了这里，位置发生了变化，但更容易忽略，出现"厉"的可能。不过得了"黄金"，有了自卫的武器，所以结果还是"无咎"。这个无咎，是指整个卦的，所以到这个主爻上再来一个"无咎"。前面也讲了一个利，不讲清楚也不行，再则这是卦的判辞，应该说是无咎的。总之是有不安定因素，必须消除它，消除这个不安定因素，总是好事。所以"贞厉无咎，得当也"，这个"得当"，主要是讲处理方法，刑罚得当。

上九，何校灭耳，凶。

《象》曰：何校灭耳，聪不明也。

---

1. 何校灭耳，凶

"何校"的这个"校"又是刑具。"何"是负荷，也就是承担。有人写信很谦虚，好像那人给他帮了很大忙，荷蒙你的关照，就是承蒙你关照，这是个动词，不是疑问词，不是如何的意思，而是负荷，也就是承担、承受，是承受一种刑具。从"灭耳"可以看出是戴在肩上或脖子上，将耳朵一起夹住了。这里用了"凶"字，是指什么凶呢？我们来看看象辞。

2. 何校灭耳，聪不明也

这里"聪"是指"耳朵"。"灭耳"指耳朵听不清了，失去听力了。这里是解释，还是解释凶的，并不是说将他的耳朵堵住，听不清楚了；而是说他长了耳朵，不听劝告，就会得到"凶"的结果。上文讲"校刑"，是将耳朵夹住了，又是一种比喻。"凶"从何来呢？就是因为不听劝告而得来的。所以从这里我们可以看出，《易经》用辞用得太有意思了。

小结

再把噬嗑卦做个小结。噬嗑主要是两个动词，噬是为了嗑，如果噬达不到嗑的目的和效果，那也谈不上"无咎"，也谈不上"吉"。所以在我们的生活中，经常出现这样的事。但有人误解说，我不是做法官的，我不是做交警的，这个卦与我没有关系，不需要学它。其实不是这样，这一卦跟每个人都有关系。

如两个同事之间、两个同学之间，发生矛盾了，那么你怎么处理这个问题呢？从初爻来看，它是一种轻的处罚，但毕竟用到刑罚了。这里讲到不要宽容，有时宽容就是纵容。个别人不通事理，必须处以刑罚，那么这里为什么讲宽呢？《了凡四训》里就讲了，假如有一位长者，他的一位晚辈犯了错误，只是小过，这个长者很慈祥，就放了他。了凡先生说，这个长者是在作恶，而不是行善，不是在积德，而是害了他。因为那人认为这样没事，所以下次还会犯同样的错误或更大的错误。这样一次、两次都平安无事，会使他毫无顾忌、肆无忌惮。但总有一次他要受到更大、更重的刑罚，这样结果是不是害了他？如果当时就狠狠地教训他、教育他，甚至用一点刑罚，为他创造一个回头醒悟的条件，使他醒悟过来。看起来是恶，实际上是积德，是善，是真善。他就知道：这个事情我不能做，我要吸取教训。这是了凡先生教我们明辨善恶。

在一个家庭里，家长教育孩子，这个孩子做了不该做的事，如果任他这样错下去，也不进行教育，当然是一种放纵和娇惯。所以第一次就必须严厉地教育，尽管不讲体罚，但必须让他感觉到这件事是不该做的，让他认识到自己错了，要提醒他以后不能再犯了。如果轻描淡写地讲几句大道理，那也不行，因为孩子不懂事、不懂理，那样简单地说教对他是没有什么触动的。所以讲，虽不用体罚的方法，但也要用一种相似于体罚的方式，使他回头，受到很大的触动，用这种方法会使他真正认识到自己错了，使他认识哪些事该做，哪些事不该做。所以有人说，对孩子的教育，要放手，但不能放纵。

因此，我们不能说这一卦与我们没有关系，而是它与每一个人都有关系，而且在我们的日常生活中也会经常出现这些问题。特别是我们要面对许许多多的问题，要经常考虑这个问题怎么去处理。是柔一点，还是刚一点，或强硬一点？这些都要掌握好分寸。当然目的是"嗑"，这个嗑在平时生活中，在家庭、单位，无处不在，当然不是用刑罚，也就是互相提醒啊、劝诫啊！但达到的目的不仅仅是这个"嗑"，而是为了"和"。我们中华民族的美德就是"和"，这个"和"在前面我已讲过,讲到履卦时讲到礼,讲礼的时候,讲到"礼之用,和为贵"。这里我为什么要多讲一些东西呢?就是说噬嗑卦里讲了一些比较严重的事、严重的不利因素、严重的不安定因素、严重的违法现象,必须用刑罚去处罚、去噬、去咬破它,从而达到嗑的目的,这个嗑也是"和"。在我们日常生活中,我们怎么去理解?用什么方法噬嗑?以什么为主?这都是人与人之间的平常事,总不能什么事都用刑罚来处罚,这样是不对的。在家庭也好、单位也好、学校也好,还是公共场所也好,最好用什么方法呢?"噬"是以礼为"噬",以"和"为"嗑"。"礼之用,和为贵也",这就是噬嗑卦的引申义。

2002年5月29日,原全国政协主席李瑞环在英中贸易协会上演讲时,有关"和"的观点,赢得了一阵阵掌声。他说:"'和'的思想作为中华民族普遍具有的价值观念和理想追求,对中国人民的生活、工作、交往、处世乃至内政和外交等各个方面都产生了深刻的影响。表现在人与自然的关系上,强调天人和谐;表现在人与人的关系上,要求和睦相处;表现在人与社会的关系上,崇尚和群济众;表现在国际关系上,倡导协和万邦;表现在各种文明的关系上,主张善解融和。"这样归纳,太精辟了。

贲卦 化成天下的智慧

一、卦名：贲（山火贲）

　　《说文》曰："贲（bì），饰也。"装饰，修饰。贲字，上面是一个"卉"，花卉的"卉"，下面是一个"贝"字，实际上是指原始民族的装饰品。

　　装饰什么？古代人喜欢装饰自己，像现代人在胸前别胸花、胸针、徽章，女人头上戴头饰，还有耳环、项链等等。古时，男子以"贝"作为胸饰，女子以花卉作为头饰。

　　贲，是草香花卉的总称。可见花卉和贝都是作装饰用的。

　　贲，不仅仅是指装饰，表面上，是装饰、修正、化妆；如用贬义词说，是粉饰、伪装。当然，对于社会来说，又是一种礼节、礼仪、文明，这是从大的方面说的。

二、卦画

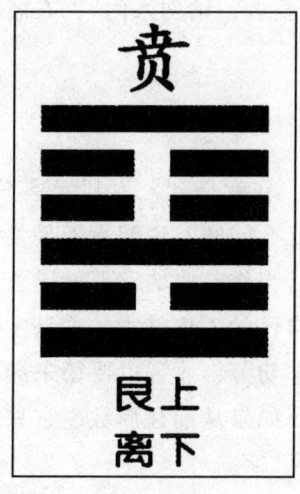

贲卦与噬嗑卦相同的地方，都是在颐卦里换一阳爻。但是，位置不同。噬嗑卦阳在第四爻，贲卦阳在第三爻，有这么个区别。

下离上艮，名山火贲。好像山里有一只美丽的野鸡，野鸡叫雉。雉、孔雀都是会装饰自己的。离卦本身就有光明、文明、美丽、文采的意思。

我们从卦画上能看出它有装饰的一面，当然都离不开刚和柔，还有刚和柔的关系。相比较而言，柔得像女人，她们一般喜欢装饰；阳刚，在这一方面要忽略一些，但阳刚也有阳刚之美。

三、卦辞

> 贲：亨。小利有攸往。
>
> 《彖》曰：贲亨，柔来而文刚，故亨。分刚上而文柔，故小利有攸往。刚柔交错，天文也。文明以止，人文也。观乎天文，以察时变；观乎人文，以化成天下。
>
> 《象》曰：山下有火，贲。君子以明庶政，无敢折狱。

1. 亨

开头就讲通、讲顺畅，这是什么意思？这是从总体上来说的，从大的方面来说，贲有它的功用，特别是在社会中，讲礼仪、讲文明、讲礼貌，这都是好事，是一种好的社会风气，所以亨通。再有，从个人角度来说，要求自己整洁一些，形象好一些，这总是好的。给人印象不好的话，办事相应要差许多。有的单位部门门口挂着牌子，"衣冠不整者，请勿入内"，衣冠不整，就是指形象不贲，没有装饰。

2. 小利有攸往

"小利"，在其他卦中，利就是利，不利就是不利，没有讲大利、小利之分。这里特别讲到小利，说明什么问题？说明贲不是关键问题，不是主要的，如果把这个东西强调得太过分了，当作首要的，那就错了，就是本末倒置。

人在社会上，要显示自己的人格魅力，这是主要的。人真正的魅力、气质是德，人的光环是德，功绩、功劳、才智也要德来涵养。实际上，人外表的装饰只是其中之一，不是主要的。如果从前往后数，它只能是排后面而已。卦辞里虽有"亨"，但不可忽视这个"小"字。

3. 柔来而文刚

在《彖传》里，这个文章做得很大。"柔来而文刚，故亨"。柔来，是谁来了？内卦是离卦，离卦是阴卦，是柔。文刚，这个柔碰上了外卦，外卦是阳卦，还不是一般的阳卦，是要你静和止的。凡是打扮自己、装饰自己、讲究形象的，都是好动的，是外卦起的作用。止，是对修饰、打扮的制约，所以亨。如果无限制地修饰自己，将此看作是至高无上、第一位的，办事能顺畅吗？

4. 分刚上而文柔，故小利有攸往

"文"，是指文采、文饰。天文，是指自然的文采。"刚上而文柔""小利有攸往"。天地也不是以外美为第一要素，它的美同样是内美。

我注意到瓶中的百合花，太有意思了，下部的叶子都枯萎了，花开以后，花的边缘就好像失去了水分、蔫蔫的，但花蕊却那样的鲜艳、润泽，中间竟然还有湿润的水珠子，非常明显。这不能不说是大自然的美。美在哪儿？美在花上吗？我看来看去，是美在叶子上啊！难道叶子枯萎了不美吗？它们太美了，它们为了装饰花的美，牺牲了自己。它们知道水分有限、营养有限，将自己身上原有的水分都输送出来，贡献出来，即使它们枯萎了，也不争抢。它们在下部，应该说吸水有优势，但它们不争，相反，把自己的水分和营养都输送出去了。太美了！是花美，还是叶子美？我以为，最美的还是叶子，是装饰花朵的叶子。通过仔细观察，我真是感动不已，万物给予我们太多的启发。

5. 文明以止，人文也

"以止"，是谁止？艮卦在止，止住的是人为的文饰。过分的文饰必须有所控制，有所抑制。

6. 观乎天文，以察时变

前面讲了观卦，这里也有观。观什么？先观时，再观空间。时间不断变化，你在观自然时，你就能看到时间在变化。从我刚才举的例子就能看出来，随着时间的推移，花开了，叶子枯萎了，就有这种规律。什么都有规律，装饰也要按规律办事。

7. 观乎人文，以化成天下

"化"是什么意思？我们经常说文化、美化，这个化是说已经成了一种习惯、

一种风气。我举个简单的例子,一个人挑担子,他开始挑得不像样,作为学生,从来没有挑过担子,让人一看,很不自然,很不舒服,他本人也显得吃力,很别扭。但作为农民,经常挑担子,已习惯成自然了,就有一种优美、轻松、愉悦的感觉,让人看起来很自然,这就是化。化什么?把自己与自然化二为一了,人化入自然之中了。

我们的社会如果都讲文明礼貌,也就成为一种良好的社会风气了,历史学家常说的文化背景就是这样"化"成的。

以前,我们参观过一个文明村,那个村子确实美化得好,绿荫丛中一排排青堂瓦舍,特别是民风淳朴、邻里和谐、家庭和谐,看得出是几代人形成的特有风气,这就是化。

8. 山下有火,贲。君子以明庶政,无敢折狱

"贲"是从哪儿来的?从火来的,火,即光明,也是一种装饰。

"庶",是指众多。要明辨民众的事,要把民众的事办好,就应该踏实去办,应该明辨是非,恰当、谨慎地处理,不但要做,而且要做得漂亮。但是,文饰与"折狱"是相反的。正确装饰都无可厚非,但这里的文饰,讲的是文过其饰。有一年北京马拉松比赛,有位外国老太太,她的额头、鼻子上装一个红球,显得很风趣,同时也显示出老年人参与体育运动的朝气,这种装饰不为过。生活中也一样,你想怎么打扮就怎么打扮,你的家庭想怎么装饰就怎么装饰,都可以。但办民众的事,特别是"折狱"的事,一般都指案件,都不能随意修辞,不能伪辞。办案、办公事时,最忌讳文过其饰,这样就会误大事的。如写法律方面的文书、合同等,赞扬、抒情一番,你们说这样坏不坏事?肯定坏事。法律文书不是文学作品,需要严肃、严谨地写作,否则弄不好就会造成冤案,或者法律隐患。所以说,贲,也要掌握分寸。

四、爻辞

初九,贲其趾,舍车而徒。
《象》曰:舍车而徒,义弗乘也。

1. 贲其趾

"趾",就是指脚。与噬嗑卦中的"趾"不一样,噬嗑卦中的趾是指脚的关键部位,不一定是指脚趾,这里也不一定是指脚趾。为什么?趾高气扬,指脚踮起来了,头也昂起来了,就那么得意扬扬的样子,所以这里是指脚。"贲其趾",是将脚装饰一番,或者是装饰鞋,没有讲装饰其他地方,就是讲脚,可能也是装饰鞋,从脚打扮起。

2. 舍车而徒

"徒",是徒步、步行。为什么舍车而徒步走?是为了显示脚漂亮,宁可下车走,这多少有种讽刺的味道,也可以看作是一幅非常有意思的漫画。这个人为了打扮自己,表现自己,不装饰其他部位,偏要装饰自己的脚,宁肯不坐车而步行。难道大家都低着头走路,都来看他的脚吗?这是指想打扮自己,但又不知道怎么打扮,不但打扮得是地方,而且炫耀的方式也很可笑。

3. 义弗乘也

没有乘车,愿意徒步走路。但是,这里有没有另外一层意思?他真的不愿意走路吗?这里是讲他舍本逐末,太注重外在打扮了。坐车是为了赶路,时间就是金钱哪,可他认为打扮比时间更关键,这是舍本逐末。

六二,贲其须。

《象》曰:贲其须,与上兴也。

---

1. 贲其须

"须",从卦画上看是指胡须。胡须长在哪儿?长在脸腮上。脸腮是什么?正好是颐,颐就是腮。

须依附在什么上面?依附在腮上。腮动,须就动;腮停,须就停。意思是说,谁是本、谁是末。这里还是讲这个。"皮之不存,毛将焉附"?皮都不存在,毛还能附在哪个上面?这里,又是装饰得不得当。把胡须装饰来装饰去,为什么?它还是附在颐上啊,颐动,它就跟着动;颐不动,装饰它又有何用?就像现在有人为了美容,由于不当,反而毁了容。

2. 与上兴也

"上兴",就是刚才讲的"须"必须服从"颐"。颐兴,你才兴;颐美,你才美呀。你这胡须再好看,也无用。兴,也是一种美的意思。

> 九三,贲如,濡如,永贞吉。
> 《象》曰:永贞之吉,终莫之陵也。

1. 贲如,濡如

"濡",指湿润、润泽。"贲如",是指装饰一新的样子。我们能看出来,开始是脚上,接着是胡须,现在装饰到皮肤了。他的皮肤很润泽,可见他不仅仅是将鞋打扮打扮,把胡须装饰装饰,或者是在脸上化化妆。从这里来看,可能还不仅仅是化妆的问题,可能还要吃点营养品,注重保健,注重内在美。在其他卦中的九三不正,这里呢?阴错阳差,又对了。

2. 永贞之吉,终莫之陵也

"永"和"终"是前后联系,是指时间。"陵",实际上是指凌,是欺侮、讥讽的意思。

为什么是永贞之吉?因为注重保健、保养,当然是长久的。仅仅是外表打扮一下,不行。我给你们讲一个我自己的笑话:我刚进初中时,第一次演戏,演刘文学。刘文学是一位少年英雄。演完戏后,第二天放假回家。第一次上台演戏,心里美滋滋的,化了妆,脸上涂了油彩,但我舍不得全擦完,故意隐隐约约地留一点带回家,心里美滋滋的,显示我演过戏了。

我的意思是讲,凡是外表的装饰或者化妆,都不能"永",都不持久,就像脸上涂的油彩。只有真正的内在美,一个是注重保健,讲究营养,润泽皮肤;另一个是心灵美,注重道德修养。这样,谁会笑话你?谁会讥讽你呢?即使你不装扮自己、不表现自己,也不会有谁来讥讽你。这里讲的是内在美才是真正的美。

> 六四,贲如,皤如,白马翰如,匪寇,婚媾。
> 《象》曰:六四,当位疑也。匪寇婚媾,终无尤也。

1. 贲如，皤如

这一爻有意思，又一个"匪寇，婚媾"。"皤"，指白色的。像我的头发白了，就是皤如，你们可以讲："老师，您的头发皤如。"这话我听着高兴，别讲头发白了，这样我心里不高兴。讲我皤如，我还不知道你们讲什么，也不知道我老之将至，还认为我很年轻呢。

2. 白马翰如，匪寇，婚媾

"翰"，指天鸡。《说文》里讲："翰，天鸡赤羽也。"这就是说，它的羽毛是赤色的。天鸡，是一种锦鸡，现在还有的地名仍叫锦鸡。锦鸡背上的纹彩是赤色的，它的翅膀是五彩的，灿如锦绣。所以，古代人通常把"翰"当作一种装饰品。

这句话是形容装扮得很豪华，连白马都快成锦鸡了，打扮得如此漂亮，是不是打扮得过分了点？打扮成那样子，使人怀疑是不是贼寇来了。因为不正常，所以容易引起误会。不是贼寇，是婚媾。是谁来求婚？是初九。因为六四与初九是比应的。

初九来求婚，他还是个毛头小伙子，不会装扮自身，而精心打扮乘坐的马。这里与初九不同，初九是舍车徒步，这里他可舍不得弃马了，肯定也会有车，总之是不会徒步的。

3. 六四，当位疑也

六四，位是当的，但是，有疑。疑，指两端不定。哪两端不定？本来六四阴居阴位，它本来就有一种"贲"的气氛，处在这种柔的环境中，贲的风气可能更为突出。如果阳刚的话就不同，因为阳刚本身有光明，不需要过多打扮。

为什么女性注重装饰自己？还是上一卦讲到的历史问题。古代的女人很少在公共场合露面，更不要说执政当官，连求学都不可能。祝英台为了求学，不得不女扮男装，冯素贞想考状元也不得不女扮男装。那么，女人靠的是什么？只有靠装饰自己来自我欣赏。一旦有机会抛头露面见到世面了，要让众人在一刹那间能为之一振，显示她的亮点，她只能靠这个。那么，男人当然不同。所以，阴居阴位，正好是"贲"的氛围。

那么，另一端，因为阴柔，并不像初九，不懂事的毛头小伙子那样，她也知道，不能过分装饰，懂得恰如其分，恰到好处，否则会引起误会，甚至受讥讽，所以，她又犹疑了。

4. 贲如，皤如，翰如

三个"如"字，古代讲"如"，就是"疑"的意思。这个疑，是讲犹疑，犹疑不决，怎么办好呢？是一般装饰（贲如）？是素装（皤如）？还是盛装打扮（翰如）？

5. 终无尤也

"尤"，指怨尤。还好，不是贼寇，是求婚得来了。因为是来求婚的，任你怎么打扮都不为过，不会招致讥讽和责怨。

六五，贲于丘园，束帛戋戋，吝，终吉。
《象》曰：六五之吉，有喜也。

---

1. 贲于丘园，束帛戋戋

"丘"和"园"，是指城外。"丘"，是指平坦一点的地方；"园"，是指园林。难道是去打扮它们？又讲束帛戋戋，"帛"，以前指绸缎、丝织品、棉织品。"束"，一般指五匹为一束。"戋戋"，是少的意思。为什么？河里的水少了，戋变为浅；贝少了，戋变为贱；金子少了，戋变为钱，钱比金子贱；丝少了就是线。所以，戋戋就是少和贱的意思。

2. 吝

本来讲贲，少了不行，应是多多益善。衣服上本没有那些东西，又要绣上几朵花；头上本来没有什么，又要插上"蛾儿雪柳黄金缕"；耳朵上本来没有什么，又要坠上一个耳环……少了不行，要多多益善。如果作为礼品的话，古代一般将帛作为礼品。吝，有人讲是指太小气了，这不对。我认为是羞涩，有点害羞、不好意思，这点东西不好出手，不是指吝啬，大概是这么个意思。我认为，这里的"戋戋"（少），实际上讲的是另外一层意思。什么意思？即指不必讲究礼节，不要太烦琐了，朴实一点吧，礼轻情意重。

3. 终吉

为什么终吉？烦琐的礼节少了当然是好事，所以吉祥。真正的"终吉"，又是讲丘园。丘园是什么？从脚讲到须，再从须讲到润泽的肤色，又讲到了白马，现在又讲到丘园。难道将丘园装饰一番？不是，丘园讲的是自然，野外不就是自然吗？她不是躲在家里打扮自己，而是走到外面去，走到园林里去，走到田野里去，寻找一种自然的美，让自然陶冶心灵的美。这是一种纯朴的美，一种纯真的美。有了这种纯真，也不在礼多礼少了。

4. 六五之吉，有喜也

"喜"，是指喜悦。礼虽少，但同样能为人带来喜悦，这就可见为人带来喜悦的，并不在于物质的多少和贵贱，而在于你的心诚不诚，你的心灵美不美，你的这份情义真不真。所以，吝，不是吝啬，而是羞涩，不好意思，同时也体现出她的诚恳，真正的纯朴。朴实，来自哪里？来自自然哪，只有自然中才有这样纯朴的美。喜者，真实地感受美也。

其他书中只把丘园简单介绍一下，就放在那儿，搞得人不明不白。为什么贲于丘园？丘园怎么去装饰？为什么终吉，还有喜？我想了半天，哎呀！这是自然啊！丘园，到外面去，吉也来了，喜也来了。吝也不是吝啬，是羞涩，连这种羞涩都成为一种自然的美、含蓄的美、羞羞答答的美、内在的美。

上九，白贲，无咎。

《象》曰：白贲无咎，上得志也。

---

1. 上九

上九，阳居阴位，为止。一般阳刚是不止的，是好动的，但它却是静止的，又是艮卦的上爻。再者，贲也要适可而止，个人的妆容也好、家庭的装饰也好，就是讲礼貌、礼节、礼仪也要适可而止，要注意分寸。以前，我有个同事太讲礼节了，讲得让人受不了，你与他同路，他非要让你走前面，一再往后退，甚至于退到了路边了还要往后退，礼节讲到这个程度，他就是不为人先。这种过分讲究礼节的举止，往往让人受不了。所以说，礼节也不要过，也要适可而止。

2. 白贲

"白"，是素雅、无色。"白贲"，是无贲，也就是素贲。素是一种本色。这种"贲"比初九那种装饰到脚上去的"贲"要好、要实在，这就很自然。

3. 上得志也

"志"，是德，真正的德。德，就不在于什么装饰，不能说没有装饰，德也是一种文明的象征。也不是说不要美，外在的美不是全不要；但是，要符合德，与德要等量。修饰得过分不好，一个人首先是修德，保持本色（白贲），然后是修表。

《系辞传》里有一句话讲崇和卑，崇是卑下。它是怎么讲的呢？"知（智）崇礼卑"，智慧是崇高的，礼是卑下的。难道说《系辞传》贬低礼吗？现在，我们还要讲明礼、诚信，怎么还讲礼是卑呢？这个卑，并不是贬低，是说我们应该重视智慧、重视德的修养，而不要过分去讲究礼节，不要过分去追求外表的装饰。但也没有去否定它，只不过位置要摆好，孰重孰轻，孰先孰后，本末不能倒置。

我们能看出贲卦里很有意思，有讥讽的漫画，给人以熏陶；有一种美的享受，如丘园；有让大家大开眼界的白马翰如；也有使人笑话的将胡须也去装饰一番的"婚媾"。我们从中体会出，应将装饰、礼貌放在什么位置。这里进一步强调，天的美是自然的美，天的道就是自然的本体。天本身就美，它美在自然。人要美，也要美在自然。人要自然美，就要追求心灵美，要心灵美，贵在修德。

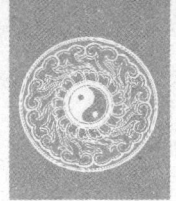

剥卦 层层剥蚀的智慧

一、卦名：剥（山地剥）

《说文》曰："剥，裂也。从刀，从录。录，刻、割也。"本义为层层割剥，依次剥取，依次剥落。故剥有剥取、割剥、剥落、剥蚀，同时还有腐败的意思。如木漆家具，表面油漆剥落以后，木就露在外面，这样就会受到空气的侵蚀，慢慢就会腐蚀。如楼房外墙体的装饰，如果剥落，那墙体就会直接受到风雨的侵蚀，那样就会慢慢地腐蚀、损坏。

二、卦画

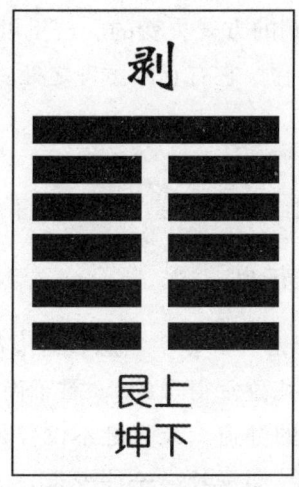

下坤上艮，名山地剥。很像一山体被风雨层层剥蚀而剥落为地之象。故《象》曰："山附于地，剥。"

三、卦辞

> 剥：不利有攸往。
> 《彖》曰：剥，剥也。柔变刚也。不利有攸往，小人长也。顺而止之，观象也。君子尚消息盈虚，天行也。
> 《象》曰：山附于地，剥。上以厚下安宅。

1. 剥

"剥"是阴剥阳，下面是五个阴爻，上面一个阳爻，是一层层地往上剥，剥到只剩下一个阳爻了，就好像只剩下一个空壳了。阳爻，这里代表的是君子之道；阴，代表的是小人之道。当然对"君子""小人"，我们不能狭义地去理解。应该明白"君子之道"，有一定的含义。阳表示正义，阴表示邪恶；阳表示光明，阴表示幽暗；阳表示大众的利益、社会的利益，阴表示小群利益，小"我"的利益。所以，阴剥去了阳，不利于有所为。

2. 柔变刚也

这里的"柔"实际上就是阴。变刚，不能理解成柔变成了刚，如果如此理解的话，那么这一卦就更不好理解了。这里是主体和客体的问题，就是说刚被柔所变化，就是阳被阴变化了。那阴又是用什么方法变化这个阳的呢？柔是用什么方法去变化这个刚的呢？是用剥的方式去变的。这里可见"小人之道"用的是剥，这种"小人之道"，不能小看它，它有它的厉害之处。

3. 顺而止之

六五是艮之中爻，代表山，而且它是止，止住了剥，从卦象上可以看出。

4. 君子尚消息盈虚，天行也

"尚"是崇尚、尊奉、推崇、倡导。消息、盈虚都是对立的，一消一息、一盈一虚，这盈虚主要是从月亮盈亏得来的。"君子尚"，就是君子尊崇这个天的运行规律，这是"天行健"的健道。天行健不仅仅是指运行不息，运行不息中有它的规律，这个规律就是一消一长、一往一来、一盈一虚，就是反反复复循环不已的过程。它并不是从这头到那头的规律，它在整个规律里有起伏、有消长、有往来，这就可以引申到人事和社会的各种变化上，同样有这样的消长。

如一个人的身体状况，有消与息、盈与亏，他的情绪、智力状态，都有这种变化规律。

5. 上以厚下安宅

"宅"是指住宅。上指上九，唯一的阳爻。"厚下"就是指恩加于百姓。"厚"，指厚道，这里不仅仅是指厚道了，就是《系辞传》中讲的周济天下、安抚天下。为什么说安抚天下？这就是说，天下被剥到这个程度了，需要安抚了，这样以求得"安宅"，即安居乐业。

《尚书》曰："民惟邦本，本固邦宁。"邦就是指国家，或一邦指一个地方，民要以邦为本，就是这个意思。本固，就是指国家稳定了，当然那个邦也就安宁了，百姓也就安宁了。这就是指国泰才能民安。这是一个因果关系，当然如果将这个因果关系倒过来说也可以，就是民安了，国也就富了，也就强大、安定了。也就是修身、齐家、治国、平天下。

四、爻辞

> 初六，剥床以足，蔑，贞凶。
> 《象》曰：剥床以足，以灭下也。

1. 剥床以足

床，从表面看，乃安身之具，我们现在的床实际只有一种用途，就是寝卧，在古代有两种用途，是坐和卧。我们从《东周列国志》中也可以看出，古代的床是坐、卧两用。坐的地方呈方形，后与榻结合，呈长方形，通称床榻。古人讲侍奉父母，是侍奉于榻前。榻现在也称床。

《通俗文》曰："床，三尺五曰榻，板独坐曰枰，八尺曰床。"

这个床还有象征作用，安身是住，是突出"安身"两个字。"蔑"是指轻蔑、蔑视，如果从它的甲骨文与金文字形来看，像有人以戈击人头，又像是将人首挂在戈上。由此可以看出，对一个人的轻蔑、侮蔑之极，以戈击人头，实际就是对人的轻蔑，一种极不礼貌的行为。所以说，在平时生活中，不能用手，更不能用别的东西，在人的头上随便乱敲，那就是对人的不礼貌，是一种轻蔑、侮辱。这类的玩笑也不能开，因为容易引起误会。

2. 蔑，贞凶

"贞"，是贞固、正义、正气，也指阳。但是小人之道是轻蔑君子之道的，不过君子之道，对此好像不屑一顾。所以这个蔑当然就凶。这里的下，指床足，即为君子之道的根基，也是人安生之基。人安身要以诚信立足，如果被剥掉了，那么诚信也没有了，这是举一个简单的例子。并不是说这足就非要指诚信，因为条件是多方面的，并不是单方面的。这里是讲安身之基被剥落了。

六二，剥床以辨，蔑，贞凶。
《象》曰：剥床以辨，未有与也。

---

1. 剥床以辨

"辨"，即辫，这里指床垫，也可以指席子。过去的人睡的那种床垫相当于一个床板，用草先编成一条条辫子，然后联结成席子，而且很厚。我们到少数民族地区去采访或许能看到，我小时候看见过，现在农村可能还有，用稻草铺床，因为草很乱，所以另外编条大草辫子铺在床边上，将乱草压住，外表一看是很整齐的。从这里的"剥床以辨"来看，六二指中间，就是剥到中间去了，侵蚀到床的中间去了，也是从床足剥到了床板、床垫了。

2. 蔑，贞凶

"蔑，贞"，同样是这个意思，它这么肆无忌惮，就是轻蔑之举，就是置君子之道于不顾，所以也就凶。

3. 未有与也

《象传》里讲："未有与也。"这里指没有人与他交往。在初六的时候可能还没有人识破他，也就是有些人还没有觉醒，所以没有提到这件事。到了六二时，小人之道已经为众人有目共睹了，又因他们的肆无忌惮，引起了许多人的不满，使人渐渐地疏远他们了，没人与他们交往了，这就是失道者寡助啊！

六三，剥之，无咎。
《象》曰：剥之无咎，失上下也。

1. 剥之，无咎

为什么六三就无咎呢？因为六三与上九是相应的，有阳刚的君子主持公道。其他的爻都没有比应，这是它得天独厚的条件，因为它有外援。所以，尽管他依然被剥，但有帮手了，上面有人支持他，你再来剥他肯定有点胆怯了，所以只要主持正义的话，那小人之道也会心虚，所以这个剥无咎。这里什么也没剥到，只是瞎闹了一通。

2. 无咎

未被剥到什么，当然无咎，但从本爻看还是有咎，只是不严重；从全卦来看才是真正的无咎，因为邪恶永远不能战胜正义。

3. 失上下也

小人之道已经失去人心了，再一次看出他的真面目了。初六、六二已经被他剥成那个样子，这已经失去了床足和床垫，而"小人"也失去了初六、六二的人心了。另外上面的上九、六五和六四是执行"止"的，更不会认同他这种行为，对这种行为都很气愤，所以小人之道的人心都失去了。"失道者寡助"，他失去了君子之道，玩弄的是小人之道，所以寡助。

> 六四，剥床以肤，凶。
> 《象》曰：剥床以肤，切近灾也。

1. 剥床以肤，凶

六四太柔了些，它与初六是相比的关系，不但都是阴爻，而且初六已经被剥成那个样子了，也无以援手。而六四是阴爻居阴位，又那么柔，又没帮手，所以"小人之道"又一次肆无忌惮了。上次碰到六三的时候乖了一些，现在一下子遇到一个柔弱可欺的，所以就穷凶恶极地要报复，因而竟然剥到人的肌肤上来了，这肯定就凶了。

这里没有讲"蔑"，初六与六二讲了"蔑"，这里则不然，这里也谈不上蔑，已经变成了仇恨，不是叫蔑了。但讲恨吧，它又无所恨，它就是这么一种肆无忌惮、穷凶极恶的"小人之道"。

2. 切近灾也

"切近"，就是说已经剥到这种程度了，已经剥到人身上来了，肌肤就是人的身体，切近要害了。这也是一种比喻，体也就是道，也就是剥到道的这个体上来了。可见这事已经很急迫了，前面只不过是社会上的一种风气，现在一下子切近关键的东西、道的本体了。真的能让他这么得逞吗？不至于此，好人还是大多数，终归邪恶是压不住正义的。

> 六五，贯鱼以宫人宠，无不利。
> 《象》曰：以宫人宠，终无尤也。

1、贯鱼

"贯鱼"，是指鱼贯而入，就像鱼那样一个一个地游进来了。这鱼又是指谁呢？实际上还是象征性地指剥初爻、二爻、三爻、四爻那个小人之道。

2、以宫人宠，无不利

"宫人"，就是指宫里面侍奉国君而得宠的人。这是什么意思呢？难道把这些人给宠养起来吗？放到国君身边吗？甚至于后面还讲"无不利"。这又做何解释呢？这是一种解决小人的方式，在这种情况下法不服众啊，那就采取措施吧。第一先将其养起来，他不就是争名夺利吗？不是要优厚的待遇吗？好，那就先宠着，先把他养起来，给好吃、好喝、好住，伺候好，让他得意一阵。但是等他进了宫就不能胡作非为了，这个好理解，因为可以受宠，但是不可以胡作非为，也就是再也不允许剥蚀、侵害别人了。这里也只不过是先宠养，让他过几天好日子，所以说无不利，还是有利。对这些人就是先用一种软的方法稳住，"软禁"起来，禁止他再去盘剥他人。这是君子之道，君子之道就是用这种善的方式、软的方式、柔的方式来治理，这是治的第一步。

3、终无尤也

"无尤"，尤就是怨尤。小人得到这么好的待遇，当然就没有怨尤了，暂时也就相安无事。这个"终"有二义，一为暂时；二为终究。使其暂时无尤，正是为了最终无尤。

> 上九，硕果不食，君子得舆，小人剥庐。
> 《象》曰：君子得舆，民所载也。小人剥庐，终不可用也。

1. 硕果不食

这里到了上九，唯一的阳爻来了，只剩下最后一阳爻了，马上也要被剥。

"硕果不食"，硕是指大；硕果是指很大的一颗果子。"不食"，不吃这个大果子，好多书上以辞解辞，仅从字面上解释为不吃大果子。那为什么不吃呢？难道大果子不好吃？硕果实际上是指大的福禄。小人得宠了，按照宫人一样的待遇享受，这当然是大的福禄了，他们不是不食呀，而是享受不起。这种现象是正常的，凡是小人享受大的福禄都是享受不起的：第一是不习惯，第二是没有德载，第三心还野得很，所以在这种情况下马上就见分晓了。

2. 君子得舆

"舆"是车子，是大载，这个车子指民众，是民众用车载着君子之道，君子得到民众的支持。古人有云："水可以载舟，也可以覆舟。"这里"水"就是指天下民众。君子之道将那些小人都"鱼贯而入"地收到宫里去宠着。为什么呢？就是为了教化他们。尽管是暂时宠着他们，但是天下人凡是拥护君王的都认为先把他们收起来是好事，所以能得到民众的拥护了。

3. 小人剥庐，终不可用也

这与前面那个"不食"联系起来，他们有硕果都不食，因没有德，载不住；另一个是不习惯，再一个是他们本性难改。小人之道本身就是这样不知足、不知天高地厚，就是要闹个没完没了，没有道德观念与行为规范，很任性，爱怎么做就怎么做，想怎么做就怎么做。但这个时候没有什么可剥了，只有一个房顶了。庐就是房顶，这从卦象上也可看出来。到了"剥庐"，这就是肆无忌惮到了一定程度了，天下只剩下这么一点东西都要去剥。这就是说，不将天下闹个底朝天就不罢休，这就是小人之道。

实际上这个被剥的庐是什么呢？真是天下之庐吗？是国家之庐吗？是单位之庐吗？不是！是他们自己，是小人之道的巢穴被剥了，君子之道的高楼还安然耸立、岿然不动，这是小人之道剥不动的。天下之庐、百姓之庐、君子之道之庐，是剥不动的。剥来剥去，最后反将自己的巢穴剥掉了，倾覆了。

从历史上看，凡是小人当道、奸臣当道，到最后是谁栽跟头，是谁彻底完蛋了？还不是那些跳梁小丑，闹腾了几天就彻底完了，连窝端了，不是天下人剥他，是他剥了自己、自取灭亡、玩火自焚。

小结

"君子尚消息盈虚，天行也。"这是天行之道，这就是说，即使他那么猖狂、那么肆无忌惮地剥，结果自取灭亡，这是规律。

虽然前面剥得很厉害，甚至被腐蚀了，但我们不能以偏概全，不要一看床足被剥掉了，床垫也被剥掉了，最后都剥到人身上了，就认为这下完了。剥，是一种变化规律中的必然现象，但它毕竟不是主流，最后还不是用法治他吗？先收到宫里去，先宠着他。也许那时有人感到不可思议，会认为这个天下完了，坏人当道了。有人看到这个社会上一些腐败现象，就认为这个社会都腐败，看到一两个当官的不清廉，就认为天下当官的都不清廉。这都是以偏概全，没看到全局，关键问题还是没有看到这个自然发展规律的消息，盈虚。既然有规律，那么有小人之道来剥也是难免的，即使他在剥，看起来很疯狂，危害性也很大，但是整个国家，他是剥不动的；即使在局部被剥得很厉害，但从全局来说，算不了什么。这不是我编的，这是卦上说的。那卦是怎么说的？我们从上看到下。

从上面看上九那个阳爻对六三袖手旁观了吗？没有。他是主持公道的，及时伸出了援手，所以六三是剥而无咎。这是他开始能做的事做到了。六五利用他手中的权力，将"小人之道"鱼贯地收到宫里去，先宠着，让那些小人自认为得意。但此时君子得舆，这说明君子得道，大得民心。当然如果君子没有得道，群众会拥护他吗？这当然没人拥护他。这说明君子代表的是大众的利益，所以暂时宠着小人之道，也是顾全大局的权宜之计。他对每个环节，何时做何事都注意到了。那又有人会问，当那小人肆无忌惮的时候，他为什么不阻止呢？这是因为他也有他的无奈，他也要按事态发展的规律来做，按它的程序来做，所以他不能轻易地去处理。再一个，小人之道也不是随便就能治理好的，那小人干坏事的时候是小人，但一旦离开了现场，就是民众了，甚至是君子，这是不好处理的，法不服众呀，当然这个"众"，是指乌合之众的"众"。

我们再看下面。下面先是六二"未有与"。这时大家都不睬他们，这说明人们开始识破他了。到六四的时候是"失上下"，就是说，社会上绝大多数民众，还是与这个国君、与国家、与国家利益相一致的，当然最后还有一个"舆"，同心同德、大车以载，就是大家都来维护这个国家利益，上下一条心。当然看起来被剥了，也剥得很厉害，看起来小人之道也很猖狂，甚至肆无忌惮，甚至是穷凶极恶；但人心他剥不掉，君子之道他剥不掉，国家的根本利益他剥不掉，国家的高楼他剥不掉。他最后剥掉的是自己的巢穴，小人之道自取灭亡，玩火者自焚。这就是规律，天行也，天行大道，只有大道才不怕剥。

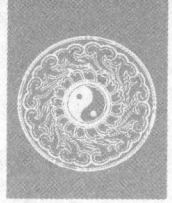

复卦 反复其道的智慧

一、卦名：复（地雷复）

《说文》曰："复，往来也。"引申为反复、重复、返还。当然这里应解释为恢复、复兴。

二、卦画

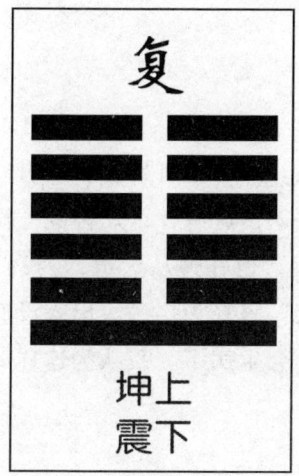

震下坤上，地雷复。这与剥卦正好覆过来了，这一阳爻覆到下面来了。剥卦的上九被剥了，当然这里不能叫剥，应叫消了。消了以后，成为纯阴的坤卦，那这样坤卦也不能总是纯阴哪，这时阳又来了，阳又从内部慢慢酝酿，长出来了。那是什么时候呢？就是十一月的"冬至"，按"消息卦"十月为坤卦，到了十一月就是冬至到了，冬至阳又开始长了，阳开始初生了，所以阳就在初位（地下）出现。从这儿就看得出来，阴阳是一往一来的。这种阴阳来来往往，是种规律。只有阴阳二气来往反复，才能使万物生长，所以卦辞里说亨，就是这个意思。再一个，下震，震为足，所以有往返的志向，上坤为地，有顺从之象。

三、卦辞

> 复：亨。出入无疾，朋来无咎。反复其道，七日来复，利有攸往。
> 《彖》曰：复，亨。刚反，动而以顺行。是以出入无疾，朋来无咎。反复其道，七日来复，天行也。利有攸往，刚长也。复其见天地之心乎？
> 《象》曰：雷在地中，复。先王以至日闭关，商旅不行，后不省方。

1. 复：亨

"亨"，就是刚才讲的，阴阳去而复返，来来往往。所以万物才得以生长，得四时之变化，这样当然就顺畅、亨通。

2. 出入无疾

"疾"是指妨碍、影响。万物生长，成熟为出入，生长出来为出，成熟了要收回去，要藏起来，就是入。那有没有妨害？没有。为什么说没有妨害？因为阴阳在往返，人也跟着一起往返，这有什么妨害呢？没有妨害，"我"是顺着"你"的，"你"在遵从天道，"我"也在遵从天道，"我们"是同时往返，所以没有妨害、互不妨害。有人将"疾"解释为疾病，出入没有疾病，那出门没有问题，一些常备的药也不需要了，不会生病了。我认为这样解释是不对的，而且与卦本身背离了。

3. 朋来无咎

"朋来无咎"是朋友来了没有问题。这朋友是谁呢？这要围绕"十二消息卦"去找这些"朋友"。临卦、泰卦、大壮卦、夬卦、乾卦与复卦都是朋友，它们一个一个接着来，都没有问题。这些阳长的"消息卦"中也只有复卦有权说这话，因为复卦是第一个初阳开始生的，所以也只有它说这话才像。"无咎"，就是说,你们后面都来吧,"我"复卦的第一阳爻来了不是没事吗?我认为是这个意思。总不能只讲朋友来了"无咎"就完了吧,总不能连朋友是谁都搞不明白吧。这里很明白,这朋友就是其他阳长的"消息卦",当六二变成九二时就是临卦了,六三变成九三时就是泰卦了……这些都是朋友。

4. 反复其道

是谁反复其道呢?还是讲到阴阳二气,也是讲到时令,冬去春来,太阳朝起暮落,月盈月亏,这都是反复其道,这是年年如此、月月如此、日日如此。这个是不变的,一年四时还是这四时,月月的月盈月亏还是这月盈月亏。一天的朝起暮落,还是这种朝起暮落,这都是不变的道。

5. 七日来复

这七日,与前面讲的"八月"差不多,并不是非要讲七天。当然也有这个意思,你如果按晷表去测日影,就是这样,测到最后,按照冬至和夏至,整个晷盘是二十四道格子,然后每一格是反复有五十条中间的隔离线,五十条其中有重复的一条,实际上只有四十九条,将三百六十五天除以四十九约等于七点四天,实际上是七天。所以五十是大衍之数,奇用四十有九。因此古人用蓍草占卦,用大衍之数五十,奇用四十有九,实际也是根据这天行规律来的。这里七日有点不同,不仅仅是指七日,实际上要讲得再深一点,要从《易经》与历法来讲,那就很多,要从头说起的话,那这一章也说不完。这里我只简单地讲一下,按照易理,按阴阳之术的变化,是七天为一周期,这是易理,七天过后又重复,这是一个变化的周期,也是刚才讲到"十二消息卦",从复卦到泰卦,到大壮卦,到夬卦,再到乾卦,再往上推,又推到姤卦,从姤卦一阴生,到复卦一阳初生,正好七次变化;再从一阳始生到姤卦一阴始生,又是七次变化,两次往来。它以七作为象征,实际上是指七次变化,也就是两次往来。

6. 刚反

阳反而始生,在剥卦是阴剥阳,到复卦是阳来了,阳始生了,也就是刚来了,刚返回了,接班来了。

7. 复其见天地之心乎?

复,你见到天地之心了吗?就是问复卦,难道你看到天地之心了吗?你这样有规律、这样往返。实际上这么一句反问很有文学性,很有趣味,他不是直接去表述、叙述它,而是把复卦当作一个问的对象,然后把天地当作一个人,说他们有心,他心里所想的是什么?他的心愿就是要七天一个往复,真的七天往复了,真的是这样做了。如此的反复其道,这种规律不正是天地运行之意志(心)吗?

8. 先王以至日闭关,商旅不行

"先王",是指那些上代、前任的国王国君。"至日",就是到了这一天,实际上就是到了冬至这一天。"闭关",并不是佛教里面讲的闭关。这种闭关就像现在讲的关闭海关一样,就是讲到这一天将城门关起来,商旅一律不让通行。当然这里还有一点没有提到,据古书上记载,这一天,要禁止捕杀、捕捞,当然想完全禁止,也禁止不了,山高皇帝远的地方是无法禁止的。但是在命令里有这么一条禁令。这里是指禁止行商贸易,也就是休市。

9. 后不省方

"后",指住在后宫。这就是说,也不上朝、也不出行视察,这一天大家都休息。为什么这一天要大家休息呢?因为初阳刚刚来,大家不要去惊动它。为什么不要惊动它呢?因为初阳还是刚刚从那冰冻三尺的地下刚刚升起的,它还很脆弱呀,别惊动它了,就是这个意思。

禅宗讲究调息法,一呼、一息、一吸,就是呼与吸中间有一息,这个息虽不明显,但却是很关键的过程,我认为大自然也有呼吸,它一来一往、阳消阴长、阴消阳长,这之间有一个冬至、一个夏至,两者作为"息"的阶段。这时间是很短的,只有一天,就是这天休息吧。我们一呼一吸之间那个微妙的停顿就是"息"。这也是为了不惊动处在"息"中的初阳。这就能看出,古代人对天时守信,如此地谨慎和尊重,同时还能看出天时与人时的合一。天地"息"时,大家都这么守规矩,有的地方到了立春那天燃放鞭炮迎接春天到来,这是很有意思的。我认为,我们中国的这些传统不能丢,中国这种美好的传统太宝贵了,这是对大自然的体验和爱护。我们到少数民族去考察、去体验生活,也就是这个意思。我觉得,我们常年住在城里,你们知道二十四节气吗?这个可能不知道吧!所以我认为还是到偏远的大自然中去,到少数民族地区去。我认为他们是守四时的,只有他们在那里规规矩矩地守四时,而且是非常虔诚的,只有他们才能"人天合一",与大自然达到和谐统一。

四、爻辞

> 初九，不远复，无祗悔，元吉。
> 《象》曰：不远之复，以修身也。

1. 不远复

初九，本卦中只有这一爻是阳爻，而且是这一卦的主爻。

不远复，是指它不走远吗？是走一走马上就回来吗？不是这样。这是从卦上讲的，它虽然已经去了，但它走得并不远，才走了七天，又回来了。

2. 无祗悔

"无祗悔"，是指没有大悔。因为马上回来了，所以没有什么大悔。虽然走了一遭、被剥了一遭，但每次往复都是归，是回，所以没有大悔。当然小悔还有一点，毕竟被消了一次、剥了一次。

3. 元吉

从它往的时候就不存在凶，就不存在咎，不存在吝，而存在吉，因为去就是为了来，往就是为了归，剥就是为了复，消也是为了长，虚也是为了盈，所以天地万物是运行不止的，因此元吉。

4. 以修身也

《象传》里的"修身"，引申为君子修身，知错能改，这也是天人合一，人是仿效天的。"天行健，君子以自强不息""地势坤，君子以厚德载物"。"以"，就是指以天道为准则。

> 六二，休复，吉。
> 《象》曰：休复之吉，以下仁也。

1. 休复，吉

"休"，书上解释为喜，为美善。《诗经》云："良士休休。"良士是优秀人士，休休是乐道之心。《尚书·秦誓》曰："其心休休焉。"这"休休"是指乐善的意思。如"休戚与共"，休就是乐，就是喜；戚就是忧，就是两个人之间有喜悦共同分享，有忧共同分担。这就是有乐和喜的意思，但我认为还有一个"休息"的意思，如果没有"休息"的意思，那喜和乐从何而来，那善又从何而来？再从卦上看，如果仅仅只讲一个喜一个乐，有根源吗？能与前面联系起来吗？所以我先解释为休息，也就是讲先有休息的"休"，再有喜乐美善的"休"。为什么呢？这就是说，你这个阳气经过了一番的周折、被消、被剥，你走了又辛辛苦苦回来了，经过冰冻三日好不容易归来，回到"家"了，第一件事是休息，因为疲劳了，走了这么一个历程，肯定很疲劳，所以要休息。我们不但让你休息，我们也休息，不打扰你。这样当然很高兴、美善，因为得到休养生息，当然得以恢复，当然有喜有善。

如一个社会经过了一番动乱以后，国民都受到了影响。像东南亚的金融危机，使东南亚地区的经济受到很大的影响，危机过后，就有一个休养生息的阶段，休养生息当然是善了。所以这个休应先是休息，然后在休息中得到了喜，得到乐，得到了美和善，也就是得到了体力上的恢复。所以《象传》讲："休复之吉，以下仁也。"

2. 休复之吉，以下仁也

吉从何来？从仁德之心来。这"下"不是上下之"下"，这是个动词，是回复到自己应有的中间。"下"指下到、回到。

> 六三，频复，厉，无咎。
> 《象》曰：频复之厉，义无咎也。

1. 频复，厉，无咎

前面六二讲的是体力上的恢复，这里的"频复"是什么意思呢？我看，这六三是内卦的边缘了，是阴居阳位，这样多少有点躁动不安，这躁动不安是由前面一爻来的。这前面的"休复"是承上启下，如果没有休息这一层，那么上下就联系不起来，那就连六三的躁动不安也没有根源了。这个"频复"的躁动就是由前面休息来的，休息生喜乐、美善。但休息太过头了，就沉迷了！你体力上恢复了，但道义得到恢复了吗？你的理智得到恢复了吗？没有，道义与理智没有得到恢复。如我们午睡，如果睡过了就会昏昏沉沉的，这种体会大家都有。所以乐得太过、喜得过分、高兴得太早了，就会频繁地犯错误。这样错了又改，改了又错的复，所以厉。因此说这种现象是从前面来的。这种现象就像我们午睡睡过头了，起来工作就有种沉迷感，做事老是犯错，做错又重来的这么一个过程，不过没有大的咎害。

2. 义无咎也

毕竟休息好了，这么一个"厉"的过程应该很快就恢复过来了，不会有太大的问题。所以这时也就是恢复理智的时候了，所以《象传》讲："义无咎也。"当理智恢复了，就无咎害了。

> 六四，中行独复。
> 《象》曰：中行独复，以从道也。

1. 中行

中行，并不是爻位得中，因六四位本身不得中。那为什么又说中行呢？因为六四是得正的，阴居阴位也是很柔顺的，这种柔顺是不会偏离的，只会规规矩矩地中行。这是从卦象的角度看出这种特点。

2. 中行独复，以从道也

独是独自，一个人吗？不能这样解释，应解释为独立于正道。为什么是独立呢？因为体力得到恢复了，理智也得到恢复了，道义也得到恢复了，可以独立于正道了。所以独立于天下，肯定是中行，是不会偏离的。

3. 以从道也

它当然很规范，顺从天道，顺从自然规律。象辞里讲"以从道"，同样还是为六四说一句话，更深一层说明，六四独复不是为自己谋私利，是为了顺从大众之道，顺从君子之道，顺从天下之道。

> 六五，敦复，无悔。
> 《象》曰：敦复无悔，中以自考也。

1. 敦复

"敦",是指厚。内卦是震卦,外卦是坤卦,坤卦厚德载物。那敦复是指的什么"复"呢?前面体力恢复了、理智也恢复了,这里讲德也要得到恢复。坤,厚德载物就是大德,而且是大德天道。道为体,德为用。敦复主要是德得到恢复了,那为什么将德的恢复放在六五的位置上,而不放到前面呢?因为六五为尊位呀。而且居中,所以这都是有规则、有秩序的,在恢复了体力、理智后,才能恢复德,一是德的重要,还有德是不容易恢复的。

2. 中以自考也

"自考",从内心考察、反省、反思,就是复中有复、反中有反。如果仅仅是讲行为上的"复",那不行,大家看,这内卦为震卦,震像是足,用足来表示行为,只是行为上恢复是不行的,现在内心也要恢复。内心恢复了,德就在内心,这就是内外都恢复,只有这样的恢复才是真正的恢复,只有这样的恢复才能得正、得中。

上六,迷复,凶,有灾眚。用行师,终有大败;以其国君,凶;至于十年不克征。

《象》曰:迷复之凶,反君道也。

---

1. 迷复

为什么迷?这是上经卦坤卦,坤卦卦辞中有一句:"先迷;后得主。"连坤卦都会迷,这里迷就不奇怪了,所以迷也是有这一层来历的。这里的复是体力得到恢复了,理智也得到恢复了,德也得到恢复了,行为也恢复了,内心也得到恢复了。那现在站在最尽头的这一爻就茫茫无复路了,不知往何处复了,已经迷失了。这也是迷的原因。

2. 凶,有灾眚。用行师,终有大败;以其国君,凶

凶,迷途不能知返,当然就有凶,就有灾眚。灾为外灾,眚为内患。"用行师,终有大败",出兵大败,这是外灾,国君凶,又有内患。

3. 至于十年，不克征

打了十年还未打赢，还在打。为什么讲打了十年呢？十是数的终极，所以这里用十年作为一个概数。

4. 反君道也

又要回到初九，变阳为阴了，为什么国君凶？看得出来吗？初九，是阳爻，一直复，复了以后，复到最后一爻也不行了，马上又是纯阳了。这就是返回君道（乾）了，君子之道开始又到消的阶段了，小人之道又开始来了。这上六的爻辞很长，《系辞传》云："吉人之辞寡，躁人之辞多。"不过，尽管上六讲得较长，但它的含义并不是很复杂，其实很好理解，因为前面都已经讲清楚了，这里也就不多讲了，就是消息、盈虚的天地之道，没有什么大惊小怪的。

小结

反复其道，七日来复，天行之道。

复见其天地之心，这里实际上不是讲"复见了"，其实是讲人见了，那是谁见了呢？我认为，也不一定是圣人见了、君子见了，其实这个圣人、君子都在百姓中间，农民拔一根茅草，从它的根的牵连状态就能看到春天来了没有。所以从茅草的根就能够看出天地之心。

复卦我们前后联系起来看，就不难明白，大家还是仔细想一下，更深的东西还是要靠自己去体会。

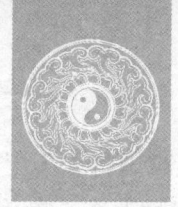

无妄卦 天雷无妄的智慧

一、卦名：无妄（天雷无妄）

　　无，《玉篇》曰："无，不有也。"用作副词为"不"。《尚书·洪范》里讲："无偏无党，王道荡荡。"无，又通"毋"，意为禁止、不要的意思。

　　妄，《说文》曰："妄，乱也。从女，亡声。"有狂乱、悖的意思。金文字形像女奴逃亡，所以有悖、乱狂的意思。

　　有人将妄解释为希望、期望，到底是哪种？我们先来看内容。在无妄的状态中，不妄求、不苟得，当行则行、当止则止。这就是无妄卦的含义。

　　但是，理解起来不容易，它是于必然与或然间取得的一种应然。

二、卦画

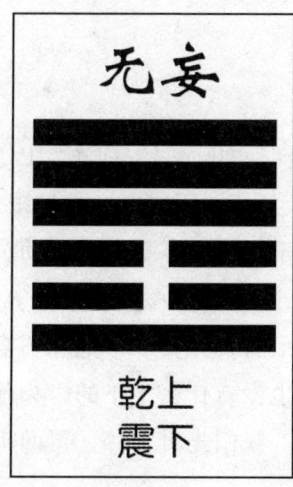

震下乾上，名天雷无妄。不难理解，天上打雷就会下雨，比喻不打妄语、不撒谎。这种说法太肤浅了，实际上在《象传》里讲了："天下雷行，物与无妄。"指万物与之相应。与之相应，就是不妄行、不妄为、不乱行。

从《象传》上看："无妄，刚自外来而为主于内。动而健，刚中而应。"实际上从卦画上能看出来，上下经卦都是阳卦，而且本卦中只有两个阴爻，其中有一个阴爻是六二，得中得正，另一阴爻既不中也不正，正好相反。这就是这一卦的特点。

三、卦辞

> 无妄：元亨，利贞。其匪正有眚，不利有攸往。
>
> 《彖》曰：无妄，刚自外来而为主于内。动而健，刚中而应，大亨以正，天之命也。其匪正有眚，不利有攸往。无妄之往何之矣？天命不佑，行矣哉？
>
> 《象》曰：天下雷行，物与无妄。先王以茂对时育万物。

1. 无妄

无妄卦，同样有四德。当然，这里的四德还是有区别的。乾卦的四德是广义的元、亨、利、贞，是广义的四德；无妄卦的四德是讲本卦的四德，有它的局限性。

2. 其匪正有眚

"其"，指"元亨，利贞"。"匪正"，即正，因为是狭义的"元亨，利贞"，而不是广义的"元、亨、利、贞"，所以有它的局限性。有了局限性，就会有眚。眚，过错；灾祸。所以不利于有攸往，不利于行动。

为什么不正？在卦里，初九正，六二正，九五也正；只有六三、九四位不正，但这不是主爻。从卦名上看，无妄、不乱、不妄为、不妄行，似乎也没有不正的，从卦辞中的四德来看也没有什么不正的。为什么还说不正呢？我们必须对后面的理解了，回头再来看。我们先看爻辞，再回头来看卦辞和象辞。

四、爻辞

> 初九，无妄往，吉。
> 《象》曰：无妄之往，得志也。

1. 无妄往，吉

从"往"字上能看出这一爻是讲行为的。初为开始，必然有所行，有所往。当然有往也就有所来。

初九，阳居阳位，得正，从"吉"中能看出：无妄，没有乱的行为。乱，是指违背自然规律。

2. 得志也

"志"，指天的意志。这一爻看起来很简单，但其含义很深，必须联系全卦理解。

> 六二，不耕获，不菑畲，则利有攸往。
> 《象》曰：不耕获，未富也。

1. 不耕获，不菑畲，则利有攸往

如果从表面上看，不耕作也能有收获。那么，菑畲呢？"菑"，指当年未开垦的土地；"畲"，指开垦了三年的土地，开垦的第二年为兴田。可见不是指不耕而获，而是指垦就能得到开垦三年的田，所以说"利有攸往"。这里的意思是，不期望不耕作就能得到收获，不期望不去开垦就能得到良田，没有这种企望、妄想，不存这种空想，只是按照自然规律办事。

2. 不耕获，未富也

有没有第三层意思？有。第三层意思是无为。为什么说是无为？你没有去耕种而有收获，但是，即使耕种了，有了收获，还没有富有啊！不耕种获取了，但未富，没有富起来。这里有另外一层意思，是正话反说。正说应该是，你必须通过耕种以后才能有收获，通过开垦才能得到良田；反说，也有特殊时候，不一定

通过这一过程，结果仍然一样。结果是为了获得、为了富有，过程不一定锁定在某一种模式上。这是一种无可无不可的两辨思维。

> 六三，无妄之灾，或系之牛，行人之得，邑人之灾。
> 《象》曰：行人得牛，邑人灾也。

1. 无妄之灾，或系之牛，行人之得，邑人之灾

这一爻讲起来还真有一点神奇：人在家中坐，祸从天上落。本来人家把牛系在村子旁边，牛却被行人牵走了。行人牵走了牛，系牛的人找不着牛，就指责村里人偷了他的牛。村里人蒙上了不白之冤。

2. 邑人之灾

"邑人"，指村里人。这个村落本来很平静，村人系牛于村旁，而"行人得牛"，这好像是不该发生的事发生了，不该失去的牛失掉了，行人不该得牛得了，邑人不该有的责难突然降临了。这到底是怎么回事呢？这是不是有些反常呢？是有些反常。反常里有没有一些正常的事呢？有。为什么？妄的本义就是乱。既然称其"无妄"，必然有其"有妄"；有不乱的时候，必然有生乱的时候。牛不是本邑的牛，牛系在村旁，一乱也；行人不是牛的主人，平白得牛，二乱也；没有证据，凭空嫁祸于邑人，三乱也。可见，《易经》中描述的事，就像发生在每个人的身边，让人读之，能真切地感受到此情此景的存在。作《易》者在此是以"乱"来告诫世人不要乱，以有妄而显无妄。

> 九四，可贞，无咎。
> 《象》曰：可贞无咎，固有之也。

1. 可贞，无咎

像初九那样，好像无话可说，一切都很正常。只要固守正道，就没有大的咎害，很平淡。

2. 固有之也

其实还是有话可说的，与六三相比，此二爻都不正。但六三柔居刚位，身不由己，必然有乱；而此爻刚居柔位，刚中有柔，故能固守正道。再说，九四为上

乾之初，处天道之始，其道自然"可贞"，可贞必然无咎。

> 九五，无妄之疾，勿药有喜。
> 《象》曰：无妄之药，不可试也。

1. 无妄之疾

无关生命的小疾，即无损自然环境，无损社会安定，无损他人利益，虽有过失、损失或不雅，改了就好。

2. 勿药有喜

这又是什么意思？是不是一种反常？古时中医为孕妇号脉，说"勿药，有喜"。意思是说，不用吃药了，夫人有喜了（即指怀孕了）。当然这里不是这个意思，只是一种比喻。这里是说，难道真的没有妄念吗？真的是平白无故地生病了吗？是真的，但不是其他什么病，是一种妄念之疾；不用药治也是真的，要用另一种药治。《红楼梦》中林黛玉的病用药能医好吗？现实生活中就有这种现象。如电视剧里，纪晓岚一听要付出一千五百两银子，马上就晕倒了，第二次听说银子的事，头又开始痛了。这是一种"钱病"。但必须搞清楚，这里所说的疾，并非指病，而是指某种不良的习气、风气，或者指某种过失、损失。

3. 无妄之药，不可试也

有这么一种怪病，它本身不需要吃药就能好。这种病是从来没有见过的"无妄之疾"，是平白无故生了病，讲不清楚到底是什么病，不需要吃药也能好。这个病不是一般的病，药也不是一般的药。所以，这个药也就不需要试。

> 上九，无妄行，有眚，无攸利。
> 《象》曰：无妄之行，穷之灾也。

1. 无妄行，有眚，无攸利

到了上九，即使是无妄，还是不能轻举妄动，一行动还是会有"病"，甚至于生灾。

从卦象上能看出，乾卦的上九是"亢龙有悔"，是亢龙。到了无妄的上九，必然有悔、生灾、惹乱。

怎么样来看无妄？仔细想一想，根据卦象说，两个相比关系的爻，如果是正应，刚柔相济，就是吉、无咎；如果是敌应，刚对刚、阴对阴，就是吝、有咎。但在这一卦中却反常了，初九与九四，是刚对刚、阳对阳，是敌应，不是正应。相反，它们却相安无事，一个是往吉，一个是无咎。怪吧？两个都相安无事，两个都平平安安。

再看相应的又是什么情况：六二与九五阴对阳，不是正应吗？可是，一个是"无妄之疾"，一个是"未富"。

再看看六三与上九，它们也是正应。可是，六三是"无妄之灾"，上九是"有眚，无攸利"，还有"穷之灾"，这都是种反常。所以，看一卦，要这样反复来看。

2. 无妄之行，穷之灾也

那么，这些反常是怎么回事呢？回到卦上，"无妄：元亨，利贞"，从大的时空来看，是元亨，利贞。但是，此一时彼一时，并不是每一时间它都是这样，为什么？时间在变动，境遇在变动，人的心也在变动。无妄，说明了一种行为。"妄"，并不是指哪一种行为，而是指念头、思维、愿望、预测，都包括在内，当然人的行为也包括在内。

你能把握住自己吗？如果把持不住自己，"其匪正"。其，代指问卜者，也包括占卜者。并不是说不正，而是说你没法把握住自己，它往往是反其道而行之。行为易控制，但思维念头刹那不停，百般情思、万千思念，像水底流沙，是最不易察觉的、最不易把握的。人生有多少遗憾、多少失足，都在一念不正的刹那之间酿成。所以禅宗教人守住自己的正念，拔除自己的邪念，排除自己的杂念。

无妄卦是贲卦、复卦后面的，一贲一复、一往一来、一消一长、一盈一亏，这么折腾以后，变为无妄卦。前面讲贲、复的时候，讲得很平稳、很有规律。为什么？你们看，贲和复是不是讲自然规律，都是讲天道。无妄是讲天道吗？不是，是讲人道。它是讲人道的，问题就出来了：天道有则，人心莫测。

妄，天没有妄与不妄。你的念头也好，你的思维也好，你的计划也好，你的愿望也好，都是人心的产物。人，能把握住自己吗？许多人好心还办坏事呢，明明是想帮他，结果却害了他；明明是想害他，结果却帮了他。经常有这种事，明明想立功，结果却获罪；有的贪天之功，有的急功近利；有的不想立功，结果却立了功，这就是人有千万算，不如天之一算。人算不如天算，因为天算是大公啊！

小结

这一卦内容不多，但讲的时间长一点。好懂的话，一句话就行了；不好懂的话，确实不好懂。所以，我刚才讲了这么多，不知道你们理解了这一卦没有？为什么我不先讲这个话？先讲了，后面的东西，你们就听不进去了。

实际上，无妄也很简单，人心难测，事当然也变幻莫测，当然就反常了。明明是正应，它却敌应；明明是敌应，它正应。坐在家中还有灾，不吃药的病还能自然痊愈。这些怪现象都在这一卦里，当然其他卦里也有这些怪现象，但是，这一卦确实很怪。

从中我们能总结为：凡是讲天道的，都有规律；一旦讲到人道，就反常。实际上讲无妄，又在揭露有妄，同时也在告诫我们要遵循天道。

所以，《象传》里面讲："天命不佑，行矣哉。"是天命不佑吗？不是，是人的行为违背了天命。又讲："先王以茂对时，育万物。""茂"，是指勤勉、勉励。勉励人要与时偕行，也就是说，要不违四时。"时"，不仅仅是指时间，珍惜时间就是金钱。不是，太肤浅了。这里真正的时，不是讲这个，真正的时还是讲规律，时时刻刻都要把握自己，不要使自己偏离了天的意志，不能使自己违背了自然法则。到了晚上就要睡觉，否则就不是君子。这是随卦中说的，别把它当成简单的笑话。只有这样，才能育万物，才能对万物有利。

"拔苗助长"是一个寓言。但这个寓言也能说明问题：拔苗，有利于育万物吗？心是好的，能说它不好吗？拔起来，结果却相反。当蛹在茧中挣扎，有人发慈悲心，帮它剥开，结果，蛹的翅膀没有充血，飞不起来，帮倒忙了，害得它使它飞不起来了。这不也是一个无妄之灾吗？以茂对时，还没到时间呀！还没到时间你去拔苗、你去帮它剥茧，这不是有妄了吗？"先迷后得主"，坤卦里讲，抢先就会迷。这就是说天的意志、自然规律一点都不能违背。

似乎将无妄之灾和无妄之疾当作两个笑话说说，就像拔苗助长，当作寓言来说一样。从爻辞里面讲，不需要去抽丝剥茧，只需要遵从天道。遵循天的意志，不违背自然法则，使自己的念头、行为、预测都符合自然法则，事物发展的自然规律，别去东想西想，只要看符不符合自然发展规律即可。符合了，就行；不符合，就不要去乱想了。这一卦就讲这么多，就是这个意思，天道与人道的区别就在"妄"与"无妄"之间。"无妄"的关键是动机无妄，思想无妄，分分秒秒的念念无妄。只有做到念无妄，才能保证行为无妄。

大畜卦 日新其德的智慧

一、卦名：大畜（山天大畜）

畜字已经在小畜卦里面讲过，这里补充一点，古文中"畜"字像农田的作物，很茂盛的样子，这样引申为有蓄积、蓄养等义。

以大畜作卦名，除了有蓄积、蓄养之外，还有一种是停止的含义。

二、卦画

乾下艮上，名山天大畜，与无妄卦正好是互为覆卦，卦形上下相覆。内卦为乾，乾是纯阳卦，外卦也是一个阳卦，阳为大，所以称为大畜；乾为健，艮为止，刚健前进的乾卦，被艮卦阻止了，这里阻止的对象大，是天；阻止的力量也

大，是山，所以叫大畜。另外内外卦都具备了阳刚的德行，这个阳刚的德行也是与天的意识、与天德相应的，所以这个阳刚之德蓄积也为大，故称大畜。

三、卦辞

> 大畜：利贞；不家食，吉；利涉大川。
> 《彖》曰：大畜，刚健笃实，辉光，日新其德，刚上而尚贤，能止健，大正也。不家食，吉，养贤也。利涉大川，应乎天也。
> 《象》曰：天在山中，大畜。君子以多识前言，往行，以畜其德。

1. 大畜

之所以称为大畜，这里应该以什么为大？凡是积蓄，有粮食的积蓄、有金钱的积蓄，能称为大吗？这也大，这是人们生存的需要，最基本的需要。但是真正的"大"是什么呢？应该是学问、知识、道德，是"为学日益"，是积德、积善，善实际也是德。所以大畜有它特定的含义。

2. 刚健笃实，辉光，日新其德

刚健，也就少私欲，这是乾之德；笃实，不虚浮，这是艮之德；二德辉光相映，"日日新，又日新"。《大学》中记载："汤之《盘铭》曰：苟日新，日日新，又日新。"这句是说，商汤王不满夏桀的残暴无道，才起兵革命推翻了夏桀，他为了时时勉励自己，所以在自己吃饭的盘子里，刻上"苟日新，日日新，又日新"作为座右铭，以便每饭不忘，提醒自己要内明"日新"，天天反省；无私无欲，道成德就；外用"日新"对人民、对国家有利，有功，有德。这就是商汤这样做的目的。

3. 刚上而尚贤，能止健，大正也

"刚上"，是指乾，对上经卦而言，乾是刚。上经卦有阴爻，象征贤，有尚贤之义。这里的尚贤，不仅仅是崇尚贤民之意，这在大畜卦里应该指蓄贤。因为他有大学问、大道德，所以有许多贤明之士聚集在他的周围。"止健"指艮对下经卦而言，能够止住阳刚，使人才不至于有亢。大正也，为国家蓄积人才，当然是

国家之大正事。

4. 不家食，吉

"不家食，吉"，凡是有学问、有道德，而且是大学问、大德的人肯定不是为一己之利、一家之利，他肯定是报效于社会、报效于国家；并非吃一家之饭、办一家之事，而是以天下为公，这当然是吉祥的。

5. 养贤也

不家食，而为国食、公食，国家之所以蓄其食，是为了养贤。"养"是培养、蓄养。

6. 利涉大川

凡报效国家、报效社会的人，肯定要经历一番艰难险阻，要在艰难险阻之中经过一番磨炼。尽管有艰难险阻、尽管有漫漫大川在前，因为有大学问、有大道德，有报效国家、报效社会的抱负，所以没有过不去的火焰山，最终还是能够遇时显达、周济天下、渡过大艰大险。《象》曰："利涉大川，应乎天也。"下乾为天，上艮为地，九二与六五正应，故应乎天地，当然能利涉大川。

7. 天在山中，大畜

天在山中，至大无比的天，被山包容，这种蓄积当然是大了。这里又比喻为天下最大的积蓄，因为象辞一般是根据卦象上来说的。

8. 君子多识前言，往行，以畜其德

这句话的意思是，君子多多学习先贤圣人的言行，以此修养自己的德行。这里再一次讲到了蓄德，这里讲到蓄德、蓄贤，还讲到养贤，那么我们看看爻辞。

四、爻辞

> 初九，有厉，利已。
> 《象》曰：有厉利已，不犯灾也。

1. 初九

初九，阳居阳位，也就是刚居刚位，这是在强健的卦体之下。如果按乾卦来说，这爻是指潜龙，但在这个地方，又不是潜龙。说他"潜龙勿用"，他又不甘心于勿用，他还急于有所用。为什么呢？因他要忙于去蓄积。当然忙于蓄积，这样求成心切，可能就有厉，这厉是一种危厉、危险，多少有一些风险。那么最有利的办法是什么呢？那办法就是自己约束自己，不冒然前行，所以这"已"是"止"的意思。

2. 有厉利已，不犯灾也

为什么说"不犯灾也"，如果真不可进的时候而冒然前进，当然就会犯灾。能够自制自律，便不会犯灾。这一爻所讲的就是止。这是乾卦的初爻有止的意思，畜有止的意思，因为没有止就没有畜，凡是畜的东西，畜、止要同时。

我记得小时候到田里拾稻穗，开始满田跑，跑得越快，拾得越少，一看人家拾了很多，原来他们眼睛盯着地上，慢慢地向前边拾边走，这样他们就拾得多。像我们满田里跑的，到最后所拾的稻穗，却是寥寥无几。哎！从这里也能看出一些意思。说明欲畜必止，但止不是停止，而是控制速度。

大畜卦里讲到蓄德、蓄贤这样的大道理。在儿时这么很小的事中，也能找到鲜活的例子。所以说《易》在我们生活中，在平常日用之中。

九二，舆说辐。

《象》曰：舆说辐，中无尤也。

---

1. 九二

九二，阳居阴位，也就是刚居柔位。因为居中，所以刚柔相济，刚柔相济其实也是一德。

2. 舆说辐

"舆"是指车子。"说"是脱离。"辐"是古代木车下的横木，车轴由它转动。车子如果要停下来，就要将"辐"拿下来，如果要走就将它套上去。所以这里说的辐就是使车子停下来，但不能误解它是被迫停下的，或是前面有什么障碍物被迫停下来，而是自行停下来，是主动的，并非被动的。如果前面有障碍物，或人为拦阻那就是被动停下来。那为什么要这样做呢？为什么要停住呢？你看，这是刚柔相济，所以"中无尤"了。

3. 中无尤也

主动停车就是为了得中，得了中，终归不会犯灾，也就没有尤怨。

> 九三，良马逐，利艰贞；曰闲舆卫，利有攸往。
> 《象》曰：利有攸往，上合志也

1. 良马逐

九三，阳居阳位，刚强全部显现出来了，所以比喻为良马（乾）。"逐"，是指追逐，奔驰疾速。根据朱熹的考证，认为这个"曰"应为"日"字，如果是"曰"好像没法说通。"日"是指经常，"闲"是娴熟，娴熟当然是经常训练、练习的结果，这里是指驾车的技术娴熟。根据古书记载，这个"舆"是指车夫，这里不指车，当然有车夫就有车。"卫"是指卫士，车旁边的卫士，这个车夫和卫士在当时的地位比较低。

2. 曰闲舆卫，利有攸往

我们再回头看看，这个止一般是针对下面三个爻，就是乾卦里三个爻，下经卦为上经卦所止，初九为六四所止，九二为六五所止。这两个所指是以柔止刚，能止得住。为什么以柔止刚呢？通过说服教育、劝说，就能止住。但九三与上九是阳刚相对，阳刚相比，不相应，不是正应，一般来说没有止的可能。互为阳刚，它们相互之间只有互相追逐的可能，都是想往前，所以上九往前，九三肯定要追逐，为了保险一些，"利有攸往"，所以它要做好准备。是什么准备呢？就是对他的车夫、卫士进行了训练，因为做好了准备，所以追逐起来就"利有攸往"了。

3. 上合志也

上，当然与上九合志了，这个志不是广义的志，是狭义的，这两个都是阳刚，而且都是只能进不能退。这种志，预示他们两个志同道合，都是只能进不能退的。其他二、四爻是柔能止刚，也就是说，能进能退、能行能止。但九三、上九两爻是上、下经卦中最上一爻，而且都是阳刚对阳刚，所以他们只知进而不知退，只知行而不知止，是这样的"合志"。

> 六四，童牛之牿，元吉。
> 《象》曰：六四元吉，有喜也。

1. 童牛之牿

"童牛"，是指小牛。"牿"是横绑在牛角上的短木，也叫衡木。就像禅宗《牧牛图》里讲的牧牛，这牛本来是山野里的野牛，非常凶悍，想驯服它是很不容易的一件事。所以只能趁它力量还小、野性还不是那么凶的时候，就对它做些限制，首先将牛角绑上短木。这里也是一种比喻吧。

2. 元吉

六四在上经卦艮中，有止的意思。这里的"止"，不是不让前进，而是将这野牛驯养成家畜，止住的是它的野性，所以元吉。

3. 有喜也

"有喜也"，为有喜庆，那为什么有喜呢？因为当时是以农立国，像我们国家现在还是一个农业国家，我们到偏僻的农村里走一走就知道，那里的农户把牛当作自己的资产，如果哪一家买了一头牛，那是很高兴的一件事，就是为自己有了资产而高兴，这当然是值得喜庆的一件事。当然是这里的喜，是"元吉"之喜。

> 六五，豮豕之牙，吉。
> 《象》曰：六五之吉，有庆也。

1. 六五

六五在艮卦的中位，艮为黔喙之类的动物。《系辞传》里指的是黑嘴黑头的动物，故为"豕"（猪）。喙是指鸟的嘴巴。小畜卦只有一个阴爻，而大畜卦有两个阴爻。这两个阴爻有个区分，六四比作牛，六五比作猪，猪牛都是阴性动物，在刚才讲到以农立国的社会，猪马牛羊都是家庭资产，也是财富蓄积的象征。现在好多地方可能不是这样了，但有地方还是用这些来衡量一个农业家庭是否富有。所以有了这些资产当然好，当然吉了。

2. 豮豕之牙

"豮"与"牿"是相同的意思,都是指对野兽的驯养。"牿"是指为了驯养小牛,限制它的野性;"豮"也是这个意思,是指将公猪的睾丸阉割掉。野猪的牙齿很锋利,阉割后它的牙齿就退化了,就会长脂肪,它的性格也老实了。所以这是驯养的一种方法、一种过程,因此这里也是一种止,还是指驯养,也还是指驯养它的野性。本来人的理智、人的善、人的仁都是相应的,野性里就没有这些东西,没有仁、义、礼、智、信。所以这里止住的是其野性,那蓄养的就可比喻为德了。

3. 有庆也

喜为小庆,所以六四曰喜。庆为大喜,对于喜来说,如一个家庭办喜事,如嫁娶、生孩子、盖房子,这些都是喜事。对于国家而言,大的节日是庆祝之义,这就是喜与庆的区别。当然庆也包括丰收,欢庆丰收之义。因六五得中位,蓄积的是最丰盛之位,所以为庆。这一爻同样有止的意思。

> 上九,何天之衢,亨。
> 《象》曰:何天之衢,道大行也。

1. 何天之衢,亨

"衢",是指四通八达的大道。有一个词叫通衢,是指畅通无阻的大道,这个"何"通"荷",是指负荷、荷担,是指荷蒙天之大道,故亨。佛教里有一句:"荷担如来家业。"意思是肩负着如来的大业。这里的上爻责任重大,还真没哪一卦的上爻能肩负这么伟大的任务,其他的上爻都很灰暗,而这一卦的上爻却这么光明灿烂。因为它能担当天之大道,能肩负大任,肩负的是天之大任,而且亨通。

2. 道大行也

可以说其道可以大行于天下了。其道,一指天道,二是指蓄德,所以能通畅顺达。有志可成、有道可行、有行可蓄,所以能实现自己的抱负。

小结

　　我们再把这一卦作一个小小的总结：这卦不但有蓄积的意思，同时还有止的意思，因为只有止才有蓄。蓄什么呢？是蓄德。蓄德是为了什么呢？蓄德是为了养贤。养贤又是为什么呢？养贤是为了以行大道，荷担天之大道，肩负大任。

　　这大畜卦与小畜卦还是区别很大的，大家可以回头翻一翻小畜卦，将它们互相比较一下，那样印象就更深了。

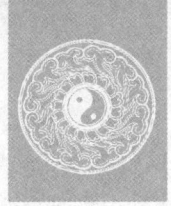

颐卦 自求口实的智慧

一、卦名：颐（山雷颐）

《庄子·渔父》云："左手据膝，右手持颐以听。"持颐，就是用手托着下巴。

《彖》曰："观颐，观其所养也；自求口实，观其自养也。"这里又把颐引申为养。那为什么要引申为养呢？有它的道理，下面要讲到。

二、卦画

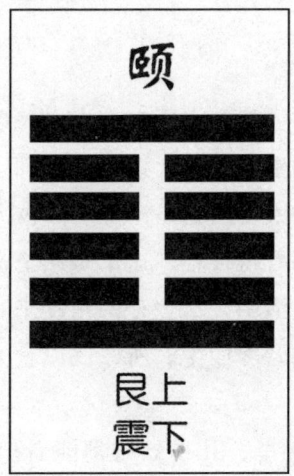

震下艮上，山雷颐。这里必须从卦画的总体形象来看，初爻与上爻都是阳爻，中间四爻都是阴爻，上下的阳爻就像张开的上下嘴唇，中间就像是食物，喂养食物就为养。下经卦为震卦，震卦为动，就是下巴不断地动，就像咀嚼之状；上经卦艮卦，为止，上不动，将食物嚼碎，这就是颐养的意思了。

古义讲"颐养天年"，这个颐养就包括了养身、健身之道。颐和园内有颐乐殿，它本身就是供皇家修养的林园，是供娱乐、修养之地。由此可见，颐有养的意思，但还离不开它的本义，下巴、嘴巴、咀嚼之义。

三、卦辞

> 颐：贞吉。观颐，自求口实。
> 《彖》曰：颐贞吉，养正则吉也。观颐，观其所养也；自求口实，观其自养也。天地养万物，圣人养贤以及万民，颐之时大矣哉！
> 《象》曰：山下有雷，颐。君子以慎言语，节饮食。

1. 颐

"颐"，一义为饮食之状；二义为以食物养之；三义引申为"天地养万物，圣人养贤，以及万民"。这个养并非以食物养，实际上还是以德养，这是广义的颐。

2. 贞吉

"贞吉"，即正固而吉祥。何为正固？有人讲民以食为天，这是自然之理，是不可否定的。有人讲吃饭的事大于天，这当然正固。吉，是以饮食为营养，当然就能吉祥，这就可见我们古人看问题是辩证的。古人有一种思想叫"重义轻利"，就是把义看得很重，而把利看得很轻。这个是从道义上来说的，我们也应该接受这种思想。但同时从现实生活中、从生存的角度来看，又不可否定吃饭应放在首位，又不可否认人还是要靠营养而生。所以民以食为天，这也可看出古代人的思维是辩证的，并非唯心。

我们从前面的二十多卦里，几乎处处都能看出《易》的辩证思维，它贯穿《易经》的卦辞和爻辞，从来没有把某一件事绝对化，都说得很活、很客观，始终持守着中和正。

3. 观颐

"观"是观察。"颐"就是养,就是观其所养。这观里其所养的"其"是指谁呢?其是代词,指人、指事,还是指物呢?当然六爻有六种观法,始终都是观察,观察某一时间、某一种特定环境,看哪一种颐吉、哪一种颐凶?哪一种颐无咎?哪一种颐是正常的?哪一种颐是反常的?合乎颐养道义的当然就是正常的了,当然就吉,反之当然就凶了。这观当然不仅仅是观他,同时也要自观,这个"其"也代表了自己,所以也要观其自养,也就是"自求口实",即"自求口福"。

4. 自求口实

"自求口实"也就是自养。颐养他人不能自己不吃饭,当然也要颐养自己,只有把自己养得好好的,才能养人,这是一个基本的常理。"自求口实"里有一个关键词,就是"实",与前面的"贞"是相应的,也就是说"实"是因,"贞"才是果,能实实在在地养自己,才能养人。但在养里还有一层意思,也是最关键的,也就是说不是虚伪的,既然你是很实的,是"自求口实"的,那也就是正固的。这里还引申出一层意思,就是自身的修养,"自求"就是自己考察自己的修养实不实在,是脚踏实地的,还是故弄玄虚,外表做做样子?"实"是衣食之养为实,这是物质的养,道德的修养是精神之养,这二者缺一不可。特别对于君子而言,精神上的道德修养格外显得重要。

四、爻辞

> 初九,舍尔灵龟,观我朵颐,凶。
> 《象》曰:观我朵颐,亦不足贵也。

1. 初九

这似乎是讲一句笑话,实际不是。初九是阳居阳位,这一卦只有上爻和初爻为阳爻,应该说阳爻为实,阴爻为虚。实就能自养,也能养他人。虚就必须求他人养。

2. 灵龟

古代把龟板放在火上烤，用来占卜。"灵龟"，指大龟，大的灵龟有它的颐养之道，它的颐养之道非同寻常，连人都望尘莫及。

《史记》中曾有这么一个记载，在民间也广为流传。据说有一家人，有张床睡了几代人都没移过，有一天他们将那床移开，竟然有一张床脚下垫着一只活乌龟。几代人之后才发现这只乌龟，而且这只乌龟还活着，它已经在床脚下生存了几百年。那它吃什么、喝什么呢？可见它这种"自求口实"的颐养之道，万物之中，谁都无法比。初爻所象征的是颐养能力、自养能力和颐养之道，用灵龟作喻，再贴切不过了。

3. 朵颐

"朵颐"，是指下巴垂下、颤动，垂涎欲滴的样子。观我朵颐是谁说的呢？是与初九相比的六四说的。六四说："你看我吃饭干吗？而且还流着口水。"这也就是说，你守着你那么好的优越条件，不好好自养，反而对我垂涎欲滴。你能自养，也能养人，有如灵龟的颐养之道，你丢弃它，倒对我这原比你差的吃食垂涎三尺。这似乎是一个笑话，其实是揭示自养的微妙哲理，要自养，必须自珍、自重。

从六四来说，它很柔，不会取笑，实际上是讲道理给它听，也是种提醒，提醒初九，因为它们毕竟是相应的，告诉它别放弃了自身的颐养优势，如果放弃了颐养之道，就会招来凶险。为什么会这样呢？因为那是舍本求末呀。这一卦就是讲颐养之道，你将根本的东西舍弃了，去舍本求末，那当然会招来凶险了。

4. 不足贵

所以《象》曰："亦不足贵也。"垂涎他人的颐养之道，这太下贱了吧。如果再说一句：既然临渊羡鱼，何不退而结网呢？你还是退而结网吧，别羡慕他人的池鱼了。

六二，颠颐，拂经于丘颐，征凶。

《象》曰：六二征凶，行失类也。

---

1. 颠颐

"颠"，本来为头顶，这里引申为山顶，颠上面加一山就为巅峰。同时它还有颠倒之义，这里取的是颠倒、颠覆之义，一颠覆就在下面了，那么六二的下面当然是初九了。这也就是说，六二居中也居正，居中正之位，应该是不缺颐养的，但却求养于初九，按理来说真正要求养，应该求养于六五，因为六二与六五是相比的，但它们都是阴爻，向它求也无所求，也求不着什么，那只有回头求初爻了，向下求，所以这叫颠颐。求养于下就叫颠颐，求养于上就叫拂颐。

2. 拂经于丘颐

"拂"，是违背的意思，违逆；"经"是指经常。"拂经"就是违逆常理了。"于"，就是往；"丘"，是指山丘，这里是指上经卦艮的，艮为山。"丘颐"就是它高高在上，那一定很享受，肯定比初九生活得好。第四爻为诸侯位，五爻为君主位，上爻为宗庙，都是吃供养的，都是享受高级生活的，而下爻都是过平民生活的，这里向下求便无所得。因为初九与它不相应，而且乘在初九之上，理应给初九给养，所以无所得。这样又回头向上求，这里本来有颐养，但心不足，要向外求。求不得就用武力征服，这一征战又不能取胜，当然招来了凶险。为什么呢？因为上面艮卦为止呀，这个止的力量很大呀。六二是阴爻居阴位、柔居柔位，且连帮忙的也没有，它能有多大的力量去征服山呢？有点不自量力，当然就是征凶。

> 六三，拂颐，贞凶；十年勿用，无攸利。
> 《象》曰：十年勿用，道大悖也。

1. 拂颐

六三，阴居阳位，是震卦的上位，震卦为动，它动到了极端，所以为拂颐。这又是违逆常理的一种颐养之道。为什么说违背了颐养的常理呢？我们看看"拂"字吧：

《说文》曰："拂，过去也。"拂又有攻击之义。这是指过去攻击、掠夺过他人财物，就是说，六三为了颐养自己，就去掠夺他人，这本身就是违背了常理。

2. 贞凶

一贞一凶好像是矛盾的，但古人用词就是这样，一个字有好多层意思，它是一个转折，贞就是说本来颐养自己，求饮食之养是正常的、合理的，但他去掠夺他人的财物，当然会招来凶险。这话说得合情合理，说得心服口服。

3. 十年勿用，无攸利

十年是一个概词，说明这个凶太大了，甚至有余殃和后患，好长时间得不到颐养，得不到供给，所以无利可图了，也就谈不上什么利了。所以《象》曰："十年勿用，道大悖也。"

4. 十年勿用，道大悖也

为什么十年都得不到供养、无利可图呢？因为它违逆了颐养之道，颐养之道是天之道。为什么呢？因为天下万物都需要养，而且养是第一需要。我们看乾卦、坤卦之后是屯卦，万物初生之时那么幼小，之后要接受启蒙，启蒙以后，就需要营养了，所以养是第一需要。"悖"，违逆。

> 六四，颠颐，吉。虎视眈眈，其欲逐逐，无咎。
> 《象》曰：颠颐之吉，上施光也。

1. 六四，颠颐

这里与六二的颠颐就不同了。六四是阴居阴位，柔居柔位，它不得中但居正，这六四是艮卦的初爻，也就是到了上经卦了。"虎视眈眈"，这当然是形容老虎从上往下看了，这个眈眈是视近而志远。看起来它看得很近，实际上它的心思很大。

2. 其欲逐逐

"欲"是欲望、追求。"逐"，也是追求，追得比较过，不仅仅是一般的追求了，而是追逐了。"逐逐"，就是追着不放，非常执着。

3. 无咎

那为什么无咎呢？我们回头看看颠颐。颠颐为吉，为什么吉？前面讲吉，后面讲无咎。我们从颠颐来看，这里的颠颐与前面的颠颐不同。颠颐是上求养于下，实际上不是向下求养了，而是施养于下。六四自己阴居阴位，柔居柔位，它有什么东西施舍给人呢？它有德。下经卦的三爻，一般都是指养，指衣食之养，讲饮食之养，讲生存之养，讲物质之养。到了上经卦的三爻，就是讲德养、贤养，这就不同了，这当然吉呀，这当然是好事了。到了上经卦的六四就开始施这种养了。初九，舍弃自己的颐养之道、灵龟之道，看着六四吃东西，而垂涎三尺。于是六四劝它，赶紧守住你自己的颐养之道吧。这种劝诫就是颐德，这是真诚的告诫，它并没有取笑初九，也没有施舍物质给它，而是一针见血地说到点上了，将问题一下子看透了。这说明六四本身就有德有才，一提就提到关键的地方，让人猛然省悟。六四对初九实际上就是施教，施教就是教养，以教为养。这就是养贤，当然不能说初九一开始犯了什么错误，它就不是贤了。六四之所以对它毫不客气，但又非常诚恳，并非说几句嘲笑的话、漫骂的话，而是说到点子上了，所以说还是尚贤，是以教养贤。"虎视眈眈"，指一眼就把初九看透了。"其欲逐逐"，这欲是求才若渴的欲望，它始终是追着不放的。这当然是无咎了。

4. 颠颐之吉，上施光也

"上施"，就是从上到下。光就是光明，这并非讲太阳之光、月亮之光、灯之光，实际是教诲之光。一句话就点明了智慧之光，使初九一下子就受到启发了。是以教养来养贤，这当然是光了，施是施教，就是启发，启发就是使人明智，这就是光，所以是吉了。

六五，拂经，居贞吉；不可涉大川。
《象》曰：居贞之吉，顺以从上也。

---

1. 拂经

六五虽居君主之位，但它不正，是阴居阳位，应该说它自养是可以的，但要它对下施养的话，它的力量还不够。只有六四有这种力量，它是诸侯，它管辖的范围不大，但君主管辖的范围广，下面对它的要求高，它又是一个阴爻，所以它的力量不够，它被逼着要拂经。"拂经"就是违逆反常，要反过来去求上爻，上九是阳爻，它有力量，所以要求它。

2. 居贞吉

"居贞"，因为它居中，在中位，最关键的是，它在帝王之位，它有权力。它上面有一个上九支持它，上九是宗庙，能得到宗庙的庇佑。因为它是阳爻，是实，实有养它的力量啊，有养它的实力，所以居贞，不仅仅是居于帝王的位置，而且上面还有靠山，所以吉。

3. 不可涉大川

为什么不可涉大川？它是阴爻，还要依赖于他人，它抵抗艰险的能力还不太够，所以还是谨慎为好，不可涉大川。

4. 居贞之吉，顺以从上也

这个吉是从哪里来的呢？他顺从上爻，但是是真的顺从上爻吗？从表面上看是这样，实际上不是。他是顺从天道，天道有颐养之德。从"从上"可以看出，他还是在施教于民，施教于下。为什么呢？从拂颐可以看出，他为什么要上求。是他自己养不了自己吗？那绝对不是，在这个位置他绝对可以养自己。他为什么要上求？关键问题是它上求不是为了自己，要是为了养自己绝不会去求他人的，正因为他对下负责任，要施教于下民，所以才这样做。他这样做的目的就是顺从天地、养万物这个颐养之道。天地要养万物，他也要养万民。所以象辞一般是将卦辞、爻辞里面的重点再强调一遍。

上九，由颐，厉吉，利涉大川。

《象》曰：由颐厉吉，大有庆也。

---

1. 由颐，厉吉，利涉大川

上九吉，因为他有功德呀。"由颐"，由这一爻来养万民、养万物、养贤人，这就是由颐，由他来养。为什么由他来养？本来是厉，那为什么呢？因为这是上九，如果将下面初爻变为阴爻的话，那就是"剥"了，这一爻马上要剥光了，就会有厉、有危险。但又是吉，主要是因为他在行正道，所以是吉，所以也能利涉大川。六五正是依靠他去施教于万民、施教于贤人，所以也还是依赖他去渡过难关险滩，所以《象传》说："由颐厉吉，大有庆也。"

2. 由颐厉吉，大有庆也

在大畜卦中讲到"庆"，是以大喜为庆。这里又讲到庆，在大畜卦中是六五有庆、六四有喜，这里是上九有庆，而且是大有庆。

小结

现在我们回过头来看卦辞里怎么说。

象辞里为什么要提到这三个"养"？这三个"养"的任务你们看看，前面几爻有哪一爻肩负了这个任务呢？初爻是自己吃自己的还要垂涎三尺地看着别人的；二爻也是这样，也是一种贪求；到了三爻甚至于要动手抢夺了；六四只对初九有所施，对他所管的范围内有所养，这个责任它尽到了；六五也是养天下之贤、养天下之万民，他也尽到了责任，他只是力量不够，还要借助于上九的力量；真正有功德的是上九，天下万物得养、贤也得养、万民也得养，全是由他一肩担。这不是大喜、大庆、大贺的事吗？所以有"颐之时大矣哉"的赞美之词，这么大的赞美之词，与上九的"大有庆"正好是对应的、前后呼应，一赞一庆，其义真是"大矣哉"。

这里的"时"很广泛，与后面的"大有庆"是相联系的，不是指一般的时，是指一个时代呀，而且是指每一个时代都应该这样。如果每一个时代都养万物、养贤、养万民，那不都是大喜大庆的事吗？不都是值得赞叹的吗？所以"由颐"大有庆与前面的"大矣哉"联系起来就好理解了，这样联系起来也就自然了。那我们再来看看象辞。

"山下有雷，颐"，这看起来是一般的告诫，讲得很具体，是讲日常的小事，教你说话要谨慎，吃饭喝水要注意节制自己，不能吃得过饱，不能贪食。实际上，《易经》里面的文字经常是大道理用小事来比喻。

"君子以慎言语"，"慎言语"，前面讲"以求口实"，难道长嘴巴只是吃饭的吗？不是，因为还要用于教养呢。讲初九的时候，六四不是说话了吗？言语要谨慎，因为你在施教啊。当讲到慎言时有人会认为与此没有关联，嘴巴不仅仅是吃饭喝水，还要说话施教，说话是为了施教，营养也是一种教养，有物质营养、有精神营养。这是很关键的。

"节饮食"，节饮食也要说一说，这未免太杞人忧天了吧？不是这样，这里饮食不是指大吃大喝。其实人哪，不能什么都吃，天地万物是天造地设的，是天地造化的，该你吃的你吃，不该你吃的不要乱吃。为什么呢？这就是告诫了有些人不要暴殄万物，有些人只要他想吃的、能吃的，不择手段，吃得有些动物、植物都灭绝了，吃到了这个程度。为了吃不惜破坏自然，吃过以后又造成一大堆排泄物和垃圾，污染环境，这样能不节制吗？所以说这不是小问题，这个吃不是小事，是大事。为什么？这就讲到天地之间，天地万物是讲究平衡的，生态是需要平衡的，也就是刚才讲的该你吃的你吃吧，这种吃是正固，这种颐是正固；不该你吃的你去吃，那就不是正固，就会是凶险，不仅仅给自己带来了凶险，而且给全人类也带来了不利，给后代也带来了不利，而且凶及他物，甚至凶及后代，使一系列的生态失去了平衡。

可能有人会讲，你是一个环保分子，你就大做文章，滔滔不绝地讲了这么多大道理。不，这不是我说的。上次我写信给梁从诫先生，讲我们的老祖先有环保意识，我们的传统文化里面有许多关于环保的内容。他回信说："如果我们传统文化里真正有这样好的环保意识，那我们中国人的环保意识就不会差到这个程度了。"他好像有点不太相信。他不相信的原因，是因为不爱护环境的人太多了，他认为如果他们受到了那样的教育，应该不会不去爱护环境的。

其实，我们的古圣人、我们的老祖先，对环保意识已经是与时俱进了。从这里可以看出，圣人不是没说话，讲了一句"节饮食"。我们现在环保组织、环保志愿者，不都是天天在那里宣传，大声疾呼"请大家不要乱吃"。看见人家吃野生动物都很心痛，因此去宣传，去制止。所以说《易经》中这三个字"节饮食"难道说没有环保意识吗？我认为肯定是有的。如果我们的大自然得到保护了，难道不是"大矣哉""大有庆"吗？所以民以食为天，别将天吃掉了。

这里我就不多讲了，还是留给大家去多想一想。我们自己该吃什么、怎么吃？我们除了吃，还应该需要注意哪些？我们的嘴巴除了吃饭，还有什么功能？我们对大自然还要尽什么责任和义务？所以我还要重复上面那句话：民以食为天，别将天吃掉了啊！

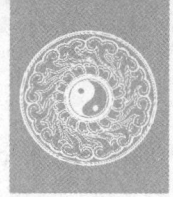

大过卦 独立不惧的智慧

一、卦名：大过（泽风大过）

《说文》曰："过，度也。"度是经过、度过之义，引申为过度、过分、过失等义。

《彖》曰："大过，大者过也。"第六十二卦叫小过卦，大过与小过是有区别的，这个区别在讲小过的时候我们再去比较。

二、卦画

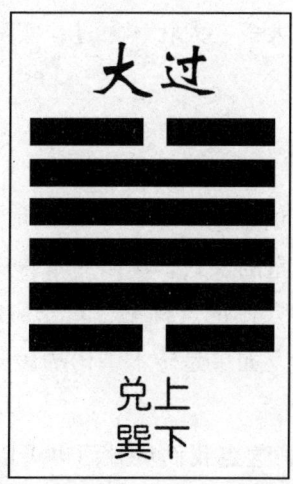

巽下兑上，从卦画可以看出，与颐卦的阴爻阳爻错开了，在颐卦里是阳爻，那这里就是阴爻，颐卦里阴爻这里就是阳爻。所以这中间是四个阳爻，上下是阴

爻，正好与颐卦相反。可以看出中间刚强，上下两端阴柔。从这卦画上还可看出为什么叫"大过"，上面是泽，下面是风，这风吹得太过了，吹到泽的底下去了，好像是吹得太过了、大过了。

下巽为木，震卦与巽卦为木，乾卦与兑卦为金。上经卦兑卦为泽润，泽润应该是仰慕，但这里反过来了，将木淹没了，这也是过。

再从卦序看，颐卦后面是大过卦，颐养万物，万物养而有成，成而后动，有动而后可能产生过。故颐卦后面就是"大过"。

三、卦辞

> 大过：栋桡；利有攸往，亨。
> 《彖》曰：大过，大者过也。栋桡，本末弱也。刚过而中，巽而说行，利有攸往，乃亨。大过之时大矣哉！
> 《象》曰：泽灭木，大过。君子以独立不惧，遁世无闷。

1. 大过

上面也做了一些简单的介绍，而且《彖传》里也讲了一个"大者过也"。在六十四卦中讲大的有大有、大畜、大壮、大过，实际上讲大的，还不仅仅是这几个卦，如泰卦也有大的意思。

2. 栋桡；利有攸往，亨

"栋"，即栋梁之材。旧时盖房子，这个梁是很重要的，特别是农村盖房子，还要上梁，要举行一个很隆重的仪式，场面非常喜庆，要放鞭炮、发喜糖，还要喝彩，说吉祥话，场面是很热闹的。栋梁，对于屋宇来说是一个很重要的部分，而且木材也是要经过挑选的，如果是砖木结构的房子，那它作梁的材料必须是最粗、最好的树。

"桡"就是弯曲的意思，这点我们从卦面也可以看出，中间是四个阳爻，两端是两个阴爻，阴爻代表小、柔弱，中间刚强、强硬。一般来讲，两头要硬些，这里相反，所以弯曲。这说明中间刚得太过了，两端柔得也过了。

这本来不是一件好事，但卦辞不是朝这个方面来说，而是"利有攸往，亨"。

这又是什么意思呢？本来太过了，却为什么还有利、亨通？且看下文。

3. 栋桡，本末弱也

本，这里是以两端为本，而本弱。"刚过而中"，说明四个阳爻在中间刚过了。"巽而说行"，下经卦是巽卦，巽卦比较顺利，上经卦为兑卦，兑卦是喜悦，所以，如果有所往、有所为、有所行还是有所利的，也就是说是亨通的。但进一步解释这个意思的还是"大过之时大矣哉"。这个"时"字很重要，后面还要进一步讲解。

4. 君子以独立不惧，遁世无闷

在前面讲到乾卦的初爻，"潜龙勿用"，解释它的时候，是子曰："龙德而隐者也。不易乎世，不成乎名。遁世无闷，不见是而无闷。乐则行之，忧则违之，确乎其不可拔，潜龙也。"这里有相通的地方。"遁世"，从字面上看是掩饰，逃离这个世俗，好像是超凡脱俗的意思，超越世俗的空间，隐居起来。但这里不是指到深山里去隐居，而是另外一种隐，表面上还在世俗间，但他的内心却是超脱的，超脱到哪个程度呢？主要指他的意志、目标和向往，特别是信念，他不会因为世俗而改变。这是最关键的，这是"龙德而隐者也"的意思，这就是龙德。他虽然有种超脱世俗的境界，但他不会因为这个而闷闷不乐。有人会问他"对这种生活是不是感到苦闷？"他回答："我感到非常快乐，甚至比你们更快乐，我这种快乐，是真正的快乐。"这就是遁世无闷。"无闷"就是不厌世，相反，热爱生活、热爱自然，对世事充满了信心和热情。前面讲到"巽而说行"，"巽"有顺从的意思，当然主要是谦逊的"逊"，指心里很明白、与世无争的思想，别人去争名争利，"我"不争，是一种谦逊的态度，所以就能得到喜悦，这种喜悦是真正的快乐。虽然过了一点，但不会造成坏的影响，最多只对个人的利益有点影响，但在精神上是格外地丰富。这就是一种"损和益"的关系。物质上损了，精神上益了，假如在物质上丰富了，样样都争了先，物质上益了，那可能精神上的东西就损了，是这么两层关系。你想两全齐美，那可能只是愿望而已了。这是每个人的选择，有的人选择的是物质享受，有的人选择的是精神享受。

当我们走进一户人家，他家装修得非常气派，是享受型的，还养了几只小狗。我在外面看到一个女的，抱着两只小狗，好像很高傲的样子，实际上这种人的心里是很空虚的，我看到她这种得意之色，还有些同情她，其实她是很可怜的。为什么呢？因为她以什么来安慰自己呢？以什么为精神寄托呢？她以小狗为精神寄托，所以我很同情她。

我的一个朋友家里，首先映入眼帘的是一大排书架，里面全是书，其实这也是一种享受，是一种精神的享受。当然这是每一个人的选择自由，"君子是独立不惧"的。独不能解释为孤独的"独"。这里讲到亨，讲到利有攸往，我们必须从这个方面去理解，不然只从事情的表面来看，"大过""栋桡"好像太危险了，不仅仅是有咎、有吝、有悔，而是有凶啊。但其实不是这样，而是亨通、利有攸往、利于行、利于有所为。这里的"利"，我们应当理解为对社会有利、对自己的精神有利，只是表面上看不利罢了。这个对于我们来说都不难理解、不难去选择，你们也明白你们选择的不是物质型的，是选择精神型的。所以说我们即使有些过，也没有问题，这个过是一种对世俗和物欲的超脱。

下面我们来看看爻辞，这爻辞里讲的都是劝诫性的。

四、爻辞

> 初六，藉用白茅，无咎。
> 《象》曰：藉用白茅，柔在下也。

1. 藉用白茅，无咎

"白茅"是一种植物。"藉用"是指垫，是指古代祭祀时垫器皿用的。古时祭祀都是庄严而圣洁的，就像我们过大年，大家都很虔诚。在祭器，也就是装供品的器皿下面垫上洁白、柔软的白茅，不易碰坏、不易玷污。

"苟错（措）诸地而可矣，藉之用茅，何咎之有？慎之至也。夫茅之为物薄，而用可重也。慎斯术也以往，其无所失矣"。这就是讲，将这个祭器放到地上就行了，不需要铺上白茅草，因为作祭祀的地方，一般事前都打扫得很干净，本身就很清洁了，将祭器放在地上也行，现在又铺上了白茅草，那何咎之有呢？当然没有过错、没有咎害了。但是谨慎得太过了，这白茅虽不贵重，但铺在那祭器的下面，它也跟着一起变得贵重，也跟着一起圣洁了。所以说，如果我们办事都像这样认真，那还有什么过错呢？还有什么大过呢？所以也就无咎了。

2. 藉用白茅，柔在下也

尽管看起来是很轻松的一句话，"柔在下也"，就是怕那个祭器被碰坏了，所以放在下面垫着。同时又是解释这个卦的，这个初爻正好是阴爻，阴即柔，上面有四个阳爻，就是靠这个阴爻给垫着，这是很形象的。

> 九二，枯杨生稊，老夫得其女妻，无不利。
> 《象》曰：老夫女妻，过以相与也。

1. 枯杨生稊

"稊"，有人解释为根，金景芳先生对好多普遍的解释都不认同，他只对解释为根表示赞同。但我琢磨了半天，我还是不认同这种解释，我认为王弼注："稊者，杨之秀也。"孔疏云："稊者，杨柳之穗，故云'杨之秀也'。"郑玄注云："木，梗生也。"孔疏云："九二之阳处阴，能过其本分，而救其衰弱，故衰者更盛，犹若枯槁之物，更生少壮之稊。"

这是讲树已经枯了，在某个时候它又长出新枝，长出新芽和新叶子了。

对于孔疏云："九二之阳处阴……"我认为比较合理，如果说是生根的话，这个地下部分生的根，它绝对不是那个老根，还是在非常深的根的尖端生出须根，那也是看不见的，即使是老根生出了，那也看不见，毕竟在地底下，那是很难去观察的。所以我认为是指长出了新的枝叶，理由有三：一是初、二爻表地道，二爻为地表，九二到了地面，应为刚出地面的芽；二是"稊"并非"木"字旁，而是"禾"旁，禾者，苗也；三是这样对于后面的九五解释也就能连贯了。

2. 老夫得其女妻，无不利

九二是阳爻，将它比作老夫。为什么比作老夫？从卦上来看，如震卦的初爻为阳爻，称它为长男；到了坎卦中间第二爻为阳爻，它是中男；到了艮卦，这唯一的阳爻在上面，叫它少男。这说明越往上越年轻（长男、中男、少男），越往下就越老。这里的九二是四个阳爻中最下的一个，所以称其为最老的一个，因此叫老夫。老夫得了少女为妻子，这当然也像枯杨生了新叶一样。原来刚才讲的新芽，是老树发新芽。"无不利"，当然这也是好啊，这没什么不利的。当然也不讲吉、也不讲庆，只讲没什么不利。所以这个评价很确切，一点都不过。如果讲利，那就好像有点过，这有什么利呢？那样人人都去学、都模仿吗？所以就只讲没什么不利，但也没什么有利的。意思是，也不用去模仿，这种现象有也就有吧，就是那个意思。一棵枯树，发了几个新叶，也过不了多久。所以《象传》曰："老夫女妻，过以相与也。"

3. 老夫女妻，过以相与也

这里又讲到过，实际上，他们之间的关系可以想象到有点过，年龄过了。枯杨生了嫩叶，这嫩叶与枯木也是不相称的，就是说，这枯木即使长出了叶子其时间也已经过了，这个嫩叶长出来了，但实际上时间过了，真正繁盛的时候没长出来，而在这个时候长出来了，又过了。老夫对枯木、女妻对生稊，两组形象的比喻，可见，"稊"解为嫩叶新枝合理。

> 九三，栋桡，凶。
> 《象》曰：栋桡之凶，不可以有辅也。

1. 栋桡，凶

这里与卦辞一样，九三是阳居阳位，表现为刚强。从这点就可以看出它比较过，所以本卦中最强的就是这个地方。这四阳爻里最强的就是这个地方，就是九三，因为它是下经卦的最上一爻，同时又是刚爻居刚位，它一点都不柔，所以必然会导致弯曲，有栋桡之凶。

2. 不可以有辅也

这里是指，与之相应的上六虽有心相辅，却又帮不上忙。因为上六阴居阴位，自己都很柔弱，所以帮不上忙。还有一层，"不可以"就是说，他本身就很刚强，还要别人帮忙，那不就越帮越乱了吗？越帮越刚强了吗？不也就是越帮越"桡"了吗？所以"不可以有辅"。

> 九四，栋隆，吉。有它吝。
> 《象》曰：栋隆之吉，不桡乎下也。

1. 栋隆，吉

九四，阳居阴位，所以它是"隆"，这里的"隆"是指隆起，能够看出前面爻辞九三的栋桡是向下弯曲，因为太刚硬，所以不可以辅，也就是说，如果再帮忙那就压得更弯了。而这里不同了，同样是阳爻，它是向上隆，房顶向上隆起没有问题，如果向下弯那就问题大了。这九三与九四，同样是阳爻，为什么九四是向上隆，九三是向下弯曲？因为它们的位置不同，九四是柔位，阳居柔位，本爻刚柔相济就均衡了，但在全卦力量对比中却不均衡，所以向上隆起。这就是栋隆，它是往上过，所以吉，又是好事。

2. 有它吝

"吝"，就是还是有一点为难的地方。这个为难之处是"有它"。"它"是指与九四对应的初六，因为九四阳居阴位是均衡的，再有初六来帮忙那不就要柔了吗？就打破这个均衡了，那就可能有为难之处了，所以《象》曰"有它吝"。

3. 栋隆之吉，不桡乎下也

"不桡乎下"，就是说不能去找初六帮忙，如果初六一掺和的话，那就会往下弯曲。

> 九五，枯杨生华，老妇得其士夫，无咎无誉。
> 《象》曰：枯杨生华，何可久也？老妇士夫，亦可丑也。

1. 枯杨生华，老妇得其士夫，无咎无誉

九五与九二对上了，九二是枯杨生稊，九五是枯杨生华。前面讲了稊是新长的枝芽，这里是长出了新的花，华为花。这正好对应上了，都是树上可以看见的。前面是"老夫得其女妻"，这里是"老妇得其士夫"，这老夫与老妇不正好是一男一女的区别吗？这老妇是指谁呢？这个地方是指上六，有人会讲上六是少女呀。但这里又不这么说了，因为九五是最上一阳爻，这一阳爻是最年轻的，老妇是上六的阴爻，上六是这一卦的终极，已经衰老，所以上六为老妇。这老妇得了这么一个年轻的夫君，是无咎、无誉，这里不是讲"无不利"，而是讲无咎、无誉，就是讲没有过错，但也没有什么可以称赞的。为什么说没有可以值得称赞的呢？象辞里讲道："枯杨生华，何可久也？"

2. 枯杨生华，何可久也？

这里就是讲，枯杨虽然长出了新叶，长出了花，那这花又能开多久呢？这个枝叶又能绿多久呢？

3. 老妇士夫，亦可丑也

这也并非笑话她，也没有什么丑不丑的问题，是两可的。不肯定也不否定，只是一种现象，不值得提倡，但出现了也不要指责。这里只不过是用这两种比喻来说过，说大过，这都是过了，但是两个地方的"过"，一个是"无不利"，一个是"无咎、无誉"。所以还是解释了卦辞讲的"利有攸往，亨"，虽然是大过，虽然是"栋桡"，但是"利有攸往，亨"。这就是说，这种现象即使出现了也就出现了，这对他人、对社会也没有什么影响，也没有什么危害，这只不过是一种现象，但也不要去倡扬、不要去模仿，这也没什么可以模仿的。

上六，过涉灭顶，凶，无咎。

《象》曰：过涉之凶，不可咎也。

---

1. 过涉灭顶，凶，无咎

上六，软弱无力，这是上六的特点。这也是极端了，而且与初六不同，初六比它好。上六这个位置是最不好的，马上要过了。即使阳爻也到了盛极必衰的时候，何况这还是一个阴爻，这个位置也是一个盛极必衰的位置，这么一个柔位，再加上自己还是一个柔爻，那就更柔了，柔得软弱无力。但它又肩负着任务，对栋材，它执其一端，总要管这一端的事吧，这一端总要行这端的力吧。但行不了，这该做的事做不了，该顶的力顶不住。因为中间的四个阳爻太刚强了，力量太大了，这一端顶不住，顶不住就要灭。过涉就是指太过了，中间的太刚强了，刚强得顶不住了，所以就灭顶了。但这里又讲无咎，前面又讲凶，这又做何解释呢？为什么无咎呢？原来，它就是这种现象而已。看看后面吧。

2. 过涉之凶，不可咎也

没有什么可咎不可咎，过涉之凶，这种现象在我们生活中到处都有，这里就无需举例子了，前面都已经举例了，"枯杨生稊""枯杨生华""老夫得其女妻"，"老妇得其士夫"。这些都是例子，这些看起来是过了，看起来是过涉，但实际没有咎与不咎、利与不利。这个拿到现实生活中也是这样，在生活中，只要想把一件事处理得圆满，有时候要采取一些非常手段，这个非常手段，看起来非比寻常，使人接受不了，但这没有过错。当然这种非常手段，只有有把握、有魄力的人才能做到。

例如，重庆谈判，当时的形势是国共两党准备合作，也就是看双方如何争取全国民众的民心。当时共产党一直主张和平，不要打内战了，共产党的主张得到了全国老百姓的拥护，人民都期望和平。蒋介石在这种情况下玩了一个花招，邀请毛泽东到重庆去谈判。他想：毛泽东就不敢来，所以连发三次电报邀请。毛泽东在这个时候采取了非常策略：决定去。党内有好多同志都劝毛泽东不要去，因为蒋介石不可信，他什么手段都能用。毛泽东在这种时候毅然前往，这是非常策略。真正来讲有没有危险？当然有，这个危险从毛泽东刚出发时起就存在，但是他为了民族的解放和统一，没有顾及个人的安危。结果，化解了风险，取得了重庆谈判的胜利。

所以在我们的生活中，经常会有这样的现象，有时你为了解决一个问题，这个问题你用一般的正常手段没办法解决，必须采取非常手段，这种非常手段看起来很悬，悬就有凶险，但是最后还是解决了。这时就是"亨"，就是"利有攸往"，就是"大过之时大矣哉"，这个"时"是指这种非常时期，这种危急关头。刘伯承元帅的那句名言："狭路相逢勇者胜。"就是一种非常策略，这是顺乎时宜的紧急措施，同时也顺乎潮流、顺乎时代，在这种时候不采取这种非常手段，就不能解决问题。

习坎卦 往有功的智慧

一、卦名：习坎

  现在讲上经的最后两卦：坎卦和离卦。坎卦和离卦以及震卦、艮卦、兑卦、巽卦，这六卦都是重卦，坎卦与坎卦相重，离卦与离卦相重。两种相同的卦相重为"习"，即反复演习之义。所以坎卦又名"习坎"，以此类推，便有"习离""习震""习艮""习兑""习巽""习艮"等，其他均略去了这个"习"字。

  坎是陷的意思，有坎就会有坷，坎是一阳爻陷在两阴爻中间，这两个坎卦一相重，给人们的感觉是陷中有险。如果从初爻向上推的话，那就是闯过一个险滩又有一个险关，给人的印象就是这样，所以坎卦里面是重重的险阻。

二、卦画

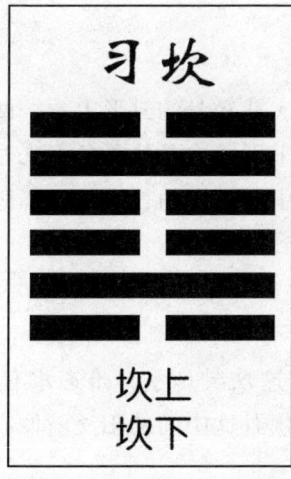

坎下坎上。除二爻、五爻为阳爻，其余均为阴爻，阳爻陷于阴爻之中。上文已经说明，这是由两个坎卦相重而成，表示上坎之水为天上之水（如雨、露、霜、雪、云），下坎之水为地面之水。上坎又为外卦，即外界之险（坎卦为险），下坎为内卦，即自身之险。

三、卦辞

> 习坎：有孚，维心亨，行有尚。
> 《彖》曰：习坎，重险也。水流而不盈，行险而不失其信。维心亨，乃以刚中也。行有尚，往有功也。天险不可升也；地险山川丘陵也。王公设险以守其国，险之时用大矣哉！
> 《象》曰：水洊至，习坎。君子以常德行，习教事。

1. 习坎

"习"，是指学习的习，也是指练习翅膀而学习飞，那习与坎有关系吗？没关系，为什么说没关系呢？我开头就讲到其他几个卦，实际上在离卦前面也可以加"习"字，习离、习巽……都可以加习。为什么呢？因为习是两个相同的卦相重，两个坎卦相重，两个离卦相重，两个艮卦相重……都叫习。坎卦在六卦中第一次出现，所以用"习"，以示区别，余下五卦以此类推，乾、坤两卦是不同的，它们是纯阳和纯阴的。

2. 有孚

"有孚"，当然是指诚信。从经卦的卦形上看，两边是阴爻，中间是阳爻，两边都是水，中间的阳爻浮起来了。这是从卦象上来看的。孚为什么有诚信的意思呢？因为坎卦两边是虚的，中间是实的，实的就不假，没有虚假，那当然就是有诚信了。这也是从卦象引申到卦理。

3. 维心亨

"维"，是维系。"心"，这坎卦是水，难道水有心吗？其实这里的"心"是喻义，是从卦画上看，好像坎卦这中间的阳爻就像心似的，阳在中心，心中有光明。诚信就是心地明亮,这种明亮的心实在。水本无心,孚则有心。"亨",当然有孚也亨,这里的"孚"引申为"浮",所以它才能漂得远,才能航行,才能亨通;实也通,实是诚信,讲诚信当然亨通;心中有孚,当然畅通。所以这三个联系起来,说明一个"亨"字。这里的意思是,因为有诚信维系着意念,所以虽险亦通。

4. 行有尚

"行",是有所行,有所为。"尚",是崇尚,所崇尚的还是中间阳爻那种刚毅的行为。这里不妨引用孟子的一句话。

孟子说:"人的德行、智慧、学术、知识,经常存在于患难之中。"这句话一下就点到这坎卦的卦义上。坎卦就是风险,是陷下去,也就是在患难之中。所以说,求学的人要经历千辛万苦才能成功。一个人想在某种职业上有所成就,必须经历一番艰苦的磨难、一番风险的考验。下面再引用孟子的一句话。

孟子说:"流水的性质,不流满坑穴,不会再往前流。"这里就讲到它的"孚"和"实",这就是水的特性,它坚守自己的诚信。从这点可以看出,孟子观察事物是非常细致的。圣人们的思想为什么源远流长?因为他们不是空谈,不是坐在家里空谈理论,而是真正在自然中去细致观察。

《象传》曰:"习坎,重险也。"由此也可看出,习坎就是两重风险。

5. 水流而不盈,行险而不失其信

水就是这样,不流满坑穴,是不会往前流的,不管前面有多少险滩,多少深洼,甚至于有多少高坝挡着,它都能一个一个地克服,一直向前流动,它是决不违背自己的特性、决不失信的。《贞观政要》中说:"以水投石,无时不有。"这就是说,水能适应万物,有石头挡着就绕过去,绕不过去就静静地等待。这也是"维心亨"的含义。"维心亨",阳爻在中位。

6. 行有尚,往有功也

能崇尚这样的德行,所以只要前往就有功劳、功用。水的功用很多,航行、灌溉、滋润万物,人们的生存时时处处都离不开水。

7. 天险不可升也;地险山川丘陵也

尽管天高得不可攀登,大地上到处都是山川丘陵,但阳孚水面,又能无处不

到，并且能始终向前，所向披靡。

8. 王公设险以守其国

如古代的护城河，护城河里就有水，就是设险护城的天然屏障。

9. 险之时用大矣哉

别看水陷下而有险，但它挑战风险、战胜险阻的力量也是不可思议的，这太伟大了。

10. 水洊至，习坎。君子以常德行，习教事

"洊"，指再，仍。这就是说，闯过一个险，又有一个险。"君子以常德行，习教事。"君子以这种常规，仿效这种规律，作为自己的德行。习教事，这里的"习"就不仅仅是指学习了，而是不断实践，行大道。一方面是面对一次次的险阻；一方面是顺应水的规律，抑弊扬利，以磨砺自身的操行品德。

四、爻辞

> 初六，习坎，入于坎窞，凶。
> 《象》曰：习坎入坎，失道凶也。

1. 习坎，入于坎窞，凶

"窞"，通"陷"，是指险中之险，字形上部像一穴，下部像一个陷，可以看出是险中之险。初六是很柔弱的阴爻居阳位，自然很难发挥，因为它一开始就陷入险中，并有重重险滩在外层，陷入险滩就得从守开始，它走出了第一步，后面将越走越险。

2. 失道凶也

失的是什么道？应该指没有志向的小人，在艰险危难面前，没有坚强的信念，而是抱一种侥幸心理去指望别人，异想天开，而不去努力奋斗，结果就会越陷越深。它失的是成功的志向，同时失去了许多成功的机会。不知险也是在磨炼

人，通过险的磨炼，便能生智慧、长学问、益道德，甚至能出伟人。失去了这么好的机会，没利用这么好的条件，未充分地磨炼自己，很可惜。只要你勇敢地闯过这个险滩，就能见到"又一村"，就登上了另外一个人生的新境界。失去这么大好的机会，只是消极地等待，结果只能等来凶的结局。善《易》者不占，它明白这个道理，懂得水的特性，顺应水的规律，勇敢挑战险阻，结果是光辉的坦途。水一直向前，它的最后归宿必然是大海。

> 九二，坎有险，求小得。
> 《象》曰：求小得，未出中也。

1. 坎有险，求小得

九二虽然是阳爻居中位，但它在坎中，所以这个坎也有险。九二只能求小得，这个得，即使是小也要去求；不求，不能轻松得到，这是险中之得呀。

九二，阳居阴位，它是实的，看起来不正，但是它居中，因为居中是有利条件，所以还是可以求得一个小得。九二是阳爻，它有一种积极的态度，它愿意去求，并能大胆去求。虽为小得，其实是大得，难得的大得。

2. 未出中也

这里是指君子处于险中，而不为险所困。它不奢求、不妄想，能从实际出发，求取小得，能求多少就是多少。它自知身居坎中，谨慎谋求，也不因小得不去求，而同样付出努力，这是一种积极的人生态度。"未出中也"，就是没有偏离这种实际处境，能做多少就做多少，不消极地等待，也不盲目地去冒险，不去贪得、贪求，保持着中道、中庸的心态（因为九二的优势唯有一个中）。

> 六三，来之坎坎，险且枕，入于坎窞，勿用。
> 《象》曰：来之坎坎，终无功也。

1. 来之坎坎

来是险，往也险，来往都是险，进退也是险。六三对于上经卦为"来"，走出了下经卦之"窞"，又面临上经卦之"窞"。"我"来啦，同时险也来了。

2. 险且枕，入于坎窞，勿用

六三乘于九二又承于六四，就像枕在险中，两头都是险，枕在两个坎上，这就真正入于坎窞之中了，就是陷入两重险了。"勿用"，这当然就不能用了，这还能行动吗？当然行动不得了。

3. 来之坎坎，终无功也

这个时候确确实实连小的都没有，连小的都不能求，千万不能轻举妄动了，一旦轻举妄动，那就会以失败告终。但并非不动，有人在困境中完全不动，只是消极地等待，似乎期望厄运过了再动吧，其实，这又是一种误解。这里只是强调不能轻举妄动，不是完全不动。

> 六四，樽酒，簋贰，用缶，纳约自牖，终无咎。
> 《象》曰：樽酒簋贰，刚柔际也。

1. 六四

对于六四，金景芳先生说，这爻是多辞断句但不好断，历代好多大师都为此头疼。六四即阴居阴位，这又有什么样的景象呢？

2. 樽酒，簋贰，用缶，纳约自牖，终无咎

"樽"，是一种酒器，反映战国时期的电视剧或书籍中都能经常看到这种樽，高脚，而且前面倒酒的口子很长。"簋"，是装谷物的竹盘子。"缶"，是一种没有文饰的、很朴实的瓦器。"约"，是俭约。"牖"，是指窗户。

这爻讲了这么一种情景，从樽酒、簋、缶这些用具上可以分出君臣之间的关系，就是说，臣子来供养君主，如皇上身边的宦官和侍奉他们的御膳官，为君主送饭应该是恭恭敬敬的，用非常好的器具、非常好的酒饭。但这里列举的用具却很简单，就是一樽酒，两个竹盘子装的谷物，饭是用瓦缶装着，并不是走正门送进去的，而是由窗户将简单的食物送进去。本来臣子见了君主是要下拜、要行君臣之礼的，可这里没有，都省略了。但是这样做竟然无咎，君主不会怪罪这种无礼的行为。这是为什么呢？

3. 刚柔际也

这是刚柔之际，是一种特殊的环境、一种特定的时间，可见是非常时期、非常对待。

如八国联军攻进北京，慈禧太后只好西行，在皇宫里是那样的尊贵，可在沿途上什么礼节都不讲了，只要有吃的、喝的就行了，最后连吃相都顾不上了。这时也就没有什么君臣之礼了，这是特定时期。刚才讲得很清楚，六四是刚才从一个险滩闯过来的，到了这里又要面临一个险滩，已经是惊魂未定，这种时候肯定顾不上君臣之礼，更顾不上这样那样的讲究了，只要吃饱就行了。所以说，在险中有许多东西都变了，人际关系也变了。这说明在危险之中，在凶险的境况之中，还是要多一些变通。

> 九五，坎不盈，衹既平，无咎。
> 《象》曰：坎不盈，中未大也。

1. 坎不盈

刚才也讲了，就是孟子那句话，他讲水流到坑里，不将那坑流满，就不再往前行。这里的"坎不盈"又是另外一种情形，因为水是流动的，无论怎么样，大河、大江始终不会盈满，因为它始终是流动的。所以这只是指适可、适当，它始终是这个态势（水平）。这九五就是坚持一种中道，平就是一种中道，所以无咎，所以"坎不盈，中未大也"。这里的"盈""平""中""大"，显示了一种微妙的自然规律，仔细琢磨吧。

2. 坎不盈，中未大也

为什么中未大也？本来九五可以做大，它是中正之位、是尊位，但这个九五之尊，是个可怜的九五之尊，还没有走出险滩，还是惊魂未定，所以它不能做大、不敢做大。如果自己一做大，那风险也就更大了。只要不自大就能保持水流而不盈的常态，才能无咎。

> 上六，系用徽纆，寘于丛棘，三岁不得，凶。
> 《象》曰：上六失道，凶三岁也。

1. 系用徽纆，寘于丛棘，三岁不得，凶

"系"，就是缚绑的意思。"徽"，是三股绳子。"纆"，是两股绳子。"丛棘"，是指那种像现在监狱高墙上用的电网，那时不用电网，用的是荆棘之类，防止犯人逃跑。所以叫纆置于丛棘，就是说，用三股的绳子或二股绳子，将其捆绑，再关进那围墙里面的监狱里，三年都不得出来。古代有一种法，犯人关了三年还不能出狱的话，那就是杀了，所以有"凶三岁也"。当然这里也是一种比喻。

2. 上六失道，凶三岁也

这里失的是什么道？这里不仅仅是人陷入险中，实际上道也陷入险中，不是败坏了道义，那怎么会被关在监狱里呢？再怎么险，只要不被关在监狱里也不至于凶吧。前面那几爻也没讲到这样的凶。所以说，在风险之中、在险滩之中没有守住道义。失去了道义就失去了做人的依怙。

小结

这里简单地把坎卦讲完了，这坎卦的爻辞里，没有一个吉字，凶字倒有两个，所以这是凶险，但我们也应回头看看它给我们启示的东西也不少。

最大的启发就是从卦辞、彖辞、象辞里能看到，尽管有险，但险能磨炼人，能磨炼人的意志；在险中也要多一些变通，人际关系也出现了变化，但只要不失去道义，还不至于凶险，即使有咎也不是大咎，还能安全渡过。

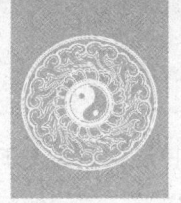

离卦 日月丽天的智慧

一、卦名：离

离卦与坎卦正好相反，坎为水，离为火，水火是不相融的。离卦的卦德是附，依附于其他物体，如灯火依附于芯捻子，灶火依附于柴草。从词义上看起来是矛盾的。为什么是矛盾的？离是离开、分离，而依附呢？是靠近、亲近，这不就是矛盾吗？古人就是利用这种矛盾显示易象、易理。所以"离"的卦德除了依附，还有"丽"。丽字繁写的下面有"鹿"字，"丽"，就是指并排的两只鹿，那鹿角很美丽，有相互依附的意思。离卦象征的光明与美丽，但它要附着在一种物体上。

二、卦画

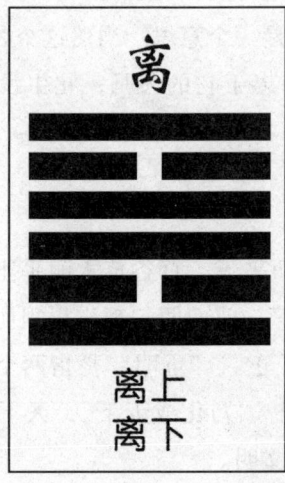

从卦画上看，它与坎卦正好相反，它是上下两个阳爻，中间一个阴爻，就像一团火苗，周围是火光，中间是空的，中间的温度低，外面火焰的温度高，这个大家都明白，就像台风中心是平静的那样，火苗的中心也是空的。

我们再来看两个离卦相重，重了之后是什么样的结果，再来看看卦辞。

三、卦辞

> 离：利贞，亨。畜牝牛，吉。
> 《彖》曰：离，丽也。日月丽乎天，百谷草木丽乎土，重明以丽乎正，乃化成天下。柔丽乎中正，故亨，是以畜牝牛吉也。
> 《象》曰：明两作离，大人以继明照于四方。

1. 离：利贞，亨

离刚才讲了，这里就不多讲了。"利贞亨"，这四德里面没有"元"字，同时将"亨"放在第四位，四德中具备三德，但这三德在次序上起了变化，首先是"利"，再是"贞"，最后是"亨"，这不是任意排列的。这个从后面的爻辞中可以看出。

2. 畜牝牛，吉

"牝牛"，为母牛；"畜"，是蓄养、驯服，就像《牧牛图》里描述的那样。这里吉在何处？吉在牝牛，牛本身是很纯朴的，有坤卦的德行，坤卦用牝马来做比喻，这里用牝牛来做比喻，是一个意思。当然这个牝牛驯服却不像牝马，有点不讲原则，牝马讲原则，牝马忠于它的公马，牝牛没有这个特性，但很温顺，所以吉。

3. 离，丽也

这个刚才讲了，"日月丽乎天，百谷草木丽乎土，重明以丽乎正，乃化成天下"。这好像是散文似的文辞。前面两句都讲得很明白，因为丽有美丽、依附的意思，我们看："重明以丽乎正"，"重明"是指两个明，两个离卦相重，它显示一种正。显示什么样的正呢？"乃化成天下"，天下没这个明那实在是不可想象了，这里的"明"即光明、文明。

4. 柔丽乎中正，故亨

离卦中是阴爻，当然是柔，中间是中正之位得利，外面有明，中间得利，所以亨。"日月丽乎天，百谷草木丽乎土"，这是讲"利"的，从利讲起的；"重明以丽乎正"，这就讲到"贞"了；"柔丽乎中正"，故亨；这就是"利""贞""亨"的次序排列。

5. 是以畜牝牛吉也

这里讲利"畜牝牛"，不是一朝一夕的事，它也有一个时间问题，有一个长期性。为什么是长期性呢？因为是重明哪，是两个离卦，非一个离卦。

所以《象》曰："明两作离。"这不是讲明两次、明两作吗？古人有"日出而作"，天明一次，出来作一天，再明一次，又来作一天，这似乎成了"终日乾乾，夕惕若厉"了。这只是一种比喻，实际还是代表光明的离卦组合。

6. 大人以继明照于四方

乾卦中有"君子以自强不息"，坤卦中有"君子以厚德载物"，而本卦中有"大人以继明照于四方"。上述三句中都有一个"以"字。"以"者，依顺、遵循之义也。"继明"，指太阳下山了，月亮起来了。这就是天道的作息时间，为什么只有大人才能依顺呢？大人也是依这种规律，出了一代又一代伟人、一代又一代圣人，"江山代有才人出"。这里的大人实际上还是象征意义。

三、爻辞

> 初九，履错然，敬之，无咎。
> 《象》曰：履错之敬，以辟咎也。

1. 履错然，敬之，无咎

初九，阳居阳位。"履"是指鞋，也是指步履。"错然"中的"然"是样子，就是走路步子错乱。可见这位年轻人初涉世面，刚刚开始干一件事，还不成熟，有点乱。但他年轻，才刚出去闯荡，所以无咎。当然这无咎的理由关键在"敬"

字上,"敬"又当"谨"字讲,因为他初涉社会,有一种虔诚的心态,有一种敬畏的心理,当然也就有一种谨慎的态度,尽管有些错然,但不是大乱。

2. 以辟咎也

所以《象》曰:"履错之敬,以辟咎也。"这里"辟"是避免,就是能够避免咎害。为什么能避免呢?因为敬,他有这种谨慎之心,有这种恭敬心,所以就能避免灾难。

> 六二,黄离,元吉。
> 《象》曰:黄离元吉,得中道也。

1. 黄离,元吉

坤卦的六五讲到"黄裳,元吉",这里是"黄离,元吉"。"黄"是指土色,土是五行的中央,所以是黄色。六二是内卦的中位,得正又得中,具备中正的德性,所以得元吉。

2. 黄离元吉,得中道也

这个"中道"包含的意义很广泛。中道在前面许多卦中都有阐释,特别在乾卦与坤卦中都有阐释,大家可以回顾一下,这里就不再重复。

> 九三,日昃之离,不鼓缶而歌,则大耋之嗟,凶。
> 《象》曰:日昃之离,何可久也?

1. 日昃之离

九三,阳居阳位,刚居刚位,阳是光明,这光的亮度很大。"日昃之离"是向西倾的斜阳,是指太阳已经偏西了。

2. 不鼓缶而歌,则大耋之嗟,凶

这个"不"和"则"是转折连词,就是"不……就……"。庄子的妻子去世的时候,他是击盆而歌,这盆就是这种缶。古代人奏乐没有指挥,各种乐器齐奏而旋律不齐,于是有人灵机一动,从地上捡起两块陶片(缶),有节奏地敲打,使乐队旋律一致,并把这种"缶"称为"节"。大耋是指年龄,耋是指六十岁以

上的人，耋是指七八十岁的老人，耄是指八九十岁的老人，"期颐"是指百岁之期，就是指一百岁的老人。这就是耆、耋、耄、期颐之间的区别。当然这耋不一定就是指七八十岁，而是统称老年人的。意思是说，老年人不击缶而歌，老实嗟叹，好像是守着日子度光阴，那当然就是凶了。这也是劝诫人的一句话，鼓励人的一句话。"明者知于此，乃不乐生，也不忧死"，就是说，在这种情况下，虽是风烛残年，但不要想是风烛残年，要想到这是夕阳无限好。但也不要想那后面一句话"只是近黄昏"。其实，这句话并非针对老年人而言。

3. 何可久也？

《象》曰："日昃之离，何可久也？"当然是不会长久，尽管时间很短，尽管是风烛残年，但夕阳还是无限好，要有这种人生态度，去对待这个自然规律，能乐天知命而不忧。

> 九四，突如其来如，焚如，死如，弃如。
> 《象》曰：突如其来如，无所容也。

1. 突如其来如

这里是离卦的初爻——九四，阳居阴位，阴中有阳。从爻辞看，似乎这阴中之阳，是一种突如其来的火（离为火）。"突如其来如。""其"，是指事代词，代指谁呢？当然代指这阴中之阳。它从哪里来呢？从卦象的爻位次序看，它是从内卦之火中来的，哦，原来是一种内里的心火上炎所至啊，心中窝着火，表现于外便为无名之火、气愤的样子。别人以为这火发得也太突然了，他自己也觉得有点莫名其妙，也认为突然。人要发火往往是一念之间，稍纵之间发生的，这是一种常形，也是人之常情，明白了也就见怪不怪了。这里只是用常情说常理，其实易理就是常理，都在"百姓日用"之中。

2. 如

这里一连用了五个"如"字，不得了："突如，其来如，焚如，死如，弃如。"不了解的人还以为有什么天崩地裂的突发性大事，又是忧心如焚，又是心如死灰，又是自暴自弃，"哎呀，我不活啦。"也许你们会认为我是在编故事，不是讲《易经》，其实，这种好笑的景象正是这五个"如"字描述出来的。《说文》云："如，从随也。"随从谁？随从内卦，忧火、怒火皆从心发，随从自心中妄念，欲火中烧。本来是平常事，结果闹成了大事。本来平平静静过日子，结果欲火中烧，火从心起，一把无名火突如其来，甚至弄得自己都啼笑皆非，不知是哭好还是笑好。

3. 无所容也

这里有三层意思：一是指心量偏狭，没有宽容的空间；二是心里容不下，即刻表现于外，说变脸就变脸，结果为事态所不容，甚至为他人所不容，因为这个世界不是某一个人的世界，你别破坏了大家的和谐氛围；三是世界之大，但给每个人的空间并不是平均摊派的，内里的心量有多大，外部的空间才有多大。容不下事、容不得人的，就是容不下自我生存的人际和机会。你们认为我总结的这三条偏离九四爻辞了吗？

> 六五，出涕沱若，戚嗟若，吉。
> 《象》曰：六五之吉，离王公也。

1. 出涕沱若

"沱若"，是滂沱的意思。流泪流到那个程度，就像大雨滂沱一样。

2. 戚嗟若，吉

"戚"是悲叹、忧伤。"嗟若"，是叹息的样子，但是吉祥，这是为什么呢？泪流了那么多，又是哀叹，又是忧愁，竟然还吉祥，这就给人一种大喜过望的感觉。因为这种喜来自忧患，不是来自忧患本身，而是来自忧患的意识，有了这种忧患的意识，就有面对忧患的心理准备和处理忧患的行动。我们从卦象上看，似乎两边都是明，把中间烤得泪流满面。实际并非这个意思，这是一种形容，是一种比喻。六五之吉是从哪里来的？是"离王公也"。

3. 六五之吉，离王公也

王公是君主，他这个位置好，与九四不同，因为他是君主的王公，当然我们不能狭义地看作一个君主，实际上也是一位圣人，一位有志向、有道德的人。他知忧知惧、知忧知患，知道惧怕就知道谨慎，所以他不会违背道义，因为他明理，理明则道明，道明则吉祥啊。

> 上九，王用出征，有嘉折首，获匪其丑，无咎。
> 《象》曰：王用出征，以正邦也。

1. 王用出征，有嘉折首

用谁来出征？用上九出征。"王"还是指六五，王用上九去出征。"有嘉折首"是什么意思呢？"嘉"本来是指嘉会，这个"嘉"应该是指嘉奖，出征立功了。什么功呢？损折了对方的首脑。

2. 获匪其丑，无咎

"获"，即出兵有利，俘获了俘虏。"匪"，即非。"丑"，即类。但这些俘虏并非普通人，而是首脑。这里指出征的上九，上九既有功又有过，但最后还是无咎，说明他的功劳还是大于他的过错。那么这与离卦有什么关系呢？我们看象辞。

3. 王用出征，以正邦也

上面为什么讲到"无咎"，讲到"有嘉折首"，讲到"获匪其丑"？实际上这还是离卦的依附之德。附着是两层意思，上九依附于国君，附着于王，那就必须听王的。这个光明，两边的阳爻，它必须附着于中间的阴爻，看起来中间是虚的，但它是灯芯，它就是附着物。《象传》中告诉我们依附于中间的阴爻，即依顺于国君；依顺于国君，即附着于国家，附着于国家的利益，因为正邦嘛。这光明从哪里来？还是从百姓中来，从人民中间来。广大人民的利益、国家的利益，这才是光明。所以说，群众利益无小事。一个专为自己谋利益的人，是没有光明的、是暗淡的。为国争光、为民族争光，那才是真正的光、是大光明，因为它是为正邦，所以要嘉奖。

小结

离卦与坎卦讲完了，我们再做一个小小的总结。坎、离两卦，在天为日月，为什么为日月呢？因为太阳为火，月亮为水。坎卦在地为水，在天为月，因为月为阴；离卦在地为火，在天为日，日为阳。在先天八卦里离卦为东，坎卦为西；

在物象上为阴阳之用；在人身中为元精、元神，水是元精，圣水为精水，元神就是离，神就是光明。坎卦是阴中含阳，离卦是阳中藏阴。这两卦合起来有这么一个特点，表面上是水火不相容，其实又是水火相济，它们是你中有我，我中有你，谁也离不开谁。

到此，上经三十卦的讲解告一段落。

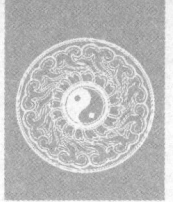

咸卦 少男少女的智慧

一、卦名：咸（泽山咸）

讲完了上经的三十卦，上经是由乾、坤两卦开头，实际上应该说是屯、蒙开始的，因乾、坤是整个六十四卦的开门卦，屯、蒙应该是上经的开门卦。为什么这么说呢？天地开了，那万物始生了，万物始生以后，艰难蒙昧，需要启蒙，甚至中间还有争执，通过争执以后又有各个方面的调整，通过调整到了泰卦与否卦，基本上形成了一种规律，就是往来的规律，"大往小来""小往大来"，从泰、否两卦以后基本是这种往来的规律。到了坎、离二卦又几乎形成了一种对万物的概括。所以讲坎、离在天象征日、月，在地象征水、火，在物象征阴和阳，在事象征柔和刚。这是对上经的回顾，上经讲天地万物运行的规律。讲了天、讲了地，那就应该讲到人了，讲到家庭、讲到社会，因为八卦就是讲天道、地道、人道的，就是讲天、地、人三才。"天人合一"，首先就要从"天人感应"说起，所以下经的第一卦就是咸，为下经的开门卦。

咸，本义是指全部、多、皆、全等。"咸"在卦里不作"咸"，而是作"感"。"咸"字下面应该加一个"心"字。那这里为什么不直接用感字？为什么有"感"的意思，又把心去掉呢？这是作《易》者用心良苦。其意思是，讲是有心，它又是无心；它有有心的一面，又有无心的一面。关键看你是用什么心去感应。所以还是不用心为好，如果用心，那就局限了。无心的"咸"是自然感应，有心的"感"是人为的感应，这就是作《易》者这么一种微妙的用意，用字巧妙，说明"易与天地准"。想为了表现这种"准"，不得不在文字上作一些变通，但如果我们不仔细去推敲，那就无法体会到《易》的真谛，也就无法与天地准了。要想准确地把握其中的含义，我们要在文字的微妙中去寻找，找到那个微中之妙。

二、卦画

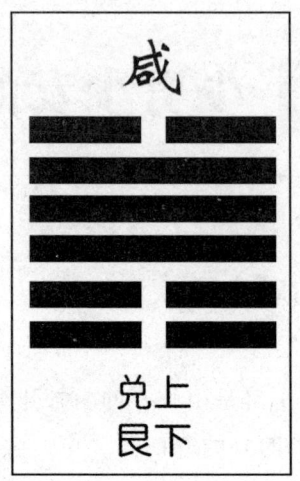

艮下兑上，如果从卦画的表面看，我们能看出一个是阳卦，一个是阴卦，上面兑卦是阴卦，为少女；下经卦是阳卦，为少男。这一卦就是说少男和少女相互之间的感应。但这也不是全部，只是指它的一层意思，从卦象上可以看出这层意思，这是人与人之间的感应。如《序卦传》中所叙："有天地，然后有万物；有万物，然后有男女；有男女，然后有夫妇；有夫妇，然后有父子；有父子，然后有君臣；有君臣，然后有上下；有上下，然后礼义有所错。"由天地推及人、家庭和社会，乃至人际间的交往，错综而复杂。

我们再从另外一个层面看看，上经卦兑卦为泽，下经卦艮卦为山，就是山上有泽，这怎么感应呢？泽性下而润山，泽里有水，滋润着山体。山在下而承泽，承载着这个泽，这就是山与泽相互的感应。

再从卦德来看，一个是止，下止上悦，这个止不是静止、制止，而是一种微妙的抑制。很喜悦，但这种喜悦要微妙地控制。少男少女的情窦初开，这种感应、喜悦能喜形于外吗？当然不会，这只能心照不宣，这个止就是一种自重、自律、自持、自矜。所以"感"有多层含义。当然，这三层感应在后面都能表现出来。

三、卦辞

> 咸：亨，利贞，取女吉。
> 《彖》曰：咸，感也。柔上而刚下，二气感应以相与。止而说，男下女，是以亨，利贞，取女吉也。天地感而万物化生，圣人感人心而天下和平。观其所感，而天地万物之情可见矣！
> 《象》曰：山上有泽，咸。君子以虚受人。

1. 咸：亨

"亨"，感应本身就是一种通，感情相通，信息相通，意念相通。无论是感应也好，感动也好，还是感化，或是感召，它都是通了，相互的意思都领会了，心领神会了。就像上次讲的，儿子出外很久未归，他的母亲思念他时咬自己的手指，在外的儿子马上心动了，立即起程往家赶。这就是感应，母亲在这边咬手指，儿子在远方心动了，这就是信息通了，母子连心哪。

2. 利贞

怎样才能做到有利呢？这利实际上是规则。什么规则？就是人际间的人伦次序和交情，离开人伦和交情也就无所感。"贞"是正，这个正是很重要的，后面一再提及，没有正固的动机和意念就不是真正的感应。

3. 取女吉

"取"，通"娶"。这里只是用作一个代表而已，并不是说这卦是讲婚娶的。刚才上面讲到三种感应，这也是其中一种感应。"吉"，这当然吉了，一家人办喜事，选择吉祥的日子，一种吉祥的气氛。少男在内（内卦）准备迎娶，少女在外（外卦）准备出嫁。

4. 咸，感也。柔上而刚下，二气感应以相与

这里又讲到了一层感应。柔上刚下，上面是柔，是兑卦；下面是刚，是艮卦。一阳一阴，阳气与阴气感应。上下相与，相与就是相交，也就是相互亨通。

5. 止而说，男下女，是以亨，利贞，取女吉也

这里解释了"取女吉"。"止而说"，实际上应该说是悦而止。有人会说，错了吧？没错，这是为更好、更方便地理解，就是说很喜悦，但要控制情绪，这是非常好理解的。但这里讲"止而说"是更深层次的意思，这里止是指这事感应了、通了，那这件事就不再往下发展了。说明信息接通后，就完成了它的任务，也就是信息接通后有一个停止的过程，也就是得到感应了，一感应马上就得到了喜悦，所以这是"止"在前而喜悦在后的过程。为了便于理解，所以就再来个"说而止"，又有第二个过程，就是你有喜悦之后，你还是要控制自己的情绪，因为这是一种感应的喜悦，一种不同寻常的、很微妙的感应，很微妙的关系。这种感情、这种气氛、这种情绪是很微妙的。所以我就先用"说而止"作了对比，然后再来理解"止而说"，将二者统一起来理解，这就使"止而说"非常形象、非常生动，就是一种生动的心理描写，一种场景描写，一种人物情绪的描写，这些都有了。

6. 男下女

这里又不好理解了，有人会讲是不是"男下女上"？漏了一个字，当然这样文字说通了，明显了。这里不仅仅是上下关系，还有内外、左右的关系。这就不多追究了。"是以亨，利贞，取女吉也。""是以"，所以之义，这后面就解释"女吉"。

7. 天地感而万物化生

天地感应后万物就化生了，这在上经里已经提到了，屯卦、蒙卦、泰卦、否卦都隐隐约约包含了这种意思。

8. 圣人感人心而天下和平

这句是讲，圣人的思想行为使天下人得到感应，天下人就能得到和平，也就是《系辞传上》里讲的"君子居其室，出其言，善则千里之外应之"。千里之外都能应，那天下人都能得到感应了。就是人心所向、天下归心，这样天下就和平了。这里的"平"字很关键，双方平等才能和睦相处。

9. 观其所感，而天地万物之情可见矣

前面由观卦讲到观，这里的观也不能仅仅理解为用眼睛观察，实际上更多的

应该是用心去观，这个感应就要用心去观。因为这里万物之情，除了表面现象（情状），便于用眼睛去观察，有些很微妙的东西还要自己用心去体会、去感悟，就是要用心去观，只有这样才能称为"可见"。

10. 山上有泽，咸。君子以虚受人

这个"虚"字很重要，君子之心，虚怀若谷，君子的心胸开朗，就像山谷那样深沉、幽旷、广大，这种虚怀若谷的心怀什么都能容下。那为什么要讲到虚呢？这虚并非指心虚的"虚"，这虚是指虚怀若谷的"虚"，是一种淡泊的心怀。相对而言就是私心杂念、种种欲望，那就无法感应了，这样的人只有将非常明显的利益捧到他面前，他才能感应到，才能感动，这种人给他一个好信息、一种教诲、一种理念，他不感动，因为他心里只有功利、物欲，所以他无法感应。刚才讲的那个母亲在家里，因思念儿子而咬手指，如果他的儿子在外面专搞歪门邪道，贪心邪念迷住了心窍，那他的孝心、诚心就被淹没了，被污染了，那他还能与母亲感应吗？他的感应从何生起？他母亲思子的信息他又怎么能接收到？所以这很明显，必须有孝心、有诚心，才能虚心，只有虚心才能容下孝心，只有虚心才能容得下道德，才能容下天的意志，所以才能与正的东西得到感应，才能接受正面的信息，就是说只有虚怀若谷才能接受感应。

四、爻辞

> 初六，咸其拇。
> 《象》曰：咸其拇，志在外也。

1. 咸其拇

"拇"，是指脚趾。又是初六，是指大脚趾，而不是指大手指。我们从初六往后看本卦是从大脚趾，到腿肚子，再到大腿，然后再到心，再到口，是从人体的部位上感应的。我们为什么从人体的部位来讲感应呢？

列子讲："一体之盈虚消息，皆通于天地，应于物类。"这就是感应，这就是人体的感应。这句话不是列子的哪本书上讲的，是庄子引用列子的话。这一段话在《庄子》这本书里，这也可看出这是庄子的思想，又是列子的思想。

2. 志在外也

初六没有讲吉与吝之类的词。我们来看看象辞："咸其拇，志在外也。"我们从"志"字上来看这是怎么感应的。我们来设想一下，志是心志，心里有一决定、有一心念，想往外行走，这个念头一闪，那脚拇趾就开始动了，得到感应了，就知道往哪个方向动，往哪个方向走了。实际上人的意念并没有想到自己的脚趾，而是种自然规律，这就是很微妙的感应，是一种潜意识，各种器官之间配合得这么默契，不需要言语，甚至也不需去想到它，它就自动地配合，这就是感应。这种感应是很默契的，是潜意识的，或曰无意识。

> 六二，咸其腓，凶。居吉。
> 《象》曰：虽凶，居吉，顺不害也。

1. 咸其腓，凶

六二是得正的，也得中，这个位置很好。腓是指小腿肚。感应就像是电流那样又传到腿肚子上来了，但这里是一个"凶"字，为什么会凶呢？这就是讲，不要急躁冒进，到这个地方就要打住，这里就要与坤卦联系，与坤卦中的"先迷"两个字联系起来理解。"先迷"，是说先不要急、不要抢，如果抢在先的话就会迷，这与六二有相通之处，所以老子讲："不为天下先。"并不是说不求上进，并非是种消极的心理，这要看具体情况，具体问题具体对待，此一时，彼一时，如果贸然行动就会有危险，所以后面讲到"居吉"。

2. 居吉

居，并非讲居在家里不行动、不出门，其实是讲先要心静，要三思而后行，这就是"居"，就是心先定而后行，先行则迷。"居吉"就是能够三思而后行，那肯定可以得吉祥。

3. 顺不害也

顺从谁呢？就是顺从办事的规律，这样就不会受到伤害。

> 九三，咸其股，执其随，往吝。
> 《象》曰：咸其股，亦不处也。志在随人，所执下也。

1. 咸其股，执其随，往吝

九三，阳居阳位，这里又有点急躁了。"咸其股"，感应到大腿上了。"执其随"，这执就是有一点执着、执意。那随又是随谁呢？就是随初六、随六二，初六也是那么敏感，它一想到要外行，马上就感应到了。六二的腓也是急于冒进。到了九三，它的性情更急、更躁，因为它是阳刚，它这个位置是待不住的，这个地方不是坐的位置，就好像是鸡肋为令的位置。因为它是下经卦的上爻，本身就是整装待发的位置，而且是执意而行，本来不能随，但还是很执着，所以往则吝。如果真要前往，就会有"吝"。这吝是指有小错，并不是大错。

2. 亦不处也。志在随人，所执下也

"亦"是也的意思，也是根据六二来的。初六、六二想急躁冒进，而九三也待不住。"不处"，是说它也在这里等不及了，所以也很急躁。这个急躁与"志在外"不同，这里是"志在随人了，所执下也"。它不像初六有行动，这里是随，是你走到哪里我就跟到哪里。"所执下也"，它执着于下面两爻，这样也就显得有点卑下。

> 九四，贞吉悔亡，憧憧往来，朋从尔思。
> 《象》曰：贞吉悔亡，未感害也。憧憧往来，未光大也。

1. 贞吉悔亡

这九四没讲咸其什么，但实际上应该是讲"咸其心"，为什么呢？因为九四处在上经卦与下经卦之间，它又是一个阴位，这是一个很冷静、很柔和的位置，所以这里指心。九三是"咸其股"，至九四当然已感应到"心"的部位了。那为什么这个地方不明说，实际上已经直接讲了，"贞吉，悔亡啊"。一般都将"贞吉悔亡"放在爻辞的后面，而这里开头就这么说，大家可以想到，实际前面还有话只是省略了，就是将"咸其心"三个字省去了。一般不可能将"贞吉悔亡"放在前面，所以它应该是"咸其心，贞吉悔亡"，也就是说，感应到心里了，只要你这个心正了，那就吉。如果有悔，就是悔把正给推翻了，心为外物所左右了，心变了、心动了，掺上杂念了，有了妄想了。这里"亡"是指什么意思呢？它不仅仅是与"吉"相应的，它不讲凶、讲亡，亡就是没有感应了，无法感应了，因为只有真正的心清净才能得到感应。就是说这个心一生悔，那心就不虚了，不清

净，有杂念了，无法接受感应了。

2. 憧憧往来，朋从尔思

"憧憧"，就是重复的来来往往。"朋从尔思"，"思"就是心，就是你的心。这里"心"出来了，讲到心了。那"朋"是指什么呢？朋是类的意思。从卦画上来说，也可以说前面的趾、腓、股这些都是朋，初爻、二爻、三爻，还有上面五爻、上爻都是朋。这里有一个设想的局面在这个地方："朋从尔思。"因为上面讲到随，"从"是顺从的意思，那么顺从你的人是多还是少呢？我们来看看象辞："贞吉悔亡，未感害也。"未感就是没有得到感应，如果没有得到感应的话，也就会有伤害，起码利益会受到损害。

3. 憧憧往来，未光大也

"光"是广大。这里讲朋友不是那么广大，是来了又去了，去了又来了，表面上看来来往往的，但并不广大。相反这么频繁往来是说朋友越来越少了。这是两种情况，强调了任何感应都必须正。

> 九五，咸其脢，无悔。
> 《象》曰：咸其脢，志末也。

1. 咸其脢

"脢"，是指后背的肉。从心感应到后背了。这里的感应成为"人心向背"了。因为九五是君主之位，天下百姓都向着他，当然他是得到感应了，得到你的感应，他当然是向着你的。而背对着你的人就是与你背道而驰，虽然你也还是感应他，不过这是叫感召、感化他，这就不是感应了。感应是双向的，他不会接收这个信息，但是你还要争取去感化他、感召他，这就说明须有宽大的胸怀，海纳百川。并不是说你与我背道而驰，就格杀勿论，顺我者昌，逆我者亡，他不是这样，他是顺之者昌，逆之者也争取你昌。

2. 志末也

这个好像是讲末了，其实"志末"是讲已经做到仁至义尽了，已经尽到最大的努力了，你背对我，我还去感化你、感动你。所以说已经做到仁至义尽了。

从九四的人心所向，到九五的背道而驰，又描述了一种感应的规律。

> 上六，咸其辅颊舌。
>
> 《象》曰：咸其辅颊舌，滕口说也。

1. 上六，咸其辅颊舌

这个"辅"是指唇齿相辅的辅，亦即颚。这时感应的就多了，有唇、齿、颚、颊、舌等，越到上面，神经就越敏感，所以感应的部位越广。脚上的感应要迟钝些，它是大拇指先感应，到了这里就很敏感了。这里的感应是指什么呢？我们看看象辞。

2. 咸其辅颊舌，滕口说也

"滕"，实际上是指施展。施展什么呢？是施展口才，施展这三寸不烂之舌，或是花言巧语，或是阿谀奉承，或是溜须拍马。为什么是这种感应呢？不妨与九四联系起来看，九四讲了心正，才能得吉，这个地方只凭唇舌功夫，只凭语言表述，那是发于心吗？不一定。为什么呢？因为是滕口，滕是施展，所以可以看出它不是出于真心，只是图个口舌之快而已。上六尽管是阴爻居阴位，但它是末爻，也就没什么再感应的了，"感"到这里就没有其他东西了，这不是从内心出发的。

3. 心心相印

实际上它是从另一个侧面教我们感应，要从内心去感应。靠口感应，几句话是不能打动人的。假如双方都把对方的话听进去了，那必是相互心灵上得到感应了，也只有这样才能听得很温暖，哪怕是教训的话，也都能接受。如果二者心灵上得不到感应，只是听那些赞美之词，听那些花言巧语，那也会越听越不舒服，所以说感应必须是心灵的沟通、心灵的感应，必须心心相印。

从卦里可以理解到感应，这里尽管是讲到人的身体部位，从拇趾讲到腓，再到股，再感应到心，再感应到背，再感应到辅，感应到唇舌之间，感应到身体各个器官、部位，但我们应引申到与天地万物的互通感应。另外，最重要的是心的感应，因心的感应才是正固吉祥。

恒卦　长男长女的智慧

一、卦名：恒（雷风恒）

"恒"与"常"一般是同义的，表示持久不变的意思。《说文》曰："恒，常也。"又说，"古文恒从月。"《诗经·小雅》曰："如月之恒。"因月有圆缺，本无恒常，所以后人在"曰"字上下加二横，象征月处于天地之间，为"亘"字，甲骨文"亘"，像水的回旋之形。今文用为"亙"的简化字，表示连绵、横贯等义。这里又表示月本无圆缺。

二、卦画

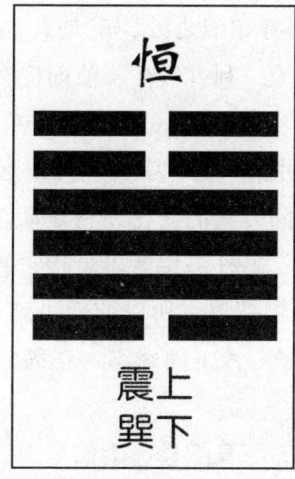

巽下震上，雷风恒。咸卦是少男与少女，恒卦是长男与长女。这说明少男、少女成家以后，现在已经很成熟了，所以从卦画的排列上有它的区别，如咸卦是讲男女感应，少男在内，少女在外，就像一位少男迎娶一位少女，而后成家立业。恒卦正好相反，是长男在外，长女在内，这正是一个家庭的写照，女人在内持家料理家务，男人在外务农或经商。这两卦有这么一个区别。

《象》曰："刚上而柔下，雷风相与。巽而动，刚柔皆应。"这个不难懂，雷风相与，相与就是相交。巽而动，一个是巽阴卦，震卦正好又是动，刚柔是相应的，也就是刚柔相济。

三、卦辞

> 恒：亨，无咎，利贞，利有攸往。
> 《彖》曰：恒，久也。刚上而柔下，雷风相与，巽而动。刚柔皆应，恒。恒，亨，无咎，利贞，久于其道也。天地之道，恒久而不已也。利有攸往，终则有始也。日月得天而能久照，四时变化而能久成，圣人久于其道而天下化成。观其所恒，而天地万物之情可见矣！
> 《象》曰：雷风，恒。君子以立不易方。

1. 恒：亨，无咎，利贞，利有攸往

这个卦辞与咸卦的卦辞有相似之处，就是有"亨"，有"利贞"。不过卦辞里少了一个"恒"字，我认为"利有攸往"前面应有"恒"字，因为这是两层意思。为什么说是两层意思呢？第一层意思是讲"亨，无咎，利贞"；第二层意思是讲"利有攸往"。从刚才讲到"恒"字，从月讲起，中间是"曰"字，上下是两横，这就是表示了天地之间万物的变化，它是动态的，它有它的连续性、永恒性，所以它与易理是相通的；另外一层意思是指它的静态，静态有一种持守、永恒不变的状态。因为恒有两层意思，所以前面讲到"亨，无咎，利贞"，就是指静态的。"利贞"就利于固守一种正固之态、正固之道，它能以不变应万变，所以亨通、无咎害。

有人认为恒卦应取艮卦，下艮上艮，上面是山，下面是山。山为止，止而能静，静而恒。但这里不取艮卦，而取动态的震卦和巽卦。震为雷，为动；巽为

风,为人。如果认为只有静态才是永恒态,动态则不然,那就有违易理了。易者,变易、不易、简易,宇宙的规律,变与不变才是永恒的。动静是相对的,而永恒也是相对的。所以,恒的含义有两重,有静态的恒,同时也有动态的恒。动态就是刚才讲到的那一种,在动态中的连续性,所以能以万变应不变,利于有所为、有所往。

2. 天地之道,恒久而不已也

这个"天地之道"是每每出现的。"恒久而不已",是恒久没有休止的。

3. 利有攸往,终则有始也

这里就是说,这一个终就是另一个的始,这个始又意味着另一个的终,说明恒久不已不是绝对的。无论什么东西,从道的理上来说,它好像是无始无终的,也是恒久不已的,但是在事象上来说,它不是绝对的,它是有始有终的。

4. 天下化成

"日月得天而能久照;四时变化而能久成,圣人久于其道而天下化成。"这里不妨参考《系辞传上》一句话:"备物致用,立成器以为天下利,莫大乎圣人。"备物致用就是无论什么物体都能发挥它的作用,并能发挥到极致,发挥到极致而为天下所利,那就没有谁的功劳比圣人大。这段彖辞先讲到天地、日月,又讲到四时变化,然后又讲到圣人,"圣人久于其道,而天下化成"就是这个意思。这就是说,天地万物为我所用,而且将天地万物的作用发挥到极致,无所不用。当然这个圣人不是狭义地指某一个圣人、某几个圣人,而是指一代一代的智慧的结晶。

5. 观其所恒,而天地万物之情可见矣

这里"观"就是从它的恒常不变的道理之中观察到的,恒常不变,代代相传的智慧。在积累知识的过程中,就能看到天地万物变化的情况。

6. 君子以立不易方

立什么呢?就是立于道中,君子之道以什么为原则呢?以"恒"为原则,恒就表示不易、不变。因为道亦不变、原则亦不变,方正的处事原则、为人的原则,都是不变的。

四、爻辞

> 初六，浚恒，贞凶，无攸利。
> 《象》曰：浚恒之凶，始求深也。

1. 初六

初六，阴居阳位，也是下经卦的主爻，因为它是一阴带二阳，所以下经卦为阴卦，是以它为主的。当然它居的位置低，下到哪个程度呢？下在巽的下一位，巽是"逊"，谦逊原本是指谦恭卑下，所以初六为逊下之下。所以无攸利，并且凶，与这个位置有关系。

2. 浚恒，贞凶，无攸利

"浚"，是指疏通的意思。浚有三点水，就是指渠道、井、坑、河道堵塞之后，将它疏通。但是这里并不是讲"浚"一个字，而是"浚恒"，上面讲了"不已"是恒久不已的意思，说明不停地去疏通，已经疏通好了，还要继续疏通，疏通到水倒流了，这样就有凶了。"浚""恒"这两个字，放在一起就不同了。本来浚是贞，不断地疏通也对，但疏通得太过，所以就有凶了，所以就无攸利。这里说明了一个辩证法，事物就是这样。本来我们做事是图有利，向有利的方向去做，但如果做得太过，结果就会适得其反。本来逊下是美德，但下得太过又不行；本来疏通是好事，但疏通不已，水又会倒流。

3. 浚恒之凶，始求深也

"始"，就是开始。这就是说从一开始就是想挖得更深才好，他没有想到怎么样有利，违背了自然规律。有的人做事就是这样，为公司办事，他只想到做，只要做了就行了，努力地做，而且天天都在做，而且加班加点地做，做到后来这事越做越糟了，做过头了。他认为自己对公司有功，最后是做得一塌糊涂受到了批评，心里不服。这种人不知怎样做有利，不懂得做事要有规则，要遵循自然规律。所以有些人只知道埋头拉车，不知道抬头看路，结果会事与愿违。

> 九二，悔亡。
> 《象》曰：九二悔亡，能久中也。

1. 悔亡

悔没有了，是什么原因呢？九二阳居阴位，不正但居中位，这个悔亡是断辞，但这个断辞只讲结果没讲过程。那过程呢？其实卦象里就有，看看卦象吧。

因为九二是阳居阴位，不正，恒如不正那必然有悔。恒必须正，这个在卦辞里面就讲了，恒必须利贞，不贞（正）那就不利，它利于正固，不利不正固。不利当然就有悔，所以我们必须这样联系起来看，这是悔。但九二又是中位，恒卦贵中，不贵正，以中为贵。因为中是中庸、中和、柔顺，所以它又没有悔，这个悔又被它平衡了、抵消了，刚柔相济了、阴阳中和了。这就是"悔亡"。

2. 能久中也

"中"就是上面讲的"久中"，就是恒中。不是先天的恒中，这个居中的位置天生就是它的，关键是告诫有这种机遇的人，处于这种有利位置和环境时，一定要始终持守。

> 九三，不恒其德，或承之羞，贞吝。
> 《象》曰：不恒其德，无所容也。

1. 不恒其德，或承之羞，贞吝

九三，阳居阳位，所以刚强，正而不中。"不恒其德，或承之羞"。《论语·子路篇》里讲到人办事必须有持之以恒的心态，并引用了这句爻辞。这里我们不妨借鉴南怀瑾先生在《论语别裁》中的解释。

南先生说："做事情、修德行，如没有恒心、做做停停，终归没有结果，很难为情。这虽然是卜卦用的话，但真正懂了有恒的道理，用来处事，就不用去求神问卜，只有'自求多福'了。这与后来荀子解说的：'善《易》者不卜'是同一意义。"南先生是这么解释的，这个解释非常明白，所以我这里也就不重复了。

2. 无所容也

这个无所容一句话说完，就是不为天地所容，不为他人所容。如果说得具体一点，就是说，如果一个人做事做做停停、进进退退、反复无常，就难以立足。为什么说难以立足呢？朋友之间不相信，在单位同事之间也得不到信任，自己安身立命没有一个标准、目标，所以哪里都容不下。所以不是天地容不下，而是自己容不下自己。所以或承之羞，羞就是羞愧，他只有承受那种羞愧了，只有吞下那种失败的苦果了。

> 九四，田无禽。
> 《象》曰：久非其位，安得禽也？

1. 田无禽

九四，阳居阴位，阳表示刚强，阴位表示柔顺。"田无禽"，"田"是指田猎。过去开垦的土地不像现在年年都去耕种，而是种了几年后，又让它荒芜几年，荒的时候又将它当作围猎之地。过去的狩猎有两种意义：一种是真正为了打几只鸟，打几只小野兽；但那些王公贵族，他们不是为了口福，而是为了玩，为了寻求刺激。所以，这里的田是指田猎，禽不仅仅指鸟，也指一些小动物。"田无禽"，去田猎，但没有禽兽可猎。这是什么情况呢？这里有"恒"，这恒有两种意思，恒是恒久不已，就是说，他们经常来狩猎，猎物被打光了，其他的禽兽也不敢再来了；另外一层是，死守在一个地方不变、不换地方，守株待兔，那当然"无禽"。实际上这也是告诫人们持恒不要太机械了、不要太执着。如现在渔民捕鱼，也有按季节规定的休渔期，这个时期渔民在家补网、修船、休息，而鱼也正在繁育的旺期，所以也要保护，等这个时期一过，那时捕鱼就会更多了，这样以维护水产生态的平衡。

2. 久非其位，安得禽也？

这个"位"是指这个地方、这个场所，老是在这里守株待兔，是久守的地方吗？"安得禽也？"哪里能得到禽兽呢？

> 六五，恒其德，贞，妇人吉，夫子凶。
> 《象》曰：妇人贞吉，从一而终也。夫子制义，从妇凶也。

1. 恒其德，贞

六五，阴居阳位，中而不正。九二也是中而不正，它是悔亡，虽然有悔，但最后悔又中和了。这里是阴居阳位，也是居中，所以就能恒其德、能恒守德行，所以正固。但这里又讲妇人吉、夫子凶是什么意思呢？

2. 妇人吉，夫子凶

六五之道是柔顺之道，是中和之道、中庸之道。妇人守在这种位置上，正好发扬自身的柔顺之德，这是妇人的本分。但男子如果守在这种柔顺之道之下，事事都柔顺随和，处处都顺从女人，那就会招来凶险，不利。这是什么意思呢？这在象辞里有进一步的解释。

3. 从一而终也。夫子制义

从一而终，是指妇人对丈夫的忠贞，从一不二，这当然是好事呀。男人应"制义"。"制义"，是指讲办事要讲规则，规则是有原则的。制就是执行、履行义。所以现在腐败现象中就有此类情况，有些贪官，一开始就是任由妻子参政，最后就越陷越深，到后来不就是凶吗？

这里有传统对女人的一种偏见和歧视，这是时代的局限、文化的差异所致。这里我们不要误会，并非实指，而是比喻。我们不能拘泥于妇人与夫子这种关系。作为一个单位，一位经理、一位总裁，他自己本来是要遵守规则的，要坚持原则的，结果他听了本来不懂规则、专算小九九的这种人的话，那当然不利。所以不能拘泥于妇人与夫子之间的理解。

> 上六，振恒，凶。
> 《象》曰：振恒在上，大无功也。

1. 振恒，凶

上六，阴居阴位，当然是正，但不中，所以不利。

"振"，上经卦为震卦。振与震同义，都有动的意思。这里的振已经是震之极，震的末端了。一般震的末端的震动是不稳定的，所以在这种情况下宜静不宜动。但是上六还在震动不已，止不住自己，因为它有"振恒"，它既要振，还要保持振动不已，这当然会招致凶险。

2. 振恒在上，大无功也

这个"在上"实际是指在极端、末端。"大无功"的"大"是一个修饰词，修饰这个"无功"的程度，一点收获都没有。

我们回过头来看看，不仅仅看这个恒卦，我们还要看咸卦。因为咸、恒两卦是下经的开始，这两卦有这么一个共同之点。金景芳先生有这么一种分析："咸、恒二卦有一个很明显的特点，就是两卦的卦辞是六十四卦中最吉利的。但它们的爻辞又一般化。咸、恒无完爻，最好的不过悔亡而已。"这种反常是什么原因呢？金老先生最后是这么说的："这个问题尚可进一步研究。"我认为咸、恒两卦是下经的首卦，就应该联系到下经的其他三十二卦来考虑，因为咸、恒两卦是在天地初开以后，有了万物，然后有男女，这就讲到了人，讲到了人生，也就讲到了社会。一讲到人生应该说人生当然好啊。谁家生了小孩子都是喜庆之事，所以它的卦辞是吉利的。爻辞为什么一般？因为人生本来有坎坷、艰难，要想人生出彩，就要经受磨炼。人想成才也要经受磨炼，如后面的卦中，讲益，必须损；讲到升，又有困。最后两卦既济、未济，前一件事做完了，后一件事又等着你去做。所以问题具体到事象上，具体到人生的每一个阶段，就有每一个阶段的艰难和磨难，这就是人生的本来规律。但人生再怎么艰难，都是吉利的，总体是好的。所以，表示总体结果的卦辞最吉祥，因为人是世间上最宝贵的，人生难得呀；表示过程的爻辞又"无完爻"，因为"前途是光明的，道路是曲折的"。这里没有其他玄机。

我的理解就是这样，从广义上来理解，至于这种理解是否成立，是否合理，大家可以讨论。

遁卦 执用黄牛的智慧

一、卦名：遁（天山遁）

《说文》曰："遁，逃也。"古文献中均解释为"逃遁"的意思，但卦中主要的意思是"隐遁"之义。《广雅·释诂》的解释是："去也""避也""隐也"三种意思，也是逃走之义，或退去之义。避是避开，隐避起来。

二、卦画

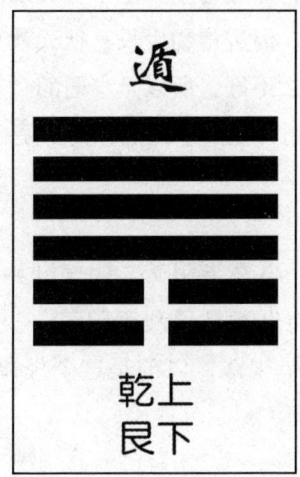

艮下乾上，名天山遁。下经卦为内、为近，上经卦为外、为远。遁，艮下乾上。山近于内而天远于外，天在山之外之象，又有山向外追逐，而天向远处隐遁之象。《象》曰："天下有山，遁。"

三、卦辞

> 遁：亨，小利贞。
> 《彖》曰：遁亨，遁而亨也。刚当位而应，与时行也。小利贞，浸而长也。遁之时义大矣哉！
> 《象》曰：天下有山，遁。君子以远小人，不恶而严。

1. 遁：亨

遁卦是"十二消息卦"里六个阴长阳消的卦之一。看起来是下面两个阴爻，其实从下往上，阴爻一步一步往上长，阳爻一步一步往后消退、隐退，这就是阴长阳消，也就是阴爻在进逼，而阳爻在隐遁。本卦是二阴长，四阳隐。

按照四时节气来说，当时正好是农历六月，这时看起来是天气正热的时候，但实际上阳气在渐渐地向另一个极端消退，即渐渐被大地所收敛，这时阴气从大地内部向外散发。这是一种自然规律。

"遁亨"，这个"遁"为什么是"亨"呢？阳气要渐渐地隐退了，阴气慢慢长上来了，那怎么还是亨呢？因为这是自然规律，四时节气的变化，有利于万物的生长。没有四时节气的变化，那万物生长也不会有规律。所以春天有利于播种，有利于发芽；夏天有利于管理，促进植物生长；秋天就有利于收获；冬天就有利于收藏。这是季节分工，没有什么不好，所以是亨通的。正因为四季不断地变化，所以万物生长就亨通了。这里"遁"是顺乎天的，而不是畏惧退缩，所以"亨"。

2. 小利贞

"小"，非指大小的小，小是指阴爻，阴气开始上升了。"利贞"，也并非利于阴爻，在阳气上长的时候也不是说利于阳气，实际上是利于万物生长。这个"贞"是指正固，还是指这个规律，以前是这个规律，现在还是这个规律，还是天的正道，是四时变化的规律。

3. 遁亨，遁而亨也

前后两个"遁亨"中间加一个"而"字，看起来是重复，实际不是，是把遁与亨分了一个先后的次序，有先有后，也就是先遁而后亨。阳气隐退了，万物亨通,但并不是说阳气走了,万物就好了,而是说万物生长到这个时候需要阳气隐退了,这是一种自然规律。

到了冬天,植物开始长地下部分,大地开始收敛,蕴藏暖气、阳气。大地不但在滋养万物的根,同时还在蓄积万物所需的养分,等到春天播种的时候,地下即可供给万物所需的营养。万物生长需要这么一个阶段,这是规律。所以是先遁而后亨,遁是为了亨,是为了天地亨、万物亨。

4. 刚当位而应,与时行也

"与时行"实际和"与时偕行"意思差不多。刚是指九五,这是尊位。九五不仅仅是刚,而且与六二相应,所以能与时行。这里的"位"与"行"很重要。这个"位"字在《系辞传下》里讲"天地之大德曰生,圣人之大宝曰位"。天地最大的德不但滋生了万物而且使万物生生不息;圣人处事的法宝是地位。所谓"地位",不能简单地理解为官位、级别等,而是指一个人对社会的贡献,是指一个人的道德修养、才学与声望等各种综合的地位。如有些人当了一辈子官,但默默无闻,而有的人没当官却千年不朽,如陶渊明不为五斗米折腰,他也不是官场上之人,但他的名字却一直传到现在。所以说地位不是从官阶的品位来衡量的,是从各种素质综合来衡量的,是一个人的社会贡献和价值评判,作为圣人来说,"位"是很重要的,所以在《系辞传下》里就强调了这个"位",强调了"刚当位而应,与时行也"。"当位"很重要,我们分析每一爻,当位不当位一直都很重要。但"位"与"行"相联系的却不多。"当位"是因,"时行"是果。可见遁隐并不是逃离世间,而是与世同修、与时偕行。

5. 与时行

这里为什么不是与时偕行呢?实际上"与时行"还是讲"与时偕行",还是《系辞传下》里讲的"变通者,趋时者也"。"趋时"就是趋向时间、顺应时间,与四时节气同步,这也是时行之义。这里的"行"与前面那个"亨"是相应的,与那个"利亨"也是相应的,也就是遁而后亨、行而后亨。这个"行"必须与时行,不与时行,那么这个"行"而后也不会亨通。这个"行"是一个"遁"的行为,所以这个"行"要与"遁"联系起来,也就是说,这个"遁"也是与时遁,也就是与时遁而后亨。

6. 小利贞，浸而长也

"小"，指阴气。"浸"，是渐渐地，指通过浸泡而渐渐地湿润，这是一个过程。这里讲的渐渐的过程，从前面几卦可以看出来，从后面几卦也能看出来，这个"渐"字很重要，与坤卦里的"先迷"也要联系起来，就是说，如果不渐渐地，时间没到就去抢先，就不能随时而行。就像农民，春天还没到就去抢先播种，这样就是先迷了，这是不行的，这必须有个渐渐的过程。这里阴气渐渐上长、渐渐逼进，这对阳气是有利的，是自然规律，是正常的。老子的"不为天下先"也是这个意思，不是消极的，而是积极的、科学的、辩证的、唯物的。

7. 遁之时义大矣哉

"哉"，看起来是虚词，但又是实词，在《尔雅》里解释"哉"是"大"的意思。把遁的意义放到四时节气的运行中，它的意义就大了。

8. 君子以远小人，不恶而严

《象传》一般与人事，与修身养性联系起来，这是引申义。远小人的"远"就是远离回避，俗话讲："惹不起，但躲得起。"当然这是一句俗话，但它却是很形象的。"不恶而严"，恶是憎恶，小人向你逼近了，你不惹他，但他惹你。在这种情况下要做到三点：第一，不憎恶他，不怨恨他；第二，要使对方不憎恶你，不怨恨你；第三，要做到严，我这样让他，不怨恨他，也不让他恨我，但我不是没有原则，并非拿原则做交易，原则的东西绝对不能让，决不与他同流合污，要坚持君子之德。让他，只是一种谅解；不憎恨他，只是一种宽容。但他的那一套与我无关，我还是我的君子之道，这个原则不变。"严"就是指坚持原则，坚持自己的君子之道，乃至秉公执法。

四、爻辞

> 初六，遁尾，厉，勿用有攸注。
> 《象》曰：遁尾之厉，不注何灾也？

1. 遁尾，厉

初六，为全卦最下一爻，同时又是一个阴爻，把它比作一个尾巴，所以叫遁尾。艮卦卦象为狗，那这个尾子就是狗尾巴了。为什么说是尾巴呢？因六爻是从初爻往上，往上就是往前，那么后面的当然就是尾巴了。

"遁尾，厉"，就是有一定的危害性，它的危害性在什么地方呢？《左传·昭公十一年》载："末大必折，尾大不掉，君所知也。"意思是，尾巴大了不容易摇摆。"掉"，即摆动。比喻下属势力大，或铺开的摊子太大，内部失调，难以驾驭控制。俗话说，狐狸尾巴藏不了，狐狸再怎么狡猾，但它的尾巴是藏不住的。《西游记》里的孙悟空与二郎神斗法时，变到最后，变成一座古庙，但尾巴却没法变，于是就变成了旗杆。但是让二郎神识破了。二郎神一看，笑了，哪有旗杆立在庙后面的呢？这肯定是猴子的尾巴。从这里也可以看出"厉"。但这卦上的危害性，必须与"渐"与"时"联系起来，因为尾与时错过了时机，所以就有厉。

2. 勿用有攸往

这是指行动，实际上是指在这个时候不要自作聪明，就像农民种庄稼不能自己想怎么种就怎么种，如果那样就误了农时，就会吃亏的。所以"勿用"是指季节未到不要播种；"有攸往"，是指季节到了，才可以播种。这里比喻办事必须尊重"与时行"，只有这样才能有攸往。所以我们必须抓住"时"字联系起来理解，才能真正弄明白。

3. 不往何灾也？

所以《象传》中说："遁尾之厉，不往何灾也？"这里讲"往"是指做事的方法、步骤。只要懂得及时隐遁，就没有灾难、没有厉呀。实际上这是一句反问。《周易本义》解其义说："遁而在后，尾之象，危之道也。占者不可以有所往，但晦处静俟，可免灾耳。"但是后面还是紧紧追逼，追逼得太快或是走得太迟、太慢，这都不是与时偕行，不是与时相应。所以这里还是讲不能先迷，也不能错过时机。我们再往回看看"勿用有攸往"。

六二，执之用黄牛之革，莫之胜说。

《象》曰：执用黄牛，固志也。

1. 执之用黄牛之革

六二，中正，这个位置好。黄牛的"黄"指中（黄为土色，中间戊己土），这里黄牛代表柔顺。"革"是指黄牛的皮。古代有将动物的皮拉成条，然后再拧成绳子，而牛的皮革是最结实的，在牛皮革中又数黄牛的皮革更好。它有两个好处，一是它柔顺好使，二是结实。这里讲用牛皮制的这种结实的绳子将它捆绑好，而且打上结，捆得非常的牢固，牢固到"莫之胜说"的程度。

2. 莫之胜说

"莫之"，是说没有人。"胜"，是能够。"说"，同"脱"，解脱之义。就是说，没人能解得开。当然这是夸张，说得较绝对。那为什么这样举例做比喻呢？那是《象传》里所说的。

3. 执用黄牛，固志也

上面讲得那么夸张，用结实的绳子捆绑，没有人能解得开。捆绑谁呢？这里有了明确的交待，不是要将某个人捆住，也不是要把这个阴爻捆住，也并非将这阴气捆住，这里捆住的是固守的志，天的意志、人的意志、万物生产的意志，说穿了还是天的意志，意志要顺应天。

> 九三，系遁，有疾厉。畜臣妾吉。
> 《象》曰：系遁之厉，有疾惫也。畜臣妾吉，不可大事也。

1. 系遁

九三，阳居阳位，可见阳应该隐遁，却没隐遁好，还那样张扬，那样显现，那样刚强不阿，其他的都隐遁好了，它却没隐遁好。那它为什么没有隐遁好呢？因为是系遁。

"系"，并非谁系了它，而是它系了自己，系住了自己的心。因为阳居阳位过于刚强，过于刚强就少了柔顺，没有柔顺的心思考问题，就很浮躁，想东想西。所以还是系念在其他方面，从二爻也可以看出它的"志不固"。所以"系"和"遁"两个字看起来是很矛盾的，系是系住了，遁是要走、要去退隐，但到了九三，它把二者都统一起来了，变成了矛盾的统一体，本来该遁可又不想走。

2. 有疾厉

所以就讲了"疾厉",疾不是指疾病,是指疲惫,为什么讲疲惫呢?下面两个阴爻逼上来了,前两个阳爻已经隐遁了,那么这一个阳爻独当一面,一夫当关,能万夫莫开吗?一夫当关,能不累吗?这当然就疲惫了,这当然有危害,有厉。

3. 畜臣妾吉

"畜",就是养。"臣",是指家童、家仆。"妾",是指妻子。这好像将一个正题当一个笑话来说:"你还是回家养你的老婆孩子吧,那样就吉利了,也不会疲惫,也不会招来风险。"实际上这笑话里有一句实话,就是你该走了,你要正固你的志了,这个时候是隐退的时候,这是自然规律,应该顺从。

4. 畜臣妾吉,不可大事也

《象传》中说:"畜臣妾吉,不可大事也。"为什么让他回去养老婆孩子呢?这就是说,像这种做法,能办成大事吗?是办大事的人吗?还是回家去吧。这个时候该与时俱进了,这样犹豫办不了大事,不识时务。

> 九四,好遁,君子吉,小人否。
> 《象》曰:君子好遁,小人否也。

1. 好遁

九四,阳居阴位。"好"是指善,是善于隐遁,知道什么时候隐遁,能把握到适时、适度、适可而止,也不会被外物所系。所以这里善于隐遁,正因为善于隐遁,所以君子吉,小人否。

2. 君子吉,小人否

这里讲到"君子吉"和"小人否"两层意思,君子与小人分别指阳爻和阴爻。"君子吉",是指阳爻,因为这卦就是讲阳气隐遁,没有讲阴气隐遁,阴气是长的阶段。君子遵循了阳气的君子之道当然就吉。如果按照小人之道、阴气之道,也跟着去长,本来是要隐遁的却也想长、不想走,那当然就否,就是阻塞了,挡道了。这里还有君子和小人的引申义,这里就不多讲了。

> 九五，嘉遯，贞吉。
> 《象》曰：嘉遯贞吉，以正志也。

1. 嘉遁

九五是九五之尊与六二相应，中正之位，说明有"好隐之义"，也就是它善隐，是"嘉遁"。这嘉就比"好"更进一层了，九五居中，中就是隐得好。居在阳位却能不显示自己，所以是嘉遁。"嘉"为美、善，为更美、更善、大美、大善，这一爻是隐遁得最好的一爻，前面善于隐遁，但还不及九五这个程度，所以贞吉。

2. 嘉遁贞吉，以正志也

"志"就是适时了，它正好与时行，这个与时行就说明适时、适度、适事，这样正，所以志也不移。

> 上九，肥遁，无不利。
> 《象》曰：肥遁，无不利；无所疑也。

1. 肥遁，无不利

"肥"，是指宽松、余裕的意思。有人讲衣服很肥，是指宽松、较大的意思。肥与前面"疾急"是对立的，这里很宽裕了、很轻松了，所以讲"无不利"，当然是有利呀！

2. 无所疑也

《象传》中说："肥遁，无不利；无所疑也。""疑"，是指犹疑、迟疑。"无所疑"，也就是不需要去犹疑了，不要去迟疑了。所以这个时候还是与时行吧！这里为什么讲到不能犹疑、不能迟疑呢？正因为这一爻很重要，因为它一走，后面就会向前推。它向上推一爻，那后面也要往上推一爻，如果它迟疑的话，那后面就无法向上推了。

遁卦最关键的是"与时行""正固"，大家一定要注意这两点。

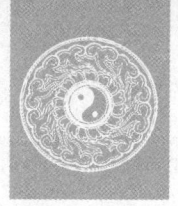

大壮卦　羝羊触藩的智慧

一、卦名：大壮（雷天大壮）

　　《说文》曰："壮，大也。"《释名·释长幼》曰："三十曰壮，言丁壮也。"人到三十岁就为壮年了，这就是说，从婴儿、幼年，到儿童、少年、青年，而后就到壮年了。壮，最初是个年龄界限。《史记·匈奴列传》曰："壮者食肥美，老者食其余。"卦中应该取强健的意思，到了壮年就很强健了。《后汉书·杜茂传》曰："身长八尺，气力壮猛。"《荀子·修身》曰："老老而壮者归焉。"最典型的是曹操《步出夏门行》曰："烈士暮年，壮心不已。"可以看出，壮有健壮、强壮、雄壮之义。

二、卦画

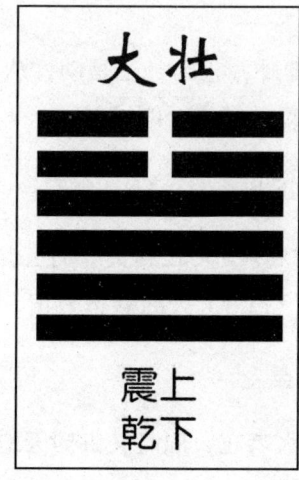

乾下震上，名雷天大壮。上下两卦均为阳卦，下经卦为纯阳，上经卦为一阳带二阴。

在"十二消息卦"中，大壮是刚爻上长到四位了，是由坤阴气消退，阳气息长经过了复、临、泰这三个阶段后发展至此。阴爻超过了六爻中的半数，再上长一阳，便为夬卦，再上长一爻便到乾卦了。所以《象》曰："雷在天上，大壮。"有人讲：天上有雷，形容雷声雄壮之势。

三、卦辞

> 大壮：利贞。
> 《彖》曰：大壮，大者壮也。刚以动，故壮。大壮，利贞；大者正也。正大而天地之情可见矣！
> 《象》曰：雷在天上，大壮。君子以非礼弗履。

1. 大壮

从卦象来看，是坤卦以后长一阳爻为复卦，复卦再往上长为临卦……一直长到"大壮"。这就是《彖传》里讲的"大壮，大者壮也"，那这第二个"大"不仅仅是指阳爻为大，同时指四个阳爻重合起来更大，其声势更壮，也就是说，这是阳气最旺、最盛的时候。

2. 刚以动，故壮

"刚以动"是指上经卦震卦，它的卦德是动，从这个意义上讲，它也是壮的意思，这就是壮的又一层解释。壮者，刚以动。

3. 大壮，利贞；大者正也

利，因为大壮，所以有利。"大壮利贞"有三层含义：（1）壮的主体为大；（2）主体之势大（四个阳爻）；（3）大的静态为正，动态为壮。

4. 正大而天地之情可见矣

这里不仅讲到大者壮、大者正，同时又讲到天地之情。这个天地之情到底是什么样的情状呢？有两种情状：一种是静态的情状，是正；一种是动态的情状，是"壮"。为什么说"正"是静态的呢？因为静中为体，体为正。为什么说动态是壮呢？因为它是用，是有所为、有所用，也就是有所动，所以为壮。因为动起来就显示气势雄壮，这就是天地之情状。

5. 君子以非礼弗履

"履"是履行的履，实践的意思。《论语》里讲："非礼勿视，非礼勿听，非礼勿言，非礼勿动。"凡是不合"礼"的都不要去做。"履"就是"做"。《论语》里还讲："克己复礼为仁。"克制住自己，使礼能得到恢复，这样就是仁。那为什么"非礼"的事不能做呢？从卦画可以看出天上有雷，这雷是声威。在传统的观念中，有一种说法：雷是主持正义的，是替天执法的，邪恶的人由雷公来执法，雷公是专惩治那些邪恶、非礼之人。所以非礼的事不能做。这里的"雷"（震）代表了一种道德准则和法律的公正。

四、爻辞

> 初九，壮于趾，征凶，有孚。
> 《象》曰：壮于趾，其孚穷也。

1. 壮于趾，征凶

初九，阳居阳位。初爻一般是指脚的部分。壮于趾，也是脚趾，表示行动，表示有所为、有所往，而且有所征。但征就凶，为什么凶？这里面包含了"先迷"的问题，就是太快了、太超前了，就会迷，迷也就有凶险了。再一个因为它是初九，再往上到第四爻，再往前赶，往前走就到了夬卦；再追一爻，那就变成乾卦了，乾卦以后就到了阳消的阶段。凶的原因就在于此。因为大壮是最旺盛的时期，再往前赶慢慢就会变化为阳消的阶段了，所以会有凶。但下面又讲有孚，既然征凶，那为什么讲有孚呢？有诚信就应该不会有凶险呀？

2. 有孚

这里的有孚是讲承诺，联系起来是讲有凶险也要往前走，因为有承诺，所以必须守信用。这就是"天人合一"的信用，与天物合一的信用，这是四时的规律，必须这样做，即使有凶险也必须往前走。这里必须联系起来说。

3. 其孚穷也

《象传》中说："壮于趾，其孚穷也。"这里讲到"其孚穷"又要联系刚才的两句话，已经有承诺，但却"壮于趾"，一动步就施以"大壮"，必然有"先迷"之险。另一层意思是这承诺马上也要过去了，又要履行新的承诺了。

> 九二，贞吉。
> 《象》曰：九二贞吉，以中也。

1. 贞吉

九二，阳居阴位，不得正，但得中，所以还是贞吉。为什么说贞吉？因为它得中道，得了中道就不会操之过急，不会有过激的行为。

所以《象传》中说："九二贞吉，以中也。"这个"贞吉"的意义很深，这两个字经常出现，但每一卦都有不同的含义，在这一爻里，主要从中道来理解它的贞，理解它的吉。同时也要联系这一卦的前后。

2. 以中也

本卦是阳盛之卦，但阳不可过盛，盛则必衰；但又不可以衰，阳衰则不敌阴，故阳以中为盛。

> 九三，小人用壮，君子用罔，贞厉。羝羊触藩，羸其角。
> 《象》曰：小人用壮，君子罔也。

1. 小人用壮，君子用罔

九三，阳居阳位，这样就过刚、过强，所以小人用壮而君子用罔。"罔"是无的意思。为什么君子用罔，不用壮？实际上君子也用壮，但这里是用罔，用无，没有用壮，他不是回避，而是讲到君子用壮是该用时就适时用，而不是随便用，所以这与小人用壮有严格的区别。小人用壮与君子用壮的区别就在这里，一个是有为的，一个是无为的；一个是按自己的意志，一个是按天的意志。所以这个"无"是指没有自己的意志，没有自己想当然，没有自己的一厢情愿，没有自己的贪图和私利。但小人用壮，一者是自己感情用事，再者就是被自己的贪欲和私利所驱使。君子与小人的区别，也在于一公一私，一理性一非理性；一无为一有为之间。所以这两者的区别在这个地方，不能认为君子不用壮。

2. 贞厉

这似乎又是一个矛盾，既然贞，为什么还有危害呢？要将前面联系起来，不联系起来不好理解。这个"贞"就是说，小人用壮没有问题，因壮本身就贞，大者壮也，大壮是利贞的，这是毫无疑问的，不然就不能叫大，注意，这里的"大"是指自然的大，而非人为的大。自然的大就是大道，大道就是天道，天道就是天的意志，这是不用怀疑的。它是正的，就是小人用壮也正。小人用壮即使含了些私利那是他的事，所以会带来一些厉，带来一些危害。这就看用的时候，用的适度不适度，适时不适时，动机纯不纯。这方面的区别，与壮本身没关系，壮的本身是正的，用法上不得法的话，那就会有厉，所以这两个字的区别要搞清楚。好多爻辞里经常会出现这些微妙的东西，所以要仔细体会。

3. 羝羊触藩，羸其角

"羝羊"，是指很强壮的公羊，特别是那羊角很长的。"藩"，是指篱笆，羊圈的篱笆。羊用角去顶篱笆想冲出来，结果是羸其角。"羸"，是缠缚，羊角被篱笆上的绳子或藤之类的东西缠缚住了，不但不能冲出这个篱笆，相反连角都被缠住了，这就是"厉"。进一步解释小人用壮与君子用壮的区别。君子用壮绝不会出现这种现象，篱笆不仅是规范羊群的，而且是保护羊群安全的，是羊群的集体宿舍。羊该在羊圈里，就在羊圈里面，这是它的居所，它如果处于静中就不会去触藩。但小人用壮，认为它有力量，认为自己的角很长，所以它就用"壮"来触藩，结果惹来了麻烦。这就是进一步解释上面"贞厉"的矛盾，不是壮有厉，而是这种用壮的行为有厉，这种非理性的用法上有厉，这里就举了这么一个例子。

4. 君子罔也

《象传》中说："小人用壮，君子罔也。"这就是说，君子不会像小人那样用壮。当时机尚不成熟时，在那种有违"大"的原则的情况下，君子懂得有所不为。

> 九四，贞吉，悔亡。藩决不羸，壮于大舆之辐。
> 《象》曰：藩决不羸，尚往也。

1. 九四，贞吉，悔亡。藩决不羸，壮于大舆之辐

九四，阳居阴位，说明也有有利的一面，它必须刚柔相济，有中和的作用，所以贞吉，即使有悔的话，也会被中和。所以这种情景与九三的情景不同，九三是羊角被缠住了，而这里不是，而是问题被解决了，那个篱笆被冲开了。"决"是决口，就是篱笆被冲出口子了，冲开了。"不羸"就是不住了。在这个时候，"壮于大舆之辐"。"大舆"是大车。"辐"是大车下面的一块横木。这个"壮于"是一个行为动词，就是说这个时候这个横木起作用了。那就是说，羊先是被关在篱笆里不能动，结果又被缠住角，那么现在好了，冲开了，不但冲开了，还能坐上大车子向前冲了，向前奔驰了。所以"壮于"就是奔驰的一种行为动词。这种情景，联系到辐，前面用壮的时候用到它的角，用它的力气冲出去。这里就用到大舆之辐，利用它跑得快。可见古代人的交通工具中，这种车是最先进的了，有了这么一个横木往上一穿、一套，这个车子就跑得快，它就显得壮，这是跑得快的一种行为，给人以"壮"的感觉。

2. 藩决不羸，尚往也

《象传》中说："藩决不羸，尚往也。"这不仅仅是讲崇尚了，是决定要前往。这是为什么呢？我们联系九三来看，被关闭了那么久，又被缠缚了那么长时间，现在终于冲出来了。它已经决心要前往，这是潜藏着多大的爆发力呀。所以"尚往也"。"尚"，上也，指这时的上策是往。

> 六五，丧羊于易，无悔。
> 《象》曰：丧羊于易，位不当也。

1. 丧羊于易

这里的"易"应该是"移"，与上文的"往"相承，指尚往之，或是指田畔，或是放羊的场所。据历史考证，渭河流域到黄河中游，居住过牧羊的氏族，开始时过着游牧生活。"易"，应指游移之中。

2. 位不当也

六五，阴居阳位，不正但居中位。因为中所以无悔，因为它是阴爻不正，所以就会丧羊，丢羊。丧是丧失了，遗弃了。这羊丢到哪儿去了呢？就是在游移中丢掉的，就在那放羊场所丢掉的。为什么在这里丢掉了还无悔呢？这个无悔是什么意思？这个上面没讲，只是在象辞里面解释了"丧羊于易"的原因，是"位不当也"。位不当是六五的阴爻应该居阴位，它居的是阳位，所以不当。所以这个位不当，放牧的场所选择不当，就容易丢羊。那么丢了以后为什么无悔？原因在哪个地方？那就要联系到前面看，联系到"刚以动，故壮"。这个"刚以动"，上是阳卦，下也是阳卦，像这样的阳刚之气，有什么悔呢？它做了就做了，所以它这种气概，这种做事的决心，做了根本就不会后悔的。这就是大丈夫做事敢做敢当的气概。这就是大壮，不然的话叫什么"大者壮也"？这无悔不是讲其他的，就是讲丢几只羊算什么，"尚往"才是大事，几只羊与"尚往"相比那就是小事中的小事，所以无悔。

> 上六，羝羊触藩，不能退，不能遂，无攸利。艰则吉。
>
> 《象》曰：不能退，不能遂，不详也。艰则吉，咎不长也。

1. 不能退，不能遂，无攸利

上六，阴居阴位。羊又来触篱笆墙了，这一触不像九三那样缠缚。这里不仅仅是被缠缚住了，而是不能退，也不能遂。"遂"就是顺利成功、遂愿、如愿的意思。这就是说，羊也不能如愿，想走也走不了，想冲也冲不出去，进不能进，退不能退，这当然无所利了。

2. 艰则吉

前面讲到小人用壮，这里又是小人用壮。前面讲有利，这里是无攸利，利也没有。但是"艰则吉"。这不又是一种辩证的东西吗？看起来是矛盾的，实际上是辩证的。艰是指艰苦、艰难，实际上这艰又是一种行为动词，本来"艰"是一个形容词，形容这件事很艰难，但这里是当动词用。"艰"的意思是经历艰难，克服艰难，去涉大川，是这样的一种行为，所以吉。你敢于去面对这种困难，敢于挑战这种艰难，而且真的就闯过了，利涉大川了，当然就吉利了。这里从由小人用壮慢慢地觉悟了，他也学到了君子用壮了。所以前面讲不能退、不能遂，就只能进了，只有进哪！一进，就好了，就吉了。

3. 不详也

《象传》中说："不能退，不能遂，不详也。艰则吉，咎不长也。""详"，有人解为吉祥的意思，我认为是详细、详尽的意思。这里"不详"指不清楚。为什么不能退，也不能遂呢？是什么意思呢？原来是君子用壮，所以不能退，也不能遂。到处乱触篱笆墙，乱触了以后，角被缠缚住了，那是小人用壮。现在再去触藩，就不能退、不能遂了。真是不明白、不懂得君子是怎么用壮的吗？其实，这里是正话反说，是为了突出君子如何用壮。

4. 艰则吉，咎不长也

这里已明白君子是如何用壮的。是怎么知道的呢？是通过"艰"知道的，所以得到了吉，所以这个咎也不长了。即使有艰难险阻也很快过去了。因为他明白了，学到了君子用壮了。这里就应该这样去理解，这种理解是把前后都联系起来看。

小结

这里之所以要这样联系，因为我考虑到大壮的"大"是代表天的，没有比天更大的，因为天是一个抽象的词，它可以代表我们想象的这个天，当然这只是一个抽象的"天"，没有比天大的。这里的大是指大道，大道也没有比天道更大的，如果讲理也没比天理更大的，讲意志也没有比天的意志更大的，所以这里必须这样联系起来理解。

讲壮时，强壮、健壮，要联系到乾卦，联系到"天行健"的"健"，如果不联系到"天行健"的健，那么这个"壮"也是无根之木、无源之水，那又莫名其妙了。因为大壮卦的下经卦本身就是乾卦，首先想到的就是第一个健的意思——"天行健"，是天道运行不息的意思。再往下推，推到地行健，推到人行健，推到四时行健，推到万物行健，也就是天行壮、地行壮、人行壮、万物行壮、四时行壮。要这样去推，这样推就好理解了，特别是象辞"天地之情"，这种情状就是一种壮大的情状。所以壮大后有"贞"，只要是壮大，那绝对是正的。之所以又有厉，这是小人用壮不当所造成的，但没有凶。其实本卦中讲吉的地方比讲厉的地方要多，所以它是吉多于厉，那就更没有凶了。

我们必须将君子用壮与小人用壮区别开。这里君子用壮会得吉，小人用壮用错了也不会遭凶，仅仅是厉而已。而且通过"厉"，经过"艰"，会学到君子用壮，所以得吉。

可以看出，上六很有意思，这里是一种转化，前面讲到不能退、不能遂，后面讲"无攸利，艰则吉"。转得很快，很果断，很干脆。我们必须搞明白，如果你们要去占卜，仅仅是占卜到吉、凶，这事能做还是不能做，仅仅看看结果几个字没用。我认为"艰则吉"中这个"艰"是很重要的，"艰"是很关键的，"艰"就是过程。"则"是选择复句的连词，你如果能经受得住磨砺，则吉；否则，便是厉。把握住这一点，我们在工作、生活、处事中，就能把握这种矛盾的转化点。这个转化点就在"艰"字上，通过这个"艰"，由小人用壮转化成了君子用壮，由不祥转化为祥。小人用壮，是用头角去触；君子用壮是罔，他没有一厢情愿，没有自己个人的私利，没有非理性的冲动。所以这就是前面讲的"君子以非礼弗履"，弗履就是用罔，罔就是非礼弗履，非礼的东西不去做。非礼者，非理性、非理智也。所以这就很明白了，我们的为人处事就按这样去做，那你处处都是正，这"正"就是符合天道、符合天理、符合天的意志，这样你的行为绝对没有大错，即使有小的错误也没问题，这就是坚持了正，坚持了非礼弗履，君子用壮就是君子用罔了。是什么意思呢？就是说，只要不违逆大的规律，即使小规则上有点失误，也不会招致咎厉。这就是大规律与小规则的区别，也就是君子"用壮"注重大的规律，小的规则也不会有误。这就能明白有所为，有所不为。

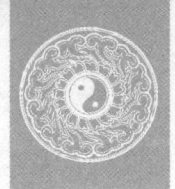

晋卦 昼日三接的智慧

一、卦名：晋（火地晋）

《说文》曰："晋，进也，日出，万物进。"晋的甲骨文、金文，下面为插箭的器具，上部插着两支箭。由此可推测，箭向前飞、向前直行运动，所以引申为"进"的意思。

《说文》曰："日出，万物进。"这里的"进"是指进行、生长、消长、变化、往来、发展等。日出万物都进，这进是一种行为动词，它是一种广义的，不能只看成是前进的意思。人"日出而作"，这也是进，万物的生长、四时的消长、季节的寒暑往来，还有万物的变化、发展，这都是晋的广义。晋有晋升的意思，升，太阳升起来了。这在卦里一般都讲到晋升、晋阶、晋级，受到嘉奖、赏赐等。

二、卦画

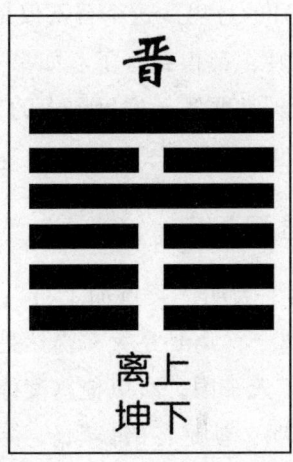

坤下离上，火地晋，离为日，日上于地，升进不已，故有"晋"象。所以《象》曰："明出地上，晋。"

三、卦辞

> 晋：康侯用锡马蕃庶，昼日三接。
> 《彖》曰：晋，进也。明出地上，顺而丽乎大明，柔进而上行，是以康侯用锡马蕃庶，昼日三接也。
> 《象》曰：明出地上，晋。君子以自昭明德。

1. 康侯

有人认为，康侯是指某一个人，但引经据典的话，一般不足为信。康侯也是广义的指代，是指当时周朝有这么一个规定，凡是哪一个诸侯国的封地治理得好，那就叫"康明安邦"，这样他就能得到新的赏赐，以前他有功，封为诸侯，并赐地封侯，现在又有新的赏赐。

2. 锡马蕃庶

"锡"，是赐。"马"，当然有马就有车。赐给一些有功绩的诸侯，赐给那些封地治理得好的诸侯，并赐以"康明安邦"之誉。"蕃庶"，是指多，是赐给他们很多的车和马。不仅仅是赐给他们这些，而且一连多次地接待他们，非常高兴地给他们这些奖赏，这就是晋升的意思。这个晋不仅是指个人得到了嘉奖、得到晋升，而是他所管的封地的百姓，都得到晋了。如果不是大家都有"晋"，那么诸侯个人又怎能得到晋升、得到赏赐呢？这里个人的"晋"，代表一个邦国里人民的生活"晋"了，整个社会也"晋"了。

3. 顺而丽乎大明，柔进而上行

这里只讲一下"顺而丽乎大明，柔进而上行"。顺是指下面坤卦，"丽乎大明"，大明当然是指上面的离卦，离卦是火，当然是大明。"丽"是指美丽。"丽乎"，就是说这个顺是顺从了天子国，所以他嘉奖你，因你顺从得到了嘉奖，那当然也很光彩。顺而丽乎大明，就是各诸侯顺从并亲附于英明的天子，"柔进而上行",描述了各诸侯晋见时的情景。是以"康侯用锡马蕃庶,昼日三接",所以得到了晋升、赏赐。

4.自昭明德

《象传》中说:"君子以自昭明德。"这个"明德"是《大学》里面讲的,《大学》里第一句话就是讲到明德,说:"大学之道,在明明德。"周代贵族弟子八岁入小学,十五岁入大学。小学时"学小艺""履小节";大学时"学大艺""履大节"。甲骨文中就有"大学"一词。"在明明德",即"学大礼""履大节"。"古之欲明明德于天下者,先治其国;欲治其国者,先齐其家;欲齐其家者,先修其身;欲修其身者,先正其心;欲正其心者,先诚其意;欲诚其意者,先致其知;致知在格物。"格物就是去参究事物,去观察、去分析、去研究,去参透它。佛教讲参禅,其实《易》也可以参,"仰则观象于天,俯则观法于地,观鸟兽之文,与地之宜……"这就是参易、格物。通过格物能够仰观天象、俯察地理,这样对万物细致地观察、分析、研究,然后就得到了知识,得到知识就能诚其意、正其心,正其心然后就可修其身,修其身然后就能齐其家,能齐其家然后就能治其国,然后就能平天下。这就是东西方文化的差异,西方的最高目标是"理想国"(古希腊哲学家的思维),而中国古代人的哲学思维是"平天下"。这就是明德的道理,所以自昭明德,自昭就是自己昭示自己。

四、爻辞

> 初六,晋如,摧如,贞吉。罔孚,裕无咎。
> 《象》曰:晋如,摧如,独行正也。裕无咎,未受命也。

1.晋如,摧如,贞吉。罔孚,裕无咎

初六,阴居阳位,"晋如",就是前进、晋升的样子。"摧如",遇挫折而退的样子。这与晋不是矛盾吗?初六为什么会有这种行为呢?这后面讲了"罔孚"。这里我们先讲讲贞吉,即是进进退退,却还贞吉,而且得吉祥,这是什么原因呢?我们看后面。"罔孚",罔是无,无孚难道说是没有诚信吗?不是,这个无孚,不是指他无诚信,而是暂时还得不到他人的信任。因为初六是刚见世面,是

刚刚走向社会，他还不能得到别人的信任，在这种情况下要做到无咎就必须做到有孚；要做到有孚，就要做到裕；要做到裕就是心量要宽。别人不信任你没问题，不去计较别人，而是虚心地向人家学、锻炼自己，有这样的大度，所以也就无咎。因此前面讲贞吉，就是因为它是初六，它知进知退，它知道自己初涉世面，知道该进就进、该退就退，所以贞吉，所以无咎。

2. 独行正也

独行解释为一个人行动吗？其实不是，是讲我行我素，我按我的判断做，就是自己知道能进则进，不能进则退，不被别人所左右。这个独行是这个意思，就是自己有自己的主见，这样当然是正了。

3. 裕无咎

"裕"，就是能有这样的心量，有这样的度量，当然也就无咎。

4. 未受命也

因为是刚刚走向社会，还没有被委任什么职务，还没有接受什么重要任务，还没有一个重要的位置，所以进也无妨、退也无忧，所以这里正固，也就无咎。

> 六二，晋如，愁如，贞吉。受兹介福，于其王母。
> 《象》曰：受兹介福，以中正也。

1. 晋如，愁如，贞吉

六二得正得中。这里是"晋如，愁如，贞吉"。"愁如"，犯愁、有忧愁的样子。初六可进可退，不知愁滋味。这里有愁了，可见他成熟了，说明他有忧患意识了，懂得进与退的规律了。有忧愁了，现在知道考虑问题了，所以这个愁要这样理解。不能理解为整天忧愁沮丧、垂头丧气的，所以那就不是贞吉了，这个愁是指他开始思考问题了，比较成熟了，与前面那个无忧无虑是相承的。

2. 受兹介福，于其王母

"受"，指授予。"兹"，就是那个或这个。"介"，是大。介福就是大福。这种大福是谁授给他的？是王母授给他的。王母的意思是祖母，祖母是上面的六五。六五本来是尊位，六五是阴爻，那就比作王母了，福是六五授给他的。但六五与六二不相应，六五怎么会授福给他呢？这是因为六二中正，也就是六五中、六二中正，所以六五与六二关系密切。

3. 以中正也

《象传》中说："受兹介福，以中正也。"这就是受福的原因，也正是因为他比开始成熟了，所以他能得到大福报了。

> 六三，众允，悔亡。
> 《象》曰：众允之，志上行也。

1. 六三

六三，阴居阳位，所以就有悔，但这个悔没有大的问题，它毕竟是阴居阳位，要是阳居阳位可能就差一些。这是阴居阳。阴和阳、柔和刚相互之间可中和。

2. 众允，悔亡

"众允"，是大家认可、拥护、同意和支持，得到了众人的帮助。尽管有悔，这悔是从何而来？因为它是下经卦的最上一爻，这一爻不正，所以有悔，这悔也不一定就是后悔，就是多少有一点不顺利。但又是悔亡，没有悔，这悔又消失了，这是因为"众允"，有众人的帮助和支持。

3. 志上行也

因为它的志向是向上行，上行不就是"晋"嘛，上行就能得到光明。这个就不多讲了。

> 九四，晋如鼫鼠，贞厉。
> 《象》曰：鼫鼠贞厉，位不当也。

1. 晋如鼫鼠，贞厉

"鼫鼠"，是硕鼠，俗名叫土狗。《说文》里讲鼫鼠，说它会飞，飞不过房子那么高；会攀岩，爬不过树那么高；会游水，又游不过河；会挖穴，却掩不住自己的身体；会跑，还没有人走得快。它虽有五种技能，可都不精。

"晋如鼫鼠"，像鼫鼠那样的晋升速度，虽然贞，虽然也是一种晋升，但晋升得太有限了，所以就有厉。

就像一个人在单位工作，样样都能做，但样样都做得一般，都没有起色。虽说有所进步，可是太有限、太没起色了。如我对一位同志讲的："你进步没有？这么多年来，从你个人来讲你是进步了，但你与这个时代、与时代发展的要求相比，你还是没有进步。因为你不能与时偕行哪！你远远落在时代的后面哪！所以也等于没进。"与这一爻的意思差不多。

2. 位不当也

《象传》中说："鼫鼠贞厉，位不当也。"这里又讲了"位"，"位"是指它自己这个位置，这里应理解为空间，每个人都应该有自己的空间，但这个空间也应该是自己去开拓、去发展。自己不去开拓、不去发展，那是不行的。同样一份工作、同一个车间、同一个岗位、条件也一样，而且是做同一件事的同一组，但工作效果是不一样的，有的人不断进步，而且进步得很快。三年、十年过去了，有的人还是原地没动，所以这个区别很大的。所以这个"位不当"，应该是指自己做得不够、行得不够、进得不够。所以我们要这样理解，我们不要去学那种鼫鼠，应该学习前面得到王母嘉奖的那种进。当然这种人很少，但也要去努力，要有士兵想当将军的那种志向和追求。

> 六五，悔亡，失得勿恤，往吉，无不利。
> 《象》曰：失得勿恤，往有庆也。

1. 失得勿恤，往吉，无不利

六五，中而不立，所以有悔也有失。但这个悔也被中和了，这个"失得"是有一失也有一得。实际上是没有失也没有得。"恤"，是忧虑，就是说失和得都不要忧虑，因为这是中位、往吉，就是有所行、有所往，都吉祥，而且无往而不利。因为六五是中位，而且这个位置是帝王之位。

2. 往有庆也

《象传》中说："失得勿恤，往有庆也。"这个"庆"字难得，在卦象、爻辞里，根据金景芳先生讲，得"庆"字的不多，能得"庆"字很不容易。"往有庆也"上面讲无不利，这里又肯定地讲"往有庆也"。"无不利"是含糊的，而"往有庆"是肯定的。这就是大喜了，这也是因为得中，这里得中很重要。因为是晋，所以得中很重要。有人会讲如果是阳会不会好些？那也不一定，因为阴爻正好与阳位平衡，平衡的晋的位置就是很好的。只是不能太过了、不能晋得太快了，因为上面只有一个上九了，根据乾卦，九五以后就是亢龙了，所以这里是阴阳平衡，所以有庆。

> 上九，晋其角，维用伐邑，厉吉，无咎，贞吝。
> 《象》曰：维用伐邑，道未光也。

1.晋其角，维用伐邑

这个"角"是指上九，在《周易》里一般初爻为尾，上爻为角；初爻为足，上爻就为首。"晋其角，维用伐邑"，就是赐他的将军帽（角），说明要派他征伐了。

2.厉吉，无咎，贞吝

这里是最有意思的了，"厉吉，无咎，贞吝"都讲到了。有人讲，如果占卜占到这一卦就不知如何是好了，不知是吉、是凶；是贞、是吝，但实际上是不是这样呢？我们来看象辞。

3.维用伐邑，道未光也

《象传》中说："维用伐邑，道未光也。"这里讲到"道"了，讲到晋升之道没有得到发扬光大，推行得不广。为什么晋升得不广大？原来六五有庆了！晋升得那么顺利，无往而不利，有往就能吉，所以就去征伐人家，这样是吉还是不吉？当然在某些方面也吉，也无咎。但终归还有厉，最后还有吝。这就是怎么去看的问题了，从你本国来说好像是吉，是无咎；但对他国来说就不是那么回事了；对于现实来说，对于当时来说，那是一种吉，但再往远处看，往后来看，但又留下了后患。所以这里的晋，失去了晋升之道，不该"有庆"了就去"伐邑"。

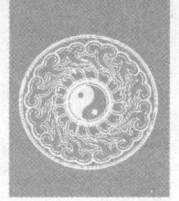

明夷卦　明入地中的智慧

一、卦名：明夷（地火明夷）

夷，一层意思为平也，易也；另外一层意思是灭也，没也。没就是日没入地中。当然还有一种伤的意思，还有一种是无色、看不明白的意思。就像《老子》中说的"视之不见名曰夷"。

二、卦画

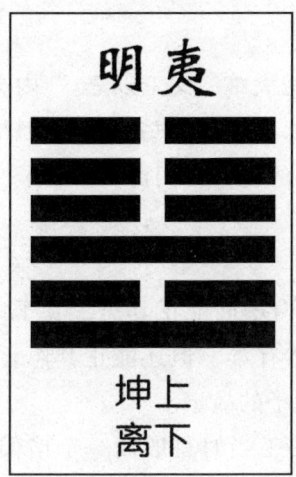

我们先从卦画上与晋卦相比较，晋卦与明夷卦正好上下两经卦相覆。晋卦是离在上、坤在下，也就是火在地上，离代表日，就是日在地上，也就是太阳从东方冉冉升起后，一直到夕阳西下。这里明夷正好是地下有火，也就是夕阳西下了，进入了夜晚，只能看见星星和月亮。明夷就是指太阳沉没于地平线之下了。

三、卦辞

> 明夷：利艰贞。
> 《彖》曰：明入地中，明夷。内文明而外柔顺，以蒙大难，文王以之。利艰贞，晦其明也。内难而能正其志，箕子以之。
> 《象》曰：明入地中，明夷。君子以莅众，用晦而明。

1. 明夷

这里看起来太阳已经西下了，进入黑夜了，但还是有利的，还是正固的。但也有艰难，有一定的危险。这里虽没讲到有凶，但是也存在着险，存在着不确定因素。不过总体来说，是利的、是正固的，因为它毕竟是昼夜，这也是一种自然现象。

2. 明入地中

《象传》中说："明入地中，明夷。"这里解释的与象辞"明入地中"的"明夷"是一样的意思。

3. 内文明而外柔顺

"内文明而外柔顺。以蒙大难，文王以之。"内文明指内卦为离卦。外柔顺指外卦是坤卦，坤卦是柔顺的，它的卦德就是顺。但是蒙上大难了，是文王蒙上大难了。那它是怎样蒙上大难的呢？我们再往后看了。

4. 晦其明也

"利艰贞，晦其明也。内难而能正其志，箕子以之。""内难"，火也有难的意思。能正其志，就是虽然有难，但还能正其志，坚持自己的原则，这是指箕子。那么我们再讲文王与箕子的故事。

文王，指周文王。周文王当时是殷商一个诸侯国的伯侯，发祥于陕西的岐山，这个邦国被他治理得非常好，声誉非常高，所以许多的诸侯国去亲附他。殷纣王是一个暴君，荒淫无道。文王曾经上谏过纣王，劝他要以天下百姓为重，结果纣王不但不听劝谏，反将文王囚禁在羑里，不过文王的臣子通过纣王身边的奸臣给他送美女、珍宝，最终疏通了关系，将文王救出来了。

箕子本来是文王的叔父，当时殷纣王宗氏本家的几个重臣中，一个是箕子，还有一个是微子，还有一个叫比干，这三个大臣都是与殷纣王同宗族的。微子也劝谏纣王不要再荒淫无道，结果纣王不听，最后微子只好退隐了。那时对隐士是不追究责任的，纣王也就不找他了。

可是比干呢？他死谏，一次不行，二次劝谏，一次又一次地劝谏，结果被纣王挖了心。

箕子看到这种情况，知道劝谏已经无效了，所以他就装疯卖傻，纣王认为箕子与他是宗亲，于是将箕子贬为奴隶，把他关起来了，一直关到殷商被周推翻以后，才被周武王释放出来。

这个故事反映了在那种黑暗的社会，忠臣的处境和遭遇。明夷就是太阳西下了，进入黑夜了。商汤王推翻了夏桀，那是"晋"，是光明的时候。到了纣王的时候就腐败了，天下一片黑暗了，在这种情况下，有这样两个代表人物，一个文王、一个箕子，他们用一种非常的手段求得了生存。艰就是艰险。艰为什么是正、是利？这里的"正"和"利"是指顺乎时代潮流，顺乎天下百姓的利益。

这个故事给我们的启发是：一个人在逆境之中要想求得生存，求得一席之地，求得以后大的发展，就要突破逆境，要用一些非常手段。当然这个非常手段不能违背了道德和法律，要顺乎时代潮流。在这个范围内，采取一些非常手段是可以的，因为没有非常手段是很难突破逆境的，只是消极地等待，那是不行的。

明夷卦这几个地方是很关键的，把这个搞清楚，后面的也就好懂了。

5. 君子以莅众，用晦而明

"以莅众"，就是治理，面对天下大众、面对这些公务。"用晦而明"，看起来有时是晦其明，箕子就是晦其明，本身他心里很明白，但表面上看很灰暗、看起来既疯又傻，别人不清楚，但他心里很明白，心里的志是正的，所以这里君子用晦，看起来外表用的是晦，其实是一种非常手段，是光明正大的，他的志是明的，这是一种韬晦。

四、爻辞

> 初九，明夷于飞，垂其翼。君子于行，三日不食，有攸往，主人有言。
> 《象》曰：君子于行，义不食也。

1. 明夷于飞，垂其翼。君子于行，三日不食，有攸往，主人有言

这里似乎是指打猎，打的是"明夷"。这个"明夷"就是指山鸡，山鸡的翅膀受伤了，垂其翼，指收敛翅膀，但是还在飞。但他还在追，追得三日不吃饭，最后追得太饿了，想讨点饭吃，却被主人责备了一顿，"有言"是指责备。

2. 义不食也

《象传》中说："君子于行，义不食也。"这个行是指乞讨。"义不食也"，有这么一个成语"嗟来之食"，是讲古代齐国闹饥荒的时候，有人将饭食摆在大路边上，然后一只手捧着饭食，一只手扬起来喊："喂，过来吃饭吧！"当时有个人已经很饿了，但听到这种轻蔑的带有侮辱性的吆喝，觉得吃了很不光彩，所以他宁可不吃，也不吃这个"嗟来之食"。这个"嗟"就是一种轻蔑的吆喝、招呼人来吃饭的意思。所以他坚决不吃，结果饿死了。这个典故就传下来了。这个"义不食也"，与这个故事有相似之处。"食"又说明什么？我们一起来看。

> 六二，明夷，夷于左股，用拯马壮，吉。
> 《象》曰：六二之吉，顺以则也。

1. 明夷，夷于左股，用拯马壮

这里又讲到"明夷"，是指这个山鸡的左股受伤了。这又讲到"拯马"，拯马是将马骟掉。这个"壮"是指骑上马，向前壮行。

2. 六二之吉，顺以则也

"则"，是法则。过去打猎有六种法则，这里我就不多讲了。"顺以则"也是解释为何而吉的。这里仍是强调做任何事都要遵守规则，顺应自然法则。

> 九三，明夷于南狩，得其大首，不可疾贞。
> 《象》曰：南狩之志，乃大得也。

1. 明夷于南狩，得其大首，不可疾贞

这里对"狩"和"疾"字的解释都有争议，有的讲疾是疾病，有的讲是快的意思；有的讲"狩"是道，有的讲"狩"是头顶。这个我们不管，"明夷"一词和前面二爻一样，这里"于南狩"，指山鸡往南飞，这个猎人也往南追去，结果

负伤了,而且这次这个猎人得到了大的收获。这里又告诫他,不要跑得太快,只要不跑得太快,那就会得贞,保持快而不过,才是正固。

为什么是南狩?因为九三是离卦的上一爻,离卦者南方。

2. 南狩之志,乃大得也

《象传》中说:"南狩之志,乃大得也。"这里讲到"南狩之志",志是他的计划,就是说他顺其道,依照这个规律,也就是依照了上面那个"则",所以他就有大得了。这里"志"是因,"得"是果。

> 六四,入于左腹,获明夷之心,于出门庭。
> 《象》曰:入于左腹,获心意也。

1. 入于左腹

这六四太柔了,入于左腹,说明受伤的程度比较大。当然这里都是比喻,这点大家要搞清楚。"获明夷之心,于出门庭",到底是什么心呢?我们往下面看。

2. 于出门庭

"入于左腹",为什么是左腹?前面离为南方,用的是《后天八卦图》的方位,这里又用一个《先天八卦图》的方位,离为左。我认为不是那么回事。

上经卦为坤卦。坤卦里讲到方位,讲到东北和西南,坤卦曰:"西南得朋,东北丧朋。"但其本义并非指方位,而在于一个"得"与"丧"(失)。坤卦中的"得"与"丧",与"泰""否"二卦中的"往"与"来"是一致的,即指阴阳二气的消长规律。尚秉和解曰:"震为左。坤为腹,为门庭,为心。"并说四爻为坤体,故曰:"入于左腹。"与"获心意",解为顺从之心相应。

3. 获心意也

六四居正,这是什么心意呢?这里已经到了上经卦,是上经卦坤的第一爻。坤为地,为顺。这种心意是顺从之心,我们不能离开卦来理解。

> 六五,箕子之明夷,利贞。
> 《象》曰:箕子之贞,明不可息也。

1. 箕子之明夷,利贞

这里讲到箕子的明夷,实际上就是晦明。"利贞",是在非常时期用的非常手段，这种明夷是一种非常手段，是上文讲的那种晦明。

2. 明不可息也

《象传》中说："箕子之贞，明不可息也。"其意思是说，箕子宁可装疯卖傻，也不能让那个"明"熄灭了。还有微子，他宁可去隐居也不愿与纣王同流合污，比干宁可被纣王挖心也要死谏，这就是明不可息。不过周文王就不同了，他用了一种非常手段，用现在的话来说是叫贿赂、行贿。所以这里反复讲都没有讲到周文王，而是讲箕子。所以还是箕子、微子、比干这样做是值得提倡的。

上六，不明晦，初登于天，后入于地。
《象》曰：初登于天，照四国也。后入于地，失则也。

---

1. 不明晦，初登于天，后入于地。

上六，阴居阴位，这是坤的最上一爻。"不明晦"，不明当然就昏暗了。"初登于天，后入于地"，这又是联系晋卦来说的。"初登于天"，这就是晋卦；后入于地，就是明夷了。当然这里不仅仅是讲晋卦和明夷，而是指这个明的运行规律，明和暗本身就像寒暑往来、昼夜往来一样。这个地方是讲规律的。"初"和"后"是指时间，"登"和"入"是指"明"的运行状态，"天"和"地"是"明"的运行归宿。

2. 照四国也。后入于地，失则也

《象传》中说："照四国也。"实际上是指照四方，太阳出来照四方。"后入于地，失则也"，这真的是讲失则吗？象辞是引申义。夕阳西下并没有失则，没有违背自然法则，还是按照天道的运行规则运行的。这里讲的"失则"是指社会、指人，也是指商纣王，引申到一些邪恶的、一些社会黑暗面，是这一类失则，失去了天道，失去了人心，失去了社会的公德。

为什么后面的东西讲得快一点，因为这一卦基本上只讲了这几个问题，所以就以这几方面为重点讲一些自然规则，说明"晋"与"明夷"都是正常现象，是太阳升起和落下，是白天和黑夜。讲到周文王的故事、箕子的故事，也就有了商纣王的故事。还有一个重点就是讲到，在艰难的时候，如何采取一些非常的手段保存自己。只是保存自己吗？不是，保存的是明，明其志、明其心、明其道。又讲到晦明，这个晦明有意思，它是一个非常手段，像箕子装疯。所以我们要注意这几点，真正弄明白其中的含义。

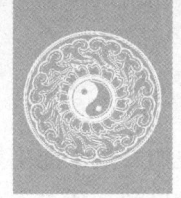

家人卦 母系氏族的智慧

一、卦名：家人（风火家人）

新石器早、中时期基本为母系社会，我们三次考察甘肃秦安大地湾文化遗址，那里有一个原始村落，基本上是一室一家，半地下，室内正中是火塘。火塘前面既是人入口的门，又是火门，风吹火旺，有火（火塘）才有家。所以风自火出为家人之象，有如天火同人之象，又如火风鼎卦之象。天火同人，同人就是大家都在一起，这些都是有联系的。

二、卦画

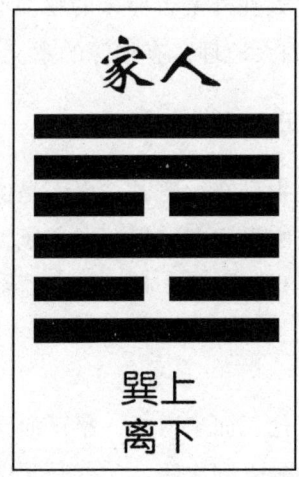

离下巽上，火在下面，风在上面。不像"鼎"是风在下面，这正如象辞里讲的"风自火出，家人"。

古代人观察问题很细致，他们发现火能生风，因为火是一种热量，空气的温度遇热后，就开始向上流动，这样就加快了空气的上炎，就形成了风。古代人的观察是很科学的。

三、卦辞

> 家人：利女贞。
> 《彖》曰：家人，女正位乎内，男正位乎外；男女正，天地之大义也。家人有严君焉，父母之谓也。父父，子子，兄兄，弟弟，夫夫，妇妇，而家道正。正家而天下定矣。
> 《象》曰：风自火出，家人。君子以言有物，而行有恒。

1. 家人：利女贞

"家人，女正位乎内，男正位乎外；男女正，天地之大义也。"这是指古代人延续下来的一种传统，一直传到现在，还有一些相同的观念，就是女主内、男主外，女人在家操持家务。所以女人要讲"俭"，男人在外面办事业或工作必须讲"勤"，所以要"勤俭"，这"勤俭"二字也就是正位。男人必须勤劳、勤奋，女人必须要节俭、朴实。男人在外辛苦挣来的物质必须珍惜，这就是："男女正，天地之大义也。"这是天地的大道理，有很深的意义，所以"利女贞"。

2. 家人有严君焉，父母之谓也

这不仅仅是指父亲，也指母亲。严君，也不是讲某一个人来当家，也不仅仅是讲父亲来当家，讲的是家庭必须有家规、有家风，使人一走进这个家庭就知道是什么样的家庭，就可看出是否温馨、是否和谐。

3. 正家而天下定矣

父子、兄弟、夫妻，人伦正而家道正，家正而天下定矣。

这里主要是讲人伦，伦是人际次序，父就是父，子就是子，兄就是兄，弟就是弟，夫就是夫，妇就是妇，各尽各人应尽的本分，互相尊重，有一定次序。这种家庭的伦理道德纳入正轨，天下所有的家庭都这样，就能使天下得以安定。如果家里乱糟糟，那到社会上不就更乱了吗？一个家庭，子女对父母不孝，兄弟之间不团结，夫妻不和，那到社会、到单位不也是那样了吗？所以这里也讲到了"利女贞"，女必须贞、必须正。这里讲利女贞，并不是单指女人，因为这是家人卦，家是以女人为特征，一个家庭没有女人，那就不是完整的家庭。

4. 行有恒

所以《象传》中说："君子以言有物，而行有恒。"这里的"言"是什么呢？上经卦是巽卦，将它倒过来就是兑卦，兑卦为口，口就是言，言而悦。物，是指离卦，离卦必须附着一物，就是讲说话必须言而有物，那样光明才能附得上，这也就是讲必须有具体的内容。行有恒，这里的"行"实际上还是讲离卦的，因为离卦代表光明，光明是指日月，日月就是行，这就是讲人要像日月那样"行之有恒"，那样"天行健"。这里讲了这么一个大的道理。君子言有物，而行有恒，从卦上来看，君子必须要做到这点，看起来是平时要求我们基本做到的，但是这道理非常深，能比喻到日和月。

四、爻辞

初九，闲有家，悔亡。
《象》曰：闲有家，志未变也。

---

1. 闲有家，悔亡

初九，是这一卦的开始。"闲"，这里是指家庭，一个家庭在闲的时候干什么呢？闲的时候做一些预防的事。农民闲时有闲时的工作，工厂闲时也做一些维修工作，采取些安全的预防措施，这闲是指预防的意思。一个家庭也经常利用空闲时间来做一些预防的工作，以免耽误了忙时的工作。如亡羊补牢，闲时就提前补好，补得结实点，不能等到丢了羊以后再去补。因为做了预防，这样的家庭即使有悔也消失掉了。

2. 志未变也

《象传》中说："闲有家，志未变也。"这志未变也，是讲始终如一，就是经常将家庭里会出现的苗头或不利的因素及时地消除，当然就始终如一了，就不会有什么灾难了，就不会有不利的事发生，这样就能保持家庭的和谐。

> 六二，无攸遂，在中馈，贞吉。
> 《象》曰：六二之吉，顺以巽也。

1. 无攸遂，在中馈，贞吉

"馈"，是指食品，饮食。"中馈"，是指妇女在家中主持家务。六二，阴爻居阴位。"无攸遂"，就是讲这女人不要再想着去做什么，不要想还有什么其他的心愿要完成，不要去想这么多，而是老老实实在家中做饭。当然这也是比喻，并非限制女人的，这就是说，这个家庭必须这样，一个家庭必须有人做饭。"贞吉"，这样当然是正了，当然就吉祥了。

2. 顺以巽也

所以"六二之吉，顺以巽也"。谁来做饭？顺是指坤，坤是指母，这卦象上是两个阴爻，上面是指长女，下面是指中女，她们一个是主力，一个打下手，相互配合。大地湾文化遗址原始村落中，有三个成员（考古人员设计的塑像），一为长女，一为中女，一为小男孩。长女在火塘边吹火，中女准备外出汲水，小男孩天真活泼，但只知其母，不知其父。

> 九三，家人嗃嗃，悔厉，吉；妇子嘻嘻，终吝。
> 《象》曰：家人嗃嗃，未失也；妇子嘻嘻，失家节也。

1. 家人嗃嗃，悔厉，吉

"嗃嗃"，语气词，是指很严肃的样子，就像一个很严肃的家长。九三，阳居阳位，就是说，这个家人治家太严了，有悔、有厉，但是得吉。"悔"，指有时会发脾气，但事后又有点后悔。"厉"，这样严肃、严厉，当然多少有些不利了。但最后还是吉，治家严还是有利、还是吉祥的。

2. 妇子嘻嘻，终吝

这就与前面相反了，这里妇人、儿女，大家在一嘻嘻哈哈的，治家不严了，这样就"终吝"，这就是不吉了。虽然不是悔、不是厉，但是是终吝。这样最好是既要保持不太严，又不骄纵，不嘻嘻哈哈，也不板着面孔。但在严和宽这二者中选择，就宁可严一点，也不要嘻嘻哈哈了。这里可见治家也很不容易。

3. 家人嗃嗃，未失也；妇子嘻嘻，失家节也

"未失"就是未失家道；"妇子嘻嘻，失家节也"则相反，是失去了家道。节是节制，"失家节"就是没有节制，也没有人伦次序了，更谈不上什么家风了。这样家庭由谁来控制，特别是家庭的事务非常烦琐，那么烦琐的事务由谁来节制呢？妇子嘻嘻，这样就失控了。与此相比，宁可"嗃嗃"，也不能"嘻嘻"。"嗃嗃"未失家道呀。

六四：富家，大吉。
《象》曰：富家大吉，顺在位也。

---

1. 六四，富家，大吉

六四，阴居阴位，也就是柔居柔位。这里我们不能拘泥于这个字上，这个"富"如果用我们今天的话讲，就不仅仅是物质上的富有，而且是精神上也富有。按以前的话讲，就是说，这个家庭有了财富，也是一个积善之家，既是殷实之家，同时又是吉祥之家。

2. 顺在位也

大吉当然是大庆，"积善之家必有余庆"。这是坤卦文言中的话。"顺在位也"，为什么在位呢？六四，阴爻居阴位，同时又是巽卦的下一爻，巽卦是顺，又是正位。所以说："顺在位也。"

九五：王假有家，勿恤，吉。
《象》曰：王假有家，交相爱也。

---

1. 王假有家，勿恤，吉

九五是尊位，所以讲到王，"假"与"格"同义同音，格是至、到的意思。

有，是指其王到了。家是指六二。"勿恤"，就是没有忧愁，是吉祥的。因九五与六二是相应的，因此没有忧愁，是吉祥的。

2. 交相爱也

九五与六二是相应的，所以互相爱护。这里讲到的是家庭之间的关系。因为其他爻都讲到家庭，讲到家庭内部的事。这一爻就不同了，这里就讲到了家庭与家庭的关系了，家庭之间要相互走走，邻居与邻居要走动，亲戚与亲戚之间、朋友与朋友之间也要互相走一走。这样相互走一走，就是指要相互关爱。"交相爱"，就是墨子讲的"兼爱"，不但爱家人，而且兼爱其他家人，兼爱天下人。

> 上九，有孚，威如，终吉。
> 《象》曰：威如之吉，反身之谓也。

1. 有孚，威如，终吉

上九，阳居阴位，有孚是指有诚信。"威如"，是讲这个家庭因为讲信誉、讲诚信，所以威信也很高，很有威望，这当然就吉祥了。

2. 反身之谓也

这个"反身"是什么意思呢？简单地讲，就是回过头来修身养性。联系到整个卦来看，为什么最后有这么一句呢？这也就是《大学》里讲的："欲齐其家者，先修其身。"如果一个家庭的家长和家庭成员，不知道修身养性是怎么回事，都不注意修身，不注意道德修养，那这个家庭的和谐从何而来？诚信从何而来？这就是从修身来的，修身，就先正其心，正其心就先诚其意，诚其意必先致其知，致知在格物。再回头讲，你能齐家齐得这么好，那么也就能治国，也就能平天下。

这卦讲家人，最后又落实到个人身上，一个家庭对每个人都负有一定的责任，都要修身，一个家庭不仅仅是大家生活的场所，也是大家修身养性的场所。

睽卦 二女同居的智慧

一、卦名：睽（火泽睽）

《序卦传》曰："家道穷必乖，故受之以睽。睽者，乖也。"睽的意义是睽乖，离散之义。"乖"的意思，在我们经常谈话之间有个口语，就是讲一个人"怪"，这个"怪"是指某个人不坏，也比较正，就是有时使一些手腕。相互之间交往时来一点小的计谋，他只是想掩盖自己的目的，使人看起来事做得很漂亮，话也讲得好，但实际上他转了一个弯子，他不是直来直去的。当然这里不是讲他不讲诚信，其实他也讲诚信，但又多少绕了点弯子。这种人讲他坏吧，也没什么具体的坏处，讲他不坏吧，但与正人君子相比还是有区别，这就是给人"乖"的印象。

二、卦画

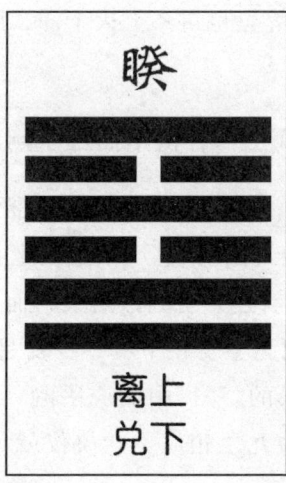

兑下离上，火泽睽。我们可以从卦上看为什么是乖？为什么是离散？为什么这种人说话办事不是直接的，而是喜欢转几个弯子来达到目的？有时明明是讲别人好，但却是讲反话。还有一点就是多心多疑，这也是乖（怪）。从卦画上可以看出，火在上面，火往上炎，下面是泽，水是向下润。这样就可以看出上下两个卦体是相违的，是背道而驰的。再有，卦里是中女与少女同居，她们在一起不像与长女在一起。少女和中女老是有一点矛盾，她们在一起实际上是貌合神离。一个家庭的姐妹之间常常会出现这种情况，如果有一个长女的话，可能还会让一让。在现实生活中，有时一个家庭的中女与少女之间也可能有这样类似的情况发生。

三、卦辞

> 睽：小事吉。
> 《彖》曰：睽，火动而上，泽动而下。二女同居，其志不同行。说而丽乎明，柔进而上行，得中而应乎刚，是以小事吉。天地睽而其事同也。男女睽而其志通也。万物睽而其事类也，睽之时用大矣哉！
> 《象》曰：上火下泽，睽。君子以同而异。

1. 小事吉

为什么这样讲呢？我们来看彖辞怎么讲的。"睽，火动而上，泽动而下。二女同居，其志不同行"；象辞里也讲"上火下泽，睽"。这些都是讲刚才的那个卦画，我们再往下看。

2. 说而丽乎明，柔进而上行，得中而应乎刚，是以小事吉

这里把它说得明明白白，这里的说（悦）是谁悦？当然是下面的兑卦喜悦。"丽乎明"，当然就是指上经卦离卦了。"柔进而上行"，上下两卦都是柔卦，柔卦虽然看起来是睽、是乖，有违、有离散之义，而且"志不同行"，但是它还是要上行，还要柔进。这是因为少女在下呀，少女是要求上进的，她是不安本分的，从年龄上说她也是要长的。"得中而应乎刚"，这是讲离卦里的这个阴爻。它是得中的，应乎刚是它与九二相应。它仅仅就凭这一点能做小事还得吉利。

为什么大事不吉呢？因为它们正好相反，阳爻应在五爻，阴爻应在二爻，这样它就又正又中，可以大事吉。但这里正好相反，只不过相应而已，但不得正。所以只能是小事吉而大事不吉。

3. 天地睽而其事同也。男女睽而其志通也。万物睽而其事类也

这里就讲到，天与地是相违的，但它们的事是相同的，因为天在运行，地也在运行（一个顺转，一个逆转，顺逆相应）。天道与地道是相应的，它们的规则都是一样的。

"男女睽而其志通也"，看起来男人与女人是不同的，是异性关系，但又只有异性相吸，他们的意志是可以沟通的。

"万物睽而其事类也"，事与事、物与物之间是千差万别的，但是它们的规律还是一样的，它们的生长过程都是相类似的，它们有类比的关系。所以这里讲到"睽"有一番大的道理，从天讲到地，从地讲到人，从人讲到物，说明背离是在异中有同。

4. 睽之时用大矣哉

这是指"睽之时"，在我们为人处事运用它的时候，它的意义是很大的。说明我们不能小看这个睽，我们平时千万要注意。注意什么呢？就是《象传》中讲的"君子以同而异"，可以和而不同。

5. 君子以同而异

"以同而异"，就是说求同而存异。现在讲国际交往之间，有两个国家的文化背景不一样，制度也完全不一样，但互相有共同之点，都是要求发展，要求和平，这些是共同的，就是求这个同。存异就是因为要求大同，所以将其他的差异都放到一边，大家都为了一个共同的利益而走到一起。海峡两岸也是这样，共同点就是民族要统一、祖国要统一，这就是共同的，"一国两制"就是求同存异最好的方法。这个求同存异在我们相互之间也是这样，不能事事都讲究按"我"的意志办事，非要与"我"一样，时时都讲究平均，都讲究十全十美，这是不可能的。相互之间都要互相求大同、存小异，不失原则的事情，有点差异没有关系，主要还是坚持一个总的目标。

唐太宗向魏徵问治国之道，魏徵以水和石为例，说："以石投水，千载一合；以水投石，无时不有。"投，即投缘、适应、顺从。石头与水相适应，需要一千

年的侵蚀；而水遇到石头，立即顺势而绕，绕不过去就等，等上一千年。

四、爻辞

> 初九，悔亡。丧马勿逐，自复；见恶人，无咎。
> 《象》曰：见恶人，以辟咎也。

1. 初九，悔亡。丧马勿逐，自复

初九很有意思，一开始就讲悔亡，为什么是悔亡呢？我们从卦画可以看出它是刚刚开始离散。"丧马勿逐"，是丢失了马，不要去追逐，为什么呢？因为"自复"，因为它自己会回来的。那么这又是什么意思呢？这就是告诉我们，把握一件事异中有同，也就是离中有合。这里马不是离之而去了吗？"离"不就是"睽"吗？但离中有合，所以不要去追它，它会回来的。这是指事物的离中有合的规律。

2. 见恶人，无咎

这里不能从表面上去理解，实际上是指与恶人相处，也不要嫌弃他，也不要认为不能与他相处，要善于与恶人相处。这个世界的事是非常复杂的，你想完完全全在真空中生活，而不与恶人相处，那是不可能的。想回避，处处都很难回避，所以就要学会与恶人相处，这也是一种离，也是一种睽，那就看你如何想办法求同。所以"见"就看怎么去"见"，怎么去看待，怎么去认识恶人，也就是怎么去处理这个问题，所以只有这样正确地去看待问题，才能无咎。

3. 见恶人，以辟咎也

"以辟"，是避开的意思。见恶人要正确地对待他，并不是与他同流合污，不是认同他，而是为了避开过错、危险，避开一些不必要的纠缠和矛盾。这样去看待、对待恶人，不是回避，而且适度地交往，甚至用自己的德行去感化、教化恶人，这样反而可以避咎。

> 九二，遇主于巷，无咎。
> 《象》曰：遇主于巷，未失道也。

1. 遇主于巷

"主"，我认为是债主、怨主，当然也有恩主或自己的主人之义。与这一类人狭路相逢，那怎么办呢？这样也要做到无咎，那就是《象传》中的"未失道也"。

2. 未失道也

这个"主"无论是有恩于"我"还是相互有仇，或是债主、恩师，这都不用管。"我"还是"我"，还是要按照自己的道德、良心去办事，那就无咎。这还是怎么看待的问题，一个"见"的问题，就是要按正道、道德去看待，去对待，去见这个"主"。

> 六三，见舆曳，其牛掣，其人天且劓，无初有终。
> 《象》曰：见舆曳，位不当也。无初有终，遇刚也。

1. 见舆曳，其牛掣，其人天且劓，无初有终

六三，阴居阳位。阴是指这个人，指驾车的车夫，阳位就好像牛，曳就是往后拉，就是这个车夫往后拉一点，但牛却使劲向与车夫相反的方向拉，这两者的力量相睽。这是非常显明的，一阴一阳，两者在那里使着劲。这样一来就出现了"其人天且劓"。"天"，是指跌倒，这是古代解释的。这就是说，这个人摔跤了，鼻子都摔伤了。对于劓不能理解为割鼻之刑。"无初有终"，摔伤之后，开始是不利，但到最后还是有结果。为什么说有结果呢？我们来看象辞。

2. 位不当也。无初有终，遇刚也

这里是说，看见这个车子向前走，而牛却往相反的方向拉的原因，是因为这个位置不当，觉得六三的位置还是慢点好。"无初有终，遇刚也。"为什么是遇刚，因为马上遇到九四是阳爻，是弱者遇到一个强者。又因为六三很谦虚，而且又是一智者，知道此时不能进，所以往后拉，对方也就很理解，就会支持他、帮助他。所以是无初有终，虽然鼻子摔伤了，甚至牛也不听使唤，但有强者来帮助驯服，它就会变得很顺从、很听话。这时就是遇贵人了，不过这里必须有一个条

件，就是他自己不仅是柔，更要知进知退、知行知止；该行就行，不该行则止；该进则进，不该进则退；该快就快，该慢就慢。有这样的自知之明，而且有这种柔逊的德行，这样处处都能遇贵，能得到别人的帮助。所以说睽并不可怕，怕的就是自己的心睽。

> 九四，睽孤，遇元夫，交孚，厉无咎。
> 《象》曰：交孚无咎，志行也。

1. 睽孤，遇元夫，交孚，厉无咎

九四，阳居阴位。"睽孤"，这就与九三不同了。"孤"不仅仅是指孤独，而且是又孤独又自负。九四是阳爻，自负且自认为肯定行，很傲慢，孤应解释为孤傲。因为孤傲，所以容易引起睽，产生睽以后，毕竟是遇上了"四"，"四"是"大夫"级（三爻为三公，四爻为大夫，五爻为帝王），也就是遇上了大夫。这个贵人不是一般的贵人了，所以交孚，这个交是"教"，是教给他诚信，教他不要孤傲。"厉"，是因为忠言逆耳，教的就是"忠言"，所以有厉，但最后还是无咎。所以象辞里就讲到了原因。

2. 交孚无咎，志行也

"志"，是执教人的志，教的动机是想让他行正道，最后真正达到了这个目的，使他不孤傲了，使他行正道了，也就不睽了。"志行也"，就是被教者行正道了，孤傲的人也跟着教他的人走正道了，相互之间都有诚信了，都行正道了，所以就不睽了。这当然也就无咎了。

> 六五，悔亡。厥宗噬肤，往何咎？
> 《象》曰：厥宗噬肤，往有庆也。

1. 六五，悔亡。厥宗噬肤，往何咎？

六五，阴居阳位，这个位应是阳居的，但这里阴居于此，所以就有悔，但毕竟还是中位，所以悔又被中和了。"厥"是代词。"宗"，是指同宗。"噬"，是指吃。"肤"，是指肌肤。对于此处的解释多种多样。我认为，大家都是同宗、同类，或志同道合之人，大家都在一起"噬肤"，就是大家在一起是唇齿相依的关系。"往"，能够这样团结，向同一个方向往，那还有什么过错呢？那当然就无

咎了。

2. 往有庆也

《象传》中说："厥宗噬肤，往有庆也。"这里不但是无咎，而且有庆，为什么呢？因为大家能唇齿相依，能这样地团结，所以大家就能同心同德。"往"，是同往，而不是睽往，大家能这样的同心同德，那当然会有吉庆了。

> 上九，睽孤，见豕负涂，载鬼一车，先张之弧，后说之弧；匪寇，婚媾；往遇雨，则吉。
>
> 《象》曰：遇雨之吉，群疑亡也。

1. 睽孤，见豕负涂，载鬼一车，先张之弧，后说之弧；匪寇，婚媾

上九，阳居阴位，是最上一爻了。这最上一爻不是不好，而是吉，它吉在哪个地方呢？睽孤，这里又是一个"孤"字，这个"孤"不是孤傲，而是孤僻，多心多疑，这点从爻辞中就可看出。先是看到一头身上沾满污泥的猪，这是一疑；后又看到一个车子来了，认为车上载的是一车鬼，这又是一疑。先张之弧的弧是指弓，因为认为车上装了一车鬼，所以马上张弓要射。"后说之弧"，这里为什么又将弓箭放下呢？哦！原来不是鬼，也不是贼寇，而是来婚娶的队伍，所以将弓放下了。这里就可以看出他多疑之极，甚至拿起了弓箭，但最后看清楚了，不是他所怀疑的那么回事，所以放下了弓箭。

2. 往遇雨，则吉

这就讲到卦上来了，为什么叫"往遇雨，则吉"呢？因为这好像是娶亲的队伍往前走，遇到雨了，还很吉祥，这是什么原因呢？

3. 群疑亡也

《象传》中说："遇雨之吉，群疑亡也。"经过雨水的洗刷，真相大白了，这就是说，这些疑点全部消除了，只剩下了一个纯正的本来的东西，就是雨水了。

我们再来看卦画，这个卦画将其他的猜疑都排除了，最后只剩下一个坎卦，这里讲到猪，坎卦的卦象是猪。另外还有车，这要从木上来看，是巽卦的卦象，将兑卦倒过来就是巽卦，就是木、车。因为疑就是颠倒，一会儿疑这个、一会儿疑那个，最后疑到只剩下雨，回到了本来的东西。因为睽卦三、四、五爻正好组

成一个坎卦，互卦里第一个就是坎卦，坎为雨水，所以剩下的就是雨了。这坎卦应该有危险，无论是碰到猪负泥也好，还是车载鬼也好，不是可恶，就是可怕，都有风险。但这些都排除了，只剩下一个很纯正的本来的东西，就是雨水（坎），所以吉。"群疑亡也"，就是所有的怀疑全部消除了。

　　这一卦是讲睽，睽看起来是离，但又离中有和、乖中有正、违中也有合，就是前面讲的能在异中求同、求同存异、和而不同。

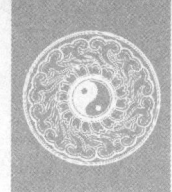

蹇卦 山上有水的智慧

一、卦名：蹇（水山蹇）

《说文》曰："蹇（jiǎn），跛也。从足，寒省声。"足跛则行难。《序卦传》曰："蹇者，难也。"难，是指险阻。

二、卦画

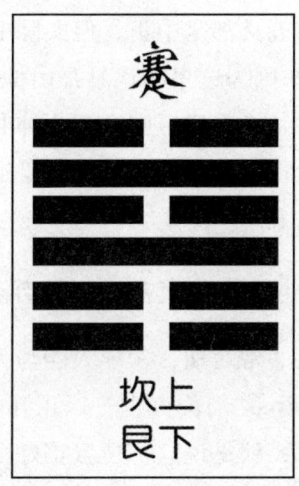

艮下坎上，水山蹇。从卦画上看是山上有水，这山上的水多吗？上经卦也叫前卦，下经卦也叫后卦，向前是险，往后退就是艮卦，艮卦是止，从这儿可以看出是进退两难之义，这是从卦画上可以看出的。

三、卦辞

> 蹇：利西南，不利东北；利见大人，贞吉。
> 《彖》曰：蹇，难也，险在前也。见险而能止，知（智）矣哉！蹇，利西南，往得中也；不利东北，其道穷也；利见大人，往有功也；当位贞吉，以正邦也；蹇之时用大矣哉！
> 《象》曰：山上有水，蹇。君子以反身修德。

1. 蹇

《彖传》中说："难也，险在前也。"这就是说，艰难，不能前进。但是它又讲了即使后退也无路，它止住了，这是另一层意思。"见险而能止"，就是见到险就能止住，不继续前进，这不是畏难不前，而是知难能止；是另外再想办法，而不是盲目冒进。这种"知矣哉"是一种智慧，是智者，也是一种明智的行为。

2. 利西南，不利东北

"蹇，利西南，往得中也；不利东北，其道穷也"。往得中是得了什么中呢？我们来看卦画。它的二爻与五爻都是中正，但实际上西南应该是讲坤卦，坤卦里有"西南得朋，东北丧朋"。因为这里的坎卦是由坤卦演绎而来的，所以利西南、不利东北。"其道穷也"，为什么是道穷呢？因为坤卦就在西南位置上，艮卦在东北。坤卦本身是顺，顺当然得中。那艮卦为什么是道穷了呢？因为止住了，当然是道穷了。但这不是穷尽的意思。

3. 利见大人，往有功也；当为贞吉，以正邦也

当国家处于"蹇难"的非常时期，领导人能与大众共患难，再大的蹇难也能克服，故就"往有功"。再看，"当位贞吉，以正邦也"，六二与九五都当位，所以是正固，是吉祥。以正邦，就是说这个位置正好。

4. 蹇之时用大矣哉

这个"用"指不能错过时机，两卦都讲到"时"，前面讲到"睽之时用大矣哉"。当然也不能盲目地去模仿，一模仿就会有错。因为此一时，彼一时也。

5. 君子以反身修德

《象传》中说："山上有水，蹇；君子以反身修德。""反身"，就是反省、反思。只要能反省自己，碰上蹇也没问题，碰上难也没关系。只要自己能反身修德，是没有问题的。从卦辞与象辞讲的，在六爻里都反映出来了。下面就来看看六爻，蹇卦的爻辞与卦辞基本上是一致的。

四、爻辞

> 初六，往蹇，来誉。
> 《象》曰：往蹇来誉，宜待也。

1. 往蹇，来誉

初六，阴居阳位，而且是刚刚开始，刚前往就遇上了困难，遇上困难之后，自己就知道返回来。所以是"见险而能止，知矣哉"！因此得到了赞誉。不错，有自知之明，知道知难而止。

2. 宜待也

"宜待也"，就是说要耐心地等待，不能着急。

为什么要等待？待什么呢？蹇难在上经卦，此爻刚来便急于往上，并得到了赞誉。但前往的路又被艮所止，故不能不"待"。

> 六二，王臣蹇蹇，匪躬之故。
> 《象》曰：王臣蹇蹇，终无尤也。

1. 王臣蹇蹇，匪躬之故

"王臣"，是两个人，王可以看作是九五，臣当然是六二。"蹇蹇"，王与臣都有难。"匪躬之故"，就是说，这个难不是因自己，不是自己招来的，因为他们是王与臣，他们是办国家的事，是办公事。这是一种比喻，他们不是为了自己个人的利益。"之故"，是这个原因，不是为了自己个人利益。

2. 终无尤也

《象传》中说："王臣蹇蹇，终无尤也。"是讲终究不会得到尤怨，自己不尤怨，他人也不尤怨。这个蹇蹇是自然的，做臣子、做君王都有难处，这都是正常的。

> 九三，往蹇，来反。
> 《象》曰：往蹇来反，内喜之也。

1. 往蹇来反

九三，阳居阳位，那后面的内容是什么意思呢？"往蹇"，是往前走。九三走得快、走得急，但是又返回来了，因为知道前面有风险。回来后，下面两个阴爻很高兴。内喜，是内卦的两个阴爻高兴，为九三能知进知退，能知行知止，大家都很高兴，这就说明志同道合了。

2. 内喜

从"内喜"可以看出，人往往在难中容易团结，容易走到一起，容易同心同德，往往在患难中彼此见真情。

> 六四，往蹇，来连。
> 《象》曰：往蹇来连，当位实也。

1. 往蹇，来连

六四，阴居阴位，已经到了外卦了，还是往前走，当然前面还有风险，前面那个阴爻就是险。

"往蹇，来连"，这里的"连"是什么意思呢？六四与初六之位是对应的，就是说，初六与六四相连，来联系它，这总不能说不进吧？大家总要想办法。往后退不是畏难，还是在想办法。

2. 当位实也

"位"，是初六与六四都很实在，一个是阳位，一个是阴位，它们两个位是相应的，一个柔位（二爻）、一个刚位（五爻）；初六与六四不相应没问题，不会影响实际情况，因为它们联系的是很实际的问题，所以不会因为二阴不相应而影响相连。

> 九五，大蹇，朋来。
> 《象》曰：大蹇朋来，以中节也。

1. 大蹇，朋来

九五，中正之位，是君王之位，所以它的难就是大难了。就像一个人的难是小难，一个家庭的难稍大一点，一个单位的难又大些，到了国家的难那就更大了。"朋来"的"朋"并非指朋友的"朋"，我认为是"朋类"之朋。

《广雅·释诂》："朋，比也，朋，类也。"它是互相比较，有类别之义。这里是帝王讲朋就不对，对于帝王不能讲朋友，因为古代帝王自称是寡人，孤家寡人，孤寡只是一个，他会有什么朋友？天下唯他独尊，别人都是他的臣民，非指朋友，所以这里朋是指类，是指同受难的这类人都来了，都来找他想办法了。所以九五之大难都到一起来了，都来求助于他了，都来求助于国家了。所以九五之难是大难，是大家的难。

2. 大蹇朋来，以中节也

这里的"中"不仅仅是指这一爻居中，而且是指九五之帝王是大家的中心。"节"，是指控制、节制，解决问题的方法。这里"节"字实际上引出了下面的解卦。这个大家自己去理解，这里的"朋"，大家一定要注意，不能解释为朋友，否则就与实际不符了。

> 上六，往蹇，来硕，吉；利见大人。
> 《象》曰：往蹇来硕，志在内也。利见大人，以从贵也。

1. 往蹇，来硕

上六，阴居阴位，再往前走还有难，但是没有问题，因为这是最后一爻了。"来硕"，是大家都来了，硕是很大。"硕"有两层意思，一是肥壮；其二是指学问、道德很广博。硕大无朋，朋是比的意思。

2. 利见大人

经过了这么多艰难、蹇难，这个时候回想一下，以前那么难是怎么过来的呢？现在有什么收获吗？其实收获非常大，这个时候已尝到了人生的滋味，感受到了人生的艰难险阻，人生得到了磨炼，增强了的意志，修养了自身的道德，增长了自己的才干，这个收获是很大的，自身的道德修养、人格魅力也提高了，自身的成就也有了。这就是"利见大人了"，就是得到了大家的认可。每个人如果能从困难、坎坷中坚强地走出来，那么大家都会很敬佩他。

3. 志在内也

"志"，就是磨炼的意志，如果不是志在内，又怎么能走过这么多艰难呢？怎么能"利见大人"呢？又怎能得到这么丰厚的收获呢？是因为意志坚定。

4. 利见大人，以从贵也

为什么说"以从贵也"？大众都认为他高贵，都以他为榜样，他通过了艰难险阻，一下子就显贵起来了。蹇卦给我们的启示是很深的，就是这后面几句话，实际上前面讲到"利见大人"，我为什么留下来不讲，因为它真正的含义就在这后面。

小结

本卦前面讲到"智"，前面的"知"是明智，险在前，就是不能走的时候就止住。这不是畏难不前，没有明智也不行，不管有没有险都向前冲，结果使自己受到很大的伤害，甚至伤了元气，想进都不行了，所以什么事都要保存实力，遇到险处一定要明智。

第二个就是志在内的"志"，就是心中必须有志向、有毅力。再一个就是硕，前面的"知志"是因，这后面的硕是果。还有贵，贵也是果。我们学了蹇卦后，如果在现实生活中遇到了险处，就要学习蹇卦的"知与志"。

解卦 雷雨作的智慧

一、卦名（雷水解）

《说文》曰："解，判也。从刀判牛角。"判即分割、解之，原义为分割，又有分剖、分解、分析等义。引申为解释、解脱、解散、懈怠等义，经文中诸义并用。

二、卦画

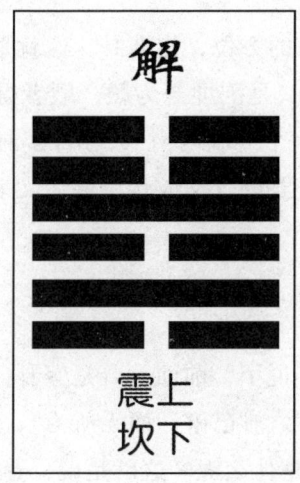

坎下震上，雷水解。雷在上，水在下，怎么解释呢？有人解释为雷在云上，水是指积雨层，实际云就是水汽，震为雷，为动。坎为水，为雨，为险，为陷。我们再来看它的上互卦，它的上互卦为坎卦，下互卦为离卦，解就是水火既济，水火既济就得到了解，就得到了解脱、解散。水又代表云雨层，火代表雷电。同时雷为威，泽为恩，雷震给人一种威武的感觉。泽是润泽，有恩泽之义。解有恩威并用之义，就是说，要解决一个问题，仅仅单独用威不行，单独用恩也不行，要恩威并重。

三、卦辞

> 解：利西南；无所往，其来复吉；有攸往，夙吉。
> 《彖》曰：解，险以动，动而免乎险，解。解利西南，往得众也。其来复吉，乃得中也。有攸往，夙吉，往有功也。天地解而雷雨作；雷雨作而百果草木皆甲坼。解之时大矣哉！
> 《象》曰：雷雨作，解。君子以赦过宥罪。

1. 解

作为卦名读 xiè。对于解的解释这里就不多讲，因为上面都讲了。

2. 利西南

当然还是指后天八卦里的方位，指坤卦，这就是彖辞里说的"解利西南，往得众也"。因为坤卦为众，又是因坤卦为顺，顺者得众也。又因为"坤"是厚德载物，有万物当然为众。这个"利西南"，在好多卦中都出现过，怎么理解？每一卦有每一卦的含义，这一卦的含义应从后者之义来理解，还是从坤卦的"厚德载物"上理解。

3. 无所往，其来复吉

这个无所往，前面已经说了，前面一卦是蹇卦，蹇卦就是讲难，到了这里难已经解开了，那就是"天下之难已解，而无所为"，就不必要再有所往了。"其来复吉"，是指谁来？复的又是什么呢？这就是说，蹇难已经解决了，万事大吉了，就高枕无忧了？其实不是。难解决后，百废待兴，事更多了，而且待兴的事必须做好。待兴就是复兴，就是要重新整治一番了，这样才能得到吉祥，也就是要复治道、正纲纪、明法度、复兴大业，只有这样才会得到吉祥。

4. 有攸往，夙吉

这个夙吉与复吉有区别。复是指复兴、恢复。夙是指及时、赶早。为什么要"夙"呢？如果只想解决一个困难就万事大吉了，这是不可能得吉的，"蹇难"是一个接一个的，这个时候说"有攸往"，就是又有新的蹇，又有难的时候了。这当然要有攸往，又要去"解"了。所以这个时候要及时，要提前，不能迟疑，不能让它累积了，所以讲夙吉。这点在《象传》中已经讲得很清楚，我们往下看看。

5. 解，险以动，动而免乎险

解卦的下经卦是坎卦，为险；上经卦是震卦，为动。这里虽然有险，但是有动而免险，这就是险得到了解决。有时往往就是这样，当陷入某种困境的时候，只要积极去采取措施、去解决它，就没有问题，困境马上就会迎刃而解。反之，如果让问题存在下去的话，那就会越来越严重。所以"动"，就是积极采取行动，俗语云"树挪死，人挪活"，就是这个意思。

6. 解利西南，往得众也

这个刚才已经讲了，如有前往、有所为的话，往顺的方向、厚德的方向发展的话，那就会得到众人的支持。

7. 其来复吉，乃得中也

这里的"中"很关键。"其来复"，要复的是什么呢？就是恢复常规。规章制度，修复治道，正纲纪……这些上面都讲了，就不多重复了。"乃得中也"，就是这些都复兴了，恢复正常了，那当然得中道了。

8. 有攸往，夙吉，往有功也

这里的意思是提早行动，那就有功了，如果推迟了，那就是无功了。

9. 天地解而雷雨作；雷雨作而百果草木皆甲坼

天地解而雷雨作，这是一种自然现象。"雷雨作，而百果草木皆甲坼"，甲是指种子的壳，坼是指裂开了。这就是说，雷雨作，春天来了，种子都开始萌发了、发芽了，那种子的壳也已经裂开了，而且各种植物的种子皮壳裂坼了，要破土而

10. 解之时大矣哉

这里又是讲"时",这个"时"好多地方都出现过。这就是"时事造英雄"呀。抓住了时机,就会大有作为。解决问题,排忧解难,关键就是要抓住有利时机。"夙吉""复吉""草木甲坼"等都是强调时机的。

11. 雷雨作,解。君子以赦过宥罪

这里联系到威和恩,它虽然有威,但威中有泽,泽就是恩,前面也讲了,是恩威并举的,并不是一味地威,一味地用刑,将犯了错的人抓起来,判几年刑,用法律去惩治他。而是同时有宽大的政策、有教育理念,以宽大为怀、教育为主。"赦"就是赦免。"宥"就是宽恕、宽大、减轻的意思。"宥罪",即对其所犯的罪减轻处罚。这是从卦上看的,这与解卦的"解"有什么关系呢?不是要解决问题吗?解决问题不能用一种方式,而是用两种方式,这里从自然讲到人,从雷雨作讲到了法律。

四、爻辞

> 初六,无咎。
> 《象》曰:刚柔之际,义无咎也。

1. 初六,无咎

这里的无咎看似简单,实际上讲了很多内容,只不过省略了。一是阴爻居阳位,它已经接近险地了,下经卦坎为险。不过它刚刚接近,又柔顺,位置不显著,所以无咎。如果是初九的话,那就不是无咎了,因为初九是阳爻,肯定要刚猛一些、过激些。这里当然就不同了,柔爻当然也就无咎了。

2. 刚柔之际,义无咎也

因为是阳位,又是柔爻,刚柔相遇就是刚柔相济了,刚柔相济就中和了。可见,刚与柔平衡得好的话,即使在危险的境地,也会排解蹇难的,也会无咎的。

从这里也可以看出刚柔之间的平衡很重要。这里讲"义无咎也",义很重要,义就是一种"解"的规则,是能刚能柔、有刚有柔、可刚可柔、刚柔相济、以柔克刚,这么一种"解"的规则。

> 九二,田获三狐,得黄矢,贞吉。
> 《象》曰:九二贞吉,得中道也。

1. 田获三狐,得黄矢,贞吉

九二,阳居阴位,这正好又是刚柔相济,所以贞固吉祥。贞固吉祥表现在什么地方呢?表现在"田获三狐"。田是狩猎,狩猎获得了三只狐狸,不但打了三只狐狸回来了,而且得到了赏识、得到了黄色的箭,黄色的箭是上等的箭。得黄矢是狩猎回来得的。这里是双"得",所以是贞吉。九二是解卦里唯一得吉的一爻,它是得中道的,九二居中位,再加上它是刚柔相济的中心爻,所以什么事情都能迎刃而解。田狩的时候有没有困难呢?也有,但能解决。这里也有解的意思,解的真正意思在《象传》中又进一步解释了。

2. 九二贞吉,得中道也

这就是说,只有中道里面的"解",才是最好的、最善的、最得益的解。中道前面都讲过,这里就不多讲了。

> 六三,负且乘,致寇至,贞吝。
> 《象》曰:负且乘,亦可丑也,自我致戎,又谁咎也?

1. 负且乘,致寇至,贞吝

六三,阴居阳位,贞固但有吝,吝从何而来呢?吝又由谁来解呢?又怎么解呢?

"负且乘","负",是背着一个东西。"乘",是乘着车子。这里真好玩,乘在车子上,还把东西背在背上,所以象辞里讲了"亦可丑也"。"致寇至","致"是招致,招致强盗来抢夺。原因是它搞反了,因为负是小人之用,君子是不会背负东西的;乘是君子之器也。车是君子坐的,小人是享受不到的,但这里小人却乘着君子之车,但不知道将背负的东西放在车上,背负惯了,习惯了。贼寇一看就明白这是小人,于是就劫了,所以说是自己招致而来的。

2. 自我致戎，又谁咎也？

"致寇至"，谁致的呢？后面讲了，"自我致戎"，戎是刀兵，这里指寇。"又谁咎也"？又是谁引起的咎害呢？是自我招致的。那么又是谁来解呢？解铃还须系铃人，那就只有自己解吧，谁都不能帮它解。"负且乘"，不只是指这么一个现象，而是指普遍的现象。这是什么普遍现象呢？因为事情不按规则办，当然就会引起不好的后果。

> 九四，解而拇，朋至斯孚。
> 《象》曰：解而拇，未当位也。

1. 解而拇，朋至斯孚

九四，阳居阴位，到了上经卦震的下位，"震"为足，陆绩解曰："拇，足大指也。"这一下就找到了解决问题的下手处了，首先解决的问题是"脚"。有这么一句话："头痛医头，脚痛医脚。"先将脚上的问题解决了。脚上的问题一解决，就可以前去赴约了。这样行动起来引起了朋友的关注，这样朋友也来了，所以双方都有了诚信。这就可以看出刚才急于将其"解"开，是为了与朋友约会，为了不失去诚信，因为与朋友是有约定的。

2. 未当位也

《象传》中说："解而拇，未当位也。"未当是位不当，这里只是指脚趾的部位。这里是"解而拇"，不是解其拇，这是什么意思呢？象辞的直接回答是"未当位"，就是讲，这里是阳居阴位，刚守不住柔。解的仅仅是一个脚的问题、一个脚趾的问题，还有其他的部分还没解决，所以说位置还不当，重要的部位的问题还没解决。所以说"未当位也"。

> 六五，君子维有解，吉；有孚于小人。
> 《象》曰：君子有解，小人退也。

1. 君子维有解，吉；有孚于小人

"维"是维系、系缚的意思。上爻讲了，还有其他部位没有解决，六五是主爻，虽有系缚，但能得到解决。六五，阴居阳位，那么君子的解法是怎样的呢？

他这里是帝王之位,所以不是用小人的解法,不是用一般人的解法,而是用诚信。所以这里讲了"有孚于小人"。正是因为有难,要解决问题,于是用诚信使小人心服口服。这个诚信是说到做到,君子要求小人做到的,首先自己就会做到,所以小人不得不服呀!所以这种解法是吉祥的。

2. 君子有解,小人退也

"小人退也",是它自觉地退、自愿地退。当然功夫还是在"解"字上,君子善于解,他用的方式是不战而屈人之兵,用的法宝是诚信。小人一般是不愿意自己主动退而让步的,这里能使小人退,也就可以看出君子的功夫。

这里的退还有一层意思,这里不仅仅是让步而已,重要的是使小人明白道理,改恶从善,从恶中退出来,而进入善中,这才是大解、真解。

上六,公用射隼于高墉之上,获之,无不利。

《象》曰:公用射隼,以解悖也。

---

1. 公用射隼于高墉之上,获之,无不利

上六,阴居阴位。前面讲了一个"狐",这里讲了一个"隼","隼"在《系辞传下》里讲:"子曰:隼者,禽也;弓矢者,器也;射之者,人也。君子藏器于身,待机而动,何不利之有?动而不括,是以出而有获。语成器而动者也。"这里"隼"是一种很猛的飞禽,隼的爪子很厉害,它的喙也很长。这里是讲,隼在高墙上,王公用箭将隼射下来了,然后擒住了它。"无不利",这当然是有利了。难道只是得了一只隼就是有利了吗?肯定不是这样。这里讲"用射",这个用射有时间问题,有一个待时的问题。用射,用什么射呢?这儿有一个选择与一个因时的问题。我们对当时那种情景不能呆板地看,这里的"用射"是有选择性的。为什么这里要讲得这么细,要讲到"用选择",而且讲待时机?因为我们要将"无不利"的"利"字讲清楚,如果得了一只小"山鹊"也是利,那么本卦的"解"之义就有失比重了。所以这里的利要讲清楚,这里的利就含在这个"用"字上。这里反复讲,就是让你们细细想,我讲的不如你们想的。

2. 墉

这里重点讲一下"墉"字,墉是高墉,高墉就是已经到了极点。这里是到了上六,也就是说不是难解决的,尽管它凶猛,但它已是穷途末路,穷凶极恶的架势也到了极点。虽然好解决，它到了穷途末路，但你也不能小看它，不能轻敌，也要认真地选择时机和方法，才能获利、解悖。

3. 解之时

我们来看《象传》里是怎么讲的。《象传》中说："解之时大矣哉！"这个"用"字有一个"时"的问题。这个"解之时"，可以理解为"解用之时"，这个用就有用时的意思。不仅仅是用什么器具的问题，还有用时的问题，同时就是等待机会，选择时机与方式。这个利就是说，如果以上二者都选择对了，方位也选择对了，才能获利。那又凭什么来衡量这个"时"的适度呢？

4. 以解悖也

"悖"，是较大的乱子，王公射隼的动机、目的还有选择的标准，要围绕"解悖"这个标准。是为了解决问题，为了把这个乱子解决掉。那是谁造成的呢？就是隼造的这个乱子，隼是很凶猛的禽类，但实际上这是一个象征性的东西。无论在一个国家也好，或在一个单位也好，还是在一个家庭也好，如果出现了这样的人，如果想管理他，就必须选择时机、方法，这是一个很关键的解决问题的艺术。所以象辞把这个爻辞与前面的卦辞都联系起来说，这里的"用"与"利"是有联系的。好了，大家都认真地再去想一想，我这里就不多讲了。

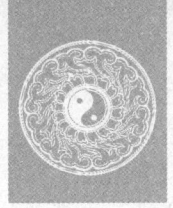

损卦 损下益上的智慧

一、卦名：损（山泽损）

《说文》曰："损，减也。"引申为损失、伤害、毁坏、贬损等义。卦中有减损的意思。

二、卦画

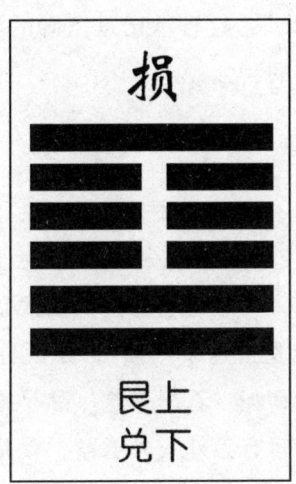

兑下艮上，山泽损。这一卦来自泰卦，下经卦减少一阳爻，上经卦增加一个阳爻，就成了损卦，也就是损下益上。上体艮为山，中体坤为地，雷为震，下体兑为泽。山在泽上，因震动而减损于泽，山上的山石崩泄于泽中，这是一损的意思。还有一损的意思是损下益上，这是双方有损有益。下面的水不断地冲刷山体，山上的石头不断地往下崩泄，上面损了，但有益于下面的泽，同时下面泽中的水又滋养了山上的万物，它们这是互损互益的关系。

三、卦辞

> 损：有孚，元吉，无咎，可贞，利有攸往。曷之用？二簋可用享。
>
> 《彖》曰：损，损下益上，其道上行。损而有孚，元吉，无咎，可贞，利有攸往。曷之用？二簋可用享；二簋应有时，损刚益柔有时；损益盈虚，与时偕行。
>
> 《象》曰：山下有泽，损。君子以惩忿窒欲。

1. 损：有孚，元吉，无咎，可贞

这里的损是互相交换的，互相有承诺的，一方损了便增益了另一方。那么另一方损，则来增益这一方，这样双方都互惠互利，得到双赢，这里的"有孚"是这个意思。"元吉"，是说互相有承诺，当然一开始就吉了。这也是万物相互之间的承诺，当然无咎了。"可贞"，这种承诺是正固的。"利有攸往"，这里有所为、有所往、有所行，都是有利的。

2. 曷之用？二簋可用享

"曷"，即何以，意思是，用什么方法去损呢？如何利用这种损和益呢？"二簋可用享"，这个"享"是指祭祀。祭祀的时候献上贡品。"簋"是指竹编的盘子，这个盘子装的就是供品，一般大型的祭祀仪式是用八簋、六簋、四簋。那到二簋就是很少了，它不仅仅是讲这个"损"，是说你用很少的祭品，哪怕用最少的二簋去祭祀都可以。为什么呢？看起来这供品是损了，八簋、六簋一下损到不能再损了，只有二簋。但同时有另外一种增益，就是心里的那个诚信增益了，那种虔诚增益了，因为祭祀只要心里有一份虔诚就行了。

我们看日本佛教光盘中有这么一件事。有好多的人拿着油点着灯去供佛，有一位老太婆没有钱买油，就将头发剪下换了一点点油，点了一盏灯。佛说法时，魔王兴起一阵妖风，将其他的灯都吹灭了，唯独只有这盏灯没有灭。这一盏灯就相当于二簋，可想而知，她才是真正的虔诚，魔王那么大的魔法都无法使她那盏

灯灭，吹灭不了她心中的那种虔诚，她的诚意就是一片光明。所以可以看出油虽损了，但她的诚意的增益却是巨大的。

3. 损，损下益上，其道上行

刚才讲了泰卦的一个阳爻往上移，上经卦是由上往下移，地天泰便变成了山泽损。阳爻上行，即"其道上行"，这里是以阳喻天道。

4. 损刚益柔有时

"损而有孚，元吉，无咎，可贞，利有攸往。曷之用？二簋可用享，二簋应有时；损刚益柔有时。"这里有两个"有时"，上文中都讲了，这里就不重复了。这里要讲用二簋，也要分时候，不是无论什么时候都认为越简单就越好，没有区别也不行，办事还是要因时、因人、因事而异。"损刚益柔有时"，泰卦的下经卦乾为刚，上面坤卦为柔，此卦是将下面的刚损一阳爻，增益到上面的柔卦上去了。这个损刚益柔正好是因时、适时，时机把握得很好。

5. 损益盈虚，与时偕行

损益盈虚的分量就很大了。这损和益就像泰卦、否卦里讲的往和来，以及这个后面讲的既济、未济。实际上都是讲盈虚的，讲往来、讲消长。盈是满，虚是亏，这个一损一益、一益一损，此损彼益、此益彼损，此盈彼虚、此虚彼盈。一往一来，寒暑也是一往一来，昼夜也是一往一来，日月也是一往一来，这些都是一往一来。这里为什么会这样呢？因为是与时偕行，这是时间的问题，是时间运行的结果。不然我们怎样理解"与时偕行"呢？这"与时偕行"是有内容的，因为时间与空间是同步的，时间与空间是同时产生的，同时存在的，是并列的。"偕行"是谁与谁偕行？偕行的内容就是损益、盈虚、往来，这是自然现象。那么在我们生活、工作中都是这样。饭吃了是盈，饿了是虚，这也是虚了又要盈，盈了又要虚，如果只虚不盈或只盈不虚，都不符合规则，那样就不是好事了。这个饱与饿也要与时偕行，如果只饱不饿，可能是消化系统出问题了。在我们人际交往中，相互之间都要互惠，有损有益，有益有损，如果只想得益而不损不行，只损而不益也不行。这两个方面必须都有损有益，只是形式不同而已，时间先后不同而已。但实际上双方都有损有益，才能与时偕行，也只有与时偕行，才能合作长久，关系也才能持久。有一句俗话说："往来，往来，有往才有来，有来才有往。"这也是与时偕行。

6. 山下有泽，损。君子以惩忿窒欲

这里又讲到君子修身养性。"忿"，不仅仅是指愤怒，也指一种过激的行为。这种过激的行为必须抑制它，"惩"是指抑制。个人的感情冲动和偏激，等于失控，这就必须自己抑制自己，而且要严格些，严格到惩罚的程度，自己惩罚自己的程度。所以说自己必须痛下狠心，自己惩罚自己，实际也就是更严格地抑制自己。这与奖惩的惩罚不同，而是讲抑制的程度，当然这只有君子才能做到，小人是做不到的。"窒欲"，窒是窒息；欲是各种贪欲、欲望。这些都必须切断它，使它窒息。当然正常的欲望是应该有的，而对于有些欲望也要把握度的问题，但对有些过分的贪欲与不良的欲望，一定要使它窒息。这里是讲君子修身养性一定要严于律己，要严到惩罚自己的程度。

四、爻辞

> 初九，已事遄往，无咎。酌损之。
> 《象》曰：已事遄往，尚合志也。

1. 已事遄往，无咎

初九，阴居阳位。"已事遄往"，"事"，祭祀。"已事"，是指这件事已经做完了。"遄往"，就是速往。既然做完了还要速往是什么意思呢？这是说损和益是互惠互利的，不能说得益了、说行了、或损过了也就完了，其实还要继续做，也只有这样才无咎。

2. 酌损之

"酌"，是斟酌，是斟酒。斟酌就是对某件事要慎重考虑。有一个词叫"酌情"，酌情研究、酌情处理，就是仔细考虑再行之。"酌损之"，就是说损也不要过分，也要认真斟酌。损了以后还要想办法去益，在损的同时也要让对方获益。红顶商人胡雪岩有个经商的秘诀："一把算盘两面打。"先为自己算一算，然后还要为对方算一算，如果是只有自己一方获利的生意他宁可不做。

前面"遄往"的"遄"，不完全指"速"的问题，还是讲"与时偕行"的问

题，就是说在一面损的时候，一面要益。一面要考虑使人家如何益，就是要"酌损之"，要适度、适时，适可而止。

3. 尚合志也

所以，"已事遄往，尚合志也"。"合志"与"酌损之"对上了，与"往"是对上号的。这不仅仅是讲合其心志，实际上也就是说如何把握的问题。一件事做成功了，后面还有事要做，还必须使这件事成功而又合志。

> 九二，利贞，征凶，弗损益之。
> 《象》曰：九二利贞，中以为志也。

1. 九二，利贞，征凶

九二，阳居阴位，不正得中。"利贞"，因为这是二爻，下经卦的兑卦是悦，凡是悦都有利、有贞固。同时还是泽，泽是恩泽，那当然是有利贞固。"征凶"，征是有所行、有所往，但这样怎么又有凶呢？这里面的凶是指必须守中，这个阴爻应该居在柔位，居在这中位上，那就必须居柔守中。如果凭着自己的阳刚有所征、有所往，那就肯定有凶。因为这个位置虽是对它有利，但如果越过了这个位置那就违背了中道，就会有凶。

2. 弗损益之

"弗"，是不。这一爻不是讲损，而是讲益。我们来看象辞。

3. 九二利贞，中以为志也

中就是指这里不能损、只能益，这里都围绕"中"来讲的，讲中道。九二与六五都是得中，但它们都不正，九二之中是阳爻居中位，阳爻居中位要防止刚、防止过激，同时阳又表示中的志，所以不能损，只能益，因为它是中道之志。

> 六三，三人行，则损一人；一人行，则得其友。
> 《象》曰：一人行，三则疑也。

1. 三人行，则损一人

六三，阴居阳位，损卦是三阳爻、三阴爻，三人行，则损一人。下经卦本为泰卦的三阳爻，三人行，则损一人，就成了损卦；泰卦下面损一爻，损下而益上。为什么要损一人呢？在卦里面是二二相应，初与四相应，二与五相应，三与上相应，三人为奇数，是不好对应的，那样就必须有一人在一边孤立，所以要损去一个才对应得上。所以说，"太极生二仪，二仪生四象，四象生八卦"，这都是双数，是没有奇数的，事物都是两两相应的。谈到损益上，就是有损必有益，有益必有损；有往必有来，有来必有往；有刚必有柔，有柔必有刚；有静必有动，有动必有静；有福必有祸，有祸必有福，都是这样两两相应的。天与地相应，天地初开才有万物，有万物才有男女，有男女才有父子，有父子才有君臣，这都是对应的。所以三人行，则损一人，当然这个在我们生活中可不能随便乱用，必须是有规则的。

2. 一人行，则得其友

泰卦的下面一阳爻，到了最上爻成了损卦。上经卦是艮卦，艮卦只有一个阳爻，则是一人行。艮卦是一阳带二阴，它有二阴相助，凡是一阳带二阴，或是一阴带二阳都是一阳或一阴为主。这说明，一阳带二阴，二阴都是以一阳为主，二阴帮一阳，这说明一阳有这两个阴爻为朋友。能得到它们的帮助，当然一阴带二阳也是同样的道理。所以说一人行，则得其友，同时还有两两才能相应的规则使然。

3. 一人行，三则疑也

这是刚才讲的三人不知怎么相应的问题。这是从卦上来说的，实际上就是损和益的关系，损与益是双方之间达成了协议，中间来一个第三者那是谁损谁益呢？这就不好处理了，矛盾就复杂化了，所以就有疑惑了。事物的矛盾是双向的，而不是单向的。西方人认为，历来中国人的思维方式是一分为二的。

> 六四，损其疾，使遄有喜，无咎。
> 《象》曰：损其疾，亦可喜也。

1. 损其疾，使遄有喜，无咎

六四，阴居阴位，得正。"损其疾"，这个疾表面上看是疾病，实际上不能这么理解，这个疾是指坏毛病、恶习。所有的坏毛病、恶习都要损掉。"使遄有益"，"遄"，是频繁、迅速，这里指迅速地改掉，不但将其损去，而且重新养成好习惯。这就是益了，损去恶习，增益了良的习气，这样当然就无咎了。"无咎者，善补过也。"改过为损，补之为益，改而不补不为"善"。

2. 损其疾，亦可喜也

"损其疾"，这当然是可喜的，一个人将坏毛病、恶习改掉了，精神面貌焕然一新，那当然是可喜的，这就是从另一个侧面讲损益。为什么这一爻要这么讲呢？因这一爻是阴爻居阴位，柔爻居柔位，退藏于密，自省自砺。也只有这样才讲得通，才容易接受。

六五，或益之十朋之龟弗克违，元吉。
《象》曰：六五元吉，自上佑也。

---

1. 或益之十朋之龟弗克违，元吉

六五，阴居阳位，居中。"或益之"，"或"，是指不特定的多数人，有很多人来益。来益什么呢？益的是"佑"。用什么来益呢？是用"十朋"来益。这朋是一个单位，它是指贝币。《汉书·食货志》中说："龟宝有四品，第一品元龟岠冉长尺二寸，直二千一百六十，为大贝十朋。""龟"是龟甲，那时龟甲也可以当钱用，这种钱有四个等级，第一等是元龟，是长一尺二寸的大龟。"值"，是指价值，价值达十朋的大龟。"十朋之龟弗克违"，这里说明益得非常多，"弗克违"，虽然它益了这么多，即使是"十朋之龟"也不会动摇，都不会违背众人的意志，因为六五是代表天下的，是代表众人的。所以这个益要讲原则，无论人家益你多少，你始终要以天下人的利益为利益，那才元吉。这里主要是从这一爻的位置上说的。

2. 自上佑也

这里"自上"有两层意思。"佑"是互佑、福佑，也是一种相助。自上的一层意思是六五佑"他"，用佑来益下面其他各爻的义务和责任，就是六五来庇佑

天下民众。另一层意思是，他自身也得到了上佑，有人讲过去君王为天子，天子有天来助他，这不能这么理解，就是说六五为天子，他就必须遵循天的意志，必须遵循天的运行规则办事。这个佑就是这个意思。

> 上九，弗损益之，无咎，贞吉，利有攸往，得臣无家。
> 《象》曰：弗损益之，大得志也。

1. 弗损益之；得臣无家

上九，阳居阴位。正因为阳爻居在阴位上，而且又是最后一爻，所以这里讲到了吉。那这吉是从何而来呢？是"弗损益之"，也就是讲不是损，而是益。为什么呢？因为不损而有益，所以它"无咎，贞吉，利有攸往"了。那这里"得臣无家"是什么意思呢？得臣是得了封赏，得到封地，得了封邑，结果还无家，这不是矛盾吗？其实不是这个意思，实际上这里"无家"，是指他有"四海为家"的意识，他自己不以这个家为自己的家，他以四海为家，以天下为家。这就是讲，他虽然得到了封地，但他不以这个为本位，所以上面讲"弗损益之"，就是讲这个，他不是在"损"，而是在"益"，在益天下百姓，这种益是大益、大损，这里的损是连自己的家都没有了，当然这只是一个比喻，他有一个更大的家，所以这是大益、大损。大禹治水，三过家门而不入，损的就是小家，而益的则是大家。

2. 大得志也

《象传》中说："弗损益之，大得志也。"所以这是大志，大得志也。从这里可以看出他的志向有多大啊！他的志向并不在这一封邑、封地上，而是以天下为公的大志向。这就是损和益里讲的大益、大损的问题。

我认为这个地方讲得非常好，这个"得臣无家"，你们好好去体会。整个损卦讲到从大处着眼，从小处着手。从小处着手如"有三人行，则损一人……"，还有"损其疾"，这都是从小处着手。从大处着眼就是指"得臣无家"。所以我们要从这个地方来看，大家要仔细地去理解、去体会。

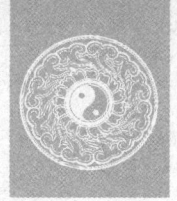

益卦 损上益下的智慧

一、卦名：益（风雷益）

《说文》曰："益，饶也。"益与损是相应的，有损就必有益。

《序卦传》曰："损而不已必益，故受之以益。"

二、卦画

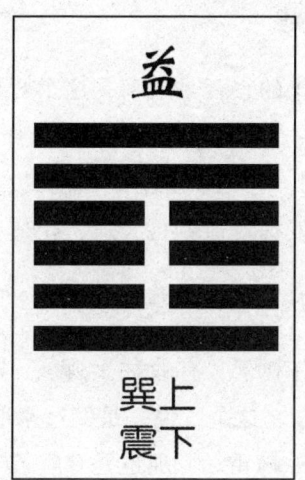

震下巽上，名风雷益。上面是风下面是雷，用一个常用的成语为雷厉风行，雷动则风行。

（唐）韩愈《潮州刺史谢上表》："陛下即位以来，躬亲听断，旋乾转坤；关机阖开，雷厉风行。"

益是损上益下，是将否卦的上经卦减去一个阳爻，下经卦增多一个阳爻而成，这正好是损上益下。

三、卦辞

> 益：利有攸往，利涉大川。
> 《彖》曰：益，损上益下，民说无疆。自上下下，其道大光。利有攸往，中正有庆。利涉大川，木道乃行。益动而巽，日进无疆。天施地生，其益无方。凡益之道，与时偕行。
> 《象》曰：风雷，益。君子以见善则迁，有过则改。

1. 利有攸往，利涉大川

看起来是很普通的两句卦辞，实际上它的内容很丰富。我们先看彖辞："益，损上益下，民说无疆。"这里实际上就讲到益，这里损上益下有人解释为：是从下面收取税收，是取之于民，又用之于民。用之于民，万民当然很喜悦了。

2. 自上下下，其道大光

"损上益下"是从否卦来的，否是阻塞，这个否卦损上益下，那当然就好了。这样上面就成了巽卦，将它倒过来那正好又是兑卦，就是说，这里倒过来是为了对下悦，它是取悦于民的，它是以上悦下，悦民，所以说"自上下下，其道大光"。大光是广大、光大，发扬。道就是天道、正道。这是从卦画上来看。

3. 利有攸往，中正有庆

这里为什么有利呢？有利于"有攸往"呢？"中正有庆"，又中又正，这个"庆"在卦画上又表现出来了，这个"悦"是倒过来取悦于民，下面欢声雷动，这当然有庆了。"民悦无疆"，欢声雷动，那也是有应了吗？但是这里的道理很深，并非讲讲这些热闹的话，我们要仔细地去思考。

4. 利涉大川，木道乃行

"木道"，这个卦中的上经卦巽与下经卦震都是属木的，所以是木道。"木道乃行"，按照邵雍的意思是，上是木，下也是木，二木中和，也就是比和，得到比和了。这样就利于行，利于涉大川，利于渡过难关，而且涉是涉水，木也正好可以造船。

5. 益动而巽，日进无疆

上面"民说无疆"好理解，这里是什么意思？"日进"，是指日益，那么为什么每天都能前进，都能得益呢？益是动而巽，巽是顺、逊的意思，同时还有无孔不入、风行天下之义，有个行在这里。"动"与"进"都是行，这行是"天行健"，这后面也讲到了"与时偕行"。所以日进为日行，而且是分分秒秒都在行、都在进。这里的意思既深远又广大。

6. 天施地生，其益无方。凡益之道，与时偕行

得益于万物，得益于四时，所以其益无方。这是时时都得益，天天都得益，方方都得益。"凡益之道，与时偕行。"这个益的大道，与时偕行，所以这里面每个字都扣住了这个"时"字。"日进""无方"也扣了这个"时"字。

7. 君子以见善则迁，有过则改

这里又将自然现象引申于人生修养。"君子以见"，君子以什么见呢？以天道为准则。那又是什么天道呢？就是上面讲的自然现象，以这个为楷模、为榜样，然后见了善就来学。"则迁"，就是向善靠近，去学习，就像孟母三迁那样，她见哪个地方好，就往哪个地方迁。"有过则改"，这里一善一过，一迁一改，就是损益的关系，这里就侧重于益。为什么侧重于益呢？这就是说，哪个地方善就往哪个地方迁，往善处靠近，这样就能得益，有过就改了，改了也就得益。所以讲侧重于益。

四、爻辞

> 初九，利用为大作，元吉，无咎。
> 《象》曰：元吉，无咎，下不厚事也。

1. 利用为大作，元吉，无咎

初九，阳居阳位。"利用"，这里有"用"字，当然没有"用"也就没有利。但这不是一般的用，是大用，是大作。"作"是动，是大动作。因为它是下经卦，是初爻、又是阳爻，所以是大作。它不"大作"，靠其他两个阴爻是难以大作的，这个动首先就是它动，这个雷声大作就是靠它来大作的，是一阳带二阴的一阳大作的。所以初九有此大利、大用和大作，是元吉、无咎。

2. 下不厚事也

"厚事"，与上面的大作联系起来看，厚事就是大事。那么为什么不用大事呢？这里用厚是指在下面，是"下不厚事"。坤卦里厚德载物，"厚"与初九利用大作有什么关系呢？我们来想一想利用什么？利用益的道理，凡益之道，用益之道就是大用，这样当然就有利了。大作是指什么呢？上面讲了"动而巽，日进无疆"，这就是大作，动而巽，这里大家要仔细地思考，用言语是难以表达的。这个大作是天之大作，地之大作，万物之大作，人之大作。当然作为个人来说，也有大作；对于家庭来说，也有大作。那什么是大呢？就是与天相应、与地相应、与万物相应、与社会相应、与他人利益相应，损中有益、益中有损，这就是大作，没有什么其他标准。所以"下不厚事"也是指下爻，不厚事，并非不做大事；这里讲不厚事，是指不是自己的大事。下也就是"我"，就是"我"不厚事。这里厚还有一层意思，"事"的前面减了一个字，是"私"字，是讲"下不厚私事"，就是说，这个厚事，不是我的私事，我得了利益，不是"我"的个人利益，"我"是为天下而动，"我"一打雷天上就要下雨，就会降甘露于万物。这里在"事"字前面减了一个字，古文中有时就是这样，它中间掩藏了好多字看不出来。因为"下"字在那里，这里可能大家不太好理解，所以大家一定要仔细去想，那样就会想出结果。

> 六二，或益之十朋之龟，弗克违，永贞吉。王用享于帝，吉。
> 《象》曰：或益之，自外来也。

1. 永贞吉

这里有两个字，一个是"永"，一个是"元"。初九讲元吉，这里讲永贞吉。"元"，是指时间，指过去、已经、从来。"永"，是指未来、以后、长久。这里是这样一个时间问题，一前一后的差别。这吉也有不同，也有时间的差别。这里之所以将"元吉"与"永贞吉"从时间上区别开了，因为这是"与时偕行"。将这个"与时偕行"拿到一边去，孤立地理解"益"的话，那就会使损与益之间的线抽掉了。

2. 弗克违，永贞吉。王用享于帝，吉

六二，阴居阴位，而且又正又中。"或益之十朋之龟"，这又与前面损卦里一样。"弗克违"，损卦是在六五里有这么一句话，这里到六二这一爻又有这一句，又是什么意思呢？还是讲"弗克违"。因为这里讲了"王用享于帝，吉"，王怎么又到这里来了呢？不是九五是王吗？原来六二是益卦的主爻。它用十朋之龟益给九五，让王用此祭享于先帝，这样当然有吉了。"帝"解释为上帝是不对的，应解为先帝，我们的祖先们所尊崇的不是上帝、不是天帝，我们的老祖先最尊崇的是先帝、先祖、先父，这里的帝就是指先帝。

3. 自外来也

他用十朋之龟益给王，王再用此来祭享先帝，这与刚才讲的损卦的区别就在这里。

> 六三，益之用凶事，无咎。有孚中行，告公用圭。
> 《象》曰：益用凶事，固有之也。

1. 六三，益之用凶事，无咎

六三，阴居阳位，"益之"，这里要益了。之，是代词，但这里不能解释为益自己。"益之"为什么说"用凶事"呢？"益之"，是益他人、益社会。那"用"又是什么？也就是有所为、有所行。"凶事"是指危险，但后面又是无咎，这是指它用这个益，如救灾、济贫，都叫用凶事，这当然是无咎了。所以说"益之"不是益自己，而是扶危济困、救灾济贫。这就是"用凶事"。如今有的企业有为社会公益事业捐资助益的行为，就是将益用于那些有凶险、有困难的地方，这当然是无咎了。

2. 有孚中行，告公用圭

这里的中行，留到后面再讲。"告公用圭"，这里"圭"有两种用处。圭是两

个"土"字,是用泥作的,但后来慢慢演变,可能制作的材料就多了,开始是用土做的,是用来测量日影的。后来又变为另外一种用途,作为一种传递信息的信物。如有的电视连续剧里不是有皇帝给某某人一只"扳指",这就是信物,大臣们都认识,他们看见了它就好像见到了皇帝。圭也是信物,一般只有大夫级官衔的人才有。古时这种圭就是身份的象征,同时也是传递信息之用。这圭有两种用途,这两种用途为什么与"有孚中行"联系起来了?"孚"好理解,就是凭圭就能让人相信。中行呢?且看后面。

3. 固有之也

前面讲到益之用凶事,"无咎",这益之用凶事应该是吉呀,应该是有庆哪,这样的大善举,为什么仅仅只讲"无咎"呢?其实这里的用词非常准确。"固有之"的固,实际含有一个"古"字,就是说应该这样做,因为益中有损、损中有益,自古天地之间、万物之间、人与人之间,都应该这样做。这是一个往来、盈虚的规律。什么叫中行?这就叫中行,如果这个地方不想损的话,那么可能就会有其他地方受损了。

如赈灾,作为国内一个大企业,却不捐赠,为国出力,那么这个大企业的名就损了,而且损掉了爱心与善心,那样人们对此企业的看法是怎样的?所以这上面只讲无咎,但如果不去"益用"的话,那可能就有咎、有损了。"中行"就在这个地方,损和益、盈和虚、荣和辱、名和利,要保持中行。如果只想益而不想损,那就不是中行了,这个中行就是对上对下、对前对后,都要兼顾。为什么说对上对下呢?对上是指对国家、对下是指对民众,都要有益,对自己的前后来看也要在损和益之间保持平衡,所以才能保持中行。不能事过之后而后悔,感到自己错过机会了。

> 六四,中行,告公从,利用为依迁国。
> 《象》曰:告公从,以益志也。

1. 告公从,利用为依迁国

这里讲到"迁国",古代国家最大的事是迁都,这是大喜事,而且是最有利的事。古代不像现在,那时候经常发洪水。那时的地形、地貌还没有完全稳定下来,经常发生变化。但凡建都的地方,人口会集中,人的生存空间变大了,那么树木花草和其他动物的生存空间就被压缩了。而且随着生产发展,慢慢地人越来越多了，生产资料与资源就供不应求了，所以发展到一定时候就要迁都。这样一迁，这个地方也得喜，那个地方也得喜。这个地方得喜的是，这里终于轻松了，当地的自然环境也可恢复了，生产资源又开始充足了；到了另外一个地方当然也喜，新都建在这个地方，又可以繁荣起来了。

2. 利用为依迁国

迁都有利，是以什么为依据的？这是以百姓的利益为依据，这里我们不多讲了。"告公从"，就是大家都知道、都服从、都顺从，这就是上面讲的迁都对于迁出之地、对于迁到之地，都会有利益，那样大家当然都服从、顺从了，所以说是以天下百姓的利益为利益的，就是中行。所以说，"告公从，以益志也"。这个志是百姓的志，天的志。

> 九五，有孚惠心，勿问元吉。有孚惠我德。
> 《象》曰：有孚惠心，勿问之矣。惠我德，大得志也。

1. 有孚惠心

"惠"是仁也，仁爱为惠。九五是君王尊位，有孚有仁爱之心，这就不必问了，肯定是元吉了。有孚就能惠我德。前后两个"有孚"有什么区别？前面的"有孚"是指君子，帝王有孚、有诚信；后面的"有孚"是指百姓有诚信。帝王有诚信于民众，民众也有诚信于帝王。

2. 大得志也

有仁爱这个大德，这志向、作为，无论是帝王也好，还是百姓也好，都能遂心成愿。这一爻中有两个"有孚"，是上下同心同德、同仁同爱，所以不但是元吉，而且是"大得志"。这里大得志的"大"，要与"元"联系起来。

> 上九，莫益之，或击之；立心勿恒，凶。
> 《象》曰：莫益之，偏辞也；或击之，自外来也。

1. 上九，莫益之，或击之；立心勿恒，凶

上九，为什么讲到"凶"呢？上九，阳居阴位，可见过了。"莫益之"，不要益之，不来益之，那"或"（惑）肯定会有。而且不仅是"或"，还有"击之"，

这有双层意思，就是说，你不益之，还攻击他人。说明"立心"没有保持住，志向没有保持住，所以得凶；另外还有一层意思，你不益于他人，人家甚至还要来攻击你，为什么会来攻击你呢？因为你的心变了，与大家并非同心同德了，也说明你失去这个孚了。所以这里有两层意思，而且两层都是凶，因为过了。

2. 偏辞也

《象传》中讲："莫益之，偏辞也。"这不是一层意思，而是两层意思。一偏就有一正，有偏的这一面，就有正的一面。刚才讲的不也是两个偏吗？总不能只偏一边，还有另一边呀。为什么是偏不是正呢？这两个都只能是偏，不是正，上面两种情况都是偏。人家来攻击你，那是没办法的，别人也不愿意来攻击你呀，是"偏"引来的。

3. 或击之，自外来也

是谁来攻击你呢？是从外面来的，上经卦为外卦，上九是最外面的，所以面临的是外来的攻击。

前面讲了，"永贞吉"是讲未来，要思前想后，如果只顾眼前，那就失去了未来。

所以对于益卦与损卦我们要联系起来，作为一卦看，像泰卦与否卦，还有乾卦与坤卦，一样要联系起来看，它们是损中有益、益中有损。

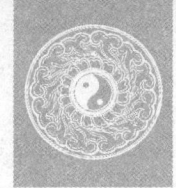

夬卦 刚决柔的智慧

一、卦名：夬（泽天夬）

《说文》曰："决，行流也。"夬是决的意思，水分流为决，如果用于分物也叫抉；器之裂口，叫缺；玉璧的缺口者中夬；解决问题的突破口叫决；心意舒畅叫愉快；二人分手叫袂……夬，这里是决的意思，决是决断。

二、卦画

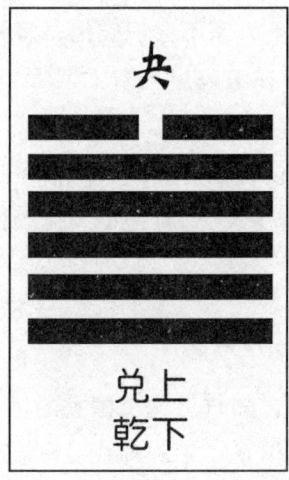

乾下兑上，泽天夬。下面五个阳爻，最上一个阴爻。这个夬好像是从下往上，将阴爻一个一个地挤出去了，决断了。《易经》一般都将阳爻比作君子，阴爻比小人，这里的意思就是与小人决断了。实际上这是"十二消息卦"之一，代

表三月，它是阳长阴消，这里是阳长阴消，消到最后一个阴爻了。

三、卦辞

> 夬：扬于王庭，孚号有厉，告自邑，不利即戎，利有攸往。
> 《彖》曰：夬，决也，刚决柔也。健而说，决而和，扬于王庭，柔乘五刚也。孚号有厉，其危乃光也。告自邑，不利即戎，所尚乃穷也。利有攸往，刚长乃终也。
> 《象》曰：泽上于天，夬。君子以施禄及下，居德则忌。

1. 扬于王庭，孚号有厉

《序卦传》曰："益而不已必决，故受之以夬；夬者，决也。""扬于王庭，孚号有厉。"这个扬，金文字形是双手捧玉上举，像祝颂的样子，在金文里一般都指对天子的赞扬，当然现在用"扬"的地方很广。毛主席的诗词里有一句："激扬文字，粪土当年万户侯。"这里的"扬"就是一个宣扬的意思，还有宣布、宣讲、公开的意思。公开什么呢？这里就是说有一个势利小人，他有势，高居五爻之上，即高居君位之上，有势有利。因为是阴爻，是小人，所以称为势利小人。这种势利小人，一般的情况下人家不会识破他，有些人还被他收买了，在这种情况下不得不将他的所作所为在王庭里当着文武大臣的面公开揭露出来，不这样做，别人是不会知道的。

"孚号有厉"，孚号，不仅仅是对文武大臣，在王宫里要这样宣布，同时号令天下人都要认清这种人。"有厉"，这就是小人在顽抗，他不会轻易因这么一个决断就消退了。

2. 告自邑，不利即戎，利有攸往

这就是更进一步宣告，告知自己这个国家的国民知道。这与前面孚号相似，不过这里是进一步地揭露。但是"不利即戎"，就是不利于用兵、不利于动用武力，不仅仅是不利，而且也不必要。

"利有攸往"，这样做的话，那"有所往"都有利。

3. 夬，决也，刚决柔也。健而说，决而和，扬于王庭

"刚决柔"，一步一步往上决断。又说："健而说，决而和。"这两句话是赞美之词，同时也是过渡句。健，很明显是指下面的乾卦；说，肯定是指上面的兑卦，兑卦为悦。决而和，决了又和，正如上面讲的不利即戎。为什么是决而和呢？因为刚柔之间既有矛盾的一面，同时又有相应的一面，关键是怎么利用的问题。所以下面就是如何决，如何悦，又如何决而和。所以"扬于王庭，柔乘五刚也"。为什么要"扬于王庭"呢？因为他实在太猖狂了，不这样做不行。

4. 孚号有厉，其危乃光也

为什么发号令有厉呢？因为一旦宣布要对那种人怎么样，那他肯定要反抗，这一反抗就会发难了。"乃光也"，光是什么意思呢？就是没问题，这个危险会被大家的正义和整个国家、全民的共同利益所化解。

5. 告自邑，不利即戎，所尚乃穷也。利有攸往，刚长乃终也

所尚是什么？"乃穷"是指什么？这些都是有所指的，指的是"小人"。为什么是小人乃穷呢？他目前虽有所尚，沾了一定的利，占了一些有利的因素，但是他终究还是会穷尽的。这也解释"不利即戎"的，就是说，不需要去动用武力。所以，"利有攸往，刚长乃终也"。刚往上长，最后的这一个阴爻也会消失，马上要到乾卦了。

6. 泽上于天，夬

"泽上于天"，泽在天上，这是好事。"泽"是恩泽；"夬"是决断，在这上决断是恩泽，为什么呢？因为对广大百姓是有利的。

7. 君子以施禄及下，居德则忌

"以施禄"，禄是衣禄、福禄，这是施福禄给万民。"居德则忌"，忌是忌晦，是不应该做的事。什么事是不应该做的呢？居其德，不该做的一定不做。但这仅仅是个人的德，还没有施予百姓，这个德实际也是"得"，这里除了小人本来是一得，但自己却居德，好像是自己得到的，那就是得失的得了，是据为己有了。这就不能将这个变为福禄和恩泽布施于天下百姓，那是最不应该做的事，是最忌晦的事。

四、爻辞

> 初九，壮于前趾，往不胜为咎。
> 《象》曰：不胜而往，咎也。

1. 壮于前趾

初九，阳居阳位。"壮于前趾"，"十二消息卦"中，夬卦的前面是大壮卦，大壮卦往前走就是泰卦，这泰卦就是它的前面，走在最前面的是脚趾，这是比喻。

2. 往不胜为咎

这里有一个转折，如果前往不胜的话，那就会有咎。《象传》中说："不胜而往，咎也。"这是告诫。初九，阳居阳位，所以有些过激，这件事告诫人们不要太偏激了，要知道如果不能行动，那马上就要适可而止，或马上退一步。

> 九二，惕号，莫夜有戎，勿恤。
> 《象》曰：有戎勿恤，得中道也。

1. 惕号，莫夜有戎，勿恤

我们最好将它与乾卦的九三对应，乾卦的九三是"夕惕若厉"，这里也讲了"莫夜"。莫是暮，指晚上。"莫夜有戎"，有戎是指兵戈之事。"惕号"是一种惊慌的呼叫。"惕"，是忧惧。古代人最怕的是夜战，而经常应用的却是夜战。"勿恤"，就是不要忧虑。为什么不要忧虑呢？

2. 有戎勿恤，得中道也

九二居中，所以得中道。在《周易》里有一个规则，就是二爻与五爻都居中，就是指居有一个非常有利的环境、有利的位置，也就是时间与空间都有利。当然并非我们机械地想到的一个位置，而是天时、地利、人和都是最佳的状态，这就叫中道。因为这里得了中道，即使夜间有兵戈之事，也不必忧虑。

> 九三，壮于頄，有凶。君子夬夬独行，遇雨若濡，有愠无咎。
> 《象》曰：君子夬夬，终无咎也。

1. 壮于頄，有凶

"頄"，应看作尻，"頄"是指颧骨，"尻"是指尾骨。"壮于頄，有凶"，这还是讲到大壮卦，这里是九三，又更急躁，好像追到屁股后面了。这与前面履卦中有一句话要联系起来，"履虎尾，不咥人"，就是踩着了老虎的尾巴，它也不回头咬你。而这里追到屁股后面了，有凶，这可见一个是小人，一个是君子，把老虎比作君子了。

2. 君子夬夬独行，遇雨若濡，有愠无咎

"夬夬"，是指步态不稳。"独行，遇雨"，独行并不是一个人走路，从卦象上看好像是这样，九三已经是下经卦的最上一爻，好像是独立的，遇雨是指前面的兑卦。泽就是雨水。"若濡，有愠"，若濡，就好像身上淋湿透了；有愠，就是抱怨。但是无咎，将小人决断了，将凶化解了，所以无咎。这讲的是什么意思？在《象传》里好像并没有解释。《象传》中讲，"君子夬夬，终无咎也"。这也没有给以解释，那么为什么前面讲有凶，现在已经淋了雨，还抱怨了一番后，竟然无咎了？而且连《象传》里也好像没有解释。实际上解释了，就在"终无咎也"的"终"字里面。

3. 终无咎也

"终"，是讲一个过程，在这个过程中，开始追得很急，结果也确实很危险，这个形势很急迫。这里可以看出这个独行，尽管走路走得好像不稳的样子，当然这里不能用这个词来解释，而是指尽管前面有风险，尽管走起来很艰难，但是也还要义无反顾、勇往向前。对于独行要这样理解，并非单独行走，尽管遇到雨，而且淋湿了，还抱怨了一番，但终于将小人决断了，终于到了夬卦这个位置，从大壮卦到夬卦，终于又"决"去了一个，所以无咎。

> 九四，臀无肤，其行次且。牵羊悔亡，闻言不信。
> 《象》曰：其行次且，位不当也。闻言不信，聪不明也。

1. 臀无肤，其行次且

九四讲到臀，这臀没肉，太瘦了，而且行走起来还是趔趔趄趄的，为什么会这样呢？这说明还是很艰难。为什么臀无肤呢？这可见艰难的程度了，从初九走到九四，已经很疲惫了。臀无肤，其行不稳，本来想休息一下，但臀无肉，坐不住。尽管走不稳，但还要往前行，因为是九四，阳爻。

2. 牵羊悔亡，闻言不信

"牵羊"，这上经卦是兑卦，兑卦是羊，就是牵着这个羊，正好是牵着羊的鼻子。夬，缺也。这兑卦上正好有一个缺口，就是牵着那里。"闻言不信"，这怎么解释呢？

3. 聪不明也

行路位不当，这好理解。"闻言不信，聪不明也"，怎么理解呢？听到以后又不相信，"聪不明"是指耳朵，讲到耳朵应该是坎卦。但这里没有坎卦，可见这里不是讲耳朵，还是讲口，兑卦是讲口，闻言不信，就是听到它讲话。为什么要牵着它？因为这个小人还是不断地在反抗，而且还在说着假话，当然没有人相信他。"聪不明也"，就是与他讲不明白，看起来他聪明，但与他讲不明白。小人不明大道理，所以闻言不信，所以是"牵羊悔亡"，一定要将他牵住不能放，这样就没有悔了。将他牵住后，无论他怎么说都不能相信。

> 九五，苋陆夬夬，中行无咎。
> 《象》曰：中行无咎，中未光也。

1. 苋陆夬夬

九五又得中，又得正。"苋"，还是指羊，有的书上解释为细角羊，有的解释为大角羊，这里不管其角是大是小，反正是讲羊的。"陆"，应为蹅，跳跃奔驰的意思。"夬夬"，应为趹趹，像马急驰的样子。

2. 中行无咎

这里是君子之位，怎么又讲到羊了呢？刚才是君子夬夬，这里是苋陆夬夬。这里的"羊"是指君子，因为这是九五之爻位，中正之位。"行"，应为道路，形容羊跳跃着，在道路上快速地奔走，有自由驰骋之象。把羊形容为马，是夸张还是比喻，我认为有褒也有贬。

3. 中未光也

为什么讲"未光"呢？因为前面讲无咎啊。那"苋陆夬夬"怎么仅仅是无咎呢？中行应不只是无咎而已，未光就是还没有放出光芒，这里是指中正之行犹未广大。想像马儿那样驰骋，可惜道路犹未宽广；还是持守羊儿的本分吧。"中"，是还没有得到一个真正的结果，这还是九五，上面那个阴爻还没有决断，不过也快了，因此是"中未光"也。所以这里还谈不上吉，只是无咎而已。

上六，无号，终有凶。
《象》曰：无号之凶，终不可长也。

---

1. 无号，终有凶

"号"是指上六，阴爻，这里也不叫了，也不讲假话了，连号啕声也没有了。"终有凶"，"终"，就是说已经到最后的时候了。"无号"是指这个阴爻，已经再也没有号叫了，这个时候已经是终了，这一爻要"决"了。为什么有凶呢？这里有凶是讲谁有凶呢？看样子是该阴爻了，阳爻从后面追上来的时候，"终有凶"。

2. 终不可长也

这种"凶"也长不了。阴、阳都是六个月，六个月河东，六个月河西，轮流当值，谁也长不了。这是四时变化规律。

这个夬卦是指决断，全卦六个爻讲了一个夬的过程。

姤卦 女壮的智慧

一、卦名：姤（天风姤）

姤（gòu），遇也，遇合也。有一句成语——"邂逅相遇"，这句出自《诗经·郑风·野有蔓草》："有美一人，清扬婉兮。邂逅相遇，适我愿兮。"意思是指没有预约的遇见，偶然的相逢。而这里的"姤"是事先有约的相遇，是有约在先，而且是预想之中的相遇。为什么这么说呢？因为十二消息卦是寒暑往来，寒暑往来本身就是有约的，本身就是有一定规律的，也是能够预料到的。所以用"女"字旁，说明"阴"许嫁给"阳"了，男女婚嫁，往来是有规律的，盈虚有定数，所以这里的"遇"，又有"合"的意思。这一卦名用"女"字旁的"姤"，就是这个意思。年轻人恋爱约会，是有约相遇，应为"姤"，而不是"逅"，不是偶然走到一起，而是事先有过幽约。

二、卦画

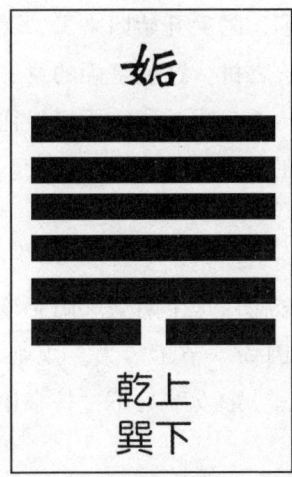

巽下乾上，天风姤。从卦画上我们可以看到，前面讲夬的时候，夬卦正好最上一爻为阴爻，那么向上一推，阴爻被夬以后就变成了乾卦。乾卦是四月卦，到了乾卦也不是一成不变，不是永恒的。乾卦也是一个月的时间，在这个月之间它主管的是两个节气，四月份两个节气一过，马上就从它的初爻起变化，变成阴爻，就变成姤卦了。这就是说，这个阴爻第一个赶到了，就与这五个阳爻相遇了，就是这么一种相遇。这个相遇不是事先没约的，而是事先有约。有好多书上将这一爻作为小人来解释，我认为不能人云亦云，我们必须有自己的观点。

《象传》中讲"天下有风，姤"，风是流动的，有流动便有遇合的机会，无论什么遇合都是在流动中遇合的，人也是在互相走动、互相流动中遇合，气和水也是在流动中遇合。

三、卦辞

> 姤：女壮，勿用取女。
> 《彖》曰：姤，遇也，柔遇刚也。勿用取女，不可与长也。天地相遇，品物咸章也。刚遇中正，天下大行也。姤之时义大矣哉！
> 《象》曰：天下有风，姤；后以施命诰四方。

1. 姤：女壮

"姤"，是事先有约的相遇。就是阳长的阶段，长到纯阳的时候，又开始到了一个新阶段，阳要开始消了，阴又开始回来了，又开始相遇。这是姤之道，天之道就是四时之变，万物生长之机。这就是姤的意思。"女壮"，女代表阴爻，壮是因为按照规律，现在初爻为阴爻了，要慢慢往上长，这样阴爻就会不断地壮大、不断成长了。因为它在长的阶段，所以以为壮。

2. 勿用取女

这里是指五阳不要依恋初六这个阴爻。阳爻该走的时候还是要走，该消的时候还是要消，不要依恋。因为季节不等人。规则不能违背，事先有约，不能违约。"勿用"是指这个意思。"取女"只不过是个比喻而已。

3. 姤，遇也，柔遇刚也

这是柔遇刚了。刚在前面，柔在后面。后面又说："勿用取女，不可与长也。"不可长也，就是刚才讲的，不要与初六阴爻长久地待在一起，还要跟着季节走，跟着天道的运行规律走。

4. 天地相遇，品物咸章也

天地相遇了就是阴阳相合了，天地相感应了。在这种情况下，万物该发芽的发芽，该开花的开花，该结果的时候就要结果。"咸"就是都要，"章"就是规章，都要按照规律办事。

5. 刚遇中正，天下大行也

这是指九五。九五，阳居阳位，是刚得正，而且居中，是刚遇中正。所以天下可以大行其道，也就是大行姤道，这时正好是实行姤道的时候。

6. 姤之时义大矣哉

这里的"时义"我们要搞清楚。"时义"就是刚才讲的，该开花的时候开花，该结果的时候结果，就是这个意思。这是我与别人不同的见解，当然我不能讲别人的见解是错误的，"姤"与"夬"我认为是讲一个规律，不存在好与坏之分，它的本身不存在好与坏，但是在运用规律的时候，在规律之中有好坏之分，有吝、有咎、有吉之分。这就是看行的时候是行小道，还是行大道。小道就是一己私利之道。这里还要把握一个尺度，就是看是否适时、适度，所以如果适时不适度那就有些过错，会出现一些不相适应的东西，或存在一些矛盾，甚至会出现危险，所以要讲适时适度。

7. 后以施命诰四方

"后"，有的解释为王后。其实这里的后就是讲时间，后就是姤，就是阴爻与阳爻相遇的时间，它们一旦相遇，实际上马上就发布信息，宣布到了这个季节，这时万物该怎样生长就怎样生长，该开花时就开花，该结果的就结果，就像"一叶落知天下秋"那样发布信息。"命诰四方"就是发布信息。我们不能认为是王后发布命令，我们的理解也要符合"《易》与天地准"。

四、爻辞

> 初六，系于金柅，贞吉。有攸注，见凶，羸豕孚蹢躅。
> 象曰：系于金柅，柔道牵也。

1. 系于金柅，贞吉

初六为姤卦的主爻，这一爻如果搞不清楚，那后面也就无法明白。相遇的对象如果没有初六，那怎么谈相遇呢？正因为它来了，才称为姤。

在卦辞上讲了一个"壮"，实际上这时它还不壮，因为它才刚刚来，不过它在不断壮大。

"系于金柅，贞吉。"系在金柅上，因为上经卦为乾卦，乾卦是属金的。金柅的本义是车闸，天道就是"车闸"，所以有的万物都以它为准，这样当然是正固吉祥了。

2. 有攸往，见凶

这个"有攸往"，必须与坤卦里的"先迷后得主"联系起来看。"有攸往"不是简单地有所往，而是已经超前了，不适时、不适度地往，那样可能就有凶了。

3. 羸豕

"羸"，是指瘦；"豕"，是指猪。那么瘦猪是指什么呢？这里不能简单地理解为一般的瘦猪。我们来看卦画，这一初爻是阴爻，二爻为阳爻，如果将九三阳爻变为六三阴爻，那就是坎卦，坎卦的卦象就是猪。但这里好像是大半边猪，所以为瘦。瘦实际上就是还没有到壮的时候，猪也是属阴的一类动物，这里的瘦就是还没壮的意思。

4. 孚蹢躅

"孚"，为什么有它呢？它是什么意思呢？有的书上解释为浮躁，我认为这里还是讲诚信、讲承诺的，不过这个承诺里有很多的内容，不仅仅是我们简单讲的诚信，这是一种大自然中微妙的东西，也就是一种规律。"躅"是指徘徊，那它为什么徘徊呢？我们来看象辞。

5. 系于金柅，柔道牵也

这里要抓住两个字，就是"系"与"牵"。系，是指系在上面乾卦上。牵是被柔道所牵，是坤卦在后面牵着。因为这一个柔爻来了，是柔道在后面牵着。前面系着，乾卦是"天行健"，它是往前走，系在乾卦上那当然要往前走，后面又牵着，那不就徘徊了吗？那为什么要系，为什么要牵？这就是大自然的规律，是互相牵制的。其实天地万物之间都是互相牵制的，如人在地球上因有地球的引力，才可以自由行走。而在月球上就不同，月球没有引力，人就会飘过来。牛顿称其为万有引力。当然这是一方面。还有自然生长、四时变化，也有一种互相牵制的力量。在五行相生相克里，它们就是互相牵制的。我们要仔细地去考虑这"系"与"牵"的关系。在万事万物中，在我们的生活中，在宇宙中都离不开"系"与"牵"的关系，希望大家仔细地想一想，这里就不详细地去讲了。

> 九二，包有鱼，无咎，不利宾。
> 《象》曰：包有鱼，义不及宾也。

1. 包有鱼，无咎

九二，阳居阴位，这里与初六相遇了。"包有鱼"，有人将包念为"páo"。我认为还是念"bāo"。我们回顾一下前面蒙卦九二，"包蒙"，它的前一卦也是初六。说明是阳包阴，有包容、相融之义，这样解释我认为是很合理的，也就是相遇以后形成一种融洽的气氛。在泰卦中是九二"包荒"，它不是包初九，这个包是另外一层意思。在否卦里六二"包承"初爻为六，这个包也是另外一层意思。六三"包羞"也不是这个意思。蒙卦中是阴与阳相遇，它就有这种包容和相融的意思。

"包有鱼"的鱼，可能好多人对这"鱼"字没有去细想，这个"鱼"实际上是"遇"，"姤者遇也"。那么作《易》者为什么不直接讲"包遇"，而讲"包鱼"呢？这就是《易》的特点。因为《易》中的象和理，并非文字所能直接表达的，《易》是生动的、形象的、活泼的，是变异不止的，却又井然有序，并非用语言所能叙述、描绘的，而是有很多的信息量，需要细心体会的。这里如果直接用"遇"字，那信息所含的空间就狭窄了，没有更多的信息量了，那就不生动、不活泼了，而且太直观了，就像乾卦象征天，不用"天"而用"乾"，与咸卦本为感应而用"咸"的道理是一样的。

这里"包有鱼"的鱼，如果直接理解为鱼，不管从卦画上、卦理上，都好像说不通，也无联系。一讲到"遇"马上就明白了，"包有鱼"，因为宽容、包容才可以相遇，相遇而致相融，彼此信息都沟通了，都很融洽了，这种相遇是非常和谐的。"无咎"，有这样包容的气量，有这样和谐的气氛，那当然无咎了。

那这里为什么讲到"无咎"呢？本来包容、和谐应该是吉祥的，为什么不讲吉祥而讲无咎呢？因为阴爻还没来时还是乾卦，当阴爻一来就好像是赶阳爻走，使阳爻自此进入一个消的旅程，那似乎有一种被伤害的样子，是不是对阳爻有咎呢？这里讲了"无咎"，就是说没有任何的伤害，这都是事先预约好的，所以它们相互之间都能互相理解，就好像工作人员交接班一样，所以是无咎的。因此这里不用吉祥，因为这是自然阴长阳消的承诺，谈不上吉不吉祥的问题，这本身就是有规则的。

2. 不利宾

这个"宾"，不能按常规解释理解，这"宾"是阳爻还是阴爻？如果认定阴爻是主，阳爻是宾的话，但阳爻马上要走了，这好像也不太合理，而且阴爻也才刚来，好像还不是主人。如果认为阴爻刚到，是宾客，但它马上要做主人了，它是来做主人的，这好像也说不过去。所以这里的"不利宾"是不利于把谁看作是宾，也就是相遇后不利于以宾客来对待。应该都是主人，这个家是共同的家，这个岗位是共同的岗位。

3. 义不及宾也

"义"是规则，在这个规则上根本没有谁是主人、谁是客人的区别，虽没讲主人，但实际上都是主人。"不及宾"就是没有谁是宾，谁是客人，而都是主人。义是规则，这些就是规则。

本爻上面讲到"鱼"是遇，但鱼字又有鱼的意思。我们再回到这个"鱼"字上，鱼是水产品，鱼给人一种很愉悦的感觉、愉悦的气氛。在传统的习俗中，过年、办喜事，都要有一盘鱼，祭祀的时候也要用鱼，表示吉祥，年年有鱼（余）。这里面含有很多层意思，所以也就不直接用"遇"。可以看出，这里都是主人，都很愉悦，而且也都要留有充分的余地。鱼者，余也。如果用"遇"的话那就仅仅只有一层意思了。所以用"鱼"是很恰当的。

> 九三，臀无肤，其行次且，厉，无大咎。
> 《象》曰：其行次且，行未牵也。

1. 臀无肤

九三，阳居阳位，它虽然与初六不相应，也不相连，但它们也有姤的关系，就是说九三也想与初六相遇，但它首先是相隔，中间有个九二在那里。

"臀无肤"，字面上好像是指屁股没肉，但实际上不是。因为九三是刚位，刚位就是指坐不住，就是讲柔位主静是可居的，刚位主动不主静，是不可居的，那就是说在这里坐不住了，所以就要行。

2. 其行次且，厉，无大咎

为什么次且？为什么走路徘徊不前？因为它还想着与初六相遇，但还没遇又要走，所以就有这么一种"次且"，有这样徘徊不前的表现。这里不可居，又不是柔位，要行又未与初六相遇，好像是一种"遗憾"、一种牵挂，所以就有厉。如果从时令上节气上说，阴气和阳气没有相遇，那一般是有厉的，但这里虽未遇，但也间接地相遇了，所以"无大咎"，当然这小咎还是有的。"无大咎"这个词在六十四卦中是很少出现的。"无咎"，就是指没有咎害，不过"无大咎"也还是有小咎害。这也是作爻辞者用词的分寸。

3. 行未牵也

"行未牵也"，这里有"未"字，刚才不是讲有牵挂吗？但实际上没有牵住，也牵不住它，它还是要走的。这牵只不过是自己牵自己，别人没有牵它，所以就不会相遇。这一阴一阳二气不会相遇，天地不会得到感应。这里的"未牵"，是指阴未牵它，只是自己牵挂而已，所以双方是不能相应的。

> 九四，包无鱼，起凶。
> 《象》曰：无鱼之凶，远民也。

1. 包无鱼

九四，阳居阴位，柔位可居了。三爻位不可居，四爻就可居了，这里是"包无鱼"，与九二的"包有鱼"正好相反。前面讲了"鱼"为"遇"，这里就好理解了。无鱼就是无遇,包是包容,就是说,九四有这种想遇的欲望与意愿,但"无鱼",又没有相遇,这样也就有遗憾,也就没有余地和愉悦感了。那么这"起"又是什么意思呢?

2. 起凶

这个"起"我们要与乾卦里的"亢龙有悔"联系起来看。起者,亢也,架空之象。起就是升,就是走得太快、爬得太高,所以凶。那为什么起呢?因为它想遇,又有这个包容心,而且在四爻也可居,也在此等着,结果还是不能相遇,不能相遇也就没有愉悦了,所以也就没有再等的余地了。所以就"起"了凶,在一气之下就起得过快,或爬得过高了。起也可以说明很猛,速度很快,所以凶。这起是很果断的,这里面有很多的文字,是非常形象的,如:行、起、亢……一起一亢、亢龙有悔,所以有凶。这样理解,实际还不是指行为,而是指心态,一种希望破灭后的遗憾和哀怨,甚至气愤,心中的怨气起来了。

3. 无鱼之凶,远民也

所以"无鱼之凶,远民也"。远民是离得太远,远民必然有凶。从爻上来看,阴为民,九四与民离得很远,刚才讲到起时,与这远民联系就可以看出,亢是"高而无民",与远民差不多。所以说"起者,亢也","远民"也即"高而无民也"。

九五,以杞包瓜,含章,有陨自天。
《象》曰:九五含章,中正也。有陨自天,志不舍命也。

---

1. 以杞包瓜,含章

九五,阳居阳位,正且中,是尊位。"杞",就是枸杞,有的人认为是杞柳。这杞就是枸杞这种植物,生在水边。这种植物有很长的藤,上面结瓜。包瓜,包念"páo",也是一种植物,一种有藤的植物,它绕着这个包瓜,几乎浑然一体。包瓜已经熟了,从含章就可看出。"章",是指纹彩,这里是指色彩,是由青转为黄的色彩,成熟之色。七月果熟,五月瓜熟,姤卦正好是五月,正好季节对上了。这个为什么要到九五才说?因为九五为尊位,当然只有到了这个时候才谈到"包瓜"(瓜熟了)。

2. 有陨自天

"陨"，是落下来，瓜熟就蒂落了。蒂落是从天上落下来，这里讲到天当然是从上往下落，落到地上。但这里为什么要讲"自天"呢？而不讲自上呢？实际上这是指天道，天的意志，还有一个天赐良缘的意思。

在古代有这么一个习俗：以一种瓠瓜作为婚礼的礼品，当女方出嫁到男方以后，将瓠瓜分为两半做成瓢，瓢中斟上酒，让夫妻双方各持一瓢，用瓢中之酒漱口，表示吉祥。这里的瓠瓜是从哪里来的呢？是天赐的，这个良缘是天赐的良缘。古代为什么要用瓠瓜来盛酒？为什么不用碗来盛酒，不用钵来盛酒呢？这个瓜如果不是成熟的瓜就不可能成为一个瓢，必须是瓜熟蒂落，瓜自己落下来，这样才是天意，才是天赐的，才是自然的。

3. 九五含章，中正也

"中正"，指季节到了，正好逢中了，正好是这个时候，上面讲了季节性，正好是瓜熟落落的季节。

4. 志不舍命也

"志不舍命也"，这"命"就是指天命，就是指天意。

《系辞传下》："天地细缊，万物化醇；男女构精，万物化生。"天地细缊，讲阴阳二气这样弥漫，天地就是指阴阳二气。阴阳二气相合之后气化弥漫。万物化醇，醇，是一种醇香，这里是指阴阳二气弥漫化出的一种醇香味，说明它是最好的，最利于万物生长的。男女构精，万物化成。所以又提到刚才讲的"有陨自天"，天赐良缘。孔子写这句的时候，也是根据古代的婚姻习俗，根据瓠瓜的特点，写了这么一段话。

"志不舍命也。"这里引用苏东坡的一句话，苏轼说："阴长阳消，天之命也。有以胜之，人之志也。君子不以命废志。"阴长阳消，也是天的命令，也是天的命运；运是运行。我们能胜任天命就是人的志向，君子绝对不会因为天命太大，认为自己承受不了，就放弃了自己的志向。

易学家马振彪说："志之所在，随遇而安。君子居易以使命，匹夫不可夺志也，此乐天知命之学。士各有志，志士可能转败为功，易之为存，若其不济，则舍生取义，杀身成仁，是谓不以命废志。"

清末著名学者马其昶说："志不舍命者，命所至，志即赴之，不徒委之于命也。"就是说，如果能赴汤蹈火去履行自己的志向、履行天命，那么天就没有枉托于你。这里我只能用拟人的方式来解释，因为它的意义太深，我们也只能意会而已。

> 上九，姤其角，吝，无咎。
> 《象》曰：姤其角，上穷吝也。

1. 姤其角，吝，无咎

上九，阳居阴位。"姤其角"，这角是羊角、牛角。这里是乾卦，乾为龙，那角就为龙角了。这"姤其角"是另一种相遇的方式，是龙角与龙角遥相呼应。它是这么一种形式的相姤，如果都是一种形式的相遇，那就不是丰富多彩了。

如故宫的后面有两个角楼，一东一西、遥相呼应，这也是一种姤、一种遇，是在对称中姤相。

"吝"，是只有点小小的不足，就是没有正面接触，但这样是无咎的，是没有妨害的。

2. 上穷吝也

上面的阳爻马上要走了，因为下面的阴要长，那阳要消了。上面的阳爻终了、穷尽了，所以就有吝。

姤卦就讲到这里。姤卦就这么多灾多难地讲完了，但这种多灾多难是难中有福、灾中有喜，因为姤有收获。第一是"系"和"牵"的关系，还有一种是"包有鱼"的收获，最后是"姤其角"，展示了一种遥相呼应而相遇的方法。

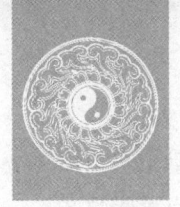

萃卦 泽上于地的智慧

一、卦名：萃（泽地萃）

《广雅·释诂》曰："萃，聚也。"有草木滋生之象。这一卦为什么叫萃卦呢？因为上一卦为姤卦，姤卦是相遇，相遇后就聚集。萃在应用中主要为动词，译为聚集的意思。"荟萃"，即人才聚集。讲商人是"商贾云集"，讲水是百川汇集，这都有区别。

《诗·陈风·墓门》曰："墓门有梅，有鸮萃止。"墓门前有梅树，树上有鸮鸟聚集栖息。

二、卦画

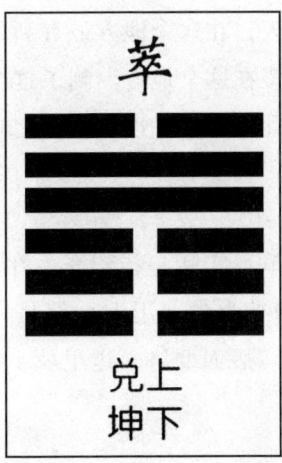

坤下兑上，名泽地萃。从卦画上可以看出，外泽内地，地上有泽。泽中草木得滋养而茂集，鸟兽聚栖之，故有萃聚之象。

三、卦辞

> 萃：亨。王假有庙，利见大人，亨利贞。用大牲吉，利有攸往。
> 《彖》曰：萃，聚也。顺以说，刚中而应，故聚也。王假有庙，致孝享也。利见大人亨，聚以正也。用大牲吉，利有攸往，顺天命也。观其所聚，而天地万物之情可见矣。
> 《象》曰：泽上于地，萃。君子以除戎器，戒不虞。

1. 萃：亨。王假有庙

"萃"，为卦名，有人才荟萃之义。上兑为悦，下坤为顺，上和悦而施恩泽，下则顺从聚集，人心所向、天下归顺，所以亨通。

"王假有庙"，假是格、至的意思。"王"是指周文王，那时的周文王是诸侯国的一邦之王，那时的商王是纣王。这里指周文王亲自到宗庙，宗庙是指西周的祖庙。凡到祖庙里去的，都是这个族里有身份、有地位的人，一般都是大夫、三公人物聚集在那里。

2. 利见大人，亨利贞

实际上是周文王见到众人，在这个地方最有利，在这里不仅仅是人聚集在这个地方，大家的心与德也聚集在这个地方。到了这个地方，大家都很虔诚，这也是萃的意思，不但人荟萃在此，而且心也聚集在此。

3. 用大牲吉

"牲"是大牲，指牛、羊，实际是指以羊、牛为供品。在卦画中也可以看出，上面兑卦是羊，下面坤卦为牛。用大牲就是大的祭祀活动，是很慎重的，一般都是用大牲的，所以吉。后面要讲，这里就不多讲了。

4. 王假有庙，致孝享也

"享"，是指祭祀，祭祀重要的就是要有一份孝心。

"利见大人亨，聚以正也。"不但是聚集在这个地方，而且正而不乱、不散。正，对于周这样小的诸侯国来说，也有他们的正，这里主要突出的还是亨，"用大牲吉，利有攸往，顺天命也"，这里主要讲到"顺天命也"，这也是一正。

5. 观其所聚，而天地万物之情可见矣

万物之情是指哪些呢？实际上上面都讲了，一个"天地之情"，是指阳气与阴气荟萃、相遇，这就能生万物；再一个是指有孝心的人都聚集在一起，这就是仁心；顺从天命，天命不但人要顺之、地也要顺之，这些都是天地之情。天命就是天行健，因泽而荟萃，因顺而汇聚，因孝而以正。万物萃则悦，阴阳二气相聚，如是天地聚。

6. 君子以除戎器，戒不虞

"除"，是指整治、修整。"戎器"，就是兵器。"戒"，就是提防、防备、警惕。"不虞"，是指料想不到的事、意外的事。前面讲了，大家都聚集在一起，同心同德，是一种团结的景象。但这句象辞又提出另外一种思想，"虞"是指这种景象、这种盛世，是需要有警惕性的，要修理好兵器，以预防料想不到的事发生。从"萃"的另一面突出这个萃，也就是说，萃是好事，但它也有负面的东西。这样大家都聚集在一起，也可能会惹是生非。

四、爻辞

> 初六，有孚不终，乃乱乃萃，若号，一握为笑，勿恤，往无咎。
> 《象》曰：乃乱乃萃，其志乱也。

1. 有孚不终

初六，阴居阳位，从这个位置来讲应该有孚、有诚意。"不终"，就说明它不正，它是阴居阳位，所以不终。为什么一般的初爻都不怎么强调正不正，而这里

却要强调"有孚不终"呢？这点从后面可以看出，一卦有一卦的特点。

2. 乃乱乃萃

这两个"乃"字前后不是一致的，不是并列关系，而是一种递进关系。"乱"是为什么乱？而且乱而后又萃，这里从乱到萃可以看出，虽为初爻，但已聚集很多人了，不然的话也谈不上乱，也谈不上萃。我们再看看前面的"有孚不终"，为什么要提出来？这里只不过是初六，为什么有乱有萃的现象？从这儿可见，不仅仅是指初六的，所以这个要提出来。为什么开始乱？因为要来聚集。但是因为下经卦为坤卦，都是阴爻，无阳为主，都很顺柔，给人一个无主的感觉，所以有乱。但又萃，又聚集在一起，三个阴爻都聚集在一起，它们柔所以都有诚意。"不终"是放弃了"有孚"，不能坚持一贯的意思。

3. 若号，一握为笑，勿恤，往有咎

"号"，是因为无主，呼告的意思。"若号"是向上呼告，清朝龚自珍有诗曰："我劝天公重抖擞，不拘一格降人才。"这里就有这么一种气势。"一握为笑"，好多书上都讲是相互之间一握手就笑了，我认为这是根据现代人的礼节而说的，这里不是讲握手的意思，在古代一般是以抱拳为礼。这"握"是屋也。一屋三夫，三夫为一屋。古代天子、诸侯下面有三夫，上大夫、中大夫、下大夫。三夫为一屋，意思是三大夫聚集在一起，共议大事。这握既为名词"屋"（室），又为动词，集一屋而议之。我的理解大致是指这种现象，所以握只有这样才合理，才说得通。既然"若号"，那当然就有人来聚集在一起议事了，笑就是大家同心同德，意见统一。"勿恤"，没有忧虑。"往无咎"，因为向上呼告，有三夫在一起议事，大家都同心同德，那样虽有所为，也无咎了。

4. 其志乱也

这里讲"志乱"，并非解释"乃乱乃萃"，实际上还是解释"有孚不终"。志乱，是指没有诚信，没有共同的意志、没有共同的目标，所以乱了。有三公出面共同商议，便有主、有目标了，这样大家都好了，大家都高兴了。

> 六二，引吉，无咎，孚乃利用禴。
> 《象》曰：引吉无咎，中未变也。

1. 引吉，无咎

六二，阴居阴位，得正得中。"引"，一般在下经卦的中爻有"引其类"的意思。如小畜卦的九二"牵复，吉"，与同类牵连而复，所居之位与初爻、三爻都有牵连。这里的"引"也有这个意思。"引"，这里是与谁相牵呢？这个牵还是与初爻和三爻相牵，"三夫一屋"，都是阴爻，阴柔如果不相牵、不团结在一起的话，那就没有力量，这样一团结就有力量，那当然就吉，无咎了。

2. 孚乃利用禴

"禴"，是一种非常简朴的祭祀活动，殷代是春祭，周代是夏祭，这种分季节的祭祀要简单一点。虽然简单也还是很有利的，因为是以诚信为主的，所以孚乃有利于用。

3. 中未变也

"中"，是指居中。"未变"，是上面讲的志未变。因为开始三公还没出面的时候，志是乱的，现在到了二爻，它们互相牵连以后，志没有变，有目标、有方向了，有一个共同的意志了。

六三，萃如嗟如，无攸利。往无咎，小吝。
《象》曰：往无咎，上巽也。

---

1. 萃如嗟如，无攸利

六三，阴居阳位，也就是说，它也有聚集的意愿，是一种踊跃的情景。但它又赶不上，因为没有谁与之相应，与之对应的上爻也是阴爻，初六与九四相应，六二与九五相应，下经卦的三个阴爻唯独它无应，所以就有了嗟叹的样子。"无攸利"，因为它无所应，所以也就无所聚，无所聚也就无所利了。

2. 往无咎，小吝

如果要有所为、有所往的话，也没有大过错，虽然上无相应，但毕竟它的同类之间有应，前面二爻都与六三是有牵连的，所以没有大问题，只是有点小吝，好在有个"引吉"。

3. 上巽也

"上巽也"正好解释了"往无咎"的原因。上巽可能不太好理解，我们要这样的理解：上经卦是兑卦，将兑卦的上一阴爻放到一边，将上面两个阳爻与六三联系起来看，正好是一巽卦，这是互卦的上互卦，上互卦正好是巽。也是因为这个才无咎，因为巽为风、为入，能入就能聚。

> 九四，大吉，无咎。
> 《象》曰：大吉无咎，位不当也。

1. 大吉，无咎

九四，阳居阴位，大吉。但后面又是无咎，这是什么意思呢？这给我们提出了一个新的问题。如果只讲一个大吉，那信息量就没这么大，再讲一个"无咎"，它的信息量就大了，那这个信息体现在哪个地方呢？我们往下看。

2. 位不当也

《象传》中说："大吉无咎，位不当也。"这就是说，虽然是大吉，但可能还会有咎。静态上，九四，阳居阴位，刚柔相济，刚柔相和，才会出现大吉。动态上，阳居阴位，又是位不当，阳居阴位不当，也就是虽然是大吉，但在作为上，想有所作为还是不容易，位不当，关键是环境不利，所以，静态为大吉，但有所往、有所为、有所用时则会有小的咎害。

> 九五，萃有位，无咎，匪孚。元永贞，悔亡。
> 《象》曰：萃有位，志未光也。

1. 萃有位，无咎

九五，这里有位了，居中正之位。这里为什么不讲当位或正位，而讲有位？这要注意作《易》者用字都是很精确的。后面讲"无咎，匪孚"，所以先讲有位，这里有它的位置，那当不当呢？当就要正，因为匪孚。

2. 元永贞，悔亡

"元"与"永"是联系起来的，元就是开始，永是指永远。这就是指一个时间的跨度。"贞"，是正固的，所以悔亡了。从一开始到永远都是正固，所以"悔亡"了。这里也仅仅只给一个"悔亡"的断辞，而没有"吉"的断辞。所以《象传》中说："萃有位，志未光也。"这还是指其意志、诚信没有光大，没有普施于天下百姓，因为这是九五，是应该普施的，所以也只能是"悔亡"。本来仅仅是有其位，而未施其光应有悔，但因为从一开始到永远都是正固的，所以就悔亡了。这里我希望大家要仔细地去推敲，其中的意思都是很微妙的，要慢慢从细处去体验，那样收获就更大了。

3. 志未光也

为什么讲"有位"，不讲当位，不讲正位？是因为意志、诚信还没有光大，还没有普遍地施惠，所以不能使人信服，所以只能是"有"位而已，就是有其位，而未光大。从这儿就可以看出"有"的用意是很精确的。这里用"有"，如果是用"正"或用"当"，那么在力度上就有很大的区别了。对于"有"，好多书上都没有仔细地去讲，这里也并非讲我非要说这个观点，而是我认为它有这点意义在其中。当然我这个理解是否合理，大家也再推敲推敲，再体会体会。体会这个"有"、"当"与"正"的区别，我认为对我们理解《易经》是很有帮助的，我对于这爻辞有怀疑，也有不疑的地方。不疑，就是因为它每一个字都重于泰山，一字值千金。而怀疑的是，其中有些字可能有误，在传阅、抄写过程中，因为各种版本都是有区别的，有些还差别不小。所以我有不疑的地方，也有有疑的地方。

> 上六，赍咨涕洟，无咎。
> 《象》曰：赍咨涕洟，未安上也。

1. 赍咨涕洟，无咎

"赍咨"，嗟叹之义。"涕洟"，指鼻涕泪水。这里与六三有点相似。上六是兑的"口"，应该是喜悦，为什么反而嗟叹、流涕呢？这是什么原因呢？第一个原因是因为上而无应，六三是嗟叹，上六是涕洟，这两爻不能相应，又太柔了；再有，上六马上要终了，还有一点，它乘刚有危，上六乘在九五刚上，阴乘刚一般比较危险，就像一个柔弱的人骑马，骑在一匹烈马上有危险一样。

2. 未安上也

"未安上",就是它不能安于九五刚爻之上,所以有六三的嗟叹了。

上面讲了无咎,这时上六只要意识到涕洟的原因,在悲痛中反省,就不会有咎;否则,就可能会发生灾难。

萃卦基本上就讲到这里,这里主要讲了聚集中的各种情景。

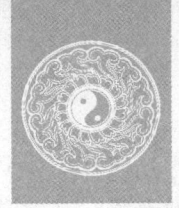

升卦 地中生木的智慧

一、卦名：升（地风升）

　　由姤遇之后，又有聚集，聚集到一定时候而后有升。《正字通》曰："升，登也。"《论语·乡党》曰："升车，必正立，执绥。"升车，乃登车。

　　升，更广泛地应用于日，日之升上天空。《诗·小雅·天保》曰："如月之恒，如日之升。"升有"昇"与"陞"的写法。《广雅·释诂》曰："陞，上也。"上即上升。上即是方位、上面、上方，同时有上升、上进之义，又是动词。

二、卦画

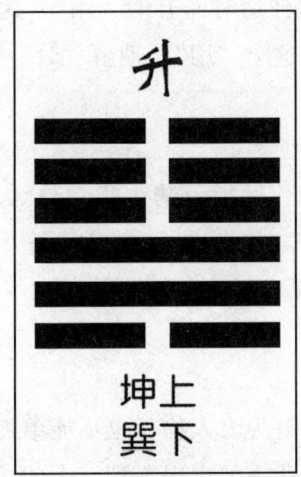

　　巽下坤上，名地风升。巽为木，坤为地。木从地中升，地为土，木在土中

升，木在土中先生根，然后向上长，而且上长不已，所以有升的景象。

升为什么从地下升，而不是地上呢？这就说明木在地下先要扎根，根扎得越牢，上面就升得越高。这就说明升必须有基础，有涵养。从内卦与外卦来说，内谦顺而外柔顺，这样就有一种谦升、晋升之象，就能得晋升的机会。地下为什么是顺？还有一种说法，地下必须有风，通空气，有了空气，才能利于根的生长，这是从升的意义上来说的。

三、卦辞

> 升：元亨，用见大人，勿恤，南征吉。
> 《彖》曰：柔以时升，巽而顺，刚中而应，是以大亨。用见大人，勿恤，有庆也。南征吉，志行也。
> 《象》曰：地中生木，升。君子以顺德，积小以高大。

1. 升

升在《彖传》里解释为"柔以时升"，在《象传》里解释为"地中生木"，这点刚才讲过了。我们来看看"柔以时升"，柔，上经卦与下经卦都是柔卦。这里不仅仅从德行上能升，而且它还能适时而升，非盲目、急躁地升。只有得了谦逊的柔、和顺的柔，才能把握住适时而升的"用"，这些都是联系起来的，如果不联系起来，我们就无法理解这个"用"，理解"时"字也会是干巴巴的。

2. 升：元亨

《序卦传》说："有天地，然后万物生焉。盈天地之间者唯万物，故受之以屯。屯者，盈也。屯者，物之始生也。"屯卦就是升的景象，有万物始生之生就有"升"，所以从一开始就是亨通的。

3. 用见大人

我们不能将"大人"理解为大人物，也不能单纯理解为大众，我们要加一个"大事业"，如果没有大的事业，那也得不到众人的认可。没有大的事业、大的成功、大的功绩，那也见不到大的人物，更重要的是，自己也不能成为大人物。这与"用"又要联系起来，我为这个"用"字琢磨了好长时间。"用见大人"，并非随便加一个"用"字，"利见大人"不行吗？前面不也有好多地方都是"利见大人"吗？这里为什么是"用见大人"呢？因为这是讲升卦，升也不容易啊！谁都想升，植物也想升，以前拔苗助长的人不就是急着让禾苗升吗？所以要升的话，那就必须会运用，必须要采取一些手段、一些措施、一些谋略。没有这些"用"的谋略、措施、手段，想得到升的话那是不可能的。但再高明的谋略、手段，都不能违背规则。所以，这里我们必须将"用""柔"与"时"联系起来好好地理解。"见大人"非单纯的是见大人物和众人，我们应该将大事业联系起来，只有大事业才是众人的事业，只有大事业才是大人物的事业。这里不能将"大人"架空了单独理解为人，它必须是有内容的。我们评价一个人是小人物还是伟人，我们必须先看看他有没有丰功伟绩。他有丰功伟绩、有大的功劳，那么他就是大人物，并非看他的地位、权力。

这个"用"就是实践，创造力，必须开创一番事业、立下一定的功劳，这样才能见到大人，才能成为大人。

4. 勿恤

"勿恤"，就是没有忧虑。本来升应该是有忧虑的，如一棵小草想升，它也有很多的忧虑，它要忧虑气候是否适合它生长，要忧虑地下水分是否充足，要忧虑阳光是否充足，这些外在的与内在的因素，都会影响它的生长，所以有忧虑。但这里讲"勿恤"，是什么意思呢？一层意思是，不需要过多地忧虑，另一层意思是，升是事物变化的规律，它本来就亨通。

5. 柔以时升，巽而顺，刚中而应，是以大亨

《彖传》中讲："柔以时升。"为什么柔以时升？下面讲到"巽而顺，刚中而应，是以大亨"。巽而顺是从卦上来说的。刚中而应是讲九二的，不是指六五，六五不是刚中有应。九二是刚而且得中，同时与六五相应，所以是大亨。这个大亨的意思，后面还可以看出来。

6. 用见大人，勿恤，有庆也

这里如果不讲事业，哪谈得上什么庆呢？这"庆"与"用"的意义要联系起来看。用是指什么？就是前面讲的"柔以时升，巽而顺，刚中而应，是以大亨"。这都是"用"的范围，指如何利用发挥。

451

7. 南征吉

从后天八卦的方位来看，坤卦是西南，巽卦是东南，这中间共同的方位是南，这说明南方为升卦的有利空间。南征的征不一定就是讲征讨、征伐，这里可以解释为"向南方发展就吉祥"。"征"可以理解为开拓、发展。南方丙丁火，有时也可以理解为与火有关的事物决定着发展方向。

8. 志行也

"志"是指谋划，这里讲到它的方向向南。如果从广义上理解的话，南就不一定从方位上来理解，也应从顺的方面来理解。

《象传》中讲："君子以顺德，积小以高大。"因为顺德之德必须要积，要积小而致高大。如一筐一筐的土，全散开那就看不出多，如果将这一筐一筐的土全聚集在一起，就可以堆成一座小山。"故聚而上者谓之升"，所以这里讲到"积小以高大"，升的意义、升的形式，是从小往大处升、从低处往高处升。这个聚集的过程非常漫长，而且是很艰难的。在演艺界有这么一句话："台上一分钟，台下十年功。"还有我们讲课也是这样，不要认为有时一句话很轻松地说说就过去了，一个字这么轻松地讲过去了，实际上用的功夫并不是一句话能说完的，这也是慢慢积累的。如下围棋，比赛时为了一盘棋，为了赢那半目，不知要打多少比赛，积聚多少工夫与经验。

四、爻辞

初六，允升，大吉。
《象》曰：允升大吉，上合志也。

---

1. 初六，允升，大吉

初六，阴居阳位，这里给人的感觉是升的基础不强、不厚，开始就来一个阴爻，以这么柔的做基础，这样稳固吗？这给人的感觉好像不稳固。这里的"允"是诚信的意思，允是允许，或是一种承诺。"允升"是凭着诚信来升，诚信要以柔顺来滋养，刚强是无法滋养诚信的，所以"允升"之"升"的基础是很厚的基础，所以是大吉。

2. 允升大吉，上合志也

这里的"上合志"又有一点不可思议，初六应与九四才能相应，但本卦中是六四，它们并不相应，那怎么能上合志呢？上与谁合呢？这个我们从卦德上来讲，巽卦是逊而顺，上经卦坤卦卦德也是顺，所以上下合顺，巽卦以初爻为主爻，其卦德主要体现在这一爻中，所以二阴为二顺之德，是相合的，也就是上合顺志，正因为合顺，所以就有诚信；有诚信，那么升的基础就非常牢固。这里我们讲到升的初爻不得不讲到升的基础，如果升没有基础的话那也升不高，也升不快。唯有诚信才是升的真正的基础，才是牢固的基础。

九二，孚乃利用禴，无咎。
《象》曰：九二之孚，有喜也。

---

1. 孚乃利用禴，无咎

九二，阳居阴位，不但得中正，因为得中位，是柔位，所以它有诚信。正因为有诚信，即便祭祀仪式简朴，也没有咎害，而且有利，原因可见象辞。

2. 九二之孚，有喜也

这喜从何来？从"孚"中来，我们来看，初六有信用也是有孚，九二也是有孚，这样"升"有双层的基础，所以有喜。这说明升的基础更牢了，就可以升了，有升的机会了，有升的条件了，有升的基础了，所以有喜了。这也可以看出喜有一种"有喜可望"的意思，和"丰收在望"的意思差不多。这个有喜并非现在就有，这是有喜的基础，是"有喜可望"，是有希望在那里。

九三，升虚邑。
《象》曰：升虚邑，无所疑也。

---

1. 九三

九三，阳居阳位，这里没有讲吉、凶、悔、吝的断辞，因为这时不需要讲，九三，阳居阳位，这里只要不讲悔吝，就是吉。本身阳居阳位就是一种刚强，就容易惹事，而且这个在《说卦传》中讲到"三"与"五"都为奇数，但三为凶，五为吉。这里连悔、咎、吝都没讲，那就是吉了。为什么没有这些呢？正是从上面两卦的有喜来的，基础打得好，福及九三的吝都没有。

2. 升虚邑

"邑"，指城邑，这（虚）非空虚，而是指一个空间的范围。"升虚邑"，升到虚邑那就升得比较大了，应为"升邑虚"，应是先升到邑，再升到虚；与先升到县里，再升到省里的意思差不多。九三能升到虚邑，我们从卦画上来看一下，因为九三马上向上升，上面为坤卦，坤卦好像大地是空的，这是给了一个空间，不是空虚了，而是很大的空间，这说明升的空间还不小。

3. 升虚邑，无所疑也

它没有怀疑了，没有犹疑了？这是针对九三的特点来讲的。如果讲到九五的话那就不会讲到疑，正因为九三是这么一个位置、这么一种环境，按《易经》的规则来讲，这个位置是不太好的，是不利于升的。但这里却能升得这么好、升得这么高，难免会使人怀疑。怀疑的是它的环境是否能升这么高。是对这种位置与环境的怀疑，所以这里说了一句："无所疑也。"因为前面的两个爻已经将它铺得很高了，以诚信为它铺垫起来了，它的诚信得到广泛的认可了。不但这一邑的人得到认可了，而且这一"墟"的人也得到认可了。它的信誉已经传遍邑里，传遍"墟"了，已经不用怀疑了。所以这里必须与前面两爻联系起来讲，不然"升虚邑，无所疑也"也就没有来历了。

九三是艰难上升的，一般升至此该有停滞，甚至会有挫折。而此处，九三升至"虚邑"，其功在初六、九二积聚的诚信。这种诚信就像千斤顶，以"气"顶千斤。

> 六四，王用亨于岐山，吉，无咎。
> 《象》曰：王用亨于岐山，顺事也。

1. 王用亨于岐山，吉，无咎

六四，阴居阴位，得正。"王"是周文王。"岐山"是陕西岐山，岐山是西周的发祥地。"用亨"就是祭祀。当时周文王为什么会得到其他诸侯国的拥戴，而且都来亲附他？是因他每年都在岐山举行一次大的祭天活动，把其他的诸侯都召集到了岐山来祭天。就因为这样才引起了殷纣王的担忧，将他软禁起来了。祭天当然是吉、无咎。这种"祭天的祭祀"是顺从天的意志的,是顺从于民意的,也说明周文王的这种做法是得到大家拥护的,是符合大众利益的。

2. 顺事也

为什么用顺事这个"事"字呢?说明这"事"不仅仅是指天,也不仅仅是指诸侯,也就是说,祭天这件事顺从了天意,也顺从了民意,同时也顺从了各个诸侯的意思。这里的顺必须都有所顺。可以看出,周文王在策略方面全照顾到了,所以都顺从了。事是因事而异,因人而异,因时而异。所以这"事"表面上看很普通,如果只讲顺天意,那就看不出周文王这种大的谋略与智谋了。"顺事",说明周文王对大事小事分得清楚,而且都照顾到了。我们从这个"事"中可以看出周文王确实很了不起,也可以看出周文王并非空谈的政治家、空想家,而是实实在在的事业家,是一个真正务实的政治家。

六五,贞吉,升阶。
《象》曰:贞吉升阶,大得志也。

---

1. 贞吉,升阶

六五,阴居阳位,不正但得中,好在这个位置是尊位,非常有利,所以正固吉祥。"升阶",这已升得很高了。为什么说很高?阶是阶梯,对于这个阶的含义我们来看象辞。

2. 贞吉升阶,大得志也

这个"阶"是指什么?这点我们到故宫里能看到。在宫殿门口有台阶,在台阶的中间有一块很大的大理石雕刻的鳌头,鳌是传说中海里的"鳌鱼",是一种神鱼。每次科举考试的状元就站在那鳌头上,接受皇帝授予的状元顶戴与赏赐。所以考上状元又叫"独占鳌头"。鳌头就是在阶梯的最上一阶,所以这个"升阶"是"大得志也",独占鳌头当然是大得志了,当然是件吉祥之事。

但是这里要提出一个问题:为什么是六五,而不是九五?可见这个"升阶"虽是"大得志",也还是刚刚升上来,是刚刚坐上状元之位,并非帝王之位,所以非九五之尊。如果讲一下子就升到"九五之尊",那也不符合升的规则,也不现实。所以用六五是非常恰当的。

> 上六，冥升，利于不息之贞。
> 《象》曰：冥升在上，消不富也。

1. 上六，冥升，利于不息之贞

"冥"，是昏冥，是迷糊的。"冥升"与"亢龙"有相似的地方，就是说，上一爻已经是大得志了，已经升到很高了。这里就有点昏了头了，许多人都是这样。这里提到"大得志"时就要告诫大家，"大得志时"是关键时候，要头脑清醒。

"利于不息之贞"，不息是什么意思？我们先看象辞。

2. 冥升在上，消不富也

因冥升到上爻了，确实有点"高处不胜寒"的感觉。"消"，就是说，这里要"消"、要"不富"，这两个要分开来说，不能理解为消而不富，而是消、不富。消就是损，这时升得也可以了，所以要损一些了，要注意损，损掉什么东西？大家都很明白，这时已上得太高了，要注意谦逊，不要骄傲，不富就是不要傲慢，不要居功。所以不息，这个"不息"就是"消，不富"。一呼一吸为动，呼与吸之间的息为静。这里的"息"，指大动（升）后要用静来调整，以期再动（再升）。

升卦是接前面的姤卦与萃卦来的，这是一个好卦，它与晋卦、渐卦都是讲晋升的。在这三卦里最好的是晋卦，是日月之升，这爻也是好爻。但在这个升卦里，我们首先要抓住初六和九二这两爻，还有与九三爻联系起来想，可见诚信是何等重要。

困卦 大人吉的智慧

一、卦名：困（泽水困）

《尚书·盘庚》曰："汝不忧朕心之攸困。"困，初义当为事境的描述，即困穷、困难、困厄、困惑、困扰等。《广雅·释诂》曰："困，穷也。"《说文》曰："困，故庐也。"庐为农时农民暂栖田野的棚舍，特别是山区的农民怕野兽侵害他们的庄稼，就临时搭一个棚，这样每晚都到那儿去守夜，季节过去了，庄稼收获了，就不住了。这个棚舍慢慢就会被旁边的草木藤蔓所包围，出现这么一种困象。

二、卦画

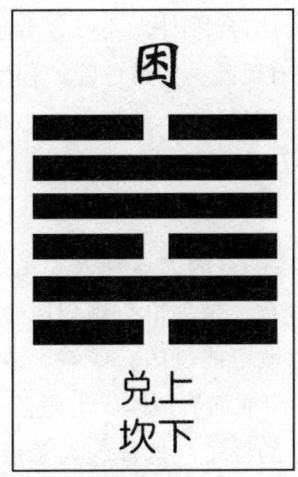

坎下兑上，名泽水困。兑是喜悦，坎为危险。下面从字面上的解释来看一下。

三、卦辞

> 困：亨。贞，大人吉，无咎，有言不信。
> 《彖》曰：困，刚掩也。险以说，困而不失其所，亨。其唯君子乎？贞大人吉，以刚中也。有言不信，尚口乃穷也。
> 《象》曰：泽无水，困。君子以致命遂志。

1. 大人吉，无咎

在象辞与卦辞里讲"大人吉，无咎"，这个"大人"我们不能狭义地理解为"大人物"。我们应该理解为有志向、有抱负、有修养、有道德的人，同时有素质，最主要的还是被大众所拥护、所认可的才是大人。一个人有再大的本事，他只为自己，为一家谋利，那也不是大人，他得不到大多数人的认可与拥护，他所做的事对大多数人不利，不能有益于大多数人，那就成不了大人。大人必须是所做的事、所创造的利益，是有利于大多数人，这样才能成为大人。人扶人才能成王，这个王并非要做上国王，而是受到别人尊敬的就是王，也就是人上人了。对于大人的理解我们就以这个为标准。

毛泽东在赞扬白求恩时说："一个人的能力有大小，但只要有这种精神，就是一个高尚的人，一个纯粹的人，一个有道德的人，一个脱离了低级趣味的人。"

对于这个"大人"，我们结合困卦，还可以分析出一层意思。从卦画上看，就是碰上困难了，内心知道有风险，知道危险的程度，但没有被它吓倒，而是正确地面对困难，面对风险。内卦为坎，就是指内心有风险意识；外卦为兑卦，为喜悦，是表示外表很乐观，很大度，很愉悦，很轻松，很潇洒。那么这样的人也称为"大人"。

困卦为什么是对"大人吉"？因为这种人才是"大人"，他当然就能得到吉祥。困难对于他来讲是磨刀石，是孙悟空炼火眼金睛的八卦炉。反之，不是大人，那当然就不是吉了，那就可能是凶，或咎，或吝，有悔了。原因在哪里区分呢？还在这里分：一是明明前面有风险，有危险，但内心还没意识到有风险，表面倒是很乐观，满不在乎的样子。这样的人总会被困住的，因为这样的人碰上危险不会处理，而且毫无思想准备，这样一旦危险真正到来，那马上就趴下去了。没有思想准备也无法度过这个风险。第二种人，心里倒是明白有数，但他将这个风险看得太重了，看成是不可逾越的，看成是非常沉重的包袱，压在心里；而外表也很沮丧、忧愁、萎靡不振，且外表也无愉悦之象，稀里糊涂的。这种人更不必谈了，对于这种人来说连小困难也都克服不了。所以这里"大人吉，无咎"，我们应这样理解，从卦画上去理解，是卦向我们说的。

2. 困，刚掩也

"泽无水，困"。泽在上，水在泽之下，如池塘、河、湖已见底，泽中无水，干涸了，这不就是一种困吗？

《象传》里讲得深刻一些。《象传》里讲"困，刚掩也"。从卦画上看，是将"刚"掩住了。坎卦为阳卦，为刚；上为兑卦为阴卦，就是说，上面的阴卦将下面的刚卦掩住了，好像是刚被困住了。另有一层含义是，九二阳爻居柔位，而且是居坎险的中位，有阳刚被柔掩在其中的景象。人做事要有阳刚之气，连阳刚之气都掩住了，那不就是被困住了吗？

3. 险以说，因而不失其所，亨

《象传》里又解释为："险以说，因而不失其所，亨。"这里解释了"亨"字，这就说明困卦为什么亨通、顺畅。虽然有危险，有风险，但还有喜悦，这就是另外一种现象了。"因而不失其所"，但还没失去其所。因为九五又正又中，这里虽然掩住刚了，但刚居中，在被掩的阳卦坎卦中，刚还是居中，它没有失去它的位置，没有失去它的居所。如从字面上看似乎没有居所，无所居了。刚居中的位置是有稳定性的，所以它是亨通的。这里讲到"险以说"，这是一种境界。

有两位老先生问我，哪些事可以占卜？我讲：并不是什么事都要去占卜，无论是个人、家庭，还是单位，乃至于国家大事，并不能说大家都平平安安、一点事都没有，那样也不叫生活，"水至清则无鱼呀！"这就是说，平时有点不顺利，有点矛盾，有点小风险，这些都是正常的，不要大惊小怪，这样才叫生活，不要为这些事去占卜。占卜的意义在于不犯大错、少犯小错，保持了这点就行，至于一般的要看得很淡，这是正常的，这就是生活，这就是人生。两位老先生很赞同这种说法。所以我认为这就是"险以说"，不要遇到一点小事就大惊小怪，认为不得了，这样就不对了，心态不对了。我们要将心态摆好，占卜的目的其实就是调整心态。

如上次我们的车子被人家追尾了，他们打电话告诉我，我很轻松地说："没事。"只要心态没追尾就行。要有"险以悦"的心态，心态舒畅，事才亨通。"其唯君子乎"？就像《论语》里面讲的："人不知而不愠，不亦君子乎？"这也是一样的意思。贞，这是正固之意，为什么讲是正固呢？这就说明是正常现象。困难、困惑、困扰、困穷，这对人生、社会乃至国家都是正常的，没有才是不正常，所以这里讲正固，指没有失去其所。

4. 以刚中也

"刚居中"，如果刚居在两边的话，那就很危险。刚是好动的，是浮躁的，在两边就容易跑边，容易向两边滑去，那当然有危险了。但这里居中，中间是柔的，刚居柔中，则刚柔相济。所以即使有大的风险也化解了。

5. 有言不信，尚口乃穷也

上悦为口，口说为言。在困境中的人说话难于使人信服。"尚口乃穷也"，就是说，在困中（困，穷也）没有人相信，只有当你走出这个困境之时，才能使人相信。我就以自己为一个例子吧。

"文化大革命"中，我经历了坎坎坷坷，那时也有人为我着急，当时我讲了一句话："总有一天，我的这些经历，将成为我的光荣历史。"我的一个妹妹记住了这句话。她前年从老家给我打电话，讲："大哥，你曾经讲过那句话，我还记得，真的被你说中了。"对，就是这样，当时有谁相信？谁都不相信我那句话，还认为我是大白天说梦话，但我心里有底呀！

6. 君子以致命遂志

这里我们不需要举更多的例子，我只用孔子的一段话来说明这个问题。

《论语·卫灵公》叙述了这样一个故事：孔子周游列国，曾绝粮于陈，从者皆病而难行。当时他的学生子路问："君子亦有穷乎？"孔子答："君子固穷，小人穷斯滥矣！"就是说，君子和小人，人人都有穷困之时，但君子处穷能够坚持，能够固守正义之道，以自救自慰，自己拯救自己，自己安慰自己。而小人则不同，小人就会丧失道义，丧失人格，丧失做人的基本标准，甚至胡作非为。这就是"滥矣"。这种小人什么事都可以做，他只图眼前苟活。

《论语·雍也》中，孔子赞颜回："贤哉，回也！一箪食，一瓢饮，在陋巷，人不堪其忧，回也不改其乐。贤哉，回也！"这就是"君子以致命遂志"。"遂"，即遂其志愿。

四、爻辞

> 初六，臀困于株木，入于幽谷，三岁不觌。
> 《象》曰：入于幽谷，幽不明也。

1. 臀困于株木

初六，正好是险的边缘，险的开始，是初涉险界。这里不是讲足，是讲坐在那里，讲臀。"臀困于株木"，株木为枯木，连坐的木头都是枯木，坐都坐不住，坐都坐不安稳。

2. 入于幽谷，三岁不觌

既然坐也不行，那就隐居到幽谷里去吧，"三岁不觌"，三年都不见世面。所以《象传》中说："入于幽谷，幽不明也。"《史记》里有这么一段描述，《史记·历书》："日月成，故明也。明者孟也，幽者幼也，幽明者雌雄也。"为什么把幽明当作雌雄来看？雄指太阳，雌指月亮；晚上是幽，白天是明。在初六中讲到困，相当于困在幽谷之中。

> 九二，困于酒食，朱绂方来，利用享祀。征凶，无咎。
> 《象》曰：困于酒食，中有庆也。

1. 困于酒食

九二，比初六要好一些，而且在这个困卦中，九二爻比九五爻好，原因何在呢？待会儿看。九二是以刚居中也，刚居二爻位，本应是阴居阴位，这里是阳居阴爻，不过这里阳居阴爻好，因为刚居柔中。那又为什么困于酒食呢？这里有很多解释，我同意其中的一种解释。我认为九二是一个有阳刚之气、有志向的人，但是在目前来说，还在困境之中，这时没有办法，是"有言不信"的阶段。他想做事，可目前还有许多条件限制着他，他想施展还施展不开，还没有人相信他。那怎么办呢？那就只有以喝喝酒、消消愁，消磨时间，等待时机。如诸葛亮当年在卧龙岗，还有李白，他只能是借酒消愁，实际上就是他自己的才智不能施展，这就有一种人才被埋没的困惑。

2. 朱绂方来

"绂",是遮蔽膝部的服饰。不过这绂分等级,是按颜色分等级的,朱绂是第一等的。"朱绂方来",赐给他朱绂,说明开始受到重用了,受到青睐了。

3. 利用享祀

"享祀",本来指祭祀时献上礼品来祭奠祖先的意思。这里不是讲这个意思,这里是指用自己的才能,用自己的才华,服务于社会,用过去的话讲,就是为朝廷效忠,用现在话讲是为国家效力、为人民服务。享祀就是以自己的才华为祭品,是为谁?是为效力于国家。对于我这种解释可能有人会认为很勉强,其实不是,我们联系整个困卦来看也就是这样。

4. 征凶,无咎

这里"征"是有所为,那么为什么会有凶呢?因为他刚刚出山,刚刚显示自己的才华,这里不是讲不要有所为,而是在有所为的时候一定要适度。这里是征凶,不是"用凶",不是"为凶",征就是"过了",这就是说要保持一个度。"无咎",即使是凶也没关系,因为他毕竟是有才华的。他的动机是对的,是他的时运也到了,是该他一展宏图之时了,已经走出那酒食之困了。这里也明白地讲了,因刚走出酒食之困,不要行动太大了,那样会有凶险。不过因为有才华,而且动机也是正的,时机也到了,所以就不会有什么问题。

5. 中有庆也

这里的"有庆",从表面上讲,虽然是在酒食困惑中,但是其中还是有喜庆在里面。但真正来讲还是要联系"征凶"来讲,"中有庆",就是只有保持中正才有喜庆,也就是前面讲的"以刚中"也。这里讲的与前面讲的都很明显了,这里的"朱绂"与后面的"赤绂"有区别,这个后面再讲。

> 六三,困于石,据于蒺藜,入于其宫,不见其妻,凶。
> 《象》曰:据于蒺藜,乘刚也。入于其宫,不见其妻,不祥也。

1. 困于石,据于蒺藜,入于其宫,不见其妻,凶

这里困在乱石之中了,"据于蒺藜",指荆棘丛生。"据",就是被缠绕住了。

"入于其宫"就是回到家里。"不见其妻",自己的妻子不见了,跑了,这当然是凶了。

六三,柔居阳位,但这阳位居不稳当,石与蒺藜都相当于阳刚。这里是柔,柔得连自己的妻子都不理睬他。

如苏秦第一次回家时,他的嫂子讥笑他、不理他,连他的妻子也不理他。后来他发愤读书,苦读了六年。六年之后终于大有成就了,做了大官。当他挂六国的相印衣锦回家时,他的嫂嫂望到他的影子跪下了。这就说明人不得志时,不但是"有言不信",而且什么都不是,就是平时走道都有乱石绊脚,有荆棘拉裤腿。不得志的时候,连自己的妻子都不贤了,她也会离之而去。

2. 乘刚也

六三乘在九二刚爻之上,这是不好的。"入于其宫,不见其妻,不祥也。"这当然是不祥了,当然是不吉利的。这里不祥就是讲时运还没有到,还处在周期里。

> 九四,来徐徐,困于金车,吝,有终。
> 《象》曰:来徐徐,志在下也。虽不当位,有与也。

1. 来徐徐,困于金车,吝,有终

九四,这里应该走出困境了,因为下面坎卦已经过了,现在进入兑卦了。"来徐徐",徐徐是走得比较缓慢、从容。九四,阳居阴位,但又困于金车。兑卦是属金的,兑卦看起来是喜悦,实际上它也困人。如有的人高兴就是喝酒,而且喝多了,那就容易惹事,这不也是困吗?乐极生悲呢。这就是说,这个时候也不要高兴得太早了。

"吝,有终。"既然有吝,为什么有终呢?因为毕竟走到这一爻,走出了坎卦。虽然有吝,但还是有结果的。

2. 志在下也

"志在下"是什么意思呢?九四与初六相比,阳与阴相应。"志在下也",意思是说,这里困于金车,虽然有吝,那是为了帮助初六,按规则它应该是帮助初六的,初六也会向九四求援。所以被困于金车了,所以它不是为了自己,"志在下也",而是为了帮助初六。

3. 虽不当位，有与也

这是什么意思呢？那怎么"有与"呢？与谁有与呢？大家想一想，在这上面能不能看出点微妙呢？九四这里不当位，为什么还"有与"呢？这是因为它承于九五，承担了九五给它的任务。"与"是九五交给它的任务，所以虽位不当，但"有与也"，它承九五，所以没有问题。

> 九五，劓刖，困于赤绂。乃徐有说，利用祭祀。
> 《象》曰：劓刖，志未得也。乃徐有说，以中直也。利用祭祀，受福也。

1. 劓刖

"劓"，指割鼻之刑；"刖"，指砍脚之刑。好多书里都是直接解释的，认为是受了鼻刑，受了脚刑，当然也有这层意思，但这也不是绝对的。这里是说，凡是从困境中走出来的人，多多少少会受到某些伤害。

2. 困于赤绂

赤绂与前面讲的朱绂是一样的。但这个地方有不同之处，这里是"困于赤绂"，前面是"朱绂方来"，是好的运气刚刚来。那这里"困于赤绂"是什么意思呢？这并非真的给一个赤绂。赤绂比朱绂要差一等级，不过相差不大，朱绂颜色要深一点，而且朱是本色，赤的颜色要鲜一点、亮一点，朱绂是最好的、最上等的。"困于赤绂"是讲本来九五是好运，应该是困不住的，但这个位置太显著了，也就是它的负担太大了，所以是高山打鼓，名声在外的时候，往往是"高处不胜寒"，所以这个时候是刚刚走出困境，受到那么大的伤害，又突然到了这个显著的位置，而且又是好运之时，可能有点得意，但它也可能承受不了，用现在的话来形容，就是困于糖衣裹着的炮弹。

3. 乃徐有说

徐是很缓慢的样子。"有说"，是有喜悦。这就是说，不要急，如果急躁的话那就不行了，就不会有喜悦。

4. 利用祭祀

这里就是前面讲的，这时要保持自己纯正的动机，发挥出自己真正的才华，必须这样做才行。这句重点在"利用"。

5. 志未得也

这里就说明并未受到什么刑罚，而是"志未得"，这个伤害是自己的志向不能施展，比受剌刖之刑还难受。

6. 以中直也

"以"，可以当"因为"讲，是运用中直。"中"，就有柔。"直"，是符合规则的。

7. 利用祭祀，受福也

运用自己的才华，服务于社稷，那当然会得到福祉的。而且社稷江山也会得福，这受福的意义是双重的。九五虽然比起九二来说没有"庆"，但这里是受福，不过庆比福的意义要更大些。这个福用佛教的话来讲，应该还有慧，没有慧而只有福那也不行，必须是福慧双全才行，只有福也只有物质的享受。所以"庆"里就包括了福慧双全的意思。

上六，困于葛藟，于臲卼，曰动悔，有悔，征吉。
《象》曰：困于葛藟，未当也。动悔有悔，吉行也。

---

1. 困于葛藟，于臲卼，曰动悔，有悔

上六，阴居阴爻。"葛藟"，是攀附时缠绕的蔓生植物。"臲卼"，是一种动摇不定的、危险的场所。

"曰动悔，有悔"，这里怎么理解？这在后面的象辞里会有。

2. 未当也

在九四中有"不当位"，这里"未当也"。这当然不是讲位不当，上六是当位的。这里讲"未当也"，是讲未当时的意思，在空间上是当位的，时间上是"未当时"的，因为这一爻是这卦的最上一爻，这一卦快完了。这里的喜悦在时间上

也要过了，兑卦为悦。这里是时间上不当。

3. 动悔有悔，吉行也

上面讲"征吉"，这里虽然是讲动摇不定，是处于危险的境地，这里是"动悔有悔"，两个悔，区别在哪里？"动悔"，是指在行动中造成了过失，那当然有悔，这是一种过失的悔。"有悔"，这与动悔不同，有悔是反省，是自己马上明白了，而不是"动悔"。不是执迷不悟的，而是有悔了，自己马上发觉了，觉察到自己错了，及时反省自己、纠正自己，有错必改，及时忏悔了，所以"吉行也"。因此这种行为是吉祥的，而且行有所为、有所行动都是吉祥的，这两个"悔"的区别就在这里。前面的悔是指已经造成的过失，后面这个悔是对这种过失的反省。

困卦主要抓住"君子以致命遂志"，还有"大人吉"这两句，这是很重要的，大家要仔细地去思考体会。

井卦 往来井井的智慧

一、卦名：井（水风井）

《说文》曰："井，八家一井，象构韩形，瓮之象也。古者伯益初作井。"韩，井上木栏也，其形四角或八角。瓮，汲水瓶也。井的本义为水井。

二、卦画

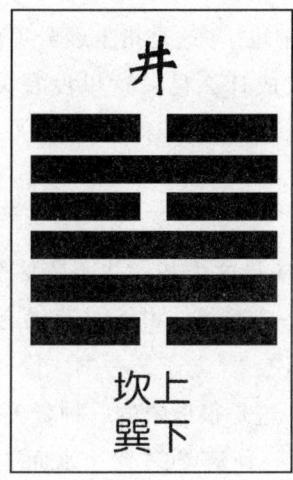

巽下坎上，名水风井。与困卦为综卦。我们可以从卦画上看出"井"的形象。有人形容下经卦巽好像是井台，上面坎卦像瓮将一桶水汲上来了。不过我看不太像，比较勉强。简单一点看，井下不但有水，而且有风，上坎为水，下巽为风。

三、卦辞

> 井：改邑不改井，无丧无得，往来井井。汔至，亦未繘井，羸其瓶，凶。
>
> 《彖》曰：巽乎水而上水，井。井养而不穷也。改邑不改井，乃以刚中也。汔至，亦未繘井，未有功也。羸其瓶，是以凶也。
>
> 《象》曰：木上有水，井。君子以劳民劝相。

1. 改邑不改井

"邑"，即城镇、村落。按现在的事为例，如某个地方以前是某某镇，现在换了一个名字；某个村子里曾经的村民都搬走了，现在又是另外一群人来这里住。邑改了，但井改不了。这可见古时邑的改变非常频繁，以前一个国也会经常迁徙，何况是邑呢？那时虽是以农立国，但那时的生活稳定性没有现在好。这里改邑不改井有它的历史条件。

2. 无丧无得

《彖传》中说："乃以刚中也。"这是指上经卦里面刚爻在中，正好是指九五，刚中也。这就是说，无论改成什么邑，这里没有失去什么，但也没得到什么。"刚中也"，还在中间、居中，无丧也无得。

3. 往来井井

不论怎么往来，这个井还是这个井，井还是发挥井的作用，所以有"井养而不穷也"，这井还是养着这一方百姓，井水一直没有枯竭。这里我引用德国近代哲学家尼采的一句话，尼采说：《老子》一书，像一个永不枯竭的井泉，满载宝藏；放下汲桶，唾手可得。"这是很形象的一种赞美。

所以在《彖传》里也是一种赞美："巽乎水而上水，井；井养而不穷也，改邑不改井。"还有"往来井井"，都是赞美之辞。

4. 汔至，亦未繘井，羸其瓶，凶

"汔"，是指"几"，几乎的意思。"繘"即梗，汲水用的绳。这就是"几乎

到了"的意思，但桶绳还未离开井口。如果缱不要"纟"旁，缱井即是汲水桶尚未升到井口。"羸"是损坏，但还没有离开井口，那汲水的桶就被损坏了，就有凶。这里当然是一种喻义，比喻什么呢？如象辞里讲："汔至，亦未缱井，未有功也。"这里是讲谈不上功劳，而是劳而无功。那个水瓶还没离开井口，就被损坏了，那不就是劳而无功、无功而返吗？这个地方为什么是无功而返呢？为什么会未有功呢？下面爻辞里都讲到了。

5. 羸其瓶，是以凶也

这凶是指什么？从井卦来看，那为什么不是讲"羸其井，是以凶也"呢？按常理来讲，只要井在，这个汲水瓶坏了也不会有凶。这只是一点小损失而已，谈不上未有功。大家都仔细想一想这个问题。

6. 木上有水，井

巽为木，古时打井不像现在，下面用石头用木把土隔开，木在水下，水在井中。

《象传》中讲："木上有水，井。"以前农家的水缸的旁边有一半圆形水缸架子，水桶向缸中倒水时不会碰到缸上，而是放在木围架子上。以前的井起码在井台上面有井架，这个我们先不去追问。

7. 君子以劳民劝相

《象传》一般都是联系到人生与社会。这里"劝"是鼓励，是鼓励民众、鼓励老百姓，要效仿井德。这里讲到哪一种井德呢？讲到几种井德呢？"改邑不改井"，这是一德；"无丧无得"，就是讲没有失与得，不计较失与得，这是二德；"往来井井"，就是谁来了都会提供水，同样的"井养而不穷"，同样一方水土，养一方百姓，这是三德。有这样的三德，那么联系这三德来看"未有功也"和"凶"。为什么未有功？为什么有凶？这是什么原因？这"未有功"与"凶"是指井吗？不是，不是指井，这里都讲到井绳、井瓶，而并未讲到井本身，这个意思就很明显了，就是说，我们不要舍本求末，井是本，瓶是末，我们平时为人处事，要以德为主，不要去讲究那些外在的。有人爱面子，宁可将做人的基本条件降低，可这实际上是将井丢掉了，而去顾那个瓶子。这是一个简单的例子。这里我们要这样去理解，不然就不好理解。从这里我们就可以看出要以德为本，不能丧失德，如果丢了井德而舍本求末，那就会是"未有功"，而且可能有凶。

四、爻辞

> 初六，井泥不食，旧井无禽。
> 《象》曰：井泥不食，下也；旧井无禽，时舍也。

1. 井泥不食

初六，阴居阳位，初爻就从井底说起。西方有一句格言："真理在井的底部。""井泥不食，下也。"这里难道有真理吗？应该有真理，而且每一爻都有真理，卦辞里也有真理。"井泥"，指井底污泥沉滞，不可食用。

2. 旧井无禽，时舍也

这井是旧井，是废弃的井，人都迁走了，现在连飞鸟都不来了。这里讲无禽，那更可体现了人迹罕至，这种连鸟都不来的地方，已经是过去的事了。

"井泥不食，下也；旧井无禽，时舍也。"这里的"下也"是什么意思呢？这是讲井里已经没有水了，井无水还叫井吗？"旧井无禽，时舍也"，舍弃之舍，这是指时间将它抛弃了，历史将它抛弃了。

> 九二，井谷射鲋，瓮敝漏。
> 《象》曰：井谷射鲋，无与也。

1. 井谷射鲋，瓮敝漏

"井谷"有种种解释，既然某地挖了一口井，那就必有一个水眼，那水眼就是井谷。有的将井谷解释为井道。"射鲋"，"鲋"是指泥鳅、小鱼，井里的小鱼。过去的人不仅仅是射飞禽走兽，而且还射鱼。

"瓮敝漏"，指汲水的瓶子很旧了，那当然漏水了。

2. 无与也

这里的"无与也"是什么意思呢？这里九二与九五不相应，所以没有援引，无与相应也。实际上除了这一层意思,另外还有一层意思。这里应该提出一个问题,初六是"井泥不食",也是指旧井,这个地方为什么还是不能食,只能养养鱼而已呢?连这个瓶都破旧得漏水了。这里的"无与也",绝对不仅仅是讲九二和九五不相应,另外还有一层意思。这两层意思如果从表面来看是重复的,六个爻是不会老重复讲一层意思的。然而这里好像还是讲这么一层意思、这么一种状况,那原因是什么呢?前面是"时舍也",是旧井,过时了。这里"井谷射鲋",射,是有一个人在射鲋。我们可以看出,初六时没有人,连禽都没有。而这里还是有人的,"无与也",就是说没有人去治理这口井。这里在讲,井也要人去治理,就是说,德也要人去修。我们这里应上升到这个地方,不上升到这层意思那就没有多大意义了,这其中掩藏的东西就在这里,前面无人,这里有人,而有人却不是好好地修这个井,而是在井谷射鲋,这不是笑话吗?井怎么能当养鱼池呢?这告诉我们要好好地修井德,不能阴错阳差,搞乱套了。

> 九三,井渫不食,为我心恻。可用汲,王明并受其福。
> 《象》曰:井渫不食,行恻也;求王明,受福也。

1. 井渫不食

九五,阳居阳位,这里是九三,为什么有王呢?等一下再解释。"井渫不食",渫是指将井底的泥沙清除掉。这里又有一个"不食"。这个"不食"与前面的"不食"是有区别的,前面是不能食,而这里是暂时不能食。

2. 为我心恻。可用汲

《象传》中说:"井渫不食,行恻也。"这里的"行恻"有人解释为行人都感到很难受、很难过。我认为这样解释太牵强了。改邑不改井,不能离开井本身,不能离开在井周围生活的人。这里是说,这井既然已清洁了,那就要利用起来。如不去利用它,确实会为人动恻隐之心。为什么有这种心理呢?因为有人会想这么好的井水为什么不能饮用呢?引申为这个人已经有德,已经被人承认他有德了。而且他们的德也发挥出来了,那为什么不重用他呢?别人看来就认为太可惜,为这个人得不到重用而惋惜。

"可用汲",这个人可用之时,就是这个水可饮用之时。

3. 王明并受其福

"王明"是条件,"可用汲"的条件是君王必须是明君,而且还需要他委以重任。这就讲到用人了,如果你是人才,想得到重用,那必须要有眼光的领导看中你、重用你,委以重任才行。

所以《象传》中说:"井渫不食,行恻也;求王明,受福也。"这里"求"的意思为求贤若渴、求才若渴。但这里是"求王明",求希望,是渴望有好的明君、有识人的领导能够青睐他,重用他,将有德之人提拔重用。

> 六四,井甃,无咎。
> 《象》曰:井甃无咎,修井也。

1. 井甃,无咎

六四,阴居阴位。"甃",这是进一步修理井的井壁了。前面九三将井底的泥沙清除了,这里又进一步修井的井壁了,所以无咎。

2. 修井也

这说明还要进一步修井,引申为要继续修德,要进一步修行。

> 九五,井冽寒泉,食。
> 《象》曰:寒泉之食,中正也。

1. 井冽寒泉,食

"井冽寒泉",是指泉水已经出来了,而且是冽寒的。凡是水,尤其是浑浊的水,大家能看出寒的感觉吗?那当然不会。越是清亮的水越是给人一种寒的感觉。冽寒的感觉,就说明这个水非常的清亮、透明。这当然可以喝了。这就说明这个人才可以重用了,说明这个人才通过这种修德以后,真正可以发挥作用了。

2. 寒泉之食,中正也

只有这种井泉水才能食用。"寒泉",寒是指这种人的修养,他有非常深的内涵,表面上看不出一点温度,他热的不在表面,泉水本来是温的,冬暖夏凉。这个时候能看出这个修德之人的修养到了这个程度,他的功夫完全在内,而不在外。从他的外表看不出来，这才是真正高的境界。所以说得了中正，才真正得道了。

> 上六，井收勿幕，有孚元吉。
> 《象》曰：元吉在上，大成也。

1. 井收勿幕，有孚元吉

这里是指水汲上来。"幕"，是用盖子盖上，"勿幕"，是不需要盖上。这个水已经汲上来了，不需要盖子了，因为它不会被污染，它会自己沉淀自己，自己保养自己。凡是有这样厚德之人，他的德能自己维护自己。

"有孚元吉"，有孚即有诚信，因有厚德才称得上元吉，才一开始就吉祥。

2. 元吉在上，大成也

元吉在上，是在何处呢？为什么叫元吉在上呢？这个意思是，无论是初六还是九二，看起来两个地方都不食，虽然是能用，但没有受到重用，但在那个时候就隐藏了吉祥，因为那时在修德呀！明白有所不为，在积德。从何处积德呢？首先看，尽管这口井是旧井，但还是井，是"改邑不改井"之井，是"无丧无得"。有人会问，初六"旧井无禽，时舍也"不是失吗？不是，这"旧井"只是有损而已，它通过修复，逐步地得到邑人的认可，然后才会得到洌寒泉，得到中正。而且"勿幕"，无需盖上盖子了，因为这是井德。这样就会有最大的善行，也就有了大的吉祥。

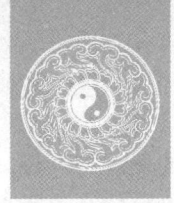

革卦 二女革命的智慧

一、卦名：革（泽火革）

《说文》曰："革，兽皮去其毛，革更之。"引申为改革、变革之义。革的制作方法是将兽皮上的毛去掉，然后制成革，那革怎么制呢？我们来看卦画。

二、卦画

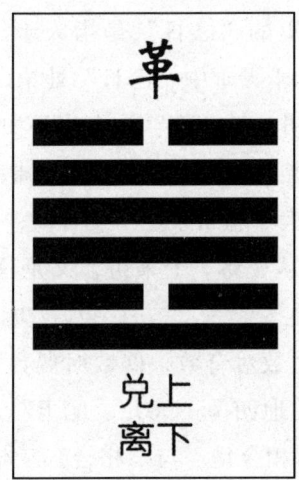

离下兑上，名泽火革。外卦为泽，内卦为火，就是先把这个皮革放到泽中浸泡，浸到一定时候，浸软了，再拿回室内放到火上去烤，烤到一定程度，这革就成功了。这是很抽象地讲一下制革的过程。这里革的主要意义是改革、变革。

人类发展史上有三次明显的变革，第一次变革就是人的直立行走，前肢被解放了，成为手。第二次变革是火的发现与利用，能够变生食为熟食。第三次变革是群婚制变为夫妻制，在那以前人只知其母亲，而不知其父。这是人类发展史上的三次变革，很明显的变革。本卦是从大处说，而我们又必须大中见小，从社会变革联系到个人的工作、创业等。

三、卦辞

> 革：己日乃孚，元亨，利贞，悔亡。
> 《彖》曰：革，水火相息，二女同居，其志不相得，曰革。己日乃孚，革而信之。文明以说，大亨以正，革而当，其悔乃亡。天地革而四时成，汤武革命，顺乎天而应乎人，革之时大矣哉！
> 《象》曰：泽中有火，革。君子以治历明时。

1. 己日乃孚，元亨，利贞，悔亡

"己"，有人认为是"祀"，我反复考证资料，认为还是"己日"较为合适。这里不是祭祀的日子，这里的"己日"是指天干。十天干：甲、乙、丙、丁、戊、己、庚、辛、壬、癸。十天干中"己日"处第六位，刚刚过半，这就正好转入第二个"五"。这里顺便讲一下"五"在古代是如何受重视的，如人身有五官、五脏、五指，手足都是五指（趾），这都是五。佛教里讲"合十"是双手合掌，就是二五相合，形成一个大千世界、一个宇宙、一个空间。"合十"又叫"合适"，为什么"合适"呢？从《易》上来讲，又是这个"五"重新排列，按佛教来讲是二五相合为宇宙，是按"一、二……八、九、十"来排列的。在《易经》里是重新排列的。它是"奇数对奇数，偶数对偶数"，奇数为阳，偶数为阴，所以是"天一、地二、天三、地四……天九、地十"。天为阳，地为阴。前面讲的阴与阳比才叫比应。按手掌相合是一与二相合，三与四相合……九与十相合。是为合十，合十则合适。

十天干，也有它的来历。《史记》解释：甲是万物被开甲壳、出壳、萌芽；乙是万物长得密密匝匝；丙是阳气显著而炳炳明亮；丁是万物丁壮；"戊与己"都没有记载，我们看后面的。庚是阴气生万物，前面丙与丁都是讲阳气，到庚的时候讲阴气，这可见已是由阳开始转阴了，所以它是刚刚过半，正好从阳到阴是一个变革的

过程，是一个转折点。所以"己日"可以看成变革之日，是变革的最佳时间。前面讲过"先甲三日，后甲三日"，还有"后庚三日"，这些都是时间概念。

"己日"，是有利于改革转变的最佳时机。"己日乃孚"，乃孚是讲有诚信。"元亨，利贞，悔亡"，这里又有四德，当然就"悔亡"了。

2. 革，水火相息

这是解释革的。在象辞中也有解释革的，是"泽中有火，革"。我们先看"泽中有火"，为什么是革呢？这革正好是一"息"的阶段，呼吸之间有"息"的阶段。泽中有火就是水也干了，火也熄了，双方都保持了平衡，但是这种平衡是短暂的，马上不是火上炎就是水浇下来，总有一方胜。水火相济能够保持一种平衡，但"泽中有火"那就必有一胜。不是火将水烧干，就是水将火浇灭。

这里"水火相息"是何意呢？就是"水火相济"，在既济卦中就是水火相济，是水在上。到了未济卦是水在下，就不相济。这里"水火相息"，我们将这"息"要搞清楚，是正好相济的那么一刹那。

3. 二女同居，其志不相得，曰革

这卦里正好是中女与少女，她们虽同居但志向不一样，要求也不一样，追求也不一样，为什么有变革呢？那两个志趣不合的人住在一起会没有变革吗？那肯定会有，所以"曰革"。"息"的这种短暂静态，会向两个极端转变，息是暂时的，马上会出现分化，不是这个极端发展，就是向另外一个极端发展。这里"水火相息"与"二女同居"，可以看出水火是异性的，二女是同性的，异性相吸、同性相斥，两个相反的中间有一个息的阶段。

如在电视连续剧《铁齿铜牙纪晓岚》中，乾隆皇帝就是利用忠臣、奸臣之间的水火不相容，有意让他们相峙而保持一种暂时的稳定状态，息就是暂时的一个相持阶段。

4. 己日乃孚，革而信之

利用这个时机己日变革，那就能得到拥护，这个"孚"是得到拥护与信任的。在必须变革的时刻变革，会取得天下人的信赖与支持。

5. 文明以说

上面"己日乃孚"，讲到了"元"，己日中有"元"的含义。"文明以说

（悦）"，就讲到了"利"，因为有喜悦，那当然是得利才得悦了，"文明"是文明倡扬于天下，就是一种革故鼎新，那当然是得利的。

6. 大亨以正

这里既解释了"亨"，又解释了"正"，但实际上是互相解释的。为什么互为解释呢？"亨"解释"贞"，"贞"又解释"亨"。因为只有大亨才是正固的，因为"正"所以才能大亨。这里我就不多举例子了，在古文中经常会出现互为解释的例子，古时不像现在印刷技术这么发达，语言要非常精炼，这当然也是其深奥之所在。

7. 革而当，其悔乃亡

这里既然有四德，而且有诚信，为什么还有悔呢？这个悔又是怎么消失的呢？有悔这是很明显的，变革不是没有风险，而是风险很大，变革是没有前人作榜样或者模式让你模仿，如果有模式让你模仿的话那就不叫变革了。这个变革是没有模式模仿的，变革是肯定有风险的，那就当然有"悔"。那为什么又"悔亡"了（消除了）呢？因为它是在变革，是朝好的方向变，而且这时也是必须变革的时机，如果不变革的话那才叫真正"有悔"。所以只要大胆去变革，朝一个正确的方向努力，即使"有悔"也是会消失的。

8. 天地革而四时成，汤武革命，顺乎天而应乎人，革之时大矣哉

天地也会有变革，一年四季都在变，天天变、时时变、分分秒秒都在变。"汤武革命"，是指商汤王推翻了夏桀的残暴统治；"武"，是指周武王推翻了殷纣王的残暴统治。他们的革命是顺乎天意，也是顺乎民意的。所以是"革之时大矣哉"，革命的时机大矣哉，也就是"已日大矣哉"。后世"革命"一词就出自这里。

9. 君子以治历明时

所以君子要研究历法，二十四节气就是历法，天干、地支都是历法。"明时"，以此来明确时间季节，这个不是一般的时间，是指时序、时令、时气、时节、时机。农民种庄稼如果不懂时节的话就会乱套，一个国家也要根据这些来计划安排大事。

四、爻辞

> 初九，巩用黄牛之革。
> 《象》曰：巩用黄牛，不可以有为也。

1. 巩用黄牛之革

初九，阳居阳位。"巩用"，巩是巩固、牢固之义。"黄牛之革"，在遁卦中有："执之用黄牛之革，莫之胜说。"这黄牛之革是指用黄牛皮制成的皮革。这里就是用黄牛皮制的皮革来捆缚。

2. 巩用黄牛，不可以有为也

这是什么意思呢？因为是初九，阳居阳位，有些急躁。这个时候必须用黄牛皮革制成的绳子系住，不牢牢地系住就会"有所为"。这里不可以"有为"，实际上不是说不要为，而是说不能"先迷"，这就是卦辞里讲的"己日"未到，这里不能违背了。"己日"是变革的有利时机，"己日"未到，绝对不能先动。在历史上有这样的例子，有的忠臣策划剪除那些邪恶势力，结果没有抓住时机，过早动了手，结果事情败露，而招致失败。所以这"不可以有为也"，是说变革必须抓住时机，时机没成熟就不能盲动。变革要迈好第一步，关键是把握住有利时机。

> 六二，己日乃革之，征吉，无咎。
> 《象》曰：己日革之，行有嘉也。

1. 己日乃革之，征吉，无咎

六二，阴居阴位，又中又正，这是好时机。"己日乃革之"，这个变革的时机到了，可以采取行动了。"征吉"，这里可以有所为了，是吉祥的，不会有过错。

2. 己日革之，行有嘉也

变革的时机到了，及时进行变革，那就有"嘉"了。这里的嘉不仅仅是指有嘉奖，"利者嘉之会也"，就是有利了，有嘉是有利了，有大利。

> 九三，征凶，贞厉。革言三就，有孚。
> 《象》曰：革言三就，又何之矣。

1. 征凶，贞厉

初九，阳居阳位，刚过了，六二是抓住了时机；九三虽然抓住了时机，但行动却不能过。初九、六二强调变革的时机，九三强调变革的步骤和行动。说明行也不能过火，不可以乱行。时间的火候、行动的火候都要把握好。否则，征凶，贞厉。

2. 革言三就，有孚

这里"三"是指什么？好多书上的解释都不一样。我们来看卦画。九三、九四、九五正好是三个阳爻，上面正好是兑卦，兑卦就是言，言是指议论、讨论、计划。大家通过反复讨论。"有孚"，这样就能得到众人的相信了，能得到众人的拥护了。因为这是"革言三就"，为了这个变革讨论了三次，才采取行动，又是"成功了"的意思。这一个"就"有两个过程，是行动和成功两个过程，是一个连动词。所以"有孚"是得到信任，成功了。

3. 革言三就，又何之矣

已经"革言三就"了，那又何来的凶和厉呢？当然没有凶与厉了。这里就讲到变革要抓住最佳时机，变革也要三思而行，不能轻举妄动。

> 九四，悔亡，有孚改命，吉。
> 《象》曰：改命之吉，信志也。

1. 九四，悔亡，有孚改命，吉

九四，阳居阴位，虽然是有点刚、有点悔、有点过，不过没有问题，是居阴位，刚柔相济。"有孚改命"，这里是叫"改命"，是吉祥的。看看象辞。

2. 改命之吉，信志也

前面九三已经是"革言三就了"，"就"，即已经成功了。那现在又"有孚改命"，为什么？实际上是说现在将过去的革掉了、推翻了，但后面就要重新建立新的规章制度、新的纲纪了。不破不立，破了那就要立。立不能新瓶装旧酒，就是要变、要改，所以革就有改与变的双重意思，同时又讲了一个破与立的关系。所以"信志也"，如果只破，只变，但是没有立起来，那志向能得到发扬吗？目的达到了吗？本来去旧不就是为了迎新吗？如果不改、不立新的话，那前面的计划不就没有得到发扬吗？不也就没有实现吗？变革不也就是半途而废了吗？

> 九五，大人虎变，未占有孚。
> 《象》曰：大人虎变，其文炳也。

1. 大人虎变

九五，是九五之尊，是尊位。这里讲虎变，是指大人、改革成功的人。虎有虎威，百兽之王。

《象传》中说："大人虎变，其文炳也。""炳"是刚才讲的，是甲乙丙丁的丙，阳气显著而炳炳明亮。这也是讲到它这种变革，有透明度，而且是旗帜鲜明的，是得到大家拥护的。

2. 未占有孚

这里就是元孚，不需要预测，这都是有孚、有诚信的，是能得到拥护的。为什么呢？因为是虎变，虎变是指树立了威望。变革实践证明是成功的，所以变革者的威望提高了。有了威望那当然就是阳气显著而炳炳明亮了。

> 上六，君子豹变，小人革面。征凶，居贞吉。
> 《象》曰：君子豹变，其文蔚也；小人革面，顺以从君也。

1. 君子豹变

上六，阴居阴位，这里讲到君子，上面是大人，是从虎变到豹变，这是有区别的。豹与虎不同，豹比虎小，豹比虎猛，但它的威没有虎的威大。从来没有谁讲豹是兽中之王，豹子头上没"王"字。

君子豹变，实际是指"大人虎变"了，君子也一样跟着变，只不过君子之变意义小一点。而且小人也跟着变，他是革面，有个词是"洗心革面"，就是重新有个新的面貌。

2. 征凶，居贞吉

征与居是相对应的，凶与吉是相对应的。征是行动，居是静，居是居在家中，不行动。居又是居在正固上，那就会吉祥。征，到了上爻不要去行动了，不要再去革了。如果还有所革的话那就会有凶了，说明改革也不能过火。

3. 小人革面

九五的虎变和上六的豹变有什么样的区别？有什么样的转化？前面是指革社会的命，到了上六革到自己头上来了，虎变成了豹变，面也要革了，当然心也会革。因为是"其文蔚也"，"文"是其德行蔚然成风了。不仅仅是一个人的问题，而且处处都有种新的风貌。

4. 小人革面，顺以从君也

"顺"，是听从君命，这是一个很大的区别。如果这里没有将这点找出来，那就遗憾了。因为前面是革社会的命，但只革社会的命而不革自己的命，那是不对的。这里就是先革了人家的命，革了社会的命，都成功了，要升的也得升了，要实现的也实现了，这时就应该静下来革自己的命了，这就是居贞了，这就可得吉祥了。

例如社会公共卫生体系建立了，但落实到每个社会成员身上，还要改变个人的不良卫生习惯，人人"从我做起，从小事做起"。

鼎卦　木上有火的智慧

一、卦名：鼎（火风鼎）

甲骨文和金文里的"鼎"字就像一口大锅。

《说文》曰："鼎，三足两耳，和五味之宝器也。昔禹收九牧之金，铸鼎荆山之下，入山林川泽，螭魅蝄蜽，莫能逢之，以协承天休。"故"鼎"字是鼎器的象形字。

当年禹铸九鼎象征九州，为传国宝器，作为政权的象征。汤王革命，鼎迁于商；武王革命，又迁鼎于周。这是《史记·孝武本纪》中记载的。

因为鼎原为烹饪之器，有变故革新的功能；又因为革命迁鼎乃革新之事，故又有革新之义。伏羲故里的大地湾文化遗址中，不但出土了陶鼎，还有三足钵、三足罐，这些都是家庭熬煮食物的炊具。特别是F901号遗址，还有大型的四足鼎，用于部落集会、祭祀活动时集餐之用。

二、卦画

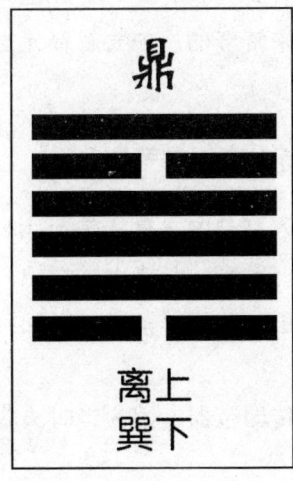

鼎卦，巽下离上，名火风鼎。

从鼎卦的卦画上，能看出它只有两个阴爻，有四个阳爻，两卦都是阴卦。下经卦是长女，上经卦是中女。

看看象辞是怎么解释的。

《象传》中说："木上有火，鼎。"巽卦是属木的，木上有火，实际上是巽上有火。这一句话又怎么理解鼎？说明鼎的本意是从卦画上来的，你看，下面是木柴，木柴上升火。升起火来干吗？煮鼎中之食。

在《象传》里也有解释，"鼎，象也"。象，是取鼎之象。它不是抽象地来取一个概念性的东西，而是大鼎的形象。所以，鼎字是象形字。

那么，用鼎为卦名，它也取了这个象形。所以，接着又讲"以木巽火，亨饪也"。以木巽火，还是讲这个意思，是起烹饪的作用。

三、卦辞

> 鼎：元吉，亨。
> 《彖》曰：鼎，象也。以木巽火，亨饪也。圣人亨以享上帝，而大亨以养圣贤。巽而耳目聪明，柔进而上行，得中而应乎刚，是以元亨。
> 《象》曰：木上有火，鼎。君子以正位凝命。

1. 鼎，元吉，亨

我们不妨来回忆一下大有卦，大有卦的卦辞也只有"元亨"两个字。

我们主要看象辞是怎样来解释的。先要解释元吉。从哪个地方能看出它是大吉大利，是亨通？

2. 圣人亨以享上帝，而大亨以养圣贤

这两句话是并列的。圣人烹鼎中之食，是干什么？是祭祀上帝。上帝，应该是指先帝和先祖，也指上苍。大亨，是指大的祭祀。天子烹饪是做什么？是滋养圣贤的。这里面就有多重意思，除了养圣贤，又回到鼎作为国家的传国宝器这个意思上来了。

为什么说是作为国家的传国宝器？因为当时禹收集九州的金属铸了这么一个

九足大鼎，在鼎上篆刻上了纲纪，这样一代一代往下传。这个鼎肯定不是作为烹饪的功用，而是作为国家的一种政权的象征了。所以，在祭祀的时候，用它来象征性地煮一些吉祥的食物，这样来祭祀上苍、先帝、先祖。同时，祭祀过后还要集体分享，让受到嘉奖的圣贤都来共同享用，也是一种鼓励吧。

3. 巽而耳目聪明

"巽"，这里指谦逊的意思。取谦逊之义，当然指耳目聪明。鼎是由巽卦和离卦组成，它取了这两卦的卦德，不仅仅是卦画。下面好像不仅仅是指升火，上面好像有一口锅，锅中有食物；下面是一个鼎两只脚，下面的阴爻就像鼎的足一样。同时，主要取了卦德之义。

4. 柔进而上行，得中而应乎刚，是以元亨

这里解释了元亨。两个柔爻，初位和五位。初位是柔爻，然后它又上升到五位，为柔进而上行。"中"，指六五，它上升到五位这个上经卦的中位，又怎么样？哦，它得中了。初爻不得正，五爻虽不得正，但得中，同时它应乎刚，与九二相应。九二是刚，应乎刚，所以元亨。柔进而上行与巽而耳目聪明是一致的。

这里，将元亨解释了，当然还有一个"吉"字，象辞里没有吉字。是卦辞里多了一个吉字，还是象辞里漏了一个吉字？这里且不管它。

5. 君子以正位凝命

象辞最后还有一句："君子以正位凝命。""凝"，是凝聚，实际上有静的意思。凝字与鼎字是相应的。"鼎"，是鼎立，它是一个静止的状态，立嘛，三足的力量凝聚起来后就能立。

刚才讲到大有卦里的卦辞与本卦卦辞相似。但本卦象辞里比大有卦的象辞又多了一个东西，大有卦中讲"休命"，这里是讲"凝命"，讲的虽都是天命，但"凝命"所讲的就是立命，回到鼎立这一层意思上。我经常讲人要安身，必先立命。命立然后才能安身，命未立，身是不得安的。

这里，还要注意"正位"二字，前面讲的"得中而应乎刚"，中，得中位，也就是回答了一个柔为什么要上行，上行到五位。因它就是为了得中，因为初六不正也不中，它上到五位，得中，这个位置很重要。像企业在市场上也要占领制高点，也要占领一定的位置。所以，这个位很重要。

6. 正位凝命

这就可见必须先正位，然后凝命。凝命与正位是联系起来说的。我们要很好地体会安身立命的意义，命要立在正位上，安身也要安在正位上。

我们来看鼎卦和革卦有什么区别，区别在于先后次序。革卦先由静到动，为什么说是先由静到动？这当然是相对而言，开始好像是太平盛世，但是时间一长，局面已经跟不上新的形势了，也就像马克思在政治经济学里所讲的，生产关系发展到一定时候，就会阻碍生产力的发展，这个时候就必须要革命。革命以后就要建立新的生产关系，建立了新的生产关系，就是鼎。鼎是先动而后静，革是先静而后动。这就是说，变革以后就必须建立一套新的生产关系，这就是变革以后的这么一个过程。所以，革卦以后，接着就是鼎卦，因此这里讲到了"正位凝命"。

"正位凝命"，实际上就是由静到动、由动到静的这么一个过程。在这个过程中，你要找到自己的正位，变革就是找到自己的正位。

四、爻辞

> 初六，鼎颠趾，利出否。得妾以其子，无咎。
> 《象》曰：鼎颠趾，未悖也。利出否，以从贵也。

1. 鼎颠趾

初六，阴居阳位。位置还是很硬朗的，基础还是挺好的，但是这个鼎足柔了点。不过，柔中还有刚。

"鼎颠趾"，"趾"，指脚。"颠"，刚才讲脚好像柔了点，所以颠覆过来了。颠覆过来，应该不是好事，是咎，甚至是凶。大鼎是传国之宝，现在颠倒了。是趾的问题吗？是鼎足的问题吗？不是，往下看。

2. 利出否

"否"是污浊之物。比如炒菜，炒菜后要把锅洗一洗，炒菜前也要洗一洗，洗锅时要将脏水倒掉。"利出否"，原来是为了将鼎倾覆过来，不是鼎足出了问题，而是需要这样，将里面的脏物清除掉。这是清除污物，后面接着又来了一个比喻。

3. 得妾以其子，无咎

好像一名男子得了一妾，本来得妾，家中人不高兴，闹得不愉快。但是，她生了一个儿子，这样一来，大家都皆大欢喜。妾与妻相比较，一贵一贱，妾是贱的意思。子，又是贵。一贱一贵，这么比喻的。

另外，还有一个比较，前面"颠趾"，这种事好像不正常；但是，"利出否"，好像又正常。后面得妾不正常，得子又正常。所以，一爻有两种情景。后面又进一步来说明前面的意思，所以无咎。

4. 鼎颠趾，未悖也。利出否，以从贵也

"未悖"，它没有违反这个常理，这是正常的。

"利出否，以从贵也。"前面是为了利出否，后面是为了生儿子，娶妾就是为了生儿子，从贵嘛。当然，这只是一种比喻。

这个比喻的是什么？刚才讲到变革，把过去的种种都打破了，把那些旧的制度和习气都砸烂了。有人认为这么做值得吗？好像很不正常。把一些既定的程式化的东西都打乱了，那么这样是正常的吗？是正常的。正常就是第一个例子，为了把一些不利于社会发展的东西、阻碍生产力发展的弊端革除掉。革掉，不就是出否吗？还有一个作用，以从贵，追求新的发展，破除了旧的，还要立新的，新则为贵。象征的意思就是这个。如果不把这个与前面的革卦联系起来，这里仅仅只讲这两件事，就显得太小气了。《易经》的特点，就是从大处着眼、小处着手，道理讲得非常大。但是，举的例子非常小，而且很有趣味，甚至于引人发笑，很有文学色彩。

九二，鼎有实，我仇有疾，不我能即，吉。

《象》曰：鼎有实，慎所之也。我仇有疾，终无尤也。

---

1. 鼎有实

"实"，从象上能看出来，九二，居中又是刚爻，相当于一个鼎。"有实"，是阳爻。阳为实，阴为虚。"鼎有实"，就是解释这个阳爻爻象的，非常像。

2. 我仇有疾

"仇",有人解释为逑,君子好逑呀。我反复比较,认为还是"仇"字比较合适。当然,这个"仇"字不能狭义地理解为我的仇人,不是。就是说与我意见不合的人,或者是站在对立面的人,还有一种是指对我不理解的人,都划分在"仇"这个范畴里面。"疾",加一个"女"字旁,为嫉妒的"嫉"。嫉妒什么?嫉妒柔中得刚、鼎中有实。这个实为什么会引起像仇恨一样的嫉妒心?实,是指这个人,他有真才实学,有真本事,而且他是有道德涵养的真才实学。凡是真才实学都得有道德涵养,不然的话,谈不上真才实学。真才实学遭到了嫉妒,所以有些不理解的人,也跟着一起嫉妒。

3. 不我能即,吉

九二是柔中得刚、刚柔相济,而且是巽卦的中位,有谦逊之德。无论你怎么样嫉妒我,我仍然不改变我的谦逊之德,也不怨恨你。所以,你的嫉妒与我无关,你也伤害不了我。这些东西好像若即若离,你嫉妒你的,我还是我,我行我素,所以吉祥。

4. 鼎有实,慎所之也

"慎",指慎重、谨慎。为什么能谨慎?因为你有谦逊之德。为什么要谨慎?因为你有真才实学,容易招致他人嫉妒。

5. 我仇有疾,终无尤也

最终还是没有尤怨。为什么没有尤怨?因为你不去尤怨他人。人家嫉妒你,你不尤怨人,所以你也就不会招惹尤怨。

首先要由我不尤怨他人的嫉妒作为因,然后就有吉祥。"终无尤",是这个果。

> 九三,鼎耳革,其行塞,雉膏不食。方雨,亏悔,终吉。
> 《象》曰:鼎耳革,失其义也。

1. 鼎耳革,其行塞

九三,阳居阳位。变革变到鼎耳上去了,鼎耳是鼎很关键的部位。为什么?

如果没有耳,想将鼎内的食物倒出来,操作上就很难办到。

变革有两种:一种是向好的方向变革;一种是向坏的方向变革。这里,从"其行塞"中看,如果没变好,可能会变坏。所以,操作起来有障碍了。"其行塞",就是指操作起来有障碍。

2. 雉膏不食

尽管里面烹饪了山鸡等美味佳肴,但是还没法去品尝、饱食它。当然,这个障碍不是一般的障碍了。

3. 方雨,亏悔,终吉

"雨"是什么意思?如果从卦象上看,看不出有雨。那雨是从哪儿来的?我们来看三爻。三爻是处于上、下经卦的交界处,实际上也就是矛盾转化的交界处。所以,如果把它变一下,变成阴爻,与上面四、五爻连起来,正好是一个坎卦,坎卦为雨。"方",指变,正好我这个位置能变,一变就为雨。从这里可以看出,刚才没有鼎耳吃不着呀,可能太烫了,倒不出来。那么,雨水一浇,"亏悔"了。亏悔,是消损,消损了这个悔。这么好的东西不能食,不就是悔吗?但是,有雨将热量消损了,所以最终还是吉祥。

4. 鼎耳革,失其义也

"义",指规则。为什么它这么变革没有变好呢?为什么变得有悔了呢?因为它违背了操作规则。如果联系到人才的话,就是说一个人才想受到重用、想发挥自己的才干,也不能乱来,必须正常地发挥。如果不能正常发挥,乱来一通的话,也会适得其反。所以,还要按照规则变革。

> 九四,鼎折足,覆公悚,其形渥,凶。
> 《象》曰:覆公悚,信如何也。

1. 鼎折足

九四,阳居阴位。与刚才阳居阳位不同的地方,是刚中得柔;相同的地方,是它们俩都处在矛盾转化的位置。好在九四已经到了上经卦。

"鼎折足",从何说起?这是说与它相应的初爻。初爻不是说"颠趾"吗?这个阳爻虽然在阴位上,但它毕竟是很刚强的。它与初六相应,当然要去帮忙,但结果帮忙帮得过了点，使鼎足折断了。

2. 覆公铢

"铢"，指美味佳肴，或指祭祀的美味佳肴，而且是做给王公吃的，不仅仅是供侯王，连国王都一起享用。"覆"，指倾翻，这里是鼎中的佳肴倾翻了。

3. 其形渥

"渥"，是指龌龊，指行为龌龊、非常可恶，这种行为是种罪过。刚才仅仅是有悔而已，这里是有罪了，为什么？他得罪了王公，也就是说触犯了王法，因为他倾倒了王公的美食、触犯了王法，当然是有凶。他这种行为当然是龌龊的，所以这里用了一个"渥"。

4. 覆公铢，信如何也

"信"是指什么？我们把九四这一爻与卦画联起来看，它是在上经卦离卦的下一爻。离，象征光明，但是它必须依附于一物，所以它有依附性。既然有依附性，就必须讲诚信，没有诚信就谈不上依附。依附谁？无论是依附者还是被依附者，双方都应该有诚信才能接受。凡是愿意依附的，都有一个信字。

六五，鼎黄耳金铉，利贞。
《象》曰：鼎黄耳，中以为实也。

---

1. 鼎黄耳金铉，利贞

六五是本卦上经卦的一个阴爻，比初六阴爻好得多，而且得中，还有刚应，得到九二的支持，九二能鼎力相助。

"鼎黄耳"，与前面的耳不同了，是吉祥。"中"，是吉祥之德。特别在《易经》里"中"比"正"还好。所以，这个耳是金铉。"铉"又是指什么？实际上还是指耳，也可能是指穿在耳上的杠，或者是器具，能够把它顶起来，或者扛起来，能搬动它，所以"利贞"。

这里讲到金铉、黄耳，实际上是指鼎已经立起来了，已经起到大作用了。

2. 鼎黄耳，中以为实也

这里又讲到实。本来六五是阴居阳位，柔居刚位，没有阳爻，哪儿有实？这个实是从哪儿来的？表面上看，无实可说。但是"中以为实"，这个中就是实。中是最大的德，德就是实。其他卦里都讲到中，为什么不讲实？所以，这个地方把中德与真才实学联系起来了，就是刚才讲的，真才实学必须要有德的涵养。这里不但有德的涵养，还经过了一番磨炼和实践，证明它已经能担当大任了，所以"利贞"。

> 上九，鼎玉铉，大吉，无不利。
> 《象》曰：玉铉在上，刚柔节也。

1. 鼎玉铉，大吉，无不利

玉与上面的金相比而言，孰贵孰贱？其实金和玉都是珍贵的，只不过金显得珍贵一点，玉显得柔一点。但是，这里没有区别金和玉。那为什么要用金和玉来讲铉？这个区别在于人才发挥的过程，铉就是起这个作用的。金子是闪光的，非常醒目，一开始鼎起来的时候，当然名声也好、功绩也好，都是非常显耀的；但是过一段时期以后，这个作用就显得非常实在，但并不是那么显耀了，你自己也不需要那么去显耀，应该实实在在鼎起来了，所以大吉。上面没有讲到吉，只讲到利贞；这里讲到大吉，无不利。

2. 玉铉在上，刚柔节也

"刚柔节"，就是刚柔相济。六五和上九，就是阴阳相济。

玉铉在上，上九不在上位吗？玉铉在哪个上面？怎么去理解？这个时候铉的作用，它所鼎立的、所担当的，不是一般的责任和重任，而是居于上位者的重任。所以，玉铉为什么能居上？一般是最后一爻，而且是阳爻，应该是盛极必衰的位置，它还能在这个位置上得到大的吉祥。所以，后面讲"刚柔节也"，不然的话，"刚柔节"就不需要说了。刚柔节的意思是讲它与其他爻不同，就是因为它节制得相当好。

我们能看到鼎卦与大有卦的相通之处，可以自己比较一下。

"鼎"是鼎立，人才是怎么鼎起来，立起来的？这里最后点题，像写作文一样，"刚柔节也"。

震卦 笑声哑哑的智慧

一、卦名：震

《说文》曰："震，劈历，振物者。"段玉裁《说文解字注》曰："疾雷之名。"
《序卦传》曰："主器者莫若长子，故受之以震。震者，动也。"

二、卦画

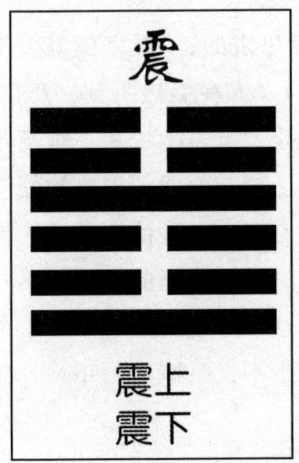

震卦，震下震上，一阳生于二阴之下，动而上进，有震动之象，故为震。震亦即动，动而不曰动而曰震，是由于震不仅有动而且有惊惧之义，震且有雷的震惊之象。

三、卦辞

> 震：亨。震来虩虩，笑言哑哑。震惊百里，不丧匕鬯。
> 《彖》曰：震，亨。震来虩虩，恐致福也；笑言哑哑，后有则也。震惊百里，惊远而惧迩也。不丧匕鬯，出可以守宗庙社稷，以为祭主也。
> 《象》曰：洊雷，震。君子以恐惧修省。

1. 震：亨

震为卦名，可见这一卦主要是讲震的，也就少不了惊惧的感觉，大家听的时候也少不了惊惧，也要做好心理准备。现在我们就回到原文。

"震，亨"，因为震而动，动而通畅，所以是亨通。《象传》中说："洊雷，震。""洊"，是一个接一个的，重复的意思。这里本身就是两个震卦相重。只要是打雷，往往是一阵雷接着一阵雷，雷声是轰轰隆隆的，雷的出现是一阵一阵的。可见这个震的意义非同一般。

2. 震来虩虩，笑言哑哑

在象辞里又重复了卦辞里讲的，"震来虩虩，笑言哑哑"。"虩虩"，是恐惧惊愕的样子；"顾"是四下看。人在突然听到一声巨响之时，都会是一种恐惧惊愕的样子，这个场面过后就是"笑言哑哑"。"哑哑"是象声词，形容言笑自如的声音，这言笑的声音很坦然。这与前面"震来虩虩"正好是两种相反的情景、两种心态，前面是一种恐惧的心态、一种惊慌失措的神态，这里又变得很自如、很坦然，若无其事，而且谈笑风生。这里前后两种不同的心态与神态，就像看电视剧一样，一下展开主题了。这一卦主要是讲心态、讲心理、讲心境的，两种心境的对照。说明这一卦后面就少不了一惊、一吓、一笑。

3. 震惊百里，不丧匕鬯

过去天子封侯是以百里为一封，当时的一里与现在的一华里可能有差别。"不丧匕鬯"，"匕"，是一种祭祀的器具；"鬯"，是祭祀用的一种香，就像一个香炉里点了香一样；"不丧"，是指百里以内虽然受到震动，受到了震惊，但祭祀活动还没有停止，还是照常。

4. 恐致福也

恐惧造成的后果，不是灾难吗？不是。是祸吗？也不是。是什么呢？是后福。为什么呢？看下面。

5. 后有则也

"笑言哑哑，后有则也；震惊百里，惊远而惧迩也。"这就是说，这个恐惧虽然是偶然的，震动虽然是巨大的，但是它是正常的，不是恶性的，而是良性的。自己马上就会恢复平常心，就会使自己明白这是自然规律，明白这是一种规则，明白这是自然法则。同时"惊远而惧迩也"，远近都被震动了。"迩"是指近，这个迩一下就拉到了自己身上，这不仅仅是言笑而已了，是指你又受到了一次震惊，在受震惊之后你会使自己诚惶诚恐。这"诚惶诚恐"与"惶惶不可终日"有区别。"惶惶不可终日"是指某人犯了大的罪过，处在提心吊胆的状态中。诚惶诚恐是一种谨慎、一种谦逊、一种为人处事的心态。所以"恐致福"，福从哪里来？是从"后有则也"来的，明白了自然法则，就从这个"惧迩"而来，使自己受了震惊，使自己再一次反省自己，自己还有些浮躁的时候，还有些不注意而越位的时候，突然猛地醒悟过来，知道要守住自己的位、守住自己的正、守住自己的中、守住自己的德，诚惶诚恐、如履薄冰。这样当然就有后福了。这个恐惧带来的是这样的一种结果。这里不仅仅是对一个人的心态进行了生动描写，这种人的心态的变化过程，也是一个人的心理修养过程。这个震动也不仅仅是一个雷的震动，更是一种心灵的震动。

如我在一次旅途中看到一次非常惨烈的车祸，现场的目击者都受到了很大的震动，可以说每个人回到车上的时候都是同样的感受，都在思考。那位开车的司机抓住方向盘，更是显得谨慎多了，目光紧盯住前方，一脸的严肃。每一个人在平时的为人处事方面也就都谨慎了。一开始不怎么友好的两个人，也开始友好起来了。可能每一个经历过这种事情的人都有同样的感觉。唐山大地震后，只要是幸存者，过去即便是仇人，也都成了朋友。这是一个简单的例子，这里面的意义是很深的。

6. 出可以守宗庙社稷，以为祭主也

这里"出"是指谁出？这里又出现了一个人物，我们从震卦来看，震卦是长男，这是谁呢？天子之下有太子、有继位的，当然继位的不一定非指长男，不过这里是具有代表性的。这就是说，这个时候使天下震惊的是天子驾崩了，这是一个非常大的事，先帝驾崩之后，就是这位长男继以重任了，要担当守宗庙社稷的

大任了。"社稷"是指江山，"社"是指"土神"，现在有些农村还有，就是一些小土地庙，名为社。这也是最基层的行政单位。"以为祭主也"，祭主实际上也为一国之主，谈到社稷就是指江山了。

7. 君子以恐惧修省

君子在恐惧中得到了反省，得到了修行，所以能够在恐惧中修行反省的人，他就可以出任祭主，能够担当大任。这里我们可以联系为人处事的道理，联系工作中的事来慢慢体会。

四、爻辞

> 初九，震来虩虩，后笑言哑哑，吉。
> 《象》曰：震来虩虩，恐致福也。笑言哑哑，后有则也。

1. 初九，吉

这里与卦辞、象辞基本上相同。在六十四卦中，这一卦是特殊的。唯有这一卦，初爻的爻辞、象辞，与卦辞、象辞都基本相同，在爻辞里加了一个"后"，加了一个"吉"，后是指时间，说明一个过程。"吉"，是断词。

2. 后有则也

初九是震的开始，而且在两震卦中是震主，上一个震卦唯一的阳爻在四爻，是阳居柔位上，这里初九是阳居阳位。震动就是要居阳位。而九四是柔位，那怎么震动也震动不起来，那个震动力度就小了。初九的震动力度大，而且是初次震动，往往第一声炮响与第二声炮响，即使是同样的声响，第二次的炮响给人的震惊肯定比第一次要小，所以初九是主要的。所以爻辞与卦辞基本是相同的，也就是说，这一卦的主要意思就在初爻里面，初九所包含的意思就是这一卦的意思。所以它的意思与卦辞、象辞基本一样，这就不需要多讲了。

> 六二，震来厉，亿丧贝，跻于九陵，勿逐，七日得。
> 《象》曰：震来厉，乘刚也。

1. 六二

六二，阴居阴位，得中正之位，但是它的震动同样不小。因为它本身就是震，而且是刚刚初九震了之后，再震，那力量肯定不小。但这是柔居柔位，这里所接受震动的人，他的心理承受能力要差一些。如果是刚居刚位，这个承受能力要好一些。

2. 震来厉，亿丧贝，跻于九陵，勿逐，七日得

这里感到"厉""亿丧贝"。"亿"是一个叹词——"咦"，感叹什么呢？是为丧失了这么多钱（贝）而感叹。这么多钱都丧失了、都放弃了，升到九陵之上了。为什么呢？是因为逃避、躲避、回避。尽管这么多钱都丧失了，不过不要去追逐它，还是回避吧，登上九陵的安全地带吧。没有问题，七日后还会失而复得。在复卦中有一个"七日来复"，这个大家可以回顾一下，这里就不重复了。

3. 震来厉，乘刚也

为什么这次震动感到那么剧烈？有那么大的危害吗？因为这一爻是乘刚，初九是刚爻，这一爻为柔爻，柔乘在刚上，一个柔居柔位的柔乘在刚爻上能乘得住吗？哪能不惊慌、不感到危险呀？这个初九可不是一般的初九，它是一个震动性的初九。所以六二骑在它身上，当然感到非常剧烈。这是指六二所感受的心态。

> 六三，震苏苏，震行无眚。
> 《象》曰：震苏苏，位不当也。

1. 震苏苏

"苏苏"有人解释为"嗦嗦"，也是打战的意思，指恐惧不安。六三与六二相比都是阴爻，但六二要好一点，它是居中位、居柔位上。六三居在阳位上，所以尽管它离震区要远一点，但它受到的惊吓不会小于六二。原因是这个位置像战场上的开阔地，没有掩体。

2. 震行无眚

《象传》中说："位不当也。"正因为位不当，才带来这种"苏苏"的感觉，但上面又讲"震行无眚"。眚是什么意思？眚是过错、过失。"震行无眚"，就是没

有过失。是谁没有过失呢？是震动没有过失，还是苏苏者没有过失呢？"震行无眚"，是指这个震动没有过失，它还是良性的，不是恶性的，只不过是"苏苏"者位不当而已，是所处的环境位置不当。这个位置，我们应再深一层地解释，引申为人的心态，只是心态不当而已。这个位是讲心态，这是对位的解释，与其他地方不同。

> 九四，震遂泥。
> 《象》曰：震遂泥，未光也。

1. 震遂泥

九四，阳居阴位，震动后，被吓得掉到泥地上去了，这震动也是挺大的。为什么会出现这种情况呢？看象辞。

2. 震遂泥，未光也

"遂"即隧，这里又为坠，"遂泥"即坠泥。是什么"未光"呢？什么没有普施，什么未光大呢？其实这里省略了。"未光"是指前面象辞里讲的修省者，就是说这个修省者功夫还不到位。这个未光与前面讲的未光不同，不能将它们看成一个意思。这里被震后而被吓得坠到泥地上，是因居在柔位上，说明修行反省的功夫还不够。

> 六五，震往来厉，亿无丧，有事。
> 《象》曰：震往来厉，危行也。其事在中，大无丧也。

1. 震往来厉，亿无丧

六五，阴居阳位，这个震有它的特点，它不正但居中，这个震是"往来厉"，是来来往往的。"亿"是赞叹词"噫"，这里与前面不同，前面是"丧贝"，这是无丧，没有什么损失。六二损失是因为离震源很近，而且是初震，没有任何准备。尽管六二是中位，六五也是中位，是两个震卦的中位，但六二有丧失，而六五没有丧失，原因就是前面是初次震动，没有思想准备，而且离初次震动的震源太近了。而这次有了思想准备，而且九四的震动力度不大。再一个，六五的位置比六二的位置要好。

2. 有事

"有事",是指祭事,"有事"是一个特殊的词,不能当有事、无事这样去理解,它是古文里很特殊的一个词。"有事"只不过是一个代表,就是指祭祀这件事,有人习惯地称其为"有事"。这里之所以祭祀,是因为"无丧",没有损失。

3. 震往来厉,危行也

来来往往的震动有危厉,而且运行也很危险。

4. 其事在中

"其事",是指祭祀。"在中",六五是中,六二也是中,这里有中德。中德包含得非常广泛,这里还是指心态。这种心态已经很成熟了,不像六二那么脆弱。现在经过了"丧贝""震苏苏",又经过了"遂泥"等种种磨炼以后,它已经很成熟了,意志很坚强了,心态也很平稳了。所以说"其事在中"。"其事"虽指祭祀,不过这里也是象征性的,象征天德,天的意志、天命。用现在的话讲就是心中已有"定盘星"了,再也不怕了。

5. 大无丧也

这个"大"要单独来读,那么六二的"亿"与六五的"亿"都成为"大"了,这两个"亿"是指赞叹。前面的"亿"是为突然震动而赞叹,后一个是"嘘"了一口气的赞叹,感到庆幸,而且很轻松。这里的"大"是指成熟了、壮大了。无丧也没有损失了,心态再不会受到伤害了。

> 上六,震索索,视矍矍,征凶。震不于其躬,于其邻,无咎。婚媾有言。
> 《象》曰:震索索,中未得也;虽凶无咎,畏邻戒也。

1. 震索索,视矍矍,征凶

"索索"与前面的"苏苏"是一样的,"苏苏"是指颤动得小一些,"索索"是颤动得要大一些。"视矍矍",本来是指老年人的眼睛炯炯有神、精神矍铄,这里是指惊慌的眼光。"征凶",是说什么地方都不能去,现在到了这个地方已经到头了,退路也没有了。

2. 震不于其躬，于其邻，无咎

"不于其躬"，躬是指自己的身体，就是说，这个震动还没有震到自己身上，是先震动了邻居、他人。先使他人受到恐吓，然后根据他人吃惊的状态，等到震到自身时就已经有思想准备了，所以就无咎了。

3. 婚媾有言

这与前面讲的好像不相关。有易学者与我电话交流，他也讲，爻辞表面看，好多东西莫名其妙，不知道它讲什么。这里也给人一种莫名其妙的感觉。本来是讲震动的恐惧状态，为什么讲婚媾这件事呢？这里上六与六三是相比的，但不相应，这个地方只是用来比喻，就是说，原来双方已经讲好了，位置上应该是相应的，三爻与上爻应该是你阴我阳或你阳我阴，相互比应已经有此婚约在先，但到现实时突然变卦了。"变卦"这词就是由这里来的，本为阳爻变为阴爻了，这就是变卦了。"有言"就是有争议，这个地方又突然提到这个问题是为什么呢？我们先来看看象辞。

4. 震索索，中未得也

"中得"是指谁得？是指"六五"吗？不是，实际上"中"还是上六，上六还是在害怕，还没得正道。正道是指在震动中，在恐惧中，来应对恐惧、震动的心态，没得到这种能力，如果得到了就中了，所以是"中未得也"。

5. 虽凶无咎，畏邻戒也

虽然是凶但无咎，原因是汲取了邻居的教训，是邻居这个"虩虩"使你引以为戒。那这里也没有解释"婚媾有言"呀？这里掩藏了一个东西，掩藏了什么东西呢？你们看出来了吗？我将这个问题留给你们自己思考。

对这个震卦简单地作一下小结，它讲的不是事态，而是心态；不是事境，而是心境；不是事理，而是心理。学习震卦应该抓住心态的发展，由惧到不惧，在不惧中又依然有惧。不惧的是自然规律中良性的震动，或是意外的震动。但真正惧怕的是惧怕自己，怕自己越轨、怕自己违背天的意志。如果做了亏心事，就怕天打雷。

艮卦　艮其背的智慧

一、卦名：艮

艮在帛书中作"根"。《归藏卦》原本作"狠"，并无"山"之义。在《诗经》《尚书》均未见"艮"字，而且在《易经》中除了这一卦外，在其他卦中也看不见"艮"字。

《说文》曰："艮，很也。"段玉裁《说文解字注》曰："不听从也。"

二、卦画

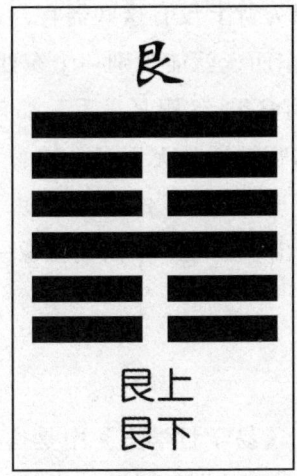

艮卦与咸卦有相似之处，它们都是以人体器官部位来取象的。咸以四爻为心，五爻为背，上爻为口，初爻为拇。艮卦以三爻为心，四爻为背，五爻为口，以初爻为趾。咸卦的二爻与艮卦的二爻都讲到了"腓",咸卦的三爻与艮卦的三爻都讲到"随"。这是它们的相似之处。

艮卦为什么与咸卦有这些相似之处?咸卦是指感应,那艮卦是指什么呢?从艮卦的卦画看,它又与震卦正好是复卦,是综卦。卦画为我们留下了个谜。

三、卦辞

> 艮:艮其背,不获其身;行其庭,不见其人,无咎。
> 《彖》曰:艮,止也。时止则止,时行则行,动静不失其时,其道光明。艮其止,止其所也,上下敌应,不相与也。是以不获其身,行其庭,不见其人,无咎也。
> 《象》曰:兼山,艮。君子以思,不出其位。

1. 艮其背

一般的卦辞开头可能是"艮,其背",这里却是"艮其背"。这个背当然是指人体的部位。这里为什么要指背,不指胸,不指脸,不指别的部位呢?"不获其身"就没有讲到身体的其他部位。人的眼耳鼻舌手,这些器官都在前面,背上是看不出这些东西的,因为背上没有这些器官,这些器官就是有"识",有识就有"欲"。眼睛看到一个东西,就能识别一个东西,当识别以后那就有了"欲望",分别出了好的东西就有贪欲。"眼耳鼻舌"都有辨识的功能,都会引起一些欲望。不过背上没有这些器官,那就无识、无知、无欲了,这就是"止"。艮就是止,止住了欲望。这就是"艮其背"的原因所在,一下子就"止"到无为的部位上。我们从卦画中也能看出,上面一个阳爻就像一个肩膀,下面的阴爻就像人的肋骨,这也像背。

2. 不获其身

北大朱伯崑教授在他的《易学哲学史》中是这样解释的:"艮卦的卦义,就是教导人们见到可欲之物,如同背而不见一样。"无欲以乱其心,此即"艮其背";忘掉自己,即不存私心,此即"不获其身"。

3. 行其庭，不见其人，无咎

从卦画上看，上面一个门框，两个艮卦重起来就像一个门庭。"不见其人"，即在这门庭中没有见到人。"行其庭"是说无论是一个宫廷也好，或是一个庭院也好，走进去真的没人吗？不是，而是说走进去如入无人之境，旁若无人。这个地方旁若无人是不是就很高呢？不是，而是《金刚经》里讲的："无我相，无人相，无众生相。"这是一种心态，是心如止水，所以就无咎了。当然有人会讲你怎么又谈到佛教上去了呢？还讲到那么大，还是无相，难道是真的有关系吗？怎么扯到这上来说呢？我不做自我肯定。

4. 时止则止，时行则行

当要止的时候一定要止，当然也不能总是止而不行，而且当要行的时候也一定要行，这是指由时间、时机来决定的。从大的方面来讲，一个国家要实施一项改革，那要看时代的特征，根据时代的潮流，要当行则行；从小的方面来讲，我们要办一件事，是不是要抓住时机？如果时机不成熟，那就要当止则止；如果时机成熟了，那就当行则行。所以动与静、行与止都不能失去合适的时机。农民讲"不误农时"也是同义。

5. 动静不失其时，其道光明

"其道光明"难道仅仅是讲光明灿烂？这当然不是。意思是讲，动与静不失其时，那做事就很明了了，做事也就很明智了，前途也就很光明了。

6. 艮其止，止其所也

艮是讲止的。艮的"止"是止其所，是止哪个地方呢？"所"，实际就是位，就是止其位。

7. 上下敌应，不相与也

敌应与对应是相悖的，艮卦中没有哪一爻与哪一爻相应。不相应就是敌应。"与"就是互相支援，"不相与"就是互相得不到支援。

8. 兼山，艮

兼就是重，两山重叠，也就是两个艮卦，两个艮卦相重为艮卦。这就是止中有止，所以是艮。在象辞讲"艮，止也"，这里进一步讲止了。

9. 君子以思，不出其位

因为止，上下不能相与，不能互相照顾。这里"艮"一再讲是止的意思，而且反反复复地讲止。我们来看看卦辞中有"止"字吗？没有"止"字。那么我刚才讲的那个意思，讲止其欲，止住人的欲望，止要做到无相。你们开始可能还有点怀疑，现在你们仔细看看象辞就知道，这里本身就有这层意思，不然要讲"艮其背"干吗？背有背的特点，背与欲望是背道而驰的。

所以"君子以思，不出其位"，就是讲，你的思考、你的思维、你的心态，不能离开你的本位。这本位就是止其所的"所"，那这个所在哪个地方呢？我们先看这个爻辞。

四、爻辞

> 初六，艮其趾，无咎，利永贞。
> 《象》曰：艮其趾，未失正也。

1. 艮其趾，无咎，利永贞

初六，阴居阳位，这里又讲到"趾"，又从脚上讲起了。这里就是止住脚，脚就是走路用的，行就是从脚开始的。这里先将脚止住了，这就"无攸往"了，也不去征了，当然无咎了，而且"利永贞"。

2. 艮其趾，未失正也

这里为什么讲"未失正也"？"艮其趾"，没有失其正，初六是阴居阳位，本来就不正，为什么还讲没有失去正？这就是《易经》的辩证之处，什么东西不要教条，要因时因事而异。这里是阴居阳位，是艮刚开始，但还是先止一步。不要无目标地动，不看时机就动。所以说不可乱动。"千里之行，始于足下"，这第一步就更不容易了，这一步代表了那一千里，如果这一步的方向错了，那就别想向千里之外的目标前行了。"利永贞"，永是永远，难道说永远不动了吗？这意思是说，做事不随便轻举妄动，那永远都是正确、有利的。这是指办事的谨慎态度，而不是指这止的行为。有的人办事始终迈不开步，这就不是"利永贞"，而应"宜行则行"。

> 六二，艮其腓，不拯其随，其心不快。
> 《象》曰：不拯其随，未退听也。

1. 艮其腓

这里就讲到"腓"了，小腿肚子，这个部位往上了一步。这里与咸卦不同，不是一种感应，而是讲止住了。刚才是止住了脚趾，这里是止住了腿肚子了。

2. 不拯其随，未退听也

"拯"有几种解释，这里是拯救的意思。拯救谁呢？这里对"拯"的解释是有意义的，这个"拯"我还没把它搞清楚。因为我总觉得应该自然地解释这个字，这里是救谁呢？经过思考，我初步认为："拯"是艮的意思，艮是阶段中的止，拯是措施中的止。因为小腿肚子（阶段）不能自己做主，不能自己决定行动方向和路线，全要听九三的，九三在下经卦中一阳带二阴，是下经卦的主爻。但是九三是少男之阳，急躁冒进，而六二柔而中行，意欲止住九三，但又力所不及，只好随行随往。《象传》中说："未退听也。"意思是未能使九三退而听拯（止）。

> 九三，艮其限，列其夤，厉熏心。
> 《象》曰：艮其限，危熏心也。

1. 艮其限

这个"限"是指限制、界限。九三就是下经卦的上限了。"艮其限"，说明止也是有限制的，不是永远都止住，在时间上要有个限度，位置环境也要有限度。

2. 列其夤

"夤"是脊背的肉。"列"是裂开的裂，是指这个地方裂开了。"厉熏心"，熏，是用烟熏的熏。熏心，当然我们会想到利欲熏心这个词，这里是不是这个意思呢？我们回头再看。这里为什么说"列其夤"？脊背上的肉都裂开了，有这样厉害吗？有这种危害吗？因为它超过限度了，超过限度当然会裂开。"艮其限"，就是什么东西必须有一个极限，超过极限都会带来负面的东西。如开汽车，每种汽车的速度都有极限，如果超过了那个极限，就会有危险了。这里是讲不能超过限度。那"熏心"是什么意思呢？我们来看看象辞。

3. 艮其限，危熏心也

在农村有一种植物叫"艾叶"，艾叶很香，点燃艾叶以烟熏，就能除去邪气、晦气，也可用此来治病，还能吸潮气。婴儿第一次沐浴时，就是用艾叶水洗澡。这里的熏也指烤炙，有一个词叫"忧心如焚"，焚就是烧。这为什么会"艮其限"呢？这限有两个意思，一个是没有到那个时候，而行动却超前了；再一个是止得太过了，这些都由各自的心态决定。这里的"危"是由其熏心带来的。那么这里是不是利欲熏心带来的呢？这里没讲，不过我们也不去臆断。这里没有明显讲，如果我们去附加的话也没必要，同时我们也不否定这层含义。

> 六四，艮其身，无咎。
> 《象》曰：艮其身，止诸躬也。

1. 艮其身

六四，阴居阴位，前面讲"不获其身"，这里是"艮其身"。为什么"艮其身"还无咎？为什么到六四才"艮其身"呢？九三指心态方面的调整，这里的"身"则指对行为方面的规范了。

2. 止诸躬也

这一爻已到了这一程度，是"艮其身，止诸躬也"。诸躬是诸身，身是身体上的各个器官，包括眼耳鼻舌身，这些器官都经受了这些考验，都能说止就止，都能做到时止则止、时行则行。所以这里"艮其身"就没问题了，不论是艮到哪个部位都行，都无咎。所以说，"艮其身"是指行为规范。

> 六五，艮其辅，言有序，悔亡。
> 《象》曰：艮其辅，以中正也。

1. 艮其辅

"辅"，本来指牙床，这个地方是指口，说话的器官。难道说话也要止住吗？一句话都不能说了吗？那倒不是，而是说：时止则止、时言则言。"艮其辅"就是指说话要谨慎。

本爻是阴爻，遇阴则用六，用六就是用柔。"柔"，有谨慎的意思，这里既有"括囊，无咎，无誉"，少说为佳的意思；又有讲究说话的艺术，不说过头话，不说硬话，语气尽量和缓些。

2. 言有序

言而必有序，这也就是《系辞传上》里讲的，"君子之道，或出或处，或默或语"。还有一句是："言行，君子之所以动天地也，可不慎乎？"还有一句："君子居其室，出其言善，则千里之外应之，况其迩者乎？居其室，出其言不善，则千里之外违之，况其迩者乎？"这就是指说话要慎重，因为这是君位，可不慎乎？能不谨慎吗？能乱说吗？这就是讲说话必须有序。这个有序以什么为标准呢？以中正为标准，所以说皇帝金口玉言，也就是君子说的话必须守信。

上九，敦艮，吉。
《象》曰：敦艮之吉，以厚终也。

---

1. 敦艮，吉

阳居阴位，这个位置说好就好，如不好就容易毛躁。但这时是"敦艮"，敦是稳重、厚道之义。《系辞传上》讲："安土敦乎仁，故能爱。"敦乎仁是厚道仁爱。止在敦厚上，所以吉祥，因为敦厚，这当然就不会毛躁，不会有过激的行为。

2. 以厚终也

《象传》中说："敦艮之吉，以厚终也。"这样的结果是吉祥的，这种吉祥的结果是因其敦厚，因为其止于敦厚，才会有吉祥。

这艮卦从头讲的都是止，但每爻各有区别："艮其趾"，指要迈好第一步；"艮其腓"，指未能使九三退而听"艮"；"艮其限"，指调整心态；"艮其身"，指行为规范；"艮其辅"，指言语谨慎……总之，艮卦的"止"德在各爻中都得到了充分展现。但归结为一句：讲"止"就是止住人的非分之想。这里要根据每个人的情况，自己为自己定标准，是"艮其趾"，还是"艮其腓"？是"艮其身"，还是"艮其辅"？我认为大家都应该"艮其背"，而且"行其庭，不见其人"。这"不见其人"，实际就是常持平常心。

渐卦 鸿雁的智慧

一、卦名：渐（风山渐）

古代造车的工具简陋，要将木截以为圆，斫而成轮，再使轮圆而平滑，又要使圆木不至裂损，古人发明了一种非常巧妙的工艺，就是将木头浸入水中，使之浸润，然后再截取，斫制，这种工艺的流程为"渐"。所以古文"渐"字中间为"车"，右部为"斧"，"氵"则像水的浸润。可见，渐字是由车轮的制作过程演化而来的。初义为浸润渐进，引申为湿、染、渐张、渐次、逐渐之义。

二、卦画

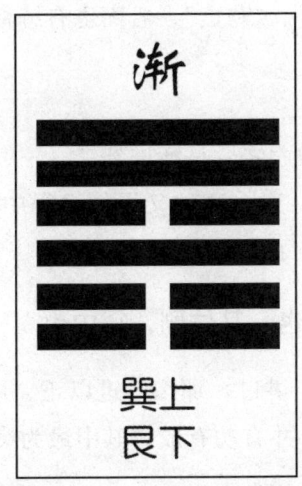

艮下巽上，名风山渐。这里取其风在山间，渐进之象。《象传》中说："山上

有木，渐。"巽为木，这又取一个木，是指逐渐长成、逐渐成林的意思。上巽为木，这里有两个互卦，下互卦为坎、为水，艮为手。这也可看出制作车轮的材料为木，有浸润之物"水"，有制作之人的"手"，是形象地表示制车的基本过程。

三、卦辞

> 渐：女归吉，利贞。
> 《彖》曰：渐之进也，女归吉也。进得位，往有功也。进以正，可以正邦也。其位刚，得中也。止而巽，动不穷也。
> 《象》曰：山上有木，渐。君子以居贤德，善俗。

1. 渐：女归吉，利贞

"渐"，这里的意思是循序渐进。它与晋卦、升卦有相同之义，有晋与升的意思。

"女归"，女子以夫为家，一直到今天大体上也还是这种模式，所以出嫁称女归。女归为什么是渐呢？古代女子出嫁，男方迎娶要行六礼，开始是纳采，再问名、纳吉、纳征、请期、亲迎，共六种礼节，而且缺一不可。这就是说，迎娶新娘必须有这么一个渐进的过程。所以《彖传》中说："渐之进也，女归吉也。"履行了这六种礼节，就会吉祥。"利贞"，后面也有解释，利贞是利于持守正道。

2. 得进位，往有功也

进得位是什么位呢？初六之后是渐进到二、三、四、五，各爻都得位、都当位。其中二爻、五爻既中又正，这种又得位又得中，说明完成了一个渐进的过程，同时有功、有成，取得了成果。

3. 进以正，可以正邦也。其位刚，得中也

其位刚得中，刚才已经讲过。那么"进以正，可以正邦也"，也就是指渐进这个过程中间，得位得中，并有功有成，其中最为突出的是九五爻，这样各方面的条件都具备了，就可以安邦定国了。

4. 止而巽，动不穷也

艮为止，动为渐进过程，"止"是为了达到渐的效果。如果不正的话，这个止就会止住了。"止"是限速的过程，使其速度放慢一点，达到符合规则的速度，所以是一种渐行渐止的过程，如禾苗生长就不能拔苗助长，这个止的意思就是这样。"巽"也是一种涵养，是渐进的德行。渐进是一种德行，那就要用巽德来涵养，有这种巽德来涵养，那就更得止之，自然能渐进不已，目标总能达到，所以是"动不穷也"。

5. 君子以居贤德，善俗

"俗"是民俗，君子效法这种渐进的法则，在日常生活中逐渐积累贤良的品德，同时又以这种品德去影响周围的人，去改善社会风俗习气。所以有人说过这样一句话："大丈夫一室不扫，又何以扫天下？"这里讲了这个道理。

四、爻辞

> 初六，鸿渐于干，小子厉，有言，无咎。
> 《象》曰：小子之厉，义无咎也。

1. 鸿渐于干，小子厉，有言，无咎

初六，阴居阳位。从这一爻的"渐"上反映出，虽是阴居阳位，但它不会违背这个渐的规则。如果是阳居阳位，那可能在渐上有一点犯规，那就必须用渐来抑制。

"鸿"，是鸿雁、大雁。"干"，是水边岸上。大雁飞到了水边上，但是遭到了一些年幼无知的人的怨责、戏弄。但"无咎"是没有害的，不会受到伤害。不会受到伤害的原因是什么？我们来看象辞。

2. 小子之厉，义无咎也

虽然小人这样怨责、戏弄，但大雁本身有它的德行，它不是使人讨厌的一种鸟，而是很讨人喜爱的。这个在卦上、在爻上可以反映出来，就是刚才讲的，它

毕竟是以柔爻居刚位上，这个规则保证了它无咎，它没有过，它保持着一个渐的状态，它守住了渐的规则。

> 六二，鸿渐于磐，饮食衎衎，吉。
> 《象》曰：饮食衎衎，不素饱也。

1. 鸿渐于磐，饮食衎衎，吉

这里还是指大雁，刚才在岸上受到了戏弄、怨责，这里又站到磐石上，因为磐石上很稳固、安全，而且有吃的，也有喝的。"衎衎"，是一种和乐的样子，而且这里有一种祥和的景象，所以吉祥。

六二，阴居阴位，正而且中。从这里可以看出这是吉祥的、和乐的。有吃有喝，而且安稳于磐石上，这都是因为它得中得正。

2. 饮食衎衎，不素饱也

这里它吃饱了，并非说它是白吃（素是"白"）。这里不是白吃，不是无功而受禄，而是有功受禄的，体现在什么地方呢？因为上面与它相应的是九五，六二与九五相应，它对九五进了贡，有支援，是尽了为臣之道的，所以说它还是有功的，不是白吃白喝的。

> 九三，鸿渐于陆，夫征不复，妇孕不育，凶。利御寇。
> 《象》曰：夫征不复，离群丑也。妇孕不育，失其道也。利用御寇，顺相保也。

1. 鸿渐于陆，夫征不复，妇孕不育，凶。利御寇

这时大雁飞到平地上。"陆"，指陆地。"夫"，指丈夫。"征"，指出行。"不复"，指没有回来。丈夫外出没有归来，他的妻子怀孕了可又没能生养下来，这当然有凶险。但这也有有利的一面，利于防御强寇。为什么能防御强寇呢？再看看象辞。九三为阳，下互卦为坎，一阳陷于二阴之中，虽为陆地，实为孤岛，故为险中，为凶；但也有利的一方面。

2. 夫征不复，离群丑也

"丑"非美丑之"丑"，是指某一个类。这就是说，它离开了群。这也是"不

复"的原因。

3. 妇孕不育，失其道也

妇人已怀孕却不能生育，就是违背了规律。违背了什么规律呢？是违背了妇人之道。那又是怎么违背的呢？这个我们不去追究，只说说为什么违背了。从九三能看出。九三，阳居阳位，虽正不中，失其道也。为什么孕而不育？这就是说位不中。

4. 利用御寇，顺相保也

为什么能抵御强寇呢？"顺相保也。"因为它已经接近了上经卦巽卦，巽卦是顺的意思，因此能得到它的保护，能得到它的支援和支持。好像几幅插图，第一幅是大雁飞到了平地上，第二幅是丈夫没有回来，女主人孕而不育，是很不吉祥的家境；第三幅图是丈夫不在家，有强寇来侵犯，却没有问题，还能抵御，因为孕妇有上经卦保护。这么一个景象又与"渐"有什么关系？这里给大家一个提示：如果你是渐进到陆地的鸿雁，那么你能看到些什么景象呢？注意:《象传》在卦中是静态的，在爻中是动态的。

> 六四，鸿渐于木，或得其桷，无咎。
> 《象》曰：或得其桷，顺以巽也。

1. 鸿渐于木，或得其桷，无咎

六四是大雁渐飞渐高，飞到了高高的树上。"桷"是指树上的一个树枝，它飞到这个树枝上站得很稳。大雁一般是在水边长大的，它不像一般在树上长大的鸟，能用爪子抓住树枝而站稳。所以只能找一个比较大一点的树枝才能立住脚，所以说无咎。

2. 或得其桷，顺以巽也

好在这是柔居柔位，正处于巽卦的主爻位上，"或"字形象地描绘了一个"渐"的过程，大雁从陆地向上渐飞时，一时不知往何处去。但在迷惑之际，它发现了一处大树枝，是它立足的理想之处，所以为"得"。这里讲了一个"或"。

> 九五，鸿渐于陵，妇三岁不孕。终莫之胜，吉。
> 《象》曰：终莫之胜，吉；得所愿也。

1. 鸿渐于陵，妇三岁不孕。终莫之胜，吉

这里是讲大雁渐渐地飞到山岗之上。这里又讲到其妻长期怀身孕，三岁是三年，也指长期。"终莫之胜"，是谁战胜了谁呢？最后还能得到吉祥？这种吉祥是什么样的吉祥呢？我们来看象辞。

2. 终莫之胜，吉；得所愿也

这个愿就是说，夫妇终于达到了重圆的愿望。从这个卦象上看，是九五将应合六二的心愿。那六二又是什么心愿呢？六二是与九五相应的，我们将六二、九三、六四、九五联系起来看，它有一个心愿，但这是隐藏在里面的，等一下再讲。

> 上九，鸿渐于陆，其羽可用为仪，吉。
> 《象》曰：其羽可用为仪，吉，不可乱也。

1. 鸿渐于陆，其羽可用为仪，吉

这个时候又回到了平地上，它的羽毛可以用来美化仪表，所以就获得了吉祥。

2. 不可乱也

《象传》中说，虽然它的羽毛能作为一种装饰，而且能获得吉祥，但是心志不可以扰乱，要保持高洁，因为这里又回到了平地上。

我们回头看看这六爻，除了初六与六二似乎好理解一点，可从九三往后，似乎给人一种很模糊的东西，那么这些很模糊的东西又说明了什么呢？这说明一个"渐"字，渐是渐进，这个渐进过程始终是以大雁为主体，这卦的六爻都贯穿了这个主语。这种情况在六十四卦中很突出，这说明渐进是连贯的，不能换主语，主语一换那就不是渐了。

九三讲夫妇，而且利御寇。九五又提到这个。那这是什么意思呢？它又是怎样一个渐进的过程呢？我仍在思考。"知之为知之，不知为不知，是知也。"孔夫子作学问且能如此，何况我一介俗子，岂可胡诌乎？

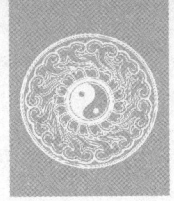

归妹卦　泽上有雷的智慧

一、卦名：归妹（雷泽归妹）

归是回，归来之义，与妹字相连。讲到妹那就肯定有姊，姊就是姐。在商朝时代有这样一个规矩，凡是姊嫁给了侯王或三公之类的大臣，如果她有妹妹的话，那么她的妹妹就要随同一起嫁给这位侯王。妹妹的年龄没到出嫁的年龄，则等她到了该出嫁的时候，那时再出嫁。这个出嫁叫归，为什么叫归呢？这点前面讲过，女人以夫为家，而且是她姐姐出嫁的时候，她就注定了她家也在那里，所以这时候她就是归。所以这种妹称为归妹。

二、卦画

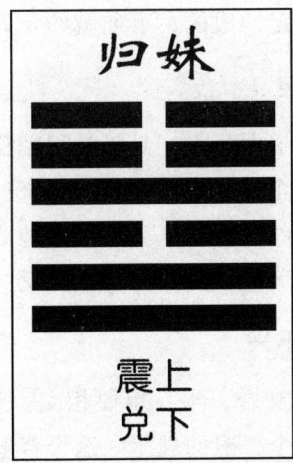

兑下震上，雷泽归妹。下经卦为内卦，是喜悦。这个喜悦是否吉祥呢？我们从卦辞上看。

三、卦辞

> 归妹：征凶，无攸利。
> 《彖》曰：归妹，天地之大义也。天地不交，而万物不兴。归妹，人之终始也。说以动，所归妹也。征凶，位不当也。无攸利，柔乘刚也。
> 《象》曰：泽上有雷，归妹。君子以永终知敝。

1. 归妹，征凶，无攸利

这里讲归妹卦，如果有所行动，就会有凶险，而且无利可图。在六十四卦中，一开始就像这样糟糕的，只有归妹卦与否卦这两卦卦辞。但这里又有双重性，我们往下看。

从卦辞上看，本来是婚嫁，讲婚嫁的有咸卦、渐卦，这几卦都讲婚嫁，为什么归妹卦的卦辞这样差呢？我们来看看卦画也许能理解。它的内卦虽是喜悦，但这种喜悦不是主动的，而是被动的，内为兑卦。外卦是震卦，为长男。这份喜悦是少女的喜悦，少女的喜悦是一种很幼稚的喜悦，是一种"不懂事"的喜悦。因为这个时候她还没见到长男，她是盲目的。那么她的婚姻是不是幸福的呢？这肯定谈不上什么幸福，因为她根本就不是主动的。

我们从卦画上来看，两个互卦，上互卦正好是坎卦，下互卦正好是离卦，就是水火既济。既济就好像俗定约成的，事前就约定好的。

2. 归妹，天地之大义也

这里为什么与卦辞反其道而赞之？卦辞是很糟糕的，但《象传》中讲归妹是"天地之大义也"。难道说这个妹妹出嫁是天经地义的吗？不是这个意思。实际上这里揭示的是那种夫权时代的社会制度。这是天地之大义吗？如果赞美词太夸张了、太过了，那是否是真赞美呢？其实往往是相反的意思，可能变成一种讽刺。

3. 天地不交，而万物不兴

天地要交合，阴阳也要交合，男女也要相交。天地不相交万物不能繁殖呀！这个道理不错，但这是讲一个普遍的规律。这个普遍规律要符合大义呀，如果不符合大义的话，那万物能"兴"吗？这个"兴"很重要，如果不符合规律，违背了这个大义的话,那这种"兴"也要打一个问号了。对于这两句话我们要仔细地去理解,如果直接去理解就无法理解。

4. 归妹,人之终始也

这句好像这是劝人的话,归妹生下来就注定了,最后也就是这么一个结果。但这个"始"就是讲天地之交而始生的,这个终就是指婚媾,这是一个过程。不能违背这么一个终始的过程,这就是"人之常情"。这种"归妹"是常情吗?这里实际上也是在旁击。因为孔子是圣人,他不能直接说,再者,前面是周文王写的辞,他也不能诋毁,圣人与圣人之间他们是有默契的。当时社会也都是那样的制度,都认为这种做法是对的,所以也不能直接进行指责,加以褒贬。

5. 说以动,所归妹也

这里的"所"可以解释为"所以"。"说以动"是下经卦的卦德,这个好理解,那么这个"悦"是真正的喜悦吗?还是从反面来说这个问题。

6. 征凶,位不当也。无攸利,柔乘刚也

这里是直接说的,讲"位不当",是二爻、三爻、四爻、五爻不当,"征"是中间的都不当,只有初爻、上爻当位。"无攸利,柔乘刚也",为什么无攸利?是因为柔爻乘刚爻,这里一直都是柔乘刚,上经卦是柔乘刚,下经卦也是柔乘刚。这柔乘刚按《易经》的规则是不吉利的,所以也就无利可图。

7. 泽上有雷,归妹

这是从卦画上来解释归妹的卦名。"泽上有雷",怎么说是解释了归妹呢?就是说天上一旦打雷,肯定下雨。

8. 君子以永终知敝

这是讲君子永远保持夫妇之道,而不使其受到破坏。难道说这一卦是讲夫妇之道的吗?我们先看爻辞。

四、爻辞

初九,归妹以娣,跛能履,征吉。
《象》曰:归妹以娣,以恒也。跛能履吉,相承也。

1. 归妹以娣，跛能履，征吉

初九，阳居阳位，可见这少女的心情也很急迫。这里讲到嫁出少女不是正房，而是偏房（娣为偏房），这有点像腿有毛病走路不便，但勉强也可行走，所以有所为还可获吉祥。这是解释"归妹以娣"的，虽然是做偏房，做偏房相当于脚跛，但只要能走路也行。这里就是解释前面的。

2. 归妹以娣，以恒也

《象传》中讲，嫁出少女为人偏房，说明初九并未失去婚嫁的常道。虽有毛病但还能行走，还能获得吉祥，说明初九要以偏帮助正，相与承顺。这里的"恒"就是常的意思，这里又在劝人安于本分、独善其身，还是墨守成规吧。

> 九二，眇能视，利幽人之贞。
> 《象》曰：利幽人之贞，未变常也。

1. 眇能视，利幽人之贞

"眇"，指只有一只眼睛。只有一只眼睛勉强能看到东西，看起来这不是好事。但这里有利于在幽禁中持守正道。这是什么正道呢？这里虽是少女嫁长男，不会有婚变，只要睁一只眼、闭一只眼就行了。幽人就是这个人在幽暗中，相当于一个人在不幸的婚姻中，不就像幽禁一样吗？但是她能持守正道，那也是很了不起的。

2. 未变常也

没有违背常理，没有违背常道，守住了幽人之贞。这贞是迫不得已的、无奈的，有人认为这是贤惠女人的一种意志。我认为不能赞美这种贤惠，这种意志拿到今天来说不是美德，在当时的社会环境来看，能做到这点当然不错。我们要用历史的眼光看问题。

> 六三，归妹以须，反归以娣。
> 《象》曰：归妹以须，未当也。

1. 归妹以须，反归以娣

出嫁的少女期盼成为正室，她想取而代之，但还是听了姊的话，而嫁为偏房。"须",是希望。

2. 未当也

这个位是不当的,六三是阴居阳位。她为什么有这么一种期盼呢?可能当初出嫁时还比较得宠,但她毕竟是妹妹,还是柔了一些,所以她的愿望不能实现。在当时的历史条件下属于非分之想。如果在今天的小说家手中,或是编剧笔下,就要把她写成反叛者,甚至是恋情英雄。但在当时那种社会制度下,那种反叛,只能以悲剧作终。

> 九四,归妹愆期,迟归有时。
> 《象》曰:愆期之志,有待而行也。

1. 归妹愆期,迟归有时

九四,阳居柔位,出嫁的少女推延了佳期。推延了什么佳期呢?难道是她不愿出嫁吗?不是那个佳期,是说她没有把握时机。迟迟未嫁而等时机,并不是未嫁。她是在等待时机,是六三那个想当正房、想当正室的时机,想取而代之。

2. 有待而行也

她推迟佳期,完全出于自己的一厢情愿,她想等待时机,而不急于求成,但这种等待能不能如愿呢?我们往下看。

> 六五,帝乙归妹,其君之袂,不如其娣之袂良。月几望,吉。
> 《象》曰:帝乙归妹,不如其娣之袂良也。其位在中,以贵行也。

1. 帝乙归妹,其君之袂,不如其娣之袂良。月几望,吉

帝乙是商纣王的父亲,当时帝乙已经看出周文王很得人心,会对他的统治产生威胁,所以将自己的女儿嫁给了他。长女出嫁给周文王了,当然他的小女儿就成了归妹。

这里就是讲商王帝乙嫁出少女,作为所嫁之人的正妻的衣着,还不如偏房的衣着好。"袂"是指衣袖,这里指衣服。他的正妻的衣着还不如偏房的衣着好,因她是待嫁的新娘。"月几望"是几乎接近,犹如月亮快要圆满了。

你希望月亮始终是圆的吗?当刚刚盈满了以后,它马上又要消盈啊!这是办

不到的，只不过是期望而已。

2. 其位在中，以贵行也

这里讲六五居尊贵的君位，守中不偏，从而以高贵的身份出嫁，但实际上她这个高贵的地位也是暂时的。因为这里以月亮来做比喻，"月几望"，月亮接近满了，马上就要进入亏的阶段了。她尽管比正妻穿得还漂亮，也只不过像那刚刚圆的月亮一样，好景不长。这里可以看出上面的两个愿望达成了吗？表面上得到了一点满足，也就是暂时的满足，但实际怎样呢？我不讲大家也该明白吧？

> 上六，女承筐，无实，士刲羊，无血。无攸利。
> 《象》曰：上六无实，承虚筐也。

1. 女承筐，无实，士刲羊，无血。无攸利

上六，阴居阴位，这里讲到这个女子手里拿着竹筐，但这个竹筐里没有东西。"无实"就是虚的。这是一幅画。"士"是指男子，"刲"是宰杀，这个男孩杀了羊，但又看不到羊血，比喻要做的事一件都没做成功，一样利都没得到，连提的筐子都是空的，连羊杀了都没了血。像这样的羊有用吗？杀不出血的羊本身可能就是死羊了。在这样的情况下，那当然是无攸利了。这里的比喻可以说是很到位了。

2. 上六无实，承虚筐也

这个归妹又是推迟佳期，又有那么大的梦想，也得到了一时的欢心，结果却是两手空空。

这里可以看出前面讲的凶并不是指凶险，实际还是指这种婚媾不会是幸福、美满的。从卦辞与爻辞里能看出来。

我们回头来看一个问题。本来这是周文王写的卦辞，归妹也是嫁了他，他也没违反那时的制度，也是正常的事。但他并没有去赞美这件事，而是实实在在地去揭露它，将其中反面的东西揭露出来了。我对这个问题有些不可思议，难道周文王那时有这么高的觉悟吗？我认为这是一个很难猜测的东西。如果是另外一个人来讲这个问题可能好理解，但站在自己的立场，将自己的阴暗面揭露出来，似乎有点让人不可理解，所以大家还是自己多思考思考吧！

丰卦　雷电的智慧

一、卦名：丰（雷火丰）

　　《说文》曰："(丰)，豆之丰满者也。从豆，象形。"丰是象形字，像是豆子生了芽。《广雅·辩诂》曰："丰，满也。""丰"有丰富、丰盛、丰厚、富有、盛大的意思。

二、卦画

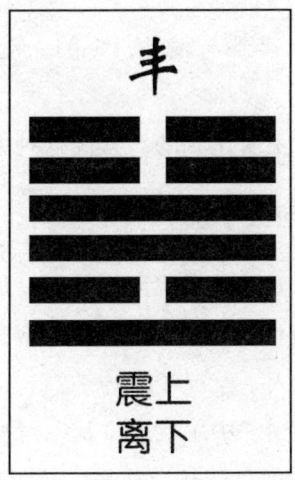

　　离下震上，上为雷，下为火、为电。这也可见盛大之象，又有雷又有电，雷电交加。这丰卦的卦画是很形象的。

三、卦辞

> 丰：亨，王假之，勿忧，宜日中。
> 《彖》曰：丰，大也。明以动，故丰。王假之，尚大也。勿忧，宜日中，宜照天下也。日中则昃，月盈则食，天地盈虚，与时消息，而况于人乎？况于鬼神乎？
> 《象》曰：雷电皆至，丰。君子以折狱致刑。

1. 亨，王假之，勿忧，宜日中

"丰"，是盛大的意思，因为盛大所以亨通。这种亨通从自然现象来看是亨通，但从社会现象来看又是如何呢？讲到"王假之"，是君王到达了这种盛大亨通的境界。而后又讲"勿忧"，难道这种盛大亨通的景象还有忧虑吗？有忧虑，太阳光下不能说没有阴影。"宜日中"，就是只能选择最佳的，太阳正当顶的时候，也是最盛的时候。这里讲到"忧"，为什么"勿忧"？这在彖辞里讲了。我们不妨先看看彖辞和象辞。

2. 明以动，故丰。王假之，尚大也

这是从卦象上来看的，离卦与震卦，一明一动，所以"丰"，这个都好懂，是很明显的。

"王假之，尚大也"，君王所达到的，崇尚这种大的德行。

3. 勿忧，宜日中，宜照天下也

"勿忧"，即不要忧虑，要做到无忧无虑的话，那必须选择日当中之时，这时正是阳光普照天下。但也有忧，忧是从哪里来的呢？"日中则昃，月盈则食，天地盈虚，与时消息，而况于人乎？况于鬼神乎？"

可见忧还是有的。太阳到了中午就会"昃"，昃就是向西斜了；月亮盈满了，便开始亏蚀了。天地万物盈虚、消长、往来，这是正常的。天地万物都是这样，何况是人呢？何况是鬼神呢？所以说"勿忧"。所以这里的两个问号是解释"勿忧"的，是说不要忧虑，这是正常的。

4. 雷电皆至，丰

这是刚才讲的雷电交加，是盛大的场面。在象辞里讲"丰，大也。明以动，故丰"。首先这个"丰"是盛大的意思，从自然现象来讲，它有盛大之义。人的功绩也可以用"丰"，丰功伟绩；粮食也叫"丰"，丰收、收获。

5. 君子以折狱致刑

这里好像与前面讲的毫无联系，但实际上它是从卦象上说的。"折狱"，是指公正的执法。"致刑"，是动用刑罚。凡是触及法律、动用刑法的都必须明察，离卦就是明。还要具备威，法没有威严是不行的，震卦为雷就是威严，这里两者都具备。凡是执法的人必须明察秋毫、善恶分明、是非分明，但外表无论对谁都是非常威严的，哪怕是对自己的亲人。这里又讲到治国的道理了。我们来看爻辞。

四、爻辞

> 初九，遇其配主，虽旬无咎，往有尚。
> 《象》曰：虽旬无咎，过旬灾也。

1. 遇其配主

初九，阳居阳位。这里讲遇到了与自己相合的主人。"虽旬"，旬是均等，这相遇的两者都是阳刚之气。这里与初九相比的是九四，也是阳爻。"虽旬"，但不会招致咎害，前往还能得到推崇与赞美。"尚"是推崇与赞美。这里与九四是不相应的，但是无咎，还能得到赞美，这是什么原因呢？我们来看象辞。

2. 虽旬无咎

这里讲了一个"守中保丰"的道理。那这里是守什么"中"呢？这里看起来没有"中"，但实际上有，就是说，"中"是守均等的阳刚，双方是阳刚，但双方都不能显示出比对方更刚，双方都还要均衡一点，只有在均衡之间，双方才能合得来。

如下围棋，双方都是强手，势均力敌，那就会合得来。两个都是高手，但高手与高手之间还有很大的悬殊，那样就不一定合得来。这是一个简单的例子。既然是强强联合，那也是一种均等，这里就是守这个"中"。有人讲"一山不容二虎"，但有时也不是那么回事。

3. 过旬灾也

这里是说，打破了这个均等，那就会有灾祸。在现实社会中也有这样的道理，如冷战时期，美、苏两大超级大国从来没有正面交过手，他们打不起来，因为他们势均力敌，是均等的。

> 六二，丰其蔀，日中见斗。往得疑疾，有孚发若，吉。
> 《象》曰：有孚发若，信以发志也。

1. 丰其蔀，日中见斗

"蔀"，是掩盖、蒙蔽的意思。盛大的光明被掩盖了，被蒙蔽了。被蒙蔽到什么程度呢？蒙蔽到白天能看见北斗星了，那可见阳光被掩盖到什么程度了，就像黑夜一样了。这个比喻很奇特。

2. 往得疑疾，有孚发若，吉

前往必有被猜疑的隐患，如果前往那就必会被猜疑。"有孚发若"，幸而自己有一片至诚之心，才求得了信任，所以获得了吉祥。

3. 信以发志也

以自己的一片至诚之心求得信任，说明六二用自己的诚信，感发这种光明的心志。前面是讲光明被掩盖到了那种程度，但是还是获得了吉祥。最后这个光明是从何而来的呢？是外面的光被蒙蔽了，但内心的光却蒙蔽不了，他将内心的诚信之光、德性之光发扬出去，仍然会得到吉祥。这一外一内的反差是很有意思的。

> 九三，丰其沛，日中见沫，折其右肱，无咎。
> 《象》曰：丰其沛，不可大事也。折其右肱，终不可用也。

1. 丰其沛，日中见沫

九三，阳居阳位。"丰其沛"，沛通"旆"，乃遮蔽之物。这里是盛大的光明被遮蔽了，就像太阳正当中午，却能见到无名的小星。这里与上面相比，遮蔽得更厉害了，太阳光几乎是一点都没有了。刚才只能看到北斗星，现在连无名的小星都能看见了，这就可见遮蔽得更严重了。

2. 折其右肱，无咎

这时只好折断右臂，什么也不做，只有这样才不会招来灾难。那这是什么意思呢？看象辞。

3. 丰其沛，不可大事也

这是讲盛大的光明被遮蔽以后，这九三与上六本来是相应的，但依靠不了它，它不能与上六共济大事。

4. 折其右肱，终不可用也

折断了右臂，说明尽管做了很大的努力，甚至于挣扎，挣扎得将右臂也折断了，但还是无法施展，无法有所作为。这里讲得这么严重，那么为什么这里连续两爻，一爻比一爻严重？逆差这么大？这里先是非常盛大，结果连无名小星都能看到。这么盛大却被一个"旆"遮盖，这种落差是很大的。而遮盖得那么严严实实，难道这么盛大的东西，能被这样一个"旆"包得住吗？这个不过是一个旗幡而已呀！这说明一个什么问题呢？这里留给我们一个很大的悬念，有学者解为日食之象，你们自己仔细去思考吧。

> 九四，丰其蔀，日中见斗，遇其夷主，吉。
> 《象》曰：丰其蔀，位不当也。日中见斗，幽不明也。遇其夷主，吉行也。

1. 丰其蔀，日中见斗，遇其夷主，吉

九四，阳居阳位，这里的光明又被掩盖了，又像中午时能看见北斗星一样。当然这一爻有点不同，就是遇到了与之阳德相配的主人，从而获得了吉祥。夷是平的意思。这里为什么能遇到这样的主人呢？

2. 位不当也。日中见斗，幽不明也。遇其夷主，吉行也

之所以被掩盖，是因位不当也。"日中见斗，幽不明也"，这个也很明显，是直接解释它的。"遇其夷主，吉行也"，这行是指变化，在变化之中，还能见到光明。这爻既讲到好的一面，又讲到不好的一面，最后又是得到吉祥。这吉祥是怎么来的？是从变化中来的。

> 六五，来章，有庆誉，吉。
> 《象》曰：六五之吉，有庆也。

1. 来章，有庆誉，吉

六五得中，但是不正，柔居阳位。"章"，是指文采、俊美；这里好像是招来了天下俊美之才。"有庆誉"，这誉是美誉，是吉庆的美誉，能得到这种吉庆的美誉，当然是吉祥了。但是这种俊美的才子是从哪里来的呢？

2. 六五之吉，有庆也

这吉庆又是从何而来的呢？我们看前面三爻就能看出来，这俊美之才是从逆境中来的，他的俊美是从自己内心散发出来的。美无光明不为美，美的第一个条件、第一个标准首先就是明亮。这光明是从内心发出的，是从他的德行、他的智慧中发出的。这个德行与智慧又是从何而来的呢？什么东西都是反的，正是因为盛大的光明被遮蔽以后，逼着他从内心发出光明。前面那么夸张，设下一个很大的悬念，然后这个俊美之才就静悄悄地出来了。就是这么一个原因，可见这个悬念有多大。这种福庆、这种美誉、这种才干，全部是从被遮蔽了光明中磨炼出来的。假如始终都是盛大的光明，那么这种内心的光就发不出来了。这里解开了这个悬念，不然前面的三爻就不好理解。

> 上六，丰其屋，蔀其家，窥其户，阒其无人，三岁不觌，凶。
> 象曰：丰其屋，天际翔也。窥其户，阒其无人，自藏也。

1. 丰其屋，蔀其家，窥其户，阒其无人，三岁不觌，凶

上六，阴居阴位，这里的结论是凶。为什么是凶？这种凶又是什么样的？"丰其屋"，丰是指扩大，扩大其房屋。其屋宇扩大后，相反遮蔽了自己的居室。

"窥其户",从门缝里窥看,窥看里面怎样呢?"阒其无人",寂静无人,那里静悄悄的,没有人影。"三岁不觌,凶。"这三岁又是指很长时间,长时间都看不见人,当然是一种凶险之象了。

2. 天际翔也

《象传》中说:"丰其屋,天际翔也。"他拼命地扩大自己的屋宇,说明是上六居位太高了,与下不交,有一种天马行空、独往独来的景象。天际飞翔,就像在天空中飞行一样。

3. 窥其户,阒其无人,自藏也

从门缝里窥看,却看不见人的踪影。人到哪里去了呢?这人是自己掩藏起来了。

前面盛大的光明是被掩蔽的,而这是主动掩藏起来的,而且是深藏起来,长时间不露面。难道是凶吗?这象辞里没有讲到凶。上面的凶,只是一种凶的迹象而已,实际上这里不凶。这里有一个非常大的谜团。"自藏也",那为什么要这样呢?

这里屋宇盖得那么大,屋宇上雕的龙好像在天际中飞翔,这样宏大的场面,里面却悄然无声,为什么?这不是一个谜吗?这个谜怎么去解释呢?我看我们就带着这个谜团进入下一章吧。

旅卦 山上有火的智慧

一、卦名：旅（火山旅）

《说文》曰："旅，军之五百人为旅。"古代的军旅多为氏族军事首领率领，征战、狩猎、会盟、交易及祭祀名山大岳，象征其领土范围和权威。所以，旅有商旅及旅祭之义。

"旅"字最早可能用于祭祀名。旅祭的史书记载始于《周礼》。《周礼·春官宗伯》曰："国有大故，则旅上帝及四望。"《周礼·天官·掌次》曰："王大旅上帝。"郑玄注："大旅上帝，祭天于圜丘。国有故而祭，亦曰旅。"

《论语·八佾》（佾，指古时乐舞的行列）曰："季氏旅于泰山。"朱熹注："旅，祭名。"指对泰山行旅祭之礼。

尧舜时代有望祭山川之礼。这种仪式是怎样举行的呢？例如要祭泰山，不须登上泰山极顶，而是到泰山脚下某一山坡上，举火设坛，望泰山而礼。这是古代的一种祭祀之礼，望其山而祭之。所以旅卦的卦画为山上有火之象。

旅，以后又演变了，演变为寄旅、旅行，到现代的旅游种种。寄旅，是因为某人名声很大，或是很有成就、很有才能，但是别人妒忌，成为众矢之的，在他的故里都不能生存，只好到异国他乡去避难，这就是寄旅。这种寄旅实际上是寄住做客，寄住在他人房檐之下，作为他乡之客。还有一种是为了事业、经商等，到外面四处奔波，忘其室家，不遑安处。

李白、杜甫的诗中就有许多寄旅诗，他们俩几乎大半生都在寄旅之中。如李白的"朝辞白帝彩云间，千里江陵一日还"，就是一种寄旅生活的写照，这种寄旅与我们现代的旅游是两码事。现代的旅游是去消遣、放松，说白了就是去消费，过去则不是。我们这里对旅的含义，主要是取寄旅的意思。

二、卦画

艮下离上，名火山旅。上经卦为火，下经卦为山，山上有火之象。这正好就取了望山祭礼的本义。

三、卦辞

> 旅：小亨，旅贞吉。
> 《彖》曰：旅，小亨。柔得中乎外，而顺乎刚，止而丽乎明，是以小亨，旅贞吉也。旅之时义大矣哉！
> 《象》曰：山上有火，旅。君子以明，慎用刑，而不留狱。

1. 旅：小亨，旅贞吉

"旅"，是指旅行、寄旅。不过小有亨通，行旅之时固守正道，可获吉祥。这"小有亨通"，可见是寄旅，寄人篱下，无奈、艰难。如果是卦画上的意思，是望山举火而祭祀的话，那肯定也是大旅（礼）。这里是讲寄旅。"旅贞吉"，这里又将卦名再重复一遍。前有"旅，小亨"，再重复"旅贞吉"。这里为什么重复这个"旅"字？前面的旅是指卦名，后面的旅是讲旅途之中，必须贞固才能获得吉祥。因为寄旅不可胡作非为，这是最起码的，这个时候必须正固，而且要格外注意自己的道德修养，注意自己的为人处事。如果在这一方面不注意的话，那就是给自己招惹麻烦了，所以这个地方重复了这个"旅"字。吉祥从贞固而来。

2. 柔得中乎外，而顺乎刚

从卦画上看，外卦是柔卦，而且柔爻也在中位，所以是"柔得中乎外"，是因它在外卦。"顺乎刚"，外卦为离卦，离的卦德是依附，依附也就有一种顺从的意思。依附的是阳卦，艮卦为阳卦、为刚，离依附于艮，故为顺从。

3. 止而丽乎明，是以小亨

"止"，指艮。"丽乎明"，指离卦，这是一种解释。"止和明"之间有什么内在联系呢？这个"止"在艮卦里讲过了，这种止并不是完全绝对的止住，实际上是一种约制、抑制，也就是一种修养。如果拿到易理上讲，实际上是损益的关系、消长的关系、盈虚消息。掌握了这个规律当然就能"止而丽乎明"，这明当然就是一种智慧了。"是以小亨"，所以就能得到小的亨通。

从"柔得中乎外，而顺乎刚，止而丽乎明，是以小亨"，这样看来也只是小亨，可见这是"旅"的特点，如果换一个其他的卦可能不仅仅是小亨，这就是旅卦的一种限制。即使得了中，即使顺乎了刚，即使"止而丽乎明"，但在这一旅途之间发挥还是有限的，这与所处的环境是有关的。

4. 旅贞吉也

要得到吉祥，还是要正固，必须坚持正道，也只有这样才能得到吉。

5. 旅之时义大矣哉

这里又出现了"之时义大矣哉"，这种赞叹句式在以前各卦中每每出现，这里又作重复，重在一个时间、一种规则。

6. 君子以明，慎用刑，而不留狱

作为执法者来说，必须谨慎执法，而且也不要拖延办案。这个"不留狱"就是不能延误、不要故意拖延，要及时处理，这就是旅的卦义。寄旅就是停留，而这里反过来强调不能停留、不能延误时间，这又讲到社会现象。

四、爻辞

> 初六，旅琐琐，斯其所取灾。
> 《象》曰：旅琐琐，志穷灾也。

1. 旅琐琐，斯其所取灾

初六是本卦的第一个阴爻，阴居阳位。"琐琐"，是指猥琐卑贱的样子。"所取灾"，这个灾难、咎害，是自己招惹的，就是这种猥琐的行为招惹的。"其"是代词，代指有琐琐行为的寄旅者，这种寄旅的行为是猥琐卑贱的，所以灾祸也是他自己招惹的。

2. 志穷灾也

这里就讲到人可穷而志不可穷，志穷那就显得卑贱，就会招惹灾患。这里的卑贱与谦逊是大不相同的，谦逊是一种德的修养；而这种卑贱是丧失了志，丧失了做人的人格了。这是大不相同的。

> 六二，旅即次，怀其资，得童仆，贞。
> 《象》曰：得童仆，贞，终无尤也。

1. 旅即次，怀其资，得童仆，贞

六二，阴居阴位，又正又中，所以这里与初六大不一样了。"次"，指场所，一般是指寄旅的地方。"即"，是指靠近。"怀其资"，可以看出他带了财产。"得童仆"，这个童仆不一定就是为其服务的仆人，也可能得到了他人的相助。"贞"，是正固。为什么得贞？这贞有两层意义：一层意思是结果，再一层意思是因，是种瓜得瓜的关系。

2. 终无尤也

这里没有说"怀资"，并没有说带了钱所以好办事，并未讲这个，而是归于正固。这个正固也可以表现为"志未穷"，有志向，有骨气，有人格，有修养，这样他最终就没有怨尤。

> 九三，旅焚其次，丧其童仆，贞厉。
> 《象》曰：旅焚其次，亦以伤矣。以旅与下，其义丧也。

1. 旅焚其次，丧其童仆，贞厉

九三，阳居阳位，显得刚强，这里指旅居的房舍被烧掉了，也就是遭了灾了，为什么呢？因为九三靠近了火，离卦为火。童仆也离他而去了。

"贞厉"，这又怎么解释呢？既然贞固了，为什么还带来了这样的灾难呢？

2. 以旅与下，其义丧也

这里是正固，这不能否定，但又危厉，遭了火灾，而且也受了伤。原因在哪里呢？是"以旅与下，其义丧也"。这九三应与上九相比，但上九为阳，它们不是比应，而是一种敌应的关系。"以旅与下"，有的讲"下"是指童仆，我认为不能这么理解，作为童仆来说，与他又有什么关系呢？尽管六二与九三都讲到童仆，难道是童仆的原因吗？真正讲还是"其义丧也"，其义是旅者伤害了童仆，"以旅与下"，就是他与下没有相处好。这个主要责任应在寄旅者，如果将这个责任推在童仆身上，那是不公平的。

> 九四，旅于处，得其资斧，我心不快。
> 《象》曰：旅于处，未得位也。得其资斧，心未快也。

1. 旅于处，得其资斧，我心不快

九四，阳居阴位，应该是刚柔相济。"旅于处"，也就是讲旅行居处，这"处"与"次"不仅仅是字面上的区别。"次"是旅居的住所、客舍，家居为主，客舍为次。九四旅于"处"的条件可能要好一点。"得其资斧"，这里的"资"是指利，斧子很锋利；也有的解释为得到了资助，还得到了一把斧头。如果只是从字面解读，则大错特错。古代有一种钱币，铸为斧形，故"资斧"应为钱币。

这里"处"与"次"不同，"处"是指野外，比"次"要大些，所以是自己架设茅棚。"我心不快"，这当然快乐不起来，不仅仅是因为这种环境艰苦，心志不能遂其所愿是主要原因。

2. 未得位也。得其资斧，心未快也

没有得位，即没有得到真正好的住处。从卦画上讲就是阳爻没有居在阳位上。"得其资斧，心未快也。"尽管得到了资斧（资助），仍然没有满愿，志未遂也，这当然不快乐了。

> 六五，射雉，一矢亡，终以誉命。
> 《象》曰：终以誉命，上逮也。

1. 射雉，一矢亡，终以誉命

六五，阴居阳位，得中但不正。上经卦离卦的卦象是雉，是指射了一只山鸡，却费了一支箭。"终以誉命"，凡是在卦辞里讲到"终"的都是比较好的意思，有一个好的结果。"誉"是美誉、赞誉。"命"是爵命。

因为射了一只山鸡，虽然失去一支箭，但是得到了嘉奖。"命"，实际上是王命、爵命。爵是爵位。这赞誉是由有爵位之人授命的。

2. 终以誉命，上逮也

这里"上逮"是及于上，也就是名誉声望已经很高。"终以誉命"，就是终于有了一个好的结果，他的声望名誉也很高了。

这里不仅仅是讲射了一只山鸡，功劳很大，因为这寄旅之人竟然能得到这样的誉命，是非常难得的。所以将"终"字与前面联系起来，前面讲到他经历许多坎坷，开始是那样诚惶诚恐，是那样猥琐的样子，到这里是"终"，终于得到了好的誉命，当然他是立了功的。

> 上九，鸟焚其巢，旅人先笑后号啕。丧牛于易，凶。
> 《象》曰：以旅在上，其义焚也。丧牛于易，终莫之闻也。

1. 鸟焚其巢，旅人先笑后号啕

前面同人卦是"先号啕而后笑"，这里是"先笑而后号啕"，这里先笑的是誉命。刚刚还很高兴，但高兴得太早了。这里是"鸟焚其巢"，实际上是"焚其鸟巢"。上九这个位置不当，阳居阴位，而且是这一卦的终极之位。

2. 丧牛于易，凶

旅人先笑而后号啕，这是先笑后哭了，这不仅仅是鸟巢被烧了，而且也"丧牛于易"。易是异地，异国他乡之异。丧牛是牛丢失了。从卦象上来看是什么意思呢？这是上爻，它与三爻应该是相比的，与九三都是阳爻而不相应。但如果三爻是阴爻的话，那就正好相应，而且下经卦也是坤卦，坤为牛而且三爻在下经卦，也就是丧阴爻于卦（"易卦"即指变卦，艮变为坤，又指坤变为艮），那不正好是"丧牛于易"吗？这里虽转了一道弯，但实际上也很直接、形象，有这样的结果当然是凶了。这又是什么意思呢？我们看卦画。

如果下一卦的第三爻要成为阴爻，与上九相应的话，那这卦就变成了晋卦。如果是晋卦的话，那当然是好啊！这里我们可以看一下晋卦的上爻爻辞：

"上九，晋其角，维用伐邑，厉吉，无咎，贞吝。""晋其角"，是晋升到角上了，这角是指到了顶端。"维用伐邑"，是指受到封赐，所以派他去征伐其他的小国。那么本卦为什么要变卦呢？为什么要去征伐呢？是"丧牛于易，凶"，就是因为牛丧于易地（即异地）。这里我们要仔细将相应的一爻或与之有联系的卦联系起来看，仔细地品味。

3. 以旅在上，其义焚也

这里为什么是"其义焚呢"？就是说，为人的准则已经丧失了。

4. 丧牛于易，终莫之闻也

这牛丢在易地了，是讲这种灾祸没有人知道，最终还没有人听说。这是因为一般寄旅在外的人，信息都不流通。

这里讲到，寄旅之人就像一只离群之鸟，在另外一个地方，窝遭到了焚烧，那当然是一种灾祸了。人家所知的只是这巢被烧了，但牛丢了别人却不知，可见丢牛的事还是小事。这里的意思是，还是要有一个家，没有房舍、没有家总是不行的。

旅卦主要讲的是寄旅生涯有些坎坷。这里要以正固为主，没有正固就很难得到吉祥，连小亨都得不到。

如果再联系到屯卦，"利居贞，利建侯"来理解，又能看出更深一层的含义：身寄旅于外为客，并不是"鸟焚其巢""丧牛于易"的原因，真正的原因还是因为"其义焚也"，义焚而规则丧失，也就无以安身立命。

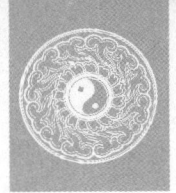

巽卦 申命行事的智慧

一、卦名：巽

巽卦的巽，只有在卦上独用。《说文》中的巽写作"巺"。臣铉等曰："庶物皆具丌以荐之。"就是说，众多物类都像草根那样，具有先立根基的特性。所以，巽有谦逊的意思，又有顺从的意思。作为卦德，它有"入"的意思；只要有一点空间它都能进入，因为巽象征风。所以说它的适应性、渗透性相当强。如果讲现代的人际关系，是说活动能力大，办事能左右逢源。

具有逊的德行的人，活动能力就大。巽卦是阴卦，是由两个阴卦重起来的。巽卦为风，为长女，为入，有顺、逊之德。以初阴爻为根。

二、卦画

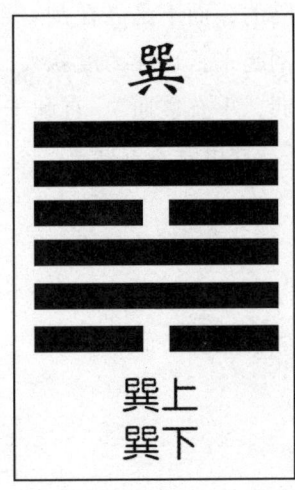

巽上巽下，巽为风，卦形为外有风，内有风，风为长女，而且无孔不入。巽有逊、顺之德。

三、卦辞

> 巽：小亨，利有攸往，利见大人。
> 《彖》曰：重巽以申命。刚巽乎中正而志行，柔皆顺乎刚，是以小亨，利有攸往，利见大人。
> 《象》曰：随风，巽。君子以申命行事。

1. 巽：小亨

这里为什么是小有亨通呢？因为它是这样谦逊，而且能够在每一个角落、每一条缝隙里穿行扎根。它不是讲大亨通，而是讲小亨通，这是风的一种德性。有这么一句话："万事俱备，只欠东风。"可想这风是不可少的，风是利于行的，这里还利于见大人，能利于为大众所接受。为什么呢？因为这风不是为一个人服务的。

2. 利见大人

从巽的卦德来看，是逊、顺。凡是谦逊的人，当然他的人缘肯定好，能够得到大多数人的尊敬，这样也"利见大人"。顺逊，一般都要通过努力去改善环境，而委曲求全。如风是一阵一阵的，而不是老在刮。越是刮得猛的风，它都有一段停顿的过程，接着再猛烈地刮起来，这样力度就大。

这卦辞里讲的意思是"巽，小有亨通"，有利于有所前往，也有利于见大人，利见大人在前面讲过好多次了，这里就不重复了。

3. 重巽以申命

这里似乎是上下两个巽卦重合，重申一种命令，这是从巽卦两个重上来看的。巽重起来就为尊，所以尊就能发布命令。

4. 刚巽乎中正而志行，柔皆顺乎刚，是以小亨

本来是阴卦，是柔卦，谈不上刚。但这里讲"刚巽乎中正"，这刚是从哪里来的呢？在本卦中，九五是阴居阳位，中正之位，是刚。"柔皆顺乎刚"，本来巽卦为柔卦，但它还是要顺九五之刚，还是以九五为主。

所以"利有攸往，利见大人"。这就是说，这一个卦还要服从于一个爻，所以这也就是一种小亨。

5. 随风，巽。君子以申命行事

这里为什么讲随呢？巽卦的卦德为谦逊、为顺，顺就是从，从就是随，它随的是风。有的人解释是风吹两面倒，我看不能这么理解，同时也要看其随的是什么风。

"申命"，这里似乎有一个尊者在此发布命令，但实际上这里是一个比喻。比喻这个君子非常谦逊，这种谦逊之德不是那种猥琐的、卑贱的，他能使人尊敬，他越谦逊人家也越是尊敬。这里两个巽卦重起来，两逊相重就是尊者，这个尊者实际上就是指"巽"本身。"君子以申命行事"，申命就是谦逊之德。为什么呢？我们前面讲过立命，它这种谦逊是将命立在逊德上，这种人的成功是离不开这一德的，他的迁升也是离不开这一德的。所以他立命就立在谦逊之德上。

四、爻辞

> 初六，进退，利武人之贞。
> 《象》曰：进退，志疑也。利武人之贞，志治也。

1. 初六，进退

初六是第一个阴爻，这一卦有两个阴爻。看起来好像是进进退退，进退不定，好像很犹豫。不过这样也有利，利于勇武之人贞固勇决。为什么呢？

2. 利武人之贞

英武之人刚猛，毫不犹豫。但是因为这种刚猛，还缺少了逊德，缺少进退之

间的三思而行，所以知进退可以弥补勇武之人的刚猛，使他能得到正固，刚猛难得正固，刚猛容易过，有一些进退正好平衡了，这样就得到正固了。

3. 进退，志疑也

这里讲"志疑"，似乎这个进退不好。其实这个疑不是怀疑，而是犹疑，犹疑是三思，是慎重。"志"，是指办事的决策。"疑"，说明在斟酌、在深思。

4. 利武人之贞，志治也

这里的决策成立了，这个志实际上就是说志成立了，得到治理了，理顺了。所以初六是讲了这么一种巽。

> 九二，巽在床下，用史巫，纷若，吉，无咎。
> 《象》曰：纷若之吉，得中也。

1. 巽在床下，用史巫

"史"是指祝史，"巫"是巫觋。史与巫在古代是一种职业，这两种职业是一种迷信的职业，是让人与鬼沟通的。现在农村已经见不到了，过去有，我们小时候也听说过。有一种"观先"，又名"关仙"，就是将某个人家已故的先人，从阴间找回来与其家人对话。那时有好多人利用这种迷信的事当作自己的职业。当然现在没有了，因为现在人们都不迷信了，那些人也就没市场了。不仅仅是国家破除迷信，实际上随着科学的发展，这种事也就没人去相信了。

2. 纷若，吉

这九二巽得很奇怪，巽到床下去了。这里用一个笑话来比喻，有一种"妻管严"，丈夫怕老婆，老婆拿着一把扫帚追打丈夫，丈夫吓得钻到床底下去了，妻子问："你出不出来？"丈夫壮着胆说："男子汉大丈夫，说话算数，说不出来就不出来。"

九二是阳居阴位，这床底下不是让人钻的呀！真是不可思议。就是用这种迷信的方式，用史、巫频繁致意，传话于君王，这个君王就是九五。其意思是，本来九二与九五相比，但九二是巽卦中位，它也要保持一种谦逊的态度，而且要表现出来。第一个表现是钻到床底下，这可表现出九二不刚强；第二个表现是通过祝史和巫觋这两种最善传话的，频繁地传话给九五，以此表示一种顺从。这是一种讽刺，它不当位，钻到床底下去了，那肯定不当位了。九二这种手段本身就不当，阴错阳差。这就是讲，谦逊也要得当、得体。但这里又讲"吉，无咎"，是何原因呢？就是《象传》中讲的。

3. 纷若之吉，得中也

毕竟是中位，这个中位的刚强者有谦逊之德。九二虽过分了一点，虽不当，但是对于它来讲还是吉祥的，避免了咎害，保住了自己。

如韩信当年受胯下之辱，这是不是当呢？当然不当了。但结果正因为这种不当之举，才保住了他的平安。如果不钻的话，他当时可能就有生命危险。在非常时刻虽不当，但为了躲过灾祸，不当之举亦无不当。本爻也是这个原因，九二与九五本是敌应的，九二能敌过九五吗？敌不过不就是一种灾难吗？在这样的情况下，宁可钻床底，也不愿去涉险。所以才不会有危险，而得到了吉祥。

> 九三，频巽，吝。
> 《象》曰：频巽之吝，志穷也。

1. 频巽，吝

"频"是指皱眉，九三是阳居阳位，这就没有九二那么老实了，没有它那么谦逊了。但它这种刚强的态势在巽卦中可不行，这可是谦虚之国啊！这一卦中全是讲逊的。所以九三也很勉强地逊顺，所以有吝。

2. 频巽之吝，志穷也

"志穷"，是讲这里没有谦逊之德，这种谦逊之德早就丧失了。可见这种人无可救药了，志穷了。

> 六四，悔亡，田获三品。
> 《象》曰：田获三品，有功也。

1. 悔亡，田获三品

六四，阴居阴位，得正，而且又接近九五。"悔亡"，这里有悔吗？有悔，是因为它太柔了，但也没有关系，还能够消除。

"田获三品"，田猎获得了三品。这三品是什么意思呢？是哪三品呢？一品是做祭礼的，就是所获的猎物作为祭品；第二品就作为宴请宾客用；第三品敬献给君主。这三种作用都是上品，就是说，这里田猎所获得的猎物是上品，都是好东西。如果获得的是一般的猎物那当然不为品了。

2. 田获三品，有功也

这里可见其立功了，功劳就是"田获三品"。

九五，贞吉，悔亡，无不利，无初有终。先庚三日，后庚三日，吉。
《象》曰：九五之吉，位正中也。

---

1. 贞吉，悔亡，无不利，无初有终

九五首先讲到"贞吉"，因贞固所以得到吉祥，得到吉祥后虽然有悔而后也消除了，所以无不利。

"无初有终"，这里与之相比的是九二，它们是不相应的。这里没有得到九二的帮助，但是还有终，因为九二毕竟还是向它表示顺从。

2. 先庚三日，后庚三日，吉

这里讲到"先庚三日，后庚三日"，庚是十天干中的"庚"。十天干是甲、乙、丙、丁、戊、己、庚、辛、壬、癸。庚日已经超过半数以上了，如果再往前数三日，那就是丁，再往后数三日为癸。丁是叮咛在先。后庚三日为癸，癸就是揆度，揆度就是揣测。这样叮咛在先，揆度在后，办事谨慎严密，那肯定得吉祥了。

《象》曰："九五之吉，位正中也。"这里九五能得吉祥，当然是因它居中又得正了。

上九，巽在床下，丧其资斧，贞凶。
《象》曰：巽在床下，上穷也。丧其资斧，正乎凶也。

---

1. 上九，巽在床下，丧其资斧，贞凶

这里又来了一个在床下的，那么这个在床下，与前面九二的在床下有什么不同呢？九二在床下，是用了一种手段，所以得到的是无咎。但上九在床下没有得到什么，而且丧失了金钱。贞凶，这里贞固、守正吗？上九自认为是守正，钻到

床底下了难道还不正、还不谦逊吗？但那是凶。为什么是凶呢？既然又正又有逊为什么还凶呢？看象辞。

2. 巽在床下，上穷也

上九无路可走了，已经是最上爻了，说明上九已经居于穷极之位了。

3. 丧其资斧，正乎凶也

这里是凶险，这个凶险是从哪里来的呢？这个凶险是因其过于卑贱，卑贱得过头了。这样是不行的。这里一再讲到逊，也可以说是"天尊地卑"，是一种谦卑之态，而并非指降低自己的人格。九二，钻到床底下是因非常情况下的非常手段，同时也是为了表示自己的一种诚意，所以在床下能得吉祥。但上九钻到床下却是丧失人格了，这完全玷污了这种巽的意义，把这个巽的本意完全贬低了。

如有的人用《易经》到大街上为人家占卜，收了钱胡说一通。这里上九的行为与这种人的行为相似，这种人将《易经》玷污了，贬低了《易经》真正的文化价值。这里上九贬低了巽的真实意思，所以就有凶险。巽卦里主要讲到谦逊，要正固，要有人格，要有骨气，要有志向，要有尊严。我可以谦卑、谦逊，甚至可以采取一些不太寻常的手段，但要以谦逊为准，人格不能丢，尊严不能丢。在国与国之间，国格不能丢。周总理在外交上非常谦逊，但是他在国家利益上、在人格上，是万金不移的。越是这样，外国人越是尊重他。

如在战场上，两军交战，一方抓住了对方的一员大将，这名大将马上投降了，这方的元帅往往会将他杀掉，因为这种没有骨气的人留着无用。如果是宁死也不降，这样还可能保住性命，还可能受到尊重。这就是一种人格、一种骨气。

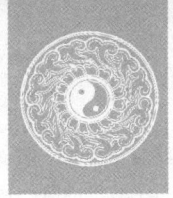

兑卦 朋友讲习的智慧

一、卦名：兑

《说文》曰："兑，说也。"说，悦也。

从字形上看，兑，像张口的样子。一张口就有两种可能，一种是说话，一种是表示喜悦。古代没有喜悦的"悦"字，与"说"相通。所以，《论语》里面有："学而时习之，不亦说乎。"这个"悦"写作说话的"说"，这是古代假借的用字法。兑，为泽，为悦，为少女，为巫，为口舌。

《象传》曰："丽泽，兑。君子以朋友讲习。"丽泽，丽指两个兑卦，两个兑卦互相润泽。互相润泽，就得喜悦。讲习，又是一种言说，所以有双重的意思。这句象辞解释了两重意思：喜悦，言说。

二、卦画

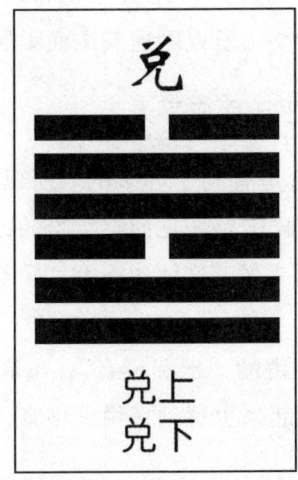

兑下兑上，八纯卦之一。兑卦象征羊，卦画上爻为阴爻，曰"兑上缺"，与"羊"字同形。兑卦卦德悦，两兑相重，上悦下亦悦，上下皆悦；又可解为外悦内亦悦，内外皆悦。

三、卦辞

> 兑：亨，利贞。
> 《彖》曰：兑，说也。刚中而柔外，说以利贞，是以顺乎天而应乎人。说以先民，民忘其劳；说以犯难，民忘其死。说之大，民劝矣哉！
> 《象》曰：丽泽，兑。君子以朋友讲习。

1. 兑：亨，利贞

兑，有喜悦和言说两重意思。当然，在卦里以喜悦为主，喜悦、和悦、愉悦。亨通，利于守持正道。这里指出了和悦相处的一种行为准则。《周易正义》里是这么解释的："泽以润生万物，所以万物皆说（悦）；施于人事，犹人君以恩惠养民，民无不说（悦）也。"水来滋润万物，所以万物都喜悦；君子以恩惠养民，民无不喜悦。

2. 刚中而柔外

《彖传》中讲道"刚中而柔外"，什么为"刚中"？九二和九五都是刚爻居中位，但是两爻的上爻都是柔爻，所以刚居其中而柔居其外。

3. 说以利贞，是以顺乎天而应乎人

以和悦为行为准则，这是有利于办事的。所以，这种和悦的办事准则顺乎天，也应乎人。谁不喜欢这样呢？一见面笑哈哈的，还挺好；如果见面将脸拉得老长，这样当然人家见了不高兴，这就谈不上"应乎人"了。这一卦是上顺乎于天，下应乎于人。

就像佛教《弥陀经》上讲的"出和雅音"，出和音，就是和悦的音，你说出的话，语气很和悦，人家听起来也感到喜悦。雅音，是说出的话非常文雅，还很幽默。

音乐里有和音,有和声。和声,只要一支歌中有几个和声的话,这支歌就好听。但和声用在哪个地方、怎么用才巧妙?作曲家、音乐家最强调这个问题。如果一首曲子里和声用得不好的话,这个曲子绝对不是成功的。这说明和悦是贯彻在我们生活中间的。

4. 说之大

先民的"说"(悦),是引导的意思,用喜悦去引导他人,引导民众。那么,民众就忘记疲劳了。像在部队行军途中,战士很疲劳,文工团将竹板一打、歌儿一唱,战士们乐了,忘记了疲劳,这就是一种引导。

5. 说以犯难,民忘其死

"犯",指奔赴。本来知道前面有险难,但是还愿意前往,前赴后继。这就是用喜悦的方法去宣传和引导,是用喜悦,而不是用命令。

抗日战争的时候,全国许多仁人志士奔赴延安,有许多大学生,从大城市奔到那个山沟沟里面,有的家庭环境非常优越,有大少爷、大小姐,他们过惯了城里的生活,但是他们还要奔赴延安,甘愿去过那种艰苦的生活。他们就是为抗日救国、为民族利益的正气所鼓舞。这种鼓舞就是一种悦。他们得到这种鼓舞,愿意去赴难。

小说《红岩》里面的刘思民,他的家庭多好啊!他为什么还要参加革命?当他被捕后,父母劝他,但他宁可蹲监狱,也不愿意去过那种享乐生活。为什么?他忘记了个人的生死。

6. 说之大,民劝矣哉

"劝",指勉励。这个和悦的意义是多么地宏大,可以使民众自我勉励而为之。这是不可思议的。

这里赞叹和悦的意义,用了两组排比句,而且这两种情形都是非比寻常的,这就高度地赞美了和悦的德性。

7. 丽泽,兑。君子以朋友讲习

这里是说两泽相连,互相滋润,象征了一种和悦之色。君子效法这种和悦,就能使朋友都来亲附他,而且大家可以在一起研习学业、钻研学问。可见,和悦是凝聚的象征。正如《论语》开篇中所描述的:"有朋友自远方来,不亦乐乎。"

四、爻辞

> 初九：和兑，吉。
> 《象》曰：和兑之吉，行未疑也。

1. 和兑，吉

初九，阳居阳位，非常好。和兑，即和悦，祥和喜悦。和悦待人，得到吉祥。这种和悦待人的行为，有什么可怀疑的吗？有什么不好吗？

2. 行未疑也

"未疑"，不会有怀疑的。这种和悦，让人怀疑是不是假惺惺的、是不是黄鼠狼给鸡拜年呢？根本不用怀疑，这种和悦是端正的，是端正的行为。下面接着还要讲到和悦。

> 九二，孚兑，吉，悔亡。
> 《象》曰：孚兑之吉，信志也。

1. 孚兑

孚兑，这个和悦是以诚信为基础的，没有诚信的和悦不能持久。

与人打交道，第一次，特别好；第二次，怎么样？我年轻时，第一次到一位父辈的学友家，他们家有位老者留我们吃饭。当时，我们认为第一次请我们吃饭，又是那种关系，他会盛情地招待我们的。没想到，他是以家常饭待我们。那位老者说：他们家有这么个传统，客人到家，如果认为客人是可交的，那么第一顿饭以家常饭招待。为什么？如果想与他长期交往的话，就以平常心开头。假如第一顿非常盛情、非常铺张，那么，一回生二回熟，到熟的时候，怎么在这上面加砝码？难道再摆两桌子菜，摆得出来吗？长期交往下去，还这样吗？这种热情怎么加码呢？如果加不上去的话，会使人误认为，开头对我这么好，慢慢冷下去了。所以以平常心开头，以后就能长交往。他也认为你可交，以诚信作基础。这就是"常"与"长"的辩证法，是对孚兑的最好注释。

2. 信志也

心怀诚信、和悦待人，就是一种永久的吉祥。当然，悔恨也会消失。如没有诚信的话是不行的，以后还是会有悔的。

以诚信来坚定自己的和悦之心。只有和悦,才能获得真诚相待,也就是以诚待诚、以心换心。

> 六三,来兑,凶。
> 《象》曰:来兑之凶,位不当也。

1. 来兑,凶

六三,阴居阳位。所以,前来谋求和悦,然而有凶险。为什么会有凶险呢?

2. 位不当也

前来谋求和悦,为什么会有凶险?原来是六三居位不正、不当位。第一,谋求和悦说明没有诚信;第二,它是来谋求和悦的,说明这种行为也不正当,这种和悦是假的,甚至如有人讲的"皮笑肉不笑",是一种做作、谄媚,它之所以来谋求,是有目的的,没有以诚信作为基础。和悦不是谋求的,而是出自内心的。

> 九四,商兑,未宁,介疾有喜。
> 《象》曰:九四之喜,有庆也。

1. 商兑,未宁,介疾有喜

九四,阳居阴位。"商",指商榷、商量。商榷和悦之事,但是心中不太安宁,还没有得到安宁。如果能隔断阴柔、嫉恨,则有喜兆。"介",指隔断。现在讲中介,两个人做买卖,中间隔着。"疾",指阴柔、谄媚,嫉妒讲得明白一点,指假惺惺的和悦。

2. 九四之喜,有庆也

什么喜庆之事?指大事呀,不是指个人。这里面讲了,要得到和悦的话,要以真诚为基础。在商业谈判桌上就是这样,你假惺惺地笑,相反弄巧成拙。有时候当喜则喜,有时候当怒则怒,有时候拍案而起,相反还会收到很好的效果。

在中国入世的中美谈判桌上,美国代表一上来说:"我们是在与一班小偷谈判。"当时的谈判团团长、外贸部部长吴仪马上拍案而起,她讲:"我们是在与一伙强盗谈判。"同时点出证据:"你们的博物馆里陈列的不是从我们国家抢来的出土文物吗?"她不仅针锋相对,而且还点出了事实,美方讲的都是空话,我们是讲事实。那个时候,如果跟他们笑一笑,解释一下,说我们不是小偷,人家反而会瞧不起你。吴仪部长拍案而起，我们中国老百姓一看到这个报道，真是扬眉吐气。所以说商榷也要把握好火候。

> 九五，孚于剥，有厉。
> 《象》曰：孚于剥，位正当也。

1. 孚于剥，有厉

九五，本来有诚信，但是它的诚信被剥消了。本来，九五是又中又正的，但是有厉，这在其他卦中不多见。为什么会这样？为什么会有危险？因为它的信任被剥消了。阳居阳位，阳被剥消了。被谁剥消了呢？

2. 位正当也

本来位正当，为什么还有危险？说明九五正处在容易被小人剥消的位置上。因为凡是处于显耀的位置，诚信便显得格外重要。九五与九二，本来是相比的，但是互为敌应。敌应，就是一种剥消，互相剥消。有人解释为被上六剥消，因为上六是"引兑"，引诱的目的就是为了剥消。

> 上六，引兑。
> 《象》曰：上六引兑，未光也。

1. 引兑

上六，阴居阴位。引，引诱。引诱他人与之和悦。这种手段怎么样？说明上六的和悦之道，未必是光明正大的。为什么？引诱他人和悦、引诱他人笑一笑，这当然是居心不良，所以说未必是光明正大。

2. 未光也

像阿谀奉承、溜须拍马，这些不也是为了取悦上司吗？送上一份厚礼，这个可能还不为过，送上一个大红包，几万元，甚至几十万元，那就是引诱他人犯罪，许多贪官不就是被人家引诱的吗？那是一时的和悦。行贿的送来一叠钱，收下来，当然是对他很和悦。但是一案发，行贿者、受贿者都被送上了审判台。这时还有和悦吗？是光明正大的和悦吗？兑卦，从卦辞上看，是非常好的；从象辞里看，它的意义非常深远；从爻辞来看，和悦要以诚信为基础。要真诚，不要用其他不正当的手段来谋取、引诱；在相互之间的商榷、谈判的合作中，要取得对方的喜悦，必须真诚待之，在双赢的基础上，才会有真正的和悦。

涣卦　风行水上的智慧

一、卦名：涣（风水涣）

《说文》曰："涣，流散也。"引申为离散。《玉篇·水部》曰："涣，水盛貌。"有盛大之义。《诗经·周颂·访落》曰："将予就之，继犹判涣。"《毛传》曰："判，分；涣，散也。"上二例说明，涣有流散之义。《老子·十五》曰："涣兮，若冰之将释。"明确有涣散之义。

涣散、涣漫等词，都是从涣之流散与水盛大二义引申而来的。卦中用于形象，取流散义；用于爻象取水盛之义。

二、卦画

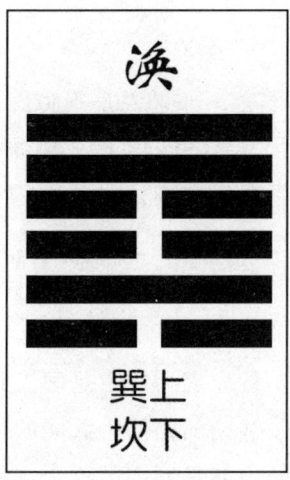

下坎上巽，名风水涣。像风从水面吹过、水纹涣漫，涣然流散之象。还有巽为木，木行水上，犹如舟楫流通之象。

三、卦辞

> 涣：亨。王假有庙。利涉大川，利贞。
> 《彖》曰：涣亨，刚来而不穷，柔得位乎外而上同。王假有庙，王乃在中也。利涉大川，乘木有功也。
> 《象》曰：风行水上，涣。先王以享于帝，立庙。

1. 涣：亨

《序辞传》中讲："说而后散之，故受之以'涣'。涣者，离也。"意思是说，人心气忧则结聚，悦则舒散，轻松愉快。所以人们在身心愉悦之后，感觉舒散一些，而且向四方加以推广，从而形成一种和悦涣然的人文风气。

还有人解释，涣是春风解冻、坚冰消融、水涣漫无际的意思，引申为化解滞碍、离散分披之义。

亨，涣卦从否卦变来。否卦的九四阳爻往下、六二阴爻往上，相互一交换，正好就成了涣卦。凡是从否卦变过来的卦都可以说亨通，因为否为天地阻隔，有阻塞的意思，而一旦变化，则阴阳二气交流亨通也。

2. 刚来而不穷

刚健的九四来到二位。不穷，如果说是不穷困的话，那就是一种表面意思。这里"不穷"是指变化不穷，有新的变化了。柔顺的六二上到四位得正，位当而且与上面两个阴爻和同。这是联系到否卦来说的。

3. 王假有庙

"假"，通"格"，这个词在前面出现过多次。"王"，指国君。"庙"，指宗庙。君王到宗庙来干什么呢？首先因为宗庙是国人共仰的地方，到宗庙里来都很虔诚，都是为了共同的目标、共同的信仰、共同的信念、共同的崇拜。于是国君就利用这个，周文王当时在岐山就是利用了这个，每年到岐山举行祭天仪式，以天作为共同的信仰，召集其他诸侯国的人来祭天。他用这样的祭祀活动，能将大家团结在一起，这样大家就能同心同德。

所以《象传》里讲："王假有庙，王乃在中也。"以君王为中心了，大家都群策群力，同心同德，团结在一起，这就避免了产生涣散的局面。

4. 利涉大川，利贞

能够同心同德、齐心协力，当然能够排除险难，以求共济大业，利于坚持正义之道。《象传》里讲"乘木有功也"，巽为木，木在水上如水上行船，这就是"利涉大川"之象，渡过大江大河的景象。

5. 风行水上，涣。先王以享于帝，立庙

这主要是指九五爻来说的。九五，秉其中正之德、诚信之心，感动先祖、先帝，并且立庙以享祭先帝，祭上苍以聚国人，这立庙的意思就是为了结。有涣就必须有聚，为了防止涣就要想办法聚，那以什么来聚呢？有一个象征性的仪式就是"立庙"。

四、爻辞

> 初六，用拯马壮，吉。
> 《象》曰：初六之吉，顺也。

1. 初六，用拯马壮，吉

此处之"用"，应与坤卦中的用六联系起来理解。"用六，利永贞。"用六，即用柔。如何用柔？用柔的目的是什么？是为了有利于长久的正固，坤卦所象征的正固、是顺从于乾道，乾道即天道。"乾为马"（《说卦传》）。"用拯马"，就是用"坤"之顺德援助涣散的马群。壮者，团结力量也。使马群不涣散而显示出群体的力量，这样自然吉祥。这就是用六，用坤之顺德，与《象传》中的"顺也"相吻合，与"涣"与"马"（乾）相合。"初六之吉"，即全卦之吉，开始就定下了这个基调。

2. 初六之吉,顺也

这里有一个顺的对象,那么它顺从的是谁呢?顺从的是整个卦。卦讲涣,实际上涣有两层意思,一种是防止涣散,还有一种是涣散危险,这里要顺从这个意思。当然这里顺从的是九二的刚中之德。但这个刚中之德,也有涣的意思。

> 九二,涣奔其机,悔亡。
> 《象》曰:涣奔其机,得愿也。

1. 涣奔其机,悔亡

"机",通"几",几案,这里"几"不是指小桌子,而应该是指坐凳,是坐的地方。就是说,现在九二的处境,是阳爻居在阴位了,首先是不正,是从否卦变过来的。所以就有一个"奔"字,"奔"是从否卦的四爻奔过来的,奔过来干什么呢?因为在否卦的四爻,是阳居阴位,不正。现在它奔到二爻位上来,就是为了找一个立足的地方,于是找到一个几案坐下,在否卦中九四是不正不中,那当然不稳。而九二虽不当位但居中,所以是安稳的坐处,虽然有悔也可消除了。

2. 得愿也

所以《象传》中说"得愿也",愿望实现了。它这么一奔不是徒劳的,而且如愿了。

> 六三,涣其躬,无悔。
> 《象》曰:涣其躬,志在外也。

1. 涣其躬,无悔

难道说是身体涣散了吗?在这里是指涣散自己身上不好的习气,当然还存在一些危险,因为这正好是坎卦的上一爻,坎卦为险,三爻刚涉险,但刚刚涉险以后,这个险还没有完全排除,还有一些疲劳惊慌感,还没涣散掉。涣散,同时也有舒展、调整的意思,所以无悔。

2. 涣其躬,志在外也

"志在外"是指外卦,外卦是巽卦。它已经快涉过大川,涉过险了,志的方向就是巽卦，它要顺于它，所以其志在外的巽卦。

> 六四，涣其群，元吉。涣有丘，匪夷所思。
> 《象》曰：涣其群元吉，光大也。

1. 涣其群

六四，阴居阴位，看似太柔了，但毕竟还是得正，所以"元吉"。其原因是，首先它是上卦的初爻，它能借助上卦的力量，上卦为巽卦，这个卦是好卦，它的力量是正的，而且在涣卦的外卦，再加上它又得正，所以取其涣的正义。

"涣其群"，这群本来是指群体、群众，但这里有局限性，它有"同人于宗"的意思，群有其局限性，甚至于有不正当性。"涣其群"，就是使这种不正当利益的、有私人利益的小群体，涣散了。这就是说，将它消除了，那当然是元吉了。如果这个社会或一个单位里面老有这样的小群体，分帮分派，互不团结，当然会使其涣散。这个卦也是讲同心同德，所以立庙也是为了想让大家齐心。"涣其群"，就是把这种小群体解散掉，这里的涣散就是一种好的现象。将其离散了，当然是元吉，是大吉利。

2. 无悔

这里将其涣散以后，还需要聚。为什么要聚呢？《易经》讲辩证，本来讲涣但又讲聚，讲无又讲有。这里讲"无悔"，说明另一方面有悔。实际这与佛教的哲学思维是一致的。你们在诵《金刚经》中就可注意到，里面讲无相又讲实相，讲到"无"又要讲到"有"，也就是当你在执着"有"的时候，它就破除你的"有"而讲无；当你在执着"无"的时候，它又讲"有"，来破除你所执的"无"，也就是不要执其两端，所以这里也是不执其两端，要"中"，所以《易经》以中为最吉祥。

3. 涣有丘

涣散了小群体，便能聚集或大群体。破了以后又要立，不破不立。既然破了就要立，既然散去了不利的方面，那就要重新聚集有利的方面。"涣有丘"，"丘"，代表大众的利益，众人的智慧，还有众人的德性。这样大家就能同心同德，能够团结一心，能凝聚得像小山这样稳固。

4. 匪夷所思

"匪",是非。"夷",是平常。这句的意思是,不是平常人所能想到的。这种事对于平常人来说别说做到,连想都想不到。所以说这是一个非常伟大的成就。这里的断辞就不用多讲了。

5. 涣其群元吉,光大也

前面"涣其群"是元吉,这里那当然也是吉了。

《象传》中说:"涣其群元吉,光大也。"既是光明正大的,又有发扬光大之义。

九五,涣汗其大号。涣,王居,无咎。
《象》曰:王居无咎,正位也。

---

1. 涣汗其大号

"大号",是国君发布的号令,这个号令发布出去后,就像人发出一身大汗一样,大汗发出来就舒服了。这号令发出去就起作用了,而且也是不可收回的。

2. 涣,王居,无咎

"居",一是"正"的意思,二是"中"的意思,是居中正。居还有住的意思,这里不是王一个人居,一个光杆司令就不用居了,是大家齐心协力,以王为中心。在《象传》里讲了:"王乃在中也。"正因为他居于其中,他的邦国的万民都齐心拥戴他,大家都同心同德,他当然能居得稳,也正,当然就无咎。

3. 正位也

所以《象传》中说:"王居无咎,正位也。"位正,是通过努力得来的,必须想到正位不是他一个人,而是国民也是各在其正位,百姓都安居乐业了,这样国君当然也就坐得稳。如果老百姓流离失所,那么他能坐得稳吗?那肯定是坐不稳的。

所以王居正位是有条件的,条件是民也要居在正位。我乘出租车时,常与司机聊天,他们的心里踏踏实实的,路况一天好似一天,这个社会也很安定,他们认为一天拿多少钱无所谓,心里很踏实、很安定。出租行业在有的国家并不踏实，并不是安定的工种，而我们国家的出租车司机能有这种感觉，这就说明我们国家的民众都是正位，那我们的国家也是居在正位了。

> 上九，涣其血，去逖出，无咎。
> 《象》曰：涣其血，远害也。

1. 涣其血，去逖出，无咎

"血"，通"恤"，这里是讲伤害的意思。"逖"是惕的谐音。由于有警惕心，所以伤害也消除了，所以无咎。这里就是讲要居安思危，居安思危这一理论是唐太宗李世民的大臣魏徵提出来的，当时魏丞相提出："水能载舟，亦能覆舟。"这就告诉皇帝要以民为水。天子是百姓扶起来的，但如果天子不为老百姓办事，那么老百姓也会将其推翻。所以要居安思危，不要认为得了天下就忘乎所以，不顾老百姓了，这样肯定不行。

2. 远害也

所以《象传》中说："涣其血，远害也。"有了这种忧患意识就会远离忧患。

这里讲的是涣卦，主要突出的是从涣的另外一面讲团结，通过这个涣看到怎么团结。

节卦　泽上有水的智慧

一、卦名：节（水泽节）

《说文》曰："节，竹约也。"取竹节有约制之义。节的甲骨文像人跪坐之形，又像躬身行礼之状，会意字，会节制自己行为仪表之意，大约为最古老的一种礼节，也是最隆重的礼仪。中国人现在仍以跪拜为大礼，可能源于此。

节，引申为竹节、骨节、季节、节令、节气、礼节、节奏、节拍、节省、节约、调节、符节、节能、节制等义。

音乐演奏有一个指挥，看起来指挥好像没有什么作用，那些演奏者演奏时也没看他，而是看谱，这个指挥看起来是多余的，但实际上是最重要的角色。在演奏中有两个词：节拍、节奏，这节拍、节奏是从哪里来的呢？这就是古代传下来的。古时开始奏乐时还不成章法，各奏各的乐器，没有一个统一的乐谱，在这种乱奏的情况下，有人看见两块陶片，灵机一动将它捡起，而且很有节奏地敲拍，然后大家都跟着他的节奏合奏，跟着他的节奏来调节自己的吹奏速度，这样有快有慢、有起有伏，有延长、有休止，这样有节奏的声音就好听了，后来就将这陶片叫做节，就形成了节拍、节奏。节有节制调节的作用，这里主要是这个意思。

二、卦画

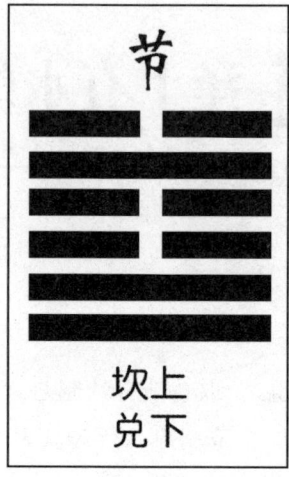

现在提倡节约用水，这是一种环保意识，这个卦画中也有节约用水的意思。上卦为坎卦，为水；下卦为兑卦，为泽。这个水不能浪费了，只能流到泽里去，蓄存起来。《象传》中说："泽上有水，节。"江水满而入泽，江水落而泽水入江，有节制作用。

三、卦辞

> 节：亨。苦节不可贞。
> 《彖》曰：节，亨，刚柔分而刚得中。苦节不可贞，其道穷也。说以行险，当位以节，中正以通。天地节而四时成。节以制度，不伤财，不害民。
> 《象》曰：泽上有水，节。君子以制数度，议德行。

1. 节：亨

"节"，即节制、节约、调节。《象传》中讲："泽上有水，节。"《彖传》中讲："节，亨。""节"有卦画显示的意思，又有其本义。"节，亨"的亨就是从节制有度中来的，什么事都要有节制，有约制就有度，保持了这个度当然是亨通的。那么这个节制有度的主要标准是什么呢？节制的标准就是刚柔，也就是有刚有柔。何时可刚，何时可柔？该刚则刚，该柔则柔，这是一种节制。

2. 刚柔分而刚得中

这里"刚柔分"的分就是指掌握了刚柔的度，这里的"分"是说应该有区分，其实区分就是掌握其分量与程度。"刚得中"，从卦画上看，上卦正好是九五刚得中，也得正。刚柔分开是从泰卦变过来的，将泰卦九三的阳爻与六五的阴爻对换位置，正好变成了节卦，与上卦涣卦正好相反，涣卦是从否卦变过来的。

3. 苦节不可贞，其道穷也

什么是苦节呢？这个苦节实际上就是前面讲的"刚柔分"的"分"，分得不太得当，没有掌握分寸。"苦节"这个"节"，节得太过分了。

这里举《儒林外史》中一个例子说明一下节的程度。古时有一个财主，家里很富有，但是他在去世之前一时不咽气，但此时又不能说话，只是眼睛睁得大大的，伸出两个手指头，他的家人都不明白他的意思。这时有一个人看出来了，明白了他的意思。灯盏里点着两根灯芯，这人马上将其中一根灯芯灭了，财主才咽了气。这种人在临死的时候还舍不得这么一根灯芯，舍不得多点了一点点油，为此而不甘心咽气。这个财主就是一种节约、节制，但他这种节约是一种苦节了。当然这是一种讽刺，不过在生活中也确实有许多这样的"苦节"。

"苦节不可贞"，不可贞就是不可仿效，这苦节不能去仿效，所以必须"刚柔有分"，刚柔要有分寸。

"苦节不可贞，其道穷也"，这穷就是到尽头，到极点了。奢侈无度、苦节无度都是极端，我们都不能学习。

4. 说以行险，当位以节，中正以通

"说以行险"，是解释卦的，下卦为兑卦，为悦；上卦为坎，为险。"当位以节"，当位主要指的是九五，当然还有初爻、四爻、六爻也是当位的，但这里主要还是指九五，因为这里又讲了"中正以通"。中正以通，通的是什么呢？通的是这个"节"，这个节的正道、正义。"节的中道"就是"刚柔分"，也就是下面进一步讲的。

5. 天地节而四时成

天地如果没有节制，那一年四季就乱了。如我国四季分明，而印度只有雨季

和旱季，也是一种规律。如有时冬天打雷，就觉得不正常。如果六月天下雪，有人认为气候反常，是不是有灾难了？有一种草药叫"六月雪"，这就是取它的这层意思。

"日月运行，一寒一暑"，这就是规律，这是天地之道的节制，而使四时的变化分明。

6. 节以制度，不伤财，不害民

国家讲法律，企业讲制度，这个制度就是节制、限制、约制。节制的目的就是为了保持度，保持节，不要浪费。但也不要苦节，要保持这样一个度。

"不伤财，不害民"，即不劳民伤财，也就是说有益于社会，这样就保持了度。

7. 泽上有水，节。君子以制数度，议德行

君子以什么为度呢？是以节的道义、原则，来制定法律规章、条约。"数"是礼数、规律，《易》中有易象、易理，还有易数，数是自然规律。"度"就是在这个数里取一个最适中的数，以这个为标准来商议德行。这就是节的基本内容。

四、爻辞

> 初九，不出户庭，无咎。
> 《象》曰：不出户庭，知通塞也。

1. 不出户庭，无咎

《系辞传上》："不出户庭，无咎。"子曰："乱之所生也，则言语以为阶。"乱之所以发生，是因言语引起的。孔子又曰："君不密则失臣，臣不密则失身，几事不密则害成。"这里的"密"就是节制，君不节制自己的言语、不能谨慎说话，就会失去自己的臣子。如果臣不密就可能失去自己的官位，甚至失去身家性命。"几事"是机密的大事，几事如果没有保密好，那就会导致失败。"是以君子慎密而不出也"，所以君子必须谨慎地节制自己而不随便出口。这里的"出"是讲什么呢？是"不出户庭"。这里并不是讲坐在家中不出门，如果有人到大街上占了一卦，占到节卦的初九，占卜者对问卜者说："哎呀，你多少天都不能出门，出

了门就会有危险。"如果这样,那这个问卜的人怎么办呢?所以说占卜如果是违背了作《易》者的本义的话那就害人不浅了。所以说,"不出户庭"并不是说不出门,实际上这"户庭"指口,防人于口;语言要节制。前面讲了,制度还要"刚柔分",这些都是指户庭,不要超出这个范围。

如《西游记》里孙悟空要去找水,但又怕妖怪来害他的师父,于是拿起金箍棒在地上画了一个圈,这圈一画妖怪进不去,孙悟空叮嘱:"不出户庭。"但妖怪有办法,它虽进不去,但它可以将唐僧骗出"户庭",所以唐僧就遇难了。这"户庭"是指这种节制的范围,超出了这个范围,出了这个"户庭",不是奢侈浪费,就是苦节。

2. 不出户庭,知通塞也

知道怎样是通,怎样是塞,就知道这样做是否亨通了。

九二,不出门庭,凶。

《象》曰:不出门庭,失时极也。

---

1. 不出门庭,凶

前面讲了"不出户庭,无咎"。这里讲"不出门庭,凶"。《象传》中讲,"不出门庭,失时极也"。我正是由此非常推崇《易经》,其中的含义太妙了,这真正是辩证的观念。刚才讲"不出户庭",是指常规的情况下,不要违背了"节"的规则、不要超出了它的度,但同时又不能太拘泥。在非常情况下,有时非常时机到了,就必须"出门庭",不出门庭则凶。并非作《易》者前后矛盾,而是此一时、彼一时也。

《法华经·譬喻品》中有则故事:有一处房子起火了,但贪玩的孩子们在屋子里玩得正欢,一点也没觉察。一长者救孩子心切,针对孩子们贪玩的心理,在门外大喊:"门外来了许多羊车、牛车、鹿车,谁先抢到就归谁。"孩子们一听说有更好玩的游戏,还能得到它,便争先恐后夺门而出。如果不能及时跑出这个"火宅",岂不是凶险?那位长者急中生智,把孩子们救出了"门庭"。这就是"不出门庭,凶"的一个典型的例子。

2. 失时极也

何为"失时"呢?就是失去了时机。这种时机又叫"节骨眼",或叫千钧一发、生死关头。

我曾经看到过一个报道，说我们国家有一个学金融的博士，当他得知美国总统肯尼迪被刺的消息后，第一反应就是：黄金要涨价。他马上联系国内的人：投入资金，收购黄金。结果没两天黄金就涨价了，当涨到一定时候，他马上又将黄金抛出，抛出后又赚了一大笔外汇，这个时候就是一种时机。

初爻与二爻一前一后看起来是相反的，使人有点不好理解。这"不出户庭"，实际上是说在这个"节"的范围内"不出门庭"，是这个"节"的一个门。还没有出户，就没有超出这个"节"，没有超出这个度，这个时候如果不出门庭的话那就成苦节死守了，就成了守财奴了。"不出门庭，失时极也"，就是这个时候不出门庭，就会丧失适中的时机，节骨眼上往往有生机、有商机、有天赐良机。

> 六三，不节若，则嗟若，无咎。
> 《象》曰：不节之嗟，又谁咎也？

1. 不节若，则嗟若，无咎

六三，阴居阳位，是泰卦的变节分子，泰卦的九三与六五交换了位置，变成了本卦中的六三。这一变，原来的阳爻占了便宜，但原来的六五阴爻来到这个三爻的位置上可就后悔了。为什么？因为它离开了原来的中位，而此处是不正之位，不中不正，说明不知节制。那又讲无咎，原因何在？我们看象辞。

2. 不节之嗟，又谁咎也？

《象传》实际是一种告诫，讲不节制就会有嗟叹，那这个嗟叹是怎么回事呢？就是无节制引起的，这种嗟叹是自找的。"又谁咎也？"是谁给你的咎害呢？这是反问自己。上面讲不节就出现了嗟叹，于是就有了悔意，所以就无咎了。

3. 无咎

我们从卦象上看，这是阴居阳位，因为是刚位，所以不节制，有点大手大脚。得到了教训后，开始明白节制了，这就是柔了，所以无咎。

这里讲的"无咎"与《象传》里讲"谁咎也"联系起来看，又有谁在给它危害呢？实际就是反问自己、提醒自己，只有悔意，才无咎。这个无咎的原因大致就在此。

> 六四，安节，亨。
> 《象》曰：安节之亨，承上道也。

1. 安节，亨

六四，阴居阴位，这里不是讲有咎无咎了，而是讲亨。

"安"，是指安然、泰然，很安顺、泰然地实行节制，那当然办什么事都是亨通的，前进的路上也是亨通的。

2. 承上道也

这是承的什么道呢？这个"承"就是下承上爻，是承九五之道。

> 九五，甘节，吉，往有尚。
> 《象》曰：甘节之吉，居位中也。

1. 甘节，吉，往有尚

"甘"是甜美、甘美。在《周易折中》里讲："咸苦酸辛，味之偏。"咸味、酸味、苦味、辛味都是偏味，只有甘是"味之中也"。甘属和，和者节味之偏，而适其中。"行之以甘，人不吾病，而事以成，节之吉也。"

甘味是"味之中"，这味道很平和，所以是吉。这里用这种平和的节制的方式，当然会使人自觉自愿地接受、遵循。这里"尚"是遵从、遵循。

2. 居位中也

这里是九五位又正又中，这个中是节之中，因为这个节是指节制、调节。这个节制能够适中、适度，也能适时，当然这位置是中的，连它的味都是中的。

甘节是一种比喻，所以六四讲"承上道"，安节也是亨通的。六四所承上道也就是这种中位之道。

> 上六，苦节，贞凶，悔亡。
> 《象》曰：苦节贞凶，其道穷也。

1. 苦节，贞凶

上六，阴居阴位，这里又讲到卦辞里的苦节。苦节是自己节制得太过分了，使自己像受苦刑一样，这样当然不正常。这凶虽不致有凶险，但意思也相近。

2. 悔亡

悔亡的原因是，虽然是苦了自己，但对他人、对社会是没有妨害的，对自己的事业也许是有伤害的。这里与相比的另一个极端六三，与那种挥霍无度相比，这当然是"悔亡"。但苦节也有它的可取之处，而不是坏到了极点。

北大著名教授王选发明了方正排版系统，人称"当代的毕昇"。在"文化大革命"时他只是一名普通的教授，拿很少的工资。他为了查找资料，需要乘公共汽车到琉璃厂。为了省五分钱车钱，每次他都提前一站下车，再步行一站。这叫"苦节"吗？这不是苦节。看起来是节约到了一定程度，一个大学教授为了五分钱宁愿多走一站路，看起来是苦节，其实不是，是因为当时的社会情况，再有也说明他具有这样非常可嘉的精神。这是一位学者、一位专家"甘节"的典范。

3. 苦节贞凶，其道穷也

我用王选教授的例子，其实与"苦节"不是一回事，从他个人来说，他是"甘节"，是心甘情愿的，他心中有甜，他是为了事业。可以说后代人会记住他为社会为人类做出的贡献，他为了社会的进步，辛苦地走这段路，这是一种甘节。

我们回头来看看卦辞，卦辞提出了"苦节不可贞"，就是防止什么事都讲节。现在要拉动消费，有的人却仍旧是"新三年，旧三年，缝缝补补又三年"。这样就太过时了，只要在经济条件允许的情况下都可改善。

我记得以前在老家的时候，我的一同事、一位女教师，我去叫她开会。她坐在灶门前，一边给灶里添柴，一面缝补一把已破成两瓣的水瓢。当然这就不是叫"苦节"，因为当时是那种条件。但有的人家庭条件挺好，做儿女的很孝顺，想让父母多花一点、吃好一点，但父母就是不愿意吃，反而过得很艰苦，那就守苦节了。这里之所以不提浪费、挥霍，而是提苦节，因为开头第一个节就是叫人不要浪费、挥霍，不要过度奢侈，告诉别人不要又走到另一个极端。实际上这里讲的是既不要挥霍浪费，又不要守苦节，也就是都不要过。倡导的是一种"安节"和"甘节"。

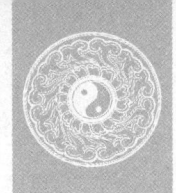

中孚卦　泽上有风的智慧

一、卦名：中孚（风泽中孚）

《字说》曰："孚字从爪从子，如鸟抱子之象。今之乳字一边从孚，盖中所抱者实有物也，中间实有物，所以人自信之。""孚"字上是一个爪字，下是一个子字，中间实有物，这当然是可信的。如果拳头一握，中间是空的，那当然别人会认为是骗他。所以中孚的意思就是诚信。

还有一种解释，这个"孚"字加一个"卵"字，就成了孵化的"孵"。爪下有子，就是鸡抱蛋之象（蛋亦名子）。凡是鸟类、禽类，如鸡、鸭、鹅都是卵生的，都要经过孵化而生，这个孵化过程是讲诚信的，因为它出壳的时间是有规律的。

杨万里有这么一段精彩的阐述。他讲："中有玉者外必辉，中有诚者外必孚，孚之为言，此咸于彼，彼信于此之谓也。是故中孚所发，上行之则顺，下信之则说（悦）。"

二、卦画

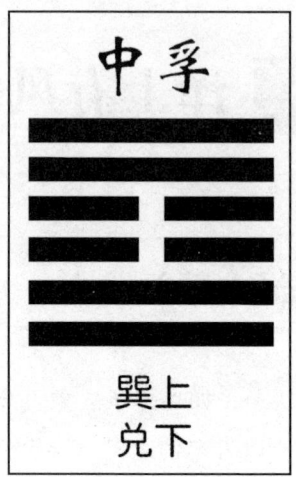

兑下巽上，上下都是二个阳爻，正当中是二阴爻，正好有中孚之象。

三、卦辞

> 中孚：豚鱼吉，利涉大川，利贞。
> 《彖》曰：中孚，柔在内而刚得中。说而巽，孚，乃化邦也。豚鱼吉，信及豚鱼也。利涉大川，乘木舟虚也。中孚，以利贞，乃应乎天也。
> 《象》曰：泽上有风，中孚。君子以议狱缓死。

1. 中孚：豚鱼吉，利涉大川，利贞

中孚象征的是心中的诚信，诚于心而信于外，存诚于心，取信于外。豚是指小猪。讲到猪、鱼，都是无知的动物，这也是一种比喻。但这里又讲到吉，是什么意思呢？这就是说，像猪和鱼这样的冥顽动物，用诚信都能感动它们，那当然是吉祥的了。

如有的农家养猪，养到一定程度，那猪与主人之间便产生了感情。以前有一个主人喂猪的时候，猪在吃食，他就用手抚摸猪背。经常这样抚摸，到年终要宰

杀的时候，别人抓不住它，这时主人过去用手摸它，它就乖了，甚至将它捆住了，它也不反抗。在这种情况下，主人感动了，发现这猪是因为对主人的诚信而相信主人，所以不反抗。于是主人又解开了绳子，决定不杀它了。这就是一种诚信，这位主人的诚信能使猪受到感染，临死也不反抗，反而乖乖地被捆绑。有这样的诚信，当然有利于渡过难关，涉大川，也有利于正固。

2. 柔在内而刚得中。说而巽，孚，乃化邦也

中孚，柔在内而刚得中。卦画上，正好是两个柔爻在中间，两个刚爻九二与九五都得中。

"说而巽，孚，乃化邦也。"上经卦为巽，为逊；下经卦为兑，"孚"，就是有诚信。"乃化邦也"，这邦不一定是指一个国家或是一个地区，也可以为一个单位。这种诚信，能使这么一个家、一个单位乃至一个国家得到感化。

3. 豚鱼吉，信及豚鱼也

你的诚信感动了豚、鱼，这当然是吉祥的了。

4. 利涉大川，乘木舟虚也

这里又讲到卦画了，这个卦画两边的刚爻就像一只船，中间是空的，且上卦巽卦为木，这是从卦画上来说的。

5. 中孚，以利贞，乃应乎天也

诚信是天道、天德，这种中孚之所以利于正固，是因为它应乎天，应乎天当然也能应乎人了。

6. 泽上有风，中孚

《象传》中说："泽上有风，中孚。"这里又讲到法律问题，前面的也有两卦讲到法律，这里又讲到这个问题，可见当时的社会对法律还是很重视的。这是周文王写的辞，孔子又来解释，孔子一再提到刑罚、法律，一者说明孔子了解当时的历史，再者说明孔子那个时代对法律已经很重视了。以前有人讲孔子复礼，即恢复周礼。恢复周礼难道就不重视法制吗？从这里可以看出孔子也是重视法制的。

7. 君子以议狱缓死

君子以中孚之道，以诚信来断案。"缓死"是指有一些案件为了不至于造成冤假错案，必须认真审理。有的案件就是因为没有"以议"而造成了冤案。

四、爻辞

> 初九，虞吉，有他不燕。
> 《象》曰：初九虞吉，志未变也。

1. 虞吉

"虞"，是安的意思；"燕"，也是指安。《毛传》里讲："驺虞，义兽也，白虎黑纹，不食生物，有至信之德则应之。""他"字的古字有一种写法，那种写法就像蛇咬了脚。在古代到处都是草地和森林，肯定蛇比较多，就是说蛇给人带来的伤害也就比较普遍。这里有这样的一层意思，就像驺虞义兽一样，信守心中的诚信，这样就会得到吉祥。但如果像咬人的毒蛇那样，游走在草间变幻不定，这样就会使人心不安。

2. 有他不燕

有一种野兽，它看起来很凶恶，但没有关系，它讲信用，它不食生物。但这个它和蛇是一样的东西，变化莫测，在草丛里到处游行，也不知道它是蛇还是虞。蛇随时随地都有咬人的可能，所以不安定。这里就用自然界中有诚信与无诚信的例子，说明诚信使人心安，没有诚信使人心不安。这种毒蛇，可以比作社会上那些不守法、不守诚信的人。就像有位先生讲的，"现在好人坐在家里还要防盗门，但坏人却很大胆，而且到处形影不定。"这形影不定的人不就像那种"他"吗？

3. 初九虞吉，志未变也

初九吉从何来？从"志"中来，只要意志未变，吉则伴随着你呀。

> 九二，鸣鹤在阴，其子和之。我有好爵，吾与尔靡之。
> 《象》曰：其子和之，中心愿也。

1. 鸣鹤在阴，其子和之

人们提到鹤就会想到寿星，鹤是一种吉祥之鸟，是一种秋性之鸟，它遇到八月霜降那天就鸣叫。有人称之为信鸟。这里为什么要取鹤鸣呢？因为这下卦为兑卦，兑卦为口能言，能鸣叫。为什么说"其子和之"呢？你们看上经卦覆过来也是兑，此之兑与彼之兑互相应和。鸣鹤在阴，山之背面为阴，山之北、水之南都为阴，也就是一种幽静、幽暗的地方。"其子和之"，这子不一定非解释为它的孩子，也可以推及雄鹤。这个鹤虽然在那幽暗之处鸣叫，但是它的孩子、它的同伴在很远的地方只要听到它的叫声，都会应和鸣答。这里就讲到了诚信。

2. 我有好爵，吾与尔靡之

"爵"，本来是指古代的一种盛酒的杯子，这里是指美酒，意思是，我有美酒和大家一起同饮同乐。"靡"，就是消费的意思。

这里用这两个例子说明什么问题呢？《系辞传上》："子曰：'君子居其室，出其言善，则千里之外应之，况其迩者乎？居其室，出其言不善，则千里之外违之，况其迩者乎？言出乎身，加乎民；行发乎迩，见乎远。言行，君子之枢机。枢机之发，荣辱之主也。言行，君子之所以动天地也，可不慎乎？'"

这里再次引用这段话，是为了加深对九二爻辞的理解，这里讲言行，特别是言的影响非常大，善言对人有影响，不善之言对人也有影响。这里讲的言行就包括了诚信，言行一致也就是守诚信，所以言行是君子之枢机。枢机一发、言行一出，那就或荣或辱了，这区别是很大的。出其言善，有诚信就会得很大的荣誉；若出其言不善，就是没有诚信，那就会被人所不耻。你们看出这里的区别了吗？

3. 中心愿也

《象传》中说："其子和之，中心愿也。"这是一种心愿，心愿建立在诚信之中。有诚信，心愿则能实现，没有诚信，心愿怎么能实现呢？

> 六三，得敌，或鼓或罢，或泣或歌。
> 《象》曰：或鼓或罢，位不当也。

1. 得敌，或鼓或罢，或泣或歌

"罢"，通"疲"，疲惫之义。六三，阴居阳位。"得敌"，是在战场上面临劲敌，或在生活处事中面临对手或棘手的事。

"或鼓或罢"，鼓与罢相反。鼓是得到鼓舞，斗志昂扬。"罢"，是疲劳了，精神萎靡了，暂且停下了。"或泣或歌"，泣是因失败而泣，歌是庆祝胜利。为什么连续出现"或"字呢？

2. 或鼓或罢，位不当也

位不当是指什么呢？实际上还是指没有诚信，是它的诚信不当。没有诚信当然是位不当了，那处理事情的方式也不当了。这里的"或"，实际上就是指人办事不能随心所欲。这个原因就是没有诚信，没有诚信就像一条没有风帆、没有舵手的船，它是随波逐流的，所以就位不当。

> 六四，月几望，马匹亡，无咎。
> 《象》曰：马匹亡，绝类上也。

1. 月几望，马匹亡，无咎

六四，阴居阴位。"月几望"，就是月亮接近圆满还没有圆满。"马匹"，"匹"是匹配、相配，而不是讲"马匹"这个词，不是指一匹马。"马匹亡"是指马失去了与它匹配的马。以前的马车，有双马驾车，有三马、四马驾车，而这里只有一匹马驾车了，与这匹马匹配的马已没有了。不过无咎，这为什么呢？

2. 马匹亡，绝类上也

"绝类上"是什么意思呢？当然这个"绝类上"是"无咎"的原因。这里就是指月亮将圆而未圆的时候，驾车的马失去了匹配的马，但是没有咎害。先从卦画上来看，六四已经从下经卦走到了上经卦，是上经卦的下一爻，也就是摆脱了六三"无位"的（位不当）困境。阴居阴位，柔居柔位得当了，这也是无咎的原因。同时它又上承九五阳爻中正之位，所以它是诚恳办事的，是忠于国君的，也是忠于职守的，而且它与初九相应，它对下是讲诚信的。所以即使马失去了匹配的马那也无咎。类是指匹配。"绝类"，就是它所匹配的一类马没有了。"上也"，为什么绝类还上呢？因为尽管马失去了与它所匹配的同类，但它有诚信在。就像几个人在一起同行，一个人与同伴失去了联系，这个时候因为他有诚信，所以他还不至于有危险。这里的"上"是指九五，六四是承九五的，阴承刚是吉祥的，当然如果是阳乘刚那就不好。所以这里无咎。

> 九五，有孚挛如，无咎。
> 《象》曰：有孚挛如，位正当也。

1. 有孚挛如，无咎

"挛如"，是互相牵连的形状。有孚就相当于手牵手的样子，或是手与手握在一起，大家都互相帮扶，也就是双方只要看诚信，那就一拍即合。例如，你会下围棋，坐在火车上，一节车厢天南海北的人中也有一两个会下围棋的人，你一讲到围棋，马上他们就会与你一拍即合、一见如故。有两个人坐在一起只要对方有什么爱好、信仰完全一致，那马上就是好友了。这个"孚"也有这种意思，有相互沟通的方式了。"挛如"，有心心相印的意思，所以它无咎。

2. 有孚挛如，位正当也

这里一再提到当不当位，可见当位是关键，这里只要不当位，也就是说，不正不中也就无孚，位当就得正，得正就有孚。

> 上九，翰音登于天，贞凶。
> 《象》曰：翰音登于天，何可长也？

1. 翰音登于天，贞凶

上九，阳居阴位。"翰音"，我们必须要搞清楚，"翰"，本来是指高飞的意思，但翰音有几种解释。

《礼记·曲礼》曰："鸡曰翰音。"但有人不同意这种解释，认为前面讲"鸣鹤"，是讲鹤，不应当讲到鸡。我认为无论是讲鹤也好，讲鸡也好，总之就是讲一种声音，鸟类的声音。"雄鸡一唱天下白"，也不是一般禽类的声音吗？这似乎不太好理解，但是这个地方是一种夸张的说法。这就是说，这种声音传得很高很远，但贞凶。这个意思就是讲，一个人讲诚信，拍着胸说自己最讲诚信，尽管说得天花乱坠，越讲得大别人就越不相信，诚信并非自己用口说出来的。

有一个人向我的一个同事借钱，一开口就说："你借给我多少钱，我明天就还你。"我这个同事本来想借给他,但当听到第二句时,他心想:你来借我这么多钱,还能明天就还给我,这就不可信了。于是就没有借给他。这就说明这句话说得过分了,失去了诚信。这个小事也说明了这个问题,"翰音登于天",翰音到天上去了,也就是话说得过头了,一空就没有诚信,所以"贞凶"。

2. 翰音登于天,何可长也?

这种诚信能多久呢?马上就被识破了。

中孚卦里很巧妙地运用了"豚鱼吉",用了"鸣鹤在阴",用了"马匹亡",用了"翰音登于天",用了这么多的比喻来讲诚信,另外还讲了"义兽"和"毒蛇"之类的比喻,可见人类的诚信还不如自然界中那些动物、植物的诚信。植物、动物都讲诚信,人能不讲诚信吗?

现在人类的空间不断在膨胀。在我三十岁的时候中国人口是六亿,而现在中国人口是十四亿了,世界人口有六十亿了。人口在不断地膨胀,膨胀到这个程度,人类不断地去侵占其他生物的空间,这是讲诚信吗?我们要多学学其他生物,它们是怎样讲诚信的。

社会主义公民基本道德规范之一有一条"明礼诚信"。可见不仅古代人重视诚信,现代乃至未来都应以诚信为本。

小过卦 山上有雷的智慧

一、卦名：小过（雷山小过）

上经第二十八卦是大过卦。前面我在讲大过卦时，是怎样解释"过"的，记得吗？"过"的本义是经过、度过，引申为过度、过分、过失等。在"小过"中的"过"同样是取这个意思。那么为什么要分"大过"与"小过"呢？而且都放在上经与下经的倒数第三卦，"大过"在上经的倒数第三卦，"小过"又在下经的倒数第三卦。这就留待你们自己去体会、研究吧。

二、卦画

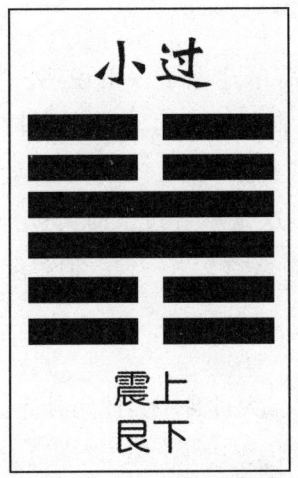

先回顾一下大过卦。大过卦的卦画是巽下兑上，名泽风大过。《象传》中讲

"泽上有木,大过",就是说,泽中水将木淹没了,太过了。下巽为木,上兑为泽。卦画中初爻、上爻都是柔爻,中间四爻为刚,像一根大梁架在房上,中间刚硬,两端柔弱,这是指刚者刚得太过,柔者柔得太过。所以名为"大过"。

我们再看小过卦的卦画,即艮下震上,名雷山"小过"。中间二刚爻是大过卦中的四刚爻减为两刚爻,两端的四柔爻则由大过卦中的二柔爻增为四柔爻。在大过卦中只有初爻与六爻为阴爻,小过卦中是初爻、二爻,五爻、六爻为阴爻,所以叫小过。《象传》中说:"山上有雷,小过。"雷本来是在天空中发生的,而此处的雷发生在山上,有种小过之象。

三、卦辞

> 小过:亨,利贞。可小事,不可大事。飞鸟遗之音,不宜上,宜下,大吉。
> 《彖》曰:小过,小者过而亨也。过以利贞,与时行也。柔得中,是以小事吉也。刚失位而不中,是以不可大事也。有飞鸟之象焉,飞鸟遗之音,不宜上,宜下,大吉。上逆而下顺也。
> 《象》曰:山上有雷,小过。君子以行过乎恭,丧过乎哀,用过乎俭。

1. 小过:亨

"小过",前面已经简单地做了一下说明。"亨",是亨通。在大过卦中的"亨",排在卦辞的末句,而小过卦的"亨"则排在卦辞之首。这说明"过"的程度上有区别,此卦"过"得不太多,所以一开始就肯定能亨通。再看,《彖传》中说:"小者过而亨也。"这是小者过。而大过卦中是:"大者过。"这是有区别的,所以它们的"亨",虽然意义上一样,但程度上、次序上不一样。

2. 利贞

"利贞",有利于贞固。大过卦中无此句卦辞。这就说明过得太多了,离正固的距离太远了。所以《彖传》中说:"过以利贞,与时行也。"在小过中有利贞,利于正固。彖辞里有说明,这里的"与时行也"就是一种解释,联系到上面的"亨"可以看出,它一开始就亨。为什么呢?因为小过基本上还是跟着时间偕行的。大过是过得太多，不是太过超前，就是太落后。小过有一点点过没有关系，只要调整一下就没问题，所以它一开始就亨通，也利于正固。

3. 可小事，不可大事

小事，为百姓的日常事务；大事，为国家大事、公共的大事。处于小过的环境之中，如果要是干大事，就容易偏离目标，偏离正道。为什么呢？大家想一想，前面讲利于正固的亨通，这是小过。但实际如果要办大事就不行，因为办大事要非常精确，开始差之毫厘，往后一推，一发展就失之千里了。如果是日常中的小事那就问题不大，错一点就错一点，也容易纠正。但国家大事则不同，如三峡那样的大工程，差一点行吗？那肯定不行，那是不允许有"小过"的。所以大事是不可有小过的。所以《象传》中说："柔得中，是以小事吉也。""刚失位而不中，是以不可大事也"。因为柔在中位，六二、六五都是阴爻，都是居中位，所以干小事吉，因为阴爻为小。"刚失位而不中"，刚是两个阳爻，指九三、九四都是失位。九三是正而不中，九四是不正不中，两个阳爻都不中，所以不可办大事。为什么呢？因为阳爻是办大事的，但它所居的位置不中，怎么办大事呢？怎么能发挥自己应有的力量呢？这《象传》是从卦象、卦理上说的，大过卦的卦辞中没有说这个话，意思是大过连办小事都不行，小事都做不了，因为太过了，小事太过了也不行。所以没有这种提醒。

4. 飞鸟遗之音

鸟在天上飞，人在没有看到鸟的时候是先听到鸟的叫声，当你闻声望去时，鸟已经飞过去了，不过它飞过得不多，因为还有余音袅袅。遗音，余音也。如果是大过，那遗音都没有了，这里是一点小过，这个比喻非常恰当。这里从鸟的声音来讲它的过。

例如我们看烟花，先是看到烟花一闪，再听到它的声音。闪电也是这样，雷声与闪电本来是同时发生的，因为光速比音速快，所以我们是先看到闪电、再听到雷声。其实我们的祖先也明白这种道理，只是没有理论留下来而已，他们虽没有做过形式上的实验，但他们却是在大自然的实验室中懂得这些道理，发现了这些物理现象。有人讲《易经》是迷信的，错了，其实《易经》也是科学的，我们的远祖先民，不仅仅是思想上的圣人，同时也是科学上的圣人。

5. 有飞鸟之象焉

"飞鸟遗之音，不宜上，宜下，大吉。上逆而下顺也。"这里有飞鸟之象，就是刚才讲的，卦画像飞鸟。"上逆而下顺也"，这也是从卦画上来讲的，为什么上逆呢？你们看这爻是往上的，下经卦的两个阴爻在下，一个阳爻在上，这是阴爻承阳爻，这是顺的。到了上经卦就不同了，上经卦是阴爻乘阳爻，这就是逆了，阴乘阳就是逆，阴承阳为顺，所以是上逆而下顺也。

大吉，在大过卦的卦辞中有这样的好辞吗？在卦辞里与爻辞里都没有吉，连小吉都没有。可见如果是大过的话，实在是不可取，但如果是小过的话虽然有一点过，金无足赤，人无完人，问题不大。孔子曰："人非圣贤，孰能无过？"即使有点小过亦算正常，有时甚至需要这种小过，有时这点小过还能起到大作用，所以这是大吉。

6. 不宜上，宜下

为什么不宜上，而宜下呢？我们来看看，这里为什么要讲到鸟，用鸟来形容？而且整个卦都是讲到鸟，是以鸟为象征的。从卦画上来看，卦画中间两个阳爻，就相当于鸟的身体，两边上下的四个阴爻为展开的翅膀，它飞起来了。但不可再往上飞了，如果不断地往上飞那就太危险了，必须有一定的高度呀！飞机往上爬高也有一定的极限呀！所以不宜上，宜下，往下飞当然没问题，因为往下有它的栖身之处，还有落脚的地方。往下飞能找到安身之地，而且也可以找到食物和水。如果越往上飞就会越危险。

7. 山上有雷

《象传》中说："山上有雷，小过。君子以行过乎恭，丧过乎哀，用过乎俭。"这里我们用《周易折中》的解释来说明。《周易折中》解曰："山上有雷，雷震于高，其声过常，故为小过。又阴居尊位，阳失位而不中，小者过其常也。"意思是，雷出地则声才至山上，而后又渐收敛而微，故有平地风雷大作，而高山之上不觉者，此小过之义也。君子观此象，感悟到处小过之时，可行矫枉过正之道。《论语·先进》中说："过犹不及。"意思是过分和不及都不好，但有时稍过则不为过。

我们再看金景芳先生的《周易全解》中是怎么解释的。他说："世上事物都有一定的质的标准。不及或过那个标准便不是那个事物。但是有些事物可过，过之而不为过。如行之过恭，不失其为行；丧之过哀，不失其为丧；用之过俭，不失其为用，就是可以过的事物。"所以金老先生又提醒说："过是向下过，不是向上过。"

四、爻辞

> 初六，飞鸟以凶。
> 《象》曰：飞鸟以凶，不可如何也。

1. 飞鸟以凶

"以"，是因，飞鸟正因为在飞，在向上飞。为什么知道它在往上飞呢？因为凡是初爻都有一种过激的行为，都有一种非常急迫地想与上求应的趋势，所以它是向上飞。小过卦是接着中孚卦之后的。"中孚"上有飞鸟"翰音登于天"之象，而小过卦画又有展翅飞翔之象，故为继中孚向上飞行之势，向上为逆，故有风险。这就是有两个理由了。

2. 不可如何也

"不可如何"是什么意思呢？能怎么样呢？最后一句，似乎是一句问句，实际上是自问自答，在卦辞与象辞里已经回答了。如何呢？就是"宜下，不宜上"，就是这个意思，只是这里没有明说。

> 六二，过其祖，遇其妣。不及其君，遇其臣。无咎。
> 《象》曰：不及其君，臣不可过也。

1. 过其祖，遇其妣

六二，阴居阴位，得正也得中，这是很好的一卦。祖是祖父，妣为祖母。越过祖父，遇到了祖母。祖父是指九四，祖母为六五。为什么呢？六二与六五是相比的，必须越过九四，实际上越过了两个阳爻。这个遇还有另外一层意思，是正好遇，比较适中，为什么这么说呢？因为六二与六五本不相应，但在此处有相应的机会，因为这是小过卦，这正是小过卦的不同之处，它过而不为过，这里六二与六五虽不相应，虽过了，但它们却正好恰当。

2. 不及其君，遇其臣。无咎

这是六五来遇六二了，虽不相应，但没关系，六五主动来接受它的信息了，接受了它的邀请。这样六二当然不管怎么过也不能超过它了，不能及其君子。及就是超过了。六二必须保持中正之德，不能认为六五主动来应，就认为可以超过它，或与它平起平坐，不能有这样的非分之想。所以前面讲"上逆"的问题，六五来与作为臣子的六二遇，这也是因为六二能够守柔、居下，没有失去大节。六二有中正之德，能过祖遇妣而不为过，遇其臣不及于君而不为不及，表面上是不及，实际上都是适时当分，亦即适中，故无咎。

3. 不及其君，臣不可过也

在小过的时候，凡属于日常小事都可以过一点，唯独臣是不可过其君的。这里并非强调君臣等级观念，当然这个等级关系有，但不是局限在这个意义上，因为君臣之间的事是国事，是大事，大事不能小过。当然，同时它强调了主和次，做事要分主次，人也要分人伦次序，过是有限度的，只能小过而不能大过，当过则过，不当过的绝对不能过，而且更不能大过。

> 九三，弗过防之，从或戕之，凶。
> 《象》曰：从或戕之，凶如何也。

1. 弗过防之

九三处在阳位，而阳来又不中，它是将要超过下经卦了，处境不佳。九三刚居刚位，过急、过刚，有大过逆行的趋势，所以要"防之"。

2. 从或戕之，凶

"戕"，是指杀害。被内部人杀害的为弑，被外部人杀害的为戕，弑与戕是有区别的。"从"，为随从。有过刚的意向，趋于大过。如果大过，将会受到戕害，所以有凶。这就说明不能过了，而且要谨防，这样才能避开这个凶险。

3. 从或戕之，凶如何也

有凶险怎么办呢？这里也是一个问题，这个问题回答了没有呢？还是用前面的话回答，是"不宜上、宜下"，上逆而下顺，这里还是强调这个意思。

> 九四，无咎，弗过遇之。往厉必戒，勿用永贞。
> 《象》曰：弗过遇之，位不当也。往厉必戒，终不可长也。

1. 九四，无咎

九四是以刚居柔位，刚而无过，所以无咎。刚居柔位，刚柔相济，中和了。这样就没有过，即使有过也是小过。

2. 弗过遇之。往厉必戒

九四虽为阳爻但不过，这样当然能随缘遇合，灵活应对，左右逢源。但九四毕竟具有阳刚的特性，所以它应当时刻心存戒惧之心，如果有所往，而往又有所过，那就必然有危厉。

3. 勿用永贞

有人将这个分开说，是"勿用，永贞"，不过我倾向连句，我认为这里用这一句来说非常妙，妙在何处呢？它里面有暗道机关。上面一再讲到"宜下，不宜上"，一再讲不要过，这些就是"贞"。我们应该用这永贞，应以这个为正固。但这里讲"勿用"，这不是以己之矛攻己之盾吗？实际上这又是非常微妙的，揭示了一种事物发展变化的微妙规律。这就是说，不要将这个绝对化了，不要太执着了，有时也可以过一点，在特殊情况下宜上不宜下，特殊情况下还要过一点。这就要把握机会了，这里就讲了这个非常微妙之处，卦辞与爻辞往往在讲到一种倾向以后，又用另外一种倾向来提醒你，就像天平一样总是要保持平衡，也就像演杂技踩钢丝一样。其实人生也就是踩钢丝，就是要将一根长竹竿拿到手上，"勿用永贞"啊。

4. 弗过遇之，位不当也。往厉必戒，终不可长也

刚才已经讲了，虽位不当，但还是有中和的。"往厉必戒，终不可长也。"最终不能长久，这是指变化。这变化指出了《易经》有不易的规律，还有变易的规律。不可长就是说不要太固守了，不要太教条了，有时也要灵活一点。这个"戒"就是要我们警惕不要过，但同时也要掌握微妙的变化。

> 六五，密云不雨，自我西郊，公弋取彼在穴。
> 《象》曰：密云不雨，已上也。

1. 密云不雨，自我西郊

在小畜卦中，也有"密云不雨，自我西郊"。在那一卦中我记得用了黄梅戏中的一句词："我家住在大桥头。"这里也模仿唱一句："我家住在西郊。"雨从东边来，风从西往东吹，这云雨层全被风给吹散了，所以下不了雨了。小畜卦是上为巽卦、为风，那这小过卦的巽卦在哪里呢？你们看，将三、四、五爻倒过来看，正好是巽卦。

2. 公弋取彼在穴

"公"，自称"我"。"彼"，是指与之相比的六二。"弋"，为射与取二义，这里解释为要射取。那只鸟在什么地方呢？它在它的巢穴里，没有出来，这样就很难射到了。六二伏于二阳之下，有鸟未飞而栖于穴之象。所以鸟未飞而栖于穴，正符合卦辞中"不宜上，宜下"的卦义，所以它就没有凶险，因此这里也不用讲有无凶险了。

3. 密云不雨，已上也

这里的"上"是什么意思呢？六五作为一阴，已过乎阳居阳之上，过了这个阳为逆。逆而阴阳不和，阴阳不和，所以无雨。这里讲了一个自然现象，同时又说过了。过与不过之间，如何掌握分寸，有时过一点无咎，甚至是吉；可有时则不然，就看怎么自我把握了。这里以自称"我"的身份来说，公也是"我"，自我西郊也是"我"，好像是用一种现身说法来告诫人。

> 上六，弗遇过之，飞鸟离之，凶，是谓灾眚。
> 《象》曰：弗遇过之，已亢也。

1. 弗遇过之

上六之过是什么过呢？上六为震卦的上位，为震之极、动之末，又柔居柔位，所以可算是过了。而且不是"小过"，而到了全卦的穷极之所，高飞难下，早已越过了阳刚，失去了一切阴阳遇合的机会。前几爻还有阴阳遇合的机会，这里一点机会都没有了。

2. 飞鸟离之,凶,是谓灾眚

这里的"离"不是离开的离,而是罹难、灾难、遭遇。"眚",原为眼生翳之疾,引申义泛指疾病、祸患或过失。这里为什么说飞鸟会遭遇灾害呢?

3. 弗遇过之,已亢也

鸟飞得太高,太过了。卦辞强调了"不宜上,宜下"是大吉,那么这里可谓是凶也,就是因为没有遵照这个"不宜上,宜下"的卦义,成为"亢龙"了。

这里可以将小过与大过相比较,特别是《象传》里的"君子以行过乎恭,丧过乎哀,用过乎俭"。这些都能在生活中体会到,对于大过与小过之间的比较,大家可以仔细体会。其实我们就生活在林林总总的大过与小过的交汇点上。

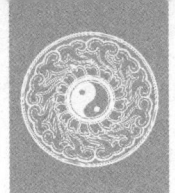

既济卦　水在火上的智慧

既济卦、未济卦是六十四卦的末卦，六十四卦以乾、坤两卦为首卦，以既济、未济卦为末卦，这算是一个非常巧妙的安排。中国人看戏文，最喜欢看一种圆满的大结局。但是，这里的结局是圆满的吗？是这个公子考上了状元，终于与小姐成婚了吗？我们看看这两卦。

一、卦名：既济（水火既济）

既济的"既"，已也，即成功了，完成了。《尚书·尧典》里有一句："九族既睦。"指九个大家族已经和睦了，为一种动作完成之义。你看，"霜露既降，既往无咎"，就是指霜露已经降下来了，霜露的季节已经到了。我们再看"济"字。

"济"的本义是指河的名字，叫济水。它发源于河南，经过山东，流入渤海。以后，这个"济"，又指渡河的意思。

《庄子·山木》："方舟而济于河。"济指渡河，就是讲依赖舟楫的帮助过河。

汉代以后，这个"济"就基本上被"渡"或"度"所替代了。

如《史记·项羽本纪》里讲："籍（项羽）与江东弟子八千人渡江而西。"又说："愿大王急渡，今独臣有船，汉军至，无以渡。"这个"渡"，就是"济"的意思。

但是后来它的词义变了，像现在渡船，就用渡，不用济。但是，"济"原来的引申义很广，根据渡过的原义逐渐演变为救济、助人危难。如《论语·雍也》中说道："如有博施于民而能济众，何如？可谓仁乎？"这就是讲救济，济困扶危，又有接济的意思。

有时候，"济"还可以引申为逾越障碍、获得成功的意思，这也是从以舟渡河引申而来的。如《左传·僖公二十年》说："以欲从人则可，以人从欲鲜济。"

如果人从欲就过了。

这里，既和济合起来为既济，实际上就是成功地渡过了，得到救济了。

二、卦画

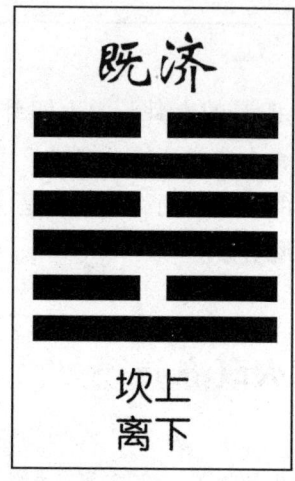

离下坎上，水火既济。水火既济，今天经常作为成语用。

上经卦为水，下经卦为火。水火相济，阴阳相交、各得其所，皆为成事之象。因为水的性质是润下，火的性质是炎上。既济卦水在上而能润下；火在下而能炎上，于是水火相交而互济。所以《象》曰："水在火上，既济。"因为阴阳相交。

三、卦辞

> 既济：亨小，利贞。初吉，终乱。
>
> 《彖》曰：既济亨，小者亨也。利贞，刚柔正而位当也。初吉，柔得中也。终止则乱，其道穷也。
>
> 《象》曰：水在火上，既济。君子以思患而豫防之。

1. 既济：亨小，利贞

既济，是以渡河为比喻，说事情已经成功了，功劳已经到手了，大功已经告成了。

但是，又讲"亨小"。有人问这个"亨小"是故意将小亨倒装？不是。小亨是小亨，亨小就是亨小，之所以叫亨小，就是说连小事都亨通。不但大事亨通，连小事都亨通，所以利于贞固。

为什么说连小事都亨通？因为大道能济，大德能济，大事能济，那么小事更能济。所以，连阴柔弱小者都能得以亨通。在《象传》里说："既济亨，小者亨也。利贞，刚柔正而位当也。"已经讲得很清楚了，这里就不多说了。

2. 初吉，终乱

为什么讲初吉，终乱？我们看，卦中六爻阴阳各当其位、刚柔相推、此呼彼应。所以，既济卦有大功告成，或事业已告一段落的景象。六爻都各得其位，位置都相当，上下都彼此呼应的吉祥之象。

再从卦象上看，水能养人，但也能溺人；火能济人，也能毁人；万事万物的成功既离不开水火，而又往往畏于水火无情，这似乎有一种乱象。

另外，初吉和终乱还有一层意思，是什么意思？我们看卦画，下经卦也可以作为内卦。如果按时间来看，它就是初。下经卦为离卦，离，有光明之象，当然有吉祥之象。上经卦，按时间来说，为终。上经卦为坎卦，坎，为风险，有险当然就乱。所以《象传》中说："初吉，柔得中也。终止则乱，其道穷也。"柔得中位，指六二。道穷，是什么道穷？

3. 其道穷也

明代的来知德在《周易集注》一书中说："其道穷者：以人事言之，怠胜敬则凶，此人道以理而穷也。"这是从人事上来说的，如果人的懈怠、懒惰和不恭超过了他自身的恭敬，那就凶。那这种人的道和理就穷了，做人的最基本的道和理都没有了，做人已经做到尽头了。

"以天运言之，盛极则必衰，此天道以数而穷也。"天地运行，盛极必衰，月盈必亏。但是这种穷是运行规律，不是真正的穷，此穷又是彼始。

"以卦体言之，水在上终必润下，火在下终必炎上，此卦体以势而穷也。"你看，水在上，会润下；火在下，会炎上。水火上下相济，是火将水烧干了，还是水将火浇灭了？二者之间自我保持平衡。水润下也不能老是润下去；火炎上也不能始终炎上去，它的势道已经穷尽了。

事业既济以后，此心止住了，但彼心又生了；此事成功了，又有另外一件事想做。那么，这是不是最终又乱了吗？来知德是这么解释的。

4. 水在火上，既济。君子以思患而豫防之

"豫"同预防的预，古代这两个字是相通的。君子从这个卦象、卦义中，从已经成功的时刻看到了什么？感悟到了什么？哦，感悟到：我们办事贵于思患，贵于预防，要防微杜渐。"思患"，是思其终必有患，也就是在终的时候也会有患；预防，是防于其始而使其终无患，就是要防患于未然。

再从卦象的变化来看，既济卦是由泰卦的五爻和二爻异位变化而来，五和二异位，不正好是既济卦？说明二卦之间有着某种内在的联系，是什么联系？如事业矛盾的转化，事业既济之后，则天下升平安泰。成功了，大功告成，不就是天下升平安泰了？但是，泰极又会否来呀，你不深思熟虑、防患于未然，行吗？那不就又会形成由"泰"而"既济"，"既济"又会走向"否"吗？所以，作为君子应明白这个道理。

我们再看另外一种变化，睽卦。睽卦的互卦正好是既济卦。睽，是指背离分散，当然是失败；那么，这里是成功。它们是相反的，所以是这么一个变化。从失败到成功，成功又会走向失败，所以必须预防。君子深知这些变化之道，能不思虑吗？能不预防吗？当然要思患，要预防。

四、爻辞

> 初九，曳其轮，濡其尾，无咎。
> 《象》曰：曳其轮，义无咎也。

1. 曳其轮

初九，阳居阳位，都当位。"曳"，指往后拉。"濡"，是指润湿、沾湿。这一爻是讲把车轮向后拖曳，使它缓缓地行驶，还故意沾湿小狐狸的尾巴，使它慢慢地渡过。这样，就没有咎害。

2. 濡其尾，无咎

怎么是小狐狸的尾巴？这里没有说明，但在下一卦未济卦中会讲到。狐狸的尾巴很粗，它的尾巴一沾湿，渡河肯定很慢。所以，小狐狸渡河时，都将尾巴高高地翘起，它很聪明。在这里，故意沾湿它，沾湿的目的，当然是想它渡河慢一点。

这两个比喻都是讲将它的速度减缓。只有限速，才能没有咎害。

3. 曳其轮，义无咎也

"义"，是规则，就是说既济卦的卦理需要缓慢一点。为什么？因为是初九，又因为初爻有急躁上应的特点，再加上是阳刚之爻，所以，要限制其速度，也就是说，必须谨慎。

魏徵在《谏太宗十思疏》中有这么一句话："善始者实繁，克终者盖寡。"就是说，确实许多人、许多事都有一个美好的开头，这样的例子不胜枚举，但是，善终的人和事却很少。这就是说善始容易，善终难哪。回想一下，坤卦初六"履霜坚冰至"，如果只预知了"坚冰至"而未预知到"薄冰至"，一旦履上薄冰时就会受阻，甚至半途而废。

六二，妇丧其茀，勿逐，七日得。

《象》曰：七日得，以中道也。

---

1. 妇丧其茀，勿逐，七日得

"妇"，指妇人。这位妇人丧失的是什么？是车幔。"茀"，指车幔，车前面的帘子。这位妇人所坐的车子前面没有帘子，她敢坐吗？不敢。她不是怕风，而是古代女人出门坐车，都得有车幔，不然就很不雅，有伤风雅。但是，这里丢了就丢了，不要去找，七日会失而复得。七日得，与前面讲的七日还、七日复的意思是一样的，这里就不重复了。

2. 七日得，以中道也

为什么会失而复得？因为它是居中之爻，柔居柔位，能守中正之道。这里好像是一幅画。一幅什么画？一位柔顺、贤淑的妇人，坐在车上，车幔被风刮走了。但是她不急于去寻找，结果竟然有好心人拾得了，又还给她了。就是这么很有趣的一幅画，又像一则小故事。

这个故事说明了什么道理？说明要想成功，有时候还不能急，有时候还要随其缘，欲速则不达。这个地方就讲了这个道理。

> 九三，高宗伐鬼方，三年克之，小人勿用。
> 《象》曰：三年克之，惫也。

1. 高宗伐鬼方

"鬼方"，是商代西北方的一个小诸侯国，也是一个部族，经常来骚扰中原。当时，殷商是谁在做天子？是高宗。高宗是商代第二十三代王，也是商代中期的明君。他曾经去征伐鬼方，是出于当时国家的利益。

2. 三年克之

通过三年的征战终于取得了胜利。"三年"，也许不止三年，只是个概数，这里不去追究。

3. 小人勿用

后面又讲到小人勿用，似乎与征战无关。实际上是有关系的，通过一次征战、一次大事，这件事成功以后，谁是英雄，谁是狗熊；谁是君子，谁是小人，已经分得很清楚了。这个时候，小人不能用了，功臣要奖。但是，小人呢？宁可奖给点钱，但是不重用。这种用人之略值得借鉴。

> 六四，繻有衣袽，终日戒。
> 《象》曰：终日戒，有所疑也。

1. 繻有衣袽，终日戒

"繻"，指非常华丽的衣服。"袽"，指已经破了的棉花套子，棉花都已经露在外面了，这里指破旧的衣服。正好繻与袽是前后相反的。

是不是说华丽的衣服也要变为破旧的衣服？新衣服再好，也会旧，也会破。这个意思是告诫我们，成功之后必须戒备可能发生的祸患，这是一种趋势。所以说终日戒，分分秒秒、时时刻刻都要有所警惕。

2. 终日戒，有所疑也

"疑"，不是怀疑，是疑惧。如乾卦里讲的"夕惕若厉"。这里，也还是一种居安思危、守正防患的思想。

为什么会这样？既济卦以内卦为主，那这一爻呢？已经离开了内卦，是外卦的开始了。内卦是离卦，象征光明，是初吉之象；那么外卦呢，是一种终乱之象。这一爻是终乱的开始，已经向终乱转化了。所以，这里要有所戒备了，这也是说要思患，要预防了。

> 九五，东邻杀牛，不如西邻之禴祭，实受其福。
> 《象》曰：东邻杀牛，不如西邻之时也；实受其福，吉大来也。

1. 东邻杀牛，不如西邻之禴祭，实受其福

"禴祭"，是一种非常简单、简陋、菲薄的祭祀，与隆重、厚礼的礼祭是相反的。

"东邻杀牛"，东邻、西邻，在这里只不过是一种比喻。东边的邻居杀牛宰羊举行隆重的祭祀，还不如西边邻居简单的祭祀效果好。西边邻居还能受到实实在在的福泽，神灵将福泽赐给他（西邻）。尽管东邻有这么隆重的祭奠仪式，唉！神灵不将福泽赐给你、而赐给他，这是什么意思？这虽然只是一种比喻，但在现实生活中往往就有这种现象。

2. 东邻杀牛，不如西邻之时也

西邻把握好了时机，而东邻不在时机之中，时机把握得不对。这里有一个关键词是"西邻之时"，这是一个好例子。有时候，你明明是送人一份厚礼，说了一番好话，但是时机不对，结果呢，弄巧成拙。有时候，你抓住了时机，一份很轻的礼却使人感动不已。如果简单地说，就看对方高兴不高兴吧，他高兴的时候，送什么都行；他不高兴的时候，你送什么礼他都不高兴，还会惹祸。在生活中，这样的事很多。

3. 实受其福，吉大来也

福从哪里来？是从时中来的，是从你抓住的时机中来的。所以说有一句话"机不可失，时不再来"，机会是很重要的。当然，有机会还要有诚敬之心。西邻

以禴祭，能受其实福，他不但抓住了时机，他还有一种诚敬之心。生活中遇到这种反常事，千万别怨老天不公平。

> 上六，濡其首，厉。
> 《象》曰：濡其首，厉，何可久也？

1. 濡其首，厉

初九是讲"濡其尾"，这里是讲"濡其首"，也就是说，将水浇到小狐狸的头上，将它头上的毛沾湿，这样就有危险。

为什么？刚才不是讲尾巴沾水吗？现在讲头部又沾水，是怎么回事？这个危险是从哪里来的？

我们看卦画，上六是居在既济之顶，"坎"险之上，它本身又非常柔弱，别说救济别人，它自己都救济不了自己。犹如小狐狸涉水，自己往下沉的时候，把头沾湿了，当然这种危险是可想而知的。

2. 濡其首，厉，何可久也？

头上沾湿了，那就有下沉的预兆啊。这就说明，必须采取果断的措施。

这里我们能看出，在卦辞里讲到终乱，《象传》里讲到道穷。这个终乱和道穷都在这一爻里体现出来了。

这一卦主要讲的是什么思想？是大功告成以后居安思危，思患、防患的思想。基本上六个爻都讲的是这个：存不忘亡，安不忘危，既济不忘未济。

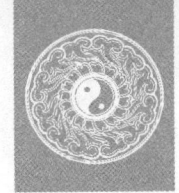

未济卦　火在水上的智慧

一、卦名：未济（火水未济）

未，是否定词，表示不、没有、不曾有、尚没有等。如果把"未"字和"尚"字联起来，就为尚未。

孙中山先生在他的《遗嘱》里这样告诫后人："革命尚未成功，同志仍须努力。"这里讲的就是尚未。

未济，就是还没有渡过的意思。济，是渡，渡河，渡过成功的意思。

二、卦画

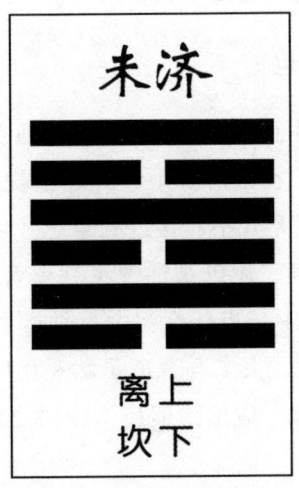

正好与既济卦完全相反，上下颠倒，成为了火水未济。离在上，坎在下。即火在上，炎上；水在下，润下。二者分道扬镳，怎么能互济呢？不能相交，就无法相济呀。所以《象传》曰:"火在水上,未济。"如果把既济卦形容成三条船(三个阳爻上面都是阴爻)渡河,渡人过河,渡过去了,船又回来了。未济卦正好相反,又从河岸那边回来了。三个阴爻在三个阳爻的下面,与既济卦形相反,有船的方向相反之象。又回来干什么?因为那一船人渡过了,这边还有人没渡过,还要回来,又要重新摆一个轮回。过去了,又要回来;回来了,又要过去……就这样周而复始。《周易》的"周",就含有此义。

三、卦辞

> 未济:亨,小狐汔济,濡其尾,无攸利。
> 《彖》曰:未济,亨,柔得中也。小狐汔济,未出中也。濡其尾,无攸利,不续终也。虽不当位,刚柔应也。
> 《象》曰:火在水上,未济。君子以慎辨物居方。

1. 未济:亨

未济,象征事业尚未完成。亨,既济卦是亨小;未济亨通。这就说明事物发展变化是周而复始的,如果能遵循这种规律,当然就亨通。所以,《彖传》中说:"未济,亨,柔得中也。"是柔爻得中,指六五。

2. 小狐汔济,未出中也

在既济卦中,初爻也讲了小狐狸。这条小狐狸在既济卦中两次出现,初爻是濡其尾,到上爻是濡其首。在未济卦中,卦辞里就出现了,也是濡其尾。但是,这里是什么济?是汔济。汔是几乎、接近的意思。也就是讲,这只小狐渡河,已经接近彼岸了,但这个时候,尾巴被沾湿了。再看《象传》里是怎么说的:"小狐汔济,未出中也。"未出中是指什么?中,是指上经卦离卦的中爻,六五。未出中,因为它是以柔居刚位,九二与六五虽然是相应,但九二是处于坎险之中与六五相应,有种未济而将济,应出险但还未出险之象。所以,这个是阳刚之爻,位不当,发挥不了作用。

3. 濡其尾，无攸利，不续终也

"不续终"，意思是有始无终，顾首不顾尾，济了首就济不了尾，首尾不能相续，所以无攸利。这里又强调了前面既济卦的居安思危的思想。

4. 虽不当位，刚柔应也

虽不当位，指什么不当位？是指九二和六五都不当位，虽然居中，但两个都不当位，正好相反，但是刚柔相应。另外，这六爻都不当位，不仅仅是九二和六五。虽然不当位，但是还有一利，事物都是这样，有利有弊，再大的弊也还有它有利的一面。

有利的一面是什么？你们看，两个爻之间的承乘关系。凡是下对上是承，应该是阴承阳，为顺。上爻对下爻是乘，是阳乘阴，为顺，为吉；相反则为逆。这一卦正好都是阴承阳。所以，它是刚柔相应，而且还有相顺应的一面。如果能抑其不利，扬其有利，防患于未然，那么未济之事也能济。象辞最后说了这么一种思辨之辞。

5. 火在水上，未济。君子以慎辨物居方

《尚书·洪范九畴》曰："火炎上，水润下。"讲到五行特点，火是向上炎的，水是向下润的。正好火在上面，水在下面。二者不相干，水火不能相济，阴阳不能相交，相互之间不能互用，所以未能济。

君子有鉴于此，谨慎辨别物类，使万物各居其所，各得其位。这个"位"是很重要的。居方是什么？就是位。所居哪个方位，很重要。《系辞传下》曰："天地之大德曰生，圣人之大宝曰位。"生，是第一件大事呀，生生不息，之谓易也，人以位为重。可见，"居方"之位，对于万物都是至关重要的。所以，人生最注重的是安身立命。

四、爻辞

初六，濡其尾，吝。
《象》曰：濡其尾，亦不知极也。

1. 濡其尾，吝

可见，这只小狐狸在这里还这么有位置，卦辞和爻辞又都提到"濡其尾"。"初六，濡其尾，吝。"指小狐狸渡河沾湿了尾巴，没有渡过来，有遗憾。

2. 濡其尾，亦不知极也

"极"，指结果，结局将如何呢？因为初六是居坎险的开始，急于想脱险，又想应于九四，九四与它相应，它又想向上行。一上行，又非要经过险，九四本身不是中正之位，对它的帮助不大，所以初六很盲目。明明知道前面有险，但又经不住九四的诱惑，还是冒险前行吧。但是，在前行中又濡其尾，结果怎么样？不知道。

> 九二，曳其轮，贞吉。
> 《象》曰：九二贞吉，中以行正也。

1. 曳其轮，贞吉

既济卦在初爻中就出现了"濡其尾"，在这一爻中又出现了"曳其轮"。这里分两义，九二曳其轮，同时还是贞吉。将车轮向后拖曳，让它缓缓前行，还能持守正固，获得吉祥。这是什么原因？因为九二居中位，它虽不正，但居中位。在《易经》里的规则，中也为正。

2. 中以行正也

九二，当然是吸取了初六的教训，虽然上应六五，并且有阳刚之才，又得柔中之助，还有六五上应，应该有所为。但是，它有自知之明，它深知自己还处于坎险之中，不能贸然前行。所以将车轮还要曳着一点，拖着一点，就像骑自行车下坡时，必须将车刹住。这就是一种谨慎守正。

> 六三，未济，征凶，利涉大川。
> 《象》曰：未济征凶，位不当也。

1. 未济，征凶，利涉大川

六三，阴居阳位。"未济"，还没有渡过，向前还是有风险。但是，接着又讲利涉大川。这里似乎是一种矛盾,既然征凶,为什么还能利涉大川?但在未济卦里不是反常,而为正常。我们必须明白这个道理。这就如同有人所说的"明知山有虎,偏向虎山行"。明知征凶,还要涉大川,为什么?因为尚未济呀,还没有渡过,难道中途而废吗?难道说,想渡河就是那么顺顺当当的、一点风险都没有吗?前面的成功不也是在风险中渡过来的吗?所以说,用这种精神、勇气迎难而上,这样才有利于涉大川。这不是冒进,不是盲目,是有利的。这又是一种微妙的辩证。

2. 位不当也

这里说明了一个问题,说明此处位不当,闯过了这一关又会位当,又会柳暗花明。所以说,不闯不行,不去涉大川也不行。不要看见"征凶"就畏缩不前。我们要有一种向前看的眼光、向前看的勇气来看《易经》,不然的话,就太僵化了,那就不是与天地准了。

> 九四,贞吉,悔亡。震用伐鬼方,三年,有赏于大国。
> 《象》曰:贞吉悔亡,志行也。

1. 贞吉,悔亡

九四,阳居阴位,与六三相反。如果是守持正固的话,就能获得吉祥,也能消除悔恨。

2. 震用伐鬼方

以雷霆之师讨伐鬼方。既济卦里九三是高宗伐鬼方,三年已克之,这里还要去伐鬼方?不是。这里是一种比喻,把同样一个例子拿过来作另一种比喻。在既济卦九三里,是用来说成功胜利之后,必须总结经验,最大的经验就是小人勿用。那这里用这个例子又是说明什么问题呢?我们来看。

3. 三年,有赏于大国

三年已经取得胜利了,而且被封赏为大国的诸侯。有功啊,所以封侯。古代功大的都封侯,就是封百里之地为他的邦国。这里是用来说明胜利之后就应该奖赏。但这里仅仅是说奖赏吗?我们再看。

这里说明九四立志于救济的这种志向。这里还是说明未济,还要济,未济而预济，未济而要济。正因为未济，所以还是要济，这样坚持不懈。

这一爻，两个例子用在不同的地方，都有侧重点。但是有一个共同点就是利于济。

> 六五，贞吉，无悔。君子之光，有孚，吉。
> 《象》曰：君子之光，其晖吉也。

1. 贞吉，无悔

"贞吉"，是持守正固，可获吉祥，没有悔恨。九四讲到"悔亡"，六五又讲到"无悔"。"无悔"和"悔亡"有什么区别？区别在于：九四指悔恨消除了，六五是指本来就没有悔恨，因为有君子之德。

2. 君子之光

"君子之光"的光，这里有几种意思。一种是荣光，获得了奖赏，获得了胜利，这不是一种荣光吗？另外，还有一种道德之光，一种智慧之光。有人将它比作君子之德，是太阳之光。总之，这光是君子之德。这个君子之德表现在哪儿？表现在它成功以后还要继续执行它的未济之业。再与前面讲的"征凶""利涉大川"联系起来看，这个"光"就是在"征凶"的处境当中，还有勇气和信心利涉大川，在这种情况下获得的利，这种利获得的光就了不得，可以说，遇到困难利涉大川是好事。但是，又有多少人能得此"光"呢？

3. 君子之光，其晖吉也

这当然是一句赞美之词，但是赞美的是什么？我们看，六五是居上经卦离卦之中，文明之举，它有光啊。它不仅自己能持守正固，获得吉祥、没有悔恨，而且以柔居刚位，与下经卦的九二相应。这也象征它能与国民共渡难关，能够共同去涉险大川，最后，就能驱散乌云，见到太阳。这当然带来了幸福和吉祥，它这种幸福和吉祥不是个人的，而是普天同庆。

> 上九，有孚于饮酒，无咎。濡其首，有孚失是。
> 《象》曰：饮酒濡首，亦不知节也。

1. 上九

这里与既济卦的上爻又有相同之处，就是"濡其首"。有什么不同之处吗？这里上九是阳居阴位；既济卦上爻是上六，是阴居阴位。

2. 有孚于饮酒，无咎。濡其首，有孚失是

"孚"，本来是讲诚信。"饮酒"，这里是讲举杯庆贺。那么，这里所讲的诚信应该是指一种信心了，它有一种必胜的信心，举杯庆贺，没有咎害，是好事，不是狂饮，不是"濡其首"。马上回头又来警告，喝酒不能沉迷于酒色，过于贪杯。酒仅仅只起庆贺的作用，别沉迷到里面去了，如果沉迷进去，就会像既济卦里的小狐狸那样"濡其首"，那样就会失去正道，也就会真正未济了。这个意思讲得非常清楚。

如是说沉迷于饮酒就会如同小狐狸渡河沾湿头部一样，说明长期这样下去，就太不知节制了。

3. 亦不知节也

上九，阳居未济之极，物极必反，未济遂成既济，于是举杯庆贺。举杯庆贺，未济已经成既济了，天下太平了。但是，这里笔锋一转，提醒不能沉迷，不能让小狐狸濡首的悲剧重演。

未济卦讲到这里，能打上句号吗？如果不能，那应该打上什么号？我认为只能打个问号。因为讲的都是个人的学《易》心得，尚待你们评议打分。同时又是一个省略号。为什么？万事万物变化无穷，周而复始，既济未济，宇宙万物中，什么事都没有终了，这才是"生生之谓易"，才是"原始反终，故知死生之说"，才是"旁行而不流，乐天知命"。

小结

六十四卦在此"既济"了，算是讲完了。但是，又是"未济"，又没有讲完。为什么？因为我本人没学好，还须继续学；你们也还要在实践中不断去感悟。

这里，我们做一个简单的总结。既济，是水火相济，象征大功告成，或者告一段落。在既济卦中，卦、爻辞，都有危惧之戒，大多从成功的反面去立意。

如：卦辞称"初吉终乱"，六四曰"终日戒"，上六"濡首之厉"，都是说成功之中蕴藏危乱之象。从卦体看，下体"离"，能见其成功的希望之光。所以，下体三爻都有既济之象：初九"濡尾以济"而"无咎"；六二丧失，却失而复得；九三伐鬼方，三年而克。这三爻都有济渡已成之象，所以为"初吉"。但上体为"坎"，有前进之中险象环生之象。如六四因"必有所疑"而"终日戒备"，九五杀牛隆重祭祀却不如西邻之薄祭，上六处"既济"之极而有"濡首灭顶之厉"。所以叫"终乱"。

但终乱又并非事物发展的正果，事物发展本来无始无终，但阶段性的始终又是互相递进、重叠、相续的。前事之终，即后事之始。所以，《易经》六十四卦，以未济为终。

未济，是水火相逆，象征事尚未成功，又在向另一个方向变化和发展。在卦辞、卦象、爻辞、象辞中，却比既济卦稍显轻松。为什么？既济卦的爻辞中唯有一个"初吉"，而未济卦的爻辞中却三次出现"贞吉"："九二贞吉""九四贞吉""六五贞吉"。这种吉祥以正固为前提，同时也是事物发展的规律。"既济"济于始者，必终于乱；"未济"说明乱于始者，必济于终。《系辞传上》曰："六爻之动，三极之道也。"又说："生生之谓易。"生生不息，周而复始，这就是事物发展中简易、变易、不易的规律。所以，"《易》与天地准，故能弥纶天地之道"。生生不息，周而复始，既济而未济，这就是天地之道。

佛教的教义只有四个字，"缘起性空"。缘起，就是一件事成功了，就是既济；但是，继而就性空，空即变化，并非没有。成功的事，它的性质又在起变化，向另外一个方向发展、变化，这就是未济。可见，"天下无二道，圣人无两心"。我们的老祖先和圣人释迦牟尼佛他们是圣心皆同也。为什么？因为他们所揭示的都是自然之道、天地之道，与天地相准。

现在，六十四卦已经讲完了，此乃既济也。今后，我们将从书本走向现实。我们准备到甘肃的天水伏羲的故乡、陕西的黄帝陵，还有西周的发祥地岐山以及河南仰韶文化遗址，到殷墟遗址，到羑里以及老子的故里、孔子的故里等处去朝圣、访问、考察。为什么？因为我在读《易经》的时候，在讲解《易经》的时候，还存在许多误解和存疑之处。我们在书本里、在古人的经典里面找不到满意的答案，我们只有到大自然中去体验、感悟，走一走，看一看，可能找到更贴切一点的解释，以填补这些遗憾。

六十四卦以乾、坤为开头，又以既济、未济为结束，这就说明我们事业也像天地初开一样已经开始了。六十四卦已讲完，只能是一种未济，暂告一段落。

在此，对你们表示感谢！同时也感谢你们对我提出了许多宝贵的意见，给我许多提示。

愿我们的事业和愿望在"既济""未济"中利涉大川，自强不息，与时偕行吧！